I0027792

Sub lege libertas

LA LIBERTÉ INDIVIDUELLE

OU

FONCTIONNAIRES & CITOYENS DEVANT LA LOI

PAR **RENÉ PAYAUD**

Commissaire de police à Paris

LE DOMICILE, LA RUE, LE POSTE, LE PRÉTOIRE, LA PRESSE

Conflits entre les citoyens et l'autorité
Répression des excès commis de part et d'autre

1° Attroupements, armes, violences, rébellion, outrages, offenses diverses.
2° Calomnie, menaces, chantage, tapage, injures, diffamation.
3° Arbitraire, provocation, défense légitime, résistance légitime.
4° Publicité, publication, délits d'audience et de presse, immunités.
5° Réquisitions, port des insignes, poursuites contre les fonctionnaires et autres privilégiés.
6° Énumération des procédés et propos offensants.
7° Compétence et qualifications des privilégiés.

(3.000 arrêts environ)

HUISSIERS, OFFICIERS PUBLICS, FORCE PUBLIQUE, AGENTS, GARDES, GENDARMES
DOUANIERS, EMPLOYÉS ET PRÉPOSÉS, FONCTIONNAIRES
CITOYENS CHARGÉS D'UN SERVICE OU MANDAT PUBLIC, CONSEILLERS, MAIRES, DÉPUTÉS, ETC
PRÊTRES, JURÉS, TÉMOINS, AVOCATS
SYNDICS, EXPERTS, AMBASSADEURS, CHEF DE L'ÉTAT, ETC., ETC.

PARIS 1904

En vente chez l'Auteur, 85, Rue du Temple

Sera réputé contrefait
tout exemplaire non pourvu d'un numéro d'ordre (de 1 à 600)
et non revêtu de la signature de l'auteur

N°

OUVRAGE OFFERT

A

MONSIEUR LE PRÉFET DE POLICE

ABRÉVIATIONS

Outre les abréviations usuelles : Cass. (cassation), etc., j'ai dû adopter les suivantes

F.	Dans l'exercice des fonctions.
f^{l}.	Fonctionnel.
OF. . . .	A l'occasion ou à raison des fonctions ou de la qualité.
CP. . . .	Code pénal.
CC . . .	Code civil.
CIC . . .	Code d'instruction criminelle.
CPC . . .	Code de procédure civile.
Inj. diff.	Injure, diffamation.
LP. . . .	Lieu public.
SP. . . .	Chargé d'un service public ou d'un ministère de service public.
MP. . . .	Mandataire public.
off. min .	Officier ministériel.
off	Officier.
mag . . .	Magistrat.
ag	Agent.
fp	Force publique.
dép . . .	Dépositaire.
aut. . . .	Autorité publique.
comm. . .	Commandant.
cit	Citoyen.
f^{re}	Fonctionnaire.
adm . . .	Administratif (ve).
jud. . . .	Judiciaire.
pol. . . .	Police. (D'où ag. aut., ag. pol. adm., off. pol. jud., dép. aut., ag. fp., etc.).
qual . . .	Qualité.
qual^{on} . .	Qualification. (*lég.* légale, *dés.* désignative, *f*^{lle} fonctionnelle).
P	Avec l'un des moyens de *publicité* spécifiés art. 23 ou 28 L. 1881. (D'où : FP dans l'exercice des fonctions et par (ou avec) l'un des moyens de publicité susdits. OFP à raison des fonctions ou de la qualité et avec l'un des dits moyens de publicité.).
FR. . . .	Agissant fonctionnellement pour l'une des exécutions spécifiées art. 209 CP.
OR. . . .	A l'occasion et pendant le cours d'une rébellion (216 CP).

NOTA. — Les chiffres romains indiquent la *partie* à consulter, et les chiffres arabes le *chapitre*. Ainsi II. 9. doit se lire 2me partie chapitre 9, etc.

PRÉFACE

Si le Droit a eu ses chevaliers, la Loi, de nos jours, a aussi les siens.

Leur appellation est moins évocatrice d'aventures à courir; la gloire qu'ils conquièrent est moins retentissante, mais toutes proportions gardées, leurs risques n'en sont pas moins réels. L'étude qui fait l'objet de ce livre en témoigne surabondamment. Et ce ne sont pas les fonctionnaires (puisque fonctionnaires il y a) du rang le plus élevé, mais bien les plus humbles, qui doivent faire montre de plus de stoïcisme et d'abnégation dans l'exercice de leurs fonctions, souvent dangereuses, parfois mortelles. Le monument des victimes du devoir est là pour l'attester.

Or, faire son devoir, tout son devoir, c'est bien; mais connaître en même temps ses droits, c'est mieux.

Il faut avouer malheureusement que si l'on veille avec grand soin à ce que les fonctionnaires fassent journellement preuve de dévouement, on ne s'est guère soucié jusqu'à présent de les renseigner sur l'étendue de leurs prérogatives.

J'ai pensé qu'il y avait là un état de choses regrettable, et c'est pour essayer d'y remédier que je me suis imposé le patient labeur de rédiger cet ouvrage, qui constitue, à ce point de vue, le complément de mon premier livre.

J'ai tenu également, en indiquant les devoirs des fonctionnaires envers les citoyens, à préciser les droits de ceux-ci, quant à la résistance qu'ils sont fondés à opposer à des actes parfois abusifs.

D'où l'inscription qui figure en tête de ce livre : Fonctionnaires et Citoyens devant la Loi : inscription qui résume brièvement le complexe problème dont j'ai recherché la solution.

D'une part, en effet, on voit le citoyen, dont la personne, dont le domicile sont, en principe, inviolables. D'autre part, le fonctionnaire, dont la mission consiste précisément à violer légalement le susdit principe d'inviolabilité.

Que de conflits en perspective !

Cette loi, qui dit au citoyen : Tu es libre, et au fonctionnaire : « Va, tu es armé. Parle, et cet homme que je proclame libre, cessera de jouir de son droit de liberté parce que tu l'auras jugé bon », cette loi ne pouvait manquer de dire en même temps au citoyen : « Nul n'aura pouvoir sur toi, tant que tu observeras loyalement les clauses du contrat qui te lie à la société. Mais si tu violes ces clauses, si tu braves mes prescriptions, non seulement je cesserai de te protéger, mais encore, je te livrerai au bras de mes représentants, pour qu'ils te contraignent, même par la violence, à réparer ta faute ou à en subir les conséquences. Et tu devras t'incliner devant eux, parce qu'ils te parleront en mon nom. Si tu leur résistes, c'est à moi que tu auras résisté. Si tu les offenses, c'est moi que tu auras offensé. Et ils te feront encore subir les conséquences de ta révolte, jusqu'à ce que ta soumission soit devenue parfaite ». Quant au fonctionnaire, la loi lui dit : « Tu me représentes. Mais tu n'agiras et ne parleras qu'en mon nom, quand je te l'ordonnerai et comme je te l'ordonnerai. Je te donne mes pouvoirs, mais tu ne les exerceras que dans les limites que je te trace, contre ceux-là seuls que je te désignerai, conformément aux règles que je t'impose. Si l'on se révolte contre toi, toutes mes rigueurs atteindront le coupable, parce que, plus exposé, à cause de moi, tu dois être plus efficacement protégé qu'un autre. Mais attends-toi à être aussi plus sévèrement réprimé, si tu te sers de l'autorité qui t'est confiée pour opprimer autrui ».

Tout ceci n'est qu'équité. Mais la loi a en outre pris soin de laisser au citoyen opprimé la faculté de résister à l'oppresseur, dans une certaine mesure. Réprimant spécialement le fonctionnaire qui abuserait de son autorité, elle ne pouvait autoriser le citoyen molesté à se faire justice lui-même, en se substituant ainsi à elle. Elle a donc consacré le droit de résistance du citoyen, mais en lui interdisant de transformer sa résistance en agression, sous peine de se voir punir avec la même sévérité que si le fonctionnaire avait agi légalement, au lieu de commettre lui-même un abus d'autorité. En pareil cas, il y a des torts reconnus des deux côtés. Aussi le fonctionnaire et le citoyen sont-ils punis tous les deux, sans que les fautes de l'un atténuent ou effacent celles de l'autre.

C'est ce qu'il importe de démontrer, et ce n'est là qu'un des côtés du problème. Le fonctionnaire peut être de bonne foi, tout en agissant illégalement. Le citoyen rebelle peut, lui aussi, se croire, quoique à tort, fondé à résister.

Or, en agissant au nom de la loi, le fonctionnaire a pour devoir d'accomplir sa mission; il est donc *tenu* de réduire par la force la résistance qu'on lui oppose.

S'il se dérobait, il commettrait une lâcheté fonctionnelle, la pire des lâchetés, la plus coupable et la plus ridicule en même temps. Ce n'est pas seulement comme individu qu'il reculerait, c'est aussi et surtout comme mandataire de la loi. Tout homme a le droit d'être un lâche, mais un fonctionnaire agissant au nom de la loi doit triompher de sa pleutrerie congénitale; et c'est la honte la plus infamante que d'entraîner la loi dans sa déroute et dans son opprobre. Un fonctionnaire est le soldat de la loi. Il doit stoïquement mourir à son poste. Si la loi le protège dans sa personne, dans son caractère et dans ses actes publics, c'est bien le moins qu'il la défende à son tour sans défaillance lorsqu'elle l'expose au danger. Contrat tacite, soit, mais contrat obligatoire, qu'on doit respecter sous peine de déshonneur, et je m'étonne que la dégradation civique ne soit pas la peine réservée au fonctionnaire convaincu de lâcheté dans l'exercice de ses fonctions.

Quoi qu'il en soit, si le fonctionnaire affirme ce qu'il croit être son droit par l'emploi de la force, et si le citoyen résiste de bonne foi à un acte qu'il juge injuste, quelles seront, pour les parties en conflit, les conséquences des violences commises de part et d'autre?

Enfin, quelle nature de violence le fonctionnaire est-il fondé à exercer légalement? Quand, et dans quels cas?

Tout cela est malaisé à résoudre, et pour plusieurs raisons.

D'abord, on chercherait en vain, dans les traités, mention de l'excuse absolutoire que je qualifie résistance légitime.

D'autre part, on peut affirmer, sans crainte d'être taxé d'exagération, qu'il est impossible de trouver, dans l'ensemble de nos lois, rien d'aussi compliqué et d'aussi incohérent que les diverses dispositions protectrices édictées en faveur des fonctionnaires.

C'est au point que M. de Molènes cite une espèce à propos de laquelle *cinq* décisions différentes ont été rendues.

Cela s'explique sans se justifier. Quelques-uns des délits réprimés sont de ceux qui blessent le plus vivement l'amour-propre. Certains sont de nature à soulever la passion politique. Aussi l'appréciation des faits à réprimer a-t-elle varié avec l'opinion et les régimes. Alors que le Code restait à peu près intact, les lois dites de Presse subissaient des modifications presque périodiques, pour aboutir enfin à l'imparfaite législation de 1881, à propos de laquelle on ne peut s'empêcher de dire que le législateur ne s'est pas mis en frais d'étude. En effet, il a copié les textes de la Restauration en partie, élaguant seulement les dispositions restrictives de la liberté d'écrire. Quant à la répercussion de ces modifications sur les textes du Code pénal, il n'en a cure. La conséquence de cette imprévoyance se devine. Les prévisions du Code, elles-mêmes, sont loin d'être à l'abri de la critique : leur incohérence est un peu moins grande que celle des lois de presse, mais c'est tout. Il faut donc attendre qu'une loi soit votée, aux termes de laquelle on ne pourrait modifier un texte pénal sans rééditer et refondre complètement l'ensemble des textes auxquels on touche, de façon à ce qu'aucun des anciens textes ne subsiste dans la législation. Cette loi nouvelle forcerait le législateur à réfléchir, et à ne pas voter des dispositions inconciliables ou contradictoires.

Les remarques qui précèdent font comprendre les difficultés de tous genres que j'ai rencontrées. En vain chercherait-on des définitions, des classifications. Fonctionnaire, agent, service public, outrage, etc., etc., autant de termes vagues, imprécis, que tout le monde emploie, mais dont peu connaissent la signification exacte. Si bien que les Tribunaux appliquent des peines, pour des délits non définis, contre des privilégiés dont la qualification est également mal définie. (Par privilégiés, j'entends tous ceux que le Code et les lois répressives protègent contre les délits étudiés.)

Et pour qu'il y ait pénalité, il faut que le délit soit commis F ou O F. Quant à la définition de ces expressions, c'est à la jurisprudence qu'il faut s'adresser pour l'obtenir, en ce qui concerne chaque privilégié.

Comme la qualification d'un même acte délictueux varie avec les circonstances de fait, comme la qualification des privilégiés varie elle-même avec leur mode d'action fonctionnelle, comme la peine varie en même temps que la qualification propre au délit et au privilégié, on conçoit les hésitations et les contradictions de la jurisprudence.

Inlassable, la Cour suprême réforme, annule, proclame les principes véritables. Et son œuvre est vraiment admirable, malgré quelques imperfections, toujours explicables du reste.

Pour me guider dans ce labyrinthe, j'avais tout d'abord fait fond sur les arrêtistes; j'ai dû renoncer à recourir à leurs commentaires. Chacun d'eux apporte son opinion personnelle, et l'étaie à l'aide de passages d'arrêts, rarement reproduit *in extenso*.

Aussi les erreurs abondent à tel point dans leurs œuvres, qu'il m'a fallu à plusieurs reprises bouleverser de fond en comble tout le travail déjà fait, parce que je m'étais fié à ces guides peu sûrs.

Finalement, je me suis résolu à ne plus m'en remettre qu'à la loi et à la jurisprudence, exclusivement. Après avoir en quelque sorte codifié l'une et l'autre, je me suis efforcé de les amalgamer, pour ainsi dire, afin d'en former un tout cohérent.

Certes, il existe des œuvres considérables, et de la plus haute valeur, sur le droit criminel. Mais leurs auteurs, en raison de l'immensité du labeur, ont dû, en thèse générale, se borner à analyser sommairement les textes, en suivant l'ordre des matières du Code et des lois.

Or, le procédé analytique, s'il est indispensable, n'est que l'un des procédés de la méthode. Et ce n'est pas le plus fructueux. Pour que le maximum de clarté soit produit dans l'étude d'un sujet déterminé, il faut se limiter à ce sujet, et l'examiner sous toutes ses faces, non seulement au moyen de l'analyse, mais encore et surtout en employant les procédés synthétiques.

Conformément à ces principes, j'ai examiné comparativement : 1° les infractions à étudier, en soi et dans leurs éléments divers; 2° les rôles et l'action des privilégiés. Ce qui m'a permis de classifier les délits et les privilégiés, et d'arriver à formuler des définitions et des règles de principe, puis des théories spéciales et d'ensemble.

Grâce à ces procédés, je crois être arrivé à déterminer exactement la limite des droits respectifs des fonctionnaires et des citoyens, et les conditions auxquelles les uns et les autres peuvent prétendre à la protection de la loi.

Pour obtenir ce résultat, il m'a fallu contrôler l'exactitude des théories échafaudées, en leur opposant celles relatives aux délits commis *par* les fonctionnaires et à ceux concernant les particuliers.

Ce qui explique pourquoi l'injure, la diffamation, la dénonciation calomnieuse, les abus d'autorité, les attentats, etc., ont pris place dans cet ouvrage.

J'affirme que j'ai fait œuvre consciencieuse, et que, comme il est aisé de le constater, je n'ai fait qu'utiliser d'une certaine manière les trois mille arrêts qui forment l'ossature de l'ouvrage.

R. P.

Desiderata. — Il serait temps que le législateur révisât nos lois, afin de faciliter la tâche de tous ceux qui collaborent à l'œuvre de la justice et de l'administration.

Quelle simplification, si l'on se bornait à qualifier mandataires publics tous les privilégiés, en les subdivisant en dép. aut., ag. aut., et cit. SP !

Quelques brèves définitions suffiraient à préciser le sens de ces appellations, et à spécifier la nature du rôle de chaque catégorie.

De même, ne pourrait-on se contenter des termes : outrages, violences, pour caractériser les attaques fonctionnelles?

Violences. — Il faudrait compléter les prévisions des art. 230 et suiv., réprimer les violences suivant leur gravité, et ne considérer la rébellion que comme une circonstance aggravante.

Ne serait-il pas juste aussi de décider que la publicité des violences, avec ou sans rébellion, doit motiver une aggravation correspondante? Quant à l'outrage, il serait si simple de réprimer : 1° l'outrage F direct non public, par un procédé injurieux quelconque, avec aggravation si le procédé est diffamatoire, et application du maximum si, dans l'un ou l'autre cas, il y avait publicité par un moyen quelconque de propagation.

Comme maintenant, l'outrage OF adressé serait assimilé à l'outrage F.

2° l'outrage OF indirect, avec gradation de peines correspondant à la nature de l'offense, et au procédé employé, dans les mêmes conditions que suprà.

R. P.

PLAN ET UTILISATION DU TRAITÉ

L'ordre dans lequel sont classifiées les matières traitées peut, à première vue, sembler illogique. Quelques explications sont nécessaires pour justifier le plan adopté et pour faciliter les recherches.

Il s'agit, en somme, d'une sorte de longue dissertation, ayant pour objet de démontrer l'exactitude des diverses propositions dont l'ensemble constitue le système que j'ai échafaudé. En voici les données essentielles: A mon avis, les attaques contre les privilégiés, ainsi que les abus de ceux-ci, se rapportent invariablement à l'exercice de leur mandat, lequel leur confère pouvoirs et qualité, en vue d'un exercice ou d'une action f^ls et légaux. Si simple qu'apparaisse cette formule, j'avoue qu'il m'a fallu plus d'un an d'études incessantes pour arriver à l'établir. En tout cas, elle donne la clé du plan que j'ai suivi.

La première partie contient l'exposé du système et la démonstration théorique de celui-ci. Les parties 2 à 6 en sont la démonstration pratique.

Assez nombreuses sont les infractions étudiées, sans parler des études accessoires qui y ont trait. Ces infractions, je les examine, à deux points de vue, suivant qu'elles ont lieu spontanément ou en riposte (notons que toutes procèdent de la passion, de la colère ou de la haine).

La deuxième partie traite de la dénonciation calomnieuse écrite, des injures, diffamations, tapages, outrages. Elle contient les définitions nécessaires, et s'occupe du *caractère* et de la *nature* des infractions énumérées. En ce qui concerne les privilégiés, j'étudie ces dernières à titre d'attaques spontanées contre leurs mandat, pouvoirs et qualité.

Les ch. 5, 25 et 26 sont de véritables dictionnaires. Les deux derniers sont relatifs à la publicité et à la publication.

Les ch. 22 à 24 donnent la liste des expressions offensantes.

La troisième partie est une étude comparative des procédés violents, avec ou sans rébellion.

Le ch. 9 s'occupe de la question des armes et du port d'armes.

La cinquième partie concerne les officiers ministériels (surtout les huissiers), et ceux qui les assistent.

La sixième partie réunit toutes les matières ayant trait à la procédure, aux pénalités et à la complicité, ainsi qu'à l'immunité et aux délits d'audience.

La septième partie est à la fois une table des matières et un dictionnaire de jurisprudence concernant chaque privilégié.

Quant à la quatrième partie, c'est la plus importante de toutes: elle est consacrée aux excuses, aux infractions en riposte, de quelque nature qu'elles soient, et aux crimes et délits des f^res. Elle s'occupe donc de l'exercice et des actes f^ls, et précise les devoirs et les droits des f^res et des citoyens mis en présence, en cas de conflit. Par suite, les recherches doivent porter d'abord sur la septième partie, qui contient les références indispensables.

Nota. — Prétendre utiliser ce traité sans étudier d'abord le sens des abréviations employées, qui y jouent un rôle considérable, serait tout à fait illusoire.

3e PARTIE

(Violences, rébellion.)

4e PARTIE

(Excuses, délits par et contre les fres.)

5e PARTIE

Officiers ministériels. — Huissiers.

6e PARTIE

7e PARTIE

PREMIÈRE PARTIE

Étude d'ensemble

DES PRIVILÉGIÉS

1re Section (ch. 1 à 3)
Textes, privilégiés, intérêt public.

CHAPITRE PREMIER

TEXTES PROTECTEURS. — DÉLITS RÉPRIMÉS.

I. *Textes protecteurs.* — Ce sont : 1° dans le Code Pénal : les art. 86, 209, 222 à 234, 262 à 264, 450 n° 2, 373 ; 2° les lois du 29 juillet 1881 et du 11 juin 1887, ainsi que les anciennes dispositions des lois sur la presse, non abrogées par la loi de 1881, c'est-à-dire l'art. 5 du décret du 11 août 1848 et l'art 6, nos 4 et 5 de la loi du 25 mars 1822.

Textes répressifs. Voir 4e partie.

II. *Délits réprimés.* — Le droit romain les englobait sous l'appellation d'outrages. Le terme français qui résume le mieux leur caractère commun est celui d'offense.

Quant aux modalités de l'offense, elles peuvent être ramenées à deux types : l'outrage et la violence.

L'offense, en d'autres termes, consiste, soit en attaques physiques, matérielles, soit en attaques morales. Elle pourra léser la personne physique du privilégié, ou sa propriété matérielle; elle pourra s'adresser seulement à sa personne morale.

Dans tous les cas elle devra viser personnellement le privilégié. Comme elle n'est réprimée que F, FR, OF et OFP, il est nécessaire qu'elle vise également la fonction.

Eléments caractéristiques ou qualificatifs. — Les circonstances ou éléments caractéristiques des délits susdits sont, principalement, la publicité, le caractère direct ou indirect de l'attaque, son rapport avec l'exercice *fl.*

Tout ou partie de ces éléments entreront dans la définition des délits à étudier.

CHAPITRE II

PRIVILÈGE ET PRIVILÉGIÉS.
NOTIONS GÉNÉRALES.

J'appelle privilège la protection spéciale accordée à certains contre les délits examinés, et privilégiés ceux qui bénéficient de cette protection spéciale.

Les privilégiés comprennent :

1° Des fonctionnaires étrangers;

2° Des fonctionnaires français;

3° Des personnes qui, sans être fonctionnaires, ont un caractère public résultant de la mission spéciale qu'elles accomplissent, mission qu'on peut considérer comme une quasi-fonction publique.

Conditions du privilège. — Pour qu'il y ait répression, il faut que l'attaque contre le privilégié ait lieu, soit :

1° A raison de la déposition (L. 1881);

2° Pour faits relatifs à la fonction (L. 1881);

3° FR, F ou OF (CP. 209, 224, etc.);

4° Pendant qu'il exerçait son ministère ou à cette occasion (CP. 230);

5° A raison de la qualité ou de la fonction (L. 1881);

6° En haine d'un fonctionnaire et à raison de ses fonctions (CP. 450).

Les deux premières conditions OF sont spéciales; les autres peuvent se ramener aux cas F, FR, OF.

En effet, ministère ou fonction sont la même chose, et la condition 4 est exprimée par F ou OF.

Les conditions 5 et 6 équivalent à celles OF.

La démonstration sera faite plus tard. Il suffit de poser la règle dès à présent.

Or, j'ai publié un long article pour essayer de démontrer comme quoi toute législation répressive trouve sa justification dans la doctrine de l'intérêt public (Vraie police, février 1903. Le droit de punir).

Si cette théorie est fondée, on peut conclure comme suit :

Pour qu'une qualité ou une fonction soient spécialement protégées, il est nécessaire que le rôle du privilégié concerne l'intérêt public, et que le délit ait un rapport direct avec le rôle joué ou la fonction. En effet :

Pour qu'il y ait délit contre un fonctionnaire, il faut qu'il y ait relation entre le délit et la fonction ou la qualité (Besançon 11 janvier 1899).

Cette règle est de principe, et ne comporte exception qu'en ce qui concerne les chefs d'Etats étrangers et leurs représentants accrédités, qui sont protégés *à cause* de leur qualité, leur rôle concernant éminemment l'intérêt public. — De même pour le chef de l'Etat français.

Nota. — De ce qui précède, il suit que chaque fois que j'écris : Tel privilégié ne possède, ou ne jouit de telle qualité qu'à telles conditions, il faut traduire :

Tel privilégié ne bénéficie de la protection attachée par la loi à la possession de telle qualité, qu'à telles conditions.

CHAPITRE III

DE L'INTÉRÊT PUBLIC

Pour montrer comme quoi l'intérêt public est concerné par le rôle joué, il importe de distinguer les différents intérêts publics, si je puis dire ainsi, qui ont motivé la protection que le législateur a édictée.

Ce qui suit a un rapport plus ou moins direct avec la synthétique, mais il faut y voir surtout, exclusivement même, le souci de définir la nature des intérêts divers protégés. On me permettra donc de raisonner comme si l'intérêt public était une chose tangible, susceptible d'être décomposée en parties. Pour peu scientifique que soit ce point de vue hypothétique, il me permettra du moins d'apporter quelque clarté dans les définitions à formuler.

L'intérêt public, c'est celui de la nation, concernée au point de vue de ses relations extérieures et intérieures.

L'intérêt public comprend donc : 1° l'intérêt national extérieur, 2° l'intérêt national intérieur.

C'est à cause du premier que les Chefs d'Etats étrangers, et leurs représentants accrédités chez nous, sont spécialement protégés contre l'outrage public. Il est manifeste que les bons rapports de la France avec les autres nations ne peuvent continuer que si lesdits Chefs ou représentants sont protégés dans notre pays. L'intérêt public, national et international, est en jeu.

L'intérêt national intérieur comporte un assez grand nombre de subdivisions. Je distinguerai notamment:

1° *L'intérêt public général*, c'est-à-dire celui qui concerne tous les Français indistinctement. La surveillance en est confiée aux Chambres et au Gouvernement. Les lois constitutionnelles, les lois fondamentales, applicables sans distinction de personnes ou de classes sociales, protègent cet intérêt.

Tous ceux qui, f[res] ou non, concourent effectivement, dans une mesure quelconque, à l'exécution des lois susdites, agissent dans l'intérêt général.

Modalités de l'intérêt public général. L'intérêt général peut être *spécial* quant à sa nature, c'est-à-dire concerner : 1° La sécurité publique; 2° la santé publique; 3° les finances publiques; 4° l'administration de la Justice; 5° la bonne qualité des poids, mesures, monnaies, denrées, etc.; 6° le respect de la propriété de l'Etat ou des individus, bois, maisons, champs, forêts, etc.; 7° la protection du pays contre l'étranger; 8° l'exécution par contrainte des lois, jugements; 9° l'instruction publique, etc.

Les membres des Chambres et du Gouvernement, les corps constitués, les f[res] en général, agissent pour l'intérêt public, et ont un mandat public à cet effet.

L'administration de la Justice est une des formes essentielles de l'intérêt public.

Aussi les témoins, dont la déposition constitue l'un des éléments de preuve admis par la loi, sont d'une utilité si grande pour la bonne administration de la Justice, qu'on les protège à bon droit à raison de leur déposition. Ici, c'est l'intérêt public dans la véritable et complète acception du terme qui est en cause.

2° *L'intérêt public spécial*, c'est-à-dire l'intérêt, déterminé quant à sa nature, concernant un nombre indéterminé de citoyens quelconques.

Par exemple : l'intérêt religieux (ministres des cultes salariés).

3° *L'intérêt public restreint*, c'est-à-dire celui qui concerne une catégorie de citoyens d'occupations similaires, mais de nombre indéterminé, et ne formant pas un groupe organisé légalement. Par exemple, l'intérêt commercial, agricole, industriel, etc.

4° *L'intérêt public secondaire*. — Ce que j'appelle ainsi, à défaut d'une qualification plus expressive, c'est l'intérêt privé s'identifiant avec l'intérêt public, ou se manifestant parallèlement à celui-ci. Il s'agit, en somme, d'une des formes de l'intérêt public, coïncidant ou se confondant avec un intérêt privé ou une juxtaposition d'intérêts privés.

Le principe dans lequel ces deux intérêts se rencontrent, c'est, par excellence, celui du droit de propriété.

De sorte qu'on pourrait dire que l'intérêt public secondaire c'est l'application d'un principe d'intérêt public à un intérêt particulier.

C'est surtout en cette matière que la nature et l'importance du rôle joué et des intérêts en cause entraînent les qualifications les plus diverses, et que la jurisprudence a formulé les décisions les plus contestables. Je ne citerai que quelques exemples: 1° celui des officiers ministériels, qui n'ont pas d'autre qualification, qui agissent pour appliquer la loi, surtout dans l'intérêt des particuliers en général et de tel particulier isolément; 2° celui des gardes des particuliers, qui n'agissent que pour leur patron ou une association de patrons; 3° celui des séquestres, etc.

5° *L'intérêt national partiel.* — A côté de l'intérêt général, mais faisant corps avec lui, existe l'intérêt national partiel, c'est-à-dire celui des diverses agglomérations organisées, dont la réunion constitue la nation. Ces agglomérations, ce sont : le département, l'arrondissement, le canton, la commune, dont les intérêts, pour distincts qu'ils puissent être de l'intérêt public national, n'en constituent pas moins, à certains points de vue, par leur convergence vers le même but commun, les parties de ce total qu'est l'intérêt national; et, à d'autres points de vue, une juxtaposition d'intérêts publics partiels assimilables à l'intérêt public national, dont ils sont en quelque sorte une réduction.

Les mandataires élus pour l'administration de ces intérêts, conseillers généraux, etc., sont des citoyens chargés d'un mandat public, s'ils délibèrent sur les intérêts départementaux, etc. S'ils délibèrent ou votent sur ce qui a trait directement à l'intérêt public proprement dit (impôts publics, etc.) ce sont de véritables citoyens SP.

Parmi ces mandataires, certains (maires, etc.), sont choisis pour exécuter les décisions de leurs co-mandataires, gérer les intérêts (communaux ou autres), et ont en outre pour mission spéciale, extraordinaire, de veiller à l'application des lois concernant l'intérêt général dans les limites de leur territoire. A cet égard, ils jouissent de qualifications réservées, en principe, aux f[res] réguliers et ils sont, en fait, subordonnés à l'autorité, et qualifiés f[res] par assimilation.

De l'intérêt du public. — Il ne faut pas confondre l'intérêt public avec celui du public.

Agir dans *un* intérêt public n'est pas le moins du monde synonyme d'agir dans l'intérêt public. J'ai expliqué ce qu'il faut entendre par l'intérêt public.

L'intérêt du public, c'est l'avantage dudit public, ce qui touche à la commodité ou à l'agrément de chacun et de quiconque.

Agir dans l'intérêt public, c'est faire un service public.

Agir dans l'intérêt du public, c'est agir pour le service du public, c'est-à-dire en vue de sa commodité, etc. Etre SP, c'est avoir un mandat spécial, déterminé, conféré par l'autorité ou confirmé par elle, à l'effet d'exercer des pouvoirs également déterminés.

Agir pour le service du public, c'est être en contact avec le public, traiter avec lui, pourvoir à ses besoins, gérer même les intérêts privés des particuliers, mais sans avoir mandat à cet effet de l'autorité ou de ses représentants.

Relativement à cette gestion d'intérêts privés multiples, il faut remarquer que la loi ne protège nullement les directeurs et adminisrateurs, mentionnés L. 1881.

Leur unique prérogative, fondée sur cette considération que la gestion de la fortune du public intéresse indirectement la fortune publique, consiste en ce que, si leur fonction spéciale est l'objet d'attaques publiques diffamatoires, ils peuvent se disculper en public, tout comme les f[res]. Par contre, leur qualité n'est pas protégée spécialement, et les attaques contre eux sont réprimées suivant le droit commun. Revenons au service du public.

Les contrôleurs et employés des omnibus à Paris, les employés ordinaires des administrations privées de chemins de fer agissent bien pour le service du public, et dans l'intérêt du public, mais non dans l'intérêt ou pour le service public.

Si leurs administrations étaient considérées par la loi comme pouvoirs organisés de l'Etat, il n'en serait plus de même, mais il ne suffit pas que la loi ait organisé ou réglementé leur action, pour que ces administrations doivent être considérées comme jouissant d'un pouvoir émané de la loi.

Pour les chemins de fer, par exemple, la loi s'est occupée (ou les règlements d'administration publique) de préciser les conditions de leur fonctionnement, de leur service intérieur, etc.; elle leur a donc imposé une règle dans l'intérêt du public, à charge par les administrateurs et employés d'observer cette règle; mais, ce faisant, elle ne leur a pas délégué pouvoir spécial d'agir en son nom.

Au contraire, nombre d'autres dispositions concernent la police et la sûreté des chemins de fer, c'est-à-dire l'intérêt public, le service public. Pour que ses prescriptions soient respectées, la loi a chargé certains agents de veiller à leur observation. Et les f[res] qualifiés ont adjoint à ces agents d'autres agents, assermentés, qui ont mission, chacun dans leur sphère, d'agir dans le même but que les premiers. Toutes ces personnes, lorsqu'elles agissent F, agissent évidemment comme mandataires, désignés ou délégués, de la loi. Ce sont donc des citoyens chargés d'un mandat ou service public, qui ont droit à une protection spéciale à raison de ce mandat, et pour l'exécution de celui-ci. Tels sont certains employés du Métropolitain à Paris, de la Cie des tramways à vapeur de St-Germain, etc.

D'autre part, si les employés chargés de l'exploitation appartiennent à une administration de l'Etat, il s'ensuivra que, tout ce qui touche à la gestion des intérêts de l'Etat se confondant avec l'intérêt public proprement dit, ces employés seront de véritables f[res], et auront droit à la qualification de citoyens SP.

Pour bien préciser la différence fondamentale qui existe entre les employés chargés de l'exploitation et ceux chargés de la surveillance, il suffit du reste de faire ressortir que les premiers, employés d'une administration privée, sont chargés, non pas d'appliquer ou d'exécuter la loi, mais bien de se *conformer* aux dispositions édictées par elle. La loi, bien loin de les investir d'un pouvoir quelconque, les *oblige* à observer ses prescriptions; ils ont à obéir, non à contraindre ou poursuivre.

Les seconds, chargés de signaler, de poursuivre, etc., ont à cet effet partie des pouvoirs publics.

Si la loi protège le public contre les premiers, elle protège les seconds contre le public.

Il est donc manifestement impossible, à défaut d'un texte formel, que les premiers soient protégés contre le public, dans leurs rapports avec celui-ci (Voir ch. 6. 9).

2e Section (ch. 4 à 8)

Privilégiés. — Classification. — Mandat. Qualités.

CHAPITRE IV

CLASSIFICATION DES PRIVILÉGIÉS, BASÉE SUR LA NATURE DU PRIVILÈGE

Je subdivise les privilégiés en trois grandes catégories:

1° Les non-f[res], jouant un rôle public sans mandat public; 2° Les privilégiés intermédiaires ou assimilés (aux MP); 3° Les MP ou mandataires publics (f[res] et citoyens SP).

1re Catégorie. — Privilégiés sans mandat public. — Ils forment deux classes:

1° Les mandataires étrangers, dont le rôle et la *qualité* suffisent à leur valoir protection.

2° Les mandataires du public et les témoins, dont le rôle seul motive protection.

1° Mandataires étrangers. — Ce sont:

1° Les Chefs d'Etats étrangers, protégés contre l'offense publique par l'art. 36 L. 1881;

2° Les agents diplomatiques étrangers, protégés contre l'outrage public par l'art. 37 de la même loi, qui énumère:

1° Les ambassadeurs; 2° Les ministres plénipotentiaires; 3° Les envoyés, chargés d'affaires ou autres agents diplomatiques accrédités près du Gouvernement de la République. Ils ont mandat de leur gouvernement, mais non mandat public français, ce qui explique pourquoi leur qualité suffit à leur valoir protection, sans qu'il y ait lieu de s'occuper si leur mandat est ou non exercé au moment de l'offense.

2e Classe. — Elle comprend:

1° *Les mandataires du public*, c'est-à-dire les directeurs et administrateurs de certaines entreprises faisant publiquement appel à l'épargne et au crédit. Leur unique privilège est celui qui résulte des dispositions de l'art. 35 de la loi du 29 juillet 1881.

2° *Les témoins*, protégés uniquement à raison de leur déposition.

2e Catégorie. — Privilégiés intermédiaires ou assimilés aux mandataires publics. Ils forment deux classes: 1° *Les ministres des cultes* salariés par l'Etat, protégés

OFP, F et FP; 2° *Les officiers ministériels*, protégés F, FR et OF, mais non OFP.

3e Catégorie. — Mandataires publics.

Ils figurent dans deux catégories:

1° *Les corps organisés*, comprenant: les armées de terre et de mer, les administrations publiques, les Cours et Tribunaux, certains corps constitués, protégés comme tels contre l'injure et la diffamation OFP par la loi de 1881.

2° Les MP, comprenant des non-fres et des fres, parmi lesquels rentrent notamment les membres de la plupart des organisations susénumérées.

Pour les privilégiés des 1re et 2e catégories, voir VII. Ce qui suit a trait aux MP de la 3e catégorie.

CHAPITRE V

MANDAT PUBLIC ET MANDATAIRES PUBLICS POUVOIR MANDANT. — INVESTITURE

Mandat public. — Mandataires publics.

Par mandat public, je n'entends pas désigner seulement le mandat spécial protégé par la loi de 1881 (art. 31), mais bien le mandat de tous les privilégiés composant la 2e classe de la 3e catégorie (chap. 4), qu'ils soient ou non fres. Or, la qualon de la loi de 1881 ne s'applique pas à tous les fres. Pour éviter toute confusion, je désigne les mandataires publics par l'appellation: MP ou citoyens MP; quant aux mandataires publics au sens de la susdite loi, je les qualifie citoyens SP par mandat, pour les distinguer des citoyens SP proprement dits, au sens de la même loi.

Pour justifier l'adoption de la qualon: citoyens MP, je ferai remarquer que ni le Code ni la loi de 1881 ne parlent de MP, de sorte qu'aucune confusion ne peut résulter de l'emploi de la qualification susdite, qui, dès lors, ne peut que caractériser la condition essentielle du privilège.

Reste à démontrer que le terme MP peut s'appliquer également aux citoyens SP et aux citoyens SP par mandat selon la loi de 1881, ainsi qu'aux fres et aux non-fres.

Mandat ou service public. — Or, par citoyens chargés d'un service ou mandat public, il faut entendre tous agents investis, dans une mesure quelconque, d'une fraction de l'autorité publique, mais non pas les personnes qui ne participent pas à cette autorité quoiqu'un intérêt public s'attache à leur service. (Cass. 29 déc. 1898.)

D'un autre côté, que le mandat soit gratuit ou rétribué, permanent ou temporaire, l'art. 31 de la loi du 29 juillet 1881 est applicable. (Paris, 30 juin 1896.)

Enfin, la jurisprudence ne fait pas de différence entre le mandat conféré par élection et celui conféré par nomination. Mais les arrêts ci-dessus se rapportent à la loi de 1881. Le Code pénal, lui, parle des citoyens chargés d'un ministère de service public. Ministère de service public ou service public sont expressions de sens et de valeur identiques.

Les citoyens SP au sens de la loi de 1881 seront donc, très évidemment, protégés par le Code pénal. Pourtant, pour que l'assimilation faite entre les citoyens SP par mandat et les citoyens SP au sens du Code soit chose indiscutable, il faut démontrer que les citoyens SP par mandat sont bien protégés par le Code à titre de citoyens SP.

Et, pour que la démonstration soit péremptoire, je choisirai comme exemple les conseillers municipaux, qui ne sont pas expressément désignés dans la loi de 1881, comme le sont les membres des Chambres.

Arrêt. — Le conseiller municipal doit être considéré comme chargé d'un ministère de service public, et il est protégé par l'art. 224 CP. (Lyon, 27 nov. 1900.)

Si enfin l'art. 224 protège comme citoyens SP des fres, la qualification MP devra être admise définitivement. Or, le législateur, nous le verrons, a précisément introduit dans l'art. 224 la qualon: citoyens SP pour protéger les fres non dép. fp.

Quant aux autres fres, il est évident qu'ils sont SP, puisqu'ils ne peuvent agir fonctionnellement que pour le service public, en vertu de leur mandat public.

Du reste, la 7e partie démontre que la désignation SP, en raison de son imprécision même, est employée couramment pour qualifier les fres réguliers, ayant accompli certains actes sans rapport immédiat avec leur mandat spécial, quoique rentrant théoriquement dans les limites de leurs pouvoirs fls.

Nota. — Ministère veut dire charge, emploi, fonction. Etre chargé d'un ministère de service public veut donc dire, soit être *investi* d'une charge, d'un emploi concernant le service public, soit être *employé*, être chargé d'une mission intéressant le service public.

Pouvoir mandant. — Autorité publique. — Pour qu'il y ait mandat, il faut qu'il y ait mandant. Autrement dit, le mandataire doit être le représentant ou le délégué d'un mandant. Le MP ayant mandat le chargeant d'un service public, d'une mission ayant pour objet immédiat l'intérêt public, ne peut être commis à cet effet par un simple particulier, pas plus que par une réunion indéfinie de particuliers. Son mandant doit avoir lui-même qualité pour le commettre. Comme l'intérêt et le service publics sont l'intérêt et le service du peuple français, autrement dit de la Nation, il s'ensuit que le MP ne peut être considéré comme tel que s'il est commis immédiatement ou médiatement par la nation. Le pouvoir national est caractérisé grâce à un terme abstrait: l'autorité.

Mais que cette autorité vienne à s'exercer effectivement, et un terme concret la caractérisera ; on dira : l'autorité publique, l'autorité constituée. Le MP doit donc être commis par l'autorité publique ou par l'autorité constituée.

Autorité publique. — Possédée par le peuple français, l'autorité peut être exercée : 1° Par lui, immédiatement ; 2° En son nom, médiatement. Immédiatement, elle se manifeste grâce à l'élection.

La nation étant composée d'un certain nombre d'agglomérations organisées (départements, etc.), le pouvoir appartenant à chaque agglomération est, incontestablement, le pouvoir public. L'addition des pouvoirs publics de chaque groupe légal donne le pouvoir public national. Donc, tous les représentants élus par le peuple, députés, conseillers, etc., sont les MP par excellence, les représentants immédiats de la nation et de ses subdivisions. L'autorité publique est donc exercée médiatement par lesdits élus. Quant aux pouvoirs conférés aux diverses assemblées élues, ils diffèrent évidemment. Restreints en ce qui concerne les assemblées communales et autres, ils sont généraux en ce qui touche les Chambres, chargées d'élaborer les lois et d'élire le Chef de l'Etat.

Or, comme les Assemblées délibèrent, élisent, réglementent, etc., sans exécuter leurs décisions, on a été amené tout naturellement à n'employer l'expression : autorité publique, qu'à l'égard des autorités déléguées pour exécuter, pour exercer effectivement le pouvoir. Cette distinction est indiquée par les expressions: pouvoir législatif, et pouvoir exécutif ou autorité constituée.

Si bien qu'en fait, le Chef de l'Etat incarne l'autorité publique. Il promulgue les lois, qui sont l'expression de la volonté nationale, et nomme aux emplois publics; il choisit les ministres, chargés d'exécuter les lois.

De leur côté, les assemblées communales élisent les maires et adjoints, chargés d'exécuter leurs décisions, et placés sous le contrôle du pouvoir central en tant que préposés à l'application de certaines lois, et chargés d'élaborer des règlements en conformité des lois.

Enfin les administrations centrales, dirigées par les ministres, comprennent quantité de préposés investis de pouvoirs plus ou moins étendus.

Toutes ces assemblées, communales et autres, toutes ces administrations, les membres du Gouvernement, les maires, etc., n'agissent ou n'ont droit d'agir que parce que la loi les y autorise.

La loi est donc l'expression directe de la volonté nationale; elle est la source de tout pouvoir. D'où la règle suivante : Le mandat public dérive de la loi: il doit être institué ou autorisé par elle, et conféré par l'autorité ou la loi elle-même.

Par suite, pour être MP, il faut posséder un mandat légal, et ce mandat ne peut consister qu'à appliquer ou à exécuter la loi ou les dispositions dérivant de la loi, ou autorisées par elle; ou les prescriptions édictées par l'autorité.

Exercer l'autorité, c'est donc appliquer la loi, la faire observer, ou agir au nom de l'autorité constituée.

La mission consistant à appliquer la loi est confiée au Gouvernement, lequel dispose à cet effet, de trois moyens d'action: 1° La direction; 2° L'action; 3° La contrainte.

Le Gouvernement se réservant principalement la direction générale, partie des pouvoirs qu'il possède est déléguée à certains membres des administrations déjà mentionnées, et à divers mandataires extérieurs à ces administrations.

Sans entrer dans le détail des organisations instituées en vue d'agir au nom du Gouvernement, on peut dire que ce dernier, tout en se réservant la direction suprême de la puissance de contrainte (force publique), dirige et agit par l'intermédiaire des autorités dites adm. et jud., auxquelles ressortissent les polices adm. et jud. (dont les maires et adjoints font partie) et les tribunaux.

Mais le Gouvernement, par suite de la délégation de partie de ses pouvoirs de direction aux autorités adm. et jud., délègue en même temps à celles-ci partie de ses pouvoirs de contrainte, c'est-à-dire qu'il leur donne pouvoir d'appuyer leurs décisions par l'emploi de la force publique, au nom de la loi, qui les y autorise. L'autorité adm. et l'autorité jud. agissent parallèlement et se complètent l'une par l'autre.

La force publique, c'est l'armée, qui reste sous la direction du Gouvernement, à charge par elle d'obéir aux réquisitions de l'autorité civile.

Cette force ne pouvant être détournée qu'exceptionnellement de l'accomplissement de ses devoirs spéciaux, l'autorité a dû, pour les mesures de force ordinaires, quotidiennes, instituer des agents susceptibles d'exercer en fait la fonction attribuée en principe à la force publique.

Ces agents sont donc, à ce titre, dép. fp., et, s'ils viennent à faire acte de force publique, on peut les qualifier ag. fp. (Voir I, 12.)

Objet du mandat public.

Consistant à appliquer la loi ou les décisions de l'autorité, le mandat public comporte attribution des pouvoirs nécessaires. Ces pouvoirs n'étant qu'une subdélégation de ceux du Gouvernement, le mandat pourra avoir pour objet d'appliquer, de diriger, d'agir ou de contraindre.

Quelle que soit la proportion des pouvoirs conférés au mandataire, il suffira que celui-ci exerce un mandat autorisé par la loi, avec pouvoirs précisés par elle, ou par l'autorité, pour qu'il soit dit MP.

Agir pour l'intérêt public, c'est être chargé d'un mandat public ou d'un mandat de service public, conditions équivalentes de celle exprimée par: exercer une fonction publique.

Fonction publique, service public doivent évidemment être organisés ou au moins autorisés par la loi.

D'où la règle suivante :

Le mandat public est un mandat légal, essentiellement fonctionnel.

Par abréviation, je le qualifie: mandat f[l].

Mandat f[l]. — L'idée de mandat, en général, comporte: 1° Une délégation plus ou moins étendue de pouvoirs f[ls]; 2° Le droit d'exercer lesdits pouvoirs f[ls], exercice que je qualifie: exercice f[l] ou action f[lle]; 3° L'attribution, au mandataire, d'une qualité ou d'une qual[on] f[lles], caractéristiques de l'action ou des pouvoirs.

L'idée de mandat f[l] renferme donc celles de pouvoirs, d'exercice, d'action, de qualité et de qualification.

Pouvoirs f[ls]. — Les pouvoirs f[ls] peuvent être généraux, restreints ou spéciaux.

Les pouvoirs généraux et restreints doivent, de toute évidence, donner droit d'exercer des actions f[lles] distinctes, tandis que les pouvoirs spéciaux ne peuvent comporter qu'une action f[lle] spéciale. Il est donc logique d'admettre que les premiers comporteront plusieurs qualités ou qual[ons] f[lles], tandis que, pour les seconds, une seule qualité ou qual[on] f[lle] caractérisera pouvoir et action. D'autre part, il est légitime de supposer, qu'en thèse générale, les pouvoirs généraux devront être conférés sans délimitation de durée du mandat, tandis que les pouvoirs restreints pourront être, soit permanents, soit temporaires de préférence; et que les pouvoirs spéciaux seront *presque* exclusivement momentanés.

Mandats permanents. — On comprendra de même que le mandat permanent soit accompagné de l'attribution d'une qualité ou qual[on] permanente.

Mandats temporaires. — Le mandat temporaire peut être institué de façon permanente par la loi, mais les titulaires du mandat n'étant pas investis à titre définitif, permanent, il s'ensuit clairement que c'est à l'exercice du mandat que la qualité ou qual[on] est liée. La possession de cette qualité ou qual[on] est donc subordonnée à l'exercice du mandat.

Mandats permanents et temporaires. — On est autorisé à dire que le mandat permanent confère qualité donnant droit d'exercice f[l], tandis que le mandat temporaire donne droit d'exercice f[l] déterminant la qual[on] correspondante.

Mandats momentanés. — Comme ils consistent à exercer une action spéciale, on doit considérer que c'est exclusivement à l'action exercée que la possession de la qual[on] est subordonnée.

Investiture. — La loi, qui protège différentes classes de privilégiés, et attribue à ceux-ci des qualités distinctes, a-t-elle réglementé de façon invariable le mode d'investiture de ses protégés? A-t-elle indiqué les conditions auxquelles la possession de telle qualité est subordonnée? S'il en était ainsi, ma tâche serait singulièrement facilitée.

Il y a des règles, assurément, mais elles ne sont pas invariables. Il y a des mandats dont l'institution est permanente, et dont les titulaires sont investis à titre permanent ou temporaire.

Mais il y a aussi des mandats dont l'exercice est subordonné à certaines contingences, et dont les titulaires ne sont désignés que lorsque le besoin s'en fait sentir. Il y a enfin des mandats tout à fait exceptionnels, momentanés, selon l'expression par laquelle je les désigne.

Or, les mandats permanents comportent généralement nomination, — parfois seulement agrément des autorités ; les mandats temporaires comportent nomination, désignation ou élection; les mandats momentanés comportent presque exclusivement réquisition.

A part ces derniers, chaque mandat est l'objet de règles déterminées quant au mode d'investiture de chaque titulaire. Mais ces règles, spéciales à chaque mandat, ne restent pas les mêmes pour chaque *catégorie* de mandats.

Néanmoins, pour qu'un mandat soit valable, et donne droit éventuel à telle qualité, il faut que l'investiture du titulaire soit régulière et légale. Il faut donc que les pouvoirs qu'il sera appelé à exercer soient reconnus par la loi, et que son droit de les exercer soit consacré par l'autorité compétente. Ces conditions dûment remplies, il ne s'ensuit pas que tous les actes du mandataire lui vaudront protection légale. Il ne sera protégé que s'il est attaqué fonctionnellement, c'est-à-dire dans ses actes f[ls], ou à propos de ceux-ci ou de son mandat, autrement dit, F ou OF.

Aux termes des lois constitutionnelles, le Président de la République *nomme*, au moins les f[res] dits agents du Gouvernement.

Les autres f[res] subalternes sont nommés par le Gouvernement et par certains f[res] qualifiés.

Les assemblées délibérantes élisent les f[res] temporaires (maires, adjoints, Président de la République lui-même). D'où l'observation suivante: Les f[res] ont qualité comportant délégation de pouvoirs, et sont mandataires directs de l'autorité. Les non-f[res], au contraire, ont mandat comportant attribution de qualité, ou mieux, de qual[on], mais ils ne sont pas les représentants subdélégués de l'autorité, qu'ils soient employés ou requis par elle en vue d'une mission pour le service public.

Mais, pour les uns comme pour les autres, c'est la nature de leur action au moment de l'attaque qui détermine, ainsi que nous le verrons constamment, l'attribution de la qual[on] protectrice.

Définitions. — Par simplification, je propose les définitions suivantes:

1° Les MP f[res] ont un mandat *représentatif* f[l].

2° Les MP non-f[res] ont un mandat f[l] *qualificatif.*

Chaque fois que le pouvoir f[l] ne consistera pas à exercer une des prérogatives légales du pouvoir exécutif, le mandataire ne dépendra pas dudit pouvoir, et ne sera pas un f[re] public, même si son mandat lui attribue une qualité. Si le pouvoir f[l] résulte d'une qualité donnant droit d'exercer un mandat légal conféré par l'autorité, et consiste à agir comme ladite autorité ou en son nom, le mandataire sera un f[re] public.

Remarques. — Si ces définitions sont exactes, il en résulte que, pour être f[re], il faut être dép. ou ag. aut., et que ces deux qual[ons] sont inapplicables aux non-f[res] en principe. La jurisprudence confirme de tous points ce principe.

Mandats immédiats et médiats.

1° Le mandat sera *immédiat* s'il dérive des agglomérations de citoyens dites assemblées électorales, ou de la loi elle-même.

Bien qu'à vrai dire il ne soit que médiat dans tous les autres cas, on pourra le qualifier immédiat, par assimilation : 1° S'il dérive directement des assemblées délibérantes, mandataires elles-mêmes de la volonté nationale; 2° S'il dérive directement de la loi élaborée par lesdites assemblées; 3° Si, institué par la loi, il est conféré par le pouvoir exécutif, ou exercé après désignation ou approbation par ledit pouvoir exécutif, et, dans ces diverses hypothèses, à titre permanent ou au moins temporaire.

2° Nous pouvons réserver la qualification: *médiats*, aux mandats qui, institués ou autorisés par la loi, sont conférés, ou exercés après approbation ou désignation, par les subdélégués du pouvoir exécutif, c'est-à-dire par ceux qu'on appelle communément les représentants de l'autorité publique *(stricto sensu).*

Nomenclature des mandats.

1° *Mandats* immédiats. — Ce sont ceux des membres des Chambres et des autres assemblées délibérantes.

1 *bis Mandats* immédiats par assimilation.

a) *Temporaires.* — Ce sont ceux du Chef de l'État et des membres du Gouvernement, des jurés, des juges de commerce, etc.

b) *Permanents.* — Ce sont ceux des f^res^ publics, notamment des dép. aut.

c) *Momentanés.* — On en trouve un exemple à l'art. 106 CIC.

2° *Mandats* médiats.

a) *Temporaires.* — Ce sont ceux des séquestres, gardiens de scellés judiciaires, gardiens d'objets saisis, syndics de faillites, etc.

b) *Permanents.* — Ce sont ceux des f^res^ publics dits ag. aut., des gardes particuliers, etc.

c) *Momentanés.* — Ce sont ceux des particuliers requis par les f^res^ publics pour un service public.

CHAPITRE VI

DU MANDAT FONCTIONNEL OBJET, EXERCICE, ATTAQUES

Le mandat est conféré par nomination, élection, désignation, réquisition, agrément.

Son objet peut être : une question, une mission, un service.

Il peut comporter la formalité de l'assermentation.

Il y a deux genres de mandats f^ls^: 1° Le mandat d'exercice f^l^; 2° Le mandat d'action f^lle^. Le premier est celui des f^res^ et assimilés, le second est surtout celui des particuliers. En général, le premier comporte droit d'action f^lle^; le second est exclusif de l'exercice f^l^, ou mieux, l'action f^lle^ est, pour le titulaire, le seul mode d'exercice f^l^.

Exercice f^l^. — Cet exercice, c'est donc l'emploi des pouvoirs conférés par le mandat.

Action f^lle^. — L'action f^lle^, c'est l'affirmation des pouvoirs f^ls^, caractérisée par un acte déterminé, accompli soit pendant l'exercice f^l^, soit en dehors de cet exercice, mais toujours en vertu du mandat conféré. Cette action n'est en somme qu'une modalité de l'exercice f^l^.

Le sujet sera traité à fond dans la 4e partie. Il convient pourtant de dire dès à présent que je distingue deux genres d'action f^lle^: 1° l'action F; 2° l'action FR. Nous verrons plus loin que ces deux actions, différentes seulement quant à leur objet immédiat, sont identiques théoriquement.

Des différents mandats d'exercice f^l^. — Je distingue: 1° le mandat public; 2° le mandat de service public.

Mandat public proprement dit. — Si l'exercice f^l^ consiste à accomplir une mission d'utilité publique spécifiée par l'autorité constituée, ou à agir pour le service public, dans les conditions définies par la loi, et après élection par l'autorité publique, il y aura mandat public au sens de la loi de 1881.

Mandat de service public. — Quel que soit le mode d'investiture du mandataire, si l'exercice f^l^ consiste à agir pour le service public, il y aura mandat public ou mandat de service public.

Service public. — Si l'exercice f^l^ a lieu à l'égard des citoyens, il y aura service public proprement dit.

D'où assimilation complète entre les trois expressions susdites, qui peuvent être indifféremment employées, à la condition que l'exercice f^l^ dérive d'un mandat attributif de pouvoirs, et soit susceptible de protection en raison de la nature de ces pouvoirs.

Observations critiques. — Je n'entends pas assumer la responsabilité des définitions ci-dessus. Mon rôle ne consiste pas à disserter *ex cathedrâ*, mais bien à exposer la jurisprudence admise.

Si j'avais à émettre une opinion, elle serait toute différente de celles rapportées.

A mon avis, mandat public et service public sont deux choses distinctes. En effet: 1° Le législateur de 1881 ne parle pas de citoyens chargés d'un mandat ou service public, mais bien: d'un mandat ou *d'un* service public. Les membres des Chambres, mentionnés dans la même loi, sont pourtant chargés d'un mandat public. Comment expliquer dès lors la distinction faite par cette loi entre le mandat et le service public, sinon en décidant que les citoyens SP sont ceux protégés d'autre part par le Code pénal, et que les cit. chargés d'un mandat public, *exclusivement* protégés par la loi de 1881, sont les membres des assemblées délibérantes, investis d'un mandat spécial ou électif? Remarquons aussi que le Code ne parle pas des citoyens chargés d'un mandat public, du moins dans les art. 209 et suivants.

2° A mon avis, avoir un mandat public, c'est tenir celui-ci : 1° de la confiance de ses concitoyens, par élection (députés, conseillers, prud'hommes, etc.); 2° de la confiance de l'autorité constituée, soit pour une mission spéciale (exploration, etc.), soit pour un service public spécial et exceptionnel (jurés, avocats siégeant, etc.). Etre chargé d'un service public, c'est être dûment investi, après assermentation d'ordinaire, d'une fonction assimilable à celle des f[res], par l'autorité constituée, afin d'exercer une mission de surveillance ou de protection, etc.

3° Pour être dit chargé d'un service public, la condition essentielle me paraît consister à être investi d'un mandat *individuel* en vue d'exercer une certaine part d'autorité, au nom de l'autorité constituée mandante ou de la loi. Or les membres des assemblées délibérantes exercent une autorité collective, et ce n'est qu'exceptionnellement que l'un quelconque d'entre eux est appelé à faire un service public proprement dit. Il est équitable que l'exercice de leur mandat soit protégé. mais, tant qu'ils l'exercent dans les conditions habituelles, ils n'ont pas besoin d'être protégés par le Code au même titre que ceux dont la fonction consiste à veiller à ce que les citoyens respectent la loi. Ils n'ont pas de rapports f[ls] avec les citoyens, ou plutôt, ils n'ont pas autorité sur eux. La protection de la loi de 1881 est donc amplement suffisante à les défendre contre toute attaque, directe ou indirecte.

4° Etre chargé d'un ministère de service public, c'est : 1° être chargé d'un service public après investiture; 2° être chargé d'une mission exceptionnelle concernant le service public, sur réquisition d'ordinaire, ce qui, en fait, est une condition assimilable à celle des citoyens chargés d'un service public régulier; 3° avoir mandat public de l'autorité constituée, avec pouvoirs spéciaux de contrainte à l'occasion, comme c'est le cas pour certains explorateurs officiels.

Conclusions. — L'assimilation faite par la jurisprudence entre les cit. SP et ceux chargés d'un mandat public est donc injustifiée et inutile.

On peut du reste lui opposer l'arrêt si explicite de la Cour suprême relatif aux maires (VII), lequel arrêt fait une distinction rationnelle entre les différents actes de ces dép. aut., suivant qu'ils agissent comme tels, ou comme simples mandataires communaux.

Ce qui revient à dire une fois de plus que la qual[on], si elle doit n'être pas en désaccord avec le genre d'investiture du mandataire, doit avant tout caractériser la nature des pouvoirs et de l'action f[ls]. A l'appui de cette argumentation, voir VII, adjoint, chemins de fer, maire, etc.

En définitive, si tous les privilégiés que je qualifie MP peuvent être dits chargés d'un mandat public, on n'a le droit de qualifier SP au sens du Code pénal et de la loi de 1881 que ceux qui, soit sur délégation spéciale, soit en vertu d'une disposition légale, soit à titre de préposés de l'autorité constituée, sont appelés à exercer un service public avec autorité individuelle.

Suite. — Le mandat peut comporter : 1° action responsable vis-à-vis du mandant ou de la loi, 2° action à l'égard des citoyens; 3° action d'utilité publique.

Tous trois entraînent responsabilité, mais, alors que les deux derniers sont protégés quant à leur exercice, le premier ne saurait l'être (Voir ch. 9).

Exercice f[l]. — Pour le définir, il faut avoir recours au texte de l'art. 209, qui protège l'action f[lle]. Celle-ci, au sens dudit article, a lieu pour exécuter les lois, ordres et ordonnances de l'autorité publique, mandats de justice et jugements. Ces cinq prévisions peuvent se ramener à deux : 1° l'exécution des lois; 2° celle des décisions de l'autorité publique.

Les décisions de l'autorité ne pouvant être rendues qu'en conformité des lois, il s'ensuit que toute action f[lle] a lieu en vue de l'exécution des lois.

Cette action pouvant être exercée par des f[res] et des non-f[res], c'est, nous l'avons vu, le mode d'investiture qui différencie les MP.

Pour rendre des décisions, il faut : 1° représenter l'autorité, et avoir mandat f[l] pour prescrire en son nom; 2° ou avoir au moins mandat pour prescrire au nom de la loi.

Si le pouvoir de décision est exercé sans attribution de mandat représentatif, on n'est pas f[re], mais on *agit* comme dép. aut., comme magistrat, et la loi vous protège au moins comme magistrat, quant à l'exercice de l'action f[lle].

Si le pouvoir de décision est exercé en vertu d'un mandat représentatif, on *est* f[re], dép. aut. et magistrat.

Dans les deux hypothèses, on agit *en* et *pour* l'exécution de la loi.

Si le mandat est représentatif et consiste à exécuter les décisions de l'autorité, ou les prescriptions des lois pour lesquelles on a compétence, sans comporter pouvoir de décision, on est f[re], ag. aut., mais non dép. aut.

Si le même mandat, sans pouvoir de décision, n'est pas représentatif, on n'est ni f[re], ni dép. aut., ni ag. aut., mais on agit comme les ag. aut., et on sera qualifié citoyen SP, ou officier de justice, etc.

Décisions de l'autorité publique. — Elles ressortissent aux deux catégories suivantes: 1° ordres et ordonnances; 2° mandats de justice et jugements.

Pour être qualifiées décisions légales, il faut qu'elles soient rendues en et pour l'exécution de la loi. Sinon, il y aura seulement mission de l'autorité.

1re catégorie. — Ordonnances. — Ce sont les règlements d'administration publique, les décrets et arrêtés. On peut également qualifier telles les ordonnances de justice, mais je préfère ranger celles-ci parmi les mandats ou jugements.

Ordres. — Si l'ordonnance est une décision offrant un caractère prémédité qui la rend assimilable à la loi elle-même, si, pour être valable, elle est soumise à certaines conditions et formalités, qu'elle concerne des matières d'ordre général ou individuel, l'ordre peut être assimilé à une sorte de réquisition. Il peut être formulé verbalement ou par écrit. Celui qui le reçoit, en cas de doute, peut exiger qu'il soit écrit (décret du 4 mai 1812), mais, à part l'ordre à la force publique, la loi n'exige pas que l'autorité formule ses ordres par écrit pour qu'ils soient légalement donnés.

L'ordre peut remplacer le mandat, en cas de flagrant délit, si le prévenu est présent. Il peut également consister à accomplir une mission d'utilité publique au nom de l'autorité administrative, ou plutôt, du Gouvernement. L'exercice f[l] a alors lieu *en* exécution de la loi.

Mandats de justice, jugements, ordonnances de prise de corps. — On peut les qualifier *mandements* (Voir décret 2 septembre 1871, et IV, 15).

Nota. — Les mandats de l'aut. adm., prescrivant une mesure que le mandataire a compétence légale pour exécuter spontanément, ne doivent pas être confondus avec les mandements. Le mandataire, en les exécutant, conserve toute sa responsabilité, sans restriction.

Au point de vue de l'exécution de la loi, et des décisions de l'autorité, nous aurons deux genres de mandats: le mandat représentatif, le mandat qualificatif, ainsi qu'il a été déjà spécifié. En d'autres termes, celui qui est *chargé* d'exécuter la loi et les décisions susdites est f[re], et celui qui est seulement commis ou requis en vue de ladite exécution est SP.

Le mandat représentatif du f[re] comporte le *droit* d'exécuter toutes les prévisions énumérées. Le mandat qualificatif ne pourra consister qu'à agir exceptionnellement pour l'exécution de la loi ou des ordres de l'autorité.

S'il est attributif de qualité, il pourra en outre comporter pouvoir d'exercice f[l] spécial au nom de la loi, jamais au nom de l'autorité.

Le *droit* d'action f[lle] FR exige évidemment, quel que soit le mode spécial d'action, un mandat précis, formel, jamais momentané ou exceptionnel. En effet, l'art. 209 protège FR des f[res], des off. min., et certains mandataires spéciaux, préposés et séquestres. Et le mandat FR comporte protection F, OF (et OFP, sauf en ce qui concerne les off. min., mandataires de la loi et non de l'autorité).

D'où les très importantes constatations suivantes: 1° Tous les privilégiés sauf les off. min., sont protégés OFP, soit *à cause* de leur fonction, soit *à raison* de leurs fonctions ou qualités.

2° A part les off. min., quelques préposés et les séquestres, tous les privilégiés protégés FR sont des f[res].

Cette protection FR étant celle édictée contre la rébellion, il est manifeste que, pour les autres délits, le *mode d'action* FR sera protégé F, même si l'action F est une exécution FR. Les f[res] étant les préposés de l'autorité, on conçoit qu'ils soient presque exclusivement investis du droit de contrainte FR, et que cette action spéciale puisse n'être que l'une des prérogatives résultant de leur mandat, presque toujours permanent.

En effet, la mission exclusive de contraindre à l'occasion ne justifierait pas, pour le mandataire, la possession d'un mandat permanent, auquel se rapporte l'idée de pouvoirs généraux plutôt que spéciaux.

Bien au contraire, le mode occasionnel d'action FR s'accorde mieux avec l'idée de délégation spéciale, momentanée surtout, mais formellement autorisée par la loi, en vue de certaines contingences. C'est-à-dire que si, pour les f[res], le *pouvoir* d'exécution FR n'est qu'une modalité des pouvoirs F, la *mission* de genre FR doit être surtout celle confiée à des particuliers, pour lesquels elle constituera le seul mode d'action F. En réalité, il en est bien ainsi.

Ce n'est que par assimilation, par interprétation, que certains non-f[res] sont protégés FR (Voir VII, gardes, préposés, etc.).

Conclusions. — 1° Le mandat f[l] comporte exercice f[l] défini par les diverses expressions employées art. 209.

2° L'exercice f[l] peut consister à agir FR avec pouvoirs légaux et protection FR, ou à agir dans le sens FR avec protection F.

3° Les mandataires qualifiés pour agir et être protégés FR sont, d'après l'art. 209 CP, des ag. ou dép. aut., et des citoyens SP, jamais des citoyens SP par mandat électif sans pouvoirs spéciaux comportant qual[on] d'off. pol.

Les magistrats n'agissent pas FR en leur qualité de magistrats. (Les huissiers, etc., agissent F et FR comme off. min., mais je ne les ai pas classés parmi les MP.)

4° Les MP agissant FR en qualité de magistrats sont protégés comme magistrats ou comme off. pol.

5° Par suite, l'action f[lle] FR, consistant à exécuter, est surtout celle des ag. aut.

6° Pour être protégé F, et par suite, OF, il faut rentrer dans l'une des catégories mentionnées dans les lois répressives.

7° Si l'action F exclut la possibilité d'agir FR, le f[re] ayant droit d'agir F sera au moins un ag. aut.; le non-f[re] ne pourra être qu'un citoyen SP par mandat; autrement dit, il ne sera pas chargé d'un service public *actif*, d'exécution.

8° Le citoyen SP ayant protection F lorsqu'il agit FR est un MP; mais le particulier non-délégué pour une mission FR est un citoyen SP par mandat spécial, ou n'est pas SP.

On peut donc se rendre compte que, si la loi exige que l'intérêt public soit concerné par le rôle de celui qu'elle protège, la réalisation de cette condition minima est insuffisante pour impliquer la possession d'un mandat de service public. Ce qui caractérise ce mandat, c'est, outre l'intérêt public en cause, l'existence d'une mission confiée par la loi ou l'autorité, et l'attribution de pouvoirs correspondants.

Ce qui explique pourquoi les employés de l'Assistance publique, ses médecins, ses internes, ne sauraient être considérés comme citoyens SP, non plus que les médecins chargés *par la loi* de déclarer les cas de maladies épidémiques.

Quant aux off. min., ils réunissent toutes les conditions voulues pour être des f[res] ou au moins des citoyens SP, sauf une : leur mandat est spécial et ne les constitue ni représentants ni mandataires de l'autorité publique, bien qu'ils ne puissent exercer ledit mandat sans l'autorisation de l'autorité, et qu'ils exécutent les décisions de celle-ci, du moins très souvent. D'autre part, si la loi confère pouvoir d'agir similaire de celui possédé par l'autorité, le simple particulier se trouvera, en vertu de son action, investi de la qualité de citoyen SP, à certaines conditions.

9° Pour être MP, il faut avoir mandat de la loi, soit immédiat, soit par voie d'élection, soit par délégation de l'autorité, ou mandat de l'autorité, en vue d'agir pour le service public et dans l'intérêt public, avec pouvoirs spéciaux d'exécuter pleinement le mandat conféré. A cette condition, que le mandat dérive de la qualité, ou la qualité du mandat, la loi protégera à la fois et le mandat et la qualité (ou la qual[on]).

10° En principe, tout mandat d'exercice f[l] est délivré par écrit, à de rares exceptions près. L'action f[lle] F peut être exercée en vertu du mandat, sans justification écrite spéciale.

L'action FR, au contraire, quand elle est spéciale et isolée, est presque invariablement l'objet d'un ordre écrit, même s'il s'agit d'un ag. aut. chargé d'agir FR, surtout en matière d'action de police jud.

Les exceptions à ces règles résultent des dispositions de la loi ou des circonstances de fait.

11° Tout acte FR est essentiellement un acte f[l]. Mais si le mandat comporte qualité pour agir F et FR, l'acte FR, même illégal, sera un acte f[l], tandis que si le mandat ne comporte que pouvoir *spécial* d'agir FR, l'acte FR illégal ne pourra évidemment être considéré comme acte f[l].

Observations. — La définition des mandats du f[re] et du non-f[re], telle que je l'ai formulée, paraît, à première vue, inadmissible et même absurde, si l'on songe que les mandataires élus, qui sont de véritables *représentants* des électeurs, sont considérés comme ayant mandat qualificatif, tandis que les f[res], qui ne représentent que médiatement le pouvoir national, sont dits procéder en vertu d'un mandat *représentatif*.

D'autre part, la caractéristique du mandat du f^re^ étant de conférer une qual. f^lle^, il semble bien qu'on dût déclarer que ce mandat est qualitatif, si celui du non-f^re^ est qualificatif.

Si, malgré la séduisante opposition d'idées résultant de l'emploi des expressions: mandat qualitatif, mandat qualificatif, j'ai préféré adopter des termes différents, cela tient à ce que j'ai voulu éviter une confusion possible, certaine même. Les citoyens SP non-f^res^ chargés d'agir FR, les huissiers eux-mêmes, etc., ont un mandat qualitatif. De leur côté, tous les f^res^ ont un mandat qualitatif et qualificatif en même temps, de même que les gardes des particuliers, qui ne sont pas f^res^.

C'est pourquoi, rapportant la définition du mandat au pouvoir mandant, en ce qui touche les f^res^, j'ai délibérément omis d'en user de même pour les non-f^res^.

A. Mandat représentatif f^l^ veut donc dire : mandat conférant qualité de représentant de l'autorité publique constituée, avec pouvoirs correspondants.

B. Mandat f^l^ qualificatif veut simplement dire: mandat donnant pouvoir d'accomplir une mission f^lle^ pour le compte de la loi ou de l'autorité publique, et comportant qual^on^ correspondante.

Les deux mandats pouvant comporter des pouvoirs similaires et être susceptibles de légitimer des actions similaires, je crois qu'il est impossible de les différencier autrement.

Ce qui distingue le f^re^ des autres privilégiés, c'est donc la possession d'une qualité le constituant dép. ou *agent responsable de l'autorité*.

J'ajouterai que l'expression: mandat représentatif correspond exactement à la qual^on^ de f^re^, attribuée exceptionnellement aux maires, etc., *lorsqu'ils agissent* au nom de l'autorité constituée.

Exemples d'attaques F et OF suivant le Code pénal et suivant la loi de 1881.

Sans anticiper sur les développements que comporte le sujet, il est utile de se faire, dès à présent, une idée générale des différences que présentent les attaques susdites. Nous verrons que le Code réprime les attaques directes, et la loi de 1881, les attaques indirectes.

Il s'ensuit que toute attaque F est une attaque directe, et que toute attaque OF doit être directe pour être réprimée par le Code au même titre que les attaques F.

Une attaque, se produisant F, peut présenter les caractères de l'attaque OF, ou ne pas les présenter, c'est-à-dire viser ou non l'homme public. Une attaque OF, au contraire, doit ne concerner que l'homme public. Pour qu'il en soit ainsi, elle doit nécessairement viser, soit le mandat, soit les pouvoirs, soit leur exercice, soit l'action f^lle^, FR ou non.

C'est pourquoi, ainsi que l'expose la 2e partie, l'attaque OF, directe ou non, réprimée dans le premier cas par le Code, et dans le second par la loi de 1881, qu'elle se produise F ou non, se traduira par : attaque au mandat, etc., et non pas seulement par : attaque à raison d'un acte f^l^. Les expressions : à raison de la qualité ou des fonctions, à l'occasion de l'exercice des fonctions, pourraient donc être avantageusement remplacées par celle: relativement à l'exercice f^l^, cet exercice ayant lieu avec une qualité ou qual^on^, résultant d'un mandat conférant pouvoirs et autorisant action.

Si l'on veut pourtant tenir compte de la nuance qui existe entre le sens des expressions: à raison de la qual., et à raison des fonctions, on peut dire que, pratiquement, l'attaque à raison de la qualité est celle qui vise le mandat, la possession ou l'exercice des pouvoirs d'icelui, et que l'attaque à raison des fonctions vise exclusivement l'exercice effectif du mandat, l'exercice f^l^ proprement dit, ou l'action f^lle^.

Pour mieux mettre en lumière ces légères différences, qui ont leur importance théorique, et même pratique, je prends le cas d'un agent en tenue, de service sur la voie publique, qu'un passant malmène ou outrage sans motif apparent. L'attaque a lieu F. Mais le prévenu, interpellé sur les raisons de sa conduite, déclare qu'il déteste les agents et qu'il a voulu simplement satisfaire sa haine, au hasard. L'attaque F prend en même temps les caractères d'une attaque OF, à raison du mandat f^l^ exercé par l'agent. Si l'agression, motivée de même, a atteint l'agent en tenue civile, vaquant à des occupations privées, il n'y a plus attaque F, mais attaque OF dans les conditions indiquées ci-dessus, si le prévenu déclare qu'il savait que sa victime était bien un agent.

Dans les deux cas, il y a attaque à raison de la qualité (ou de l'exercice f^l^ dérivant du mandat attributif de qualité).

Que l'agression, se produisant F ou non, mais concernant le même ag. comme tel, ait lieu par suite de l'animosité provoquée chez le prévenu par le fait que l'agent a autrefois, devant lui, pris telle mesure coercitive vis-à-vis d'un camarade; il y aura délit OF à raison des pouvoirs f^ls exercés en vertu du mandat, c'est-à-dire à raison des fonctions. Que cette même agression soit consécutive immédiatement à l'acte f^l de l'agent, et l'attaque OF sera dite : à l'occasion de l'exercice des fonctions.

En résumé, le délit OF peut être motivé, immédiatement ou postérieurement, par un acte f^l susceptible de provoquer le désir de vengeance ou la colère. En quels cas il sera dit: à raison des fonctions ou à l'occasion de leur exercice. S'il procède de la haine inspirée par la fonction, il sera dit: à raison de la qualité.

Ou encore, et plus simplement : si l'animosité s'adresse à la fonction, il y a délit à raison de la qualité, si elle s'adresse au f^re, il y a délit à raison des fonctions.

CHAPITRE VII

DES MANDATAIRES PUBLICS OU CITOYENS MP

A leur tête, nous trouvons le Président de la République, chef de l'Etat, membre du Gouvernement, le premier f^re, le premier magistrat du pays, celui qui nomme aux emplois publics, celui dont la signature confère la qualité et les pouvoirs de f^re.

Protégé comme magistrat par le Code pénal, il l'est en outre par la loi de 1881, à titre exceptionnel, ainsi que par l'art. 86 CP.

A l'instar des Chefs d'Etats étrangers, sa qualité de Président de la République suffit, seule, en raison de sa haute mission, à le protéger contre toute offense publique, quelconque et de quelque genre qu'elle soit. Par définition, c'est le premier de tous les citoyens chargés d'un mandat public. Fonctionnellement, c'est le plus haut de tous nos magistrats. Si nous éliminons ce privilégié hors classe, les membres du ministère et des chambres, les jurés et les cit. SP par mandat, nous aurons la liste suivante:

1° ag. fp. — 230 à 233. — F. OF;
2° Ag. aut. — L. 1881. — OFP;
3° Ag. pol. adm. ou jud. — 209. — FR;
4° Ag. dép. fp. — 224. — F OF;
5° Cit. SP. — 224, 230 à 233. -- L. 1881. — F, OF, OFP;
6° Comm. fp. — 225. — F, OF;
7° Dép. aut. — L. 1881. — OFP;
8° F^res. — L. 1881. — OFP;
9° Force publique. — 209. — FR;
10° Gardes. — 209. — FR;
11° Magistrats. — 222, 228 et suiv. — F, OF;
12° Off. pol. adm. ou jud. — 209. — FR;
13° Porteurs de contraintes. — 209. —FR;
14° Préposés. — 209. — FR;
15° Séquestres. — 209. — FR.

Immédiatement, une question se pose : les personnes ci-dessus ne sont-elles protégées exclusivement que dans les circonstances et les cas où elles sont expressément désignées par les textes de loi?

Tel est le premier inconvénient qui résulte, et de l'absence de définitions, et de l'absence de classification que l'on constate dans lesdits textes. La première partie a pour objet de résoudre la difficulté.

CHAPITRE VIII

QUALITÉS ET QUALIFICATIONS

(Abréviations: Qual. dés. — Qualité désignative. — Qual^on f^lle. — Qualification fonctionnelle.)

Le sujet est d'une extrême importance, car la protection de la loi est subordonnée à la possession d'une qualité ou qual^on, fût-ce à titre temporaire.

La détermination exacte de cette qualité ou qual^on n'est pas moins importante, car la loi de 1881 ne mentionne pas les mêmes que le Code pénal.

La règle de principe est la suivante : La loi de 1881 ne protège que des qual^ons *génériques*, le Code que des qual^ons *f^lles*.

La loi susdite protège donc les privilégiés surtout comme hommes publics, comme mandataires susceptibles d'exercer une action f^lle. Le Code protège surtout l'action et l'exercice f^ls desdits mandataires. La première protège le mandat, le second l'action.

A proprement parler, tout MP a droit à une qualité ou qual^on, susceptible souvent de comporter autant de qual^ons que de genres d'action f^lle.

Autrement dit, ou l'on possède une qualité, ou l'on n'en possède pas. Si oui, on a une qualité et une ou plusieurs qual^ons. Sinon on a une qual^on (Voir ch. 4 et suiv.). Néanmoins, pour mieux distinguer les pouvoirs f^ls des différents privilégiés, je considérerai comme qualités certaines qual^ons.

1° Par *qual. dés.*, j'entends l'appellation spéciale, adm. souvent, attribuée au privilégié : gardien de la paix, inspecteur, etc.

2° *Qual. dés. légale.* — J'entends par là celle que la loi attribue au privilégié : Commissaire de police, séquestre, etc. Elle indique, elle *désigne* les fonctions exercées, ou plutôt les attributions. En un mot, elle correspond à l'exercice f[l].

L'exercice f[l] peut comporter des modes d'action différents, auxquels correspondent des qual. f[lles].

3° *Qual. f[lle].* — La qual. f[lle] est donc celle caractérisant le mode d'action f[lle], et indiquant par suite le genre de pouvoir f[l] possédé. Par exemple : off. pol. jud. ou adm., etc.

4° *Qual. f[lle] accessoire.* — Si, outre le pouvoir f[l] propre, la loi autorise ou prescrit tel mode spécial d'action f[lle] accessoire, comme c'est le cas pour les ag. pol., il y aura qual. f[lle] accessoire. Par exemple, les ag. pol. (qual. f[lle]) peuvent agir comme la force publique dans les cas prévus par l'art. 77 du décret du 18 juin 1811. A ce titre, on pourra les qualifier accessoirement ag. fp.

5° *Qual[ons] f[lles].* — Aux qual. f[lles], correspondent des qual[ons], indicatives du rôle f[l], de la nature des pouvoirs f[ls].

Ainsi, les ag. pol. auront, comme qual[on] f[lle] celle de citoyens SP, et comme qual[on] f[lle] accessoire, celle d'ag. dép. fp. De même, la qualité d'off. pol. jud. comporte diverses qual[ons] : magistrat, citoyen SP, etc., suivant la nature des pouvoirs et de l'action de chaque off. pol.

6° *Qual[on] générique.* — Enfin, par qual[on] générique, j'entends celle qui correspond à la fois à l'action, aux pouvoirs et au mandat, qui les résume, les synthétise en quelque sorte, mais en caractérisant surtout la nature du mandat. Elle doit donc s'accorder avec les différentes qualités et qual[ons] f[lles]. Ainsi les ag. pol. sont ag. aut.

La plupart des désignations employées par le législateur sont susceptibles de jouer le rôle de qual[ons] d'action.

On peut dire que chacune appartient en propre aux privilégiés investis régulièrement, mais peut servir à qualifier d'autres personnes appelées à agir occasionnellement comme les susdits. Pour ces personnes, la qualification en question ne saurait donc leur être attribuée qu'à raison de leur action extraordinaire, mais non à titre de qualité ou qual[on] possédée en propre, c'est-à-dire servant à caractériser leurs pouvoirs.

Il s'ensuit que, logiquement, protection ou répression concernant l'acte spécial justifiant la qual[on] exceptionnelle devraient avoir lieu dans les mêmes conditions. Il n'en est rien, malheureusement, comme nous le verrons surtout à la Ve partie.

La qual[on] exceptionnelle n'est parfois attribuée que pour justifier la répression encourue par le privilégié, mais elle ne lui est pas toujours accordée quand il s'agit de le protéger, même s'il est attaqué à raison de l'action f[lle] spéciale dont l'accomplissement peut motiver poursuites.

Il n'y a pas là une règle absolue pour la jurisprudence, mais le *fait* est exact en général.

De ce qui précède, on peut conclure que le pouvoir (indiqué par la qualité) d'exercice f[l] (indiqué par la qual[on] f[lle]) résulte du mandat f[l] (indiqué par la qual[on] générique).

Nota. — La qualité possédée indiquant les pouvoirs f[ls], on serait en droit de conclure que toute autre désignation est une qual[on]. Si, conventionnellement, je préfère considérer comme qualités certaines de ces désignations, c'est afin de faciliter la distinction à établir entre les diverses prérogatives des MP. Certains ont droit permanent d'agir dans tel sens, attributif de qual[on] caractéristique. Pour ceux-là, j'assimile ladite qual[on] à une qual. Pour d'autres MP, ils ne sont qualifiés de même façon que les susdits que s'ils ont agi comme eux ; c'est pourquoi je considère qu'à leur égard, il y a attribution, et non possession, de qual[on].

Il est certain que les f[res], à raison de leur mandat représentatif, doivent avoir droit exclusif à un certain nombre de qualités ou qual[ons] f[lles], et que d'autres qual[ons] peuvent être communes aux f[res] et aux non-f[res].

En effet, les désignations caractérisant les actes ou pouvoirs des f[res], représentants de l'autorité, sont réservées auxdits f[res], et ne peuvent s'appliquer à d'autres privilégiés, tandis que les qual[ons] indiquant plus particulièrement le mode d'action f[lle] ne s'appliquent pas exclusivement aux f[res].

A. *Qualités et qual[ons]* réservées aux f[res]. Ce sont : 1° ag. aut. ; 2° force publique (ag., ag. dép. et commandants) ; 3° ministres ; 4° Président de la République ; 5° agents du

Gouvernement; 6° celles de l'art. 9 CIC, sauf celle de gardes; 7° celle d'off. pol. adm.

Il s'ensuit que, pour avoir droit à l'une des qualités ci-dessus, il ne suffit pas d'être *employé* par l'autorité, même pour exercer la même action f^lle^ que tel représentant ou agent de cette autorité. A plus forte raison ne suffit-il pas d'être *requis* en vue d'exercer accidentellement ladite action.

Nota. — On est d'accord pour admettre que certaines qual^ons^ en entraînent d'autres. Ainsi les magistrats sont dép. aut. Comme les juges sont magistrats, ils sont, par suite, dép. aut., etc. (Voir pourtant ch. 9 et 10; VII, magistrats). En réalité, dép. aut. ne devrait être employé que pour désigner un MP f^re^. Mais il faut tenir compte de la jurisprudence, qui n'est pas fixée définitivement.

B. *Qual. et qual^ons^* communes à des f^res^ et à des non-f^res^.

Ce sont: 1° off. et ag. pol.; 2° gardes; 3° magistrats; 4° préposés; 5° juges; 6° porteurs de contraintes; 7° off. ministériels; 8° séquestres; 9° citoyens SP; 10° dép. aut.

La jurisprudence fournit du moins ces indications. Mais depuis que les cit. SP en général sont protégés, la qual^on^ off. min. ne saurait concerner un f^re^ ni un particulier.

Nota. — On peut considérer comme un principe d'ordre général que la qualité ou qual^on^ administrative est réservée aux f^res^, tandis que celle correspondant à l'action f^lle^ judiciaire est commune aux f^res^ et aux non-f^res^.

Précisons. — L'action f^lle^ comprend: 1° celle exercée en ou pour l'exécution de la loi; 2° celle exercée en ou pour l'exécution des ordres de l'autorité ou de ses décisions; 3° celle exercée pour l'exécution des décisions de justice.

L'exécution n° 3 est réservée aux f^res^ et à certains off. min. Les deux autres ne sont plus dans le même cas. S'il y a exécution f^lle^, les f^res^ sont seuls compétents. S'il y a seulement mode d'action f^lle^, les f^res^ et les non-f^res^ peuvent agir à certaines conditions.

Exemples. — N'ont qu'une qual^on^ générique: les Chefs d'Etats étrangers et les diplomates étrangers.

Ont une même qual^on^ générique et f^lle^: les jurés, ministres des cultes.

La plupart des off. min. (qual^on^ f^lle^), outre leur qualité légale, qui est en même temps f^lle^, ont une autre qual^on^ f^lle^, celle d'off. publics; ils ont en outre une qual^on^ exceptionnelle, celle de f^res^, et certains d'entre eux, les huissiers notamment, ont une qual^on^ f^lle^ spéciale, celle d'off. de justice. La grande majorité des citoyens SP non-f^res^ ne possèdent qu'une qual^on^: citoyens SP.

Ont une double qual^on^ f^lle^, dont l'une est celle de citoyen SP:

Les séquestres, syndics de faillites, membres des assemblées délibérantes, certains préposés d'associations.

Quant aux juges du commerce, ils ont une qual^on^ f^lle^: juges ou magistrats, et une qual^on^ générique: citoyens SP.

Les gardes champêtres et forestiers des particuliers ont deux qual^ons^ f^lles^: agents ou off. pol. jud., et une qual^on^ générique: citoyen SP.

La protection de la loi étant essentiellement f^lle^, couvre toujours l'action f^lle^, à la condition que celle-ci soit légale, c'est-à-dire ait lieu en exécution de la loi, ou au moins avec son autorisation. Quant à la qual^on^ protégée par la loi, elle résulte: 1° de l'action f^lle^; 2° du mandat f^l^.

Si le mandat n'est pas représentatif, la qual^on^ devra correspondre à l'action f^lle^ et à la qualité légale.

S'il est représentatif, la qual^on^ correspondra à l'action f^lle^ exercée en vertu du mandat possédé.

Exemples. — Un citoyen SP sans qualité légale, agissant pour l'exécution de l'article 106, CIC, et pour celle des ordres de l'autorité, fût-ce même en vue d'assurer l'exécution d'une ordonnance, loi, mandat ou jugement, ne sera protégé que comme citoyen SP.

Un citoyen qualifié garde sera protégé comme tel, s'il agit FR comme garde. S'il agit, même FR, en dehors de son action de garde, il ne sera protégé que comme citoyen SP.

Un ag. fp., en dehors de l'exécution 106 CIC, et de celle FR requise par l'autorité, sera protégé comme ag. fp. F, même s'il agit, en fait, FR, sans réquisition, ou simplement F. Un ag. pol., faisant acte de force publique, sera protégé, même s'il agit FR, comme ag. pol. S'il agit F comme ag. pol., il sera protégé comme cit. SP.

Un séquestre ne sera protégé comme tel que s'il agit effectivement comme séquestre et est attaqué comme tel; s'il paraît comme séquestre, sans agir comme tel, il ne sera plus protégé qu'à titre de citoyen SP.

Tous ceux qui exercent une action f^lle^ au sens de l'art. 209 ne seront protégés par le dit article que s'ils possèdent une qualité f^{lle} protégée FR, ou comportant qual^{on} légale protégée FR.

Conclusions générales relatives aux MP.

1° La condition essentielle donnant droit à la protection de la loi est la possession d'une qualité ou d'une qual^{on} mentionnée expressément dans les textes protecteurs.

2° On ne peut jouir de cette qualité ou qual^{on} que si l'on joue un rôle se rattachant à l'intérêt public.

3° Sauf pour certains rôles comportant qualité expressément protégée, la mission à laquelle correspond une qualité ou une qual^{on} protégée doit consister en une véritable collaboration à l'administration de l'Etat ou de la justice. Pour cette coopération, il est nécessaire d'avoir une délégation des pouvoirs publics et de la loi.

4° La qualité légale dés. ou f^{lle} est l'attribution exclusive des privilégiés auxquels la loi la reconnaît. Elle ne peut être possédée par des privilégiés dont la qual^{on} générique ou f^{lle} diffère de celle correspondant à ladite qualité, ou est inconciliable avec celle-ci. En effet, c'est la loi qui confère la qualité et les pouvoirs f^{ls}, tandis que la jurisprudence détermine la qual^{on}.

L'exercice de pouvoirs f^{ls} exceptionnels ne suffit donc pas à conférer qualité légale proprement dite. Mais cet exercice justifie parfaitement l'attribution d'une qual^{on}.

5° Rien ne s'oppose à ce que la qual. dés. légale comporte plusieurs qual. f^{lles} avec qual^{ons} correspondantes.

Mais le privilégié ne sera protégé qu'en vertu de la qualité ou qual^{on} qui correspond à l'action f^{lle} à propos de laquelle il a été attaqué.

6° Les non-f^{res} ne jouissant pas d'une qualité déterminée ne peuvent posséder telle autre qualité indicative de pouvoirs exercés par un f^{re} régulier, mais ils peuvent être qualifiés de même façon que les f^{res}.

7° La protection couvrant l'action f^{lle} peut, indifféremment, s'adresser à la qualité ou à la qual^{on}, toutes deux caractérisant l'action et le pouvoir d'action. Le choix de l'une ou de l'autre dépendra donc de la rédaction du texte protecteur relatif au délit poursuivi.

8° La qual^{on} générique caractérise le mandat et son exercice, mais, à moins que la loi n'en ait disposé autrement, elle ne peut jamais être considérée comme *conférant pouvoir* d'action. Elle constate ce pouvoir, exclusivement.

Qualités et qualifications.
La loi et la jurisprudence.

Si, du domaine théorique, nous passons au domaine pratique, nous relevons mainte anomalie, aussi bien dans les textes que dans les décisions de justice. Souvent, la qualité et la qual^{on} sont confondues, au grand détriment de la saine doctrine.

Voyons la loi d'abord.

Sans revenir sur le cas des off. min. et des ministres des cultes, déjà mentionné, j'appellerai d'abord l'attention sur la loi de 1881.

Cette loi, protégeant la qualité et la fonction, contre les attaques publiques se produisant surtout par voie indirecte, devrait logiquement ne mentionner que des qual^{ons} génériques, ou des qualités spéciales non susceptibles de qual^{on} générique.

Au contraire, elle parle des membres des Chambres (qual. dés.), qui sont pourtant SP par mandat.

Elle parle des dép. ou ag. aut., qui sont pourtant f^{res}, comme les membres du ministère.

Quant au Code, qui protège contre les attaques directes, F, FR et OF, il devrait ne mentionner que des qual^{ons} ou qualités f^{lles}, aux cas FR et F. Relativement à la circonstance OF, il devrait de préférence protéger la qual^{on} f^{lle}, indicative de la qualité et de l'action, ou de l'action seulement. Ce qui revient à dire que, les délits F et OF étant réprimés de même façon, la qualité et la qual^{on} f^{lles} devraient être toutes deux mentionnées, quitte à la Justice à déterminer laquelle des deux a été l'objet de l'attaque poursuivie.

Sauf au cas FR, cette règle si simple n'a pas été observée.

C'est ainsi que l'art. 224 protège les ag. dép. fp., l'art 225 les commandants fp., et l'art 230 les ag. fp. Or, l'art 230 protégeant très certainement les ag. des art. 224 et 225, il s'ensuit que le législateur ne fait, à propos des f^{res} en cause, aucune différence entre la qualité et la qual^{on} f^{lle}.

Si ces articles ne protégeaient que des f^{res}, il n'y aurait aucun inconvénient à confondre qualité et qual^{on} f^{lles}, parce que, pour les f^{res}, l'action et le pouvoir d'action dérivant d'un mandat régulier, conféré par l'autorité en vue d'exercer les pouvoirs de celle-ci, on peut à bon droit confondre l'un et l'autre. Mais les f^{res} ne sont pas seuls protégés. A côté d'eux, il y a les citoyens SP, comprenant des f^{res} et des non-f^{res}, et il y a aussi les magistrats.

Le législateur n'ayant pas pris le soin de définir ces expressions, ou de désigner ceux à qui elles s'appliquent, la jurisprudence a dû suppléer à son omission.

Comment s'est-elle acquittée de sa tâche? Il est aisé de le prévoir. Non seulement elle a imité le législateur, mais elle est allée plus loin que lui, n'hésitant pas à conférer à des non-fres telle qualité réservée expressément aux fres. Exemples :

1° *Magistrats.* — Pour les juges et pour certains fres, c'est une qualité flle; pour les non-fres et les autres fres, ce ne peut donc être qu'une qualon flle. Ces derniers devront avoir fait acte de magistrats pour être protégés comme tels. Sinon, ils ne devront être protégés qu'en leur qualité propre.

On trouve pourtant une décision de jurisprudence aux termes de laquelle être magistrat ou agir comme tel sont synonymes. Ce qui équivaut à transformer la qualon de magistrat en une véritable qualité flle. Ce qui est d'autant plus inadmissible, qu'en user ainsi, c'est implicitement déclarer que la qualité résulte de l'action exercée, alors que la loi, au contraire, attribue le pouvoir d'action à la qualité, en principe.

Si l'on admettait du reste cette théorie, il faudrait au moins décider que, si la qualon de magistrat est une qualité flle accessoire de la qualité légale propre à certains fres, tous les autres fres ayant même qual. légale sont également magistrats.

On est si peu de cet avis que tous les off. de police jud. sont qualifiés magistrats, à l'exception des gardes champêtres et forestiers.

Par contre, les off. de pol. jud. qualifiés magistrats étant considérés généralement comme agissant toujours en ladite qualité, il s'ensuit que les off. de gend. faisant acte de commandants fp., devraient être considérés, même en ce cas, comme des magistrats.

Malheureusement, la loi, en protégeant différemment les magistrats et les commandants fp. (art. 222 et 225), a rendu impossible l'adoption de ce raisonnement.

La loi nous fournit donc un argument irréfragable à l'appui de l'opinion consistant à dire que, pour les fres ayant des attributions différentes, la qualon de magistrats est flle et ne peut constituer une qual. possédée à titre permanent, inséparable de la qual. légale spéciale.

A la 7e partie (adjoints) on verra que la jurisprudence a émis une opinion radicalement opposée, au moins dans un cas déterminé.

2° *Off. de pol. jud.* — Si l'on peut s'expliquer jusqu'à un certain point les décisions relatives aux magistrats, il semble bien que l'hésitation n'est pas permise à propos des off. de pol. jud., qui sont énumérés avec précision par le CIC.

Il s'agit ici d'une qualon, correspondant à certaines qualités flles, possédées exclusivement par certains fres, ou privilégiés pouvant être qualifiés fres.

La jurisprudence n'a pas tenu compte des textes.

3° *Force publique.* — Tantôt les auteurs considèrent comme ag. fp. le simple citoyen agissant en conformité de l'art. 106 CIC, tantôt la jurisprudence refuse cette qualon à des fres institués pour faire acte de force publique.

4° *Ag. de pol. jud.* — Ici, nous nous trouvons en présence d'un cas analogue à celui des magistrats. Certes, on est autorisé à considérer que ces agents ne peuvent être que des fres, exclusivement.

Mais le législateur n'ayant pas établi de nomenclature, on peut aussi admettre que la jurisprudence l'attribue, à titre de qualon flle, à des non-fres, par exemple aux gardes particuliers.

Je m'empresse de dire que je repousse cette opinion en ce qui me concerne, parce que, si on l'adopte, on est presque fatalement amené à décider que l'absence de définitions autorise toute espèce d'assimilations, ce qui aurait pour résultat de confondre les fres avec les non-fres. La force publique, par exemple, n'étant pas exactement définie, si ses attributions le sont, pourrait aussi bien comprendre des militaires que des particuliers faisant acte de contrainte.

Quoi qu'il en soit, si l'on admet l'interprétation de la jurisprudence relativement aux non-fres agissant comme certains fres, il faudra du moins limiter cette interprétation, et raisonner comme suit:

La fonction ne peut être exercée par le fre qu'avec une qual. flle, en ce sens que son action est celle dérivant de ladite qualité.

Le non-fre agira donc avec cette qual. sans en être investi.

Son action caractérisant qual. et qualon, il ne possédera l'une et l'autre que s'il exerce ou a exercé effectivement la fonction spéciale ressortissant à la qualité.

Si bien que la possession conditionnelle de ladite qualité équivaudra pour lui à l'attribution d'une véritable qual^on f^lle exceptionnelle, indicative à la fois du pouvoir et de l'action exercés. Je m'explique. Le juge consulaire, exerçant les fonctions d'un magistrat, sera protégé comme tel en tous cas, sauf contre l'attaque indirecte OFP.

Le garde particulier, agissant comme adjoint à la pol. jud., sera protégé FR au titre d'ag. de pol. jud. Mais si, faisant acte de force publique, ou de surveillance comme garde, il est violenté F ou OF, il ne sera plus protégé que comme citoyen SP. Il en sera de même pour les outrages ou attaques OFP.

Il est vrai qu'à côté de ces décisions contradictoires, on en trouve beaucoup d'autres qui sont en parfaite concordance avec les principes que j'ai fait ressortir.

Dans l'appréciation des faits étudiés, il y a une question d'équité et une question de légalité qui peuvent influer sur l'esprit des juges. Ceux-ci se sont inspirés, tantôt de considérations d'équité, tantôt de considérations de légalité.

Ils ont tantôt interprété, tantôt appliqué les dispositions de la loi. Or, on sait qu'en matière criminelle, tout est dit de droit étroit. C'est-à-dire qu'on *n'a pas le droit* d'interpréter, et qu'on a *le devoir* d'appliquer. Au point de vue de l'équité, il est juste que celui qui fait acte de même nature que ceux attribués à telle catégorie de f^res soit protégé au même titre que ceux-ci, mais, en ce qui concerne par exemple les privilégiés susceptibles d'exercer occasionnellement des fonctions magistrales, le législateur, qui protège les *jurés* au même titre que les magistrats, aurait dû, pour être logique et ne pas risquer d'opérer une confusion inadmissible, mentionner ceux qui sont appelés à exercer exceptionnellement une juridiction quelconque. Ou, à défaut de semblable disposition, la jurisprudence, pour rester à l'abri de la critique, devrait invariablement décider que la répression sera prononcée par assimilation de qualifications, chaque fois qu'il y a eu, en fait, similitude complète des actes accomplis (au point de vue de la *nature* des actes, bien entendu).

Au point de vue de la légalité, on doit raisonner comme suit : Il ne suffit pas d'avoir le droit d'exécuter tel acte légal pour avoir droit à une qual. possédée exclusivement par telle catégorie de privilégiés. Si la qual^on pouvant correspondre à l'accomplissement de cet acte est inconciliable avec la qual. résultant expressément du mandat, il n'y a pas lieu de tenir compte de ce fait que, pour les mandataires institués spécialement en vue d'exercer l'action en cause, la qual^on examinée spécifie bien le mode d'action de ces derniers. Pour ceux-ci, cette qual^on résulte de la qual. possédée; on ne peut la leur contester. Pour ceux qui ont pouvoir d'exercer occasionnellement une action similaire de la leur, la qual^on devra donc également correspondre à la qual., et non pas seulement à l'action f^lle. Autrement, on serait amené à qualifier un ag. fp. à titre d'ag. pol., sous prétexte qu'il fait acte de police; un particulier, à titre d'ag. fp., sous prétexte qu'il fait acte de force publique, etc. Or, la jurisprudence a toujours refusé à certains préposés de l'art. 209, et parfois aux ag. pol. eux-mêmes (dont le rôle essentiel consiste pourtant à faire office de force publique), la qual^on d'ag. dép. fp., qu'ils eussent ou non agi comme fp.

Si bien qu'on dut modifier l'art. 224, en y faisant figurer, sous l'appellation de citoyens SP, tous ceux qui sont susceptibles d'agir pour un service public.

Entre temps, la jurisprudence n'hésitait pas à protéger, comme magistrat, le *conseiller municipal* appelé à remplacer le maire dans certaines circonstances. Ce, tout en continuant à ne vouloir protéger que comme citoyen SP le particulier requis de suppléer tel f^re ou de l'assister, décision qui est la seule admissible, car peut-on prétendre que le commissaire qui requiert un expert, dans le cas de l'art. 44 CIC, par exemple, pour un acte de *constatation*, c'est-à-dire pour le suppléer dans l'exercice d'une fonction magistrale, investit par suite ledit expert de la qual. de magistrat?

On a été jusqu'à refuser aux experts la qual^on de simples citoyens SP, eussent-ils été commis par un Tribunal (VII experts).

Il est à désirer qu'on s'entende une fois pour toutes sur la doctrine à adopter.

Mais une disposition légale est indispensable à cet effet, la Cour suprême elle-même ayant rendu maints arrêts contradictoires.

La vérité est que, sauf pour les f^res qui, comme nous, ont une double qual., nul ne peut être revêtu d'une qual. différente de celle que la loi lui attribue. Aucune subdélégation, aucune mission spéciale ne peuvent changer la qual. en question. Tel vous êtes, tel vous restez, en toute circonstance.

Vous pouvez, en votre qual., avoir le

droit d'exercer des attributions différentes, mais vous les exercez en vertu de votre qual., avec le droit de le faire.

Et la qual^{on} correspondant à vos actes f^{ls} doit indiquer, avant tout, la nature des pouvoirs f^{ls} qui vous sont spécialement délégués, si elle doit également n'être pas en désaccord avec l'acte exécuté.

Pour qu'une qual^{on} puisse donc être appliquée à un non-f^{re} aussi bien qu'à un f^{re}, il ne suffit pas que les actes f^{ls} soient similaires, et que le pouvoir d'accomplir ces actes soit reconnu par la loi elle-même. Il faut encore que les qual. du non-f^{re} et du f^{re} soient également identiques (Voir ch. 9 et 10).

3e Section (ch. 9 à 12)

F^{res}. — Dép. et ag. aut. — Force publique.

CHAPITRE IX

DES FONCTIONNAIRES PUBLICS

Qu'est-ce qu'un f^{re}? Pour les non-initiés, c'est celui qui émarge à la caisse d'une administration publique. Pour les initiés, c'est celui qui est dépositaire d'une partie quelconque de l'autorité publique. Ni l'une ni l'autre de ces opinions n'est tout à fait exacte, si l'on se réfère aux textes. En effet, aux termes de la loi, il y a des f^{res} par qual^{on} *possédée*, c'est-à-dire par qual., et des f^{res} par qual^{on} *attribuée*. Si l'on recherchait une définition s'appliquant à ces deux genres de f^{res}, on pourrait dire que le f^{re} est celui qui est appelé à exercer, à un titre quelconque, un rôle de caractère public, engageant sa responsabilité légale.

Mais cette définition est plus qu'inutile: elle peut induire en confusion.

Deux définitions sont nécessaires : l'une pour les f^{res} par qual^{on}, l'autre pour ceux par qual.

Pour définir, il faut classifier. Et cette classification peut être opérée grâce aux textes, desquels il appert clairement que les personnes des art. 114 à 131 sont f^{res} par qual. ainsi que partie de celles des art. 209 et suiv., tandis que les art. 166 à 198 énumèrent et des f^{res} par qual^{on} et des f^{res} par qual.

En comparant les art. susdits, on remarque immédiatement, en effet, que pour être qualifié f^{re} au sens des art. 166 à 198, il n'est pas nécessaire d'être désigné en même temps dans les art. 114 à 131. En revanche, il suffit d'être protégé par les art. 209 et suiv. pour être atteint par les art. 166 à 198.

Et nous savons que les art. 209 et suiv. ne protègent pas seulement des personnes subordonnées aux autorités constituées.

D'où la constatation suivante: *Tout f^{re} par qual. est réputé, par là même, f^{re} par qual^{on} au sens des art. 166 à 198.*

Si bien que l'essai de définition générale proposé suprà ne peut s'appliquer, en définitive, qu'aux f^{res} par qual^{on}, et est totalement insuffisant relativement à ceux par qual.

Ce n'est donc pas à l'aide des art. 166 à 198 qu'il sera possible de définir les f^{res} par qual. Pour y arriver, il faut comparer les pouvoirs des f^{res} des art. 114 à 131, tels qu'ils résultent des art. 209 et autres, et leur responsabilité au sens des art. 114 à 131.

Sans entrer dans des détails longs et fastidieux, j'indiquerai seulement le résultat de cette comparaison: les f^{res} par qual. sont les membres, ag. et préposés du Gouvernement, et les divers membres, ag. ou préposés des aut. adm. et jud., dont les pouvoirs f^{ls} sont indiqués art. 209, et précisés en partie art. 114 et suivants.

Par simplification, les f^{res} par qual. sont les membres *actifs* faisant partie des pouvoirs constitués, c'est-à-dire ceux qui ont droit légal d'exercice et d'action f^{ls} en ou pour l'exécution des lois.

Si l'on examine la nature des pouvoirs f^{ls} desdits f^{res}, on se rend compte immédiatement que les f^{res} comprennent des dép. et des ag. aut. adm. et jud. Ce qui confirme bien les conclusions des chapitres qui précèdent. Donc, pour avoir qual. de f^{re}, il faut *appartenir* à l'aut. adm. ou jud.

C'est pour avoir méconnu ces principes que la jurisprudence a souvent attribué à tort ladite qualité à des personnes ayant exercé des pouvoirs similaires de ceux des véritables f^{res}, sans *droit f^{l}*, et à titre exceptionnel.

Nous savons que les pouvoirs f^{ls} sont valablement conférés: 1° par l'autorité publique; 2° par l'autorité constituée. La première étant dépourvue du droit d'exécution, ne peut instituer que des dép. aut., et ne saurait évidemment investir des agents. La seconde, au contraire, institue des dép. et des agents. Encore convient-il de préciser: l'autorité publique élit des mandataires, et ce sont ceux-ci qui, à leur tour, choisissent les dép. aut. publique. Elle n'institue donc lesdits dép. aut. que médiatement. Nous verrons au chapitre suivant l'importance de cette constatation.

Autres remarques, qui seront également confirmées : 1° Tous les f^res^ par qual. ne sont pas, par là même, à la fois dép. ou ag. aut., et ag. du Gouvernement; 2° Les dép. aut. publique élus ne sont pas f^res^ pour tous les actes de leur mandat, mais seulement pour ceux qu'ils accomplissent comme représentants de l'autorité constituée.

F^res^ par qual^on^. — Les énumérer est inutile et ne rentre pas dans le cadre de ce travail. La 7e partie fournit du reste toutes les indications nécessaires à ce sujet.

Il suffit de dire, qu'outre les f^res^ par qual., les employés et préposés d'administration, les citoyens SP, les off. min. eux-mêmes, peuvent éventuellement être qualifiés f^res^ au sens des art. 166 à 198.

En effet, l'art. 123 CP parle des corps ou individus dépositaires de quelque partie de l'autorité publique. L'art. 126 prend soin de parler et de l'administration de la Justice, et de l'accomplissement d'un service quelconque. Enfin, une foule d'arrêts de Cassation relatifs aux art. 174, 175, 177, etc., qualifient f^res^ des préposés et ag. subalternes, ainsi que des magistrats et ag. supérieurs. Les art. 145, 166, 174, 175, etc., parlent des f^res^ publics.

Les art. 177, 184 parlent des f^res^ publics de l'ordre adm. ou jud.

Ces articles mentionnent en outre les ag. ou préposés du Gouvernement, les off. pol., les off. de justice, les juges, commandants ou ag. fp., les ag. ou préposés d'administration publique, etc.

Comme la section II, titre I, livre III CP, qui comprend les art. 166 à 198, est intitulée: Des crimes, etc., des f^res^, il s'ensuit que cette qual^on^ peut s'appliquer à toutes les personnes des art. 166 à 198.

Je m'arrêterai seulement au cas des employés d'administration, qui, nommés comme les f^res^ proprement dits par une autorité constituée, peuvent être confondus avec lesdits f^res^ par qual.

Emploi public. — Fonction publique.

Les deux expressions ne sont pas synonymes: tous les f^res^ sont des employés publics, mais les employés publics ne sont pas tous f^res^.

Avoir un emploi public, c'est être employé par l'autorité, non pas en vue d'exercer un pouvoir quelconque, mais pour accomplir une tâche matérielle, de scribe généralement.

Exercer une fonction publique, c'est être employé, ou plutôt délégué par l'autorité, en vue d'exercer certains pouvoirs plus ou moins étendus, dont l'autorité est dépositaire.

Seuls, les employés qui exercent une fonction avec pouvoirs correspondants ont droit d'être qualifiés f^res^ publics.

Dans le langage usuel, on confond volontiers les employés avec les f^res^, parce que l'on considère à tort qu'il suffit de toucher des appointements à la caisse d'une administration pour être d'emblée investi de la qual^on^ de f^re^.

Rien n'est plus faux.

Il ne suffit nullement d'être chargé d'un travail utile à l'Etat pour que le but dans lequel on agit permette de penser qu'il y a là exercice d'une fonction publique. Il y a simplement contrat passé avec une administration pour accomplir une besogne rétribuée, rien de plus. Mais on ne saurait prétendre que, pour l'accomplissement de ladite besogne, on est délégué par l'autorité avec mandat f^l^ représentatif.

Ce mandat, en effet, consiste essentiellement à représenter ou à agir, non pas à travailler.

Représenter, c'est, en somme, agir à la place du mandant.

On peut comparer une administration publique à une machine, dans laquelle les organes transmetteurs et les organes récepteurs jouent seuls un rôle prépondérant, à côté duquel celui des rouages intermédiaires, pour indispensable qu'il soit, est négligeable, en ce sens qu'il n'a pas une relation directe avec le rendement de la machine. Impulsion d'une part, effet produit de l'autre, voilà les seuls facteurs qui caractérisent et traduisent l'action potentielle. (Voir du reste I, 4, 6, 7, etc.)

Employés d'administration. — On peut être *qualifié* f^re^ relativement aux actes qui vous constituent responsable vis-à-vis de l'autorité publique de l'exercice du mandat conféré ou attribué. Mais si l'exercice f^l^ ne comporte pas d'attributions concernant les citoyens, si la loi ne vous autorise pas à agir en son nom et au nom de l'autorité mandante vis-à-vis desdits citoyens, vous n'avez pas *qualité* de f^re^.

La différence entre les f^res^ et les qualifiés f^res^ gît tout entière dans ce fait que les premiers ont pouvoir f^l^ actif, représentatif, et sont en même temps responsables de l'exercice de leur mandat vis-à-vis de l'autorité mandante ou de la loi, tandis que les seconds sont seulement soumis à cette responsabilité.

Pour les uns et les autres, c'est donc encore la nature du pouvoir et de l'action f^{ls}, leur mode d'exercice, qui justifieront la qual. ou la qual^{on} susdite. Les uns et les autres ont mandat de même source, sont également préposés à un service d'intérêt public, mais les premiers ont un mandat conférant pouvoirs d'action, tandis que les seconds n'ont pas de pouvoirs d'action individuelle. Ils agissent seulement pour faire un service réglementé par l'autorité qui les emploie. Ils ont des *obligations*, une *responsabilité* correspondant à leurs obligations, mais ils n'ont pas de pouvoirs.

Quand leur service les met officiellement en contact avec les citoyens, ils ne font pas acte de représentants de la loi ou de l'autorité, ils sont simplement employés par cette dernière pour obéir aux prescriptions de la loi (obligatoires pour la seule autorité), réglementant les rapports entre les citoyens et l'autorité. En un mot, ils mettent l'autorité à même d'accomplir matériellement la mission légale lui incombant. Ils ne sont pas intermédiaires actifs, mais instruments. Ils ont mandat d'obéissance, et non pouvoirs d'exécution.

Quant à la façon dont ils s'acquittent de leurs fonctions, il n'en saurait être de même. Ils ont des *devoirs*, s'ils n'ont pas de pouvoirs. Ils doivent accomplir honnêtement le service qui leur incombe, et, pour les actes que leur administration les charge d'accomplir, leur responsabilité vis-à-vis de celle-ci n'est pas douteuse. Leur administration étant elle-même responsable de l'exercice de sa mission vis-à-vis de la loi, il s'ensuit que la loi demandera compte à ladite administration de sa gestion, et que, si celle-ci peut établir que tel de ses employés a failli à son devoir, c'est à ce dernier que la loi demandera compte pénalement de sa défaillance. C'est, en somme, par analogie des principes régissant la responsabilité civile et la responsabilité pénale, que l'on peut légitimement punir, en le qualifiant f^{re} à titre exceptionnel, l'employé coupable. A ce point de vue, les art. 177 et autres CP atteindront, comme f^{re} ou ag. d'administration, tout employé qui, grâce à son emploi, se sera rendu coupable de l'un des actes prévus par lesdits articles.

C'est l'abus de fonction ou d'emploi qui déterminera alors la qual^{on} de f^{re}.

Mais au point de vue de la protection attribuée à la possession de la qual. de f^{re}, il faut considérer que cette protection n'est édictée que parce que le f^{re} exerce une action légale à l'égard des citoyens. Si le f^{re} est attaqué comme homme privé, c'est-à-dire en dehors de son exercice f^{l}, et pour des motifs sans rapport avec ledit exercice, il n'est lui-même protégé que comme homme privé.

L'anomalie apparente de nos lois est donc parfaitement justifiée, quand on y réfléchit.

Nota. — Au point de vue des lois électorales, sont f^{res} tous ceux qui, attachés à un service public, sont rétribués sur les fonds publics (Cass. 13 nov. 1850).

F^{res} protégés. — Définitions formulées à diverses époques. — On a écrit : 1° que le f^{re} est celui qui a droit de requérir la force publique. Mais certains préposés n'ont pas ce droit, que les huissiers, non-f^{res}, peuvent exercer dans certains cas exceptionnels.

2° Que le f^{re} est celui qui a droit de dresser des procès-verbaux. Les agents n'en dressent pas, les huissiers en dressent;

3° Que le f^{re} imprime à ses actes un caractère d'exécution parée. Or, les notaires, qui dressent des actes exécutoires, ne sont qu'off. min.

Si nous examinons maintenant les définitions formulées par certains auteurs, nous constatons immédiatement une fâcheuse tendance à ne vouloir considérer comme f^{res} que les seuls f^{res} dép. aut. — Exemple: Le f^{re} public est celui qui est revêtu de l'autorité publique, qui a la puissance du commandement dans le cercle des attributions qui lui sont confiées. Lorsque cette puissance manque à une personne revêtue d'un caractère public, elle n'est plus qu'un simple ag. de l'autorité ou de la force publique. — De Grattier, t. 2, p. 54.

D'où il résulterait que les agents susdits ne sont pas f^{res}. Dans maint arrêt, la jurisprudence qualifie f^{res}, elle aussi, les magistrats et dép. aut., semblant établir une distinction entre ceux-ci et les simples ag. Ce qui explique en partie l'erreur commise par de Grattier. La définition ci-dessus est exacte en ce qui concerne les dép. aut. constituée, mais elle est incomplète, ainsi qu'en témoigne du reste l'arrêt suivant :

F^{res} publics. — On doit, par cette qual^{on}, entendre non-seulement les ag. protégés par la garantie constitutionnelle de l'art. 75 de la Constitution de l'an VIII, mais encore les agents qui par la nature et l'étendue de leurs fonctions sont des délégués directs de l'autorité publique quel que soit d'ailleurs le mode de leur nomination: « Depuis le premier magistrat, avait dit M. Courvoisier, rapporteur de la loi, jusqu'au garde champêtre. » — (Cass., 28 juillet 1859. D. 59, 1. 513.)

Voici qui est déjà plus précis. Il en résulte incontestablement que les f[res] comprennent et les ag. du Gouvernement, et les dép. et ag. aut.

Dans la séance du 29 janvier 1822, où M. Courvoisier s'exprimait dans les termes rapportés plus haut, M. de Serre, garde des sceaux, disait, de son côté: Le Gouvernement entend par f[re] public toute personne engagée dans les affaires publiques.

Je préfère cette définition, malgré son imprécision, à la condition toutefois qu'on ne veuille pas la considérer comme s'appliquant aux membres des assemblées délibérantes et aux employés.

Pour arriver à formuler une définition complète, il faut, tout en tenant compte des définitions ci-dessus, comparer les art. 114 à 131, les art. 209 et suivants, et examiner les arrêts spéciaux de jurisprudence.

De cette comparaison, il résulte que les ag. fp. sont des ag. aut., et que les f[res] sont bien les dép. et ag aut., ainsi que je l'ai indiqué.

La loi de 1881, en énumérant les f[res], les dép. et ag. aut., semble établir une distinction entre les premiers et les autres. Il n'en est rien. En effet, les dép. aut. comprennent, non-seulement les dép. aut. publique, mais aussi les dép. aut. constituée, ce qui rendait nécessaire l'énumération susdite.

D'autre part, il convient de faire remarquer que, si les lois de presse, antérieures à 1822, parlaient des dép. et des ag. aut., celle du 25 mars 1822 mentionnait seulement les f[res] publics, expression qui paraît bien devoir résumer les deux autres.

Les dép. aut. étant reconnus f[res], sans conteste, reste à démontrer que les ag. aut. sont bien, eux aussi des f[res].

On ne trouve qu'une décision isolée, aux termes de laquelle il n'en serait pas ainsi (Cass. 17 mars 1830).

Par contre, au sens des lois protectrices, on doit considérer comme des f[res] publics:

Les professeurs de l'Université. — Cass. 31 mai 1856 (Rogeard), *B. cr.*

Les juges suppléants, lorsqu'ils exercent leurs fonctions. — Cass. 14 avril 1831 (Fourdinier), *J. p.;*

Les employés des contributions indirectes. — Bordeaux, 4 août 1853 (Sorbier); D., 53, 2, 218.

Les agents des contributions directes. — Cass. 26 juillet 1821 (Mine), *J. p.* — Par exemple, les contrôleurs et percepteurs, etc. (Poitiers, 19 janv. 1842).

Or, les employés et ag. susdits sont des ag. aut. (Voir 7e partie).

Nous avons vu que le garde champêtre, qui est qualifié pour faire acte de force publique, est un f[re]. Les ag. pol. sont dans le même cas. *Exemple:* Cette qual[on], employée art. 114 et 333 CP, s'applique même aux gardiens de la paix (Cass. 4 déc. 1862).

Comme l'ag. pol. est un ag. aut. (Cass. 15 février 1828), il s'ensuit que les ag. aut. sont f[res].

Quant à la force publique, nous trouvons, art. 123 à 126, après l'intitulé : coalition des f[res], les désignations ci-après : 1° art. 126, f[res]; 2° art. 124, autorités civiles, corps militaires et leurs chefs.

Nous verrons du reste, chap. 12, que les commandants fp. sont des ag. aut.

En outre, les ag. fp. sont des ag. aut. (Cass. 17 déc. 1841). Donc dép. et ag. aut., dép. et ag. fp. sont des f[res]. (Pour les autres privilégiés, voir VIIe partie.)

Nota. — J'ai signalé suprà la confusion souvent opérée entre les magistrats institués et les f[res]. Pour prouver que les deux qual. sont distinctes, et que l'une n'entraîne pas toujours l'autre, il suffit de rapporter l'arrêt suivant :

Un percepteur n'est pas magistrat, mais bien simple f[re] (Cass. 26 juillet 1821, Voir du reste chap. 10).

Résumé de la question. — Définition proposée. — Exercer une fonction publique, c'est, suivant une définition d'auteur, avoir mission régulière de faire exécuter la loi, avoir une délégation de la loi pour l'administration de l'Etat ou de la Justice. Encore convient-il de préciser, et tenir compte de cette considération que, par administration de l'Etat ou de la Justice, il faut entendre exercice du pouvoir adm. ou jud. Par suite, tous les préposés des autorités adm. et jud. sont des f[res] publics, soit qu'ils administrent, soit qu'ils concourent seulement à administrer.

Administrer, c'est gouverner, régir, ou mieux, si l'on se reporte à l'étymologie, c'est exercer un ministère dans tel but et telles conditions déterminés; en l'espèce, en vue de l'intérêt public et avec tels pouvoirs délimités par la loi. Or, exercer un tel ministère public ou être SP (ce qui s'équivaut), cela revient à dire que le f^{re} ou administrateur public est citoyen SP, au sens générique du terme. Et, comme le f^{re} ou administrateur public par excellence, c'est le chef, qui ne peut exercer le pouvoir qu'il incarne que par l'intermédiaire d'un certain nombre de subordonnés, investis chacun d'une fraction dudit pouvoir, il s'ensuit indiscutablement que tous, chefs et subordonnés, peuvent être qualifiés f^{res}.

D'où la définition suivante:

Le f^{re} par qual. est un citoyen français, investi légalement : 1° soit immédiatement, par l'autorité publique; 2° soit médiatement, par l'autorité constituée, d'un mandat d'exercice f^{l}, lui conférant pouvoir d'agir, au nom de la loi et de l'autorité constituée, pour l'accomplissement d'une mission concernant le service public, directement et exclusivement, c'est-à-dire consistant, soit à appliquer, soit à exécuter les prescriptions impératives ou prohibitives de la loi, ou celles de l'autorité en ou pour exécution de la loi (Voir serment IV, 4).

Protection des f^{res} F, OF. — Dans les chapitres précédents, j'ai énuméré les différentes qual. ou qual^{ons} attribuées aux f^{res}, en appelant l'attention sur ce fait qu'il ne suffit pas qu'une qual^{on} f^{lle} de f^{re} soit attribuée à un privilégié pour que ce dernier soit, par suite, qualifié f^{re} au sens de la loi de 1881. De ce qui précède, il résulte par contre que la qual^{on} ainsi attribuée justifierait celle de f^{re}, magistrat, etc., au sens des art. 175. 177 CP, etc. Au point de vue de la protection des textes répressifs, il importe peu que le privilégié investi d'une qual^{on} f^{lle} protégée soit ou non f^{re}, puisque la loi de 1881 protège au même titre les f^{res}, les dép. aut., les ag. aut. et les citoyens SP, entre autres privilégiés. De son côté le Code pénal ne protège pas seulement les f^{res} proprement dits, mais tous ceux qui, f^{res} ou non, exercent un pouvoir ou une action f^{ls} justifiant l'attribution des qual^{ons} de l'article 209 ou celles de mag. ag. dép. fp. ag. fp., citoyen SP. Il s'ensuit que c'est la fonction du privilégié SP qui est protégée, et que la qual^{on} spéciale à lui attribuer n'importera qu'au point de vue de la quotité de la peine à prononcer.

Classification. — De la définition même à laquelle ont abouti les considérations qui précèdent, il résulte que les f^{res} par qual. se composent essentiellement : 1° de ceux dont tous les actes f^{ls} sont ceux de f^{res}; 2° de ceux dont les actes f^{ls} comportent l'attribution de la qual^{on} de f^{res}, et de celle de dép. aut. publique. J'appelle les premiers : f^{res} par mandat représentatif, et les seconds: f^{res} par action f^{lle}.

Pour les uns et les autres, la qual^{on} protectrice correspond aux pouvoirs et à l'action f^{lle} exercés.

Du chap. 8, il résulte que les qual^{ons} en question sont celles de commandant ou ag. fp., d'off. pol., d'ag. pol., l'une de celles des ag. aut., des membres ou ag. du Gouvernement, en un mot toutes celles caractérisant l'exercice des pouvoirs adm. ou jud. constitués.

F^{res} par action f^{lle}. — Ce sont les f^{res} électifs et temporaires dont parle l'art. 197 CP, c'est-à-dire les maires, adjoints, etc., qualifiés pour agir comme mag., off. pol., etc.

F^{res} proprement dits. — Je les subdivise eux-mêmes en deux catégories : 1° les f^{res} spéciaux; 2° les f^{res} actifs.

Par f^{res} spéciaux, j'entends désigner ceux dont l'exercice f^{l} ne comporte que des qual^{ons} protectrices spéciales: cit. SP, ag. aut., etc. Par exemple, les professeurs, instituteurs, certains dépositaires publics, etc., en un mot, ceux qui n'ont pas pouvoirs f^{ls} FR, et n'agissent qu'en exécution de la loi, sans mission F d'appliquer la loi, ou de commander en son nom.

Par f^{res} actifs, j'entends désigner les f^{res} qualifiés pour agir en et pour exécution de la loi, quelle que soit l'étendue de leurs pouvoirs F ou FR à l'égard des citoyens.

F^{res} actifs. — Je les subdivise en dép. et ag. aut. adm. ou jud.

Le mandat des f^{res} dép. aut. consiste à exercer des fonctions magistrales ou à appliquer la loi, à rendre des décisions, etc. Celui des f^{res} ag. aut. consiste à exécuter les décisions des dép. aut., ou leurs ordres, ou enfin à accomplir la mission f^{lle} qui leur est imposée par l'autorité et la loi. Ce sont des ag. d'exécution, pour la majeure partie (ou de surveillance). Certains dép. aut. peuvent agir, en fait, comme ag. aut., mais sans perdre leur qual^{on}.

La plupart des ag. aut. sont en même temps ag. dép. aut., mais ne peuvent jamais être qualifiés dép. aut., ni l'être en vertu d'une des qual^{ons} des dép. aut. comportant celle de mag. Les dép. aut. comprennent donc des mag., off. pol., etc., tandis que les ag. aut. comprennent des préposés, des ag. pol., des ag. fp., des gardes, off. pol. jud. non auxiliaires du Parquet, etc.

Remarque. — La qual[on] de citoyens SP ayant été ajoutée à nos lois, il serait préférable de l'employer à l'égard de tous dép. aut., mag., etc., non-f[res], tout en protégeant ceux-ci contre les délits réprimés par le Code, en vertu de leur qual[on] f[lle]. Du reste, la jurisprudence est orientée dans ce sens, depuis 1881.

C'est pour cette raison que j'ai subdivisé les f[res] en dép. et ag. aut. Si cette classification est admise, et elle ne peut créer aucune difficulté, puisque la loi de 1881 protège au même titre les cit. SP et les f[res], on comprend les avantages qui en résultent au point de vue de la simplification.

La véritable classification des divers représentants de l'autorité et de la force publique devrait comprendre : 1° les dépositaires; 2° les ag. dépositaires; 3° les ag., termes qui expriment exactement:

a) Le pouvoir de décider, d'ordonner, de diriger;

b) Le pouvoir et le droit d'agir, de surveiller, d'exécuter;

c) L'exécution.

La jurisprudence l'a souvent compris, car on trouve dans les arrêts les six qualifications ci-dessus.

Pour justifier, tout en le critiquant, le choix des désignations légales sus-rapportées, il faut tenir compte d'un fait capital: la force publique de l'art. 209 est, exclusivement, la force armée régulière.

Comme certains f[res] peuvent faire acte de force publique, il s'ensuit que les désignations des art. 224 et 230 peuvent concerner et les ag. fp. réguliers, et les f[res] agissant comme ag. fp.

La nécessité de cette regrettable assimilation entre une qual. et une qual[on] eût été évitée si, au lieu de parler, tantôt d'ag. fp., tantôt d'ag. dép. fp., le législateur avait employé seulement cette dernière qual[on], applicable aux ag. fp. réguliers tout comme à ceux investis du pouvoir d'agir comme la force publique (Voir ch. 12).

CHAPITRE X

DÉP. ET AG. AUT.

Les f[res] comprennent: 1° des dép. aut.; 2° des ag. aut.

Par autorité, il faut entendre:

1° l'autorité publique (Voir plus haut);

2° l'autorité publique constituée.

Par autorité constituée, il faut entendre l'aut. adm. et l'aut. jud.

Autorité administrative. — Elle est exercée par les administrations de l'Etat (finances, etc.), et par celles de police.

Autorité judiciaire. — Elle est exercée par les Tribunaux institués, et par la police jud.

Dans l'usage, on fait la distinction suivante: Par autorité jud., on entend juridiction (tribunaux de toute espèce, sauf les tribunaux adm.). Par police jud., on entend recherche et citation devant les tribunaux répressifs (Parquet, off. auxiliaires et autres).

Les mandats conférés par l'autorité émanent donc des trois sources spécifiées, et comportent exercice de pouvoirs légaux soit au nom de l'autorité publique, soit au nom de l'autorité constituée.

Les mandats conférés directement par l'autorité publique ne comportent pas la qual[on] d'ag., parce que l'ag. *exécute*, et que la seule autorité constituée a pouvoir d'exécution. Ils comportent donc qual[on] f[lle] de dép. aut., entraînant celle de mag. (maire, adjoint, Chef de l'Etat).

Les mandats conférés par l'autorité constituée comportent, suivant la nature des pouvoirs f[ls], la qual[on] de dép. ou d'ag. aut. *adm. ou jud.* Il y a donc des dép. aut. proprement dits, des dép. aut. adm. ou jud., et seulement des ag. aut. adm. ou jud.

Quant à la nature des pouvoirs f[ls] conférés par le mandat, elle est déterminée par la loi, source de tout pouvoir, et l'exercice en est réglementé soit par la loi, soit par l'autorité mandante.

L'exercice f[l] par mandat émané de l'autorité publique est nécessairement défini et réglementé par la loi elle-même.

L'exercice des pouvoirs jud. est dans le même cas. Seul, le mandat conféré par l'aut. adm. est précisé par celle-ci dans son *mode* d'exercice, quoiqu'il consiste à agir dans un but défini par la loi. Tel est surtout le cas en ce qui concerne les ag. aut. adm., sinon pour tous, du moins pour beaucoup d'entre eux, notamment les ag. pol.

Le mandat f[l] émané de l'autorité publique consiste surtout à gérer les affaires publiques, à réglementer, à promulguer ou publier les lois, etc. Celui des dép. aut. jud. consiste à juger, à poursuivre, à rechercher. Celui des ag. aut. jud. consiste à rechercher certains délits ou contraventions, ou à exécuter les décisions des mag. de l'ordre jud.

Celui des dép. aut. adm. consiste à réglementer, surveiller, gérer, etc.

Celui des ag. aut. adm. consiste à surveiller et à exécuter.

On sait que l'aut. adm. protège ou prévient, tandis que l'aut. jud. réprime surtout.

Agents. — Au sens étymologique, agent veut dire : qui agit pour, qui agit en qual. de.

Dans le langage courant, agent veut dire, employé, représentant, préposé.

Dans le langage technique administratif, agent veut dire gardien de la paix, sergent de ville, ag. de police, en un mot. Dans le langage jud., cette qual^{on} concerne une foule de f^{res}.

Prise dans son sens générique, elle équivaut à celle de f^{re}.

Les ag. aut. adm. ou jud. sont les ag. préposés par ces autorités, pour exécuter les dispositions impératives ou prohibitives de la loi, sous le contrôle et la direction de l'autorité compétente.

Nota. — On ne trouve aucune définition de principe, relativement aux ag. aut.

Dépositaires. — Etre dépositaire aut., c'est avoir en dépôt l'autorité publique, adm., ou jud. C'est donc *posséder* un pouvoir f^{l} déterminé. La qual^{ou} de dép. aut. ne concerne, en principe, que les seuls f^{res} proprement dits. C'est seulement par assimilation qu'on l'emploie à l'égard de ceux qui font exceptionnellement acte de mag.

Dép. et ag. aut. — On ne peut considérer comme tels, ou comme investis d'un caractère public, que ceux qui, par délégation médiate ou immédiate du Gouvernement, exercent, dans un intérêt public, une portion de son autorité ou font exécuter ses ordres. — Paris, 31 mai 1843.

Cette définition est exacte, mais incomplète, parce qu'elle ne s'applique qu'aux ag. et dép. aut. adm. ou jud.

Il faut la compléter en ce qui touche les dép. aut. dont le pouvoir f^{l} émane des corps électoraux, et dont l'exercice f^{l}, comportant du reste la qual^{on} de dép. aut. adm. ou jud., comporte en outre un mode d'action f^{lle} spécial, *en exécution des lois* (maires, etc.), mais non pas sous la direction du Gouvernement, quoique sous son contrôle.

Dép. et ag. aut. adm. ou jud. peuvent être des ag. du Gouvernement (175 CP).

En quel cas ils sont f^{res}, de même que les magistrats et ag. ou dép. aut. *faisant partie* de l'organisation adm. et jud.

Agents du Gouvernement. — Ce sont ceux qui, dépositaires d'une partie de son autorité, agissent directement en son nom et font partie de la puissance publique (Cass. 23 juin 1831); qui agissent en son nom et sous sa direction médiate ou immédiate (Cass. 3 mai 1838); qui sont désignés par le Gouvernement pour exercer une portion quelconque d'autorité publique (Cass. 8 mai 1846).

Ces définitions combinées établissent que la qual^{on} susdite est applicable à des dép. et à des ag. aut.; qu'elle est une sorte de véritable qual. pour ceux dont les actes engagent toujours la responsabilité du Gouvernement, et une qual^{on} pour ceux dont certains actes seulement engagent ladite responsabilité.

En principe, la jurisprudence l'attribue surtout, et presque exclusivement, aux dép. aut.

Dép. aut. — J'ai signalé la tendance, accusée par les arrêts de jurisprudence, à sembler considérer que tout dép. aut. est par là même magistrat, et que tout magistrat est dép. aut.

Ces deux opinions sont erronées. Tout citoyen faisant fonction de magistrat, fait acte de dép. aut.; mais les seuls magistrats f^{res} sont invariablement des dép. aut. De sorte que celui qui fait acte de magistrat agit comme s'il était mag. dép. aut.; mais il n'est ni l'un ni l'autre. Il sera seulement qualifié magistrat à raison de son action magistrale, sans qu'on puisse le qualifier dép. aut., puisqu'il ne possède pas, à titre de dépositaire institué, le *droit* f^{l} d'agir avec la *qualité* de magistrat.

S'il n'est pas f^{re} ou dép. aut. publique, il sera donc réputé mag. au sens du Code, et citoyen SP au sens de la loi de 1881. Cette distinction, importante théoriquement, est sans intérêt pratiquement, puisque cit. SP, f^{res}, dép. et ag. aut. sont protégés de même par ladite loi.

Nous savons qu'il y a des dép. aut. publique et des dép. aut. adm. et jud.

Les dép. aut. publique sont tous magistrats. Les dép. aut. adm. comprennent des magistrats et des non-magistrats. Tous les dép. aut. jud. sont magistrats, à l'exception des off. pol. jud. non auxiliaires du Parquet.

Quant aux ag. aut. adm. et jud., aucun n'est dép. aut. ni magistrat.

Nota. — Tous les f^res^ dép. aut. sont nommés par le Chef de l'Etat, tandis que les ag. aut. sont nommés par les ministres, préfets, maires, etc.

La plupart des f^res^ dép. aut. sont agents du Gouvernement, sinon tous. La garantie constitutionnelle ayant été abolie, il est sans intérêt d'examiner à fond la question. La 7e partie contient du reste toutes les décisions que j'ai pu trouver à ce propos, concernant chaque privilégié.

Classification des dép. aut. — On distingue:

1° *Dép. aut. non magistrats.* — Ce sont les ministres et agents diplomatiques, et quantité d'agents du Gouvernement, comme les directeurs généraux d'adm^ons^ centrales, ceux des maisons centrales, les ingénieurs des mines et des ponts-et-chaussées, etc., auxquels on peut adjoindre, avec les off. pol. jud. non auxiliaires du Parquet, tous f^res^ qualifiés citoyens SP, mais non agents d'exécution, comme les professeurs, etc.

2° *Dép. aut. magistrats.* — Ils se subdivisent eux-mêmes en : 1° dép. aut. publique ; 2° dép. aut. adm.; 3° dép. aut. jud.

Dép. aut. publique. — Ce sont les f^res^ électifs et temporaires de l'art. 197 CP, agissant en dehors des fonctions qui leur sont attribuées comme off. pol. (maires et adjoints), mais en vertu des pouvoirs spéciaux qu'ils tiennent de la loi (VII, maire). Ils peuvent en outre faire acte de citoyens SP.

Dép. aut. adm. — Ce sont les préfets, off. pol., etc.

Dép. aut. jud. — Ce sont les juges, membres des parquets, off. pol. jud. auxiliaires, etc.

Nota. — Certains f^res^, et nous sommes du nombre, doivent être qualifiés dép. aut. lorsqu'ils agissent, non pas comme représentants de l'autorité, mais comme mandataires de la loi (Voir VII, commissaires).

Pour les magistrats, voir VII.

Ag. aut. — Ils comprennent : 1° les ag. (dép.) aut. spéciaux; 2° les ag. aut. proprement dits.

Les ag. aut. ne sont pas magistrats (L. 17 mai 1819).

Nous avons vu que les ag. aut. comprennent, entre autres, les ag. fp. Par suite, le dép. aut. ne peut être un ag. fp.

Ag. dép. aut. — On peut les subdiviser en deux catégories : 1° ceux dont le mandat ne comporte pas exécution, comme les instituteurs, comptables, certains préposés et agents du Gouvernement, etc.; 2° ceux dont le mandat comporte exécution sans emploi de la force, comme certains préposés de l'art. 209; en un mot tous ceux qualifiés citoyens SP.

Ag. aut. proprement dits. — Ce sont: 1° les off. pol. jud. de rôle secondaire; 2° les ag. pol. adm. et jud.; 3° les ag. fp. et ag. dép. fp. ainsi que les commandants fp.

A la différence des précédents, leur exercice f^l^ leur vaut protection, soit en vertu de leur qualité propre, soit en vertu de la qual^on^ de citoyens SP.

La différence entre les ag. fp. et les autres ag. aut. consiste en ceci :

Tous les ag. fp. sont ag. dép. fp. et ag. aut. par qual^on^ f^lle^. Les autres ag. aut. ne peuvent être qualifiés que comme citoyens SP, à part leur qualité propre.

Les ag. pol. sont des citoyens SP auxquels la jurisprudence d'autrefois attribuait la qual^on^ d'ag. dép. fp. ou ag. fp. à raison de leur mode d'exercice f^l^ spécial.

Il en est, du reste, des ag. aut. en général comme des dép. aut. C'est leur mode d'exercice f^l^ légal qui détermine la qual^on^ à leur attribuer. La plupart peuvent être qualifiés ag. dép. aut., s'ils agissent de leur propre initiative, soit au nom de la loi, soit au nom de l'autorité dont ils sont les préposés. Ils seront ag. aut. s'ils exécutent les ordres de ladite autorité, etc.

Tous les ag. aut., sont protégés par l'article 224 (Paris, 21 juin 1838).

Remarques. — Dépositaires et agents sont mentionnés art. 145 et suiv., 175 et suiv., 184 à 188, 209, 231 et suiv. CP.

Les dépositaires le sont surtout art. 115, 127, 130, 222, 223, 228, et les agents art. 224, 225, 230, etc.

Le liv. III, titre I section IV CP (art. 209 à 221) vise, dans son intitulé, l'autorité publique. Les art. 127 à 131 concernent l'autorité adm. et jud.

Tous les agents ou préposés de l'autorité peuvent être qualifiés selon les art. 175, 177 CP: ag. du Gouvernement, f^res^, ag. d'adm^on^ publique, etc., suivant qu'ils sont nommés par le Chef de l'Etat ou le chef d'une adm^on^.

Conclusions. — 1° Celui qui commande au nom de la loi ou de l'autorité est un dép. aut.

2° Celui qui rend une décision exécutoire est un magistrat.

3° Celui qui a droit f[l] de requérir la force publique *pour faire exécuter ses décisions* est un dép. aut., qualifié magistrat.

4° Celui qui a qualité pour exercer une action f[lle] au nom de la loi et sous le contrôle de l'autorité, est un dép. aut. si son mandat ne comporte pas exécution matérielle.

5° Celui qui exerce une action f[lle] au nom de la loi et sous le contrôle de l'autorité, avec mandat d'action spontanée et d'exécution à la fois, est un ag. aut., pouvant être qualifié (ag.) dép. aut., quant à ses actes d'initiative.

6° Le véritable dép. aut. ne peut jamais être requis de faire acte de force publique par lui-même, tandis que la plupart des ag. aut. sont susceptibles d'être requis à cet effet.

7° Tout f[re] privé de ce droit de réquisition est un ag. aut., même s'il a qualité pour agir lui-même comme force publique.

8° La force publique étant une affirmation du pouvoir de l'autorité publique, ses agents réguliers ont seuls qualité légale d'ag. fp.

9° Tous les dép. et ag. aut. mentionnés ou non art. 209 sont protégés : 1° par les art. 222, 223, 228, s'ils sont magistrats ou qualifiés tels; 2° par les art. 224 et 230, s'ils font partie de la force armée, comme ag. fp. ou ag. dép. fp.; 3° par l'art. 225 s'ils sont commandants fp.; 4° par les art. 224 et 230, comme citoyens SP, s'ils ne sont ni magistrats, ni ag. fp., ni commandants fp.; 5° par l'art. 209 s'ils y sont désignés; 6° par la loi de 1881.

La jurisprudence d'autrefois protégeait même les ag. pol. et les prépcsés du service actif des douanes comme ag. fp. ou ag. dép. fp. (VII et I, 12).

CHAPITRE XI

DES AGENTS DE POLICE

Les ag. pol. (art. 77 décret 18 juin 1811) comprennent : 1° les ag. pol. adm. ; 2° les ag. pol. jud. (CP. 209). Il y a des agents en uniforme et en tenue civile. Tous peuvent être qualifiés citoyens SP, s'ils n'agissent pas fonctionnellement dans le but spécifié art. 209 CP ou 77 du décret ci-dessus. A peine est-il besoin de dire que ni les expressions : police adm. ou jud., ni celles : ag. pol., ne sont définies par nos lois. Nous savons que, sauf pour les termes : injure, diffamation, *aucune* définition quelconque ne se trouve dans la loi, en ce qui concerne les délits contre les privilégiés, et les privilégiés eux-mêmes.

1° *Agents de pol. adm.* — La police adm. est dirigée : 1° par le ministre de l'intérieur et ses préfets et sous-préfets; 2° par les municipalités.

Les agents appartenant au ministère sont ceux de la sûreté générale.

Les autres sont dits agents de police municipale.

Tous sont subordonnés à l'adm[on] centrale. Tous sont donc ag. pol. adm.

Leur qualité désignative est très variable. A Paris, les agents de police municipale sont appelés gardiens de la paix.

Dans la banlieue de la Seine, on les dénomme sergents de ville.

En province, on les appelle agents municipaux (ancienne appellation des maires actuels), agents de police municipale, etc. Beaucoup de municipalités ont des agents appelés appariteurs de police.

Gardiens de la paix et autres, pourvus d'un uniforme, font un service de voie publique.

A Paris, les gardiens de la paix sont commandés par des sous-brigadiers, brigadiers, inspecteurs principaux, officiers de paix; puis viennent les commissaires divisionnaires et le directeur de la Police municipale. Ces derniers sont des commissaires de police; leurs subordonnés sont, légalement, de simples agents de police.

*Voir VII*e *partie.* — Officiers de paix, commissaires divisionnaires.

Les agents en tenue civile, de la Sûreté générale, de la sûreté à Paris, etc., sont désignés sous l'appellation d'inspecteurs de police.

Quelle que soit la dénomination employée, les agents de police bénéficieront toujours, F et OF, de la protection spéciale des art. 209, 224, 230, et OFP, de celle de la loi de 1881. Mais la qual[on] légale leur donnant droit à cette protection variera, dans chaque espèce, d'après la nature du rôle qu'ils jouaient par rapport au délit commis à leur égard. Il y a donc une importance capitale à établir nettement les distinctions qui doivent guider le procédurier.

Voir VII. — Gardiens, I, 12.

1° Est ag. d'adm[on] au sens de l'art. 177 CP un ag. pol. Ainsi, l'offre d'une certaine somme par un délinquant, à cet agent qui l'a arrêté, à l'effet d'obtenir son relâchement, constitue une tentative de corruption. 3 février 1842. Bordeaux. Lacaze.

2° Ils ne sont pas agents du Gouvernement (Paris, 18 juillet 1835), sauf s'ils procèdent en vertu d'ordres administratifs (Bruxelles, 24 janv. 1833).

3° L'ag. pol. est un ag. aut. (Cass. 15 fév. 1828); il est protégé par l'art. 224 CP (même arrêt).

Jugé qu'ils sont ag. aut. quand, sur les ordres de l'autorité qui les a institués, ils se bornent à exercer la surveillance que cette autorité leur a confiée (Cass. 28 mai 1829, 16 juin 1832, 9 mars 1833, 27 mai 1837, 17 décembre 1841, 5 avril 1860).

4° D'autre part, on a décidé qu'aux termes de l'art. 77 du décret du 18 juin 1811, et de l'art. 6 du décret du 7 avril 1813, ils doivent être considérés comme ag. fp. protégés par l'art. 224, quand ils agissent pour *l'exécution*, soit des jugements, soit des lois et réglements de police, dont la surveillance leur est confiée par l'autorité municipale (Cass. 2 oct. 1847).

Ils sont ag. fp. au sens de l'art. 224, lorsqu'ils prêtent main-forte aux officiers ministériels pour l'exécution des mandements de justice, ou qu'ils les exécutent eux-mêmes (Cass. 28 août 1829) (Voir I, 12).

Remarque. — A noter qu'on a confondu la qual[on] générique : ag. aut. avec la qual. ou qual[on] f[lle]. La qual[on] ag. aut. n'exclut pas le moins du monde celle d'ag. fp., nous le verrons plus loin.

5° Les ag. pol. adm. sont mentionnés art. 209 CP. Comme tels, ils ont un caractère public comme agents de surveillance et d'exécution, et la rébellion envers eux est punissable (Cass. 14 juillet 1838).

D'où les remarques suivantes :

A part l'arrêt n° 5, les décisions relatives aux agents qualifient ceux-ci ag. fp., précisément lorsque *la loi* les qualifie ag. pol., parce qu'ils font acte de force publique.

Par contre, on les qualifie ag. aut. lorsqu'ils exercent leurs fonctions ordinaires d'ag. pol., sans faire acte de force. C'est reconnaître qu'ils n'ont jamais qualité d'ag. fp. Quand ils font acte de force, ils sont ag. pol., de même qu'en toute circonstance; ils peuvent être protégés: 1° dans le cas de rébellion, comme ag. pol.; 2° dans les autres cas, comme citoyens SP. Ils sont en effet mentionnés concurremment avec les ag. fp dans la rédaction de l'art. 209 comme dans celle de l'art. 77 du décret de 1811.

En toute circonstance, ils sont ag. aut.

Quand la qual[on] de citoyens SP n'existait pas, les décisions rapportées étaient inévitables. A présent, on n'en doit plus tenir compte, sans quoi, il faudrait qualifier commandants fp., les officiers de paix les dirigeant, lorsqu'ils font acte de force publique comme ag. pol., ce que la jurisprudence n'a jamais admis.

Remarque. — Tout ce qui précède s'applique : 1° aux appariteurs (Voir VIIe partie);

2° Aux adjudicataires et nautonniers des bacs et bateaux, conducteurs de voitures publiques et postillons, inspecteurs des ports, des halles et marchés nommés par l'autorité municipale.

3° *Aux agents auxiliaires.* — Je rapporte III, 3, un arrêt aux termes duquel l'agent auxiliaire assistant l'agent fp. qui agit dans le sens de l'art. 209, est protégé par cet article.

Qu'est-ce qu'un agent auxiliaire? C'est: 1° tantôt un surnuméraire qui est destiné à devenir titulaire après une période d'épreuve; 2° tantôt un surnuméraire adjoint aux agents réguliers, pour une contingence spéciale, mais dont la fonction cessera avec les circonstances qui ont motivé l'adjonction.

Dans les deux cas, si la nomination est faite par l'autorité compétente, l'agent est ag. pol. et ag. aut.

L'arrêt précité est donc parfaitement justifié.

Mais si la nomination n'est pas faite par l'autorité compétente, ou n'est pas confirmée par celle-ci, ce qui revient au même, l'agent ne pourrait revendiquer la qualité d'agent aut., il serait un simple citoyen SP.

Le cas ne peut guère se présenter que dans la banlieue du département de la Seine, où l'organisation de la police municipale ne dépend pas du maire, mais du préfet de Police.

Si donc un maire de banlieue voulait organiser, de son chef, un corps d'agents non agréé par le préfet de Police, les remarques qui précèdent s'appliqueraient à ces agents. (Voir art. 103, Loi 5 avril 1884).

N'oublions pas, du reste, que, comme je le démontrerai dans la 4e partie, ainsi qu'au chap. 14 de la présente partie, peu importent les irrégularités de l'investiture au point de vue de la protection de la loi: il suffit que la fonction soit exercée ostensiblement sous la surveillance de l'autorité, pour qu'elle soit protégée.

2° *Ag. pol. jud.* — S'il est aisé d'énumérer les ag. pol. adm., qui sont nommés par l'aut. adm., on n'en peut dire autant des ag. pol. jud. L'autorité jud., en effet, n'a pas d'agents. Elle a recours aux ag. pol. adm. et à la force publique, pour faire exécuter ses décisions. Il s'ensuit que, l'organisation faisant défaut, on est en droit de qualifier ag. pol. jud. tous agents adm. agissant à la requête de l'aut jud. Tel sera le cas, par exemple, pour les inspecteurs de la sûreté, que les parquets emploient presque exclusivement.

Mais il faut considérer qu'outre les missions d'exécution, les ag. pol. peuvent, dans l'ordre adm. ou jud., doivent même, avoir qualité pour exercer une action f[lle] spéciale de surveillance et de recherche.

Si l'aut. jud. n'a pas d'agents directement subordonnés, la loi a néanmoins institué un certain nombre d'agents dans le but susdit.

Ces agents, les auteurs les englobent tous sous une même désignation qu'ils ont inventée : celle d'agents spéciaux adjoints à la pol. jud. La loi permet pourtant d'énumérer les véritables ag. pol. jud. En effet, puisque l'art. 9 CIC désigne les off. pol. jud., il est manifeste que tout agent ne rentrant pas dans la catégorie desdits officiers, devra être qualifié fonctionnellement ag. pol. jud., s'il est chargé d'exercer une fonction de pol. jud.

Les véritables ag. pol. jud. sont : 1° les gendarmes, qui sont en même temps susceptibles d'être légalement qualifiés ag. fp. et ag. dép. fp., mais qui ne sont pas off. pol. jud., et que l'on considère à tort comme agents *adjoints* à la pol. jud.; 2° les gardes champêtres et forestiers, bien qu'ils puissent être *considérés* comme off. pol. jud. (art. 9 et 16 CIC); pour les gendarmes, la question est d'autant moins douteuse que leurs officiers sont off. pol. jud.

Les gardes forestiers sont des ag. du Gouvernement et sont off. pol. jud., comme les gardes champêtres. Ils sont ag. aut. quand ils exécutent les ordres du maire ou de l'autorité, ou ag. pol.

La qual[on] d'ag. dép. aut. leur conviendrait donc à merveille (Voir VII gardes).

Les gardes forestiers comprennent : les conservateurs, inspecteurs, sous-inspecteurs, gardes généraux et gardes-ventes.

3° *Agents spéciaux adjoints à la police jud.* — Les auteurs désignent, sous cette appellation, non seulement les agents pol. jud. sus-énumérés, mais encore maint off. pol. jud. non auxiliaire du Parquet, et, en général, tous privilégiés, agents ou autres, qualifiés pour agir occasionnellement comme off. ou ag. pol. jud.

Il s'ensuit que la qual[on] f[lle] de certains d'entre eux, correspondant à leur qualité propre et à la nature de leur action f[lle], pourra être celle d'ag. aut., de dép. aut., de magistrats, etc. De plus, la qual[on] d'off. pol. jud. convient légalement à ceux qui ont titre de commissaires de police pour l'exercice de leur fonction spéciale. Parmi ces f[res], on peut citer les commissaires non auxiliaires du Parquet, comme ceux du Laboratoire municipal à Paris, les commissaires spéciaux, ceux des poids et mesures, etc.

Si tous les ag. pol. adm. ou jud. nommés par l'autorité sont bien des ag. aut., il n'en est pas invariablement de même pour les ag. spéciaux adjoints à la pol. jud.

Les gardes des particuliers, par exemple, que la jurisprudence assimile aux gardes proprement dits, et qu'elle qualifie même off. pol. jud., sont, à mon avis, de simples ag. pol. jud. adjoints, ne pouvant être qualifiés ag. aut., et qui, au sens des art. 224, 230 CP et de la loi de 1881, sont des citoyens SP.

Les explications des chapitres précédents suffisent pour permettre de faire les distinctions nécessaires. Je me borne à reproduire la liste des agents spéciaux, en fournissant seulement quelques indications essentielles.

Cette liste comprend notamment, d'après les auteurs.

I. — En matière de crimes et délits militaires :

1° Les adjudants de place; 2° les officiers, sous-officiers et commandants de brigade de gendarmerie; 3° les chefs de poste; 4° les gardes d'artillerie et du génie; 5° les rapporteurs près les Conseils de guerre, en flagrant délit. (Loi 9 juin 1857).

Les officiers de gendarmerie et les rapporteurs sont mag. dép. aut. Les off. de gendarmerie sont en outre commandants fp., ainsi que les sous-officiers et commandants de brigade exerçant un commandement F.

II. — En matière de crimes ou délits maritimes :

Ceux désignés art. 113. Loi 4 juin 1858, c'est-à-dire:

1° Les sous-aides majors de la marine; 2° les officiers, sous-officiers et commandants de brigade de la gendarmerie maritime; 3° les chefs de poste; 4° les gardes de l'artillerie de marine; 5° les rapporteurs près les Conseils de guerre maritimes en cas de flagrant délit; 6° et, en matière de pêche côtière: les commissaires de l'inscription maritime, les inspecteurs des pêches maritimes, etc. (Voir décret du 9 janvier 1852 art. 16).

III. — Dans l'administration des forêts.

Les gardes généraux, gardes-ventes, etc., qui sont off. pol. jud.

IV. — Aux ponts-et-chaussées:

Les ingénieurs, conducteurs, piqueurs, cantonniers-chefs; les ingénieurs des mines, gardes-mines ou contrôleurs des mines; les agents de la navigation, gardes d'écluse et de halage; les gardes des chaussées et des digues, les commissaires, agents et gardes des chemins de fer, les gardes pêche (même ceux des fermiers et propriétaires riverains).

V. — A l'enregistrement:

Tous les préposés chargés de constater les contraventions.

VI. — Aux contributions indirectes :

Les contrôleurs, receveurs, commis à cheval et à pied, préposés aux déclarations et aux recettes; les employés des octrois; ceux des bureaux de garantie des matières d'or et d'argent.

VII. — Aux douanes :

Les préposés du service actif (ag. aut. ag. pol. jud., et même ag. fp.).

VIII. — Aux postes et télégraphes:

Les directeurs, receveurs, contrôleurs et inspecteurs, et les agents et employés assermentés.

IX. *Les Inspecteurs généraux* et supérieurs de l'instruction publique; X. ceux de l'*enseignement primaire;* XI. les *inspecteurs* et inspectrices du travail ; XII : les *commissaires* du Gouvernement attachés aux hôtels des Monnaies; XIII. les *vérificateurs* des poids et mesures; XIV. les *agents-voyers;* XV. les *inspecteurs* des halles et marchés et des ports de Paris, qui font en outre fonctions d'ag. pol. adm. et sont ag. aut.; XVI. les *autorités* sanitaires; XVII. les *commissaires* d'émigration; XVIII. les *off. de port;* XIX. les *inspecteurs et gardes* de la navigation; XX. les membres des commissions de surveillance instituées en exécution des règlements, et les hommes de l'art chargés, dans les ports étrangers, par les consuls ou agents consulaires français, de procéder aux visites des bateaux à vapeur; XXI. les *consuls* français en pays étranger, et XXII. les *huissiers*, porteurs de contraintes et gardes du commerce, les commissaires-priseurs, autorisés par la loi à dresser procès-verbal en cas d'outrages, etc.

Remarque. — Il est aisé de se rendre compte que les auteurs ont qualifié ag. pol. jud. maint *préposé* protégé expressément par l'art. 209.

CHAPITRE XII

FORCE PUBLIQUE

(Ag., ag. dép., commandants.)

Aux termes de l'art. I, titre IV, constit. 3 septembre 1791, la force publique est instituée pour défendre l'Etat contre les ennemis du *dehors*, et assurer au *dedans* le maintien de l'ordre et l'exécution des lois.

Elle comprend : 1° l'armée de ligne ; 2° l'armée de mer; 3° la garde républicaine; 4° la gendarmerie (Voir VII, gendarmerie).

Les ag. fp. sont des ag. aut. — (Cass. 17 déc. 1841).

La force publique se subdivise en force armée nationale et en force armée spéciale.

La première a pour principale mission de défendre l'Etat contre les ennemis du dehors, et comprend les armées de terre et de mer.

La seconde a pour mission spéciale d'assurer au dedans le maintien de l'ordre et l'exécution des lois; elle comprend la garde républicaine et la gendarmerie.

Nous trouvons: 1° art. 209: force publique; 2° art. 224, ag. dép. fp.; 3° art. 225 commandant fp.; 4° art. 230, ag. fp. Comme les ag. pol. sont également mentionnés art. 209, et les cit. SP art. 230, nous pouvons légitimement poser les principes suivants:

1° Par force publique, l'art. 209, qui énumère divers agents capables d'agir comme ladite force, entend évidemment parler seulement de la force régulière.

2° Par commandants fp., l'art. 225, qui réprime l'outrage, entend parler également des seuls chefs militaires, ceux-ci ayant seuls qualité pour commander la force publique, que les autorités civiles *requièrent* seulement.

3° La rébellion de l'art. 209 peut donc être réprimée à l'égard des commandants et ag. fp. réguliers.

4° La rébellion, même à l'égard des ag. pol. ayant qualité pour contraindre, ne saurait les concerner qu'à titre d'ag. pol., non à titre d'ag. fp.

5° Quant à la qual^{on} f^{lle} ag. dép. fp. de l'art. 224, qui caractérise le pouvoir d'agir comme force publique, et, par suite, s'applique à la qualité comme à l'action exercée, elle concerne évidemment les ag. fp., c'est-à-dire les agents de la *force publique* de l'art. 209 (Cass. 14 mars 1889). Et la jurisprudence a pu décider qu'elle concerne les divers agents ayant pouvoir f^{l} d'agir éventuellement à titre de force publique.

6° Enfin, par ag. fp. selon l'art. 230, on doit entendre la force publique de l'art. 209 et les agents ou commandants en faisant partie.

Par assimilation, la jurisprudence a pu décider que les ag. dép. fp. n'en faisant pas partie peuvent être également désignés ainsi, à la condition qu'ils aient fait acte de force publique. Il y a donc lieu d'étudier : 1° le mode d'exercice f^{l} de la force publique proprement dite; 2° celui des agents qualifiés pour exercer l'une de ses actions f^{lles}.

Force publique proprement dite. — Elle a deux genres d'action f^{lle} : 1° la défense contre l'étranger; 2° la défense de l'ordre intérieur et l'exécution des lois.

Pour la défense extérieure et l'exécution des lois, son action ne s'exerce que sur réquisition, sauf le cas de flagrant délit.

Pour la défense de l'ordre, son action, généralement requise, peut éventuellement être spontanée.

Outre ces actions f^{lles} spéciales, la force publique a un mode d'exercice f^{l} qui lui est propre, celui réglementé par l'autorité militaire.

Elle a donc : 1° un mode d'exercice f^{l} spécial; 2° une action f^{lle} F; 3° une action f^{lle} FR.

Les considérations qui précèdent s'appliquent : 1° aux agents ; 2° aux commandants.

Exercice f^{l} spécial. — Il a lieu sous la direction des sous-officiers et officiers, soit qu'il y ait réunion officielle des hommes, marche, exercice d'entraînement, etc.; ou sur l'ordre des susdits, pour différentes corvées, etc.

Action f^{lle} F. — Elle comporte, non seulement les actes relatifs au mode spécial d'exercice susdit, mais encore tous autres actes officiels, requis ou non par l'autorité civile, *en vue* de contrainte éventuelle.

Exemple : Est F le garde républicain de service dans un théâtre, etc. Cette action f^{lle} a pour but d'assurer le maintien de l'ordre, c'est une action de *police*.

Action f^{lle} FR. — Dans le sens de l'art. 209 CP, pour l'exécution des lois, etc., elle peut s'exercer : 1° dans le cas de l'art. 106 CIC, soit spontanément, soit sur réquisition verbale de main-forte par les agents et autres f^{res}; 2° dans les autres cas, soit sur réquisition des autorités civiles, selon l'art. 25 CIC ou 234 CP, soit sur réquisition des huissiers selon l'art. 77 du décret du 18 juin 1811.

En dehors de ces circonstances, les ag. fp. pour être considérés comme agissant F, doivent agir : 1° sous la direction, ou 2° sur les ordres de leurs chefs (IV, 11, 13).

Les chefs, de leur côté, les commandent en vertu des pouvoirs à eux conférés par leur grade, qu'ils tiennent directement de l'autorité militaire, laquelle est une des formes de l'autorité publique, confiée au Gouvernement en général, et, spécialement, au ministre de la guerre (et à celui de la marine).

Lesdits chefs sont donc MP, ag. (dép.) aut., et, par suite, f^{res}. *Exemple :*

Les chefs militaires F sont f^{res} (Grenoble, 9 mai 1834).

S'ils procèdent, soit pour se conformer aux prescriptions de la loi ou des règlements militaires, soit pour exécuter les ordres de leurs supérieurs, ils agissent incontestablement à titre officiel, en exécution, soit des lois, soit des règlements (ordonnances), soit des ordres de l'autorité. Leurs hommes, en subissant leur direction, agissent de même.

Donc l'expression F (pendant qu'ils exerçaient leur ministère) de l'art. 230 s'applique :

1° Aux cas d'exécution, requise par les autorités civiles, ou spontanée.

2° Aux actes officiels divers, exercices réglementaires, etc., imposés à la force publique.

Ce qui démontre que, si la rébellion FR ne peut concerner que les cas d'exécution n° 1, les délits F peuvent concerner et ces cas, et ceux n° 2; et que les délits OF peuvent également se rapporter aux actes 1 et 2 (ou à la qualité).

Enfin, il ne faut pas oublier que la rébellion peut être caractérisée par les violences *avant* et pendant l'exécution FR; que les violences F peuvent avoir lieu avant, pendant et même après les actes 1 et 2; que les outrages F ou OF peuvent viser, par suite, toutes les circonstances des cas FR et F sus-énumérées (Voir VII, pompiers).

Pour confirmer la démonstration qui précède, il faut établir que l'expression ag. fp., qui est une qualité pour les subordonnés, est une qual^{on} applicable aux commandants, agissant F et FR, au sens des art. 209 ou 230.

Exemple : Chef militaire (art. 209).

Les chefs et agents de la force publique étant présumés de droit n'agir que conformément aux lois, les citoyens ne peuvent pas opposer la résistance avec violence et voies de fait aux ordres que la force armée a reçus de ses chefs, sous le prétexte qu'il ne leur a pas été préalablement justifié de l'exécution des lois relativement au légitime emploi de cette force. — Cass. 3 sept. 1824 (Dorgans), *J. p.*

D'autre part, ceux qui, non commandants investis, peuvent exercer l'action f^{lle} de commandants fp., devront être, en dehors de l'exercice de ce commandement, de simples ag. fp. ou ag. dép. fp. En effet: Un maréchal des logis d'artillerie (compagnie d'artificiers) est un ag. fp. ou ag. dép. fp. (Cass. 14 mars 1889).

Un chef de poste de la garde nationale (ou républicaine, ou de la gendarmerie, etc.), est, durant son service, un ag. fp. (Cass. 9 sept. 1831).

A plus forte raison ses subordonnés seraient-ils protégés, dans le cas des art. 209 et 230, comme ag. fp.; et, dans celui de l'art. 224, comme ag. dép. fp.

En résumé, au cas de violences F et FR, contre la force armée organisée, l'art. 209 ou les suivants sont applicables si la rébellion a lieu par violences simples; l'art. 230 est applicable si la rébellion a lieu par violences graves, et l'est également si les violences ont lieu sans rébellion, qu'elles soient graves ou non, F ou OF.

Pourquoi le commandant fp. est-il protégé par les art. 209 et 230 comme ag. fp. ? Parce que sa qualité importe peu, au point de vue de la nature et du but de l'acte exercé par la force qu'il commande. Lui et ses hommes concourent également à *exécuter* la loi, ou les ordres ou décisions de l'autorité; tous font conséquemment acte de force publique et sont légitimement protégés comme ag. fp. De même, les off. pol. qualifiés magistrats sont susceptibles d'éprouver rébellion comme off. pol., bien que la jurisprudence les considère toujours comme magistrats.

Voir IVe partie et VII, commandants.

Voilà pour la force armée régulière. Pour les agents n'en faisant pas partie, j'ai fait remarquer qu'ils peuvent être *qualifiés* ag. fp. ou ag. dép. fp. s'ils ont fait acte de force publique dans le sens de l'art. 209, et ont été attaqués sans rébellion, bien qu'à présent, la seule qual^{on} qui leur convienne soit celle de citoyens SP, outre celle d'ag. pol.

Ag. aut. — qualifiés ag. fp. et ag. dép. fp.

Si l'art. 230 ne peut s'appliquer aux ag. aut. qualifiés ag. fp. que s'ils ont bien agi FR, pour suppléer la force régulière, la qual^{on} ag. dép. fp. ne saurait-elle leur être appliquée, même s'ils ont agi en leur qualité propre, comme agents pol. ou comme préposés F ? La question a été vivement débattue. A mon avis, la nouvelle rédaction des art. 224 et 230, en mentionnant les citoyens SP, protège exclusivement comme tels tous les agents de l'art. 209 ne faisant pas partie de la force armée régulière, qu'ils aient agi F ou même FR, sauf pourtant au cas de rébellion sans violences graves, délit réprimé à leur égard à raison de leur qualité f^{lle} d'agents de police, etc.

Car il faut remarquer que la plupart des arrêts attribuant à ces agents une qualité qui ne leur appartient pas ont été rendus à une époque où la qual^{on} de citoyens SP n'existait pas.

Quelles sont les actions f^{lles} desdits agents, F ou FR, qui peuvent permettre de les assimiler à la force publique proprement dite ?

Comme les ag. fp., ils ont pour mission d'assurer : 1° le maintien de l'ordre au dedans, et 2° l'exécution des lois, etc. Comme les ag. fp., ils peuvent agir: 1° spontanément au cas de l'art. 106 CIC; 2° sur l'ordre de l'autorité, ou dans les cas prévus par l'art. 77 du décret du 18 juin 1811, s'ils sont ag. pol.

La jurisprudence reconnaît pouvoir d'agir dans le sens susdit: 1° aux gardes champêtres et forestiers; 2° aux gardes-pêche, gardes des particuliers, etc.; 3° aux préposés du service actif des douanes. S'ensuit-il que, pour cette action f^lle^ déterminée, ces divers agents puissent légitimement être qualifiés ag. fp. ou ag. dép. fp., conformément aux décisions rapportées chap. 11? Très évidemment non. S'ils agissent FR, c'est avec la qual^on^ employée art. 209.

Cette action FR peut-elle leur valoir qual^on^ d'ag. fp. ou d'ag. dép. fp. au sens des art. 224 et 230?

On pouvait l'admettre avant que la qual^on^ de citoyens SP existât.

Il n'en est plus de même à présent. En dehors du cas de l'art. 209, tous agents ou préposés ayant ou non fait acte de force publique doivent être protégés comme citoyens SP.

D'autre part, le mode d'exercice f^l^ réservé à la force publique proprement dite peut-il, s'il est accompli par un ag. pol. ou autre, valoir à ce dernier qual^on^ d'ag. fp? A aucun titre, ainsi qu'en témoigne la décision suivante:

Inspecteur de police. — Même s'il a mis en réquisition la force publique, et a concouru avec elle à l'arrestation de deux prévenus, il n'est pas ag. fp. (Cass. 3 mai 1825.)

A l'appui de mon opinion, je citerai encore l'arrêt ci-après:

L'ag. pol. adm. chargé de la conduite d'une patrouille est un citoyen SP (Cass. 6 oct. 1831).

Ces deux arrêts sont conformes à la doctrine. Une qualité f^lle^ ne peut logiquement être attribuée arbitrairement à qui ne la possède pas, sous un prétexte de similitude d'action. Malheureusement, ce principe a été souvent méconnu.

Les arrêts rapportés démontrent néanmoins que, si la similitude de l'exercice f^l^ ne peut transformer un ag. pol. en ag. fp., la similitude des actions f^lles^, modalités de l'exercice f^l^ lui-même, ne saurait non plus justifier l'assimilation critiquée.

Si l'on conteste cette argumentation, je me bornerai à faire remarquer que, lorsque l'action f^lle^ de la force publique est simplement une action de surveillance, c'est-à-dire de police, il faudrait dépouiller ses agents de leur qualité d'ag. fp. pour les qualifier ag. pol.

Ancienne jurisprudence. — Anciens textes. — On peut se demander pourquoi le législateur de 1810, après avoir énuméré avec soin les personnes susceptibles d'éprouver rébellion selon l'art. 209, avait, en rédigeant l'art. 224, mentionné, avec les off. ministériels, les seuls ag. dép. fp., et, en rédigeant l'art. 230, les seuls ag. fp. Faut-il voir là une omission, ou une exclusion préméditée?

Je me refuse à croire qu'il y ait eu imprévoyance, ou intention d'exclusion. Au contraire, j'estime que, par la qual^on^ de l'art. 224, le législateur, qui n'a pas oublié de protéger les off. ministériels, incapables de faire acte de force publique, a voulu désigner génériquement tous les autres privilégiés de l'art. 209, outre les ag. fp. réguliers; en un mot, tous ceux ayant qualité légale pour exercer une action de contrainte, une exécution au sens de l'art. 209, que ladite contrainte ait été ou non effectuée.

En effet, le Code de 1791 et le décret du 22 floréal an II, que l'art. 209 est venu remplacer, punissaient la désobéissance à la loi et aux actes émanés de l'autorité publique, et s'appliquaient aux *dép. aut.*

Sous le Code du 3 brumaire, an IV, la rébellion était punissable à l'égard des dép. aut. en général (Cass. 4 messidor, an XI).

C'était donc le mode FR du pouvoir f^l^ des privilégiés en question que la loi protégeait, et non pas seulement la qualité des personnes ayant agi FR. Comment admettre dès lors que le même acte f^l^ FR puisse cesser d'être protégé s'il n'y a pas rébellion, mais outrages ou violences, ou rébellion par violences graves?

Remarquons en outre que, par dép. aut., on peut, *théoriquement*, entendre aussi bien les ag. aut. que les f^res^ de rang supérieur. C'est la jurisprudence qui a établi une distinction entre les dép. et les ag. aut., et la jurisprudence peut être légitimement critiquée. En fait, il est certain que ce sont principalement les ag. aut. qui ont mission d'exécuter la loi et les décisions de l'autorité, bien que les dép. aut., certains d'entre eux tout au moins, aient droit d'agir *personnellement* dans le même but.

Or, il faut remarquer que l'art. 209 parle de la force publique, c'est-à-dire de l'instrument de force, tandis que l'art. 224 parle des ag. dép. fp., et l'art. 230 des ag. fp.

Cette différence d'appellations est évidemment voulue. Par suite, la force publique comprend les ag. dép. fp., et les ag. fp., les ag. fp. sont par là même ag. dép. fp.; quant aux agents dép. fp., cette qual^{on}, pouvant s'appliquer à tous ceux qui font partie de la force publique proprement dite, serait inutile et illogique si elle ne s'appliquait qu'à eux.

Elle doit donc avoir un sens générique, et désigner tous ceux qui sont instruments de force ou agents d'exécution, y compris les préposés; tous ceux qui détiennent en dépôt une portion de l'autorité constituée, pour veiller à l'exécution des lois obligatoires en général, qu'ils soient dép. aut., ou ag. aut., ou même cit. SP.

La jurisprudence, malgré d'inévitables contradictions, est même parfois allée plus loin que moi : elle n'a pas hésité à considérer que l'expression : ag. fp. de l'art. 230 veut dire : agents ou citoyens officiellement préposés à un service public.

L'arrêt suivant en témoigne.

L'art. 231 se réfère à l'art 228 par son expression de f^{res}, et à l'art. 230 par l'expression générale d'agents qui, dans son acception, comprend tous ceux qui sont spécifiés dans cet article, qui exercent un ministère de service public, puisque tous, F, sont véritablement des agents d'une force ou d'un service publics (Cass. 14 déc. 1821).

Conclusions. — 1° Les ag. pol. et autres ag. aut., même agissant comme force publique, doivent être qualifiés, soit ag. pol., soit citoyens SP. Tous sont protégés par l'art. 224 et par l'art. 230 (Paris 21 juin 1838).

2° L'arrêt susdit décidant que tous les *ag. aut.* sont protégés par lesdits articles, il s'ensuit que le législateur a vraisemblablement employé à tort les expressions ag. dép. fp., ag. fp., au lieu de celle ag. aut., qui les résume toutes deux. Celle : cit. SP serait encore préférable.

Remarque importante. — J'ai reproduit, chap. 11, la liste des ag. pol. Cette expression, employée art. 77, décret 1811, semble bien devoir s'appliquer à tous ag. pol. adm. ou jud., sans exception. Néanmoins, la jurisprudence considérait qu'il y a deux catégories d'ag. pol. : 1° ceux qui sont ag. dép. fp.; 2° ceux qui ne le sont pas. Elle interprétait donc l'art. 77 ci-dessus, en refusant de reconnaître aux seconds le droit d'agir comme ag. pol., dans le cas dudit art. 77. Pourquoi? L'art. 209 énumère de façon détaillée et précise, et les ag. pol. adm. et jud., et certains préposés, porteurs de contraintes, gardes, etc., que la jurisprudence qualifie ag. pol. jud. D'où vient qu'elle refuse à certains la faculté d'agir au sens de l'art. 77, alors que l'art. 209 leur reconnaît droit d'exécuter les lois, etc?

La raison en est que, à part les préposés actifs des douanes et les gardes, les autres préposés n'ont pas, aux termes des lois spéciales, pouvoir personnel de contrainte. La rédaction de l'art. 77 est donc critiquable, puisque son application est partiellement impossible (Voir VII, préposés).

Cette remarque suffit, à elle seule, à montrer quelles difficultés soulevait l'application des art. 224 et 230, alors que les citoyens SP n'y étaient pas mentionnés.

4e Section (ch. 13 à 15)

Des non-fonctionnaires MP.

CHAPITRE XIII

CITOYENS SP. — GÉNÉRALITÉS

Nous savons que la qual^{on} citoyens SP concerne et des f^{res} et des non-f^{res}. Elle s'appliquera donc, soit à des dép. aut. publique, soit à des dép. ou ag. aut. adm. ou jud., soit à des particuliers.

Mais, pour les f^{res}, ce sera une qual^{on} f^{lle}, tandis que, pour les non-f^{res}, ce sera une véritable qualité.

En effet, tout f^{re} ayant droit à la protection de la loi, soit en vertu de sa qualité propre, soit en vertu de l'une de ses qual^{ons} f^{lles}, les f^{res} ne peuvent être considérés, pratiquement, comme SP qu'au sens du Code pénal. Au sens de la loi de 1881, ils reprendront leurs qual^{ons}: f^{re}, dép. ou ag. aut., etc.

Entre les f^{res} et les particuliers SP, existe une catégorie intermédiaire de privilégiés, assimilables aux f^{res} en ce sens qu'ils ont un mandat agréé par l'autorité, et qu'ils sont qualifiés pour agir comme certains f^{res}, avec qual^{ons} propres à ces derniers.

En troisième ligne seulement viennent les citoyens SP proprement dits, qui comprennent eux-mêmes deux catégories : ceux par mandat et ceux sans mandat.

Il s'ensuit que, pour classifier les citoyens SP, il est indispensable d'observer la méthode employée pour les f^{res}, c'est-à-dire de tenir compte de l'investiture, du mode d'exercice ou d'action f[ls], en un mot de la nature et de l'objet du mandat. Examinons d'abord sommairement le cas des f[res] SP.

1° *F[res] citoyens SP au sens du Code pénal.* — Ce seront : 1° tous les dép. aut. adm. ou jud. non qualifiés magistrats; par exemple, la plupart des off. pol. jud., dénommés agents spéciaux, qui ne sont pas auxiliaires du Parquet; 2° tous les ag. aut. adm. ou jud. ne faisant pas partie de la force publique, c'est-à-dire les gardes, porteurs de contraintes, préposés, ag. pol., etc.

2° *Dép. aut. publique citoyens SP au sens du Code pénal.* — Ce seront les mandataires électifs, dont le mode d'exercice f[l] comporte les qual[ons] de dép. aut. publique, adm. ou jud., c'est-à-dire de magistrats, lorsqu'ils ne font pas acte magistral. La qual[on] de cit. SP ne les concernera donc qu'à titre de qual[on] d'action f[lle] exceptionnelle (VII, maire).

Remarque. — Il va sans dire que les f[res] et dép. aut. publique sont protégés : 1° au sens de l'art. 209, grâce à leur qual[on] propre : off. pol. jud., gardes, ag. pol., etc. ; 2° au sens de la loi de 1881, grâce à la qual[on] de f[res], dép. ou ag. aut., suivant la nature de leurs pouvoirs f[ls].

3° *Ag. fp.* — Protégés comme tels, ou comme commandants, au sens du Code, ils seront qualifiés ag. aut. au sens de la loi de 1881 s'ils sont f[res], et cit. SP, s'ils ne le sont pas (VII, étranger), ou même s'ils ne font pas acte d'ag. fp. (Voir Gendarmes, VII).

Non-f[res] SP au sens du Code et de la loi de 1881. — Ne pouvant être qualifiés ni f[res], ni dép. ni ag. aut., on doit les considérer comme les véritables citoyens SP par qualité. J'ai montré, chap. 5, comme quoi la jurisprudence assimile les citoyens chargés d'un service ou mandat public temporaire ou permanent, selon la loi de 1881, aux citoyens chargés d'un ministère de service public selon le Code pénal. Il s'ensuit que le plus ou moins de durée du mandat ou du service est quantité négligeable, théoriquement; qu'il importe peu que mandat ou service soient rétribués ou non; qu'il suffit, en un mot, qu'il y ait exercice ou action f[ls] pour un service public, pour que la qual[on] de citoyen SP soit justifiée.

Encore faut-il qu'exercice ou action soient légaux et réguliers, c'est-à-dire qu'ils consistent à accomplir une mission publique, et que le MP ait le droit d'accomplir ladite mission.

Entre ces MP et les f[res], il y a donc une similitude d'action complète. Tout ce qui distingue les uns des autres, c'est que les f[res] dépendent de l'aut. adm. ou jud., tandis que les seconds n'en dépendent pas. Par suite, le mandat des non-f[res] SP doit pouvoir émaner, soit de l'aut. publique, soit de l'autorité constituée, soit de la loi. Dans ce dernier cas, il n'y a pas mandat possédé, mais seulement action f[lle] exercée, pour un service public.

On peut donc dire qu'il y a des citoyens chargés d'un mandat de service public, d'autres chargés d'un mandat public, et d'autres chargés d'agir pour le service public. La classification de ces privilégiés sera faite aux chapitres suivants. Avant d'y procéder, il convient d'examiner la nature des divers mandats protégés.

Des mandats protégés. — *1° Mandat public.* — Par mandat public, j'entends celui conféré par l'autorité publique, par élection (CP 177), pour la gestion des affaires publiques.

2° *Mandat de service public.* — Il peut être électif, ou conféré, ou confirmé, par l'autorité constituée, et consiste à agir pour l'administration de la justice ou une mission s'y référant, ou encore pour une mission d'intérêt public.

3° *Action exercée pour le service public.* — Cette action doit être prescrite par la loi ou l'autorité constituée, et consister à agir dans le sens de l'art. 209 CP.

Entre l'action susdite et celle consistant à exercer un mandat de service public, il y a donc une étroite analogie. La nature de l'action peut différer, mais le but est le même.

CHAPITRE XIV

CITOYENS SP PAR MANDAT

De l'examen sommaire du chapitre précédent, il résulte que, pour classifier les citoyens SP en général, ceux du moins qui ne sont pas f[res], il faut, avant tout, tenir compte de leurs pouvoirs f[ls], de la source où ils puisent ceux-ci, et de la nature des dits pouvoirs.

A ce point de vue, je subdivise les citoyens SP: 1° en SP par mandat; 2° en SP sans mandat.

Citoyens SP par mandat. — Qu'il y ait mandat public ou de service public, mandat électif, ou conféré, ou confirmé, c'est surtout le mode d'exercice f[l] qui permet de les classifier à leur tour. Comme l'exercice ou l'action f[ls] peuvent déterminer ou justifier l'attribution de qual[ons] correspondantes, c'est en vertu de cette considération que nous distinguerons : 1° les cit. SP par mandat qualificatif; 2° ceux par mandat simple, ou non qualificatif.

Les citoyens SP peuvent posséder une qual. dés. propre, mais, par qual[on] attribuée à l'exercice du mandat, j'entends parler de l'une des qual[ons] f[lles] expressément protégées par la loi.

1° *Citoyens SP par mandat qualificatif.* — Ils forment trois catégories : 1° ceux par mandat électif; 2° ceux dont le mandat est conféré par l'autorité constituée; 3° ceux dont le mandat est confirmé ou agréé par ladite autorité constituée.

Pour que l'exercice d'un mandat comporte qual[on] protégée, il faut nécessairement que ce mandat consiste à agir pour le service public, c'est-à-dire dans un but similaire de celui du mandat des f[res]. Cet exercice f[l] ne peut justifier que l'attribution d'une qual[on] non réservée expressément aux f[res], c'est-à-dire : magistrats, gardes, off. pol. jud., ag. pol. jud., etc.

Mandat électif. — Il a pour objet l'administration de la justice (juges consulaires, arbitres, prud'hommes, etc.) (Voir ci-après.)

Mandat conféré. — Il peut émaner de l'aut. adm. (agents-voyers commun., etc.), ou de l'aut. jud. Dans ce cas, il peut avoir pour objet un service public dans un intérêt privé (séquestres), ou dans l'intérêt public (jurés, avocats ou avoués appelés à siéger au tribunal).

Mandat confirmé ou agréé. — Il le sera surtout par l'aut. adm., et aura pour objet un service public dans un intérêt privé, isolé ou collectif (gardes des particuliers), ou dans l'intérêt public (certains employés assermentés).

Citoyens SP par mandat non qualificatif. — Ils forment deux catégories : 1° ceux qui possèdent une qual. dés.; 2° ceux qui n'en possèdent pas.

Ce mandat peut émaner de l'autorité publique, par élection (CP 177), et avoir pour objet la gestion des affaires publiques (sénateurs, députés, conseillers), ou émaner de l'autorité jud. ou adm., et avoir pour objet une mission d'utilité publique (explorateurs, etc.), ou une mission se rattachant à l'administration de la justice (syndics de faillites).

Remarque. — Les nomenclatures qui précèdent ne sont nullement limitatives (Voir à chaque rubrique 7e partie, citoyens SP, etc.). Elles suffisent néanmoins à permettre d'étudier comparativement les divers mandats et exercice f[ls] des citoyens SP par mandat. Le chap. 15 traitera des citoyens SP proprement dits.

Des mandats en général. — Etude comparative. — Pratiquement, on réserve surtout la qual[on] de cit. SP par mandat public aux citoyens élus (députés, etc.) ou désignés (explorateurs), dont la mission consiste, soit à gérer les affaires publiques, soit à agir dans un but d'utilité publique.

Mandats électifs. — Nous savons qu'il y a des mandats électifs de f[res] électifs et temporaires (CP 197). Tels sont ceux du Président de la République, des maires et adjoints.

D'autres créent des magistrats non-f[res] (juges consulaires, etc.). D'autres enfin créent de simples citoyens SP (conseillers, etc.). Il convient de remarquer, à propos de ces derniers, que si l'exercice du mandat de conseiller municipal est non qualificatif en principe, il comporte néanmoins un mode spécial d'action f[lle] qui vaut au conseiller, remplaçant légalement le maire (587 CPC) la qual[on] de magistrat.

Pour les citoyens SP par mandat surtout, il y a donc une importance capitale à examiner le rôle exact qu'ils jouaient au moment du délit, puisque la protection de la loi peut les concerner, soit comme SP, soit comme f[res] (Voir VII, maires, etc.).

Mandats qualificatifs. — On peut dire d'eux qu'ils créent une sorte de f[res] sans mandat représentatif, à raison de la similitude d'exercice ou d'action f[ls].

Pour le f[re], la qual[on] résulte des pouvoirs exercés en vertu de la qualité conférée par la loi et attribuée par l'autorité constituée.

Pour le non-f[re], c'est l'action f[lle] qui détermine la qual[on] correspondante, mais ladite action n'est pas exercée en vertu de pouvoirs délégués par l'autorité constituée. Elle est seulement sanctionnée, autorisée par celle-ci, quand elle est similaire de celle des représentants de ladite autorité, ou elle dérive des prescriptions de la loi elle-même, sans l'intermédiaire de l'autorité. Cette dernière ne définit les pouvoirs à exercer que s'il s'agit d'une mission spéciale d'utilité publique, autorisée par la loi en principe.

Gestion des affaires publiques et service public.

Relativement aux cit. SP par mandat électif, je n'ai relevé qu'un arrêt, de la cour de Douai, leur refusant la qual[on] de cit. SP au sens de l'art. 224 CP.

Toutes les autres décisions leur reconnaissent ladite qual[on].

Quoi penser de ces solutions contradictoires?

Si l'on admet que le conseiller municipal, agissant comme tel, avec les pouvoirs qu'il tient de la loi, est bien SP, ce qui peut se défendre, il faudrait, logiquement, considérer également comme SP tout préposé municipal agissant au nom de la commune ou de l'autorité mandante. La jurisprudence fait pourtant des distinctions (Voir VII, agent-voyer, maire, adjudicataire de travaux publics). Il semble donc bien y avoir une différence entre le mandat public et le mandat de service public.

Le premier peut avoir pour objet une mission spéciale, dans l'intérêt public (explorateurs). Le second doit comporter pouvoirs f[ls] d'action pour l'exécution de la loi ou des décisions de l'autorité. Si le mandataire public, explorateur ou conseiller, exerce une action f[lle] dans les limites que comporte son mandat, il agit comme SP. S'il agit en dehors des conditions d'exercice habituel de son mandat, il ne pourra être qualifié SP que si son action est exercée avec pouvoirs précis, quel que soit du reste l'objet de cette action.

Durée des mandats. — Conditions d'investiture. — Le mandat temporaire peut être de durée déterminée, surtout s'il est électif (membres des assemblées délibérantes), ou de durée indéterminée (séquestres, etc.).

A noter aussi cette circonstance que le mandat qualifié doit être personnel, et que, dans certains cas, il ne peut être conféré à quiconque, mais, aux termes de la loi, seulement à des citoyens réunissant certaines conditions.

Exemples: Avant l'âge de 25 ans, on ne peut être député; pour être juge de commerce, il faut être commerçant; pour être gardien de scellés, il faut être du sexe masculin. L'exercice de certaines fonctions est incompatible avec l'existence d'une condamnation, etc., etc.

Le citoyen promu à un emploi public, qu'il exerce ostensiblement et sous l'autorité du Gouvernement, est légalement réputé avoir caractère à cet effet, et doit obtenir provisoirement obéissance et respect. Il est donc protégé par les art. 224, 230 et suiv., même s'il n'avait pas, avant son entrée en fonctions, rempli les formalités prescrites par la loi (Cass. 5 janvier 1856).

Remarques. — Aux séquestres judiciaires (art. 209), nommés par le Tribunal, on assimile les gardiens de scellés nommés par le juge de paix.

On peut qualifier SP les gardiens d'objets saisis, nommés par les huissiers (600 CPC), et les experts dans le cas de l'art. 44 CIC.

L'huissier, qui désigne un gardien d'objets saisis, n'a pas lui-même la qualité que la loi donne audit gardien. Il n'y a là, en effet, qu'une contradiction apparente. L'huissier a qualité pour conférer cette mission — cela suffit pour qu'elle soit légalement acceptée et exécutée, avec tous les pouvoirs qui y sont attachés, ces pouvoirs ne résultant nullement de la qualité personnelle au mandant, mais de la loi elle-même.

Pour les experts médecins, voir les conditions exigées par le décret du 21 nov. 1893, et VII: experts.

Pour les gardiens de scellés judiciaires en matière criminelle, voir le décret du 18 juin 1811 art. 38.

CHAPITRE XV

CITOYENS SP PROPREMENT DITS. — CITOYENS SP PAR RÉQUISITION. — AGENTS ET COMMISSAIRES REQUÉRANTS.

En distinguant les citoyens SP par mandat des citoyens SP sans mandat, ou proprement dits, j'ai entendu simplement préciser la différence fondamentale qui existe entre le mode d'investiture des uns et des autres. A vrai dire, les citoyens SP proprement dits n'ont pas de mandat *d'exercice f*[l], mais on peut dire qu'ils ont mandat d'action f[lle].

En effet, un particulier ne peut s'improviser citoyen SP de sa propre autorité. Il ne suffit pas non plus qu'il agisse pour le service public pour qu'il ait droit à cette qual^on^: il est en outre indispensable que son action soit exercée légalement, en vertu de pouvoirs réguliers.

Or, pour exercer légalement une action protégée, il faut réunir les conditions spécifiées par la Cour suprême (Voir chap. 3), c'est-à-dire : 1° agir en fait pour le service public; 2° être fondé à agir ainsi. Et pour être fondé à exercer ladite action, il faut que la loi ou l'autorité vous ait investi des pouvoirs voulus. Les citoyens SP comprennent donc deux catégories: 1° ceux dont les pouvoirs découlent des prescriptions de la loi, directement; 2° ceux dont les pouvoirs émanent de l'autorité *constituée*, seule qualifiée pour légitimer un acte d'exécution.

En dehors du cas d'action requise par l'autorité, un particulier ne peut agir pour le service public que dans deux circonstances : 1° pour l'exécution de l'art. 106 CIC ; 2° pour l'exécution de la loi sur les douanes.

Son action spontanée ne permettra donc de le qualifier citoyen SP que si, au cas de flagrant délit, il capture un criminel, ou même, depuis la loi du 20 mai 1863, un délinquant, ou encore s'il intervient en matière d'infraction aux lois de douanes, car les simples citoyens ont le droit de constater les contraventions aux lois de douanes (L. 4 germinal, an II, art. 6 du titre 6; L. 9 floréal, an VII, art. 1 du titre 4).

Entre les cit. SP proprement dits et certains cit. SP par mandat spécial, il y a une différence de fait considérable. Les premiers ne sont jamais susceptibles d'éprouver rébellion, et ne sont protégés que F, OF et OFP, tandis que, parmi les seconds, certains sont protégés en outre FR (séquestres, gardes, etc.).

Les premiers ne sont protégés que comme cit. SP, les seconds peuvent l'être comme magistrats, etc. Le mandat des seconds est presque toujours conféré par écrit, celui des premiers ne l'est généralement point.

Les cit. SP n'agissent que dans le but de l'art. 209. Les cit. SP par mandat agissent, les uns dans le même but, les autres seulement pour accomplir une mission d'utilité publique.

Les seconds ont des pouvoirs personnels, variés d'ordinaire, et peuvent par suite faire acte d'initiative.

Les premiers ne peuvent qu'accomplir la mission qui leur est dévolue: leur pouvoir accidentel cesse avec l'accomplissement de leur mission.

Observation. — A propos des citoyens SP, agissant spontanément en vertu de l'article 106 CIC ou de la loi sur les douanes, je ferai remarquer que l'opinion, que j'émets quant à la protection spéciale qu'ils me semblent pouvoir revendiquer, peut être légitimement contestée.

Il est hors de doute que, si cette opinion est admise, il faut reconnaître que c'est à titre tout à fait exceptionnel que ladite protection peut être accordée.

J'expose brièvement ci-dessous l'argumentation qui peut être invoquée pour et contre cette opinion.

1° *Contre*. — La loi ne parle pas de citoyens *accomplissant* un service public, mais bien de ceux qui sont *chargés* d'accomplir ce service.

Or, si la loi charge les particuliers, exceptionnellement, d'intervenir en matière de délit flagrant et de douanes, elle leur impose un devoir civique, tout en leur donnant compétence légale pour agir, mais le mandat extraordinaire dont elle les investit, en vue d'une contingence particulière, n'est pas attributif de qualité et de qualification déterminées. Pour être *chargé* d'un service public, il faut être désigné par le pouvoir compétent, la loi créant les emplois sans désigner les titulaires.

2° *Pour*. — Il semble donc bien que les citoyens, accomplissant spontanément un service public légal, puissent se voir refuser légalement la qual^on^ de cit. SP, et, en fait, je n'ai trouvé dans la jurisprudence aucun arrêt la leur accordant.

C'est donc exclusivement dans des considérations d'équité qu'il faut rechercher la justification de l'assimilation proposée.

La loi impose un devoir civique, consistant, soit à faire acte de force publique, soit à faire acte de préposés des douanes. L'action f^lle^ exercée est légale, valide, inattaquable. La loi peut-elle, dès lors, refuser à son mandataire extraordinaire la protection dont jouissent ses mandataires réguliers ?

Si ce mandataire spécial n'est pas requis ou commis administrativement, il faut considérer qu'il ne possède le droit d'intervenir que dans les cas où, précisément, l'absence ou l'impuissance des agents réguliers rendent impossible matériellement toute réquisition, toute délégation.

Conclusion. — La loi n'ayant pas précisé les conditions exigibles pour qu'un citoyen puisse régulièrement être qualifié SP, la jurisprudence est en droit de faire prévaloir l'une ou l'autre des argumentations ci-dessus. Personnellement, j'incline à considérer que les arguments *pour* ont plus de poids et sont plus équitables que ceux *contre*.

(J'ai déjà fait ressortir cette circonstance que les auteurs vont jusqu'à qualifier ag. fp. les citoyens agissant selon l'art. 106 CIC).

Conditions exigibles pour que l'action d'un particulier lui vaille qual[on] de citoyen SP au cas de réquisition.

Pour les citoyens SP, investis d'un mandat, ces conditions sont visiblement réunies dès que la mission, légale, comporte l'exercice de pouvoirs légaux, découlant du principe d'intérêt public, une mission d'intérêt public ne pouvant évidemment être confiée à un citoyen sans que celui-ci soit investi, par là même, d'une partie d'autorité publique, sans laquelle il serait impuissant à agir.

En d'autres termes, l'autorité nécessaire est conférée par la loi elle-même, dans la majorité des cas, parce que la mission, par sa nature et sa durée, pouvait être prévue, et par suite, organisée, définie ou simplement reconnue.

Et la légalité de l'exercice f[l], étant constatée par l'existence d'un mandat régulier, ne peut être discutée.

Dès qu'il s'agit d'une mission fugitive, momentanée, cette prévision est impossible, ne fût-ce qu'en raison de la multiplicité des buts que peut comporter semblable mission. Aussi, à de très rares exceptions près, la loi ne mentionne-t-elle même pas l'appellation spéciale propre à ces mandataires occasionnels.

C'est néanmoins dans la loi qu'il faut chercher les conditions nécessaires à leur protection.

Je m'empresse du reste de reconnaître que les tribunaux ont eu rarement à s'occuper de la question.

Ce qui suit a donc surtout un intérêt théorique.

Je suis d'avis que rien, dans la loi, ne s'oppose à ce que la susdite qual[on] protège un particulier, à certaines conditions.

En effet, si la loi de 1881 parle du mandat temporaire, cette expression peut fort bien s'appliquer à un mandat momentané et spécial, temporaire par là même. Pour le prouver, il suffit de lire l'art. 224, qui parle simplement de citoyens SP, sans rien préciser quant à la durée du service. Il n'est pas contesté que le terme : citoyen s'applique aussi bien à un f[re] qu'à un particulier.

La loi ne posant aucune condition quant au mode de dation du mandat, il n'est que strictement logique que les tribunaux ne se montrent pas plus exigeants qu'elle; ils ne peuvent du reste édicter des règles, mais seulement appliquer la loi.

Si donc il est possible de prouver qu'un particulier peut être officiellement SP, on ne saurait contester qu'il a droit, relativement à son service, à la qual[on] de citoyen SP.

Le mandat temporaire comportant pouvoirs déterminés, l'action f[lle] sera spéciale si elle consiste à exécuter; ou susceptible de se manifester de plusieurs façons, si elle consiste à appliquer, ou à appliquer et exécuter.

Le mandat momentané, excluant, par sa nature même, la faculté d'apprécier, de décider, d'appliquer, ne comportera qu'une action f[lle] spéciale, ressortissant à l'exécution.

Le mandataire jouera donc un rôle assimilable à celui des ag. aut. qualifiés agents d'exécution, à cette différence près qu'il ne sera pas investi de la qualité f[lle] propre au f[re] par mandat représentatif.

Son mandat devra avoir pour objet d'agir pour l'exécution des lois, etc., dans le sens de l'art. 209, mais à titre exceptionnel et dans une circonstance exceptionnelle et passagère.

Ledit mandat ne pourra donc émaner que de l'autorité investie du pouvoir exécutif.

Conféré par voie de réquisition, il offre les mêmes caractères et conditions, quant à son exercice, que l'action f[lle] requise de la force publique.

C'est-à-dire que les seuls dép. aut. pourront formuler la réquisition, et que, si un ag. aut. requiert, ce ne pourra être qu'à l'effet d'exiger l'accomplissement d'un devoir imposé formellement par la loi, et non à l'effet de se faire aider dans son service personnel.

Les dép. aut. eux-mêmes ne pourront requérir un particulier que pour une mission relative à l'exécution spécifiée art. 209. Ils devront donc avoir compétence pour ladite exécution.

Leur réquisition, comme celles à la force publique, pourra être faite verbalement s'il y a urgence immédiate, ou par écrit de préférence, si l'urgence n'existe pas.

Quant à la nature de l'action requise, il est évident qu'elle ne pourra consister à faire un acte imposé obligatoirement et exclusivement à tel f^re^ ou agent régulier. Par exemple, la force publique, les huissiers et les ag. pol. ayant seuls qualité pour exécuter un mandat de justice ou jugement, le particulier ne pourra être chargé de les suppléer.

En un mot, s'il s'agit de procéder à un acte quelconque pour l'exécution duquel des f^res^ réguliers sont institués, le particulier ne pourra intervenir que si la loi autorise formellement cette intervention, ou si l'urgence la justifie.

Tel est le cas, au sens de l'art. 106 CIC. En d'autres termes, la réquisition, pour être légale, doit avoir pour objet l'exécution d'un acte : 1° ou ordonné par la loi ; 2° ou autorisé par elle. Et l'acte requis devra être nécessaire, ou au moins utile, et s'identifier avec l'action f^lle^ du requérant lui-même.

Le citoyen SP requis est donc momentanément un ag. aut. chargé de telle mission dont le but est légalement poursuivi par le requérant, mais dont la nature exclut la possibilité d'une action personnelle de la part de ce dernier, soit parce que, matériellement, il n'y suffirait pas, soit parce que, techniquement, il est incompétent.

Quant au requérant, il doit avoir compétence f^lle^, et au point de vue du but poursuivi, et à celui de la réquisition; si bien que le particulier requis se trouve, en fait, concourir à son action, pour l'aider ou la compléter.

De l'ensemble de ce qui précède, il appert manifestement que c'est exclusivement parmi les privilégiés chargés d'agir dans le but spécifié art. 209 que nous trouverons ceux qualifiés pour requérir. Or, nous l'avons vu, les seuls off. et ag. pol. jud. ou adm. réalisent les conditions exigibles, en principe.

Je choisirai donc comme exemples les commissaires de police et les agents.

Observation. — Pratiquement, on reconnaîtra le citoyen SP par réquisition à cette circonstance: Si le mandant, au cas où il agirait lui-même pour l'exécution qu'il requiert, était susceptible d'éprouver rébellion, le citoyen requis est SP.

Le cit. SP requis n'a qualité que pour obéir à la réquisition d'accomplir une mission active d'exécution; il ne peut constater ni empêcher une infraction, puisqu'il a pour mission d'obéir lui-même à la loi en vue de telle contingence déterminée.

Dans quelles circonstances un particulier, requis, pourra-t-il être considéré comme citoyen SP ?

Examinons d'abord quand il pourra être requis. Ce sera: 1° soit en vertu d'un texte de loi (art. 106 CIC, art. 475, n° 12 CP); 2° soit en vertu d'une décision de l'autorité, agissant spontanément, ou pour l'exécution d'une ordonnance, etc., ou d'une décision de justice (art. 475, n° 12). S'il s'agit d'un texte de loi, peu importera que le requérant soit un dép. ou ag. aut. S'il s'agit d'une décision de l'autorité ou de la justice, le requérant ne pourra être qu'un dép. aut., à moins qu'il ne s'agisse d'un cas rentrant dans les prévisions de l'art. 106 CIC ou 475 CP (Voir aussi IV, 13, Réquisitions à la force publique).

Réquisitions par les agents. — Peuvent-ils requérir un particulier ?

Oui, dans les cas d'urgence et de force majeure selon l'art. 475, n° 12 CP.

Il va sans dire que les dép. aut. ont le même droit de réquisition que les agents.

Refus d'obtempérer aux réquisitions.

Eléments. — Pour que l'art. 475, n° 12 CP soit applicable, il faut :

1° Qu'il s'agisse, soit de circonstances d'accidents, tumulte, naufrage, inondation, incendie, ou autres calamités, soit de cas de brigandages, pillages, flagrant délit, clameur publique, soit enfin d'exécution judiciaire.

2° Que dans l'un des cas susdits, l'inculpé ait été requis de faire des travaux, un service, ou de prêter un secours.

3° Que l'inculpé ait été requis par un f^re^ ou par un agent.

4° Que la réquisition ait été adressée nominativement à l'inculpé.

5° Que la personne requise puisse satisfaire à la réquisition.

6° Que l'inculpé ait refusé d'obtempérer.

Forme de la réquisition. — La loi ne soumet la réquisition à aucune forme spéciale, et, en général, le caractère de la personne qui a le droit de la faire, n'est pas limité à tel f^re^ spécialement compétent.

Elle peut donc être verbale (Cass. 20 mars 1851).

Il suffit que la qualité de l'agent requérant soit connue de celui auquel il l'adresse;

il n'est pas nécessaire qu'il soit revêtu de son écharpe (Cass. 20 mars 1851), ou de tout autre signe extérieur.

Mais si la qualité du requérant est ignorée, il est tenu de la faire connaître, soit par paroles, soit par l'exhibition de son écharpe ou de ses autres insignes (Cass. 8 avril 1854).

Les réquisitions n'ont pas besoin d'être faites par écrit. Bien que notifiées verbalement, elles sont obligatoires, et le refus d'obtempérer constitue une contravention pour laquelle l'excuse de bonne foi ne peut être admise (Cass. 12 mai 1871).

Accidents. — Un accident, c'est le cas fortuit, et particulièrement l'événement fâcheux et imprévu auquel la volonté de l'homme n'a eu aucune part (incendie, débâcles, inondations, épizooties, etc.)

L'art. 475, qui punit celui qui a refusé de porter secours quand il en est requis par l'autorité, n'est applicable que quand la réquisition a eu lieu dans le cas d'un accident pouvant compromettre la paix ou la sûreté publique; il n'y a pas lieu de l'appliquer quand il s'agit uniquement d'un accident individuel (Cass., 24 avril 1855. — Conf. Tr. pol., Bayonne, 7 février 1885).

Ainsi, le refus d'une sage-femme de prêter son assistance à une femme en couches ne rentre pas dans la catégorie des cas susdits (Cass. 4 juin 1830); ni le refus d'un médecin, requis par le Commissaire de police, de constater le décès d'un individu tué *accidentellement* par la chute d'un ballot (Cass. 18 mai 1855); ni le refus de transporter sur un brancard le cadavre d'un homme tué accidentellement sur la voie publique (Cass. 13 mai 1854); ni le refus, par un aubergiste requis à cet effet par la gendarmerie ou le maire, de recevoir dans son auberge un individu trouvé dans un fossé et mourant d'une congestion cérébrale (Cass. 17 juin 1853), même si le maire, requérant l'aubergiste de recevoir un mendiant malade, offrait de payer les frais (Cass. 2 juillet 1857).

En effet, l'art. 19 de l'ord. du 20 janvier 1563, qui défendait aux hôteliers de se refuser, sans cause légitime, à recevoir et loger les voyageurs qui se présentaient chez eux, a été abrogé par les lois de 1791, sur la liberté du commerce et de l'industrie (Cass. 2 juillet et 3 oct. 1857).

Par contre, une chute de neige inopinée, en grande quantité et venant interrompre les communications, est un accident au sens de l'art. 475 (Cass. 15 déc. 1855).

Il en est de même en cas d'insurrection, etc.:

L'autorité peut requérir des voitures pour opérer le transport de militaires blessés (Cass. 11 mai 1871).

Attroupements ou tumultes. — Le refus, par un individu, d'aller chercher la gendarmerie, pour dissiper un attroupement tumultueux, est passible des peines de l'art. 475 (Cass. 20 mars 1851).

Brigandages et pillages. — En ce cas, il y a évidemment calamité publique au sens de l'art. 475.

Exécutions judiciaires. — Il s'agit ici des exécutions judiciaires civiles ou criminelles.

Au point de vue des exécutions criminelles, la plupart des réquisitions sont régies par la loi du 22 germinal, an IV, qui n'est pas abrogée. (Cass. 13 mars 1835). L'art. 475 ne trouverait donc son application que dans les cas non régis par ladite loi, qui prévoit les travaux préalables nécessaires. Par suite, on ne pourrait l'appliquer que dans des cas fortuits, si un accident, par exemple, survenait au moment de l'exécution, et justifiait la nécessité de requérir immédiatement des ouvriers pour parer à l'inconvénient existant.

Quant aux exécutions civiles, les huissiers, porteurs de contraintes, etc., n'ont pas qualité pour faire directement les réquisitions nécessaires.

Seuls, les commissaires de police ou autres officiers publics énumérés dans l'article 587 CPC ont droit de requérir (Cass. 19 fév. 1830).

Flagrant délit ou clameur publique. — Dans le cas de flagrant délit, les art. 43 et 44 CIC, et l'art. 50 du même code, autorisent, lorsque les circonstances sont celles de l'art. 41 CIC, les Procureurs de la République et leurs auxiliaires, à requérir des experts spéciaux ou des experts médecins pour apprécier la nature ou les circonstances du crime ou du délit. Ces experts sont tenus d'obtempérer (Cass. 20 fév. 1857).

Mais, dans le même cas de flagrant délit comme dans celui de clameur publique, il peut advenir qu'un agent, appariteur, etc., se trouve isolé et soit, par suite, dans la nécessité de requérir le secours des citoyens. Ces réquisitions sont légales (Cass. 24 nov. 1865).

Les particuliers, au cas de flagrant délit,

peuvent concourir régulièrement à l'arrestation d'un citoyen sur la réquisition d'un ag. fp. (Cass. 9 déc. 1842).

Le refus de prêter secours à un ag. pol., au cas de flagrant délit, ne peut être excusé par le motif que l'ag. pol. ne justifiait pas qu'il se fût préalablement adressé au maire ou à l'adjoint pour requérir main-forte (Cass. 24 novembre 1865).

Il n'y a pas contravention dans le fait de refuser son concours à un ag. pol. pour conduire en lieu de sûreté un individu ivre qui lui résiste, parce que les circonstances d'urgence, de force majeure, ne se rencontrent pas dans la cause (Paris. Trib. simple police, août 1897). Il en est ainsi surtout s'il n'y a que résistance passive :

Attendu que le flagrant délit est bien compris dans l'énumération de l'art. 475, mais qu'il n'en résulte pas que, dans tous les cas de flagrant délit indistinctement et dans le service ordinaire et normal dont ils sont exclusivement chargés, les agents puissent requérir sous peine de contravention l'aide des particuliers, ce qui pourrait donner lieu à de nombreux abus; attendu qu'on ne peut isoler l'expression : flagrant délit de celles qui la précèdent et la suivent: tumulte, naufrage, inondation, incendie et autres calamités, brigandage, pillage, clameur publique; attendu qu'en les employant, le législateur a entendu limiter le droit de réquisition aux cas graves et exceptionnels intéressant la sûreté publique où les ag. aut. ne suffisent plus : ce droit constitue une ressource suprême pour les seuls cas où il y a urgence et force majeure (Cass. 22 mars 1862).

Pourtant, si l'homme, en état d'ivresse ou non, commettait des actes de violence envers les personnes, ou de rébellion envers l'agent, la réquisition serait obligatoire (Cass. 24 nov. 1865).

Incendies. — En cas d'incendie, un gendarme peut requérir de faire la chaîne (Cass. 8 oct. 1842); ou un pompier requérir un voiturier de conduire un tonneau d'eau sur le lieu du sinistre (Cass. 11 juillet 1867).

Le refus d'obtempérer à la réquisition de chevaux pour conduire des pompes à incendie sur le lieu du sinistre, tombe sous le coup de l'art. 475, encore que ce lieu serait situé *hors du territoire* du maire requérant, et que l'acte de réquisition aurait été adressé à un autre qu'à l'auteur du refus (Cass. 3 juin 1848).

Quand un procès-verbal, faisant foi jusqu'à preuve contraire, constate expressément qu'un citoyen, requis de se mettre à la chaîne, s'y est refusé, le juge de police ne peut relaxer le contrevenant sous prétexte que le procès-verbal ne constate pas suffisamment que l'injonction de se mettre à la chaîne a été faite.

Et si l'inculpé poursuivi s'est mis à la chaîne après avoir été poursuivi et arrêté, cette circonstance n'efface pas la contravention qu'il venait de commettre (Cass. 29 janvier 1898).

Nature de la réquisition. — La réquisition peut exiger, soit le travail ou le service personnel de celui à qui elle est faite, soit le secours de ses chevaux, de ses voitures, de ses outils, en un mot des choses qui sont à lui.

Mais elle ne peut pas aller au delà. Elle ne peut pas lui enjoindre de fournir les choses d'autrui, et encore moins d'autres hommes dont l'assistance serait considérée comme nécessaire.

Ainsi des citoyens ne peuvent être requis de fournir un homme de garde pour surveiller un lieu incendié (Cass. 17 février 1865), tandis qu'ils peuvent être requis de surveiller eux-mêmes ce lieu.

D'autre part, le secours peut être requis pour une localité qui n'est pas sur le territoire soumis à l'autorité ou à la surveillance du requérant.

Ainsi, en cas d'incendie, un maire peut requérir des chevaux pour conduire les pompes dans une commune voisine (Cass. 3 juin 1848).

Si la réquisition est adressée nominativement à une personne qui justifie ne pouvoir y satisfaire, elle peut être transmise à une autre personne, pour laquelle elle devient obligatoire (Cass. 3 juin 1848).

Refus. — Le refus, même si le prévenu n'y a pas persisté, tombe sous le coup de la loi. (Cass. 4 nov. 1859).

Impossibilité d'obtempérer. — Pour ne pas tomber sous le coup de poursuites, il faut que l'inculpé n'ait pu exécuter la réquisition.

L'allégation d'une grande fatigue, de douleurs instantanées, de douleurs rhumatismales, ne justifierait pas un refus (Cass. 6 août 1836 et 20 mars 1851).

Pour le justifier, il faudrait que le Tribunal vérifiât, par audition de témoins ou autrement (Cass. 1er février 1867), si la fatigue ou les douleurs invoquées étaient suffisantes pour légitimer le refus (Cass. 31 juillet 1856).

L'art. 475 s'applique à un service de patrouilles organisé simultanément par l'aut. adm. ou municipale pour prévenir des incendies ou autres fléaux ou attentats (Cass. 25 janv. 1811, 22 juillet 1819, 3 avril 1830).

Réquisitions par les commissaires de police.

Le commissaire, à part son rôle exceptionnel comme officier du ministère public près les Tribunaux de simple police, est à la fois : 1° off. pol. adm.; 2° off. pol. jud. ; 3° dép. aut.

En la première qualité, il a pour principale mission de faire exécuter les règlements. En la seconde, son rôle le plus important est d'informer en cas de flagrant délit. En l'une et l'autre qualité, il a le droit de requérir l'assistance des particuliers pour lui permettre d'assurer l'exécution d'un acte déterminé de sa fonction, si cela est utile ou nécessaire.

Sans parler des réquisitions qu'il peut faire dans le cas de l'art. 475, ses modes d'action FR sont : 1° la constatation ; 2° l'exécution.

Le service requis par le commissaire agissant FR peut avoir pour objet :

1° De préparer, de rendre possible l'acte FR;

2° D'aider à l'accomplissement de l'acte FR;

3° De suppléer, de remplacer le f^re^ dans l'accomplissement de l'acte FR;

4° D'exécuter telle mesure dérivant de l'accomplissement de l'acte FR, et destiné, par suite, à le compléter; le tout, en cas de flagrant délit ou de délégation spéciale.

Les quatre cas de réquisition ci-dessus devront donc se rapporter à une constatation ou à une exécution. A priori, on peut dire que les cas 1, 2 et 4 ont trait à l'exécution, et le cas 3 à la constatation.

En matière de police adm., la réquisition adressée à des pompiers, à des fumistes en vue de vérifier le ramonage prescrit des cheminées ressortira au cas 3, comme au cas 2. Celle adressée à un commissionnaire en vue de conduire à la fourrière une voiture abandonnée ou saisie ressortira au cas 4. Celle adressée à un serrurier en vue d'ouvrir une porte dans le cas de l'art. 587 CPC ressortira au cas 1 (réquisition faite en qualité de dép. aut.).

En matière de police judiciaire, la réquisition aux fins d'ouverture de porte rentrera dans le cas 1. Celle à un expert en exécution de l'art 44 CIC rentrera dans le cas 3, ainsi que celle faite en vue de fouiller un inculpé. Celle à un vidangeur ou puisatier d'avoir à vider une fosse ou un puits pour arriver à la découverte d'une pièce à conviction rentrera dans le cas 2. Celle à un employé de procéder matériellement à une perquisition en présence du requérant rentrera dans le même cas 2.

Celle de transporter des objets saisis au commissariat ou des scellés au greffe rentrera dans le cas 4.

Ces quelques exemples suffisent sans qu'il soit besoin de les multiplier.

Il ne faudrait pas conclure, de ce que quelques-unes des réquisitions énumérées peuvent avoir pour effet de faciliter le rôle du commissaire, tout en étant utiles sans être indispensables, qu'il suffise que la mission confiée facilite simplement ledit rôle, pour que la personne dont le concours est requis se trouve par là même agir comme citoyen SP. Ainsi, le cocher requis pour transporter le commissaire au lieu du délit n'est évidemment pas un citoyen SP. Pas plus que le garçon de bureau chargé de porter une lettre de convocation.

Je l'ai suffisamment fait ressortir : si la mission est nécessaire, elle découle des dispositions de la loi, qui la prescrit expressément ou implicitement. Si elle est seulement utile, il faut, non seulement qu'elle soit autorisée par la loi, mais encore qu'elle soit accomplie en présence du commissaire requérant, qui emprunte en fait le bras d'autrui pour accomplir une besogne qu'il ne peut faire par lui-même, mais qu'il a le droit d'exécuter ou de faire exécuter, et qui constitue l'accomplissement d'un acte régulier attribué à sa fonction.

C'est, en somme, ce que j'ai exprimé en rattachant les diverses réquisitions aux actes de constatation et à ceux d'exécution. Les premiers sont liés intimement à l'exercice de l'action personnelle du requérant; c'est pourquoi il doit être présent pour que le citoyen requis puisse être considéré comme SP, la mission qui lui est dévolue étant autorisée, facultative. Tandis que si ces mêmes actes de constatation, au lieu d'aider à l'action du requérant, la remplacent légalement, par substitution ordonnée impérativement par la loi elle-même, la qualité de citoyen SP est attribuée au mandataire par la loi, quoique le requérant ait joué le rôle d'intermédiaire entre la loi et le citoyen requis. Et celui-ci accomplissant un rôle dévolu en principe au f[re], reste citoyen SP même s'il procède isolément à l'exécution de sa mission, parce que cette exécution consiste en fait à procurer à la Justice un élément de preuve légale, et non pas à lui fournir un simple élément d'appréciation n'ayant d'autre valeur qu'un renseignement ou un avis.

Voir du reste à ce sujet VII, Experts. Les experts de l'art. 44 CIC sont, à mon avis, à peu près les seuls citoyens SP capables d'agir isolément en ladite qualité, pour un acte de constatation proprement dite.

Pour les actes d'exécution 1, 2, 4, le cas n'est plus le même.

Le cas 2 comprend des actes d'exécution qui peuvent avoir trait à un acte de constatation, s'il s'agit, par exemple, de perquisitionner matériellement. En quel cas le citoyen requis devra agir en présence du requérant pour pouvoir être considéré comme SP, parce qu'il ne remplace pas le requérant, seul compétent, mais se borne à agir pour lui, et sous sa direction et sa responsabilité. En d'autres termes, il n'est pas le mandataire de la loi, mais celui du requérant; il le supplée manuellement, non fonctionnellement. Le même cas 2, à part cette éventualité et quelques autres similaires, ne comprend plus que des actes d'exécution proprement dits, tout comme le cas 4.

Or ces actes n'étant pas imposés personnellement au commissaire, qui ne pourrait du reste, dans la majorité des cas, les actenu, pour en procurer l'exécution, de les complir par lui-même, il s'ensuit qu'il set confier à des tiers. Et ces actes étant, de par leur nature même, des moyens dont l'emploi est indispensable pour permettre l'exécution effective des dispositions de la loi, ceux qui en sont chargés par l'intermédiaire du requérant doivent être considérés comme investis par la loi elle-même du mandat de citoyens SP, puisqu'ils concourent directement à l'exécution de ladite loi; c'est pourquoi ils peuvent agir isolément sans cesser d'être citoyens SP. (Le législateur leur reconnaît droit à une rétribution, à certaines conditions, pour le concours qu'ils ont prêté.) C'est en vertu des considérations qui précèdent que le particulier, agissant spontanément par application de l'art. 106 CIC, peut et doit être considéré comme citoyen SP.

Refus d'obéir à la réquisition. — Pénalités.

Médecins. — La loi du 30 novembre 1892 punit, art. 22, les médecins refusant d'obtempérer aux réquisitions des procureurs et de leurs auxiliaires, de 25 à 100 francs d'amende.

Autres personnes. — Pour les autres personnes requises, l'art. 475, n° 12 est applicable s'il y avait urgence ou flagrant délit selon les termes de cet article (Cass. 22 mars 1862, 24 juillet 1884).

Conclusions. — 1° Lorsque l'action requise consiste à accomplir une œuvre matérielle ressortissant à un mode d'exercice f[t] imposé personnellement au requérant, le particulier requis ne peut être qualifié SP que s'il procède sous la direction immédiate du requérant.

2° En toute autre circonstance, la légitimité de l'action requise devra être prouvée aux yeux du prévenu, soit par l'intervention d'un subordonné qualifié du requérant, soit par tout autre mode de preuve, par exemple, soit par l'exhibition d'un ordre écrit, soit par celle de pièces de justice. A défaut, il n'y aurait délit qualifié au sens des textes répressifs spéciaux que s'il était prouvé que l'offenseur connaissait et la nature de la mission et l'existence de la réquisition.

1re remarque — Le citoyen chargé de porter des procès-verbaux au Parquet, en cas de flagrant délit, est SP. La loi, en effet, autorise ce mode de procéder, que l'off. pol. jud. pourrait ne pas employer, car il a le droit, s'il lui plaît, de remettre personnellement ses actes ou scellés (Déc. 18 juin 1811, art. 13).

2e remarque. — S'il s'agit, exceptionnellement, d'une exécution pour laquelle le requérant a faculté de subdéléguer un *subordonné,* les modes d'action du citoyen requis par ce dernier se réduiront à un seul : il devra agir en présence du requérant. Si la subdélégation concerne un f[re] de même qualité que le mandant, quoique de grade différent, ces modes d'action ne varieront pas, et seront les mêmes que si le mandant requérait spontanément.

Exemples de réquisitions. — La VIIe partie en contient plusieurs.

Je cite seulement celui-ci, qui est caractéristique :

Action isolée. — Est citoyen SP l'individu chargé par l'autorité communale de conduire un prévenu de vol devant l'autorité centrale (Cass. 9 oct. 1846).

Il va sans dire que ce n'est pas le requérant qui confère la qual[on] protégée, mais bien la loi elle-même, implicitement.

La conséquence de cette règle est fort importante. Si le mandant ne peut conférer une qualité, il s'ensuit que le mandataire ne pourra jamais éprouver rébellion, sauf dans le cas exceptionnel où la mission conférée est l'une de celles que la loi a qualifiées, et contre l'accomplissement de laquelle l'art. 209 dispose que la résistance violente constitue une rébellion : tel est le cas pour les séquestres, parce que la fonction, reconnue par la loi, n'a pas de titulaires spéciaux, permanents, organisés, et que, par suite, la désignation régulière d'un séquestre a pour effet de conférer à la fois un titre spécial et une mission déterminée. Toutes les autres fonctions énumérées par l'art. 209 ayant des titulaires régulièrement institués, il est clair qu'une réquisition momentanée ne pourra investir le citoyen, requis dans un but quelconque, d'une qualité appartenant exclusivement à des f[res] organisés. S'il s'agit d'une expertise, le citoyen requis aura le titre d'expert, mais il ne rentrera comme tel dans la classe des citoyens SP qu'à certaines conditions (Voir Experts, 7e partie).

S'il s'agit d'opérer dans l'un des buts spécifiés art. 209, le citoyen requis ne deviendra pas pour cela ag. fp., quoique agissant en fait comme s'il faisait partie de cette force; il sera simple citoyen SP.

Si la résistance violente opposée au citoyen requis a lieu en présence du requérant, elle sera qualifiée rébellion (Cassation), contre le requérant.

DEUXIÈME PARTIE

Procédés offensants à l'égard des particuliers et des privilégiés. — Injure, diffamation, outrage, offense, tapage injurieux, dénonciation calomnieuse.

1re Section (ch. 1 à 5)

Dénonciation calomnieuse à l'égard des particuliers, et des fres, OF ou non. — article 373 CP: 1 mois à 1 an, 100 à 3.000 francs.

CHAPITRE PREMIER

ÉLÉMENTS

Pour qu'il y ait dénonciation calomnieuse, il faut qu'il y ait : 1° calomnie ; 2° dénonciation écrite; 3° que la dénonciation soit faite aux officiers de justice, de police adm. ou jud.

Elle peut concerner des particuliers et des fres.

Il y a donc lieu d'examiner : 1° en quoi consiste la dénonciation écrite; 2° en quoi consiste la calomnie; 3° comment la preuve de la calomnie peut être établie et par qui; 4° quels sont les officiers désignés art. 373.

La dénonciation calomnieuse n'est pas un outrage. — Elle peut être faite *en audience :*

Attendu que l'article 373 est général et absolu, et n'établit aucune distinction entre la dénonciation calomnieuse dirigée contre les magistrats et celle portée contre d'autres individus; que les fonctionnaires publics étant plus exposés que les simples particuliers à la diffamation, il n'a pas été et il n'a pu être dans l'intention du législateur d'établir une exception en ce qui les concerne; que la dénonciation calomnieuse ne change pas de caractère, pour avoir été dirigée contre un magistrat, F ou OF; qu'elle ne doit pas être confondue avec le délit d'outrage, qui ne peut jamais avoir pour excuse l'erreur ou le zèle du bien public, qui peuvent quelquefois égarer le dénonciateur; que, par conséquent, la loi a dû réprimer par des peines plus sévères celui qui se rend coupable d'un outrage envers un fonctionnaire, que celui qui porte une dénonciation contre ce fonctionnaire, que, dès lors, il y a lieu de rejeter le moyen proposé à cet égard par les demandeurs; attendu que, s'il est nécessaire, pour qu'une dénonciation soit déclarée calomnieuse, qu'elle ait été le résultat d'une volonté libre et spontanée de la part de son auteur, il ne résulte pas des faits relevés, soit dans l'arrêt attaqué, soit dans celui du 2 février 1837, rendu par la cour d'assises de la Haute-Vienne, que la déclaration par écrit faite par le sieur Laurent et de lui signée, contre le sieur Charreyron, à l'audience de ladite cour d'assises, n'ait pas été le résultat d'une volonté libre et spontanée de sa part, et que, quelles que fussent les interpellations qui ont pu lui être adressées par le défenseur de la partie civile et par le ministère public, relativement à un article du journal la *Gazette du Haut et Bas Limousin*, du 15 janvier 1837, sur le sens des assertions énoncées dans cet article, le sieur Laurent n'a point été contraint de formuler par écrit une dénonciation contre le sieur Charreyron, et qu'il lui était loisible de s'en abstenir, en se renfermant dans les bornes des moyens licites et légitimes qui appartiennent à la défense, d'où il suit qu'il y a lieu de rejeter ce moyen; attendu que les formalités prescrites par l'art. 31 CIC, ne sont pas substantielles, et qu'elles n'ont pour objet que d'offrir à la justice et à celui-là même qui porte une dénonciation, la garantie que cette dénonciation exprimera les faits tels que veut les articuler le dénonciateur, afin qu'ils ne présentent pas d'équivoques; que c'est dans cette vue que cet article ordonne que la dénonciation sera rédigée par le dénonciateur, ou par son fondé de procuration spéciale, ou par le procureur du roi s'il en est requis; que la condition substantielle et nécessaire pour caractériser la dénonciation, c'est que, conformément au prescrit de l'article 373, elle soit faite aux officiers de justice, ou de police administrative ou judiciaire, parce que ces officiers, une fois saisis de la dénonciation, sont dans l'obligation d'y donner suite et de provoquer une instruction sur les faits qui en sont l'objet; attendu que, dans l'espèce, il est reconnu et constaté en fait, que la dénonciation dont il s'agit a été rédigée par Laurent et de lui signée; qu'à l'audience du 2 février 1837, il l'a déposée sur le bureau de la Cour d'assises régulièrement composée, et dont le ministère public faisait partie; que le procureur général a demandé acte, à l'instant, de ce dépôt, et de l'intention d'en faire l'objet d'une instruction, qui a eu lieu en effet, et par le résultat de laquelle les faits qui étaient la matière de cette dénonciation ont été déclarés faux; que, par conséquent, la dénonciation faite par Laurent réunissait toutes les conditions prescrites pour caractériser le délit spécifié en l'art. 373 du Code pénal, d'où il suit qu'il y a lieu de rejeter ce moyen; attendu que la circonstance que la dénonciation dont il s'agit a été faite publiquement, n'en change pas le caractère, et que l'art. 373 n'établit aucune distinction à cet égard; qu'en supposant même qu'elle dût être considérée seulement comme une diffamation verbale publique, elle aurait encore constitué un délit soumis à la juridiction correctionnelle, puisqu'elle n'aurait pu être rattachée à l'article inséré dans le numéro du 15 janvier de la *Gazette du Haut et Bas-Limousin*, contre lequel le sieur Charreyron n'a pas porté plainte; que, d'ailleurs, la cour d'assises de la Haute-Vienne, en refusant, par son arrêt du 2 février 1837, de prononcer la jonction demandée par le sieur Charreyron, a souverainement jugé que les plaintes par lui portées avaient un objet distinct qui ne permettait pas de les confondre avec le délit de la presse dont le jugement était soumis à ladite cour; d'où il suit qu'elle ne pouvait en retenir la connaissance et qu'elles se sont trouvées de droit réservées, par une conséquence nécessaire de son arrêt susdaté; attendu qu'il résulte de tous les motifs ci-dessus exprimés, que, sous aucun des points de vue présentés par les demandeurs en cassation à l'appui de leurs pourvois, la cour royale de Limoges n'a violé les règles de la compétence ni les dispositions d'aucune loi, et n'a point commis d'excès de pouvoir; rejette, etc. » (Arrêt du 29 juin 1838.)

CHAPITRE II

DE LA DÉNONCIATION ÉCRITE

1° *Sa nature*. — Par dénonciation, il faut entendre, non seulement la dénonciation prise dans son acception générique, mais encore la plainte, qui est la dénonciation de la personne lésée.

Aussi verrons-nous plus loin que la citation directe peut constituer une dénonciation calomnieuse.

Si rendre plainte est un droit, ce droit ne saurait couvrir la dénonciation calomnieuse.

En effet, une plainte contient nécessairement une dénonciation, qui devient punissable comme tout autre écrit, lorsqu'elle est calomnieuse (Cass. 12 nov. 1813).

Par suite, un plaignant peut être déclaré dénonciateur calomnieux, quoiqu'il se soit porté partie civile (Cass. 12 nov. 1813).

Il faut que la dénonciation soit faite par écrit, manuscrite ou imprimée (Cass. 1er mars 1861).

Elle est punissable alors même que, publiée dans un journal, un numéro de ce journal est adressé à l'autorité compétente (Cass. 16 fév. 1829).

Conséquemment, peu importe qu'elle soit manuscrite ou imprimée (Cass. 1er mars et 9 novembre 1860), ou faite par procès-verbal même non signé (Cass. 30 janv. 1868 et 29 janv. 1887); ou par citation directe (Cass. 14 mai 1869, etc.); ou écrite par une main étrangère, mais signée par le dénonciateur (Cass. 2 sept. 1825); ou même non signée (Metz, 16 mai 1825); ou qu'elle résulte d'une simple note anonyme (Cass. 10 oct. 1816).

Dénonciation et faux. — Il y a crime de faux, lorsqu'on signe des lettres de noms supposés de fres, et qu'on les adresse à d'autres fres, dans le dessein de porter atteinte à l'honneur et à la fortune de quelqu'un (Cass., 12 et 13 janv. 1809).

Il y a faux dans le fait de signer d'un faux nom une lettre missive, dans l'intention de nuire à autrui dans sa fortune ou sa réputation (Cass. 18 nov. 1852).

L'apposition de fausses signatures sur une pétition ayant pour objet de faire destituer un garde champêtre, constitue un faux, lors même que la pétition serait revêtue d'un grand nombre de signatures véritables. — Cass. 3 août 1810 (Gilbert). — *Contrà:* Si la pétition n'avait pas pour objet de nuire à autrui. (Cass. 16 mai 1806, Huel).

L'apposition de fausses signatures au bas d'une pétition adressée à l'Assemblée nationale, portant, sous le point de vue moral, atteinte à un intérêt d'ordre général et public (au droit de pétition et à la dignité de l'Assemblée nationale), constitue le crime de faux, quoiqu'il n'en résulte aucun préjudice pour des intérêts privés. (Cass. 19 sept. 1850, Bailly).

L'apposition de fausses signatures de fonctionnaires et de particuliers sur une pétition destinée aux Chambres pour la réforme électorale, pouvant avoir pour résultat la révocation des fonctionnaires, et leur attribuant des sentiments contraires à leurs principes, d'où il peut résulter pour eux un *préjudice*, constitue le crime de faux en écriture privée. — Montpellier, 11 août 1841 (Guizard).

Au contraire, celui qui signe d'un nom imaginaire une dénonciation qu'il adresse à l'autorité ne commet pas un faux. — Bruxelles, 29 juillet 1831 (Pattyn).

Si la dénonciation a été faite par des lettres écrites sous un faux nom, ce qui constitue le crime de faux, il y a lieu de surseoir jusqu'au jugement du faux, si toutefois des poursuites ont été exercées à raison de ce faux (Bourges 21 juillet 1821).

La production de la dénonciation écrite ne peut être suppléée par la preuve orale de l'existence de cette dénonciation (Rennes, 24 novembre 1851).

Mais si la pièce écrite avait été détruite ou perdue, il pourrait alors être suppléé à l'absence de cette pièce par la preuve testimoniale (Dijon, 8 novembre 1854).

La loi ne subordonne pas la poursuite à la représentation de l'écrit calomnieux. L'existence de la dénonciation par écrit peut être prouvée par témoins ou par les autres moyens de preuve indiqués par la loi (Cass. 4 mai 1860).

Peu importe encore que la personne dénoncée ne soit pas nommée, si elle est désignée en termes équivalents (Cass. 17 septembre 1846).

2° *Son caractère.* — Elle doit être *spontanée* (Cass. 3 déc. 1819, 26 avril 1867).

La dénonciation doit ne pas avoir été provoquée par le f^re^ à qui elle est faite; elle doit constituer un acte libre, spontané, volontaire, et non avoir lieu à l'instigation du f^re^ (Cass. 3 déc. 1819, 8 août 1835, 24 déc. 1859, 22 mai 1885).

Mais le fait que l'autorité a demandé des indications plus précises au dénonciateur ne change pas le caractère de spontanéité de la dénonciation (Cass. 30 mai 1862, 4 février 1886).

Peu importe que le dénonciateur ait déjà déposé comme témoin sur les faits dénoncés (Cass. 26 avril 1867), ou que la dénonciation soit clandestine (Cass. 29 juin 1838, 9 nov. 1860).

Parmi les arrêts ci-dessus, il faut appeler l'attention sur celui du 3 déc. 1819, qui décide que n'a pas le caractère de spontanéité la dénonciation faite par celui qui ne s'est présenté chez l'officier de police que *sur son invitation*, si cette invitation, bien entendu, a un rapport direct avec les faits dénoncés ou représentés calomnieusement.

Car si l'invitation avait trait à une question différente, les faits dénoncés calomnieusement, sans que l'officier de police ait rien fait pour y provoquer, auraient le caractère de spontanéité exigé par la loi.

Toutefois, on ne peut considérer comme dénonciation calomnieuse écrite celle qui, non seulement n'a pas été signée par le dénonciateur, mais qui n'a pas été écrite en sa présence, et dont il ne lui a même pas été donné lecture (Cass. 3 déc. 1819).

La Cour de cassation a persisté à considérer la spontanéité de la dénonciation comme un élément essentiel de la culpabilité, 22 mai 1885 (B., n° 154); 4 février 1886 (B., n° 38). « Attendu, lit-on dans le premier de ces deux arrêts, qu'il est impossible d'assimiler à la plainte exigée par l'art. 373 du Code pénal les déclarations faites par la demanderesse, mandée par le commissaire de police chargé de recueillir les renseignements sur une plainte portée par son mari; qu'en effet, alors même que ces déclarations seraient conçues en termes tels qu'on pourrait y voir une plainte, la spontanéité, condition essentielle de la culpabilité, ferait, en pareil cas, entièrement défaut; que, dans les circonstances de la cause, on ne saurait non plus trouver cet élément constitutif du délit de dénonciation calomnieuse dans une constitution de partie civile faite par une femme au parquet, aux lieu et place de son mari mandé par le procureur de la République, alors même qu'elle aurait déclaré persister dans une plainte qui émane dudit mari.

CHAPITRE III

CALOMNIE

Calomnie. — Pour qu'il y ait imputation calomnieuse, il faut nécessairement qu'il y ait mauvaise foi. La mauvaise foi, c'est le mensonge, la connaissance par le prévenu de la fausseté des faits dénoncés (Cass. 8 janv. 1875, 7 déc. 1866, 21 mars 1884).

4

Il faut donc qu'il y ait fausseté des faits dénoncés et mauvaise foi du dénonciateur (Cass. 26 mars 1887, 27 juin 1889).

Alors même que plusieurs des imputations contenues dans la dénonciation seraient vraies, celles qui seraient calomnieuses rendraient l'action recevable (Cass. 23 nov. 1835).

Il n'est pas nécessaire qu'il y ait fausseté matérielle du fait dénoncé; il suffit que le fait vrai ait été dénaturé, présenté sous des apparences mensongères, ou même exagéré dans sa portée (Cass. 4 août 1888).

La dénonciation peut être déclarée avoir été faite de mauvaise foi, malgré la vérité matérielle de la plupart des faits dénoncés, la calomnie pouvant se rencontrer aussi bien dans la fausseté du caractère moral imprimé au fait par le dénonciateur, que dans l'inexactitude matérielle des circonstances, 3 janvier 1873 (B. n° 2).

Il est *nécessaire* que le dénonciateur ait eu intention malveillante, ou ait agi avec une légèreté et une indiscrétion répréhensibles (Cass. 23 mars 1821).

La déclaration des juges du fond est souveraine, en ce qui concerne l'existence ou l'inexistence de la mauvaise foi, qui est un élément constitutif du délit de dénonciation calomnieuse (Cass. 28 fév. 1902).

Il n'y a pas dénonciation calomnieuse, lorsque des officiers ministériels, légalement formés en chambre de discipline, après avoir inutilement demandé des explications à l'un de leurs confrères, ont dénoncé au Parquet des faits de prévarication qui n'ont pas été confirmés par l'instruction qui s'en est suivie (Rouen 8 juillet 1818, commissaires-priseurs).

L'erreur justifiée peut, si la mauvaise foi n'est pas évidente, excuser l'auteur d'une dénonciation prétendue calomnieuse. Ainsi, dénoncer un faux à la charge d'un notaire peut ne pas constituer le délit envisagé, si le dénonciateur a pu être trompé par l'état matériel de la pièce arguée de faux (Cass. 6 mai 1899), et s'il n'avait pas intention de nuire en calomniant.

L'intention délictueuse étant une condition constitutive, il s'ensuit qu'à défaut d'existence de cette intention, la simple circonstance de non justification de la plainte ou de la dénonciation est insuffisante pour caractériser le délit (Cass. 18 mess., an XII et 12 juill. 1810).

D'autre part l'art. 358 CIC ne dispose que sur les intérêts civils, et ne met aucun obstacle à l'application de la peine pour la vindicte publique (Cass. 12 nov. 1813).

Et si ce même article défend d'accorder à l'accusé acquitté des dommages-intérêts contre les membres des autorités constituées, à raison des avis qu'ils sont tenus de donner, sauf la prise à partie, il n'exclut ni la voie de la plainte ni celle de l'action publique en dénonciation calomnieuse, lorsque la dénonciation a ce caractère. Ainsi, le président d'un tribunal civil peut, comme tout autre citoyen, être poursuivi correctionnellement, à raison d'une dénonciation calomnieuse par lui faite F. (Cass. 12 mai, 22 déc. 1827.)

Pour la diffamation spéciale appelée autrefois calomnie, voir ci-après:

L'intention est un élément constitutif du délit de diffamation. La bonne foi et l'erreur sont des excuses péremptoires du délit (Cass. 29 avril 1858, 17 mai 1858; Montpellier 4 juin 1861). Les tribunaux ont donc le droit de rechercher si cette intention de nuire existe ou non (Cass. 29 août 1846).

Nous avons vu que la dénonciation erronée, non justifiée, peut n'être considérée ni comme calomnie, ni comme diffamation:

Ne commet pas le délit de diffamation celui qui, de bonne foi, et sur des indices suffisants pour motiver ses soupçons, signale à tort un individu comme coupable d'un délit commis à son préjudice (Cass. 25 août 1864); mêmes décisions (Cass. 30 janv. 1807, Riom 8 nov. 1833).

Une personne lésée par un délit a le droit de porter plainte au procureur de la République; le dépôt de cette plainte, quelque dommage qu'il cause aux personnes indiquées de bonne foi comme auteurs du délit, ne peut faire encourir de responsabilité, s'il n'a été entaché ni d'imprudence, ni de témérité, ni de légèreté (Douai, 11 novembre 1901).

Mais pour constater la mauvaise foi, il ne suffit pas d'établir que la dénonciation a été faite avec légèreté et imprudence. 21 mars 1884 (B., n° 99).

D'autre part, la disposition par laquelle un arrêt blâme la vivacité, l'ardeur persistante et la trop grande sévérité des appréciations contenues dans la plainte, n'est pas en contradiction avec les autres parties de la décision qui admettent l'entière bonne foi du plaignant, 8 janvier 1875 précité.

Au surplus, les juges du fait apprécient souverainement la bonne ou mauvaise foi du plaignant. Même arrêt et 4 août 1881 (B., n° 189). Ils ont, relativement au jugement de l'intention du dénonciateur, la même latitude que celle qui leur est laissée pour l'appréciation et le jugement de tout autre délit; ils ne sauraient jamais être liés sous ce rapport par la décision de l'autorité compétente sur la fausseté des faits dénoncés, lors même qu'elle aurait déclaré la dénonciation calomnieuse, parce que, au point de vue de la vindicte publique, cette autorité cesse d'être compétente pour décider que le dénonciateur avait agi de mauvaise foi, 6 janvier 1876 (B., n° 3).

Quant à la plainte ou dénonciation faite à la légère, il y a lieu de distinguer si cette légèreté est répréhensible comme mauvaise foi, si elle constitue un acte accompli avec intention malveillante ou une imprudence. S'il n'y a qu'imprudence, l'art. 1382 CC sera seul applicable (Paris 26 janv. 1884) et il n'y aura pas lieu d'obtenir une décision relative à la fausseté des faits imputés (Riom 11 fév. 1880).

Celui qui dénonce des faits délictueux ne saurait être déclaré responsable des dommages causés par cette dénonciation, alors surtout qu'il n'a imputé ces faits à aucune personne déterminée (Trib. Tours, 30 août 1882).

La dénonciation faite à un commissaire de police ne peut donner lieu à des dommages-intérêts au profit de la personne qui en a été l'objet, qu'autant que cette dénonciation a été déclarée fausse par l'autorité compétente (Bourges, 4 janv. 1897).

Jugé, qu'un accusé absous par un tribunal militaire peut poursuivre son accusateur en dommages-intérêts, devant les tribunaux civils. — Il y a lieu à dommages-intérêts par cela seul qu'il a été déclaré qu'il y avait eu témérité dans l'accusation. — Cass. 1er therm. an X, Peyton c. Laporte.

Maïs l'individu dénoncé par la clameur publique et acquitté par le jury de jugement ne peut exiger de dommages et intérêts de la partie lésée, lorsque celle-ci a fourni des renseignements et des témoins contre lui. — Paris, 2 mai 1808, Goupil c. Monget.

De même, lorsque les poursuites ont été faites d'office et qu'il est reconnu que la dénonciation n'était point calomnieuse; le dénonciateur ne peut être condamné à aucuns dommages-intérêts envers l'inculpé renvoyé des poursuites par ordonnance du directeur du jury. — Paris, 16 nov. 1811, Malo c. Renaudon.

L'ordonnance de renvoi d'un directeur du jury est une présomption de l'innocence de la personne inculpée, suffisante pour autoriser une demande en réparation. — Paris, 29 fév. 1812, de S... c. L... — V., cependant, Rome, 21 mars 1811, Menichelli c. Celani.

La dénonciation d'une contravention à la loi fiscale ne constitue pas par elle-même, quel que soit le mobile du dénonciateur, un fait illicite tombant sous l'application de l'art. 1382 CC.

Spécialement, le débiteur qui a, par malice et dans la seule intention de nuire remis à la régie une quittance à lui délivrée non revêtue d'un timbre de 0 fr. 10 centimes, ne peut être condamné, à titre de dommages-intérêts, à rembourser au créancier la somme que celui-ci a dû payer au Trésor pour droit, amende et frais (Cass. 15 février 1882).

Une action engagée avec légèreté, lorsqu'elle cause préjudice aux défendeurs poursuivis devant la police correctionnelle, donne ouverture à des dommages-intérêts. Spécialement, on peut considérer comme une faute le fait de poursuivre en contrefaçon de marque de fabrique, en vertu d'un dépôt de marque de fabrique, sans s'être assuré préalablement qu'il n'existait pas d'antériorités à ce dépôt.

Cognac, 1er février 1899.

Citation directe. — Responsabilité.

La partie civile qui saisit directement la justice répressive s'expose à des dommages-intérêts si les poursuites sont malveillantes ou vexatoires, si elles ont été portées devant un tribunal au lieu d'un autre (Cass. 2 déc. 1861).

Acquittement. — Le prévenu renvoyé peut poursuivre ultérieurement la partie civile pour dénonciation calomnieuse (Cass. 14 mai 1869).

Compétence. — Les tribunaux correctionnels ou de simple police ne peuvent connaître de l'action du prévenu ou du contrevenant contre son dénonciateur.

Seule la cour d'assises, d'après l'art. 359 CIC, est compétente pour l'action contre le dénonciateur.

Mais les art. 159, 191 et 212 CIC ne parlent nullement du dénonciateur; d'ailleurs, si celui-ci ne s'est pas porté partie civile, il n'est pas partie aux débats.

Les dénonciateurs d'office de l'art. 29 CIC ne peuvent être actionnés. Toutefois, si l'accusé acquitté ne peut saisir la Cour d'assises d'une demande en dommages-intérêts, il peut poursuivre devant la justice civile par la voie de la prise à partie (CPC art. 505), et devant le tribunal correctionnel si la dénonciation est calomnieuse (Voir IV, 19).

Résultat éventuel de la calomnie. — Il n'est pas nécessaire que la dénonciation ait pour effet de provoquer des poursuites judiciaires. Commet le délit susdit celui qui a porté plainte contre un individu, en lui imputant d'avoir apposé une fausse signature au bas d'une obligation, quand bien même les traits apposés au bas du titre, n'offrant aux yeux aucune signature appréciable, ne pourraient, dans aucun cas, constituer un faux en écriture privée (Cass. 8 juin 1844).

Il suffit que les imputations soient susceptibles de causer un préjudice à la personne qui en est l'objet (Cass. 3 juill. 1829); par exemple, d'entraîner la révocation ou le changement de résidence d'un f^re^ (Cass. 7 déc. 1833, Rouen 22 avril 1825); ou même de faire perdre au f^re^ (un maire, en l'espèce), la confiance et le respect, par imputation de toutes sortes de vices ou de défauts, mais non de faits précis (Bruxelles, 26 nov. 1821).

La lettre adressée au préfet, par laquelle un habitant d'une commune impute au maire l'emploi irrégulier fait par celui-ci de fonds provenant d'un legs, peut exposer ce maire, si ces faits ont existé, à ce que des mesures soient prises contre lui. Elle constitue donc une dénonciation, même si la lettre est adressée personnellement au préfet pour être ouverte par lui seul (Cass. 14 mars 1902).

CHAPITRE IV

PREUVE DE LA CALOMNIE

Deux conditions sont nécessaires pour l'application de l'art. 373 CP:

1° Que les faits dénoncés aient été préalablement déclarés faux par l'autorité compétente (Cass. 25 oct. 1816), même si l'imputation concerne un f^re^, soit qu'il s'agisse de faux (Cass. 29 oct. 1886), ou de concussion (Cass. 23 août 1894).

2° Que la mauvaise foi du dénonciateur soit constatée par le juge saisi de la poursuite basée sur l'article précité (Cass. 10 février 1899).

La dénonciation à un sous-brigadier de police d'un délit imaginaire ne constitue pas l'outrage de l'art. 224 CP quand le dénonciateur a agi, non pas dans le but de mettre inutilement la police en mouvement, mais dans un intérêt tout personnel pour se venger. Mais elle peut constituer une dénonciation calomnieuse, et bien qu'il soit de principe en cette matière que les faits dénoncés comme délictueux doivent avoir été préalablement reconnus tels par une décision de justice, cette exigence n'est pas maintenue quand la fausseté des faits résulte des aveux mêmes du dénonciateur (Trib. Saïgon 28 oct. 1899).

Preuve des faits dénoncés. — C'est à l'auteur de la dénonciation à justifier la vérité des faits dénoncés. La personne dénoncée n'est pas tenue de rapporter une preuve négative (Cass. 7 déc. 1823).

Décision relative à la fausseté des faits. — La décision en question est préjudicielle au jugement et non à l'action (Cass. 23 oct. 1885).

Règle. — Pour justifier les poursuites, la décision adm. sur la fausseté des faits imputés ne doit pas consister en une simple affirmation écrite que les faits sont faux, ou que la plainte n'a aucun fondement. Ainsi jugé à propos du ministre de l'intérieur (Cass. 25 fév. 1826) et d'un préfet (Nîmes, 27 nov. 1829).

Il faut que, dans la lettre écrite par l'off. pol. adm. (préfet, ministre, etc.), à son subordonné dénoncé, il déclare, en se prononçant sur chacun des faits imputés, que la dénonciation lui paraît mal fondée (Cass. 26 mai 1832).

Constitue une décision sur la fausseté des faits énoncés la déclaration, dans une lettre signée du secrétaire général du ministère de la Justice, et adressée au procureur général, que la plainte portée contre un magistrat est dénuée de tout fondement, alors que la signature du secrétaire général est précédée de la formule: « Le garde des sceaux, ministre de la Justice; par autorisation: le secrétaire général ». (Cass. 7 août 1862.)

Il n'y a pas décision au sens susdit dans le classement sans suite, par le parquet, de la plainte portée par un simple particulier (Cass. 2 juillet 1887; Langres 13 août 1897).

CHAPITRE V

DÉNONCIATION CALOMNIEUSE CONTRE LES F^res ET ASSIMILÉS. — COMPÉTENCE POUR LA RÉCEPTION DE LA DÉNONCIATION. — COMPÉTENCE POUR STATUER.

1° Pour les f^res, il y a lieu de tenir compte de la distinction suivante. Pour les faits disciplinaires, l'autorité adm. est compétente.

Pour les faits relatifs à la vie privée, l'autorité judiciaire peut *seule* statuer (Cass. 6 août 1887, etc.).

2° Si le fait dénoncé est à la fois un abus administratif et une infraction pénale, trois cas se présenteront : 1° ou la plainte sera faite à la seule aut. adm., et celle-ci pourra apprécier valablement le fait (Cass. 11 déc. 1847, 22 mai 1852, 6 juin 1867); 2° ou elle sera faite à l'aut. jud. seule compétente dès lors pour apprécier (Cass. 7 février 1835).

3° Ou elle sera faite aux deux autorités à la fois, et chacune devra apprécier de son côté (Cass. 20 nov. 1851, 15 juillet 1864, 21 nov. 1868).

Mais si elle est faite à l'autorité adm., puis à l'aut. jud., on devra prononcer le sursis jusqu'à ce que cette dernière ait statué (Colmar, 19 mars 1823). Du reste, le principe est le suivant : si les faits imputés au f^re de l'ordre administratif ont le caractère de crimes ou de délits, c'est à l'aut. jud. qu'il appartient, à l'exclusion de l'aut. adm., de statuer sur leur fausseté (Cass. 7 fév. 1835).

S'il s'agit d'un f^re et d'une simple faute dénoncée à son supérieur, la décision préalable de l'adm^on est nécessaire : 1° parce que cette autorité, plus que toute autre, a mission de vérifier le fait; 2° parce que sa liberté d'action ne doit pas être neutralisée par le pouvoir jud. (Cass. 25 oct. 1816, 11 sept. 1817, 26 mai 1832). Mais lorsque le f^re supérieur *refuse* de s'expliquer sur l'existence du fait dénoncé et que la dénonciation ne porte que sur des faits relatifs à la vie privée, le juge saisi de la plainte en dénonciation calomnieuse peut et doit statuer sur les éléments du procès, de même que lorsqu'il y a aveu du prévenu (Cass. 7 déc. 1833, 21 mai 1841).

Off. pol. adm. ou jud., et officiers de justice au sens de l'art. 373. — L'art. 9 CIC énumère les off. pol. jud., mais la qualification d'off. pol. jud. ou adm. ne doit pas être prise dans un sens restreint, mais s'étend à tous ceux qui, dans les adm^ons publiques, ont une autorité disciplinaire sur leurs subordonnés (Cass. 12 avril 1851), par exemple les ministres (Cass. 5 mars 1891), le garde des sceaux (Cass. 28 oct. 1886).

Les ministres sont des off. pol. adm. au sens de l'art. 373; le garde des sceaux est un officier de justice (Cass. 7 déc. 1833, et Rennes 16 avril 1834).

La dénonciation peut être faite aux f^res de l'art. 373 CP, ou aux agents intermédiaires entre ceux-ci et le dénonciateur, par exemple aux sous-officiers de gendarmerie (Cass. 24 déc. 1859).

Elle peut être faite au Chef de l'Etat (Cass. 3 juill. 1857), mais c'est le ministre compétent qui doit statuer.

Autorités compétentes.

Avocats. — Le Conseil de l'ordre est compétent (Cass. 20 nov. 1851, 10 fév. 1888, 5 mars 1891).

Avoués. — « Vu les art. 373 CP et 130 CIC; sur le deuxième moyen de nullité, attendu que la dénonciation faite par Bergé contre Morel avait été adressée par Bergé à la Chambre de discipline des avoués près le tribunal de première instance de Louviers; qu'elle avait été pareillement adressée par Bergé au procureur du roi près le même tribunal; attendu que cette dénonciation portait sur des faits susceptibles d'une répression disciplinaire, dont la connaissance rentrait dans les attributions de la Chambre des avoués; que, dès lors, la Chambre des avoués était compétente pour donner un avis et le procureur du roi pour rendre une décision sur la vérité ou la fausseté des faits matériels de la dénonciation; attendu que la Chambre des avoués, dans son avis, et le procureur du roi, ont déclaré que la plainte de M. Bergé, contre Me Morel, n'était aucunement fondée, et que le procureur du roi a approuvé cet avis par sa décision qu'il a adressée à M. Bergé; qu'il s'ensuivait que la question sur la vérité des faits dénoncés était résolue par l'autorité compétente, et qu'il ne restait au tribunal correctionnel saisi de l'action en dénonciation calomnieuse, qu'à apprécier le caractère moral, criminel ou non, de la dénonciation, et à procéder, d'après ces errements, au jugement de la cause, suivant les formes prescrites par l'art. 190, CIC, que, dès lors, le tribunal de première instance de Louvier jugeant correctionnellement, en supersédant à statuer pendant le délai de trois mois à partir du jour dudit jugement, et en délaissant à Morel le soin d'agir ainsi qu'il aviserait bien, sauf ensuite à être statué ce qu'il appartiendrait, et le tribunal d'Evreux, en confirmant ledit jugement dans ses dispositions, après l'avoir annulé dans la forme, s'en est approprié les vices sur le fond, et en mettant, d'ailleurs, à la charge de Morel, la preuve négative des faits dénoncés, le tribunal correctionnel d'Evreux a méconnu ses attributions, violé les règles de procéder, etc., casse, etc. » (Arrêt du 18 septembre 1830).

Cadi. — La décision par laquelle le gouverneur général de l'Algérie déclare, sur le rapport qui lui a été adressé par le procureur général et dans lequel est démontrée la fausseté de la plainte formée contre un cadi, qu'il ne donnera pas suite à cette plainte, satisfait à la nécessité d'une déclaration de la fausseté des faits dénoncés par l'autorité compétente, 3 juillet 1874 (B., n° 347).

Chemins de fer de l'Etat. — L'adm[on] des chemins de fer de l'Etat réunissant tous les éléments d'une adm[on] publique, le Directeur de cette adm[on], qui propose au Conseil d'adm[on] la révocation de tous les agents ou employés, a la qualité d'off. pol. adm.

Dès lors, les dénonciations qui lui sont adressées doivent être réputées faites à un officier pol. adm. (Bordeaux, 25 juin 1897).

Citoyen SP. — La demande en dommages-intérêts, introduite pour dénonciation calomnieuse contre ledit citoyen (dans l'espèce, un vétérinaire inspecteur des abattoirs et marchés), est irrecevable, si la fausseté des faits et l'intention de nuire n'ont pas été établies au préalable par la juridiction compétente.

En effet, la condamnation à des dommages ne pourrait être prononcée que si le jugement constatait qu'un préjudice a été causé et qu'il résulte d'un fait illicite. Or, la dénonciation n'est un fait illicite qu'autant qu'elle repose sur des dénonciations fausses et que son auteur a été de mauvaise foi (Trib. Langres, 13 août 1897).

Contributions.

Agents ou préposés des contributions indirectes. — Le directeur a qualité pour apprécier (Cass. 23 juillet 1835).

Percepteurs des contributions directes. De même pour le ministre des Finances (Cass. 7 déc. 1833).

Défenseurs en Algérie. — Le garde des sceaux est compétent (Cass. 16 nov. 1866).

Eaux et forêts (gardes).

Les administrateurs généraux ont qualité pour apprécier (Rouen, 13 août 1824).

Enseignement (instituteurs).

De même pour le recteur d'académie (Bourges, 18 août 1838).

Garde forestier. — Le conservateur des forêts a compétence pour statuer; on prétendrait à tort que ce droit n'appartient qu'au ministre des finances ou au directeur général de l'administration forestière. 27 juillet 1872 (B., n° 103): « Attendu que le conservateur étant compétent pour statuer sur l'exactitude des faits dénoncés, qui n'avaient trait qu'à des mesures disciplinaires, quand la dénonciation lui avait été renvoyée par l'autorité supérieure, et quand l'art. 38 de l'ordonnance du 1er août 1827 lui donne le pouvoir disciplinaire sur les agents placés sous ses ordres, notamment sur les gardes forestiers. »

Gendarmes. — La fausseté des faits est légalement déclarée par le commandant de la gendarmerie auquel la dénonciation a été adressée, lorsqu'il ne s'agit que de faits disciplinaires, 13 avril 1876 (B., n° 105). Mais les faits imputés à un maréchal-des-logis, dans une dénonciation adressée au lieutenant-colonel commandant la légion, ne peuvent être appréciés par cet officier, lorsqu'ils ont un caractère criminel. 29 octobre 1886 (n° 361).

Huissiers. — L'art 373 peut être appliqué à l'huissier qui, dans une délibération de la Chambre syndicale qu'il a provoquée et fait envoyer au procureur impérial, a signalé un de ses anciens confrères, auquel il était hostile, comme intéressé dans les faits abusifs imputés à son jeune successeur; et cela, encore bien que la personne ainsi dénoncée n'ait été désignée qu'en termes évitant une dénonciation nominative et formelle. (Bordeaux, 7 mars 1855.)

La fausseté des faits imputés à un huissier est suffisamment établie par la délibération de la Chambre de discipline qui déclare mensongère la dénonciation effectuée, si le Procureur général, en ordonnant la poursuite pour dénonciation calomnieuse, a expressément visé cette délibération (Cass. 24 juin 1870).

Pour les faits de nature à entraîner répression disciplinaire, la Chambre de discipline est compétente (Cass. 23 janv. 1858 et 15 nov. 1867).

Magistrats. — Le ministre de la Justice est compétent (Bordeaux, 10 déc. 1896), pour les faits disciplinaires (Cass. 28 oct. 1886, 11 juin 1887, 10 fév. 1888), notamment s'il s'agit d'un juge de paix (Rennes, 16 avril 1834) Voir procureur, infrà.

Saisi directement (479, 483 CIC), le procureur général est également compétent (Cass. 11 nov. 1842, 24 avril 1874).

Maire. — Le préfet a compétence pour apprécier (Cass. 12 mars 1819, Rouen 22 av. 1825). Vainement prétendrait-on que la dénonciation lui a été faite comme administrateur, et non comme officier de police : cette distinction est inadmissible (Cass. 31 août 1815).

Maire ou adjoint. — De même pour le ministre de l'intérieur (Cass. 25 oct. 1816).

Membre d'une société de secours mutuels. — L'autorité compétente pour réprimer, lorsqu'elle les juge vrais, les faits énoncés dans la dénonciation, l'est également pour constater et déclarer qu'ils sont faux. — Ainsi, au cas de dénonciation portée contre un membre d'une société de secours mutuels, à raison de la conduite qu'il aurait tenue dans l'assemblée générale, c'est au bureau, spécialement chargé de réprimer cette conduite, s'il y a lieu, qu'il appartient de vérifier la vérité ou la fausseté des faits dénoncés. — Cass. 10 juillet 1858.

Militaires. — Le ministre de la Guerre est compétent (Cass. 24 avril 1874), qu'il s'agisse d'adjudants d'adm[on] chargés de la gestion des magasins militaires (Cass. 2 septembre 1842), ou d'officiers généraux, alors même qu'au moment de la dénonciation ces officiers avaient cessé, par suite de leur mise à la retraite, de faire partie de l'armée, si à l'époque où remontent ces faits ils étaient en activité de service. 4 février 1882 (B., n° 37).

Mais le général commandant un corps d'armée n'est pas off. pol. au sens de l'article 373 (Seine, 8 avril 1897).

Notaires. — Si les faits se rattachent à la discipline intérieure, la Chambre des notaires est compétente (Cass. 29 mai 1875), mais le Garde des sceaux est incompétent (Cass. 24 avril 1874).

Si les faits sont de nature à entraîner suspension ou destitution, le Tribunal civil doit les vérifier (Cass. 13 septembre 1860, 13 fév. 1881).

S'il y a lieu à délibération de la Chambre des notaires, cette délibération doit être prise en la forme légale (Cass. 29 décembre 1870).

Prêtres. — L'évêque doit être considéré comme officier de justice au sens de l'article 373, à l'égard du moins des curés de son diocèse, soumis à sa juridiction (Agen 23 déc. 1896).

Procureur de la République. — Le garde des sceaux est compétent (Cass. 28 octobre 1886).

Vétérinaire (Voir Citoyen SP, suprà).

2e Section.

Offenses envers les particuliers.

CHAPITRE VI

GÉNÉRALITÉS
OFFENSE, ANALYSE DE L'OFFENSE

Outre la dénonciation calomnieuse, nous avons: 1° le tapage injurieux (479); 2° l'injure simple (471); 3° l'outrage (222 etc.); 4° l'offense (86); 5° l'injure et la diffamation (L. 1881); 6° l'offense (L. 1881, art. 26); 7° l'offense et l'outrage (L. 1881 art. 36 et 37); 8° l'outrage (L. 1822, art. 6).

Analyse. — Toute infraction intentionnelle comporte plusieurs facteurs, moraux et matériels.

L'offense se décompose ainsi : 1° *Facteurs moraux :* Mobile ou cause, et effet.

2° *Facteurs matériels :* Moyens, résultats, conséquences.

Les facteurs moraux, par leur nature même, échappent souvent à l'analyse, leur appréciation dépendant de la mentalité propre aux parties. Malignité, imprudence coupable en soi, tendance naturelle à la méchanceté, haine, rancune, vengeance, etc., peuvent constituer la cause génératrice de l'offense, en ce qui concerne l'offenseur.

Quant à l'effet, il peut être simple ou multiple, et se produire relativement à l'offensé ou aux tiers. Indignation, humiliation, déconsidération, irritation, indifférence même, etc., peuvent résulter de l'offense.

Facteurs matériels. — Les facteurs matériels peuvent être appréciés, leur essence étant d'être tangibles, en quelque sorte. L'offense étant une manifestation de la pensée, se transmet, comme toute pensée, grâce à deux moyens principaux: le son, l'onde sonore, et le signe figuré.

Pour effectuer le résultat recherché, il faut recourir à des instruments générateurs, par rapport auxquels le son et le signe jouent le rôle de véhicules, pourrait-on dire.

Les instruments producteurs du son et du signe sont: 1° pour le son, l'organe buccal et les membres; 2° pour le signe, les membres en général.

Il y a en outre des instruments reproducteurs du son, comme le phonographe, et du signe, comme la photographie, etc.

L'organe buccal produit la parole, le cri, etc.; les membres donnent le geste bruyant, comme le charivari, etc.

Grâce aux membres (j'entends par là surtout les bras et le visage), on produit le signe figuré, c'est-à-dire: 1° le geste ou mimique, celui qui, par grimaces, mouvements coordonnés des bras, des mains, peut exprimer la pensée sans la fixer matériellement, ou mieux, sans laisser de traces; 2° le geste susceptible de laisser des traces visibles (lacération, piétinement d'un portrait, etc.); 3° le geste fixé ou signe inscrit au moyen de la plume, du ciseau, du pinceau, du burin, etc., celui qui produit l'écrit, la statue, le dessin, la médaille, etc.

Résultats. — Le résultat du son produit ou du signe figuré, c'est de frapper l'ouïe ou la vue d'autrui.

Conséquences. — La conséquence possible de l'offense, c'est de causer un dommage à l'offensé.

Répression. — La loi, pour réprimer l'offense, ne peut évidemment tenir compte que de la nature de l'offense et de ses facteurs matériels: moyens, résultats, conséquences. La pénalité doit donc être proportionnelle aux éléments susdits, tout en comportant des limites de maximum et de minimum, afin de permettre aux juges de décider en appréciant le plus ou moins de culpabilité du prévenu, d'après les éléments moraux. Moyens et résultats peuvent être prévus d'avance — les conséquences sont un élément variable, comme les causes et effets, que les juges seuls peuvent apprécier dans chaque espèce.

Procédés offensants prévus et réprimés. — Nous avons, pour le son : 1° la parole (discours, cris, menaces, etc.); 2° le tapage (paroles, cris, etc., charivari ou gestes bruyants). Et pour le signe : 1° le geste mimé, ou geste proprement dit; 2° le geste inscrit, fixé, ou procédés graphiques. Par simplification, on peut dire que les procédés constitutifs de l'offense ressortissent : 1° à la parole; 2° aux procédés graphiques; 3° aux gestes.

CHAPITRE VII

INJURE, DIFFAMATION, OUTRAGE, TAPAGE DÉFINITIONS

Injure. — Elle consiste en invectives, termes de mépris, expressions outrageantes ne renfermant l'imputation d'aucun fait.

Diffamation. — C'est l'allégation ou l'imputation d'un fait portant atteinte à l'honneur ou à la considération.

Tapage. — C'est la vocifération offensante ou le charivari.

Outrage. — C'est l'inj., la diff., le tapage ou le geste. De même pour l'offense de l'art. 26, etc.

Entre l'outrage public de la loi du 25 mars 1822, et l'outrage du Code pénal, il n'y avait qu'une seule différence. Le Code réprimait, comme maintenant, les outrages F, publics ou non, mais il ne s'appliquait en outre qu'aux seuls outrages OF non publics. Tandis que la loi de 1822 punissait les outrages OFP (Cass. 4 juillet 1857, 9 déc. 1836, 23 août 1844, 18 juillet 1851, etc.).

Quant à la loi de 1819, elle ne s'appliquait qu'aux outrages et injures publics (Cass. 2 avril 1825, 13 mai 1823), à l'occasion des, ou pour des *faits* relatifs aux fonctions (Cass. 17 mai 1820, etc.).

Tandis que la loi de 1822 réprimait en outre les outrages et injures publics à raison de la *qualité* (Cass. 4 juillet 1833, etc.). Cette même loi, art. 5, réprimait l'injure ou diffamation OFP, par publication (Cass. 27 fév. 1832, etc.)

Les dispositions combinées de la loi du 13 mai 1863 et de celle du 29 juillet 1881 ont amené une modification de la jurisprudence. Actuellement, toute offense, publique ou non, F ou OF, commise directement, est qualifiée outrage.

On a proposé la définition suivante de l'outrage : toute insulte avec excès de violence. Mais la jurisprudence considérant avec raison comme outrages même les irrévérences légères, on a fini par adopter la définition ci-après : Toute manifestation d'un sentiment de nature à humilier ou blesser la dignité, l'honneur, la délicatesse ou la considération d'un représentant de l'autorité F ou OF, ou méprisant pour sa personne ou ses actes fonctionnels. (Cass. 8 sep. 1850, 22 fév. 1851, 17 mars 1851, 25 juin 1855).

L'outrage peut consister en injures, expressions outrageantes, termes de mépris ou invectives (Cass. 17 juillet 1846); en propos diffamatoires, insultes humiliantes quelconques (Cass. 10 juillet 1834, Douai, 1er mars 1831, Orléans, 5 mai 1834, Cass. 18 juill. 1828).

CHAPITRE VIII

INJURE, DIFFAMATION, TAPAGE, OUTRAGES LEUR NATURE ET LEURS PROCÉDÉS

L'art. 471 CP parle d'injures proférées, non provoquées et non publiques.

L'art. 479 parle de tapage injurieux troublant la tranquillité des habitants. L'art. 33 n° 2, L. 1881, d'injures publiques non provoquées.

Les art. 31 et 33 n° 1, L. 1881 d'injures et diffamations OFP.

L'art. 32 L. 1881 de diffamation publique. Les art. 222 et suivants CP d'outrages par paroles, gestes, menaces, écrits ou dessins non rendus publics.

Les art. 23 et 28 indiquent, comme procédés de publicité de l'injure et de la diffamation : 1° les discours, cris, menaces ; 2° les écrits, etc., c'est-à-dire la parole et les procédés graphiques.

Injure et diffamation publiques, et OFP.

1° *Parole.* — Selon l'art. 23 L. 1881, la parole comprend les discours, cris et menaces proférés publiquement.

Discours. — Par discours, il ne faut pas entendre les discours de l'orateur, exclusivement, mais bien toute parole parlée, que ce soit en prose, en vers, qu'il s'agisse de chants ou de chansons, de simples monologues ou dialogues, et même d'aparté.

Le discours peut contenir des propos, cris, menaces, invectives, imputations, etc.

Cris. — Le cri, c'est toute espèce de son ou de bruit produit directement par la voix humaine: huées, hurlements, grognements, vociférations, sifflets, etc.

Le cri sera plutôt injurieux que diffamatoire, à moins qu'il ne consiste à vociférer une imputation diffamatoire.

Menaces verbales. — Ce sont des propos, non réprimés par les art. 305 à 307, 400 n° 2, 436 CP.

La parole peut être articulée, proférée ou vociférée. En principe, l'articulation est surtout le procédé des offenses non publiques ou simples; la profération et la vocifération sont ceux de la publication et du tapage.

Articuler, c'est prononcer, émettre la parole. *Vociférer*, c'est crier ou articuler à voix extrêmement haute. — *Proférer*, ce peut être vociférer, mais, au sens étymologique, c'est articuler en présence de; c'est-à-dire prononcer des paroles de façon à les porter à la connaissance de plusieurs.

Les circonstances seules permettront du reste d'apprécier s'il y a eu discours, etc., proférés. Ainsi, des propos à voix basse, dans une assemblée silencieuse, seront portés à la connaissance de plusieurs, et, par suite, proférés.

2° Procédés graphiques.

La loi mentionne : 1° les écrits ; 2° les imprimés; 3° les placards ou affiches; 4° les dessins; 5° les gravures; 6° les peintures; 7° les emblèmes; 8° les images.

A quoi il faut adjoindre : 9° les médailles (Cass. 6 sept. 1851); 10° les estampes; 11° les lithographies, mentionnées du reste dans certaines parties de la loi de 1881; 12° la correspondance à découvert.

Tous peuvent être ramenés à deux types l'écriture et le dessin.

Par *écrits ou imprimés*, ou, plus simplement, écrits, il faut entendre tout ce qui constitue un assemblage de caractères, manuscrits ou autres, quels qu'ils soient, quelle que soit leur forme ou leur nature, et quel que soit le procédé employé pour les obtenir. Un livre, une lettre, un placard, une affiche, un prospectus, un imprimé, un journal, etc., etc., sont des écrits.

De même, par *dessin*, il faut entendre l'image, obtenue par n'importe quel procédé et sur n'importe quel objet.

Le dessin peut donc figurer dans un livre, sur une affiche, une gravure, une médaille, etc., consister en une peinture, une aquarelle, une statue, une photographie.

A propos de *photographies*, on peut citer un exemple de diffamation qui, à une certaine époque, était fort usité, à l'endroit des femmes surtout.

Le diffamateur prenait une photographie plus ou moins obscène, de femme nue, je suppose, en détachait adroitement la tête, qu'il remplaçait par celle de telle personne à laquelle il en voulait. Il paraît qu'avec une certaine habileté de main, l'illusion est complète.

Correspondance à découvert confiée à l'adm^on^ des postes et télégraphes. — La correspondance à découvert, c'est, éminemment, la carte postale ou la carte-télégramme.

La loi du 11 juin 1887 réprime ce mode spécial de publicité.

Les conditions de poursuites de la loi de 1881, celles du non-cumul des peines et de la complicité, sont applicables à ces délits.

Une seule difficulté, tout apparente, peut exister quant à l'application de ladite loi, selon que la correspondance est adressée directement à l'intéressé, ou ne lui est pas adressée.

S'il s'agit d'un particulier, la loi de 1887 sera toujours appliquée, à la condition qu'il ne s'agisse pas *d'injures* provoquées.

S'il s'agit d'un privilégié, l'envoi direct peut être un outrage OF. L'expédition indirecte, qu'il y ait délit OF ou non, reste réprimée par la loi de 1887.

La carte postale, même recommandée, est une correspondance à découvert (Cass. 23 juillet 1891).

Injure. — Est punie par l'art. 471: 1° l'injure verbale ou écrite (Cass. 30 août 1817), si elle a lieu sans tapage et n'a pas été provoquée, alors surtout qu'elle est directe (Cass. 30 août 1851); de même pour l'injure par gestes (Cass. 11 avril 1822).

2° La diffamation non publique (Cass. 23 nov. 1843, 25 juill. 1861) même lorsqu'elle résulte d'un écrit (Cass. 10 juin 1817, 10 novembre 1826, 23 nov. 1843, Colmar 4 décembre 1821).

En effet, il n'y a pas de délit de diffamation sans publicité (Cass. 18 avril, 7 mars 1823, 17 mai 1845).

La loi n'a pas fait, à l'égard de la diffamation, comme à l'égard de l'injure, une distinction entre celle qui est publique et celle qui ne l'est pas. Il ne faut point conclure de là que la diffamation non publique échappe à toute répression. Elle rentre dans les injures simples, et devient passible d'une peine de simple police (Cass. 4 juill. 1856, 20 déc. 1899).

L'articulation d'un fait précis de vol, ou de concussion, est punie comme injure simple, à défaut de publicité (Cass. 2 déc. 1819, 23 août 1821, 10 juill. 1834).

L'injure simple et la diffamation non publique peuvent fort bien être indirectes, qu'elles aient lieu verbalement ou par écrit.

Exemples: Ecrit adressé au Directeur général de la police (ou préfet de police). — Celui qui y a inséré des injures et des expressions outrageantes envers un particulier ne peut être acquitté, sous le prétexte que son mémoire n'est pas un acte authentique et public, et qu'il n'a pas été rendu public. Ces injures doivent être punies de peines de simple police (Cass. 2 oct. 1813).

Procès-verbal d'enquête par un juge de paix. Des reproches injurieux contre un témoin, y contenus, signés par celui qui les a faits, constituent une injure simple. (Liège 25 juin 1813.)

Quant au geste indirect, il n'est pas prévu par la loi de 1881. A moins de circonstances exceptionnelles, comme celle où il serait accompagné de propos ou autres procédés offensants, il ne saurait donc constituer une injure non publique. Néanmoins, la jurisprudence pourrait parfaitement l'assimiler à l'injure indirecte parlée ou écrite.

On peut s'étonner que la jurisprudence assimile aux injures proférées de l'art. 471 le geste et l'écrit. Pour l'écrit, l'art. 33, n° 3 L. 1881 autorise formellement cette assimilation. Quant au geste, c'est le bon sens qui la permet, ainsi que l'existence des art. 479 n° 8 et 223 à 225 CP.

Tapage (479 n° 8). — Le tapage doit: 1° troubler la tranquillité des habitants; 2° être de nature injurieuse. Il résultera donc de cris, de vociférations injurieux, ou de tout autre procédé bruyant injurieux. Par exemple:

D'injures proférées, même de l'intérieur des maisons, à la condition qu'il soit reconnu qu'elles ont troublé la tranquillité publique (Cass. 28 janv. 1858, 1er mai 1863, 16 avril 1864); de charivaris (Cass. 13 oct. 1836); de l'usage d'instruments bruyants, sans qu'aucune injure ait été proférée (Cass. 5 sept. 1835), de vacarme accompagné ou constitué par des huées, sifflements, hurlements, coups frappés aux portes, etc.

Outrage. — L'outrage, résultant d'injures, diffamations, publiques ou non, bruyantes ou non, comporte l'emploi de tous les procédés du tapage, de l'injure, de la diffamation, dès lors que ces procédés sont employés F ou sont volontairement adressés OF, ou sont directs F ou OF. L'outrage, défini d'autre part, était l'outrage public de l'art. 6 de la loi du 25 mars 1822, qui réprimait: l'outrage public fait par paroles ou par écrit (Cass. 18 juillet 1828), ou par paroles ou gestes menaçants (Cass. 13 août 1841) même hors de la présence du fre (Cass. 18 juillet 1828); à fortiori s'il s'agissait de jet d'ordures à un fre F (Dalloz n° 685); par charivari (Cass. 10 juin 1834, V. chap. 13); par injures ou diffamations (Douai 1er mars 1831, Cass. 10 juillet 1834), par emblèmes (Cass.).

Il n'a fait que changer la pénalité de l'art. 19, L. 17 mai 1819, en résumant par le mot *outrage* l'ensemble des injures, expressions outrageantes, termes de mépris ou invectives qui s'adressent aux fres, et en y ajoutant: *d'une manière quelconque.* (Cass. 17 juill. 1846, Lambert).

Il modifie, en ce qui concerne les fres, les art. 16 et 17, L. 1819; aux délits de diffamation et d'injures définis par cette loi, il a substitué l'outrage, dont il laisse l'appréciation aux magistrats. (Cass. 18 juill. 1828, de Magnoncourt). — *Contrà:* il n'a point abrogé l'art. 16, L. 1819. Les dispositions de ces articles ne sont point inconciliables. — Cass. 17 juillet 1845 (l'Espérance).

L'art. 6 §1 de la loi du 25 mars 1822 a été remplacé par l'art. 5 du décret du 11 août 1848, encore en vigueur, et il n'a pas été abrogé par la loi du 8 oct. 1830 (Cass. 19 janv. 1833).

CHAPITRE IX

COMPARAISON ENTRE L'INJURE SIMPLE, L'INJURE ET LA DIFFAMATION PUBLIQUES, L'OUTRAGE, LE TAPAGE INJURIEUX. ÉTUDE DES PROCÉDÉS OFFENSANTS.

(Paroles, gestes, menaces, procédés graphiques).

Observations critiques. — Il faut remarquer l'incohérence et le défaut de prévision de nos textes répressifs. Au point de vue des procédés, la seule loi de 1822 était à l'abri de la critique, du moins quant à l'emploi public d'iceux. La loi de 1881, copiée sur celle de 1819, indique, comme procédés de l'inj. et de la diff., ceux de la provocation (art. 23).

Ce qui explique pourquoi le geste n'y est pas mentionné, tandis que la menace y figure.

Mais le Code pénal, dont les art. 222 et suiv. ont été rédigés en 1863, est inexcusable, lorsqu'il mentionne, d'une part, les paroles, écrits ou dessins, gestes ou menaces, d'autre part les paroles, gestes ou menaces seulement.

L'art. 222 parle d'outrages *adressés et reçus*, les art. 223 et 224 d'outrages *faits*, l'art. 225 d'outrage *dirigé contre*, la loi de 1881 d'injure ou diffamation *commises envers*, par paroles proférées, écrits, etc., publics ou publiés.

Pourquoi cette diversité d'expressions? Tous ces délits sont à la fois commis envers, faits, dirigés contre. La seule expression: *commis envers* suffirait donc à indiquer et leur existence et leur objet, mais aucune n'indique leur résultat effectif. Seul, l'art. 222 précise : l'outrage doit être, non seulement *adressé*, mais encore *reçu*.

Etude des procédés offensants.

Procédés graphiques. — Ils sont mentionnés art. 23 et 28 L. 1881 (injure, diffamation, offense de l'art. 26), et art. 222 CP (outrages).

Ils peuvent, comme la parole, constituer les infractions des art. 222 à 225, 471 CP.

Paroles. — Ce terme est employé par les art. 222 et suivants CP, relativement à l'outrage. Ce délit, ainsi que l'offense, pouvant consister en injures ou diffamations, il s'ensuit que, par paroles, il faut entendre celles de l'art. 23 de la loi de 1881, c'est-à-dire les discours, cris, menaces, qui peuvent également constituer l'injure proférée de l'art. 471 et le tapage injurieux de l'article 479 CP. L'expression outrageante, le terme de mépris, l'allégation ou imputation résulteront donc d'une ou de plusieurs paroles, assemblées en phrases, propos, discours; ou de cris, menaces, etc. En définitive, la parole peut être injurieuse, diffamatoire, outrageante, offensante, bruyante.

Gestes. — Outre le geste bruyant, il y a le geste outrageant (223 à 225 CP), le geste menaçant (mêmes articles), le geste injurieux, diffamatoire, offensant, non mentionné dans les textes répressifs.

Gestes injurieux. — L'injure de l'article 471 (à laquelle la diffamation non publique est assimilée) peut résulter d'expressions, de discours, ou de *gestes* (Cass. 11 avril 1822).

Une grimace, un pied de nez, sont des gestes injurieux ou pouvant être qualifiés tels. Je citerai encore deux espèces de gestes, des plus connus. L'un consiste à se frapper du plat de la main le derrière, en signe de mépris. L'autre consiste à se frapper de la main la cuisse, puis à porter cette main au bas-ventre (je ne précise pas autrement). Ce dernier geste, éminemment grossier et indécent, est désigné par l'expression: tailler une basane.

Qualifiés outrages s'ils sont adressés à des MP, ou à des officiers ministériels, ces gestes injurieux cessent-ils d'avoir le caractère intentionnel de l'injure s'ils concernent un particulier? Certes non.

Gestes diffamatoires. — Prétendre que le geste ne saurait être diffamatoire serait, par là même, prétendre soustraire à toute répression les sourds-muets et les muets, par exemple, qui, à part l'écriture, le dessin, etc., ne peuvent traduire leur pensée ou leur intention qu'au moyen des gestes. Conséquence évidemment inadmissible.

Un exemple, au hasard, suffira à démontrer que le geste, ou mieux, un ensemble de gestes, peut présenter tous les caractères de la diffamation la plus précise, la plus formelle.

Je suppose qu'un individu, muet ou non, avec ou sans publicité, désigne à quelqu'un une personne, puis fasse le geste d'introduire sa main dans sa poche, ou extraie de ladite poche son portemonnaie, et fasse ensuite le simulacre de s'approprier ce portemonnaie ou tel autre objet, puis de s'enfuir. N'y aura-t-il pas là, à l'égard de l'individu désigné par le premier geste, imputation précise de vol, c'est-à-dire diffamation? Quitte à contrôler, bien entendu.

On s'explique donc difficilement que le geste public, qui peut être outrageant, injurieux, diffamatoire, ne soit réprimé qu'à l'égard des f[res], et non à l'égard des particuliers.

Il est d'autant plus à souhaiter que la jurisprudence comble la lacune signalée (à défaut de la loi), qu'en matière de provocation, quant aux injures, auteurs et jurisprudence considèrent que la provocation, n'ayant pas été définie par la loi, peut résulter de *gestes*, et que le geste outrageant était, d'après la jurisprudence de 1841, réprimé selon la loi de 1822, même vis-à-vis d'autres personnes que les f[res].

A quoi il faut ajouter que, si le geste n'est pas compris dans les dispositions de l'art. 23 de la loi de 1881, on s'accorde pourtant à considérer que, s'il vient souligner et expliquer une menace proférée de façon inintelligible, il peut être réprimé à titre de menace, même à un particulier.

La loi n'a pas déterminé quels sont les propos qui doivent être considérés comme constituant l'injure. Elle a laissé aux tribunaux l'appréciation des faits sur lesquels la plainte est fondée.

Il ne peut, en conséquence, résulter d'ouverture à cassation de la qualification donnée par les tribunaux, sous le rapport de l'injure, à des expressions, des discours ou des gestes. (Cass., 11 avril 1822, Cénac.)

Gestes menaçants. — Ils pourront consister à lever la main sur quelqu'un, etc.

Menaces. — Il y a: 1° celles des art. 305 à 307 CP; 2° celles des art. 223 et suivants; 3° celles de la loi de 1881.

Injure par menaces. — La menace n'est pas, comme la parole, etc., un *procédé* de l'injure, mais elle peut être une *forme* de celle-ci.

Diffamation par menaces. — C'est un non-sens. Une menace peut avoir un *caractère diffamatoire*, mais non pas constituer une diffamation.

Menace d'injurier. — Si l'on se réfère à la définition de l'injure, cette menace ne saurait constituer une injure caractérisée.

Menace de diffamer. — Elle ne saurait équivaloir à la diffamation, mais on conçoit qu'elle puisse présenter un caractère injurieux. Il ne faut pas la confondre avec le chantage.

Se rend coupable de chantage le journaliste qui, en publiant des articles diffamatoires pour un tiers, y joint, pour en tirer un profit illicite, la menace de nouvelles imputations ou révélations diffamatoires, et ce alors même que la publication de ces révélations n'aurait pas été effectuée.

(Seine, 27 mai 1895.)

Cet arrêt ne spécifie pas s'il y avait tentative d'extorsion, condition indispensable:

En effet: aux termes du § 2 de l'art. 400, trois conditions sont nécessaires: 1° une menace écrite ou verbale de révélations ou d'imputations diffamatoires; 2° l'extorsion ou la tentative d'extorsion de fonds ou de valeurs à l'aide de cette menace; 3° la mauvaise foi. D'ailleurs la menace verbale dont parle l'art. 400 n° 2 n'a besoin d'être ni directe, ni expressément proférée; pour être indirecte ou dissimulée sous des artifices de langage, elle n'en existe pas moins. Spécialement, la menace d'impliquer une personne dans un procès de mœurs, de vol et d'assassinat suppose nécessairement la révélation préalable de faits susceptibles de motiver l'introduction d'une poursuite criminelle. Par suite, vainement prétendrait-on qu'elle ne suffit pas pour caractériser la menace d'imputations diffamatoires (Cass. 7 déc. 1900).

Menaces qualifiées. — Le Code punit:

A. — La menace *écrite* d'assassinat, empoisonnement ou autre attentat comportant la peine de mort, les TFP ou la déportation: 1° avec ordre ou condition, 2 à 5 ans, 150 à 1.000 francs; 2° sans condition ni ordre: 1 an à 3 ans, 100 à 600 francs.

B. — Menace *verbale* de même nature: 1° avec ordre ou condition, 6 mois à 2 ans, 25 à 300 francs; 2° sans ordre ni condition, pas de peine.

C. — Menace *verbale ou écrite* de violences ou voies de fait non spécifiées ci-dessus; 1° avec ordre ou condition, 6 jours à 3 mois, 16 à 100 francs; 2° sans ordre ni condition, pas de peine.

D. — Menace verbale ou écrite de révélations ou imputations diffamatoires: 1° avec ordre ou condition, 1 à 5 ans, 50 à 3.000 francs; 2° sans ordre ni condition, pas de peine.

Nota. — La menace d'incendier est assimilée à celle d'assassinat (436 CP).

L'art. 305 comprend non seulement les menaces sous la condition de faire, mais aussi les menaces sous la condition de ne pas faire ou de s'abstenir:

Jonyon, mécontent d'une visite, faite sur ses propriétés par le maire de la commune, dit publiquement que si ce f^re^ recommençait, il lui en arriverait mal et qu'il pourrait rédiger son acte de décès, avant de sortir de chez lui. Il fut condamné à la peine de l'art. 307, se pourvut en cassation, et prétendit que le propos, qui lui était imputé, ne constituait pas la menace réprimée par cette disposition, puisqu'il ne renfermait que l'ordre de ne pas faire ou de s'abstenir. Le pourvoi fut rejeté « attendu que la menace verbale, faite sous condition, prévue et punie par l'article 307, comprend, dans la généralité de ses termes, la menace sous condition de ne pas faire, de s'abstenir, comme celle de faire (Cass. 1er février 1834); même décision: Confolens, 5 juillet 1866).

Il n'est pas exigé que la menace sous condition réprimée par les art. 305 et 307 soit faite dans les termes même par lesquels la loi caractérise le délit; les juges du fond ont à cet égard un pouvoir d'interprétation qui leur permet de rechercher le véritable sens du mot qui leur est dénoncé, et d'en déterminer la portée. — Ainsi, ils ont pu décider, d'après les usages du pays où elle a été proférée, que cette menace: *Tu sauras ce que c'est de moi*, est une menace de mort (Cass. 19 déc. 1863).

L'auteur d'une menace peut être acquitté s'il n'y a eu recours que pour la défense d'un droit légitime, ou s'il n'a pas eu d'intention criminelle (Cass. 18 sep. 1851. — Trib. d'Agen, 21 fév. 1866).

Bien entendu, la menace, publique ou non, ne sera qualifiée outrage que si elle a lieu F ou est commise OF. Par suite, la menace de mort, sans ordre ni condition, de l'art. 306 CP, si elle n'a pas lieu F, ou n'est pas commise OF, sera punissable d'après l'art. 306, même si elle a lieu par la voie de la presse à l'égard d'un f^re^; elle sera donc de la compétence du tribunal correctionnel (Cass. 28 déc. 1888) Voir ch. 17.

Par suite, pour qu'une menace écrite ou verbale puisse constituer une injure ou un outrage, il faut qu'elle ne rentre pas dans la catégorie de celles réprimées spécialement.

Les menaces C n° 2, D n° 2 sont seules de nature à réaliser les conditions voulues.

On a décidé que la menace non réprimée

par les art. 305 à 308 n'est passible d'aucune peine (Cass. 9 janv. 1818). Même décision (Cass. 22 août 1872). Mais il s'agissait de menaces d'assassinat ou d'incendie, verbales et sans ordre ni condition. Et ce genre de menaces n'est pas, en soi, offensant.

On doit donc décider que la menace non publique, et non qualifiée, tombe sous le coup de l'art. 471 si elle a un caractère offensant. Cela est d'accord avec les textes précités, d'une part, et avec la jurisprudence relative aux privilégiés, d'autre part. Il serait inconcevable qu'un procédé qualifié délictueux par la loi de 1881 ne fût pas réprimé par l'art. 471, quand le geste, non qualifié par ladite loi, est réprimé par l'art. 471, selon la jurisprudence, qui assimile *l'écrit* à la parole *proférée* du même article, alors surtout que la menace injurieuse peut être proférée au sens de cet article.

Différence entre les offenses contre les particuliers et celles contre les privilégiés.

1° *Particuliers.* — La répression de l'injure et de la diffamation varie, suivant qu'elles sont *publiques* ou non, mais peu importe qu'elles soient directes ou indirectes.

2° *Privilégiés.* — Attaqués comme particuliers, ils sont protégés comme ceux-ci.

Mais que l'offense soit directe, et elle sera qualifiée outrage F ou OF, qu'il y ait ou non publicité, si elle concerne l'homme public F ou OF. La seule offense publique indirecte est qualifiée inj. ou diff. OFP.

3e Section.

Offenses diverses entre particuliers et privilégiés.

CHAPITRE X

Fres DÉNONÇANT, INJURIANT, DIFFAMANT IMMUNITÉ, RESPONSABILITÉ

1° *Inj. et diff.* contre les particuliers. — Voir VII, commissaires, ministres du culte.

Il ne faut pas confondre la diffamation intentionnelle avec les procédés d'information employés légitimement par les fres. Les propos uniquement relatifs aux éclaircissements et aux recherches qu'un fre est obligé de prendre et de faire ne sauraient être considérés comme injurieux ou diffamatoires (Cass. 29 germ. an IX).

C'est au plaignant en diffamation à prouver la mauvaise foi de l'imputation et l'intention de nuire, lorsque le publicateur était, par la nature de ses fonctions, obligé de révéler les faits, objet de l'imputation (Cass. 27 juin 1851).

L'agent ou le syndic qui, en donnant au procureur de la République les renseignements exigés par la loi sur l'état de la faillite, porte inconsidérément atteinte à la moralité du failli est tenu de dommages-intérêts envers ce dernier lorsque, par suite des erreurs graves qu'il a commises dans son rapport, le failli a été renvoyé devant la Cour d'assises, qui l'a néanmoins acquitté (Cass., 14 déc. 1825, Rebattu c. Durepas).

Jugé qu'il n'est jamais dû de dommages-intérêts par suite d'une instruction requise par les magistrats ou le ministère public d'après le commandement exprès de la loi et dans l'intérêt de la vindicte publique. (Cass., 17 sept. 1825, armateurs et capitaine de la goëlette *la Marie-Madeleine).*

Tribunaux (membres des). — Immunités de l'art. 41, L. 1881. — Le caractère dont les juges sont revêtus, alors qu'ils tiennent l'audience, les fait jouir de l'immunité.

Les officiers du ministère public, organes de la justice, doivent jouir d'une certaine indépendance qui suffit pour écarter l'action en diffamation (Cass., 20 oct. 1835).

Un tribunal ne peut, même avec le consentement de l'officier du ministère public, donner acte au prévenu des passages du réquisitoire de ce magistrat dans lesquels le prévenu prétend trouver un délit d'injure ou de diffamation, ni ordonner le dépôt au greffe de ce réquisitoire (Cass., 20 oct. 1835).

L'art. 41, L. 1881, ne saurait concerner les officiers du ministère public lorsqu'ils donnent leurs conclusions. Ces magistrats ont le droit, sous le contrôle des autorités, sous la surveillance desquelles ils se trouvent placés, de dire et d'écrire tout ce que, dans leur conscience, ils jugent nécessaire à l'accomplissement de la mission dont ils sont chargés. Commet un excès de pouvoirs le Tribunal qui donne acte à un tiers présent à l'audience de certaines paroles prononcées par le ministère public (Cass. 2 février 1900).

Un acte d'accusation et un réquisitoire prononcé à l'audience ne peuvent donner lieu à une plainte en diffamation de la part des tiers, lorsque les paroles prétendues injurieuses ne présentent pas les caractères de mauvaise foi et de dessein de nuire. (Cass. 24 déc. 1822, Lafitte).

Cet article n'est pas applicable à un tribunal qui, appréciant dans son jugement un fait qui était l'un des éléments du procès, le qualifie de manière à nuire à l'honneur ou à la considération de l'une des parties (Cass. 22 fév. 1825, de Forbin Janson).

Mais si les motifs d'un jugement étaient de nature à constituer un véritable délit, la partie lésée aurait le droit de se pourvoir contre le juge par les voies ordinaires (Cass. 29 janv. 1824 , Forbin Janson).

2° *Dénonciation calomnieuse.* — Ce délit peut être relevé à la charge d'un f[re]. *Exemple :*

Président poursuivi pour dénonciation calomnieuse. — Au fond, attendu, sur le premier moyen, que la dénonciation calomnieuse se compose de deux éléments distincts, savoir: la fausseté des faits imputés et la mauvaise foi de celui qui les a dénoncés; que la vérité ou la fausseté des faits ne peut être appréciée et déclarée que par l'autorité dans les attributions de laquelle rentre la connaissance de ces faits; qu'elle a seule à sa disposition les documents propres à en vérifier l'existence ou l'exactitude; que, dans bien des cas, l'autorité judiciaire ne pourrait se livrer à une semblable investigation sans sortir des limites de ses attributions; que le second et indispensable élément du délit de dénonciation calomnieuse savoir, la mauvaise foi du dénonciateur ne peut être appréciée et déclarée que par les tribunaux; que c'est sur ce point que doivent porter l'instruction et les débats; que si la vérité ou la fausseté des faits dénoncés ne peut plus être discutée devant eux, lorsque l'autorité compétente a donné à cet égard une décision; que s'ils doivent même surseoir au jugement jusqu'à ce que cette décision soit intervenue, ils ont, au contraire, relativement au jugement de l'intention du dénonciateur, la même latitude que celle qui leur est laissée pour l'appréciation et le jugement de tout autre délit; qu'ainsi l'arrêt attaqué aurait dû distinguer dans les décisions de S. E. le garde des sceaux des 19 et 21 août, la partie relative à l'appréciation de l'existence matérielle des faits dénoncés, de la partie relative à l'appréciation de la conduite morale du dénonciateur; que le ministre, saisi administrativement de la connaissance des faits, par la dénonciation qui lui était portée, était compétent pour décider administrativement si les faits étaient vrais ou faux; mais qu'il cessait de l'être pour décider que, sous le rapport de la vindicte publique, le président Marcadier avait agi de mauvaise foi et commis un délit; qu'une pareille décision que, d'ailleurs, le ministre n'a pas eu l'intention de donner, rentrait dans le domaine des tribunaux; que la cour royale de Rouen était saisie, par l'arrêt de cassation du 12 mai dernier, du droit de la rendre, sans être liée par l'opinion que S. E. le garde des sceaux avait pu émettre à cet égard; que c'est en confondant les deux éléments qui composent le délit imputé au président Marcadier, que l'arrêt attaqué a jugé que les décisions du ministre devaient rester comme non avenues, et exprimé, pour l'indépendance de la magistrature, si on leur donnait autorité, des craintes mal fondées; attendu, sur le deuxième moyen, que l'article 358 CIC a établi en principe que l'accusé acquitté pourrait obtenir des dommages-intérêts contre son dénonciateur; qu'il a étendu ce principe aux fonctionnaires mêmes qui ont fait la dénonciation dans l'exercice de leurs fonctions; que, seulement à leur égard, il a prescrit un mode particulier de procédure, celui de la prise à partie; qu'on ne peut tirer de cet article, qui n'excepte de la responsabilité aucune espèce de dénonciateurs, nulle induction qui tende à affranchir les dénonciateurs d'une certaine classe de la responsabilité pénale établie par l'article 373 du Code; que l'article 358, uniquement relatif aux intérêts civils de l'accusé, institue en faveur des fonctionnaires qui ont fait la dénonciation des garanties qui résultent du mode suivant lequel ils devront être poursuivis; des garanties semblables leur sont assurées par la loi, quand il s'agit de les poursuivre à raison du délit que la dénonciation peut constituer, suivant l'article 373 du Code pénal; que ces garanties varient selon la nature des fonctions dont le dénonciateur est revêtu; que, quant aux fonctionnaires de l'ordre judiciaire, elles sont établies par le chapitre III, titre IV, livre II CIC; que la loi n'a point posé en principe que les fonctionnaires pourraient, avec impunité, dénoncer faussement et méchamment; qu'une telle règle aurait été immorale et dangereuse; que, bien loin de protéger la considération des fonctionnaires publics, en comprimant les plaintes, on les eût livrés à des soupçons dont ils n'auraient pu se défendre; qu'en les obligeant, au contraire, à répondre de leurs dénonciations comme les autres citoyens, le silence de toute réclamation apprend qu'ils sont sans reproches; que l'arrêt attaqué, en décidant que le président Marcadier ne pouvait être poursuivi à raison de la dénonciation dont il s'agit, parce qu'il l'a faite dans l'exercice de ses fonctions, a donc faussement appliqué l'article 358 CIC et violé l'article 373 CP; attendu, sur le troisième moyen, que l'action disciplinaire diffère essentiellement de l'action publique pour la répression des crimes, des délits et des contraventions; que l'action disciplinaire n'a point pour objet de venger l'infraction commise par le magistrat aux lois qui l'obligent comme citoyen, mais de punir les infractions aux devoirs particuliers qui lui sont imposés comme magistrat; que le juge qui commet un délit doit, non seulement en répondre devant les tribunaux, mais que, de plus, il devient comptable envers toute la magistrature de la tache qu'il a imprimée à son caractère; qu'ainsi l'article 59 de la loi du 20 avril 1810 autorise à suspendre, à déchoir même de ses fonctions le magistrat qui a été condamné à une peine, ne fût-elle que de simple police; que, si l'action disciplinaire n'est pas éteinte par l'exercice de l'action publique en répression des délits; que, si elle peut lui succéder, elle peut la précéder aussi, sans que l'action publique en soit entravée; que même il peut être utile qu'elle la précède en effet, parce que, quand un magistrat s'est compromis assez gravement pour devenir l'objet d'une poursuite extraordinaire, il serait peu convenable de lui laisser, tant que dure la poursuite, l'exercice de ses fonctions; que décider que l'action publique est éteinte par l'exercice de l'action disciplinaire, c'est poser en principe que, quel que soit le crime ou délit dont un magistrat se rende coupable, il suffit, pour le soustraire au châtiment, de lui infliger une peine de discipline quelconque, principe tout à fait inadmissible; qu'en décidant que l'action disciplinaire, exercée contre le président Marcadier, rendait l'action publique non recevable, l'arrêt attaqué a violé le système de la législation pénale et l'article 59 de la loi du 20 avril 1810; attendu, sur le quatrième moyen, que c'est une erreur manifeste de prétendre que le ministre de la justice a la suprême direction de l'action publique pour la punition des crimes et délits; que cette direction est expressément confiée aux cours royales par l'art. 9 CIC; que l'article 11 de la loi du 20 avril 1810 donne à ces cours le droit de mander les procureurs-généraux du roi et de leur enjoindre de poursuivre les crimes et les délits; qu'en confiant ainsi à des corps indépendants la surveillance de l'action publique; qu'en les autorisant à la mettre en mouvement, ces lois ont créé en faveur de la liberté civile une de ses plus fortes garanties; que l'arrêt attaqué a formellement violé ces lois, en décidant que l'action du ministère public contre le président Marcadier était non recevable, parce que le ministre de la justice ne l'avait autorisé qu'à exercer l'action disciplinaire, et non l'action publique; qu'il résulte de tout ce qui vient d'être dit que, si l'arrêt attaqué s'était borné à écarter, par la fin de non-recevoir qu'il adopte, les actions du ministère public et des parties civiles, il devrait être cassé; mais attendu, sur le cinquième moyen, que cet arrêt s'est occupé du fond de la plainte, et a déclaré qu'il n'était pas prouvé que le président Marcadier eût connu la fausseté des faits qu'il dénonçait; qu'il était même résulté des débats qu'il avait eu des raisons de croire à l'existence de ces faits, en conséquence de quoi l'arrêt juge que la plainte est mal fondée; que cette appréciation des faits de la cause ne peut être soumise à l'examen de la cour de cassation; que la cour royale de Rouen avait le droit de faire cette appréciation; qu'il convient, en effet, de distinguer, entre les fins de non-recevoir, celles qui tendent à décliner la compétence du tribunal devant lequel l'action est portée, de celles qui sont relatives au fond de l'action même et au droit de la former; qu'il est incontestable qu'un tribunal ne peut tout à la fois se reconnaître incompétent pour statuer sur une demande et juger la demande au fond, en la déclarant mal fondée; mais que les fins de non-recevoir adoptées par l'arrêt attaqué sont complètement étrangères à la compétence et à l'ordre des juridictions; que le prévenu ayant prétendu trouver, dans les immunités attachées à son caractère de magistrat, dans l'autorité de la chose jugée, dans l'absence de tout jugement sur les faits par lui dénoncés, enfin, dans le défaut d'autorisation du ministre de la justice des moyens de repousser l'action dirigée contre lui, il a soumis ces fins de non-recevoir à la cour chargée de le juger, en même temps qu'il soutenait que, lors même que par erreur il aurait dénoncé comme vrais des faits faux, cette erreur, qui serait excusable, n'excluait pas la bonne foi; que la cour royale de Rouen a pu statuer sur ces différents moyens; qu'elle s'est trompée en adoptant les premiers, mais que ce n'est pas un motif suffisant pour prononcer la cassation de son arrêt, puisque cet arrêt peut subsister et se justifier par les déclarations et appréciations des faits qui forment la seconde base; par ces motifs, joints les pourvois du procureur général en la cour royale de Rouen, et de Buret et Cadot y statuant, ainsi que sur l'intervention de Marcadier; rejette tous les pourvois, condamne Buret et Cadot, parties civiles, en l'amende de cent cinquante francs envers le trésor royal et une indemnité de cent cinquante francs envers Marcadier, et aux frais de son intervention. » (Arrêt du 22 décembre 1827.)

Responsabilité. — C'est à la juridiction ordinaire qu'il appartient de connaître de la demande en dommages-intérêts formée à raison d'un quasi-délit contre un off. pol. jud., alors que le défendeur n'a commis l'acte incriminé ni F ni OF.

Spécialement de la demande formée contre un maire et un suppléant de juge de paix pour avoir, à tort et de mauvaise foi, dénoncé un employé d'une Cie de chemins de fer à ses chefs, comme coupable d'un vol. (Bordeaux, 27 déc. 1880; Cass. 9 janvier 1882, Voir IV, 28.)

CHAPITRE XI

RÉCLAMATIONS ET DÉNONCIATIONS ÉCRITES CONTRE LES F[res]

Dénonciations. — Il ne faut pas confondre la dénonciation, ou la plainte, avec la dénonciation calomnieuse, avec la diffamation ou avec l'outrage.

Dénoncer à l'autorité compétente des faits criminels ou délictueux imputés à un f[re], n'est pas en soi un outrage, mais bien l'exercice d'un droit légal. Pourtant, si les faits peuvent être librement spécifiés, toutes expressions outrageantes sont interdites, et, si elles sont rédigées en dehors de l'énonciation des faits, il y a délit d'outrages (Cass. 3 déc. 1896).

Celui qui, dans des lettres anonymes, signale au ministère public ou à l'aut. adm. des faits de nature à entraîner la révocation d'un magistrat, n'outrage pas ce f[re]; il le dénonce. Il accomplit ainsi un acte licite, si les faits dénoncés sont vrais. S'ils sont faux, il n'est punissable qu'autant que leur fausseté a été préalablement déclarée par l'autorité compétente (Cass. 18 novembre 1886).

La dénonciation contre un f[re] OF, même calomnieuse, n'est ni une diffamation, ni un outrage. *Exemples :* Celui qui formule, selon le mode réglé par les pouvoirs publics, une réclamation, fondée ou non, contre un employé, à raison de faits rentrant dans le service de cet employé, ne commet pas le délit de diffamation (Paris, 21 fév. 1897). Il peut également ne pas y avoir dénonciation calomnieuse.

La dénonciation calomnieuse n'est pas un outrage (Cass. 29 juin 1838).

Une dénonciation, adressée au ministre de l'intérieur, contre un maire et un adjoint, pour les faire révoquer, n'a pas le caractère de publicité nécessaire pour constituer la diffamation (Cass. 25 oct. 1816).

Ne sont pas publiques des imputations diffamatoires renfermées dans un écrit adressé à un ministre contre un de ses subordonnés, si elles n'ont pas été rendues publiques, mais elles peuvent être constitutives de la dénonciation calomnieuse (Cass. 25 août 1816, Maury).

Ni des imputations renfermées dans une dénonciation adressée à une chambre d'accusation ou dans une demande formée devant le Conseil d'Etat pour être autorisé à poursuivre (Cass. 18 juillet 1828, Magnoncourt).

CHAPITRE XII

DES INJURES ET DIFFAMATIONS PUBLIQUES AUX FONCTIONNAIRES VISÉS DANS LEUR VIE PRIVÉE

La vie privée des f[res], qui peut être signalée par d'autres moyens à l'autorité supérieure, n'est pas plus livrée aux attaques de la malveillance que celle des autres citoyens (Cass. 7 juin 1842 etc.).

Le f[re] diffamé comme électeur, pour faits relatifs aux élections seulement, et d'ailleurs étrangers à ses fonctions, l'est comme particulier (Cass. 23 fév. 1850).

Un magistrat n'est point outragé pour des faits relatifs à ses fonctions, lorsque cet outrage lui est fait à raison de ses sollicitations pour un avancement (Cass. 28 fév. 1845, Crestin).

Si le même outrage avait lieu F, il serait passible de répression (Voir VI, 7).

(Voir VII, maire, ministres du culte.)

4e Section.

Remarque. — Les chapitres qui suivent traitent des offenses commises spontanément, non provoquées. L'influence de la provocation, quant à la répression des délits étudiés, fait l'objet de la 4e partie, consacrée à l'exercice fl en général, et aux excuses relatives à tous les délits quelconques examinés dans ce travail.

CHAPITRE XIII

DÉLITS OF ET OFP, DIRECTS ET INDIRECTS

Puisque le seul fait que tel délit, OF ou OFP, est commis directement contre un fre, que celui-ci soit F ou non au moment de l'offense, suffit à faire qualifier outrage ladite offense, il importe de déterminer en quoi consiste l'offense OF, sans se soucier de la qualification résultant des circonstances de fait.

Inj. et diff. OFP peuvent avoir lieu : 1° à raison de la qualité; 2° à raison des fonctions.

L'outrage OF, c'est celui commis à l'occasion de l'exercice des fonctions. Si l'inj. et la diff. OFP peuvent constituer des outrages OF, il s'ensuit que l'outrage OF peut avoir lieu à raison de la qualité ou des fonctions.

Les expressions OF et OFP sont donc équivalentes, et la première les résume toutes deux.

Exercer une fonction, c'est être investi d'un mandat conférant qualité et pouvoirs, en vue d'agir dans l'intérêt public, F ou FR.

Etre attaqué OF veut donc dire, brièvement, être attaqué comme homme public.

Il n'y a aucune différence entre l'outrage commis à l'occasion ou à raison des fonctions (Cass. 13 mars 1812).

L'art. 30 L. 1881 prouve surabondamment que c'est bien le caractère public de la fonction qui est protégé.

Pourquoi la loi de 1881 emploie-t-elle l'expression: à raison de la qualité ou de la fonction?

Parce que d'anciennes lois de presse ne parlaient que d'attaques pour *faits* relatifs aux fonctions, et ne protégeaient ainsi que l'action flle. Le législateur de 1881 a voulu, comme certains de ses devanciers, du reste, protéger également le rôle fl.

Si, théoriquement, l'expression OF contient celles OFP, il va sans dire que, pratiquement, il y a une différence entre le délit à raison de la qualité et celui à raison des fonctions. Le premier vise le fre comme tel, tandis que le second le vise surtout quant à ses actes fls.

Principe. — Pour qu'il y ait délit OFP, il ne suffit pas que la qualité du fre soit *mentionnée* dans l'écrit incriminé. Il faut qu'il soit pris à partie comme fre, ou à raison de ses actes comme fre (Cass. 6 juin 1890).

Ainsi, dire publiquement, en parlant d'un agent: Ce gredin de sergot, c'est une injure publique à raison de la qualité.

Dire: Comprend-on que cet animal-là ait osé m'arrêter, c'est une injure publique à raison des fonctions.

Procédés offensants pouvant être réprimés OF ou OFP, suivant les circonstances. — Constituent des outrages par injures OF : 1° des interpellations agressives adressées à un magistrat, dans la rue, au sujet d'un acte de ses fonctions, suivies d'une scène scandaleuse (Cass. 16 déc. 1859, Faure).

2° Dire en public à un juge de paix qu'il ne remplit pas ses devoirs, qu'on n'a aucun ménagement à garder avec un homme tel que lui (Cass. 11 avril 1822, Cenac).

3° Accuser un juge de paix de partialité (Cass. 28 avril 1827).

4° L'imputation de mensonge, faite OF, ou F (Cass. 20 juill. 1866).

5° Appeler des gendarmes hirondelles de potence (Metz, 3 avril 1856), mais non pas dire que des gendarmes ont mangé comme des cochons (même arrêt).

6° Dire à un adjoint, à l'occasion d'un acte de ses fonctions, qu'il est parti de si bas qu'il faut qu'on le tue, est un outrage (Cass.).

7° C'est commettre un outrage que de dire à un commissaire de police F, qu'on l'emmerde, lui et ses procès-verbaux (Cass. 6 sept. 1850, 17 mars 1851).

8° C'est commettre un outrage que de dire à un maire qu'on se moque de ses procès-verbaux, qu'il est un imbécile et qu'on l'emmerde (Cass. 8 mars 1851).

9° Une pétition, tendant à demander la révocation d'un fre, que l'on fait circuler dans une commune pour recueillir des signatures, peut constituer une injure OFP (Cass. 3 avril 1850, Voir II, 26 écrit).

10° Reprocher à un f[re] d'avoir commis des illégalités et des injustices (Douai 12 août 1845), parce que les faits ne sont pas spécifiés de façon précise.

Outrages ou diff. OF.

1° Imputer à un préfet d'avoir, à l'occasion d'un délit de chasse, invoqué son titre et sa qualité de préfet pour entraver l'action légale des gardes forestiers et résister à leur autorité, est une diffamation OF (Cass. 17 janv. 1851).

Il y a diffamation dans la publication d'un article de journal où il est dit d'un préfet que sa volonté doit passer au-dessus de la loi; qu'il a enjoint à un individu de s'immiscer sans titre dans les fonctions de maire, de réunir le conseil municipal, de le présider bon gré mal gré, et de lui faire voter le budget (Douai 5 juin 1844).

2° Sont des outrages OF les propos suivants:

Vous n'êtes pas à la hauteur de votre dignité (Cass. 23 août 1844); Vous êtes indigne de remplir vos fonctions (Cass. 23 décembre 1814); Vous venez de commettre un crime (Cass.).

3° Il y a diffamation dans l'imputation dirigée par un journal contre un maire, d'avoir abusé de son influence pour chercher à faire prévaloir l'intérêt d'une spéculation privée, au préjudice des intérêts publics qu'il était chargé de défendre; par exemple, d'avoir acquis des terrains pour y faire construire le débarcadère d'un chemin de fer, contrairement au projet primitif, et bien qu'il en pût résulter la ruine d'une partie de la commune (Douai, 5 juin 1844, Adam).

4° Accuser un f[re] d'avoir envenimé une affaire dans un but de vengeance personnelle est un outrage (Cass. 20 déc. 1867).

Tel procédé, injurieux de sa nature, ne pourra être qualifié outrage que s'il vise le f[re] F, ou est employé OF.

L'outrage peut avoir lieu par cris injurieux proférés OF (Cass. 2 mars 1893).

Les cris *à bas* adressés à un f[re] sont un outrage (Cass., 22 déc. 1814).

Le fait d'avoir proféré des chants devant une caserne de gendarmerie, dans l'intention d'outrager la gendarmerie qui y séjourne, tombe sous le coup de l'art. 224 (Cass. 13 oct. 1849).

Le fait de sonner dans une corne à la vue des gendarmes, afin d'avertir de leur présence les chasseurs qui pouvaient se trouver aux environs, ne constitue pas le délit d'outrage prévu par l'art. 224 (Pau, 4 mai 1864).

Solution en sens contraire dans certaines circonstances (Pau, 7 avril 1859).

Il en est du charivari comme de tout autre fait. Il ne suffit pas qu'il concerne un f[re] pour qu'il soit réputé outrageant. Il faut encore qu'il le concerne F ou OF (Cass. 3 fév. 1843), c'est-à-dire comme f[re].

Un charivari donné à un député constitue un outrage public (Amiens, 22 fév. 1834, Cass. 10 juin 1834).

Diff. et outrages à raison de la qualité et des fonctions. — Peut-on diffamer ou outrager un f[re] à raison de sa qualité?

Pour résoudre la question, il ne faut pas oublier que la diffamation, c'est l'imputation ou l'allégation *d'un fait.*

Or, il semble bien, à première vue, que la diff. OF ne peut s'entendre que de l'imputation ou de l'allégation d'un fait f[l].

La loi de 1819 parlait seulement d'attaques pour faits relatifs aux fonctions.

La loi de 1822 réprimait en outre celles commises *à raison de la qualité.*

La loi de 1881 réprime les injures et diffamations publiques : 1° à raison des fonctions; 2° à raison de la qualité.

Il ne suffit pas, pour qu'il y ait diffamation OFP, que le f[re] soit *désigné* sous sa qualité officielle. Il faut en outre que des actes de la fonction soient relevés, ou que le f[re] soit pris à partie *comme tel.* (Cass. 8 juin 1899).

D'un autre côté, peu importe que l'auteur des écrits diffamatoires ait accolé au nom de celui qu'il voulait atteindre le titre de sa fonction, ou qu'il n'ait eu d'autre but que de satisfaire une rancune politique ou de servir un intérêt de parti.

Il suffit qu'il ait visé le f[re] *dans sa vie publique* (Cass. 6 août 1806).

L'imputation ne concerne pas la fonction lorsqu'elle ne s'attaque pas à un fait légal et régulier de l'agent, mais porte seulement sur la corrélation de ce fait avec la position personnelle de l'agent. Il n'y a alors qu'une diffamation envers une personne privée (Cass. 19 sept. 1850).

Le caractère légal des imputations diffamatoires résulte uniquement de la nature du fait imputé. Si ce fait ne constitue ni un *acte* ni un *abus* de la fonction ou du mandat public, la diffamation n'atteint que l'homme privé (Cass. 17 mars 1898).

On conçoit donc malaisément la diffamation OFP, à raison de la qualité. L'imputation d'un fait relatif à la vie privée peut-elle viser en même temps la qualité? Non, en principe, malgré la rédaction de l'art. 31 L. 1881, mais, exceptionnellement, ces conditions peuvent se trouver réalisées.

Quoi conclure? Je suis d'avis que, malgré les arrêts qui précèdent, il peut y avoir diff. à raison de la qualité, en vertu d'une imputation ou allégation d'un fait non f[l] en soi, mais se rapportant directement à l'exercice f[l] du f[re] attaqué :

Il y a diffamation dans cette allégation, portée dans un acte de récusation « que le juge récusé est lié avec l'adversaire par une amitié si intime, qu'il ne craint pas de l'accompagner chez sa concubine, pour s'y livrer à sa passion pour le jeu. » (Cass. 20 mai 1865.)

Procureur général. — Est diffamatoire l'imputation à lui faite d'avoir autrefois été révoqué de ses fonctions de substitut à raison d'une campagne séparatiste (Cass. 11 août 1898).

Est diffamatoire l'imputation faite par une partie, dans un acte signifié, à un arbitre, d'avoir donné des conseils à la partie adverse et d'avoir bu et mangé avec elle (Nîmes 14 déc. 1840).

Nota. — Une diffamation d'ordre privé peut constituer une injure OF. Si le diffamateur, en relatant un fait d'ordre privé, ne se borne pas à *mentionner* la qualité de l'offensé, mais commente le fait en rattachant sa perpétration à cette circonstance que l'offensé possède telle qualité, il peut y avoir prise à partie de l'homme public.

Ainsi, écrire: M. X..., juge, a commis telle indélicatesse, etc., et ajouter: Ce n'est vraiment pas la peine d'être un magistrat, d'être tenu de donner l'exemple de la probité, pour se croire autorisé à s'abriter derrière ses fonctions pour en user ainsi, c'est injurier un f[re] OFP et diffamer un homme privé.

Si l'on rapproche les considérations et les arrêts sus-rapportés, on est amené à conclure comme suit :

1° L'injure à raison de la qualité visera surtout (du moins dans la majorité des cas), la qualité, directement, par adjonction d'un qualificatif offensant : sale bête d'agent.

2° La diffamation ne peut guère concerner directement la qualité, mais plutôt l'action f[lle], puisqu'elle consiste en une imputation ou allégation. Pour qu'il y ait diffamation OFP, il faut donc que le diffamateur s'attaque à la vie publique de l'offensé.

Si le diffamateur vise seulement la vie privée de l'offensé, tout en l'attaquant à raison de sa qualité, il y aura à la fois injure OFP et diffamation publique à un particulier, et le premier délit sera seul retenu.

S'il y a diff. OFP, la preuve des faits allégués ou imputés, *relatifs aux fonctions*, pourra être demandée (L. 1881, art. 35).

La diff. OFP à raison de la qualité ne peut donc consister, d'après ledit art. 35, qu'en allégations ou imputations de faits, privés en eux-mêmes, mais *relatifs* aux fonctions; en d'autres termes, la diffamation devra viser en fait l'homme privé, et atteindre en intention l'homme public.

Procédés OFP outrageants en général.

Nous savons que l'injure et la diffamation publiques, par les moyens des art. 23 ou 28, présentent le même caractère offensant que l'outrage.

L'outrage public de la loi de 1822 pouvait résulter de procédés quelconques. Il réprimait notamment l'injure et la diffamation OFP actuellement punies par la loi de 1881.

La loi de 1822 ne peut être invoquée qu'en cas d'outrage public non spécifié par la loi de 1881, c'est-à-dire en cas de gestes publics outrageants, injurieux ou diffamatoires OF.

D'autre part, aucune des deux lois ci-dessus ne parle de l'outrage F réprimé par le Code pénal. Par suite, tout outrage F, public ou non, par injure, diffamation, etc., consistant en gestes, paroles ou procédés quelconques, sera réprimé exclusivement par le Code pénal, qu'il ait lieu en même temps OF ou non.

Le Code, de son côté, ne parle pas de délits OFP, mais de délits OF faits, adressés et reçus. Et la loi de 1881 s'occupe exclusivement des délits OFP *commis envers.* D'où les conséquences suivantes : 1° l'outrage OF *direct* est réprimé par le Code, s'il résulte de paroles, écrits ou dessins non rendus publics, gestes ou menaces; 2° le procédé OFP *indirect*, par publicité des art. 23 ou 28 L. 1881, est qualifié injure ou diffamation OFP.

Nous aurons donc les cas ci-après :

1° Injure ou diffamation OFP, par paroles ou procédés graphiques indirects non adressés;

2° Outrage OF par un procédé quelconque, adressé et reçu, non rendu public.

3° Outrage OF par un procédé quelconque direct;

4° Outrage F, par un procédé quelconque direct;

5° Outrage public OF par gestes indirects non adressés (L. 1822).

Gestes. — En effet, si l'on combine les art. 68, 23, 28, 26, 36, 37 L. 1881, la loi de 1822, le décret de 1848 avec les art. 86, 222 et suiv. CP, l'on constate que l'art. 68, L. 1881, ayant seulement abrogé les procédés de *publication* antérieurs à 1881, a par suite laissé intactes les dispositions relatives aux autres modes d'offense. D'où il résulte que :

1° Le geste public indirect n'est pas un procédé de l'injure ou diffamation au sens de la loi de 1881, qu'il s'agisse de particuliers ou de privilégiés;

2° Le même geste public indirect, s'il est *adressé* intentionnellement (ce qui peut se réaliser, voir ch. 18 et 21), est un mode d'outrage au sens du Code.

3° Enfin, l'art. 6 de la loi du 25 mars 1822 et l'art. 5 du décret du 11 août 1848 pourront être appliqués au geste outrageant public OF à l'égard des privilégiés y mentionnés. C'est-à-dire que, pour les témoins, le geste direct ou indirect public sera réprimé par la loi susdite, à titre d'outrage public à raison de la déposition; pour les autres privilégiés selon la loi et le décret susvisés, le seul geste public *indirect, non adressé,* devrait être réprimé à titre d'outrage public OF, par les textes en question.

En effet, puisque le geste peut être réprimé, d'après la jurisprudence relative aux art. 33 n° 3 L. 1881 et 471 n° 11 par ledit art. 471, même s'il s'agit d'un simple particulier, il semble impossible que, malgré les dispositions de la loi de 1881 concernant les *injures et diffamations publiques,* le même geste, réprimé comme *outrage* direct, public ou non, F ou OF par le Code pénal, cesse de pouvoir être puni lorsque, public et indirect, il a lieu OF à l'égard des mêmes personnes.

L'acte puni par l'art. 471 peut-il cesser d'être réprimé, parce que la publicité OF vient l'aggraver? Si l'on décide ainsi, il faut, pour être logique, cesser d'assimiler l'injure par gestes à l'injure proférée de l'art. 471, et conclure que le geste n'est offensant que s'il est direct et concerne un privilégié mentionné art. 222 et suivants. Conclusion qui ne laisse pas que d'être un peu déraisonnable. Comme quoi le souci d'être précis doit s'accompagner de celui de se montrer prévoyant et de ne pas oublier qu'un muet illettré, par exemple, n'a que le geste pour traduire sa pensée (Voir en outre II, 21).

J'ai du reste établi au ch. 8 que le geste, même indirect, peut être réputé outrage OF au sens de la loi de 1822.

5e Section.

Outrages.

CHAPITRE XIV

OUTRAGES F ET OF. — ÉLÉMENTS

Pour qu'il y ait outrage, il faut qu'il y ait: 1° procédé intentionnellement offensant; 2° intention formelle de faire parvenir l'offense au f^re^ comme tel.

Intention d'offenser. — Il appartient au tribunal de l'apprécier.

Intention d'offenser le f^re^ comme tel. — Elle est prouvée par les faits, ou par les circonstances. De même quant à l'intention de faire parvenir l'outrage à la connaissance du f^re^.

Procédés outrageants. — En dépit des termes des art. 222 à 225, ce sont tous ceux des lois de 1881 et 1887, des art. 471, n° 11, 479 n° 8, et 222 à 225.

L'outrage peut être direct ou adressé, public ou non.

L'outrage direct peut avoir lieu: 1° F; 2° F et OF; 3° OF seulement.

Outrage F. — Il peut s'adresser: 1° au f^re^, 2° à l'homme privé.

Outrage F et OF. — Il s'adresse au f^re^ comme tel.

Outrage OF. — Il peut être adressé à l'homme privé, attaqué comme f^re^.

Il n'y aura donc jamais lieu, en matière d'outrages F, de rechercher si le délit a lieu OF ou non. S'il a lieu OF, il faudra néanmoins l'établir, afin de mettre le tribunal à même de prononcer une peine plus sévère, dans les limites de la loi.

Ce n'est qu'en dehors du cas F que la circonstance que l'outrage a bien lieu OF *devra* être établie pour légitimer l'application de la pénalité.

Comparaison entre les outrages F et ceux OF. — Ces deux genres d'outrages, soumis à la même disposition pénale, ont néanmoins un caractère de criminalité différent. Les premiers blessent non seulement le magistrat outragé, mais encore la loi dont il est l'image et l'organe F; les seconds ne peuvent nuire qu'à l'honneur du magistrat (Cass. 17 mars 1820).

Cette explication est exacte, mais incomplète. L'outrage F atteint la loi dans la personne de son représentant, mais l'outrage OF atteint l'honneur f[l] s'il a lieu à raison d'un acte f[l]; s'il a lieu à raison de la fonction exercée, à raison de la qualité, ce n'est plus l'honneur f[l] qui est en cause, mais la loi elle-même qui a institué la fonction attaquée.

Outrages. — Principe applicable en matière de délits directs en général.

Il n'est pas nécessaire que l'outrage ait été entendu par celui qui en est l'objet : il suffit qu'il ait pu l'entendre (Cass. 20 déc. 1850, 30 nov. 1861).

Du texte des art. 222 et suivants, il appert en effet qu'il suffit : 1° que l'offensé soit F au moment de l'outrage; 2° que l'outrage lui soit *adressé*, se produise dans le lieu où il est F. Ces principes, qui sont vrais surtout en ce qui concerne les outrages à l'audience, le sont également en toute autre occurrence. Qu'un agent, par exemple, arrête sur la voie publique un délinquant, et l'outrage commis envers lui à ce moment sera un outrage F, même si l'agent n'a pas entendu les propos.

De même, qu'un outrage soit proféré contre un commissaire de police, dans les locaux du commissariat, alors que l'offensé se trouve, au su de l'offenseur, dans une pièce contiguë à celle où il profère l'outrage; il y aura outrage F, si l'offenseur adresse en fait ses propos à l'offensé, et peu importera que celui-ci les ait entendus ou non. Si le prévenu, renseigné ou non sur la présence ou l'absence du commissaire, *parlait* de ce dernier en termes offensants, mais sans s'adresser directement à lui, il faudrait, pour que le délit d'outrages pût être poursuivi : 1° que les propos fussent offensants OF; 2° que l'intention du coupable de les faire parvenir à la connaissance de l'offensé fût prouvée.

L'action f[lle] peut être F ou FR. Par suite l'outrage OF, concernant l'action f[lle], pourra lui-même avoir lieu OF ou OFR.

Comme l'outrage OF n'implique pas la nécessité de l'exercice *actuel* de la fonction il s'ensuit qu'il sera réprimé : 1° Si cet exercice est actuel; 2° si la fonction n'est plus exercée. Il pourra donc être poursuivi:

1° Si le f[re] se trouve F;

2° Hors de l'exercice f[l] du f[re];

3° Relativement à un ex-f[re], pour faits relatifs à ses fonctions.

Outrage OF (commis en même temps F), relatif *à la qualité* et aux pouvoirs fonctionnels. — Il y a outrages OF, à raison de la fonction, si le prévenu, introduit au domicile du procureur du Roi, le traite de misérable, de coupe-jarret, ajoutant que, depuis longtemps l'honneur est rayé de son catalogue, et que, *malheureusement*, il est *le procureur du Roi* (Cass. 2 avril 1825).

Dans le cas spécial susdit, l'outrage avait lieu à la fois OF et F.

Outrage OF non commis F. — Le propos injurieux tenu à la sortie d'un prétoire de justice de paix, visant la personne d'un maire et proféré pour un fait relatif à ses fonctions, tombe sous le coup de l'art. 222 CP (Cass. 8 nov. 1895).

Outrage OF à un ex-f[re] (art. 222 et suiv.) — Ces articles punissent aussi bien les outrages adressés à un ancien fonctionnaire pour faits relatifs à ses fonctions, que ceux adressés à un f[re] F. (Cass. 23 mars 1860, Sain).

(Voir pour comparaison II, 13; IV, 5, 6, 25.)

Outrages spontanés au f[re] F.

L'outrage adressé à un agent de la force publique F ne peut disparaître par le motif que le prévenu avait seulement eu l'intention d'outrager l'homme privé, avec lequel il avait eu quelques démêlés. Cette distinction ne serait admissible qu'au cas où les outrages auraient été adressés à l'agent OF (Cass. 27 août 1858, Foucoo), *B. cr.*

L'outrage par paroles adressé à un fonctionnaire F est punissable, encore bien que l'imputation soit étrangère aux fonctions actuellement exercées, et même à la vie publique du fonctionnaire outragé (Cass. 22 août 1840).

CHAPITRE XV

OUTRAGES AUX MAGISTRATS ET AUX AGENTS

Etude comparative.

Pour plus de clarté, appelons outrages qualifiés ceux des art. 222 et 223 (magistrats et jurés), et outrages simples, ceux des art. 224 et 225 (off. minist., command. fp., ag. dép. fp. et citoyens SP).

Outre la différence de répression, il faut remarquer que les art. 224 et 225 parlent de gestes, paroles, menaces, tout comme les art. 222 et 223, mais que l'art. 222 parle d'écrits ou dessins non rendus publics, adressés et reçus, et tendant à déconsidérer.

L'art. 222 ne parle pas des paroles ou écrits *inculpant* l'honneur ou la délicatesse, c'est-à-dire de la *diffamation* non publique, assimilée à l'injure simple.

Il ne parle pas non plus de l'injure non publique.

Or, l'injure est moins grave, moins coupable que la diffamation, qui est elle-même plus grave que la quasi-diffamation, que *l'intention* diffamatoire réprimée par ledit art. 222.

Si donc cet article punit la seule insinuation diffamatoire, à plus forte raison sera-t-il applicable si la diffamation est précise. S'il *doit* s'entendre de cette dernière, il est nécessaire qu'il soit également applicable à l'injure.

Autrement, les MP des art. 224 et 225 seraient plus efficacement protégés que les magistrats et jurés, ce qui est évidemment inadmissible.

L'art. 222 est donc mal rédigé, et doit se lire: 1° outrages F ou OF par paroles; 2° par procédés graphiques adressés et reçus, non rendus publics. A mon avis, cette condition : tendant à inculper, etc., ne s'applique qu'aux procédés de la diffamation OF susceptibles de publication, et exprime simplement la nécessité d'attaque à l'exercice f[l], OF, quand ces procédés ne sont pas employés *ad hominem*, mais seulement *adressés*.

1° Outrages tendant à inculper l'honneur ou la délicatesse. — Inculper l'honneur ou la délicatesse, c'est imputer ou alléguer un fait qui porte atteinte à la considération ou à l'honneur, c'est commettre une diffamation caractérisée.

Tendre à inculper, c'est, sinon inculper franchement, inculper du moins sournoisement, de façon plus ou moins vague, plus ou moins précise, mais de telle façon que le doute ne puisse exister quant à l'intention du coupable. C'est commettre une quasi-diffamation ou une injure plus ou moins caractérisées.

L'outrage peut se rencontrer sous des expressions en apparence inoffensives ou même polies; point n'est besoin qu'il y ait invective, terme de mépris ou mot grossier (Cass. 8 mai 1891).

Nous avons vu que l'outrage à un particulier, qu'il soit direct ou non, ne comporte que trois genres de peines, suivant qu'il est ou non public, et consiste en une injure ou en une diffamation; que les mêmes attaques, commises OF à l'égard d'un MP, sont punies comme outrages, ou comme injure ou diffamation OFP. Si le privilégié, attaqué OF, est plus efficacement protégé que le particulier, cela tient uniquement à ce que l'attaque concerne sa fonction. S'il en est de même au cas d'attaque F, même si cette attaque ne vise que l'homme privé F, cela tient également à ce qu'il exerce sa fonction. Celle-ci seule lui vaut donc protection spéciale, surtout s'il est F, quand bien même il mériterait mille fois d'être vilipendé comme particulier, quand bien même il serait un véritable malfaiteur. Quant à la quotité de la peine édictée pour attaques F ou OF, elle varie avec le rang du privilégié. D'où la gradation suivante : 1° officiers ministériels, ag. dép. fp., citoyens SP; 2° commandants fp.; 3° magistrats et jurés.

Cela n'est que juste et raisonnable: à mesure que la fonction augmente en importance, son exercice s'identifie de plus en plus manifestement avec la loi elle-même, et doit être protégé de façon correspondante. D'autant plus que l'accroissement des pouvoirs f[ls] en eux-mêmes comporte d'ordinaire accroissement du rayonnement d'action f[lle], c'est-à-dire que ces pouvoirs f[ls] s'exercent à l'égard d'un nombre plus ou moins grand de citoyens, dans une proportion correspondant à peu près à leur plus ou moins d'importance f[lle]. Or, à quelques gradations près, la plénitude desdits pouvoirs est possédée par le magistrat, qui commande au nom de la loi, directement, et dont les décisions, assimilables aux ordres de la loi elle-même, devront être exécutées par la force s'il y échet.

Ceci est la paraphrase de la définition du Procureur général Dupin (Voir proc. crim., page 51, magistrats).

Il va sans dire qu'il y a des degrés dans l'exercice de ce pouvoir, et qu'il y a des magistrats de rang plus ou moins élevé, mais la définition n'en reste pas moins exacte.

Chaque fois que le magistrat, de grade quelconque, sera attaqué comme tel, la protection des art. 222 et 223 le couvrira exclusivement au cas d'outrages, dans les conditions ci-dessus détaillées (F et OF).

Et comme ses actes, en tant que magistrat, sont inséparables de la loi elle-même, ce n'est plus tant la fonction en soi que la loi, que celle-ci entend protéger en protégeant son représentant.

Aussi l'outrage, à l'égard du magistrat (ou du juré, qui lui est assimilé à juste raison), sera réprimé sévèrement, soit qu'il ait lieu simplement dans les conditions concernant les autres f^res^, soit que, moins précis, moins caractérisé, il consiste seulement dans une intention indiquée plutôt qu'exprimée.

Tel est, à mon avis (et la jurisprudence confirme cette opinion), le sens qu'on doit attacher à l'expression vague: tendre à inculper l'honneur ou la délicatesse.

Ici, la loi se défend elle-même en défendant l'homme privé, agissant ou ayant agi comme magistrat.

Remarquons que l'outrage inculpant ou tendant à inculper l'honneur a lieu: 1° F; 2° OF. Dans le second cas, cet outrage ne saurait inculper l'honneur ou la délicatesse du magistrat que comme magistrat, tandis que dans le premier, il pourra inculper l'honneur du magistrat comme tel, ou comme particulier.

Il s'ensuit que, en dehors du cas F, l'outrage peut être adroitement formulé, de façon à n'atteindre que l'homme privé en fait, tandis qu'il s'adresse en intention au f^re^. Dans ce cas, pour qu'il soit réprimé, il faudra que les circonstances permettent d'établir un lien entre l'outrage et la fonction.

Quand un f^re^ est insulté ou violenté par un individu qu'il ne connaît pas, auquel il n'a affaire ni officiellement, ni autrement, ou il se trouve F au moment du délit, ou il ne se trouve pas F.

S'il est F, il faut nécessairement que le prévenu sache qu'il a affaire à un f^re^ F. D'où nécessité pour ce dernier de se revêtir des insignes de sa fonction, afin de ne permettre aucune allégation d'excuse, en cas d'attaques sans rapport manifeste avec l'exercice f^l^. Si le même f^re^, F ou non, mais sans insignes, est assailli ou outragé, sans motif immédiat, sans provocation, sans discussion préalable d'ordre privé, comment admettre qu'un citoyen, à moins d'être aliéné, peut vraisemblablement attaquer un inconnu, qui se trouve être un f^re^, et un f^re^ préposé à l'administration du territoire où l'attaque se produit, s'il ne connaît pas la qualité de celui qu'il attaque, et s'il n'a pas précisément l'intention d'attaquer ledit f^re^, soit à raison de sa qualité, soit à raison de son exercice f^l^?

En semblable occurrence, l'offensé peut légitimement raisonner ainsi : Il y a présomption qu'étant donnée la publicité des fonctions que j'exerce, je puis être vraisemblablement connu de la majorité de mes administrés. On m'attaque sans raison, sans motif. Donc, ou je me trouve en présence d'un fou, ou j'ai affaire à un individu qui me connaît comme f^re^, et qui m'attaque comme tel ou à raison d'un de mes actes f^ls^. Dans l'une et l'autre hypothèse, il y a délit, soit d'injures publiques, soit d'outrages.

Si le délit est commis par un aliéné, il importe de vérifier l'état mental de celui-ci, et de prendre telles mesures qu'il conviendra.

Si le délinquant n'est pas aliéné, il importe que son acte soit réprimé. Dans tous les cas, il est nécessaire que je m'assure de son identité. Si, après avoir décliné ma qualité, et sommé le coupable de justifier de son identité, j'éprouve un refus, je n'ai pas à hésiter. Je fais appréhender mon offenseur, à titre au moins provisoire, et j'ordonne une rapide et immédiate enquête, en vue d'établir: 1° qui il est; 2° quel est son état mental; 3° pour quels motifs il a commis le délit en question. S'il est reconnu aliéné, je le fais interner ou le laisse libre, suivant qu'il est dangereux ou non. S'il n'est pas aliéné, il y a lieu de prouver qu'il connaissait ma qualité, en recherchant si lui-même, l'un de ses alliés ou amis n'a pas eu à subir antérieurement mon action f^lle^. Si oui, il y a présomption suffisante de délit OF. Si non, il y a tout au moins délit d'injure, ou diffamation, ou violence, contre un particulier, avec ou sans publicité.

2° *Outrages simples* (art. 224 et 225, comm. et ag. fp., off. min., cit. SP).

Nous avons vu que les art. 224 et 225 ne parlent ni des procédés graphiques, ni des outrages adressés et reçus, par intermédiaire, ni de ceux tendant à inculper l'honneur ou la délicatesse.

Que doit-on inférer de cette différence de rédaction ?

Faut-il en conclure que les outrages par écrit ou dessin non rendus publics, et les outrages tendant à inculper l'honneur ou la délicatesse des personnes mentionnées art. 224 ne seront pas réprimés? Je pense que cette conclusion serait erronée et contraire à l'esprit de la loi. Tout ce qu'on est en droit de conclure, le voici :

L'art. 224 n'exige pas que l'outrage soit de nature à porter atteinte à l'honneur ou à la délicatesse (Cass. 7 mai 1853, Delavergne).

Mais les principes généraux n'en subsistent pas moins. Tout procédé injurieux sans tapage est assimilé à l'injure simple. La diffamation non publique, écrite ou non, l'est également, qu'elle ait lieu par dessin ou autrement.

Le procédé importe peu, dès que l'acte offensant est accompli.

Or, si cette injure, si cette diffamation non publiques, par écrit ou dessin, sont adressées directement à l'une des personnes de l'art. 224, et se produisent F ou OF, on est bien obligé de dire qu'il y a outrage par injure ou diffamation du genre susdit, à un privilégié F ou OF.

En effet, ne serait-il pas monstrueux de prétendre que l'injure ou diffamation susdites, punissables, comme contravention, c'est vrai, mais punissables, à l'égard d'un particulier, ne sont également qu'une simple contravention si elles concernent un privilégié attaqué F ou OF ?

Admettre une semblable théorie serait déclarer que la qualité, ou la circonstance que l'attaque vise une fonction, constituent, comparativement au cas du particulier, une excuse atténuante. Or, le législateur a voulu précisément tout le contraire.

Quelle est donc, théoriquement et en fait, la seule différence existant entre les conditions énoncées par les art. 222 et 224 ?

La jurisprudence admet que l'outrage écrit tombe sous l'application des art. 224 et 225. Mais elle semble refuser d'appliquer ces articles aux outrages OF indirects, volontairement adressés, qui résulteraient de paroles, par exemple. De plus, elle exige que l'injure ou la diffamation soient catégoriques.

Elle considère donc qu'il y a deux genres d'outrages, et que tel procédé ou telle offense, qui seront réprimés par l'art. 222, ne sauraient l'être par les art. 224 et autres. Pourquoi cela ? Evidemment, on invoque la différence de rédaction des art. 222 et 224 pour justifier cette théorie.

A mon avis, celle-ci est inadmissible. Ce qui est jugé offensant pour un magistrat est offensant, au même titre, pour un simple agent.

Il est aisé de fournir des arguments pour justifier cette opinion :

Même vis-à-vis des particuliers, la jurisprudence a parfois décidé que la diffamation imprécise est punissable (Voir ch. 24). Cela est affaire d'appréciation, et ce qui a été jugé pour un particulier peut être invoqué en faveur d'un f^re^, je suppose.

L'art. 224 est donc applicable, ainsi que l'art. 225, s'il y a injure, diffamation, menace non qualifiée, geste outrageant ou menaçant, à la condition que le procédé outrageant, quel qu'il soit, ait été intentionnellement adressé OF, ou ait eu lieu F.

Conséquemment, il n'est nullement nécessaire que l'outrage consiste en une expression injurieuse, comme le croient à tort nos agents.

Il peut tout aussi bien résulter d'un propos diffamatoire, d'un écrit ou dessin offensants, etc.

Ainsi, les mots : flic, sergot, termes d'argot, ne sont pas des injures, s'ils sont employés simplement pour *désigner* un agent.

Mais leur emploi peut parfaitement constituer une expression outrageante, un terme de mépris, et par suite, un outrage, si l'intention délictueuse du coupable est rendue manifeste par l'adjonction d'un qualificatif méprisant, hostile ou blessant. Ainsi, dire : sale flic, animal de sergot, ou simplement : va donc, eh flic ! sur un ton méprisant, c'est tenir des propos outrageants.

De même, les noms d'animaux, appliqués à un agent F, sont des outrages, lorsque du moins leur acception est blessante : âne, vache, dindon, oie, serin, etc., sont dans ce cas. De même encore pour les qualificatifs méprisants : fourneau, imbécile, bête, idiot, etc., et pour les diffamations F, même à l'égard de l'homme privé, ou celles OF directes, en dehors du cas F.

CHAPITRE XVI

DE L'OUTRAGE DIRECT EN GÉNÉRAL ET NOTAMMENT PAR PAROLES

Quel que soit le mode d'offense *directe*, F ou OF, employé à l'égard d'un f^re^, il y a outrage selon le Code pénal (Cass. 8 nov. 1892).

Les outrages par *gestes* ou *menaces*, publics ou non, sont punis par le Code pénal (Rapport de M. le conseiller Saint-Luc Combarieu, 15 mars 1883). L'outrage par gestes, *paroles* ou menaces, avec ou sans publicité, est réprimé par le Code pénal (Cass. 10 août 1899).

Or, si le geste est un procédé de l'injure et de la diffamation non publiques envers les particuliers, et s'il est un procédé de l'outrage public ou non, les paroles et les procédés graphiques sont des procédés de l'injure et de la diffamation, publiques ou non, ainsi que de l'outrage.

Les art. 23, 29, 31, 33, n° 1, L. 1881, ne répriment que les injures et diffamations non qualifiées outrages par le Code pénal, dirigées contre les f[res] ou agents à raison de leurs fonctions ou de leur qualité, c'est-à-dire ayant un rapport avec ces fonctions ou cette qualité, et présentant, par conséquent, ce double caractère:

1° D'avoir été produites par la voie de la presse ou par des discours proférés dans des lieux publics ou des réunions publiques;

2° D'impliquer l'appréciation ou la censure des actes du f[re] ou de l'agent (Cass. 10 août 1899).

Mêmes décisions: Caen 10 mars 1886, Cass. 2. 16 février et 19 juillet 1889, Poitiers 28 mars 1889, Cass. 3 nov. 1892, 15 sep. 1898, 8 nov. 1895.

Ces principes ne concernent pas seulement les magistrats et les dép. aut., mais tous autres agents ou privilégiés, sauf les officiers ministériels (Cass. 15 mars 1897, Gien 26 janv. 1897, Orléans, 2 fév. 1897, Voir V).

L'outrage de l'art. 222 peut résulter de diffamation verbale F (Cass. 7 déc. 1837), ou d'injures F (Cass. 15 juin 1837).

Peu importe qu'il y ait ou non publicité (Cass. 17 mars 1812). Des propos injurieux tenus dans un lieu public, sur le ton ordinaire de la conversation, dans un entretien particulier, et non proférés, sont des outrages, s'ils sont adressés à un f[re] (Cass. 19 janv. 1883).

Il n'est donc pas nécessaire que ledit outrage tende à inculper l'honneur ou la délicatesse. Dans tous les cas c'est l'art. 222 qui réprime ce genre d'outrages (Cass. 17 mars 1821), soit que l'outrage consiste: 1° dans un simple propos grossièrement ordurier; 2° ou dans une injure ou diffamation (Cass. 17 mai 1845, 30 déc. 1858).

L'art. 222, qui punit les outrages tendant à inculper l'honneur ou la délicatesse, comprend, dans ses dispositions, toutes expressions injurieuses ou propos grossiers qui manifestent le mépris pour le magistrat auquel ils sont adressés (Cass. 8 sep. 1850, 22 fév. et 17 mars 1851).

Les expressions honneur et délicatesse doivent être prises dans leur sens le plus étendu, et non dans le sens restreint d'imputer au magistrat un acte contraire à l'honneur ou à la délicatesse (Cass. 23 nov. 1861).

C'est faux; vous en avez menti; il n'est pas permis de mentir ainsi; sont des outrages portant atteinte à l'honneur et à la délicatesse des magistrats (Cass. 8 décembre 1849).

Elever la voix, faire un mouvement de tête ou d'épaule insultant, rire d'une manière bruyante et moqueuse, pousser des clameurs ou des huées, siffler, imiter des cris d'oiseaux ou d'autres animaux, jeter des ordures, etc., peuvent constituer des outrages (Paris, 8 mars 1856).

CHAPITRE XVII

GESTES ET MENACES OUTRAGEANTS

Menaces. — La menace peut être verbale ou écrite, ou résulter de gestes. Elle peut être réprimée comme menace qualifiée, ou comme outrage. En ce dernier cas, comme la menace ne peut constituer une diffamation, il faudra qu'elle soit seulement injurieuse. Mais le *geste* menaçant peut constituer un outrage (Cass. 13 août 1841).

Celui qui crache au visage d'un officier ministériel F ou OF, commet le délit d'outrage de l'art. 224 CP, et non l'acte de violence prévu par les art. 228 et 230 du même code (Cass. 5 janv. 1855). Cette décision est discutable (Voir IIIe partie).

Il en est des outrages par gestes ou menaces de l'art. 223, comme de ceux de l'art. 222:

Ce genre d'outrages tombe sous l'application de l'art. 223, soit qu'ils aient été reçus dans un lieu public, 19 janv. 1850, n° 29; 18 juill. 1851, n° 290; par exemple dans un théâtre, 4 juill. 1833, n° 250; dans un club, 7 sept. 1849, n° 236; dans un collège électoral, 9 mars 1850, n° 84; à l'audience d'un tribunal, 27 fév. 1832, n° 79; 30 déc. 1858, n° 326; soit qu'ils aient eu lieu sans publicité, 3 juin 1837, n° 172; 15 juin 1837, n° 180; 2 juin 1838, n° 157; 18 juill. 1851, n° 290; par conséquent, dans un conseil de fabrique, 28 août 1823, n° 125; dans l'appartement d'un magistrat, 2 avr. 1825, n° 65; dans un conseil municipal, 22 août 1840, n° 238;

8 nov. 1844, n° 363; 17 mai 1845, n° 175; 30 nov. 1861, n° 256; 20 juill. 1866, n° 187.

Les mots *tendant à inculper l'honneur et la délicatesse* qui caractérisent les outrages de l'art. 222 du C. pénal ne doivent pas être sous-entendus après les mots *gestes et menaces* dans les art. 223 et 224 (Cass., ch. réunies, 17 mars 1851, 7 mai 1853).

L'art. 223 parle de « magistrats ». Pour la définition de ce terme, l'art. 223 se réfère à l'art. 222 (Cass. 20 oct. 1820).

Les art. 224 et 225 ne mentionnent pas les procédés graphiques. Par contre, ils parlent de la menace, qui peut être adressée au moyen desdits procédés graphiques. Par suite, la menace *écrite*, par exemple, est punissable (Lyon, 22 oct. 1889), ainsi que la menace par *gestes* (Cass. 13 août 1841), et que la menace *verbale* (Cass. 7 mai 1853). S'ensuit-il que les outrages OF écrits, sans menaces, ne sont pas réprimés par les art. 224 et 225? Tous outrages par écrit tombent sous le coup de ces articles (Cass. 13 août 1851).

Donc les gestes, procédés graphiques, paroles peuvent être outrageants au sens des art. 222 à 225.

Si la menace des art. 224 et 225 est également punissable, qu'elle résulte de paroles, de gestes ou de procédés graphiques, il n'en est pas de même en ce qui touche les art. 222 et 223. Le premier punit plus sévèrement l'outrage par paroles (menaces verbales), que le second ne punit l'outrage par menaces. S'ensuit-il que l'art. 223 ne saurait être visé en cas de menaces verbales ou écrites? Quand devra-t-on viser l'art. 222, quand l'art. 223? Qu'est-ce que la menace de l'art. 223?

Très certainement, la menace écrite ne tombe pas sous le coup de l'art. 223. Par suite, la menace verbale ne devrait pas être réprimée par ledit article, malgré la décision ci-après.

La menace *verbale*, qui n'encourt que la pénalité de l'art. 223, est celle qui ne s'élève pas jusqu'à l'outrage par paroles. 7 mai 1853, n° 157.

Cet arrêt de cassation est un aphorisme, mais n'éclaire pas la question. Dans le silence de la loi, les tribunaux apprécieront donc souverainement la nature de la qualification à donner à l'outrage par menace verbale. Mais je crois que, de l'assimilation faite par le législateur, quant à la répression, entre le geste et la menace, on peut conclure qu'il a entendu dissiper toute équivoque relativement aux deux principaux modes d'offense que peut emprunter le geste: l'injure, et, exceptionnellement, la diffamation, d'une part, et, d'autre part, la menace, qui, traduite par un geste, pourrait, à tort certes, mais pourrait être considérée par certains comme ne constituant pas un outrage.

A l'appui de cette opinion, je citerai l'art. 262, qui ne parle que de paroles et de gestes, non de menaces, bien que paroles et gestes, puissent être menaçants et offrir, par là même, un caractère outrageant.

De son côté, l'art. 23, L. 1881, qui ne mentionne pas les gestes, énumère, et assimile quant à la répression, les discours, cris, menaces, etc., c'est-à-dire les différents procédés que la voix humaine est susceptible d'employer.

De ces remarques, on serait en droit de conclure que, théoriquement, l'art. 222 s'applique aux menaces graphiques ou verbales, et l'art. 223 aux gestes, offensants ou menaçants. Mais, pratiquement, si l'on veut appliquer la lettre des art. 222 et 223 en se conformant à la jurisprudence susrapportée, la solution à adopter ne laissera pas que d'être embarrassante. Qu'est-ce, en somme, qu'une menace verbale? Le plus souvent, on menacera de frapper. Si la menace est simple en soi, l'art. 223 sera applicable; si elle est accompagnée d'injures ou de diffamation, il y aura à la fois outrage par paroles et par menaces, et l'art. 222 sera seul applicable.

La menace d'injurier, ou celle de diffamer sans ordre ni condition, pourront être considérées comme outrages par menaces verbales, ou comme outrages par paroles.

De même pour la menace hypothétique, par exemple: Si vous aviez affaire à moi, je ferais telle chose, je vous frapperais, etc.

Enfin, si la menace est, de sa nature, particulièrement humiliante, offensante pour celui qui en est l'objet, en ce sens que, si elle était mise à exécution, elle aurait pour conséquence de mettre le magistrat en posture ridicule ou de le couvrir de honte, d'humiliation, d'opprobre, on sera en droit de considérer qu'elle constitue l'outrage de l'art. 222.

L'application de l'art. 223, en cas de menace verbale, est donc à ce point limitée qu'on peut regretter qu'à raison du manque de précision du texte légal, la jurisprudence ait cru devoir comprendre la menace verbale parmi les outrages par gestes ou menaces, au lieu de la comprendre invariablement parmi les outrages par paroles.

La menace outrageante peut être verbale, nous venons de le voir. Elle peut aussi être écrite.

Outrages et menaces qualifiées. — Il ne faut pas confondre la menace outrageante avec la menace des art. 305 à 307 CP.

Attendu que, le 25 novembre dernier, Debreaux a été trouvé chassant dans les communes d'Auquemesnil et de Guilmécourt, sur des terres appartenant à la dame de Caumont et au sieur Olivier, sans leur permission, et sans avoir de permis de port d'armes de chasse : attendu que, le 17 septembre dernier, lorsque Debreaux, armé d'un fusil de chasse, et suivi de deux chiens, se dirigeait vers un bois pour y chasser, le sieur Féron, adjoint de la commune d'Etraville, revêtu de ses insignes, lui fit défense, au nom de la loi, de chasser dans les bois situés sur cette commune, et que Debreaux lui dit : « Viens donc, grand plat, je te ferai sauter la boussole; j'ai le coup gauche pour toi et le coup droit pour moi »; attendu que ces paroles renferment évidemment des menaces de mort, si la personne à laquelle elles s'adressent enfreint l'ordre ou la condition qui lui sont intimés de ne pas avancer; que si la menace verbale proférée par Debreaux l'a été avec ordre ou sous condition de s'abstenir, de ne pas faire, elle n'est pas moins punissable, aux termes des art. 305 et 307, que si elle avait contenu l'ordre ou la condition de faire; car, d'une part, la loi comprend ces deux sortes de menaces dans la généralité de ses expressions, et, de l'autre, une distinction entre ces menaces tromperait l'intention du législateur qui a dû vouloir frapper de la même peine toutes les menaces verbales de mort, accompagnées d'un ordre ou d'une condition; car, soit qu'il s'agisse de faire ou de ne pas faire, elles supposent également une résolution hardie, fortement arrêtée et pouvant porter le même effroi dans l'esprit de celui à qui elles sont adressées, en lui faisant craindre que l'auteur de ces menaces ne soit décidé à les réaliser; que, dans la cause, l'effet des menaces proférées par Debreaux, braconnier redoutable, a été tel, que le sieur Féron n'a plus mis d'obstacle à ce que le prévenu continuât de chasser comme bon lui semblait, etc. (Rouen, arrêt du 29 février 1844).

Voilà un arrêt remarquable, et qu'on ne peut qu'approuver. Malheureusement, la jurisprudence n'est guère fixée sur la question de principe qu'il tranche, ainsi que l'atteste la décision suivante :

Dire à un ag. fp. : si vous avancez, je vous tuerai, est un outrage par menaces (Bordeaux, 28 janv. 1835, 15 avril 1835).

Il est vrai que, deux ans après, la cour de Bordeaux revenait à l'application de la saine doctrine :

La menace, faite par un individu armé d'un pistolet, à un commissaire de police, que s'il l'arrête, s'il le touche, il fera usage de son pistolet, tombe sous le coup de l'art. 307 (Bordeaux, 1er fév. 1837).

Faire dire à un mag. que s'il se présente on lui foutra la botte par le derrière, est un outrage (Cass.).

Bien que la jurisprudence, à présent fixée, soit à l'abri de la critique, j'appelle l'attention sur la difficulté suivante: La menace qualifiée peut se produire à l'audience d'un tribunal; en quel cas, il y aura lieu d'examiner si ce sont les art. 305 à 307 ou l'art. 222 qui devra être appliqué.

Je suis d'avis que, dans le fait de menaces qualifiées F ou OF, l'on ne saurait contester qu'il y a deux délits : 1° celui de menaces; 2° celui d'outrages.

En effet, une menace F ou OF, qualifiée ou non, constituera toujours un outrage de fait et d'intention. Cela est si vrai que nous verrons III que certains procédés menaçants FR sont considérés comme constitutifs du délit de rébellion. Si donc les décisions rapportées suprà sont conformes au droit, j'estime que les motifs d'icelles ne sont pas suffisants. La peine doit résulter de l'application de l'art. 365 CIC. Par suite, la menace outrageante, quoique qualifiée, devra, dans le cas de l'art. 222 n° 2, être punie conformément à cet article, et non d'après les art. 305 à 307.

CHAPITRE XVIII

GESTES ET PAROLES OUTRAGEANTS OF ADRESSÉS VOLONTAIREMENT

Pendant longtemps, la Cour de cassation a jugé que, pour que les art. 222 et 223 devinssent applicables, il n'était pas nécessaire que l'outrage eût eu lieu en présence de celui qui en était l'objet, qu'il fût parvenu à sa connaissance, et même qu'il eût été proféré avec l'intention qu'il lui fût rapporté, 18 juill. 1828, n° 212; 24 déc. 1836, n° 397; 15 juin 1837, n° 180; 2 juin 1838, n° 157; 8 oct. 1842, n° 267; 20 déc. 1850, n° 432; 11 mai 1861, n° 104; 30 nov. 1861, n° 256.

Depuis 1863, pour que l'outrage non commis en présence du magistrat soit punissable, il faut que le prévenu ait eu l'intention formelle de le faire parvenir à sa connaissance (Cass. 15 déc. 1865).

Exemples. — Attendu, en droit, que l'art. 222, tel qu'il a été modifié par la loi du 13 mai 1863, n'exige pas, comme une condition de l'existence du délit d'*outrage par paroles*, que cet outrage ait été adressé au magistrat lui-même, ou que le magistrat ait pu entendre les paroles injurieuses proférées à son égard; que l'ancien art. 222 ne contenait pas davantage l'indication de l'une ou de l'autre de ces circonstances, et qu'on a toujours admis, sous l'empire de cette législation, que la présence du magistrat n'était pas nécessaire pour constituer l'outrage dirigé contre sa personne; que, de plus, il est résulté, des discussions législatives, que la loi du 13 mai 1863 n'avait pas modifié, en ce point, le Code pénal de 1810; que le rapporteur de la Commission a même expressément reconnu que l'outrage puni par la nouvelle loi, quand il n'aura pas été proféré en présence du magistrat, se caractérisera par deux faits, sans lesquels il n'existerait pas, à savoir qu'il aura été porté à la connaissance du magistrat et que ce résultat aura été obtenu par la volonté du prévenu; attendu, en fait, qu'il appert du jugement et de l'arrêt, qui en a adopté les motifs, que le 19 oct., Lafond, ayant rencontré l'huissier de la justice de paix de Neuville, lui avait dit: Il se passe à Vandeuvre de belles choses; quand on fait faire des enquêtes, on devrait bien choisir des gens, qui ne seraient pas obligés de subir l'influence de telles ou telles personnes. Ce pauvre juge de paix ! il est bien obligé de faire des passe-droits à cause des obligations qu'il a envers les uns et les autres... mais cela va finir... il a emprunté de l'argent à usure. C'est un faussaire, il a endossé des billets faux ; que le prévenu a avoué avoir dit toutes ces choses à l'huissier, pour qu'il les répétât au juge de paix, afin que celui-ci en profitât, parce qu'il avait l'intention de se plaindre de lui au préfet... que l'intention malveillante de Lafond ne saurait être douteuse, etc...; attendu que les paroles susénoncées tendaient à inculper l'honneur et la délicatesse du juge de paix de Neuville; qu'elles ont été proférées à l'occasion de l'exercice des fonctions de ce magistrat ; qu'elles sont parvenues à sa connaissance par l'intermédiaire d'une personne, que le prévenu avait chargé de lui faire cette communication; que l'outrage a été ainsi *reçu* par le magistrat, auquel il avait été *adressé* au nom et de la part du prévenu; qu'il est constaté d'ailleurs, par l'arrêt, que le prévenu a agi avec une intention coupable. » 17 mars 1866, n° 79.

Le cas pouvant se présenter fréquemment, il n'est pas sans intérêt de préciser la conduite à tenir par les agents, par exemple, devant lesquels des propos outrageants seraient tenus à l'égard du commissaire de police, leur supérieur hiérarchique.

En pareille occurrence, deux hypothèses sont à prévoir: 1° l'agent exécute à l'égard du prévenu un ordre du commissaire de police; 2° il agit spontanément, sans mission spécialement déléguée.

Dans la première hypothèse, le prévenu sait parfaitement que l'agent est obligé de rendre compte au commissaire de l'exécution de ses ordres et des conditions dans lesquelles ces ordres ont été exécutés.

Par suite, l'outrage est quasi-direct, en ce sens que la volonté de le faire parvenir à la connaissance de l'intéressé est prouvée par la nature même des circonstances, ou tout au moins présumée.

Dans la seconde hypothèse, l'outrage est pour ainsi dire incident, s'il n'est pas accompagné d'une injonction d'avoir à le répéter, ou suivi du consentement exprès du prévenu quant à ce rapport. Dans ce cas (comme dans le premier, par surcroît de précaution), et, on peut le dire, en tout état de cause, chaque fois qu'un agent entendra des propos outrageants à l'égard de ses chefs, son rôle consistera à dire au prévenu : « Vous savez que mon devoir m'oblige à rendre compte au commissaire de police des propos que vous venez de tenir à son égard, et que je vais l'informer de votre attitude ».

Si le prévenu répond : « Vous pouvez le faire, ou: je vous y autorise, ou: je m'en moque, ou: je me fous du commissaire, ou: peu m'importe que vous le fassiez, etc. », ces réponses suffiront pour prouver la volonté du prévenu de faire parvenir l'outrage à la connaissance de l'intéressé.

Si, au contraire, il répond: « Je vous le défends bien, ou: vous n'avez pas besoin de répéter ce que j'ai dit, etc. », il est clair que cette volonté n'existera pas, et que la répression sera impossible, sauf selon les art. 471 CP ou 31, 33 L. 1881.

Dans tous les cas, l'agent devra du reste rendre compte.

L'outrage par parole de l'art. 222 CP n'est punissable que s'il a été adressé au magistrat lui-même ou si, adressé à un tiers, il est parvenu à la connaissance du magistrat visé, par la volonté de son auteur.

Ainsi, des propos outrageants proférés contre les membres du Parquet et du tribunal en présence d'un commissaire de police, ne sont punissables que si le prévenu a voulu expressément les faire parvenir aux magistrats visés (Cass. 12 nov. 1897).

Même décision a été rendue relativement à un officier de gendarmerie.

Dire sans publicité à un garde champêtre que ses supérieurs sont des gueux et des coquins constitue la contravention prévue par l'art. 471 (Cass. 25 oct. 1827).

Nota. — Les principes qui précèdent s'appliquent aux agents, bien qu'en fait, il advienne rarement qu'un propos outrageant OF soit adressé volontairement à un agent par un tiers. Si ce tiers était un collègue de l'agent, il y aurait pourtant lieu à répression.

Remarque. — Lorsque je dis que l'outrage adressé doit avoir lieu OF, je n'entends nullement dire qu'il exige que la fonction soit prise à partie dans ses actes. Il suffit qu'il y ait injure OF. Ainsi, dans l'exemple relaté plus haut (garde champêtre), si les injures, visant directement les supérieurs du garde comme hommes publics, avaient été adressées volontairement, il y aurait eu outrages OF.

En d'autres termes, l'outrage OF est suffisamment caractérisé par cette constatation qu'en fait et en intention il vise un f[re] comme tel.

(Voir II, 13, 19, 23.)

Gestes. — J'ai parlé déjà, chap. 13, des gestes OF adressés. A moins de circonstances exceptionnelles, ce geste, isolé de toute autre manifestation, ne peut être réputé outrageant OF. Mais s'il est expliqué par des propos, il pourra être réprimé à titre d'outrage. Tel sera le cas, par exemple, si un individu, auquel un employé remet une lettre de convocation émanant du commissariat, déchire cette lettre ou s'en sert de façon indécente, en disant à l'employé : Tenez, voilà le cas que j'en fais, de la lettre de votre commissaire, vous pouvez le lui dire.

CHAPITRE XIX

PROCÉDÉS GRAPHIQUES OUTRAGEANTS OF, VOLONTAIREMENT ADRESSÉS

Art. 222. Ecrits et dessins. — Autrefois, l'art. 222 ne parlait pas d'écrits ou dessins; d'où controverses quant à l'application de cet article aux outrages écrits, ainsi qu'en témoignent les arrêts suivants.

Une lettre confidentielle, injurieuse mais non publiée, écrite à un juge de paix, rentre dans l'application de l'art. 376 CP, et motive des peines de police (Cass. 10 avr. 1817).

Une lettre injurieuse adressée à un magistrat ne peut motiver l'application de l'art. 222, lorsque ce magistrat seul en a eu connaissance (Cass. 11 fév. 1839).

Avec la rédaction actuelle, le doute n'est plus possible. *Exemples :* Le plaideur qui, dans un écrit adressé aux magistrats ayant statué sur son affaire, qualifie d'immorale et de scandaleuse la solution donnée au litige, emploie des expressions de nature à porter atteinte à l'honneur et à la délicatesse desdits magistrats, et, par suite, outrageantes au sens de l'art. 222 CP (Cass. 9 janv. 1896).

L'offense OF par écrit ne peut être qualifiée outrage que si elle est volontairement adressée.

Ainsi, n'ont point le caractère de ce délit les imputations outrageantes envers un commissaire de police contenues dans une dénonciation au procureur général contre un tiers (Douai, 3 fév. 1864 et 14 juin 1864).

L'outrage envers les magistrats, commis à l'aide d'un écrit non rendu public, prévu par l'art. 222, n'est punissable que lorsque cet écrit a été adressé aux magistrats eux-mêmes, ou lorsque, ayant été adressé à un tiers, il est parvenu à la connaissance de ces magistrats par la volonté de son auteur. L'arrêt de condamnation doit donc spécifier que le prévenu a eu l'intention de faire parvenir les outrages aux magistrats, et que ceux-ci ou l'un d'eux en a eu réellement connaissance (Cass. 28 juin 1902).

Commet l'outrage de l'art. 222 l'avocat poursuivi disciplinairement qui, dans une réponse au président du tribunal faisant fonctions de conseil de discipline, insère des outrages à l'adresse du procureur de la République, alors que l'auteur de l'écrit savait qu'il serait communiqué à ce magistrat, que l'envoi en a été fait dans ce but, et que c'est même pour lui donner l'occasion de faire cet envoi qu'il a été nommé bâtonnier (Cass. 14 fév. 1874).

Jugé qu'il suffit que l'écrit contenant l'outrage ait été adressé à un tiers chargé de le faire parvenir à la personne qui est l'objet de cet outrage, ou à un proche parent lié avec celle-ci par une solidarité nécessaire de délicatesse et d'honneur (Rennes, 3 mai 1865).

Art. 224 et 225. — Ces articles ne parlent pas d'écrits, mais, si l'on se réfère à l'art. 471, qui, d'après la jurisprudence, réprime l'injure et la diffamation *écrites*, et si l'on consulte également le texte de l'art. 33 n° 3 de la loi de 1881, il sera aisé de comprendre que l'outrage, par écrit intentionnellement adressé, soit puni par les art. 224 et 225.

En effet, l'injure peut être écrite ou verbale (Cass. 10 nov. 1826). La diffamation non publique est assimilée à l'injure (Cass. 2 déc. 1819), qu'elle soit verbale ou écrite (Cass. 10 juin 1817).

Par suite, les outrages par écrit sont passibles de répression suivant les art. 224 et 225 (Cass. 30 août 1851).

Intention outrageante: 1° Si l'écrit ou tout autre procédé graphique est *remis* directement au f^re^ F, il y a outrage évident.

2° S'il y a *expédition* directe, sous enveloppe ou couvert, il n'y aura outrage que si l'offense a bien lieu OF. Exemple :

L'intention joue un rôle quand il s'agit d'injures ou diffamations par écrit, qualifiées outrages (adressées à un magistrat ou à tout autre privilégié). S'il est prouvé que ce n'est pas le f^re^, mais seulement l'homme privé, que le coupable voulait atteindre, il n'y aura pas outrages OF, mais injure ou diffamation (Cass. 6 nov. 1890).

En effet, l'outrage F par paroles est punissable, qu'il ait lieu ou non devant témoins. Si l'art. 222 ne parle que de l'outrage écrit *adressé et reçu*, F ou OF, on ne saurait contester que l'écrit *remis* est à la fois adressé et reçu. Si donc le f^re^ qui le reçoit est F, ou si l'outrage, à lui remis quand il n'est pas F, est offensant OF, les conditions de l'art. 222 sont visiblement remplies.

Décider autrement serait exiger implicitement que l'écrit outrageant OF, *adressé* et reçu, mais non *remis*, fût, lui aussi, connu de témoins, condition que la loi n'exige pas. Donc, l'offense écrite, même concernant l'homme privé, remise au f^re^ F, par l'offenseur, est un outrage F, si ledit offenseur sait, en remettant sa missive, qu'il a affaire à un f^re^ F. Tel serait le cas si une lettre injurieuse privée était apportée par le scripteur à l'intéressé en fonctions dans son bureau.

3° L'expédition a lieu par correspondance à découvert, directement adressée. En ce cas, il y a nécessairement outrage, si l'offense a lieu OF.

L'outrage par menaces, adressé par carte postale, est réprimé par le Code pénal (Lyon 22 oct. 1889), à la condition qu'il ait été adressé volontairement à l'intéressé (Nancy, 21 avril 1887).

4° Il y a des écrits qui, par leur nature même, ne peuvent concerner que le f^re^ comme tel. En quel cas, leur envoi sera réputé délictueux, s'ils contiennent des expressions offensantes, parce que ces expressions, comme l'écrit dans lequel elles figurent, concernent évidemment le f^re^ OF:

Insérer, dans un exploit d'huissier, des expressions outrageantes pour le juge de paix auquel est destiné l'exploit, est un outrage (Cass. 30 nov. 1844).

Pour plus de détails, voir VII, magistrats à l'audience.

Conclusions: 1° Chaque fois qu'un procédé offensant se produit F, il y a outrage.

2° Chaque fois qu'une offense OF a lieu directement, il y a outrage.

3° Chaque fois qu'une offense n'est pas directe, il n'y a outrage qu'à deux conditions : 1° elle doit être volontairement adressée; 2° et concerner l'intéressé OF.

4° Chaque fois qu'une offense indirecte n'est pas adressée, il ne peut y avoir que délit OFP, ou injure simple non publique, même si l'offense est OF.

CHAPITRE XX

DÉLITS SIMULTANÉS. — INJURE, DIFFAMATION, OUTRAGES PUBLIÉS

Injure et diffamation OFP simultanées. — Les délits de diffamation et d'injure par une même publication, envers un même f^re^ et pour un même acte de ses fonctions, sont essentiellement distincts quant à leur objet, qualification et peine applicable. Parce que l'un est l'imputation d'un fait déterminé, susceptible de *preuve* justificative, tandis que l'autre est toujours une injure, qui ne saurait jamais être justifiée. (Cass. 17 juillet 1845) (Voir à ce sujet l'art. 63 L. 1881, et VI, 4.)

Il peut également y avoir à la fois délit OFP et délit P concernant l'homme privé. Les conséquences sont importantes au point de vue de la compétence (VI, 4).

Outrages publiés. — L'outrage OF peut résulter de l'envoi d'une inj. ou diff. OFP. S'il consiste en une diffamation F non publique, la preuve des faits imputés n'est pas admise :

L'outrage non public envers un magistrat F, résultât-il d'une imputation de faits précis, est réprimé par l'art. 222. Par suite, il peut être poursuivi d'office et sans plainte, et la preuve des faits imputés n'est pas admissible (Cass. 17 mai 1845).

Mais s'il s'agit d'une inj. ou diff. OFP non commises F, mais directes ou adressées, et quel que soit le procédé du délit, plusieurs éventualités peuvent se présenter : 1° il y a simultanéité de la publication et de la perpétration ou de l'envoi; 2° la publication a lieu avant l'envoi; 3° elle a lieu après l'outrage. Voici ce que la jurisprudence a décidé à cet égard.

1° Si l'outrage a été rendu public avant sa réception, ou au moment de cette réception, c'est l'art. 63 L. 1881 qui est seul applicable (Toulouse 11 fév. 1891, Cass. 31 octobre 1890).

2° Si l'outrage par écrit de l'art. 222, punissable comme tel, vient à être publié, cette publication, tout en laissant intact le délit antérieur d'outrages, constitue un nouveau délit, qui peut être réprimé par la cour d'assises (Limoges, 12 déc. 1889).

En ces matières, il faut combiner les art. 35 et 63 L. 1881, avec les art. 360 et 365 CIC.

Or, toute la difficulté résulte de la disposition de l'art. 35 L. 1881, qui veut que la diff. f^lle soit susceptible de preuve. Comme l'art. 222 réprime les outrages *non rendus publics*, il semble bien que la seule diff. non rendue publique tombe sous le coup de cet article. Pourtant, on est en droit de se demander si le législateur, en rédigeant l'art. 222, a entendu créer une dérogation aux principes qui régissent notre droit, c'est-à-dire aux art. 360 et 365 CIC. Je crois qu'il n'en est rien, et que les décisions rapportées s'inspirent plutôt des conditions de la répression, telles qu'elles résultaient de la loi de 1822 en matière d'outrages publics. Un fait est certain: l'art. 63, L. 1881, qui n'est que la réédition de l'art. 365 CIC, ne concerne que les seuls crimes et délits prévus par la loi de 1881. Il ne peut donc être invoqué lorsqu'il y a concours de l'un de ces crimes ou délits, et d'une autre infraction réprimée par le Code pénal. En ce cas, ce sont les art. 360 et 365 CIC qui doivent être visés, exclusivement. D'où les conséquences suivantes :

1° S'il y a simultanéité de l'outrage et de la publication, c'est-à-dire outrage public F, ou OF direct ou adressé, le Code pénal est seul applicable, même en cas de diffamation, et la preuve de celle-ci est inadmissible. Les nombreux arrêts qui précèdent le prouvent surabondamment.

2° A défaut de cette simultanéité, soit que la publication ait eu lieu avant l'outrage, soit qu'elle ait eu lieu ultérieurement, il y a deux délits distincts : 1° celui d'outrage OF; 2° celui d'inj. ou diff. OFP. Si l'un de ces délits a déjà *été réprimé*, il est incontestable que sa réitération, sous une forme quelconque, doit motiver une nouvelle répression. S'il n'y a pas encore eu répression, la solution est plus malaisée.

Deux cas peuvent se présenter : 1° aucune poursuite n'a encore été intentée; l'outrage seul doit être réprimé, consistât-il en une diffamation f^lle; 2° il y a poursuites intentées pour le premier des deux délits commis. Ici, l'art. 365 doit être examiné comparativement avec les art. 226 et 227 CIC. En d'autres termes, la question se pose ainsi : y a-t-il connexité ?

Aux termes de l'art. 227, très certainement non. Mais la jurisprudence admet néanmoins que deux affaires de cette nature puissent être jointes, à certaines conditions.

Les plaintes adressées au ministère public pour les deux faits, autorisent la jonction des procédures (Cass. 25 nov. 1843 et 26 nov. 1846), surtout si les débats doivent avoir lieu devant la juridiction investie de pouvoirs plus étendus que celle qui pourrait être appelée à juger l'un des deux faits (Cass. 15 oct. 1849, etc.). Il est vrai que les peines encourues pour outrages, injures ou diff. sont des peines correctionnelles, que le fait soit de la compétence de la cour d'assises ou de celle du tribunal correctionnel. En conséquence, il n'y aurait aucun inconvénient à ce que l'offensé saisît de sa seconde plainte le ministère public déjà saisi de la première, quelle que fût la juridiction appelée à statuer sur celle-ci. Mais si l'offensé entend saisir le tribunal correctionnel du fait d'outrages, et la cour d'assises du fait de publication ?

(Remarquons qu'au point de vue de la quotité des peines, les seuls mag. et jurés ont intérêt à préférer saisir le tribunal correctionnel. Les autres privilégiés sont, en effet, protégés plus efficacement par la loi de 1881 que par le Code pénal).

En pareil cas, le droit de l'offensé est indiscutable, l'art. 227 CIC spécifiant que, pour qu'il y ait connexité, il faut qu'il y ait relation de cause à effet entre les deux délits imputés à la même personne (Cass. 16 juill. 1874). Mais la jurisprudence est si peu fixée qu'à l'arrêt de Limoges rapporté suprà, on en peut opposer d'autres. Ainsi : tous les délits connexes à un délit politique doivent être jugés en cour d'assises (Cass. 3 mai 1832). Dans une affaire célèbre, un avocat avait, en assises, offensé le ministère public, sans que ce dernier du reste l'eût entendu, non plus que les juges. Le fait fut porté à la connaissance de l'intéressé par le compte rendu d'un journal. A l'audience du lendemain, l'avocat fut interrogé, et le journaliste cité pour compte rendu injurieux. D'où peine disciplinaire contre l'avocat, et condamnation du journaliste. Malgré l'argumentation de M. le procureur général Dupin, la cour suprême, le 24 déc. 1836, approuva la décision. Bien que, dans cette espèce, il y eût deux prévenus au lieu d'un seul, le cas est intéressant à mentionner.

Mais ces décisions ne résolvent pas la difficulté soulevée, à savoir: Si deux juridictions distinctes sont saisies séparément de faits pouvant être considérés (quoique à tort, à mon avis) comme connexes, qu'adviendra-t-il? (Car il ne faut pas oublier que, pour qu'un tribunal soit fondé à ordonner la jonction des procédures, il faut, aux termes de l'art. 226 CIC, que les dossiers lui aient été tous deux soumis).

En pareil cas, il y a lieu à règlement de juges (Cass. 6 nov. 1840). Et la décision intervenue aura d'autant plus d'importance qu'en police correctionnelle, la preuve de la diffamation OFP n'est pas admise (Cass. 17 août 1850, etc.).

Conclusions. — Malgré les opinions rapportées, j'estime qu'il n'y a aucune connexité entre l'outrage perpétré avant ou après la publication de l'injure ou de la diffamation qui le caractérisent; que, par conséquent, l'intérêt évident du f[re] diffamé et outragé est de saisir la juridiction correctionnelle seulement, celle-ci ne pouvant se refuser à statuer, sous prétexte de connexité, ainsi qu'il a été formellement jugé (Cass. 1er sept. 1848). Quitte au f[re], s'il lui plaît de s'exposer à la preuve, de saisir en outre la cour d'assises.

En tout cas, l'art. 365 CIC ne met aucun obstacle au cumul des poursuites (Montpellier, 17 oct. 1844, Voir VI, 4).

CHAPITRE XXI

OUTRAGES ET OFFENSES PUBLICS AMBASSADEURS CHEFS D'ÉTATS, CHEF DE L'ÉTAT

Les offenses publiques contre les privilégiés forment quatre catégories:

1° Les outrages et offenses publics des art. 36 et 37, L. 1881;

2° Les offenses publiques de l'art. 26 même loi, et de l'art. 86 CP;

3° Les inj. et diff. OFP ;

4° Les outrages OFP de l'art. 6 L. 25 mars 1822.

A quoi il faut adjoindre les outrages selon le Code pénal, F et OF (222 à 225), avec ou sans publicité.

Nous savons que tous ces délits peuvent consister en injures, diffamations, offenses diverses. S'ils ont même caractère, ce sont donc les circonstances de perpétration, les procédés employés, la nature de l'offense, qui permettront de les distinguer.

Les délits n° 1 ne concernent pas des privilégiés français. Il n'est donc pas nécessaire qu'ils aient lieu F ou OF. Pour qu'ils soient réprimés, deux conditions suffisent: 1° qu'il y ait procédé outrageant ou offensant quelconque; 2° que ce procédé ait lieu publiquement, par voie directe ou indirecte.

Par suite, paroles, cris, discours, gestes, menaces, injurieux, diffamatoires, outrageants, offensants, commis publiquement, quel que soit le mode de publication, quel que soit le genre de publicité, seront réprimés par les art. 36 et 37, s'ils concernent les personnes protégées par ces articles.

Chefs d'Etats étrangers et leurs représentants (L. 1881 art. 36 et 37). *Offense ou outrage publics.* — La poursuite a lieu à leur requête, ou d'office, sur leur demande adressée au min. aff. étr., et par celui-ci au min. just. (L. 1881 art. 47 n° 5). *Chefs d'Etats:* Peine : 3 mois à un an, 100 à 3.000 fr. (L. 1881, art. 36).

Ambassadeurs, min. plénipotentiaires, envoyés, chargés d'affaires. Peines : 8 jours à 1 an, 50 à 2.000 francs (Voir L. 11 juin 1887).

Le respect dû au seul caractère d'ambassadeur n'a pas permis de faire, à l'égard de ceux qui en sont revêtus, la distinction introduite à l'égard des f[res] par la loi. Le délit existe donc, quoique non commis OF (Cass. 27 janv. 1843). Peu importe également qu'il n'y ait pas réciprocité entre les deux législations.

Président de la République (Voir L. 25 fév. 1875, art. 6, L. 16 juillet 1875 art. 12, L. 11 juin 1887).

Attentat contre la vie ou la personne CP, 86.

Outrage direct non public F ou OF, CP, 222, 223.

Offense publique. — Deux dispositions légales la répriment : 1° l'art. 86 CP 2° l'art. 26 L. 1881; ni l'un ni l'autre de ces deux textes ne spécifie exactement le délit prévu.

L'art. 26 L. 1881 précise pourtant quant aux procédés, qui sont ceux des art. 23 ou 28, même loi. Cet article ne fait que reproduire le texte de l'art. 9 de la loi de 1819. La pénalité encourue est : 3 mois à 1 an, 100 à 3.000 francs.

Quant à l'art. 86 CP (Loi 10 juin 1853), il prononce : 6 mois à 5 ans, 500 à 10.000 fr. (Voir aussi L. 27 juillet 1849).

Ce dernier délit, réprimé plus sévèrement que le premier, semble donc devoir être plus grave. Mais en quoi peut consister la différence entre les deux ? Qu'est-ce qu'une offense ? C'est l'inj. ou la diff. caractérisées, mais aussi de simples allusions blessantes (Cass. 24 av. 1823, 22 fév. et 23 mai 1834, 10 juill. 1841). Peu importe que le fait allégué soit vrai (Cass. 22 juill. 1832).

Publier que le roi élu par le peuple et reconnu par les pouvoirs de l'Etat, est, de tous les Français, le plus incapable de sauver la nation, c'est commettre une offense envers la personne du roi. V. Cour des Pairs, 24 nov. 1830.

Quant à l'offense en soi, il n'est pas nécessaire qu'elle présente les caractères de l'injure, de la diffamation, ou de l'outrage de l'art. 222. Des actes ou des propos blessants, qui ne seraient pas réprimés s'il s'agissait d'un particulier, peuvent constituer l'offense (Cass. 4 mars 1831).

1° Publicité selon la loi de 1881. — L'individu trouvé possesseur d'un écrit contenant des offenses envers le chef de l'Etat, ne peut être l'objet de poursuites, par cela seul qu'il a remis l'écrit à un tiers, si cette remise a été confidentielle et s'il n'en est résulté aucune publicité. 11 mai 1854. Cr. r. Hubin.

2° Publicité selon l'art. 86 CP. — Une publicité *quelconque* doit être déclarée suffisante quand il s'agit du délit de l'art. 86. Il n'est pas nécessaire que les propos aient été *tenus* dans des lieux ou réunions publics (Grenoble, 26 mars 1858). Evidemment tout dépendra des circonstances, du nombre des témoins présents dans l'endroit où l'offense a eu lieu, etc. Ainsi, de simples propos offensants, tenus dans la boutique d'un maréchal-ferrant, ne peuvent être considérés comme publics au sens de l'art. 86 (Cass. 15 mars 1832, Gimbert).

Même avant la loi de 1853, et en dépit des termes de l'art. 9 L. 1819, on décidait que le geste peut constituer l'offense réprimée.

Lacérer et fouler aux pieds des estampes où le roi est représenté, c'est commettre une offense à la personne du roi (Cass. 31 juill. 1834.)

Conclusions. — 1° L'art. 26 L. 1881 réprime exclusivement les offenses *publiques quelconques indirectes*, quel que soit leur procédé, et y compris le geste.

2° L'art. 86 CP réprime toute offense *publique directe quelconque.*

3° Les art. 222 et 223 CP répriment seulement les outrages *directs* ou *adressés, non publics*, et commis F ou OF.

4° Les art. 36 et 37 L. 1881 répriment toute offense *publique quelconque*, directe, indirecte, adressée.

6e Section

Expressions offensantes. — Publicité.

CHAPITRE XXII

EXPRESSIONS INJURIEUSES

Caractère offensant des propos poursuivis. — Sur quoi se fonder pour apprécier si tel propos est injurieux ou diffamatoire ? Est-ce sur l'intention du coupable, sur l'effet produit dans l'esprit des auditeurs, ou sur l'effet produit dans l'esprit de l'offensé? Ou est-ce exclusivement l'opinion du juge qui devra prévaloir?

En matière de délits de cette sorte, il est inadmissible que ce soit d'après l'opinion générale ou personnelle de tels individus que l'on décide s'il y a lieu ou non à répression. D'autre part, c'est un principe fondamental de notre droit pénal qu'en matière de faits volontaires, il doit y avoir intention délictueuse pour que le fait puisse être qualifié délit. Comment établir l'intention délictueuse en cas de diffamation ou d'injure?

En principe, pour qu'il y ait répression de l'injure ou de la diffamation, il faut qu'il y ait intention coupable (Lyon 11 mai 1887).

Cet arrêt ne donne pas la solution cherchée.

En thèse générale, c'est au juge à apprécier, d'après les circonstances (Cass. 12 mai 1820).

Soit, mais encore une fois, comment le juge procédera-t-il, sur quoi fondera-t-il son appréciation?

Le caractère légal des imputations diffamatoires et des injures s'apprécie uniquement d'après leur objet, c'est-à-dire par la *nature même* des faits sur lesquels elles portent (Cass. 26 mars 1898).

Voilà qui est mieux. Mais aucun de ces trois arrêts n'est satisfaisant.

La vérité, c'est qu'il faut les réunir, les combiner, pour arriver à la solution cherchée. En fait, ce sont l'intention, les circonstances et la nature des propos qui devront être appréciés par le juge, et il est aisé de le démontrer.

1° L'intention, même apparente, du prévenu, peut, dans certains cas, rester sans influence quant à la qualification du délit. Si par exemple, on reproche malignement à quelqu'un un fait qui est autorisé par la loi, il n'y aura pas diffamation, car ce que la loi permet ne saurait être considéré comme déshonorant (Voir VII, ministres du culte).

2° Ce qui constitue l'injure, ce n'est pas le mot en lui-même, mais le sens que l'usage lui attribue. Ainsi, appeler quelqu'un Dreyfus et lui dire qu'on le conduira à l'île du Diable, c'est l'injurier (Trib. pol. Sceaux 1er avril 1898).

Quid de l'opinion des auditeurs?

Traiter quelqu'un de franc-maçon n'est pas le diffamer, assurément, et peu importera dès lors que le milieu dans lequel le propos a été tenu attache une interprétation défavorable à l'emploi de cette qualification (Rennes, 30 janv. 1899).

3° Traiter quelqu'un de franc-maçon n'est pas l'injurier; mais si l'article incriminé se réfère à d'autres articles de journaux contenant des injures aux francs-maçons, le délit d'injures est suffisamment caractérisé (Cass. 10 avril 1897).

Conclusions. — L'appréciation du juge doit être basée à la fois sur l'intention du coupable et la nature des propos.

Il y a donc des propos injurieux ou diffamatoires: 1° de fait; 2° à raison de l'intention.

Propos injurieux de leur nature.

Nous savons que ce sont les invectives, termes de mépris, expressions outrageantes. Il ne faut pas croire que les seuls qualificatifs injurieux soient réprimés. Tout propos outrageant ou méprisant peut constituer une injure; de même une appréciation blessante, une comparaison offensante, une grossièreté méprisante, etc.

Par suite, toutes les expressions rapportées ci-après seront qualifiées outrages, si elles s'adressent à un privilégié F.

On peut diviser les injures en deux classes: 1° celle comprenant les invectives et termes de mépris, c'est-à-dire surtout les qualificatifs injurieux; 2° celle comprenant les expressions outrageantes. Quoique, par expressions outrageantes, on puisse entendre les invectives et termes méprisants, il est préférable, pour plus de clarté, de ne qualifier ainsi que les propos, appréciations, affirmations, de nature ou d'intention injurieuse.

Invectives. — On peut considérer comme telles les expressions ci-après: misérable (Orléans, 5 août 1868); insolent (Toulouse, 24 déc. 1874); cochon (Cass. 19 janv. 1883); canaille, vaurien, crapule (Nîmes, 23 février 1865 et Riom, 13 nov. 1867); bougre de sot, bougre d'animal, cochon (Angers 22 juin 1863); vagabond, oiseau galeux (Colmar 12 juin 1866).

Termes de mépris. — On peut citer: hypocrite (Dijon 19 nov. 1873); capon (Cass. 26 janv. 1864); cornard (Bourges 17 août 1877); imbécile (Cass. 23 août 1844); calotin (Lyon 27 nov. 1900).

Expressions outrageantes. — Ce seront:

chevalier d'industrie (Lyon 23 avril 1891); Alphonse (Orléans, 22 fév. 1887); polisson, drôle (Angers, 15 nov. 1828).

C'est une injure de dire que, lorsqu'on s'appelle de tel nom, on n'a d'autre droit que celui de se taire (Cass. 9 mars 1900).

La qualification de mouchard, étant une expression outrageante et un terme de mépris, constitue une injure (Cass. 17 mars 1898).

Les expressions : *homme sans foi et sans honneur* présentent le caractère d'injure et non celui de diffamation; elles ne renferment pas l'imputation d'un fait précis (Cass. 5 déc. 1861, Normand).

Une injure peut consister en allégations ou imputations, tout comme la diffamation, car, ce qui différencie cette dernière de l'injure, ce n'est pas le procédé matériel employé, ni le nombre de mots; mais uniquement ce fait que diffamer, c'est nuire, ou essayer de nuire, à la bonne réputation d'autrui.

L'imputation de sorcellerie est une injure (Cass. 15 mars 1811).

Dans certains cas, l'intention injurieuse résultera des circonstances ou des propos commentant l'expression employée.

Qualifier quelqu'un de judaïsant, en ajoutant que les judaïsants ne sont pas de bonne foi, constitue une injure (Cass. 9 mars 1900).

Dire à une dame qu'elle n'est qu'une marchande de chansons, et qu'il y a un long cahier sur son compte, ce n'est pas lui imputer un vice déterminé (Cass., 10 juill. 1840).

Traiter un individu de polisson, ce n'est pas lui imputer un vice déterminé (Cass., 16 avr. 1841).

Ces propos sont injurieux au sens de la loi actuelle.

CHAPITRE XXIII

PROCÉDÉS ET EXPRESSIONS OUTRAGEANTS, F, DE LEUR NATURE OU A RAISON DE L'INTENTION (F[res]).

Sont injurieuses les expressions suivantes:

Larron (Cassation); polisson (Cass. 13 mars 1823); canaille, lâche (Cassation); capon (Cass. 26 janv. 1854); gredin (Cass. 4 juillet 1833); tas de fourneaux (Seine 30 sept. 1903); c'est moi, imbécile (Cass. 23 août 1844).

Il n'est pas permis de mentir ainsi (Haute Cour, Versailles, 9 nov. 1849); Allez moucharder ailleurs (Cass. 2 janv. 1834); lâches, chiffonniers (Cass. 31 janv. 1845).

Procédés injurieux.

Provocation en duel. — Une provocation en duel faite à un f[re] est un outrage (Cass. 13 juin 1828).

Déclaration mensongère. — La déclaration mensongère d'un vol faite aux magistrats et agents de la force publique, dans le seul but d'apitoyer les créanciers du déclarant et d'en obtenir des délais pour le paiement de leurs créances, ne constitue point le délit d'outrages (Cass. 31 mars 1857).

Mais si cette déclaration mensongère a été faite par dérision, il y a outrage punissable (Cass. 9 déc. 1808, Voir II, 2).

Le refus de se tenir découvert dans le bureau d'un fonctionnaire, et le fait de répondre à ses observations: « qu'il est trop petit garçon, qu'il se fout de son procès-verbal et qu'il restera couvert », constituent un outrage (Poitiers, 17 février 1858).

La proposition d'une récompense adressée secrètement à un fonctionnaire pour un acte contraire à ses devoirs ne peut, bien qu'elle ait blessé sa délicatesse, être qualifiée outrage alors que celui qui l'a faite n'a eu d'autre but que de se rendre ce fonctionnaire favorable et qu'il n'en résulte aucune atteinte à son honneur (Cass. 25 janv. 1866).

Pour les injures ou outrages OF, voir II, 13.

Appréciation. — Les tribunaux sont souverains pour apprécier si les paroles outrageantes envers un magistrat l'ont été OF, par haine et par vengeance (Cass. 30 déc. 1858, Coutanceau).

Il leur appartient d'apprécier souverainement les faits qui constituent le délit d'outrages (Cass. 23 mars 1848, Morin).

L'appréciation de ces faits ne peut fournir ouverture à cassation. Voir art. 408 C. i. cr. (Cass. 29 mai 1813, Hudebert).

La qualification qui peut être donnée aux faits sous le rapport de l'injure, peut constituer un mal jugé mais non une violation de la loi, et ne donne pas ouverture à cassation (Cass. 11 avril 1822, Cénac).

La cour de cassation a le droit d'apprécier si les faits constatés par l'arrêt constituent le délit d'outrage (Cass. 16 déc. 1859, Faure).

Les jugements doivent énoncer et caractériser les propos offensants (Cass. 7 oct. 1825, Chagnon; 11 déc. 1845, Tasson); — *Contrà :* Cass., 11 avril 1822 (Cénac).

CHAPITRE XXIV

EXPRESSIONS DIFFAMATOIRES

Diffamation. — Elle consiste : 1° en *allégation;* 2° en *imputation* d'un fait portant atteinte à l'honneur ou à la considération, inculpant la délicatesse, par exemple.

Honneur. — L'honneur, c'est la vertu, la probité, la délicatesse, tout ce qui donne droit à la vénération d'autrui, au respect de soi-même et d'autrui.

Le terme a donc un sens générique par rapport à celui : considération, employé dans la loi de 1881, et à celui : délicatesse, de l'art. 222.

Considération. — La considération s'entend particulièrement de l'estime que chacun peut avoir acquise dans l'état qu'il exerce, estime qui est pour lui une propriété précieuse, que la diffamation pourrait atteindre sans cependant porter atteinte à son honneur. Car on peut être homme d'honneur, ne pas être diffamé comme tel, et l'être, par exemple, dans les autres qualités morales qui font un bon négociant, un bon avocat, un bon médecin (Discussion de 1819, M. de Serres).

La considération, c'est surtout la bonne opinion que les autres ont de vous, et l'honneur, celle que vous avez de vous-même. Inculper la délicatesse, ce sera toujours porter atteinte à l'honneur, et souvent à la considération, presque toujours même.

Quoique le législateur ait défini la diffamation, il est nécessaire d'expliquer les expressions qu'il a employées dans la définition elle-même.

« *Imputer*, a dit la commission de la chambre des députés, c'est affirmer; *alléguer*, c'est annoncer sur la foi d'autrui, ou laisser à l'assertion l'ombre du doute. »

Or, l'allégation ou l'imputation susdites peuvent être renfermées dans une invective, un terme de mépris, une expression outrageante, ou plutôt, la diffamation a un caractère essentiellement injurieux. Quand il y a diffamation il y a donc à la fois: 1° procédé injurieux; 2° divulgation d'un fait de nature à déconsidérer.

Si cette divulgation est publique, il y a diffamation publique. Sinon, l'offense seule est punie à titre d'injure non publique.

La diffamation, supposant une imputation dirigée *contre la personne*, n'existe pas au cas de dénigrement d'un produit. Ainsi, le délit n'existe pas quand on écrit que, d'après les résultats d'une analyse, le produit vaudrait 6 à 8 francs les 100 kilos, et que l'acheteur n'était ainsi volé que de 450 sur 500, le mot *volé* pouvant ne s'appliquer qu'au marché obtenu des acheteurs par des intermédiaires étrangers à l'invention du produit en question (Amiens 12 janv. 1901).

Diffamations.

Il y a plusieurs genres de diffamation : 1° la diffamation calomnieuse; 2° la divulgation de faits, exacts ou non, de nature à entraîner des poursuites criminelles ou correctionnelles (ancien art. 367 CP); 3° l'imputation d'un vice déterminé, de nature à déconsidérer; 4° celle de faits pouvant exposer à la haine ou au mépris des citoyens (ancien art. 367); 5° en un mot, toute imputation ou allégation de nature à déconsidérer ou à déshonorer.

Nous aurons donc des propos diffamatoires: 1° de leur nature; 2° à raison de l'intention et des circonstances.

1° Propos diffamatoires de leur nature.

C'est une diffamation que dire : Un tel a volé une oie et l'a fait manger dans son auberge (Cass. 20 janv. 1825).

On doit considérer comme une diffamation:

L'imputation à un individu d'avoir commis un faux (Cass. 2 juill. 1812, Broudetta; 21 mai 1836, Durand Vaugaron).

D'avoir fait des prêts usuraires (Nancy, 28 août 1850, Aubry).

D'être un reste de prison, qu'on a des motifs pour l'y faire remettre et qu'il ira encore (Cass. 15 fév. 1828, Delogé).

L'imputation d'avoir prêté longtemps à la petite semaine contient l'imputation précise du délit d'habitude d'usure, et porte, par cela même, atteinte à l'honneur et à la considération de celui qu'elle vise. C'est une diffamation (Cass. 9 avril 1897).

L'imputation d'avoir calomnié un tiers, et causé ainsi sa révocation, étant de nature à porter atteinte à l'honneur et à la considération de celui à qui ce fait est imputé, constitue une diffamation (Cass. 17 mars 1898).

Sont attentatoires à l'honneur de la personne visée:

L'imputation à un homme marié de vivre en concubinage avec une femme libre, dans le domicile de celle-ci (Limoges, 14 mars 1828).

L'imputation à une jeune fille de s'être laissé séduire (Douai, 17 juin 1831);

La désignation d'un enfant naturel par les noms d'un individu qui serait ainsi désigné comme le père (T. C. Rouen, 29 août 1837);

Il y a diffamation dans le fait d'imputer à quelqu'un d'avoir été le co-accusé d'un assassin (Cass. 10 août 1866).

C'est diffamer un journaliste que de le représenter au public comme faisant de la politique un accessoire de son commerce d'imprimeur, et comme n'ayant d'autre souci que d'augmenter le tirage de son journal; de telles accusations excèdent notoirement le droit de polémique. Des dommages-intérêts sont dus à celui qui a souffert un préjudice moral aussi bien que s'il avait subi un préjudice pécuniaire (Rouen 4 août 1896).

Est diffamatoire l'articulation portée contre un citoyen d'avoir commis un délit de chasse et d'avoir dénoncé des délits de même nature commis par d'autres citoyens, alors que cette dénonciation est présentée, non comme constituant l'accomplissement d'un service, mais comme un acte coupable devant être condamné par l'opinion publique (Cass. 10 mai 1900. Même décision, Cass. 4 août 1865).

Ecrire qu'un plaideur a par deux fois manqué à l'honneur en invoquant la prescription pour ne pas payer des dettes de café est une diffamation (Cass. 2 avril 1887).

La diffamation n'étant réprimée, d'après l'ancien art. 367, que si elle était calomnieuse, on a décidé qu'il n'y a pas diffamation dans le fait de celui qui a imputé un fait à un individu qui en est reconnu coupable par justice (Bordeaux, 14 avr. 1833, Duvoyon).

Actuellement il y aurait diffamation:

La diffamation étant constante, sera réprimée même si le fait allégué est exact (Lyon 11 mai 1887). Il suffit en effet que les imputations ou allégations soient de nature à porter atteinte à l'honneur ou à la considération, pour qu'elles soient, de droit, *réputées* faites avec une intention coupable (Seine 25 fév. 1891, Cass. 12 fév. 1891 et 15 fév. 1894).

La publication de faits vrais relatifs à la vie privée, est une diffamation; car la vie privée doit être murée, a dit Royer-Collard (Cass., 18 août 1842).

Nota. — Relativement à l'influence de la vérité, reconnue judiciairement, des faits allégués, voir VI, 6, sursis.

2° Il y a des cas où la diffamation n'existe pas, en raison de la nature des propos: par exemple, quand on dit de quelqu'un: 1° Telle personne ne fait plus partie de ma maison, pour des raisons graves (Paris, 6 mars 1844). — Il y a injure simple (même arrêt).

2° Un tel s'est écarté de la ligne d'un honnête homme (Cass. 8 juill. 1843).

3° Ou quand on impute à quelqu'un un fait autorisé par la loi (Cass. 18 vend. an IX).

Ne commet pas une diffamation:

Celui qui, se trouvant dans un lieu de débauche, prend le titre de procureur du roi pour faire retirer des individus qui veulent en forcer l'entrée (Nîmes, 9 mars 1826, Maumejean).

L'électeur qui demande à faire consigner au procès-verbal un fait qui, par sa nature, peut faire influer sur la validité de l'élection, quand il y a bonne foi (Cass. 29 août 1846, Faure).

On ne peut considérer comme un délit l'imputation faite d'une manière hypothétique, par exemple, en disant : Si tel individu a fait telle chose, c'est un brigand et un coquin (Cass. 20 mars 1817, Toutain).

3° *Propos réputés diffamatoires* à raison des procédés, ou des circonstances.

Si les juges, en matière de diffamation commise par la voie de la presse, ne peuvent se saisir d'office d'un écrit non visé dans la citation pour en faire l'objet d'une incrimination spéciale, rien ne leur interdit d'éclairer le sens et la portée des écrits incriminés en les rapprochant d'autres écrits publiés non seulement dans le même journal, mais encore dans des numéros visés par la citation (Bordeaux, 13 juin 1894).

La diffamation est suffisamment caractérisée par ce fait que le rédacteur d'un article de journal renvoie ses lecteurs à un article diffamatoire, publié dans une autre feuille qu'il indique (Cass. 15 mai 1897).

Voir plus haut: franc-maçon.

La position sociale de l'offensé peut avoir une influence sur la qualification des propos. *Exemple:* sont diffamatoires les propos suivants : 1° Les époux X... ont tort de faire tant d'embarras. Dans un an, ils auront fait faillite; 2° Les époux X feraient bien mieux de payer leurs dettes que d'acheter un piano (Paris, 2 janv. 1892).

Voir VII, commerçant.

4° *Propos diffamatoires* à raison de l'intention.

Le fait d'annoncer, par la voie d'un journal, qu'une personne a été mise à l'index, a évidemment pour but et pour résultat de signaler, sinon au mépris, du moins à la méfiance du public, la personne ainsi désignée, et d'appeler sur elle la déconsidération, et constitue, en conséquence, une diffamation (Bordeaux, 13 juin 1894.)

Il y a diffamation dans le fait de publier des faits notoires, qui ne sont pas en eux-mêmes déshonorants, mais avec une qualification offensante par le fait et par l'intention (Cass. 7 déc. 1844).

Accuser quelqu'un de plagiat peut constituer ou non une diffamation selon l'intention du coupable (Seine, 27 janv. 1887).

L'intention de nuire est un élément essentiel du délit de diffamation. Ainsi l'intention de nuire n'existe pas lorsqu'un journaliste, poursuivant une campagne contre l'alcool, écrit à propos du décès d'un industriel « qu'il était décoré comme tous les fabricants d'apéritifs qui comptent quelques années d'empoisonnement public ». (Amiens, 8 février 1900).

Renseignements. — Il n'y a pas diffamation dans le fait, par une personne sollicitée à ce sujet, de fournir des renseignements à l'occasion d'un projet de mariage sur l'un des futurs conjoints, alors que ces renseignements ont été donnés sans intention de nuire et d'une manière confidentielle. Toutefois, il peut y avoir imprudence à les fournir sur la voie publique; et, dès lors, il peut y avoir lieu à dommages-intérêts (Trib. Bergerac, 3 nov. 1896).

Pour les diffamations à l'égard d'un candidat, l'intention de nuire joue parfois un rôle constitutif. Exemple :

Il n'y a pas diffamation : 1° si, d'une part, le but du coupable est seulement d'enlever des suffrages au candidat; 2° si, d'autre part, l'imputation consiste à reprocher au candidat d'avoir siégé à la commune de Paris et d'être responsable des odieuses fusillades (Seine, 7 avril 1886).

Les dispositions légales qui punissent la diffamation demeurent applicables pendant les périodes électorales; il appartient seulement aux juges du fait d'apprécier si l'auteur d'une imputation diffamatoire, dirigée par la voie de la presse ou autrement contre un candidat, a agi de bonne foi dans le but d'éclairer les électeurs sur le passé et les mérites de ce candidat (Cass. 2 février 1893).

En matière électorale, les injures et diffamations n'ont, entre adversaires politiques, qu'une portée absolument relative (Angers, 5 déc. 1896).

La cour de cassation a émis une opinion opposée (12 fév. 1897, Voir IV, 2).

5° *Imprimés et journaux.*

(L. 1881, art. 2, 3, 4, 23, 41.)

La jurisprudence fait résulter du fait de la publication une présomption de criminalité qui oblige le publicateur à se disculper par une preuve contraire (Cass. 15 nov. 1821, et Bruxelles, 7 nov. 1822).

C'est surtout en cas de publication par la voie de la presse que cette présomption est admise (Paris, 4 mars 1837, et Rouen, 30 déc. 1841).

Le journaliste qui, dans le seul but de piquer la curiosité publique, insère dans sa feuille des faits diffamatoires, est réputé diffamateur, quoiqu'il ne connaisse pas la personne diffamée (mêmes arrêts).

L'excuse de bonne foi ne peut être admise dans le cas où le diffamateur est un écrivain rompu aux difficultés de l'art d'écrire, qui, en connaissant les dangers, en possède toutes les habiletés (Angers, 4 mars 1898).

Le journaliste, dont la profession est de publier tout ce qui peut intéresser le public, depuis la satisfaction de sa curiosité jusqu'à celle de ses intérêts les plus élevés, pourrait trouver dans le but général de son entreprise une présomption de bonne foi pour la publication des nouvelles qu'il reproduit à la hâte, surtout lorsque rien n'a pu l'avertir du délit contenu dans les faits par lui réédités (Rouen 5 nov. 1846. — Contrà: Paris, 4 mars 1837).

Si larges que puissent être les libertés auxquelles peut prétendre le reportage, elles ne peuvent jamais autoriser le journaliste à publier des faits inexacts et à prêter aux personnes qu'il désigne une attitude et un rôle qui sont de nature à les atteindre dans leur honneur, leur considération, ou dans leurs intérêts de famille les plus respectables et les plus chers (Seine, 13 avr. 1899).

Alors même que l'auteur d'un écrit diffamatoire a pris soin d'indiquer qu'en reproduisant le fait relevé il n'était que l'écho de la chronique, il n'en est pas moins coupable du délit de diffamation. La loi, en effet, ne vise pas seulement l'imputation directe, mais la simple allégation d'un fait pouvant porter atteinte à l'honneur et à la considération d'une personne. L'emploi même d'une forme dubitative n'enlève point à la publication son caractère répréhensible. (Seine, 4 janv. 1899).

Le fait d'insérer dans un journal, même sans commentaires, une information qui porte atteinte à l'honneur et à la considération d'une personne, constitue le délit de diffamation, même si les renseignements ont été puisés *dans un bureau de police* et publiés sans intention de diffamer (Douai, 2 mai 1898).

A propos de ce dernier arrêt de la Cour de Douai, j'appelle l'attention sur un jugement rendu à Paris le 17 juin 1900, en matière de reportage: « Ne commet pas une diffamation le journaliste qui se borne à faire acte de reportage en publiant de bonne foi des faits d'ailleurs exacts, dans le but de renseigner ses lecteurs sur un fait divers *destiné à être connu de tous.* — Ce jugement a été confirmé le 2 nov. 1903 par la chambre qui l'avait rendu, dans une espèce analogue: « Attendu que le journal, pour publier son article, s'est appuyé *sur des procès-verbaux de police*, et sur l'arrestation de la dame R...; qu'il est vrai qu'il énonce à tort que la plaignante a fait des aveux; mais attendu qu'une simple inexactitude, même portant sur un fait important, ne suffit pas pour établir que le journal a voulu nuire à une personne qu'il ne connaissait pas, etc. »; le gérant est renvoyé indemne.

Est-il utile de provoquer une comparaison entre ces arrêts et celui rendu également à Paris, le 4 janvier 1899, sans parler de celui du 4 mars 1837, et surtout de ceux rendus par la Cour suprême, à propos de la bonne foi (Voir ci-après : excuses invoquées) ?

L'inculpé sous la main de la justice n'est ni condamné ni même jugé; il doit être sacré à un double titre: parce qu'il est malheureux, et parce que sa culpabilité n'est pas encore démontrée. Comment admettre dès lors que l'inqualifiable indiscrétion qui a révélé à un reporter le nom véritable de tel coupable présumé puisse être considérée comme une excuse pour le publicateur? Quant à l'inexactitude du fait publié, je citerai l'arrêt suivant: Le fait de *communiquer* à un journal un renseignement de nature à amener une confusion pouvant porter atteinte à l'honneur ou à la considération d'une personne donne ouverture, au profit de cette dernière, à une action en dommages-intérêts. Toutefois, il y a lieu de tenir compte, dans l'appréciation de l'indemnité à allouer, de la faute commise par celui qui, pouvant, aux termes de l'art. 13 L. 1881, exiger une rectification dans le journal qu'il incrimine, n'a pas usé de cette faculté (Tribunal civil, Seine, 1re chambre, 16 mai 1887).

Voici enfin un arrêt fort explicite:

Il y a diffamation, même lorsque l'inculpé s'est borné à *reproduire* un procès-verbal de gendarmerie constatant une plainte de vol et les charges pesant sur une personne déterminée. Un tel document n'est pas en effet *destiné à la publicité*, et les communications qui peuvent être obtenues de semblables pièces sont aux risques et périls de ceux à qui elles sont faites (Lyon 11 mai 1887).

Le gérant d'un journal est responsable du dommage causé par la publication d'une fausse annonce, encore qu'il l'ait faite de bonne foi (Bordeaux, 2 déc. 1840, Coudert c. Poyart).

Du reste, voir l'art. 38, L. 1881, et II, 26, actes.

Le correspondant bénévole d'un journal qui envoie au rédacteur un article, sans en payer l'insertion ni en recevoir le prix, peut être responsable du délit de diffamation que contiendrait cet article, bien que le rédacteur ait été mis hors de cause, par suite d'arrangements avec le plaignant (Paris, 26 août 1828, Buret de Longchamp).

Conclusion. — Les propos diffamatoires de leur nature sont, *de droit*, réputés faits avec intention de nuire, alors qu'ils portent atteinte à l'honneur ou la considération (Cass. 15 fév. 1894, etc.).

Un journaliste, en portant à la connaissance de ses lecteurs un fait déjà notoire, mais en évitant toute personnalité malveillante, ne commet ni une faute, ni une imprudence, ni une négligence selon l'art. 1382 CC (Trib. Poitiers, 4 juin 1894).

Ne commet pas une diffamation, le rédacteur d'un journal de sports qui publie, en la commentant, une décision des commissaires d'une société de courses disqualifiant un propriétaire de chevaux de course, alors que cette décision a déjà été publiée par le bulletin officiel de la société, et que le journaliste n'a voulu que flétrir des manœuvres déloyales fréquentes sur les champs de courses (Seine, 13 déc. 1893).

Publier dans un journal un avis uniquement destiné à prévenir les détournements commis par un colon au préjudice de son propriétaire n'est pas commettre une diffamation (Trib. Angoulême, 22 juin 1891).

Non plus que mettre en garde les viticulteurs d'un région contre l'acceptation d'une police dont les conditions sont appréciées comme trop onéreuses (Cass. 17 mai 1886).

Il y a diffamation dans cette allégation « qu'un individu porté sur la liste électorale doit être radié pour cause de déchéance, à raison d'une contravention correctionnelle », lorsque cette demande en radiation, ainsi motivée, est faite moins pour accomplir un devoir civique que pour nuire à l'électeur qui en est l'objet, et lorsque dans ce but il lui a donné une publicité inutile (Cass. 27 janv. 1866).

Dans le fait d'avoir publié dans un journal qu'une compagnie fermière d'un établissement thermal trompe le public sur la nature des produits qu'elle lui livre, qu'elle reçoit dans ses salons des personnes d'une immoralité notoire, et qu'elle se livre à des spéculations immorales (Cass., 10 août 1865).

La diffamation publique résulte de l'annonce faite mensongèrement dans un journal qu'un individu s'est suicidé, alors surtout qu'on attribue ce fait à des motifs d'intérêt (Rouen, 30 déc. 1841, Dupuis).

De l'articulation faite dans un écrit que les coups qu'on a portés à un autre, et qui ont été l'objet d'une condamnation, sont des soufflets et non des coups de toute autre nature, lorsqu'elle a été faite méchamment et à dessein de nuire (Cass., 24 mai 1844, Salneuve).

L'emploi, dans une chronique, d'un jeu de mots, ne saurait être une indication suffisante pour désigner une personne déterminée. Ainsi, dans l'espèce, pour apprécier s'il y a diffamation, il faut envisager les conditions dans lesquelles un directeur de théâtre, se prétendant diffamé, se trouve vis-à-vis du public et de la presse. Le fait de dire qu'il quittera le « théâtre de ses exploits » n'est pas nécessairement une injure, le mot « exploiter » pouvant s'interpréter de deux façons ». (Seine, 30 décembre 1896).

Le romancier a le droit de s'inspirer de faits notoires et de personnages connus dans une œuvre d'imagination, et d'y transporter certains caractères publics. Ce droit n'a pour limite que l'imputation malveillante émise dans l'intention de nuire (Seine 9 déc. 1896).

Les critiques, même violentes, qui s'adressent à une œuvre de propagande philosophique, morale ou religieuse, sans être dirigées contre les auteurs nommément désignés de cette propagande, n'ont pas le caractère d'imputation diffamatoire ou injurieuse (Douai, 11 juill. 1900).

On ne saurait considérer comme licite un article de journal qui contient l'affirmation de la débâcle complète d'une société; une pareille affirmation, en effet, dépasse les limites d'une simple information portant à la connaissance des lecteurs du journal des faits précis et dont la matérialité ne saurait être contestée (Seine, 26 juin 1896).

En admettant qu'un journal agisse de bonne foi en publiant sur une maison de commerce des faits de nature à intéresser le public auquel il s'adresse, et notamment en affirmant que les ouvriers de ladite maison sont en grève... etc., il y a néanmoins une faute engageant sa responsabilité, si l'auteur de ces affirmations ne s'est pas suffisamment informé de leur exactitude et leur a donné une forme discourtoise. (Lyon, 16 janv. 1896).

En matière de délits de presse, la Cour de Cassation a le droit d'examiner l'écrit incriminé (Cass. 4 nov. 1834, 9 janvier 1864, etc.).

Mais ce contrôle ne s'exerce que sur les éléments intrinsèques de l'écrit (Cass. 9 janv. 1864).

Les Cours d'appel sont souveraines pour apprécier les éléments extrinsèques (Cass., 9 janv. 1864) et l'intention de l'auteur de l'écrit (Cass. 31 déc. 1863).

6° *Excuses invoquées.*

En matière de diffamation, on est présumé agir avec une mauvaise intention (Paris, 4 mars 1837, Vernier; Rouen, 30 déc. 1841, Dupuis).

C'est au prévenu à établir qu'il a agi de bonne foi et sans intention de nuire (Paris, 4 mars 1837, Vernier).

Il ne peut détruire cette présomption que par des faits particuliers qui doivent être énoncés dans le jugement, s'ils sont admis par le tribunal (Cass. 15 mars 1821, Augé).

Si les tribunaux peuvent décider qu'il n'y

a pas eu intention d'injurier ou de diffamer, ils ne peuvent, quand la diffamation est établie, relaxer le prévenu sous le prétexte de sa bonne foi, ils peuvent seulement atténuer la peine (Toulouse, 30 déc. 1836).

La bonne foi, considérée comme excuse justificative, n'est pas admissible en matière de diffamation, car nul ne doit ignorer la loi qui a érigé en maxime que « la vie privée doit être murée »; nul ne peut se croire autorisé à divulguer des faits diffamatoires, par cela qu'il les suppose vrais (Cass. 28 avril 1843, 24 mai 1849, etc.).

La bonne foi résultant de la conviction qu'aurait l'inculpé de la vérité des faits par lui imputés ne suffit pas à elle seule pour détruire le délit, il faut encore que le prévenu ait agi sans intention malveillante et uniquement dans un intérêt public, par exemple dans le but d'éclairer des électeurs (Rouen, 5 nov. 1846, Dea).

Le prévenu de diffamation ne peut être excusé sous le prétexte que le fait allégué avait été par lui dénoncé à l'autorité compétente (Cass., 2 déc. 1808, Didier; 12 juin 1818, Cochard).

Il n'y aurait pas excuse dans le fait que le prévenu ait cru que par cela qu'il était contenu dans un écrit publié pendant la période électorale et au sujet d'un candidat, sa réédition était couverte par une immunité légale (Douai, 21 août 1861).

L'offre de nommer celui de qui on tient l'imputation n'est pas une excuse (Seine, 26 oct. 1835; Cass. 4 nov. 1831).

L'auteur de l'imputation ne pourrait pas s'excuser en faisant connaître le nom de celui de qui il tient le fait allégué : — Si cependant il était prouvé que celui qui a publié le fait diffamatoire n'a été que le porte-voix de bonne foi d'un tiers qui, dans ce cas, n'aurait fait qu'utiliser, pour la satisfaction d'une haine secrète, les habitudes d'indiscrétion et de commérage de la gazette vivante qu'il a habilement lancée dans le public, la Cour de cassation fournirait, par son arrêt des chambres réunies du 13 mars 1855, sur la publication de fausses nouvelles, des motifs de nature à justifier une condamnation contre l'auteur de la diffamation resté dans l'ombre et un acquittement contre son agent publicateur de bonne foi.

Opinion inadmissible, si l'allégation était nettement diffamatoire, la bonne foi ne pouvant être une excuse que lorsqu'il y a doute sur le caractère des imputations ou allégations.

Ne commet pas une diffamation le créancier qui, dans une réunion pour arriver à un règlement amiable, a articulé, pour faire rejeter une créance, des faits diffamatoires, s'il n'a pas eu l'intention de porter atteinte à la réputation de son adversaire, et si les propos qu'il a tenus ont été prononcés au milieu d'un échange d'explications fort vives tendant au rejet de leurs créances respectives (Cass. 21 avril 1864).

Cette décision ne serait plus admissible, sauf s'il s'agissait d'une réunion privée. Du reste, voir ci-après.

La circonstance que les discours diffamatoires auraient été proférés en répondant à une interpellation, ne les excuse pas (Cass., 4 nov. 1831).

Il en est de même de la circonstance que ces discours auraient déjà été tenus par d'autres personnes avant le prévenu. Même arrêt.

Néanmoins celui qui repousse avec une violente énergie une accusation violente n'excède pas son droit de légitime défense (Paris, 19 mars 1860).

Les cris: *Au voleur!* proférés par un marchand qui vient d'être victime d'un vol, contre un individu qu'il poursuit, ne peuvent constituer une diffamation lorsque cet individu a provoqué cette poursuite et ces cris par sa conduite déloyale (Rouen, 20 juin 1845, Brayer c. Bourgeois).

7° *Cas douteux.* — Propos injurieux ou diffamatoires.

Imputer à quelqu'un un vice déterminé, c'était l'injurier, au sens de l'ancien art. 375 CP. Or cette imputation peut être ou non de nature à déconsidérer. Dans le premier cas, si l'expression renferme l'imputation d'un fait précis, il y aura diffamation. Dans le second, ou à défaut d'imputation précise, il y aura injure. C'est en cette matière que la jurisprudence a donné les solutions les plus discutables. La considération en vertu de laquelle elle fonde la plupart de ses arrêts semble être celle-ci: pour qu'il y ait imputation ou allégation, il faut qu'il y ait affirmation caractérisée par l'emploi de plusieurs mots. Or, le contraire résulte de l'art. 29 de la loi de 1881.

Un seul mot peut renfermer l'imputation d'un fait précis; c'est pour l'allégation que plusieurs mots sont nécessaires.

Le législateur a reconnu implicitement que la diffamation est essentiellement injurieuse, en prenant soin de déclarer que, pour que les termes et expressions employés soient injurieux, il faut qu'ils ne *renferment* l'imputation d'aucun fait.

Par suite, les deux délits sont absolument identiques, moralement. Tout ce qui les différencie, c'est la circonstance de fait que, dans l'injure, il n'y a pas imputation, tandis que cette imputation, si elle est constatée, a pour résultat de valoir au délit la qualification légale de diffamation si elle est publique en même temps.

L'injure, c'est le procédé offensant qui ne déconsidère pas. La diffamation c'est le procédé offensant qui déconsidère, par révélation publique d'un fait précisé, fût-ce au moyen d'un seul mot, si ce mot *renferme* l'imputation d'un acte déshonorant, à la condition qu'il y ait intention formelle d'imputer ledit acte.

D'autre part, il ne faut pas perdre de vue ce fait qu'un propos peut être qualifié différemment suivant qu'il est adressé directement ou non, et qu'il consiste en une affirmation ou procède de l'invective. Par suite, le mot, diffamatoire s'il procède de l'affirmation, de l'imputation, peut être injurieux s'il est proféré sous l'empire de la colère, sans intention de divulguer un fait ou un ensemble de faits, s'il n'a pas pour but de jeter le discrédit sur la conduite ou la moralité d'autrui. Ici encore, les circonstances de fait et d'intention joueront donc un rôle d'importance capitale au point de vue de la qualification du délit.

Ainsi, les termes, vagabond, Alphonse (Voir suprà), malfaiteur (art. 303 CP), pourront être injurieux ou diffamatoires.

L'imputation d'être un fripon est diffamatoire (Cass. 1er fév. 1851).

Constitue le délit d'injures le fait d'adresser publiquement à une femme des épithètes lui imputant le vice d'être femme de mauvaise vie, telles que putain, catin (Cour de Caen, 2 mars 1880). Même observation que ci-dessus, et que pour les expressions ci-après :

Appeler quelqu'un gueux, voleur, fripon, sans articuler aucun fait de friponnerie, c'est imputer de mauvais penchants qui sont des vices (Cass. 27 juin 1811).

De même pour les expressions : brigand, scélérat, voleur et faussaire (Riom, 13 novembre 1846), ou : canaille, brigand (Cass. 20 août 1842).

Certes, le principe suivant est exact :

Les imputations diffamatoires s'apprécient, non d'après le mobile qui a pu les inspirer, mais d'après le sens propre qui s'attache à leur contenu (Cass. 7 janvier 1897), mais à la condition qu'on ne l'applique qu'aux propos diffamatoires de leur nature.

Dire, de bonne foi, qu'on juge non marié un protestant qui, en épousant une catholique, a fait célébrer son mariage par l'officier de l'état-civil, et à la chapelle évangélique, mais non à l'église catholique, n'est pas une diffamation (Orléans, 3 mars 1856).

Pour certaines imputations, l'hésitation ne sera guère permise.

Ainsi, accuser quelqu'un d'ivrognerie, c'est assurément l'accuser d'un vice de nature à nuire à sa considération, quel que soit le milieu où le plaignant se meut.

Mais si l'on reproche à autrui d'être syphilitique ?

La syphilis est une maladie, nullement déshonorante, aux yeux des gens éclairés du moins, mais que le vulgaire considère sottement comme la conséquence certaine d'habitudes de basse débauche. Il est donc certain que, pour apprécier, le juge devra tenir compte des circonstances de milieu, quand le propos n'est pas délictueux de sa nature.

Mais où la difficulté sera encore plus grande, c'est dans le cas où, par exemple, on appellerait quelqu'un morphinomane. S'injecter de la morphine, c'est bien avoir une habitude dangereuse pour la santé; mais ingérer de l'alcool est une habitude de même genre; celle-ci est réputée vicieuse en raison du spectacle honteux que fournissent les individus en état d'ivresse, tandis que, si la morphinomanie aboutit le plus souvent à la folie et à la mort, elle ne peut guère être considérée comme habitude vicieuse susceptible de mépris.

En ce cas, sur quoi s'appuyer pour apprécier l'intention ? La nature du milieu pourra jouer un rôle, quant à cette appréciation, mais c'est surtout dans l'attitude, dans le ton du prévenu au moment où il portait son accusation qu'on pourra juger de son mobile.

En somme la question ne peut se poser qu'ainsi : Tel propos est-il, oui ou non, injurieux ou diffamatoire de sa nature, ou en raison de l'intention ?

S'il l'est de sa nature, les circonstances de fait ou d'intention pourront influer sur la quotité de la peine; mais non sur la qualon du délit.

Si le doute existe quant au sens intrinsèque du propos, les circonstances susdites, et même l'effet produit dans l'esprit des assistants, devront entrer en ligne de compte. Ainsi, en fait, l'appellation de voleur de familles ne renferme pas l'imputation d'un fait précis, et constitue une injure (Cass. 29 juill. 1899).

Voleur est une injure (Cass. 26 avr. 1810).

Mais si l'intention du coupable est manifeste, en raison des propos accompagnant le terme imprécis, il y aura diffamation:

Il y a allégation ou imputation diffamatoire dans les faits suivants, savoir:

Dans le fait de dire à un individu: tu as été marqué des lettres T. V. T. F. (Cass., 30 nov. 1854). « *Voleur*, coquin, homme de mauvaise foi, tu prends le chemin du bagne. » (Cass., 4 nov. 1861.)

En résumé, les invectives du genre ci-dessus peuvent être ou injurieuses ou diffamatoires, suivant les circonstances, et les propos les accompagnant. — Appeler quelqu'un voleur, sans motif autre que celui d'offenser, c'est injurier. Si ce qualificatif est employé en raison d'une discussion d'intérêts, etc., il peut être considéré comme diffamatoire. Dans ce cas, en effet, peut-on prétendre que dire: tu as volé, ou dire simplement : voleur, sont choses différentes ? Certes non, et nous avons vu, à propos du mot : plagiaire (suprà n° 4), que l'opinion émise est parfaitement soutenable, et que le sens de l'expression, s'il joue un rôle prépondérant en matière d'appréciation du propos diffamatoire ou réputé tel, ne joue pas un rôle exclusif, mais que le mobile doit souvent entrer en ligne de compte.

Il pourra même advenir qu'un terme injurieux *de sa nature* puisse, en raison des propos l'accompagnant, être considéré comme diffamatoire.

N'est pas injurieuse (ni diffamatoire) la qual[on] de chef de la réaction (Cass. 27 déc. 1886).

Mais accuser quelqu'un d'être un réactionnaire ayant surpris la bonne foi d'un journal pour brouiller les cartes au profit d'un candidat hostile au Gouvernement de la République est une diffamation (Nancy, 10 mars 1887).

Il y a injure dans le fait de traiter quelqu'un de lâche (Toulouse, 21 sept. 1849).

L'épithète de : lâche, ajoutée à d'autres invectives, peut être qualifiée d'imputation diffamatoire (Cass. 29 mars 1845).

Remarque. — Nous savons qu'en principe, la diffamation, c'est l'imputation ou l'allégation d'un fait. S'ensuit-il que, chaque fois que l'offenseur évitera de formuler une accusation précise, l'offense devra, par là même, être invariablement qualifiée injure publique? Nullement. Cette imputation peut se produire implicitement, sans qu'il soit besoin qu'elle soit formulée. Ainsi, il y a diffamation dans le fait de lire méchamment dans un cabaret et de livrer ainsi à la malignité publique, une lettre d'une jeune fille à son amant (Cass. 15 déc. 1859).

On a même considéré qu'il y a diffamation dans le fait de représenter un auteur dont on critique l'œuvre comme un échappé d'un hospice d'aliénés (Cass., 29 nov. 1845). Mais il n'y a pas diffamation à faire la critique, même acerbe, d'une œuvre littéraire ou scientifique, tant qu'elle se renferme dans les limites des droits de la critique et de l'appréciation (Chassan, I, p. 381; de Grattier, I, p. 185).

Il y a mieux : la diffamation intentionnelle peut résulter d'imputations relativement imprécises :

Il appartient aux tribunaux de dégager les imputations voilées par des réticences et des habiletés de plume, et le jugement qui précise ainsi la pensée de l'écrivain ne donne pas ouverture à cassation s'il est démontré que le juge, loin de détourner les allégations de l'écrit de leur sens, en a fait au contraire une saine interprétation (Arrêt de cassation).

L'intention de dénigrer ne suffirait pas cependant pour faire considérer un écrit comme diffamatoire, si les expressions employées ne sont ni injurieuses ni blessantes et ne contiennent l'imputation d'aucun fait de nature à déshonorer ou déconsidérer (Cass., 21 nov. 1861, 31 déc. 1863; 17 mars 1864).

Il y a diffamation dans le fait d'avoir donné à entendre de quelqu'un qu'il avait employé des moyens *déloyaux* et *malhonnêtes*, alors même que ces mots n'eussent pas été employés (Cass. 1er juin 1866).

PUBLICITÉ ET PUBLICATION

CHAPITRE XXV

PUBLICITÉ

Je considère la publicité comme un résultat obtenu au moyen de la publication, par paroles ou procédés graphiques.

C'est une circonstance aggravante prévue

par les lois de 1822, 1881, 1887, et par le décret du 11 août 1848.

Comme, de la publication ou profération de paroles (discours, cris, menaces), il ne peut résulter publicité que si l'effet est produit publiquement, il s'ensuit que l'on est d'accord pour considérer qu'il y a : 1° publicité des propos, à raison du lieu où ils sont proférés ou entendus (publicité de fait).

2° Publicité des écrits, à raison de leur publication, de leur diffusion. Car, en somme, la publicité n'est autre chose que la diffusion, obtenue ou possiblé, d'une injure ou d'une diffamation, diffusion résultant de l'emploi volontaire d'un procédé déterminé.

Nous aurons donc les éléments suivants:

1° Injure ou diffamation; 2° publicité; 3° dessein de nuire.

Dessein de nuire. — Il implique acte conscient et volontaire, c'est-à-dire intention délictueuse. Mais cette intention doit-elle être relative au fait d'injure ou de diffamation, à celui de publicité, ou aux deux à la fois ?

Nous avons vu à quelles conditions une expression parlée ou écrite est réputée injurieuse ou diffamatoire. Nous savons que, si l'injure peut être publique ou non, la diffamation est essentiellement publique. L'injure est un procédé intentionnel, volontaire tout au moins. Dès lors que le fait d'injure est constant, celui de publicité n'est plus qu'une circonstance passible de constatation.

Par conséquent la publicité de l'injure existera : 1° si celle-ci est proférée publiquement; 2° si elle est publiée.

Or, la publicité peut être un fait acquis ou un résultat intentionnellement recherché. Si elle est constituée par la profération, peu importe qu'elle soit ou non intentionnelle : le fait matériel de profération publique prouve volonté consciente d'injurier publiquement.

S'il y a publication, le cas n'est plus le même : la publication est un fait, mais, pour que ce fait soit punissable, il faut qu'il soit volontaire, c'est-à-dire imputable à l'offenseur personnellement.

La publication volontaire prouve donc toujours le dessein de nuire, qu'il s'agisse d'une injure ou d'une diffamation formelles, caractérisées.

Si l'intention d'injurier est relativement facile à prouver, parce que l'injure procède surtout de la colère, passion dont le caractère est de se manifester violemment, l'intention diffamatoire est moins aisée à établir. En effet, la diffamation, c'est la divulgation *publique* d'allégations ou d'imputations de nature à déconsidérer.

La publicité de la diffamation doit être constatée par le jugement à peine de nullité (Cass. 2 déc. 1819, Gouraincourt; 23 août 1821, Hutin; 7 janv. 1826, Destremont).

Or, à la différence de l'injure ordinaire, ces allégations ou imputations, si elles peuvent, elles aussi, se produire violemment, peuvent également emprunter un caractère sournois, hypocrite, frauduleux, en quelque sorte, qui ne laissera pas que de rendre assez difficile l'appréciation de l'intention du diffamateur. Néanmoins, les considérations relatives à l'injure s'appliquent à la diffamation.

S'il y a : 1° diffamation constante; 2° publication volontaire, il y a diffamation publique. S'il y a : 1° diffamation constante ; 2° publicité volontaire par profération, il y a diffamation publique.

Conclusions. De ce qui précède, il résulte qu'il y a : 1° la publicité de fait; 2° la publicité de procédés.

Publicité de lieu. — La loi parle :

1° Des lieux publics; 2° des réunions publiques.

Lieux publics. — La publicité étant une circonstance de fait ou un effet produit, il va sans dire que la cour suprême repousse l'inintelligente théorie qui, ne s'attachant qu'à la lettre, au lieu de comprendre l'esprit de la loi, consiste à prétendre qu'il n'y a publicité de lieu que si le procédé est employé *dans le lieu même.* Cela est absurde au même degré que prétendre que celui qui a été frappé, sur le *territoire français,* d'une balle tirée au delà de la frontière, n'a pas été frappé en France. Le blessé pourrait contester le fait !

Il en est de même quant à la voie publique, qui est, par excellence, le lieu public de sa nature. Peu importe que le propos proféré l'ait été sur la voie publique; il suffit qu'il y ait été entendu. Le résultat est le même.

Si l'on raisonnait autrement, il suffirait au diffamateur de se placer sous l'auvent d'une porte-cochère pour y débiter à son aise ses infamies, quitte à n'encourir d'autre peine que celle de l'art. 471 n° 11 CP. Un lieu est public : 1° de sa nature ou par assimilation nécessaire; 2° par destination; 3° de fait, ou accidentellement. Ainsi, la voie publique (Voir L. 1881 art. 18), est LP de sa nature. Il faut entendre par là les rues (Cass. 26 mars 1813, 1er mars 1833), les places (Cass. 10 mars 1814), etc.

Sont nécessairement assimilés à la voie publique les lieux y attenants (Albi 1er juin 1857), comme le toit d'une maison (Cass. 20 sept. 1832), l'allée d'une cour donnant sur la voie publique, surtout s'il s'y trouvent plusieurs ouvriers (Paris 8 avril 1840), et même une cour commune (Cass. 20 sept. 1832).

Dans un lieu public de sa nature, il y a toujours ou réunion ou passage de citoyens, et, conséquemment, toujours aussi présomption nécessaire et légale de la publicité de l'imputation (Cass. 26 mars 1813). La publicité de ce lieu est donc absolue et indépendante des personnes qui s'y trouvent (Angers, 4 janvier 1824).

Ainsi des propos injurieux, proférés dans la rue, et entendus par des tiers qui se trouvaient *dans* une propriété voisine, sont publics (Bordeaux, 30 déc. 1847).

Voir du reste chap. 26.

Quant aux lieux publics par destination (musées, églises, etc.), ce sont les endroits susceptibles de recevoir occasionnellement le public. Ils ne sont donc réputés publics qu'autant qu'ils sont, en fait, accessibles au public (Angers, 4 janv. 1824).

En résumé, la publicité est, comme je l'ai dit suprà, un fait ou un résultat. Elle peut exister à raison du lieu, ou à raison des circonstances.

Un *lieu privé* en soi peut être considéré comme devenu accidentellement et momentanément lieu public.

Quand, par exemple, les propos imputés ont été proférés au rez-de-chaussée d'un immeuble formant une ancienne usine, et ce, dans l'atelier de la partie voisine de l'entrée, devant une baie ouverte sur une cour, à 25 ou 30 mètres de la rue dont la porte était elle-même ouverte; que, d'autre part, tant à ce rez-de-chaussée qu'aux étages supérieurs, dont les planchers avaient été enlevés sur une certaine surface, il y avait une vingtaine de personnes, parmi lesquelles des ouvriers appartenant à divers corps d'état, occupés soit à faire des réparations, soit à démonter ou enlever du matériel; enfin que, d'après un témoin, les propos étaient proférés assez haut pour pouvoir être entendus de la rue, et qu'en fait, ils ont été entendus par six personnes qui se trouvaient, soit au rez-de-chaussée, soit aux étages supérieurs (Cass. 1er mai 1897).

Si certains lieux destinés à l'usage de tous, tels que les rues, places et édifices publics, sont publics par leur nature, il n'en est pas de même des lieux tels que boutiques, auberges, magasins, qui peuvent, par leur destination et pendant qu'ils sont accessibles aux étrangers, devenir des lieux publics, appréciation qui est dans le domaine des tribunaux. — Et, par exemple, on ne doit pas regarder comme tenus dans un lieu public, les propos diffamatoires proférés par un commis dans un magasin situé au premier étage et communiquant avec le rez-de-chaussée, alors que dans le premier il ne se trouvait qu'un acheteur et deux ou trois dans le second (8 janv. 1849, Caen, Leroux).

(Voir boutique, etc.).

Publicité par réunion. — Quand y a-t-il réunion? Quand la réunion est-elle publique?

1° *Réunion publique de sa nature.*

Toute réunion ouverte, soit au public en général, soit seulement à une certaine catégorie de citoyens sans désignation de personnes nominativement convoquées, est une réunion publique dans le sens de la loi du 30 juin 1881 (Cass. 7 août 1885). C'est l'invitation nominative qui différencie la réunion privée de la réunion publique (Cass., 4 fév. 1865, 7 et 9 janvier 1869, 5 déc. 1872, 12 juin 1877).

Réunion d'électeurs prud'hommes.

La réunion, à laquelle sont appelées, sans invitations particulières, par de simples affiches placardées sur la voie publique, certaines catégories d'électeurs prud'hommes, à l'effet de procéder à la formation d'une chambre syndicale, est publique (Cass. 7 août 1885).

Combien de personnes doit-il y avoir pour constituer une réunion dite publique?

A défaut d'un texte formel la définissant, il y a lieu de se reporter à l'art. 214 CP, duquel il résulte que toute réunion de trois personnes est réputée armée.

Le terme : public, implique réunion et pluralité. S'il n'y a réunion et pluralité qu'au-dessus de deux personnes, c'est donc à trois qu'il faut fixer le nombre minimum d'auditeurs ou de spectateurs pour faire un public ou constituer une réunion (Cass. 1er août 1845).

Mais ce n'est là qu'un minimum. L'idée qui, au point de vue du nombre, se dégage des mots : lieu public (ou réunion publique), n'est et ne peut être que celle de la possibilité extérieure de l'accroissement audessus du nombre minimum, par l'accès laissé libre et ouvert à tous (Bourges, 22 juillet 1836).

Réunion privée. — La réunion tenue dans un local particulier par les membres d'une société coopérative a un caractère privé, quel que soit le nombre des sociétaires, surtout lorsque les statuts exigent que les actionnaires soient munis d'une carte spéciale pour assister aux assemblées, et qu'ils imposent au président l'obligation de suspendre la séance, pour lui conserver un caractère privé, lors de la réception des fournisseurs ou de toute autre personne étrangère à la société.

Par suite, les propos diffamatoires tenus dans une pareille réunion, à laquelle le public n'a pas été admis, ne constituent pas le délit de diffamation publique (Paris, 8 juin 1897).

Réunion électorale. — Pour les propos tenus dans une réunion électorale, c'est au juge à rechercher si telle imputation diffamatoire a eu lieu avec ou sans intention malveillante (Cass. 29 août 1846, 9 mars 1850).

Si cette imputation a eu lieu moins pour éclairer les électeurs que pour satisfaire un sentiment de haine ou d'animosité personnelle, la peine doit être encourue sans examen de la vérité ou de la fausseté des faits imputés (Cass. 11 mai, 16 et 25 nov. 1843; Rouen 5 nov. 1846, Paris, 13 mars 1847).

Une réunion, dans un lieu public, peut être privée.

Bal public. — Quand un bal est donné dans un lieu public, il y a présomption qu'il est public. Mais si la salle a été louée par une personne pour être mise à la disposition de plusieurs personnes de sa connaissance qui se sont cotisées, et sans qu'il y ait eu une souscription à laquelle ait été admise toute autre personne, le lieu (ou mieux, la réunion) n'est pas public (Seine, 19 avril 1836).

La publicité, élément constitutif de la diffamation, ne résulte pas nécessairement de la réunion de plusieurs personnes si celles-ci sont, soit dans un champ, soit dans une auberge, soit dans une réunion de conseillers municipaux, mais en dehors du public. En tout cas, l'intention de nuire est nécessaire (Nîmes, 5 mars 1897).

Il n'y a pas diffamation dans les propos échangés entre divers membres d'un Conseil municipal, réunis dans un but déterminé, en un local spécial clos et gardé, et sans qu'il ait été pris aucune délibération publique, ni couchée sur le registre *ad hoc* (même arrêt).

(Voir *Séances, auberge. champ.)*

Par contre, une réunion privée dans un lieu privé peut être publique en fait.

Si une réunion de créanciers convoqués à la suite d'une faillite ne constitue pas nécessairement une réunion publique, des circonstances particulières peuvent facilement lui imprimer ce caractère (Cass. 16 février 1900).

Les propos diffamatoires tenus dans une réunion de créanciers présidée par le juge commissaire, à l'effet de procéder à un concordat par suite de faillite, ont le caractère de publicité exigé par la loi (1er février 1851, Cr. r. Rousseau).

Réunions, publiques en fait.

Une réunion, quoique formée dans un lieu non public, peut devenir publique, soit par le concours d'un grand nombre de personnes, soit par la présence des autorités locales, ou toute autre circonstance (Cass. 26 janv. 1826, Jacquot, 10 déc. 1842).

Le transport officiel d'un maire au domicile d'un citoyen opère accidentellement dans ce domicile une réunion publique lorsqu'il y est suivi par la force armée. (Nancy, 31 déc. 1844. Prunier).

Mais on ne peut mettre dans la catégorie des réunions publiques les réunions de famille ou d'amis ou de connaissances, si nombreuses qu'elles soient, qui ont lieu dans une maison privée.

Maison particulière. — Est publique la réunion de plusieurs personnes dans une maison particulière dont l'entrée est ouverte, sans invitation nominale, aux amis, voisins et connaissances sans autre désignation, lorsque ces derniers s'y trouvent en nombre assez considérable (Cass. 26 mars 1859).

Nota. — Il n'est pas nécessaire que la porte soit *tenue* ouverte; il suffit que l'*accès* soit public.

Le domicile d'un juge de paix, dans un

moment où il remplit seulement un bon office, sans caractère officiel, n'est pas un lieu public (Metz, 18 oct. 1817); lors même que l'imputation y serait faite un jour de dimanche (Riom, 24 déc. 1829).

Il en serait autrement dans le cas où le juge de paix donnerait audience aux parties, parce qu'il y aurait alors réunion publique (Voir *Maisons*).

Lorsque le lieu est public, il n'est pas nécessaire de constater en outre que la réunion était publique (Cass., 26 mars 1813).

Les tribunaux apprécient d'une manière souveraine les circonstances qui constituent la publicité (Cass. 4 août 1832, Dévolvé) celles qui doivent constituer un lieu public ou une réunion publique (Cass. 27 déc. 1823, Mazayon).

Lieux ou réunions publics. — Dictionnaire alphabétique.

Administrations publiques. — Sont LP pendant les heures d'ouverture des bureaux (Cass. 4 août 1826).

Archives. — Les pièces déposées aux archives de la commune ne peuvent être considérées comme exposées dans un lieu public. (Rouen, 22 mars 1851).

Les imputations diffamatoires contre le maire OF, qui sont contenues dans un compte de gestion présenté par le receveur communal au Conseil municipal et déposé dans ses archives, ne sont pas publiques (Rouen, 22 mars 1851).

Auberges. — Une auberge est un lieu public (Cass., 26 mars 1813, Ricci; Poitiers, 11 mars 1843, Viaud).

Toutes les appartenances d'une auberge habituellement destinées à recevoir le public sont, comme l'auberge même, un lieu public, quoique momentanément occupées par une réunion de particuliers, sous la condition qu'eux seuls y seraient reçus pendant un banquet (Cass. 19 fév. 1825, Guyomard).

Au contraire, une chambre d'auberge louée privativement pour y donner à dîner à plusieurs personnes n'est point un lieu public, quoique attenant à un lieu public (Colmar, 24 janv. 1816).

Est réputée publique une chambre d'auberge non destinée à recevoir habituellement les voyageurs, mais communiquant à la cuisine et à la salle à boire par des portes restées ouvertes (Paris, 1er août 1835, Durand).

Cependant, des discours ne sont pas publics par cela seul qu'ils ont été proférés dans une auberge (Cass., 11 juin 1831).

Salle à manger d'auberge LP (Cass., 26 nov. 1864).

La cuisine d'un cabaret, ou toute autre dépendance *réservée* d'un lieu public, n'est pas un lieu public (Poitiers, 29 août 1850).

La cuisine d'un cabaret peut n'être pas considérée comme lieu public lorsqu'il n'y a aucun témoin (Limoges, 21 août 1838, Leyrand).

Boutique (Voir Magasin, suprà).

En principe, les boutiques et magasins sont des lieux privés, même lorsqu'ils sont accessibles au public. Ils ne deviennent momentanément publics que dans des circonstances exceptionnelles, par exemple en cas de vente à l'encan ou d'exposition annoncée au public (Caen 8 janv. 1849).

Mais si les portes sont ouvertes, qu'ils soient accessibles à tous, et qu'en fait, les assistants aient entendu des propos délictueux, il y a publicité (Cass. 27 sept. 1851).

La réunion dans une boutique de trois personnes dont une seule est étrangère ne constitue pas une réunion publique (Cass. 15 mars 1832).

Sont LP les *bureaux* de mairie (Cass. 26 nov. 1864); *d'enregistrement*, pendant le temps qu'ils sont ouverts au public (Poitiers, 17 fév. 1858); de *sous-préfecture* (Cass. 4 août 1829).

Bureau d'hypothèques. — Les propos diffamatoires y tenus, sur un ton si peu élevé que l'intéressé seul les a entendus, ainsi qu'un employé qui ne peut du reste se prononcer positivement, ne sont pas publics (Cass. 5 août 1882).

Cabinet de courtier de commerce. — Pas LP (Bordeaux, 2 mai 1833, Cass. 29 nov. 1833).

Cabinets de lecture et cafés. — Sont LP (Paris, 25 janv. 1867).

Ne sont pas LP: le *cabinet* du juge d'instruction (Cass. 14 nov. 1874), ou du juge de paix (Poitiers, 10 fév. 1838), ni les *casernes* (Cons. guerre, Rouen, 14 juillet 1873), du moins en temps ordinaire.

Cercle. — Un cercle dans lequel peut être admis tout individu qui satisfait à certaines conditions est nécessairement une réunion publique (Cass. 14 août 1857, Daumas).

Chambre. — La chambre d'un mourant est un lieu essentiellement privé et ne saurait être transformée en lieu public ou accidentellement public, quel que soit d'ailleurs le nombre des personnes présentes. Dès lors, les propos diffamatoires qui y ont été proférés ne sauraient être l'objet d'une répression (Trib. Narbonne, 22 oct. 1897).

Champs. — Un champ ne peut être considéré comme un lieu public (Metz, 12 déc. 1826 (*Contrà :* Metz, 7 nov. 1825, Hugo).

Ainsi, un outrage proféré dans un champ contre un maire à raison de ses fonctions, en présence de plusieurs personnes, n'est pas réputé l'avoir été publiquement ni dans une réunion publique (Metz, 12 déc. 1826).

Un clos de vigne appartenant à plusieurs particuliers ne peut pas être considéré comme un lieu public, et contenant, au jour où on en fait la récolte, une réunion publique (Poitiers, 19 déc. 1820, Champion).

Chemins de fer. — Sont LP les stations de chemins de fer. Il n'y a aucune distinction à faire pour la partie de ces stations qui est particulièrement destinée à servir de bureau aux employés, lorsqu'elle est accessible aux étrangers (Cass. 28 avril 1843, Schwartz).

Dépôt de mendicité dont la population se renouvelle chaque jour (Bordeaux, 20 mars 1851, Dugat, LP).

Ecole. — La classe d'une école secondaire ecclésiastique, composée non seulement d'élèves internes, mais d'élèves externes, constitue une réunion publique (Cass. 9 nov. 1832, Joubert).

Etude. — Une étude de notaire n'est un lieu public qu'alors que tout le monde y est appelé, par exemple un jour d'adjudication. Elle n'est pas un lieu public lorsqu'il n'y a que le notaire, son clerc et un tiers (Bourges, 22 juill. 1836).

Une étude d'avoué n'est ni un lieu public par nature, ni un lieu public par destination (Trib. pol. Paris, 21 mars 1891).

Greffe. — LP (Cass. 20 déc. 1873), Voir II, 10, 15.

Hôpital. — Jugé qu'un hôpital doit être considéré comme un lieu public, parce qu'il est ouvert au public dans les cas et sous les conditions déterminées par des règlements administratifs (Angers, 4 janv. 1824).

Mais il n'est public que pendant le temps de cette ouverture.

Tout ce qui est affecté au service général est public durant cet espace de temps (Angers, 4 janv. 1824).

Ainsi jugé particulièrement à l'égard d'une salle de bains (même arrêt). Mais le cabinet particulier où chaque individu prend son bain n'est pas public.

Les logements particuliers des chefs ou employés de l'établissement ne sont pas publics (même arrêt), même pendant que l'hospice est ouvert au public.

Presbytère. — Pas LP (Cass. 2 août 1816) ni la cour d'un presbytère, quoique servant momentanément de dépôt de bois destiné aux troupes (Cass. 1er mars 1833, Gueguen).

Prison. — Pas LP (Cass. 31 mars et 14 juin 1822).

Salles de spectacles, concerts et autres lieux où l'on entre en payant. — Sont LP (Cass. 2 juillet 1812).

Salles d'audience, VI, 9.

Salle de mairie. — LP (Périgueux, 30 juin 1890).

« Attendu qu'une salle principale de mairie n'est publique qu'en de certaines circonstances et à de certaines heures, les jours de célébration de mariage, de tirage au sort ou de vote, par exemple; qu'elle devient lieu privé lorsque le Conseil municipal y délibère ou lorsqu'une société particulière s'y trouve assemblée;

« Attendu que la réunion de la Société de secours mutuels n'était pas publique; que les membres avaient été convoqués par lettres individuelles et que la porte de la salle avait été fermée;

« Que pouvaient seuls y prendre part les membres convoqués;

« Attendu dès lors que, ni le lieu, ni la réunion n'étaient publics; que le propos reproché à A..., constitue non un délit, mais une simple contravention, prévue et punie par les art. 33 de la loi du 29 juill. 1881 et 471, § 11, C. pén.;

(Tr. corr. Corbeil, 10 fév. 1882).

Salles de séances des conseils municipaux, etc., VII, conseil.

Séance. — Doit être regardée comme publique la séance du Conseil d'administration d'une Société anonyme (art. 35 n° 2, Loi 1881) à laquelle assistaient un certain nombre de sociétaires, et où pouvaient avoir accès des fournisseurs de la Société et même des personnes étrangères à la Société (Seine, 28 fév. 1896).

Séances publiques. — L. 1881, art. 41.

Théâtre. — Voir Salle.

Voiture publique allant d'un lieu à un autre. — Pas LP (Cass. 27 août 1831).

Wagon, etc. — En cas d'acquittement du prévenu de diffamation, pour défaut de publicité, le plaignant est recevable à demander en appel, par des conclusions subsidiaires, que le prévenu soit, tout au moins déclaré coupable d'injure simple.

Il y a publicité suffisante dans les propos proférés, soit dans un magasin ouvrant sur la voie publique et accessible à tout le monde, soit dans un wagon de chemin de fer ou dans une voiture publique, devant des personnes étrangères à celui qui a tenu ces propos (C. Bordeaux, 25 mai 1881).

Nota. — Pour les voitures de transport en commun, il faut, pour s'expliquer les décisions contradictoires ci-dessus, tenir compte des considérations suivantes : Ces voitures ne sont pas des lieux publics de leur nature, mais peuvent être assimilées aux endroits publics par destination, en ce sens que, si une voiture n'est pas un *lieu*, elle peut circuler dans un lieu public.

En quel cas, ou la voiture est close et inoccupée, ou elle est ouverte. Si les propos, dans le premier cas, ne sont pas entendus sur la voie publique, il n'y a pas publicité. Dans le second, les propos proférés le sont bien dans un lieu public.

D'autre part, que la voiture soit close ou ouverte, elle peut contenir une réunion dite publique; en quel cas il y aura publicité des propos, s'ils sont proférés.

Du reste, en matière d'outrages à la pudeur, on décide qu'un compartiment de chemin de fer peut être réputé public. Cela ne prouve rien au point de vue qui nous occupe, mais c'est un argument en faveur de l'opinion de la Cour de Bordeaux.

CHAPITRE XXVI

PUBLICATION, OU PUBLICITÉ DE PROCÉDÉS

Publier, c'est agir de façon à porter un fait à la connaissance du public.

Par publication, j'entends : 1° la profération de discours, cris ou menaces; 2° l'exposition; 3° la distribution (d'écrits, etc.).

D'après la loi, ces procédés doivent être employés par rapport à un lieu ou réunion publics.

Lorsque la prévention comprend tous les modes de publication, déterminés par la loi, il ne suffirait pas de déclarer que le lieu où le délit a été commis n'est pas public, il faut en outre que le délit n'ait pas été commis dans une réunion publique (Cass., 10 janv. 1824).

L'appréciation du juge, relativement aux circonstances constitutives de la publicité, relève du contrôle de la Cour de cassation (Cass., 15 nov. 1859).

Profération. — Nous savons qu'il y a publication de paroles, par discours, cris ou menaces, si ces discours, etc., sont *proférés* par rapport à un lieu ou réunion, publics ou réputés publics.

Nous aurons donc des propos proférés: 1° dans un lieu ou réunion publics; 2° d'un lieu ou réunion publics; 3° d'un lieu ou réunion réputés publics, ou attenant à un lieu ou réunion publics.

1° Si le propos n'est pas proféré, il n'y a pas publicité.

Un propos tenu dans le corridor écarté d'un cabaret et avec le secret d'une confidence faite à une ou deux personnes seulement n'a pas le caractère de publicité prévu par la loi (Cass. 1er fév. 1821, Desrochers).

Pour que les discours, cris ou menaces constituent un crime ou un délit, il ne suffit pas qu'ils aient été *tenus* dans un lieu public, il faut de plus qu'ils aient été *proférés* publiquement (Cass. 11 juin 1831, Latour du Pin).

Jugé que celui qui ne fait que raconter sur la demande de plusieurs personnes, les injures par lui proférées contre un individu, ne se rend pas coupable d'un nouveau délit (Metz, 26 fév. 1821). Il faut distinguer selon que le récit aura été fait avec ou sans intention délictueuse.

Il n'y a point publicité lorsque, indépendamment du plaignant et du prévenu, il n'y avait, au moment où l'outrage a été commis, qu'une troisième personne qui n'a pu entendre, à raison de son éloignement (Cass. 30 juill. 1852, Léger).

Il suffit qu'il ait été entendu de deux, et même d'une personne (Angers, 4 janvier 1824).

En réalité, le nombre des auditeurs importe peu, si le propos a été *proféré* publiquement.

2° Si le lieu est public, le propos y proféré est public, même s'il n'y a pas réunion publique.

Dans un lieu public de sa nature, il y a toujours ou réunion ou passage de citoyens, et conséquemment toujours aussi présomption nécessaire et légale de la publicité de l'imputation (Cass. 26 mars 1813, Ricci).

Il n'est donc pas nécessaire qu'il y ait un public dans le lieu public de sa nature ou par destination. Il suffit que l'imputation se soit produite de manière à être entendue des personnes qui se trouvaient ou qui *auraient pu se trouver* dans ce lieu (Cass. 26 nov. 1864).

Une imputation calomnieuse proférée dans une réunion ou dans un lieu public, tel qu'une salle de spectacle, est réputée publique, encore qu'elle n'ait été entendue que de deux ou même d'une seule personne (Cass. 2 juill. 1812, Broudetta).

Une conversation en termes injurieux pour un fonctionnaire, tenue sur un chemin public, et surprise par des tiers qui se trouvaient dans une propriété voisine, constitue le délit d'injures publiques (Bordeaux, 30 déc. 1847).

Une injure est proférée dans une réunion publique, lorsqu'elle l'a été dans l'intérieur d'une maison, en présence d'ouvriers pris au hasard jusque (en descendant l'escalier), dans une allée donnant sur la voie publique et de manière à être entendue d'une maison voisine (Cass. 10 juill. 1840).

3° Il n'est même pas nécessaire que les propos soient proférés *dans* un lieu public de sa nature, s'ils ont été entendus d'un lieu public.

Proférer à haute voix, dans l'escalier d'une maison et de façon à ce qu'ils soient entendus de la rue, des propos de nature à mettre en doute la solvabilité d'autrui, à porter atteinte au crédit et à compromettre gravement les intérêts commerciaux de la personne visée, c'est commettre une diffamation (Paris, 2 janv. 1892).

Contrà. — Des propos tenus par un particulier dans sa maison, lorsqu'il n'y a pas de témoins, n'ont pas une publicité suffisante pour constituer une diffamation, quoiqu'ils aient été entendus au dehors (Bourges, 8 mars 1822, Galpy).

La première solution est la seule à adopter.

Le jugement qui déclare que les discours diffamatoires ont été proférés *publiquement*, quoique le lieu ne soit pas public, est régulier, parce qu'il en résulte implicitement que les faits se sont passés dans une réunion publique (Cass. 26 janv. 1826).

Autres procédés de publication. — Ils concernent les écrits, dessins, etc., mentionnés ch. 8, et comprennent : 1° la correspondance envoyée à découvert; 2° la vente et la mise en vente; 3° l'exposition; 4° la distribution.

La publicité, résultant de l'envoi à découvert, de l'exposition aux regards du public (dans un lieu ou réunion publics ou de ces lieux) est un fait indiscutable. Pour les autres procédés, qui peuvent par eux-mêmes effectuer le résultat essentiel, la publicité, on s'est demandé si la loi exige bien qu'ils soient employés publiquement, condition qui paraît superflue. Je cite deux arrêts qui décident affirmativement; mais nous verrons aux rubriques : Ecrits, etc., que la solution négative, qui est la plus rationnelle, a parfois prévalu.

Un écrit n'est pas public, s'il n'a été ni vendu, ni distribué, ni mis en vente, ni exposé dans des lieux ou réunions publics, par placards et affiches, aux regards du public (Cass. 18 avril 1823).

Le jugement doit déclarer que l'écrit a été rendu public par l'une des voies que la loi détermine (Cass. 18 juill. 1828, de Magnoncourt).

(Voir L. 1881, art. 4, 23 et 28.

Exposition. — Elle comprend : 1° l'exposition aux regards du public de placards, affiches, écrits, dessins, livres, etc.

2° L'exposition dans des lieux ou réunions publics, qui peut résulter aussi bien de l'apposition de placards, etc., que de l'offre de vente, de la mise en vente, etc.

En d'autres termes, l'exposition peut résulter de l'apposition ou de la communication, bien que ce dernier mode de publicité ressortisse plutôt à la distribution. En résumé, exposer, c'est offrir aux regards du public un écrit, dessin, etc.

Par écrits et imprimés, il faut entendre les manuscrits comme les journaux ou prospectus; peu importe à cet égard le mode employé pour établir les caractères, les lettres, les phrases incriminées.

Pour les dessins, gravures, peintures, emblèmes et images, injurieux ou diffamatoires, peu importe également le mode de publicité : exposition, vente, mise en vente, distribution, colportage sont punissables, que le public en ait connaissance par l'un quelconque de ces moyens dans un lieu ou réunion publics, ou par exposition visible, voulue, à ses regards (Voir Cass. 17 nov. 1883).

En un mot, quel que soit le procédé graphique employé, quel que soit le mode de publication, si la publicité existe grâce au moyen, et si le procédé est offensant, il y a délit (II, 8).

L'exposition peut avoir lieu derrière des fenêtres donnant sur la rue (Agen, 11 juill. 1850), dans un magasin de librairie ouvert au public (Cass. 10 oct. 1851).

Distribution. — Distribuer, c'est mettre entre les mains du public.

La distribution peut être gratuite ou onéreuse, résulter par conséquent de la mise en vente, de la vente, du colportage, de la communication, etc. (Voir écrit, lettres).

Mise en vente constitutive de la publicité. — Elle ne peut être considérée que comme une tentative de vente (Amiens, 8 mars 1823).

La simple détention en portefeuille, dans un magasin, de dessins, gravures ou estampes, constitue, même en l'absence d'exposition, un fait de mise en vente punissable (Bordeaux, 24 nov. 1852).

Intention de publier. — Si l'auteur était resté étranger aux faits de publication, par exemple si l'écrit lui avait été dérobé ou avait été publié malgré lui, il est évident qu'aucune responsabilité ne saurait peser sur lui (Cass., 16 fév. 1829).

Mais son consentement présumé suffirait pour baser sa condamnation.

Celui qui est poursuivi comme distributeur n'est pas recevable à exciper du défaut de poursuites contre l'auteur de l'écrit (Colmar, 20 nov. 1823).

Réciproquement, l'auteur de l'écrit peut être condamné, quoique l'éditeur ait été déclaré non coupable par le jury (Cass., 26 août 1837 et 30 août 1839).

La publicité étant l'un des éléments constitutifs de tous les délits prévus par la loi, le jugement qui prononce une condamnation pour l'un de ces délits, doit, à peine de nullité, constater le fait de la publicité (Cass., 18 juill. 1828).

Cette solution s'applique également à la déclaration du jury, dans les divers cas où le délit est de la compétence de la cour d'assises (Cass. 11 juin 1831).

Dictionnaire alphabétique de l'exposition et de la distribution publiques.

Actes d'accusation et de procédure criminelle ou correctionnelle publiés avant lecture à l'audience (L. 1881, art. 38).

L'interdiction s'entend, non seulement de la reproduction intégrale, mais aussi de la reproduction partielle (Paris, 12 août 1885). Voir VI, Compte rendu, II, 24.

Acte déposé au greffe. — La publicité d'une imputation diffamatoire résulte suffisamment de ce qu'elle est contenue dans un acte déposé au greffe, c'est-à-dire dans un dépôt public, alors surtout que, signifié aux parties en cause, cet acte est destiné à être l'objet d'une discussion publique à l'audience (Cass. 20 mai 1865).

Voir Registre.

Acte notarié. — La diffamation y contenue n'est pas publique, si l'acte n'a pas été rendu public (Cass. 7 mars 1823).

Acte notifié. — Un acte notifié d'avoué à avoué dans le cours d'un procès civil n'a aucun des caractères de publicité prévus par la loi (Cass. 21 sept. 1838. Vialle).

Ainsi, des imputations calomnieuses, consignées dans une requête signifiée d'avoué à avoué, ne peuvent constituer le délit de calomnie si cette requête n'a pas été rendue publique (Cass. 27 août 1818, Dragon-Gonnecourt).

Acte extrajudiciaire signifié à un arbitre. — S'il contient des diffamations, il y a publicité (Limoges, 14 déc. 1848).

Affiches et placards. — Celui qui publie par affiches la condamnation qu'il a obtenue correctionnellement contre quelqu'un, sans que l'affiche fût ordonnée, commet une diffamation (Tr. corr. Grenoble, 7 décembre 1826).

La loi n'exige pas que les *placards et affiches* aient été exposés dans des lieux ou réunions publics, pourvu qu'ils aient été exposés aux regards du public. Cette distinction est essentielle.

Ainsi, celui qui, dans l'intérieur de son habitation, ou derrière une croisée, exposerait des placards, contenant des provocations coupables, de telle manière qu'ils pussent être vus du public, serait compris dans la disposition de notre article, quoique le lieu de l'exposition ne fût pas public (Cass. 20 sept. 1832).

Se rendent coupables de diffamation: le Président d'un syndicat professionnel qui fait placarder des affiches reprochant à des commerçants d'avoir violé les engagements par eux pris envers le syndicat et leurs ouvriers, et l'individu qui placarde lesdites affiches. L'intention de nuire résulte en pareil cas de la mise à l'index de la maison (Paris, 10 fév. 1894).

Injures ou diffamations peuvent être crayonnées à la main sur un mur (Cass. 26 mai 1854).

L'affiche des jugements et arrêts hors le cas où elle est ordonnée par les tribunaux, constitue un fait illégal. — En conséquence, ce fait, s'il est dommageable pour la partie qui s'en plaint, doit donner lieu, à son profit, à une réparation (Paris, 23 fév. 1839, Pouet c. Leroux-Dufié).

Jugé que la publicité des jugements par voie d'affiches, ordonnée par les tribunaux conformément à l'art. 1.036 C. proc., est une peine extraordinaire prononcée contre celui qui succombe, et qui en conséquence, doit être restreinte dans les limites et dans les formes dans lesquelles elle a été prononcée. — Plus spécialement, le propriétaire d'un brevet d'invention qui a été autorisé à faire afficher, à un certain nombre d'exemplaires, un jugement qu'il a obtenu contre un contrefacteur ne peut, en outre, faire imprimer et distribuer ce jugement sous prétexte qu'il constitue son titre de propriété, sans être passible de dommages-intérêts envers le contrefacteur (Paris, 1er juin 1831, Dumont-Sommier).

Articles de journaux. — Voir VII, Presse et II, 24.

La reproduction, par un journal, d'articles publiés par d'autres journaux, même non poursuivis, peut donner lieu à poursuites (Cass. 22 avril 1824, 17 août et 21 octobre 1831).

Délibération municipale. — Voir VII, conseil.

Dessins. — Peuvent être offensantes des figures allégoriques telles qu'un chien et un loup, accompagnées de légendes blessantes relatives à un particulier (Hazebrouck, 31 juill. 1847).

Ecrit colporté ou distribué. — L'art. 22, L. 1881 permet de poursuivre selon le droit commun ceux qui ont sciemment colporté ou distribué des livres, écrits, brochures, présentant un caractère délictueux. Peu importe que ce caractère résulte d'un crime, d'un délit ou d'une contravention (Cass., 12 nov. 1896).

Ecrit communiqué. — Il a été décidé que la communication confidentielle d'un écrit diffamatoire à plusieurs personnes, même dans un lieu public, n'a pas un caractère suffisant de publicité pour constituer le délit de diffamation (Bordeaux, 2 mai 1833); ou du moins l'arrêt, qui le juge ainsi, est à l'abri de la censure de la cour de cassation (Cass. 29 nov. 1833).

Est rendu public l'écrit injurieux ou diffamatoire pour un fre, qui a été colporté dans une commune et y a été soumis à la lecture et à la signature d'un certain nombre de personnes (Cass. 3 avril 1850).

Ecrits distribués. — Si la distribution d'écrits diffamatoires à diverses personnes peut ne pas constituer la publication de cet écrit, c'est à la condition que la distribution en ait été confidentielle.

Si lesdits écrits ont trait à une question intéressant une association dont le prévenu fait partie, et n'ont été distribués qu'aux membres de l'association, la distribution n'a pas un caractère confidentiel lorsqu'une partie des écrits a été envoyée sous simples bandes collées sans autre indication que l'adresse des destinataires, et si l'arrêt attaqué ne s'explique pas sur les conditions de la remise des autres écrits (Cass. 22 oct. 1897).

La distribution peut avoir lieu sur la voie publique; ou dans des locaux momentanément ouverts au public; à domicile (Orléans, 18 juin 1850).

La communication à un sourd-muet, pour que celui-ci communique ensuite à d'autres personnes, n'équivaudrait pas à une distribution, s'il s'agit d'un seul et unique exemplaire (Nancy, 26 mars 1853).

Il était inévitable que la jurisprudence, cessant de se confiner dans les termes de la loi, en arrivât à considérer que le fait de publication est à lui seul punissable.

Exemples :

La distribution, la vente, la mise en vente d'un écrit ont par elles-mêmes un caractère suffisant pour les rendre punissables, indépendamment de la publicité de la réunion ou du lieu dans lequel ces actes sont accomplis (Cass. 16 août 1833).

On a jugé qu'en matière d'écrits et imprimés, la *vente et la distribution* constituent la publication, sans aucune autre circonstance, notamment sans celle de la publicité du lieu ou de la réunion (Cass. 19 janv. 1866, Joly).

La remise *d'un* ou de plusieurs exemplaires d'un écrit imprimé à *une* personne autre que l'auteur est un fait de distribution (Cass. 15 sept. 1837).

Ecrit public de sa nature. — C'est l'acte d'un fre, officier public ou ministériel, soumis à des conditions de publicité, ou devant être produit publiquement (Cass. 22 août 1828). Voir *acte, exploit, testament.*

Nota. — Nos procès-verbaux ne sont pas publics par destination.

Ecrit publié. — Publier la copie d'un procès-verbal de gendarme (ou d'un rapport d'agent) constatant une plainte en vol et les charges relevées contre le défendeur est un acte diffamatoire (Lyon, 11 mai 1887).

Exemplaires, L. 1881, art. 3, 4, 10, 11, 28, 49.

Exploits d'huissier. — Ne sont pas des écrits publiés au sens de la loi de 1881 (Cass. 10 août 1883, Seine, 26 janv. 1894).

Gravures, L. 1881, art. 18, 22, 50.

Imprimés et journaux, II, 24 et VII, Presse. — La publication d'un journal commence au moment où un exemplaire, signé par le gérant, est déposé au Parquet (Orléans, 7 juill. 1838), sauf, bien entendu, preuve qu'il n'y a pas eu distribution ou vente.

Lettre attribuée mensongèrement à autrui. — Suivant l'art. 27 de la loi de 1881, la publication ou reproduction, même faite de mauvaise foi, de pièces fabriquées, falsifiées ou mensongèrement attribuées à des tiers, n'est punissable que si elle a eu pour résultat de troubler la paix publique.

Par suite la publication d'une lettre attribuée mensongèrement à une personne dans l'intention de lui nuire auprès d'un tiers, n'est qu'un simple quasi-délit civil. (CC. 1382), si elle n'a pas eu pour effet de troubler la paix publique, et qu'elle ne contienne ni expressions injurieuses, ni allégation ou imputation de nature à porter atteinte à l'honneur ou à la considération de celui à qui elle est attribuée (Cass. 13 février 1899).

La publication d'une fausse lettre sous le nom d'un tiers constitue le crime de faux et non le délit de diffamation, lorsqu'elle tend à nuire à son honneur ou à sa considération, encore bien qu'elle ne soit pas de nature à nuire à sa fortune (Cass. 12 nov. 1812 ou 1813, Maillezac c. Sarrazen-Lamy).

Lettres communiquées, etc. — La publicité nécessaire pour constituer le délit de diffamation résulte de lettres missives adressées à plusieurs personnes, surtout lorsque celles-ci ont été autorisées à leur donner de la publicité (Cass. 29 juillet 1858, Mouret).

Elle peut résulter de la communication de l'écrit à plusieurs personnes séparément dans un but de publicité (Cass. 23 mars 1844, Delanney).

Par exemple, la diffamation peut résulter de la distribution d'un écrit faite par une maison à ses agents ou correspondants dans un but de publicité (Cass. 10 déc. 1842, Chevallier). — *Contrà:* Si l'écrit est confidentiel (Paris, 6 mars 1844, Harville).

Au contraire, il n'y a pas publicité dans la dictée d'une lettre par un patron à son employé, ou dans la communication qui en a été donnée à un tiers à titre de confidence et en vue d'une conciliation (Cass. 8 mai 1856, Barthelemy).

Le fait d'avoir montré à plusieurs personnes et à deux reprises, dans le cabinet d'un courtier de commerce, un écrit diffamatoire, a pu être considéré comme n'ayant pas eu la publicité exigée par la loi pour constituer le délit de diffamation (Bordeaux, 2 mai 1833, Cass. 29 nov. 1833, Boudon).

La publicité donnée à une lettre particulière, par exemple à celle écrite par une jeune fille à son amant, peut constituer le délit de diffamation, si cette lettre est de nature à porter atteinte à l'honneur de la jeune fille (Cass. 15 déc. 1859, Moncaubet).

Une lettre missive est un dépôt essentiellement secret. Ce qui y est écrit n'a que le caractère de la pensée, jusqu'à ce que, par un fait autre que celui de la force majeure, le secret en ait cessé (Cass., 6 déc. 1816).

Une lettre, dont il a été fait trois copies qui ont été envoyées à plusieurs personnes et dans plusieurs communes, est considérée comme un écrit distribué et rendu public, dans le sens de la loi (Liège, 24 mai 1823).

La loi n'ayant pas déterminé le nombre de copies nécessaire pour constituer une distribution, on peut dire avec certitude qu'une seule copie ne suffirait pas et qu'il en faut plusieurs; mais il ne peut pas y avoir de chiffre arrêté à l'avance, et c'est aux tribunaux qu'il appartient de prononcer suivant les circonstances (Cass. 8 sept. 1824).

Le fait d'avoir adressé une lettre aux électeurs d'un arrondissement, constitue une distribution dans le sens de cet article (Colmar, 20 nov. 1823).

La distribution clandestine d'un écrit faite à un nombre plus ou moins considérable de personnes, peut être assimilée à la vente ou exposition dans des lieux publics (Cass. 17 août 1839).

Les juges peuvent se fonder sur des lettres confidentielles que le prévenu aurait postérieurement écrites au plaignant, et relever dans leurs termes injurieux l'indice de ses intentions malveillantes contre celui qu'il a diffamé, sans qu'on puisse en induire qu'ils ont entendu faire résulter de ces éléments eux-mêmes le délit qu'ils ont condamné (Cass. 1er juin 1866).

Voir : *Ecrits*, etc.

Lettres anonymes injurieuses lues publiquement. — La poursuite fondée sur la publicité donnée aux injures et diffamations qu'elles contiennent comprend aussi bien la lecture publique et réitérée de ces lettres à divers que le fait de les avoir écrites ou fait écrire (Cass. 23 fév. 1854).

Livres distribués, etc. — Le dépôt d'un ouvrage, en exécution de la loi du 21 oct. 1814, n'en constitue pas la publication, laquelle peut se produire de diverses manières (Cass., 8 sept. 1824).

La vente d'un seul exemplaire d'un ouvrage imprimé ou gravé suffit pour constituer une publication.

Il n'en serait pas de même de la vente d'un manuscrit.

Un livre n'est pas réputé *publié*, lorsqu'il en a été trouvé quelques exemplaires dans l'arrière-boutique d'un libraire, emballés dans des caisses en partie clouées, si rien n'établit qu'il l'ait vendu ou distribué, mis en vente ou exposé dans des lieux ou réunions publics (Amiens, 8 mars 1823).

La vente ou la distribution d'un seul exemplaire à une seule personne suffit pour qu'il y ait publication (Cass. 15 sept. 1837), bien qu'elle ait été faite clandestinement (Cass. 17 août 1839).

Médailles. II, 8. *Mémoires, note* VI, 10.

Procès-verbal d'offres réelles. — L'imputation d'un fait portant atteinte à l'honneur et à la considération contenue dans un procès-verbal d'offres réelles dressé par un huissier, signifié dans l'étude d'un autre, ne peut constituer le délit de diffamation, la publicité n'existant pas (Cass. 25 nov. 1859, Meurs-Mazy). — *Contrà:* L'imputation faite par une partie dans un acte signifié par huissier à l'autre partie a un caractère public (Cass. 11 vend. an IV Deyris; Nîmes, 14 déc. 1848).

Registres. — Le registre des délibérations d'un conseil municipal n'est pas un écrit publié au sens de la loi de 1881 (Cass. 26 oct. 1887) Voir Conseil VII, et Archives.

Non plus que les registres de réclamations des gares de chemins de fer, ni des bureaux d'omnibus parisiens (Paris 5 juill. 1884).

Des imputations calomnieuses consignées dans un registre authentique déposé au greffe d'un tribunal ont un caractère public (Cass. 22 août 1828, Clin).

Requête. — Ne sont pas publiques des imputations diffamatoires insérées dans une requête adressée contre un syndic à un juge commissaire lorsqu'elle n'a pas été distribuée. (Cass. 7 mai 1819, Lemonnier).

Statuettes. — Des statuettes représentant des personnes connues, accompagnées d'épigraphes ou d'emblèmes faisant allusion aux actes de la vie de ces personnes, peuvent servir à une exposition injurieuse (Douai 12 août 1844).

Testament notarié (ou tout acte secret). — N'est pas écrit public (Cass. 7 mars 1823).

TROISIÈME PARTIE

Violences et Rébellion

CHAPITRE PREMIER.

VIOLENCES F ET VIOLENCES FR.

Les art. 228 et suiv. répriment les voies de fait, violences, coups, blessures, homicide, commis contre certains privilégiés F ou OF, tandis que les art. 209 et suiv. ne s'occupent que des violences ou voies de fait par attaque ou résistance contre des privilégiés désignés, agissant FR.

Toute personne agissant FR agit nécessairement F. Il s'ensuit qu'en cas de violences et voies de fait simples, les art. 209 et suiv., 228, 230 pourront être appliqués, et que la protection édictée par chacun de ces articles concernera l'intéressé, qui devra être désigné sous la qual^{on} qui peut lui être attribuée à raison de son mode d'action f^{lle} au moment du délit. Ces articles protègent donc, en principe, les mêmes personnes, mais avec des qual^{ons} caractéristiques différentes.

L'art. 209 protège exclusivement l'action f^{lle} légale, l'exécution, tandis que les art. 228 et suiv. protègent en outre l'exercice f^{l}, l'action f^{lle}, la qualité et les pouvoirs f^{ls}. Pour être protégé par l'art. 209, il faut agir FR; pour l'être par les autres articles, il suffit : 1° d'être ou d'agir F ; 2° ou d'être attaqué OF, même en dehors de l'exercice f^{l}.

Rébellion. — La rébellion est un crime ou un délit essentiellement distinct des violences F ou OF.

Je distingue : 1° la rébellion simple, avec violences ou voies de fait; 2° la rébellion qualifiée, par ou avec violences qualifiées, c'est-à-dire avec circonstances aggravantes.

L'une et l'autre peuvent en outre être aggravées, à raison du port d'armes et du nombre des rebelles.

Rébellion simple avec violences ou voies de fait. Elle se présente sous deux formes : 1° l'attaque, c'est-à-dire l'offensive, l'agression;

2° La résistance, c'est-à-dire l'opposition agressive et défensive en même temps.

L'attaque est spontanée, la résistance est une sorte de riposte coupable.

Violences et voies de fait. — Pour qu'il y ait rébellion simple, il faut que les violences la constituant ne soient pas de celles réprimées par les art. 231 et suivants.

Nature desdites violences. — Ce sont des violences OF, relatives, exclusivement, à l'action FR des personnes de l'art. 209. Elles ont donc lieu OF, FR, et par suite F. Ce qui les distingue des violences OF et F proprement dites, c'est : 1° l'intention de révolte; 2° le fait qu'elles sont motivées par un acte FR.

Attaque ou résistance doivent donc procéder également de la révolte contre l'acte FR. La résistance étant en fait distincte de l'attaque, aucune confusion ne saurait être faite entre la violence par résistance et celle F. L'hésitation ne sera justifiée que s'il s'agit d'une attaque.

Les violences F ou OF se distinguent de celles de la rébellion par leur caractère de spontanéité, et par ce fait qu'elles ne sauraient être dirigées contre un acte FR *actuel.*

Entre l'attaque et la résistance, il n'y a, quant au fait de violence, qu'un point de similitude matérielle : la violence est toujours, en soi, un procédé agressif. Mais l'attaque est inséparable de la violence, qui en est le procédé essentiellement constitutif; tandis que la résistance ne peut être qualifiée rébellion que si elle se manifeste à l'aide d'actes violents agressifs ou de voies de fait.

La rébellion, en tant que révolte intentionnelle, délibérée, peut être préméditée.

Si les violences la constituant ont été préméditées, le seul art. 232 sera applicable, car il y aura rébellion par violences qualifiées.

Entre la violence de l'attaque FR et la violence OF de l'art. 230, existent les différences ci-après : 1° toutes deux peuvent être motivées par un acte f^{l}; 2° mais l'attaque FR est une violence OF contre la seule action f^{lle} FR; 3° par contre, la violence OF de l'art. 230 (ou 228) peut ne pas se produire F, et ne pas avoir trait à un acte f[l].

Tout délit d'action, on le sait, s'accompagne de l'intention délictueuse. Or, cette intention peut être simple ou complexe quant à ses mobiles. C'est-à-dire que, procédant toujours de la résolution d'accomplir quand même un acte réprimé par la loi, elle peut en outre naître d'une cause déterminante coupable en soi. C'est le cas de la rébellion et ce qui la distingue des seules violences F et OF.

Celles-ci, en effet, peuvent résulter de la haine inspirée par l'homme en fonctions, ou par la fonction que l'homme exerce. L'intention délictueuse est donc simple quant à son mobile et limitée aux deux hypothèses susdites.

Et le fait de violences physiques suffit exclusivement, quel que soit le mobile, pour qualifier le délit.

Pour la rébellion, il n'en est pas de même; la rébellion, c'est la révolte; mais la révolte contre quelque chose qui est commandé par la loi ou l'autorité.

La haine contre l'homme en fonctions peut aggraver la culpabilité morale du fauteur, mais reste sans influence pour qualifier son action. De même pour la haine contre la fonction exercée par l'homme.

Ainsi, dans le cas de violence comme dans celui de rébellion, même élément matériel: la violence exercée matériellement contre l'agent.

Mais cet élément, qui suffit seul dans le premier cas, reste totalement insuffisant pour le second.

Dans la rébellion, il faut : 1° qu'il y ait violence F; 2° que cette violence F ait lieu par attaque ou résistance contre l'exécution FR; 3° qu'il y ait relation directe de cause à effet entre l'acte FR et la violence; 4° que cette violence soit une révolte contre ladite action FR, et qu'elle ait par conséquent pour but, avoué ou non, manifeste ou présumé, d'empêcher l'exécution. C'est pourquoi, si la violence contre l'agent FR, par attaque, n'a aucun rapport avec son action f[lle] FR, il y a, non pas rébellion, mais violence F.

Parce que, encore une fois, la rébellion n'est pas seulement une résistance ou une attaque FR, mais encore, exclusivement même, une révolte contre l'action f[lle] FR, c'est-à-dire contre la loi ou l'autorité mandantes, exprimée par la violence matérielle contre le mandataire exécutant.

CHAPITRE II

RÉBELLION
ATTAQUE ET RÉSISTANCE AVEC VIOLENCE ET VOIES DE FAIT.
NATURE DE LA VIOLENCE. — SON BUT RÉSISTANCE PASSIVE

L'attaque est offensive et la résistance est défensive.

1° *Attaque.* — L'attaque, ne pouvant avoir lieu que par emploi de violences ou de voies de fait, expressions synonymes dans la langue du droit, suffira à caractériser la rébellion si les deux autres circonstances de fait sont co-existantes (Cass. 2 juillet 1835). Voir III, 4.

2° *Résistance* avec violences et voies de fait. — La résistance, seule, peut être passive, n'être constituée que par la force d'inertie. En quel cas elle n'est pas délictueuse. Pour le devenir, il est nécessaire qu'elle se traduise par des violences ou des voies de fait (Cass. 2 juill. 1835).

Mais s'il n'y a eu ni violence ni voie de fait, aucune peine ne peut être appliquée (Bordeaux, 28 janv. 1835, Cass. 2 juill. 1835).

En d'autres termes, la résistance de l'art. 209 n'est pas le refus d'obéir ou l'obstacle apporté passivement à l'action de l'agent.

En effet il y a deux genres de résistance:
1° La résistance passive;
2° La résistance active.

Nos agents étant volontiers enclins à les confondre, il importe d'expliquer la différence essentielle qui existe entre ces deux modes de résistance.

Par résistance, les rédacteurs de l'art. 209 entendent exclusivement la résistance active, celle qui se manifeste par des actes de violence opposés à l'action de l'agent. Elle comporte donc : 1° opposition, obstacle, matériel et intentionnel; 2° violence volontaire active, contre l'agent. La résistance passive au contraire, c'est la force d'inertie, en général. Elle a bien pour but d'empêcher l'action de l'agent, elle se sert bien de la force musculaire, mais défensivement et non offensivement. L'agent est bien obligé de recourir à l'emploi de la force pour vaincre cette résistance passive, pour en triompher, mais il n'a pas à l'employer pour se défendre.

On pourrait dire que la résistance passive est négative, tandis que la résistance active est positive, agressive.

L'agression, c'est là, en définitive, le terme qui me paraît le plus caractéristique pour différencier les deux modes de résistance.

Chaque fois donc qu'il y aura résistance agressive, il y aura rébellion.

Sinon, il n'y aura pas délit (Cass. 27 décembre 1872). Pourtant, la résistance passive, non agressive, peut avoir des suites dommageables. L'agent qui entraîne un individu résistant passivement peut, dans l'effort nécessité, faire une chute, se blesser, endommager son uniforme.

S'ensuivra-t-il alors que la répression soit impossible ?

Pour le dommage matériel, pas de difficulté : la responsabilité pécuniaire du prévenu est proclamée par le Code civil, dans tous les cas.

Mais s'il y a dommage corporel, pour ainsi dire ?

Ici, la difficulté ne pourra être résolue qu'à la condition d'examiner de très près les circonstances de fait.

Prenons le cas de chute, par exemple.

S'il y a doute sur le point de savoir si le prévenu avait bien la volonté de faire tomber l'agent, ce doute doit être interprété en faveur du prévenu. Il faudra donc examiner si la chute procède de l'imprudence de l'agent ou de celle du prévenu.

Dans la première hypothèse, pas de délit : il y a là une sorte de risque professionnel.

Dans la seconde, les art. 319 ou 320 CP seront évidemment applicables.

Mais comment établira-t-on l'acte d'imprudence qui a eu pour conséquence immédiate la chute et les contusions ou blessures de l'agent ?

Par exemple, en prouvant que le prévenu, pour résister, a étendu bras ou jambes sans précaution, de façon à faire choir l'agent qui cherchait à l'entraîner ; que pour éviter lui-même de tomber, il s'est retenu à l'agent et lui a ainsi fait perdre l'équilibre, etc.

Ce dernier cas serait celui de résistance avec violence *involontaire.*

Si la mainmise du prévenu sur la personne de l'agent avait été volontaire, nous rentrerions dans les conditions de l'art. 209, qu'il y ait eu chute ou non (Cass. 19 déc. 1806).

Tout ce qui précède s'applique du reste à la résistance par un tiers, aussi bien qu'à la résistance par l'intéressé.

Ainsi, le tiers qui se borne à se placer entre l'agent et l'individu qu'il veut arrêter ne commet aucun délit.

Mais si ce tiers, sans toucher l'agent, lui arrache le prévenu des mains ou essaie de le lui arracher, il se rend coupable de rébellion.

Et ce tiers fût-il le propre père du prévenu, qu'il n'y aurait pas là une excuse, mais bien, éventuellement, un motif d'atténuation (Cass. 16 janvier 1869).

3° *Violences et voies de fait.* — Ce sont deux expressions synonymes; on aurait pu écrire : violences ou voies de fait, attendu que les unes comme les autres ne peuvent s'entendre que comme ayant été exercées contre les personnes, ainsi que le démontrent les art. 186, 256, 279, 317, 331, 332 CP (Cass. 25 février 1843).

Il s'ensuit qu'il n'est pas nécessaire qu'il y ait eu coups portés (Cass. 3 avril 1847 et 30 août 1849).

Ainsi l'action de repousser suffit pour caractériser la violence (Cass. 15 oct. 1824).

Se rend coupable de rébellion celui qui, dans le dessein de forcer des gendarmes à relâcher un prisonnier, exerce envers eux des violences (Cass. 19 janv. 1821), ou qui leur oppose une résistance désespérée, en se jetant sur eux, les prenant au collet et cherchant à les désarmer (Cass. 19 décembre 1806).

Il n'est même pas indispensable qu'il y ait eu directement mainmise sur la personne. Ainsi, empêcher un gendarme d'opérer l'arrestation d'un conscrit réfractaire en le menaçant d'une bêche et en se préparant à le frapper, sans porter néanmoins de coups, est un acte de rébellion avec voies de fait (Cass. 28 mai 1807). Mettre en joue un gendarme en menaçant de tirer constitue une violence dans le sens de l'art. 209 (Cass. 29 juill. 1808) .

Mettre simplement en joue suffit (Cass. 16 mai 1817).

De même l'acte de saisir la bride du cheval de l'agent FR, etc.

La violence exercée contre la personne de particuliers requis par un f^re pour une action FR est qualifiée rébellion (IV, 12, ouvriers), contre le f^re.

J'appelle spécialement l'attention sur les actes de violence tentés, mais non exécutés, par suite de l'intervention d'un tiers par exemple, ou simplement parce que le coupable n'a pas osé mettre à exécution son projet.

Si l'on se reporte aux règles formelles

des art. 2 et 3 CP, il est indubitable que la tentative de coups et blessures ne saurait être punie; à plus forte raison la seule menace, même précise, non exécutée.

Pourtant la jurisprudence, en violation des règles susdites, n'a jamais hésité à décider qu'il y a lieu de punir comme violences physiques les violences tentées et même les menaces de violence immédiate de nature à effrayer (Cass. 12 juin 1886, 19 fév. 1892, 1er mai 1897, 5 juin 1886).

Cela est justifiable en équité, mais non en droit. Quoi qu'il en soit, cela suffit pour expliquer que la jurisprudence, afin de rester logique avec elle-même, ait considéré comme violence par rébellion certains actes rapportés plus haut.

A quoi il faut ajouter que la menace ayant eu pour *effet* d'empêcher l'action FR réunit bien tous les éléments du délit de rébellion, surtout les éléments moraux.

Séquestration. — Le fait par un particulier d'avoir fait arrêter un huissier au moment où il se présentait pour procéder à un acte de son ministère, et de l'avoir enfermé dans une chambre, sous le prétexte de constater son identité, constitue le délit de rébellion (Paris, 15 mars 1843).

Le tribunal correctionnel de la Seine, le 9 mars 1861, a jugé que ce fait constitue le délit de séquestration de l'art. 343 CP.

C'est cette dernière décision qui me paraît pouvoir seule être admise, en vertu de l'art. 365 CIC :

Celui qui, pour échapper à l'exécution de la contrainte par corps, enferme sous clef, ne fût-ce que momentanément, le juge de paix, l'huissier et les recors réunis chez lui pour y procéder, se rend coupable de séquestration de personnes (Cass. 16 janv. 1847).

Autre exemple. — Pour qu'il y ait violences ou voies de fait dans le sens de l'art. 209 CP, il n'est pas nécessaire que des coups aient été portés. Il suffit que les représentants de l'autorité publique aient été arrêtés dans leur mission par une force ou un obstacle matériel provenant du fait de la personne qui résiste.

Ainsi, commet le délit de rébellion, l'individu qui, au moment où un receveur des contributions indirectes vient notifier à un receveur buraliste un arrêté de suspension, enferme ce fre dans la maison du buraliste, et l'empêche ainsi d'emporter les livres par lui saisis (Trib. Troyes, 11 juillet 1893).

Et ce cas présentant à la fois les caractères de la rébellion et de la séquestration, c'est, à mon avis, d'après l'art. 216, la peine de l'art. 343 qui était applicable.

Il y a séquestration lorsque des perturbateurs occupent les portes extérieures de la maison d'un commandant fp., et l'empêchent de communiquer aucunement au dehors (Grenoble, 17 avril 1832).

Violences sur les choses. — Nous avons vu que la rébellion présuppose le fait de violences exercées envers la personne et non envers les choses.

Ainsi, si des blés mis en séquestre ont été enlevés en enfonçant le grenier qui les enfermait, il n'y a pas là rébellion (Cass. 29 oct. 1812).

Non plus que dans le fait de celui qui, après avoir exécuté le jugement le condamnant au délaissement d'un fonds, s'immisce par voie de fait dans la culture de ces mêmes biens (Cass. 7 juin 1811).

La Cour de Rouen, dans une espèce intéressante, a, le 25 janvier 1844, jugé avec raison qu'il y a rébellion dans le fait, par un *notaire*, d'arracher un acte des mains du *vérificateur* de l'enregistrement qui l'examinait, de déchirer cet acte et d'empêcher, par cette violence spéciale, ledit employé d'accomplir sa mission.

CHAPITRE III

VIOLENCES CONTRE LES MAGISTRATS ET LES CITOYENS SP.

1° Magistrats. — Les mag., protégés par l'art. 228 et suivants, ne figurent pas art. 209. Il en résulte qu'à part les off. pol. ayant qualité de magistrats, la rébellion n'est pas un délit prévu à l'égard des magistrats en général. Pourquoi? L'existence de la condition R suffit à l'expliquer. Les magistrats *appliquent* la loi ou *ordonnent* qu'elle soit exécutée. Rarement ils procèdent en personne à l'exécution de la loi ou de leurs propres ordonnances. Du reste, les pénalités des art. 228 et suivants les protègent suffisamment contre toutes violences quelconques, dans quelque circonstance qu'elles aient eu lieu.

Il ne faudrait pourtant pas croire que la rébellion est impossible vis-à-vis d'un magistrat. Si ce mag. est off. pol., il pourra y avoir rébellion, à deux conditions : 1° l'acte FR devra être un acte des fonctions de l'off. pol. agissant comme tel et non comme mag. off. pol; 2° les violences devront ne pas être graves (Voir VII, maire, et IV, 12, combat de coqs).

2° *Citoyens SP.* — Ceux qui ne figurent pas art. 209 sont les citoyens chargés d'un mandat public et les particuliers, exception faite des séquestres. Pourquoi la rébellion n'est-elle pas réprimée en ce qui les concerne?

Passe encore pour les citoyens chargés d'un mandat public, qui n'agissent pas en vue de l'une des exécutions FR. Mais les particuliers ne peuvent agir comme citoyens SP que dans deux cas : 1° pour l'exécution de l'art. 106 CIC; 2° pour exécuter ou aider à exécuter, dans l'une des éventualités prévues par l'art. 209.

C'est-à-dire que, pour être SP, ils doivent, précisément, agir pour l'un des actes d'exécution R. Il est donc d'autant plus illogique que le législateur, qui les protège F et OF, ait négligé de les protéger FR, que certains d'entre eux, les séquestres, par exemple, sont désignés art. 209. L'intention du rédacteur de l'art. 209 étant ainsi rendue manifeste, on comprend difficilement l'omission signalée. Il est vrai que les art. 230 et suivants suffisent à protéger les intéressés aux cas F, FR ou OF.

Il est néanmoins intéressant de mettre en lumière l'illogisme relevé.

Lors de la rédaction de l'art. 209, les articles 224, 230, etc., ne faisaient pas mention non plus des citoyens SP, de sorte que séquestres, préposés ou autres agents, protégés par l'art. 209, ne l'étaient pas eux-mêmes par les art. 224, etc., ce qui était déjà fort regrettable et injuste; mais la désignation expresse des susdits à l'art. 209, non renouvelée art. 224 et 230, ne pouvait laisser place au doute. Ces personnes n'étaient bien réellement protégées que contre la rébellion, c'est-à-dire contre la résistance à l'un des actes spéciaux dérivant de l'exercice de leur fonction. Depuis que les art. 230, etc., les protègent, on pourrait être tenté de considérer que le particulier, agissant dans l'un des cas d'exécution de l'art. 209, doit être protégé par cet article, du moins si sa mission se trouve être l'une de celles pour lesquelles ont compétence les personnes expressément désignées art. 209.

Le citoyen requis pour remplacer la force publique absente, par exemple, remplit bien le rôle dévolu à cette force publique, et est bien protégé dans l'exécution de sa mission par l'art. 230, mais sa fonction comme agent momentané fp. est exercée exceptionnellement, dans une contingence spéciale, en dehors de laquelle il cesse complètement d'être investi du pouvoir permanent de la force publique; il est donc protégé comme citoyen SP, non comme agent d'une force à laquelle il n'appartient pas.

L'énumération de l'art. 209 est limitative, et aucune des catégories qu'elle comprend n'est susceptible d'être considérée comme embrassant, génériquement ou par assimilation, d'autres personnes que celles investies des pouvoirs généraux ou spéciaux attribués à chacune.

Les auteurs ne sont pas tous de cet avis, et certains considèrent que le particulier, agissant par exemple, en vertu de l'art. 106 CIC, se trouve par là même transformé en ag. fp.

La Cour suprême elle-même n'a pas invariablement décidé dans le sens que j'indique. Mais ces opinions contradictoires ne sauraient influer sur la doctrine.

On a cru pouvoir s'en écarter en arguant que, précisément à l'époque des anciens art. 224 et autres, ces articles ont été reconnus protéger comme fp certains f^res^ désignés spécialement art. 209, par exemple les gardes et agents.

On décide du reste encore que la protection des art. 209 et suiv. s'étend même à l'agent *auxiliaire* qui assiste l'agent fp agissant dans le but de l'art. 209 (Cass. 17 août 1891), Voir I, VII, agents.

Mais on oublie que gardes et agents ont qualité pour agir à l'instar de la force publique, et que tous sont protégés FR *en leur qualité propre.*

Du reste, d'autres arrêts, relatifs à l'application des anciens art. 224, etc., en ce qui concerne certains préposés, prennent soin d'établir que, ceux-ci n'ayant pas qualité pour agir comme fp., lesdits art. ne sauraient les concerner.

Cette rigueur d'interprétation, à propos de la fp. des anciens art. 224 et 230 peut donc être légitimement invoquée relativement aux conditions formelles d'application de l'art. 209.

Conclusions. — Pour être protégé par les art. 228 et suivants, il suffit: 1° d'être violenté F ou OF; 2° de *posséder* une qualité ou une qual^on^ protégée; ou 3° d'avoir exercé régulièrement une action f^lle^ comportant qual^on^ protégée de citoyen SP ou de magistrat, ou juré; 4° ou de pouvoir être qualifié fonctionnellement off. ministériel (sauf le cas FR); 5° ou d'être ag. fp. (toujours en dehors du cas FR).

Relativement aux mag. off. pol. objets d'une rébellion, les peines des art. 210 et suivants seront appliquées si le *quantum* est supérieur à celui des art. 228 et suivants.

CHAPITRE IV

VIOLENCES OF, VIOLENCES OR, ET VIOLENCES F ET FR (ART. 216)

La violence OF peut procéder de la haine inspirée par le f[re] comme tel, à raison de la possession ou de l'exercice de son mandat, ou à raison de son action f[lle]. La violence FR, doit, nous l'avons vu, consister en une révolte actuelle contre l'action FR.

La violence OF peut avoir lieu à raison de l'action FR. La violence de l'art. 216 est-elle la même que celle OF des art. 228 et 230? Très évidemment non. La violence simple OF est sans rapport avec la rébellion; la violence OR doit avoir lieu pendant une rébellion.

On a écrit que la violence OF est exclusivement l'attaque motivée par l'accomplissement d'un acte f[l]. C'est là une grave erreur.

Quand la violence OF a lieu pendant un acte FR, il y a à la fois violence F et violence OF contre un agent procédant FR en fait. Cette violence peut donc à première vue être confondue avec la rébellion, qui, elle aussi, est une violence FR et une violence OF. Quelle est la différence entre ces deux genres de violences OF, se produisant FR ? Pour qu'il y ait rébellion, il faut que la violence FR soit motivée par l'exécution FR en cours, mais qu'elle procède en outre de la révolte contre cette action FR. S'il n'y a pas révolte, il n'y a plus que violence OF se produisant F. De même, la violence motivée par l'exécution FR achevée n'est plus une rébellion, mais une violence OF, pouvant se produire F.

Ce qui distingue la rébellion des autres violences F ou FR, et de celles commises pendant le cours d'une rébellion ou à son occasion, c'est, exclusivement, la révolte. Si l'on a prétendu que la violence OF de l'art. 230 est celle motivée par l'acte f[l], cela tient à ce que cet article parle de violences à l'occasion de l'exercice du ministère des privilégiés qu'il protège.

Or, l'exercice du ministère ou l'exercice f[l], c'est tout un. Une violence ayant pour motif cet exercice ne présuppose donc pas l'existence actuelle de l'accomplissement d'un acte f[l], exclusivement. Si la violence est motivée par un acte antérieurement accompli, la condition de notre article se trouve réalisée. Si la violence a lieu parce que la fonction est exercée, il en est de même : l'agent est alors violenté parce qu'il est agent, c'est-à-dire à raison de sa qualité. Dans tous les cas, il y a violence OF. Si cette violence se produit F ou FR, mais non par révolte, elle sera qualifiée violence F.

Un exemple au hasard suffit à montrer qu'il en est bien ainsi : Un gardien de la paix en tenue civile est attaqué par un individu qui le connaît, mais auquel il n'a jamais eu affaire. L'agresseur, je suppose, en le frappant, lui dit : attends un peu, sale flic, je vais te faire ton affaire. Il y a violences OF, à raison de la qualité ou des pouvoirs.

Si l'agression a lieu par vengeance, est motivée par la rancune ressentie à raison d'une arrestation, il y a violences OF préméditées.

Si elle a lieu par révolte, pour empêcher une arrestation tentée ou en cours, il y a rébellion, etc.

Action f[lle] FR des privilégiés de l'art. 209, au sens de cet article. — Que veut dire : agir FR?

L'art. 209 l'explique : c'est agir *pour* l'exécution des lois, etc. — c'est agir *actuellement*, cet article prenant soin d'employer le participe : *agissant*. Donc FR veut dire : Se trouver agissant actuellement pour l'exécution, etc.

Notez que la loi ne dit pas : *exécutant*. Par suite FR doit s'entendre de l'exécution *en cours*, tout comme de l'exécution *tentée*, jamais de l'exécution accomplie, terminée. En effet, tenter d'exécuter ou exécuter, c'est bien agir pour exécuter.

Par contre il ne faudrait pas confondre : agir pour exécuter, avec : agir en vue d'exécuter, avec l'intention d'exécuter.

L'action FR aura toujours un objet déterminé, ou intéressera toujours quelqu'un.

Elle comporte : 1° les actes antérieurs ; 2° l'exécution; 3° les actes consécutifs complémentaires. L'action FR n'est complète que lorsque ces trois genres d'actes, constitutifs de l'exécution, sont pleinement achevés. Rébellion et violences peuvent avoir lieu avant, pendant ou après l'exécution FR, et être commises soit par l'intéressé, soit par des tiers.

L'exécution tentée est à la circonstance FR ce que le crime tenté est aux conditions de répression des crimes. Dans les deux cas, la définition théorique de la tentative reste la même, au moins moralement : il faut que l'action soit intimement liée à l'exécution, qu'elle soit une exécution avortée ou interrompue par un fait indépendant de la volonté de l'auteur.

Exemples. — Un gardien de la paix en tenue se rend à un lieu où un vol a été commis, pour arrêter le voleur. Il est en tenue, donc il se trouve F. Qu'un passant le violente à ce moment, il y a violence F. Mais que ce passant soit un ami du voleur, qu'il violente l'agent pour l'empêcher d'*aller* arrêter le voleur, c'est une violence OF contre un agent FR, que l'intention suffira à faire qualifier violence FR, c'est-à-dire rébellion, ou, suivant les circonstances, violence OF préméditée. Que ce même ami du voleur outrage seulement l'agent en raison de son intention manifeste : il y a outrage OF contre un agent FR, et, par suite, outrage F et OF.

La circonstance FR concernant l'exécution tentée ou en cours, la concerne par là même tant qu'elle n'est pas accomplie. Ainsi, dans l'exemple choisi, l'arrestation n'est un fait complet que lorsque le voleur a été conduit au commissariat. Si donc, après l'appréhension manuelle du voleur, durant le trajet, on veut arracher à l'agent son prisonnier, il y aura toujours violence FR, c'est-à-dire rébellion. Mais le voleur une fois incarcéré, la violence qui serait exercée, fût-ce à cause de l'arrestation, ne sera plus qu'une violence F ou OF, suivant que l'agent sera ou non de service. On peut se rendre compte de l'importance qu'il y a à déterminer s'il y a F ou FR, et si telle qualification justifiant répression F ou FR peut bien s'appliquer à l'agent F ou FR.

Pour ce faire, il faudra, dans la pratique, examiner si le privilégié avait une attitude *passive* ou *active*.

L'attitude passive correspond d'ordinaire à la circonstance F, tandis que l'attitude active correspond, en fait, à celle FR, si elle peut se rapporter à celle F relativement à certains délits. En effet, FR contient F.

La circonstance d'action F est nettement indiquée dans l'expression de l'art. 230: *pendant* qu'ils exerçaient leur ministère, expression qui s'applique bien aux cas d'action F ou FR, indifféremment, tout comme au fait d'exercice actuel de la fonction.

Prenons comme exemple le cas de l'huissier agissant FR, pour une saisie-exécution, je suppose.

1° *Actes préparatoires*, ou mieux, antérieurs. — L'huissier a fait commandement. Il quitte son étude et se rend sur lieu. S'il est attaqué par le débiteur ou ses amis pendant le trajet, il y a violences avec préméditation, ou, éventuellement, de guet-apens, à moins que le hasard seul ait occasionné la rencontre.

Il se présente pour exécuter. Le débiteur ouvre, le repousse au moment où il veut entrer.

Il y a rébellion par résistance. Que les amis du débiteur, présents chez lui, violentent également l'huissier. Pour eux, la présomption de préméditation est formelle, et ne disparaîtra que s'ils prouvent s'être trouvés là par accident; en quel cas il y aura résistance ou attaque.

Exécution. — L'huissier saisit. Au cours de l'opération, le débiteur ou ses amis, exaspérés, le violentent: il y a rébellion par attaque.

Si les amis, survenus au cours de la saisie, violentaient l'huissier, il y aurait également rébellion par attaque, si la violence était motivée par la saisie; sinon, il y aurait violences contre l'huissier F.

Si l'intervention des tiers était concertée à l'avance, il y aurait violences préméditées.

Si, au cours de la saisie, le débiteur ou ses amis tentaient d'empêcher l'huissier de saisir tel objet déterminé, il y aurait rébellion par résistance violente.

Actes consécutifs. — La saisie n'est complète que lorsque le procès-verbal est dressé. Si, pendant la rédaction postérieure à l'énumération des objets saisis, une attaque violente a lieu, il y aura violences F, ou rébellion par attaque. Si la violence a pour but d'empêcher l'huissier de remettre sa copie achevée au débiteur, il y aura rébellion par résistance.

A quelque moment que l'agression ait lieu, si elle est la suite d'une querelle, par exemple, il y aura, non pas rébellion, mais violences F et OF, puisque l'intention d'empêcher l'huissier d'agir n'est pas établie, et que la violence n'est pas motivée par son action f^lle FR, bien qu'elle se produise à l'occasion de cette action.

En résumé, on peut se rendre compte que, d'ordinaire, la résistance est surtout le fait de l'intéressé exécuté, et l'attaque — le fait des tiers.

L'attaque et la résistance caractérisant la rébellion constituent toujours, pourrait-on dire, une sorte de présomption de préméditation. Mais, pour que le délit soit celui de violences préméditées, il faut que cette présomption devienne une certitude, se transforme en preuve, quant au fait de *violences*. La rébellion est donc patente, si le fait de révolte violente, et celui d'attaque ou de résistance sont *constatés*. Si à ces faits vient s'ajouter la preuve qu'il y a préméditation, ou le fait qu'il y a guet-apens, la rébellion devient le crime de violences de l'art. 232, ou plutôt, les deux délits existent, et le dernier seul est retenu.

Préméditation. — Guet-apens. — Ce sont des circonstances identiques en ce sens que, dans les deux cas, il y a forcément préméditation. Mais le guet-apens, c'est la préméditation à laquelle vient s'ajouter la déloyauté quant au mode d'exécution. On peut exécuter loyalement un acte coupable, dûment prémédité, tandis que l'idée de guet-apens exclut celle de loyauté.

En effet, le guet-apens, c'est l'attente sournoise, l'agression par traîtrise, l'embuscade, en un mot, qui a pour objet d'empêcher la victime de se mettre sur ses gardes.

L'agression préméditée peut, elle aussi, être déloyale, avoir lieu par surprise, mais l'agresseur aura profité d'une rencontre, imprévue ou prévue, ou sera allé trouver sa victime. Pour qu'il y ait guet-apens, au contraire, il faut que l'agresseur se soit dissimulé sur le chemin de sa victime ou lui ait tendu un piège afin de pouvoir l'attaquer traîtreusement.

On pourrait presque dire que le guet-apens est à la préméditation ce que l'empoisonnement est à l'assassinat.

Dans l'assassinat, le fait principal est le meurtre; et la préméditation ou le guet-apens la circonstance aggravante (Cass. 11 fév. 1813, 20 janv. 1824, 3 mars 1826, 27 janv. 1826, 19 oct. 1837).

C'est la préméditation qui caractérise l'assassinat et le distingue du meurtre (Cass. 21 vend., an 7, 2 et 29 frim., an 7, 17 fruct. et 14 frim., an 7, 11 mess., an 7, 22 frim., an 8, 9 fruct., an 10, 25 frim., an 11).

La préméditation peut exister sans qu'il y ait guet-apens (Cass. 7 germ. et 15 pluv. an 7).

Le guet-apens n'est qu'un mode d'exécution de la préméditation, qu'un des actes extérieurs qui la décèlent (Cass. 15 septembre 1842). Il ne peut donc exister sans la préméditation (Cass. 4 juin 1812).

Guet-apens et préméditation se confondent pour ainsi dire l'un avec l'autre (Cass. 22 nov. 1838, 19 juillet 1839).

La tentative préméditée de meurtre est une tentative d'assassinat (Cass. 2 mai 1816).

Par contre, un coup de couteau peut être porté avec préméditation, mais sans intention de tuer (Cass. 14 fév. 1817).

La réitération ou la pluralité des coups ou blessures prouvent bien la volonté, le dessein de tuer, mais non la réflexion (Cass. 20 fév. 1841). La pluralité peut même ne point prouver la volonté de tuer (Cass. 23 déc. 1841).

Violences et autres délits OF de l'art. 216. Art. 313.

La rédaction de l'art. 313 implique la possibilité d'une rébellion comportant les violences des art. 295 à 312.

Nous verrons qu'en effet lesdits articles peuvent être éventuellement appliqués, sans préjudice des art. 231 et suivants.

Quant à l'art. 216, il parle des crimes et délits commis pendant le cours et à l'occasion d'une rébellion.

Les crimes et délits en question n'étant pas spécifiés, il s'ensuit que tous, y compris les violences des art. 231 et suiv., et celles des art. 295 à 312, peuvent les constituer.

De la rédaction de l'art. 216, il ne faut pas inférer que les infractions y mentionnées doivent être *motivées par la rébellion*. Il faut entendre simplement : infractions quelconques, inséparables du fait de rébellion, concomitantes, en un mot, et perpétrées à la faveur du trouble occasionné par la rébellion.

Or, la rébellion consistant en violences simples, et la peine étant subordonnée au nombre des rebelles et à la présence éventuelle d'armes ostensibles ou cachées, on doit conclure de l'art. 313 qu'il s'applique aux violences non spécifiées par l'art. 209, commises en rébellion, réunion séditieuse ou pillage, et de l'art. 216 qu'il s'applique et à ces violences et à tous autres crimes et délits commis par l'un des individus faisant partie du groupe des rebelles.

Dans une réunion de ce genre, il peut y avoir: 1° les rebelles proprement dits; 2° les comparses, ceux qui, avec ou sans motif immédiat de révolte, se mêlent en fait aux rebelles, soit pour les aider, soit pour pêcher en eau trouble, pour commettre des déprédations à l'abri du tumulte.

Si l'on combine les art. 213 à 215, on constate aisément que les actes des unités d'un groupe formé en vue d'une rébellion importent peu au point de vue de la répression. Le fait que les comparses, même sans emploi dans la bande, ont persisté à ne pas s'en séparer, ont continué à en faire partie, ont été arrêtés avec les rebelles proprement dits, en flagrant délit ou sur dénonciation, suffit à leur faire partager le sort des rebelles. Lors donc qu'une information est ouverte contre un groupe séditieux, le premier point à établir consiste à déterminer le nombre des individus qui en faisaient partie.

Le second consiste à vérifier le nombre d'individus trouvés porteurs d'armes ostensibles ou cachées.

Tous les individus du groupe encourent la peine portée pour la rébellion par les art. 210 et suivants. Mais, pour que cette pénalité soit appliquée, il faut que la rébellion n'ait comporté que les violences simples de l'art. 209.

Pratiquement, il en sera rarement ainsi. Certaines unités du groupe peuvent s'être rendues individuellement coupables de violences réprimées par les art. 228 et suivants, ou par les art. 295 à 312, ou avoir commis d'autres méfaits que des violences.

A l'égard de ces unités, l'art. 216, confirmant l'art. 365 CIC, dispose clairement que leur responsabilité pénale dépendra de la nature de leur action et de la peine y afférente.

Malgré les dispositions formelles de l'art. 216, les tribunaux ont hésité, et il a fallu que la Cour suprême intervînt plusieurs fois pour consacrer le principe en vertu duquel les violences de l'art. 231, par exemple, motivent les peines de ce dernier article quand elles ont été exercées à l'occasion ou au cours d'une rébellion selon l'art. 209 (Cass. 27 mars 1812, 14 déc. 1821, 4 fév. 1830). Voir VI, 2.

Toute violence OF ayant lieu F ou FR étant considérée comme violence F ou comme rébellion, on peut en conclure ce qui suit:

Le terme OF ne servira à qualifier les violences (ou tout autre délit), que lorsque le f^re^ sera attaqué en dehors de la circonstance F, c'est-à-dire comme homme privé, mais à cause de sa fonction ou d'un acte F ou FR de sa fonction.

La victime de violences OF ou F ne devra donc être qualifiée que selon les art. 228 ou 230.

D'autre part, si les violences F et OF, même par rébellion, commises envers des magistrats off. pol., sont punissables d'après l'art. 228, c'est à la condition que la peine de cet article ne soit pas inférieure à celles des art. 210 et suivants.

Si la pénalité la plus forte était portée par les art. 210 et suivants, à raison du nombre des rebelles, armés ou non, la qualification de violences à magistrats devrait disparaître pour faire place à celle de rébellion.

Enfin, quel que soit le cas, si la *nature* des violences justifiait l'application des art. 231 et suiv., ou 295 à 312, il faudrait revenir à l'inculpation de violences graves à magistrats.

Conclusions. — 1° De l'art. 216, il résulte que tous actes individuels quelconques, y compris les violences qualifiées des art. 231 et suiv., seront réprimés suivant leur criminalité propre, concurremment avec le délit de rébellion proprement dit, quitte à prononcer la peine la plus forte.

2° De l'art. 313, il résulte que les auteurs de violences non prévues par les art. 231 et suiv. seront réprimés selon les art. 295 à 312, sauf application de la peine encourue relativement au fait de rébellion, si cette peine est la plus forte.

3° Le tout, en tenant compte des art. 213 et 215, au point de vue rébellion.

CHAPITRE V

VIOLENCES QUALIFIÉES ET RÉBELLION QUALIFIÉE

Nous avons vu que la rébellion qualifiée, par violences selon les art. 231 et suiv., ou 295 à 312, entraîne pour l'auteur des violences la peine la plus forte, que celle-ci résulte de la violence ou du fait de rébellion.

Violences en général.

1° Les violences ou voies de fait simples, sans coups portés, sont réprimées par l'art. 605 du Code de brumaire, an IV.

2° Les violences ou voies de fait, coups ou blessures, sont punis par les art. 311, 209 et suiv., 228, 230, 232.

3° Les violences ou coups avec suites sont punis par les art. 309, 231, 310, 233.

Or, si la jurisprudence persiste à tort à appliquer l'art. 605 du Code de brumaire an IV aux violences légères, en ce qui concerne les particuliers, elle se garde bien d'en user de même à l'égard des f[res] et assimilés.

Cet article n'est applicable qu'en cas de violence sans mainmise sur la personne, sans coup porté, de quelque façon que ce soit; par exemple, il s'applique au fait de cracher au visage de quelqu'un.

Mais que ce genre spécial de voie de fait concerne une personne protégée, et il sera qualifié: outrage par gestes, ce qui est peu logique.

Dès que la voie de fait s'accentue par un coup, un heurt, une appréhension violente, elle est qualifiée violence, et doit être réprimée correctionnellement. D'où assimilation parfaite entre le coup porté et toute autre voie de fait. En voici la preuve : l'ancien art. 228 employait l'expression : frapper. Ce qui avait amené plusieurs auteurs à considérer que « pour que les art. 228 et 230 soient applicables, il faut qu'il y ait eu coup porté. »

Cette interprétation a été repoussée par la cour suprême, le 29 juill. 1826, à propos d'une espèce où le prévenu avait passé ses mains dans la cravate d'un maire, qu'il tirait à lui de toutes ses forces.

« L'expression : frapper, de l'art. 228, dit l'arrêt, a un sens suffisamment déterminé par les expressions de violences des art. 230 et 231. Il résulte notamment de l'art. 232 qu'il y a assimilation parfaite entre les violences et les coups portés, et que ces violences et ces coups rentrent dans les dispositions de l'art. 228 et dans l'acception du mot frappé, qui n'est que démonstratif, et déterminent la signification du mot frappé qui est employé dans cet article ».

Du reste, la rédaction de 1863, en complétant le sens de l'ancien art. 228, et en parlant de ceux qui ont commis des violences ou *voies de fait*, a dissipé toute équivoque, et cette remarque n'a qu'un intérêt rétrospectif.

Il est donc établi que coups simples, violences ou voies de fait quelconques sont assimilables, et rentrent dans les dispositions des art. 209, 228 et 230, suivant la qualité du privilégié et le but des violences simples.

Nous pouvons diviser les violences en deux classes: 1° les violences simples; 2° les violences avec suites.

Ces deux espèces de violences seront qualifiées s'il y a préméditation ou guet-apens, ou encore intention de donner la mort, etc.

Les violences simples proprement dites sont punies par l'art. 228, s'il s'agit de magistrats; par l'art. 230 s'il s'agit d'autres privilégiés.

Si elles ont lieu par rébellion, l'art. 212 distingue entre le cas de port d'armes et l'absence d'armes. Les art. 210, 211, 212 prévoient les cas où, avec ou sans armes, les rebelles sont au nombre de 1 ou 2, 3 à 20 ou plus de 20. A part le cas de l'art. 210, il est aisé, par une simple comparaison des art. 311, 211, 212, 230, de constater que le seul art. 211 n° 1 édicte une pénalité plus forte au cas de rébellion qu'au cas de violences simples sans rébellion.

Sauf donc le cas de rébellion avec violences simples par 3 à 20 personnes avec armes, les art. 228 à 230 semblent pouvoir s'appliquer à toutes autres violences simples avec ou sans armes, avec ou sans rébellion, parce que ces articles, prévoyant le même genre de délit que l'art. 311 n° 1, excluent la possibilité d'appliquer celui-ci.

Si les mêmes violences simples ont lieu avec préméditation ou guet-apens, ou intention de donner la mort, les art. 232 et 233 seront seuls applicables, pour les mêmes raisons, qu'il y ait ou non port d'armes, qu'il y ait ou non rébellion par 1 à 20 personnes.

Dans le cas de rébellion, comment qualifier le délit, s'il n'y a pas eu coup porté?

Deux hypothèses se présenteront : 1° la violence est la base constitutive de la rébellion; 2° la violence accompagne la rébellion, caractérisée par d'autres actes spéciaux. Dans le premier cas, les art. 209 et suivants sont exclusivement applicables (Cass. 18 juillet 1884).

Dans le second cas, il y a à la fois rébellion et violence (même arrêt).

Par suite, la nature des violences déterminera la peine à appliquer.

Conclusions. A. — Pour que les art. 209, 228, 230 soient applicables, il faut : 1° qu'il y ait eu violences ou voies de fait, *non suivies* de blessures ou effusion de sang.

2° Qu'il s'agisse d'un privilégié violenté F, FR ou OF.

3° Qu'il n'y ait pas préméditation.

B. — Pour que les art. 209 et suiv. soient

applicables il faut qu'il y ait : 1° rébellion, 2° violences ou voies de fait sans coups ni blessures sanglants.

C. — Pour que les art. 230 et 228 soient applicables, il faut qu'il y ait violences, voies de fait ou coups, sans effusion de sang, F ou OF.

Exemples : « Vu les articles 209, 210, 211, 212, 228, 230 et 231 CP; attendu que le jury ayant déclaré, à l'unanimité, sur la première partie de la question qui lui était soumise, qu'André Robert, accusé, était *coupable d'attaque et de résistance, avec violence et voies de fait, suivies d'effusion de sang, envers des gendarmes F*; et, sur la seconde partie de la même question, à la majorité, *que le rassemblement armé, en état de rébellion, dont il avait fait partie, se composait de moins de vingt personnes;* il n'y avait point, pour la cour d'assises, à fixer, pour l'application de la loi pénale, en quel nombre devait être supposé ce rassemblement, *moindre de vingt personnes*, puisque la réponse du jury, sur la première partie de la question, présentait tous les caractères d'un crime prévu par les articles 228, 230 et 231 et passible de la peine de la réclusion, la même que celle portée en l'article 211, contre ceux qui ont fait partie d'une rébellion commise par une réunion armée, de trois personnes ou plus, jusqu'à vingt exclusivement; d'où il suit, qu'en ne s'arrêtant pas au crime déclaré constant par la première partie de la déclaration du jury; qu'en supposant, dans l'interprétation la plus favorable à l'accusé, que la rébellion n'avait été commise que par une ou deux personnes armées; et qu'en appliquant, par suite, les peines prononcées par l'article 212, la cour d'assises a fait une fausse application dudit article, et violé les articles 228, 230 et 231; en conséquence, casse, etc. » (4 fév. 1830).

Voici un exemple caractéristique :

Un préposé des contributions indirectes, ayant suivi avec quelques collègues une charrette de vin, et ayant pénétré dans la cour du fraudeur en même temps que ladite charrette, destinée à ce dernier, fut assailli par cet homme, et jeté à terre, la figure ensanglantée, d'un coup de bâton.

La Cour de cassation, ayant eu à contrôler le jugement rendu à ce propos, s'exprima ainsi, le 14 déc. 1821 :

« Les blessures graves occasionnées n'ont déterminé qu'effusion de sang, mais non incapacité de travail de plus de vingt jours.

S'il n'y avait pas eu effusion de sang, ce sont les art. 209 et 212 qui eussent dû s'appliquer.

Mais l'effusion de sang, circonstance aggravante, les rendait passibles des peines des art. 230 et 231.

En effet, ces articles ne doivent pas être restreints par la rubrique du paragraphe dans lequel ils sont placés; la rubrique ne fait pas partie de la loi, et les omissions qui peuvent y avoir été faites ne peuvent détruire des expressions formelles que cette loi renferme. Les préposés des contributions indirectes remplissent évidemment, F, un ministère de service public. Or, l'art. 231 se réfère à l'art. 228 par son expression de f[res], et à l'art. 230 par l'expression générale d'agents qui, dans son acception, comprend tous ceux qui sont spécifiés dans cet article, puisque tous, F, sont véritablement des agents d'une force ou d'un service public, etc., l'art. 231 était donc seul applicable. »

A propos de l'art. 231, on a décidé que cet article n'est applicable qu'autant que les violences ont été exercées envers le f[re] F ou OF (Cass. 2 avril 1829); et qu'il suffit donc qu'elles aient été commises par un seul individu non armé (Cass. 21 nov. 1811).

Cela est parfait, mais le dernier arrêt ajoute qu'il importe peu qu'elles aient eu pour but de résister à un acte de l'autorité publique, ou d'insulter et de maltraiter des agents légalement commis à l'exécution d'un pareil acte (Cass. 21 nov. 1811).

De sorte qu'on cesse de considérer ce fait qu'il y a rébellion, dans le premier comme dans le second cas, pour ne se souvenir que du fait de violences de l'art. 231.

Ces arrêts sont rendus selon l'esprit de la loi, mais je pense qu'au point de vue de la lettre de la loi, de l'exposé des principes, les considérants sont incomplètement formulés.

Il y avait rébellion, avec violences selon l'art. 231, contre un agent rentrant dans les désignations des art. 209 et 230, et se trouvant en même temps agir à la fois dans les conditions exigées par ces deux articles. Il y avait donc deux délits : 1° rébellion; 2° violences graves dans les termes de l'article 231 contre un préposé agissant dans les conditions de l'art. 230.

Et il fallait décider que l'art. 231 était applicable seul, en vertu des dispositions combinées des art. 365 CIC et 216 CP.

Dans presque tous les arrêts rendus en matière de violences par rébellion, on retrouve du reste la même omission.

Nota. — Il faut remarquer les anomalies de notre système répressif en matière de violences. Les art. 309 et suivants, 224 et suiv. ont été modifiés sans qu'on songeât aux art. 209 et suivants.

La conséquence de cette omission est que la rébellion, délit plus grave que la violence F ou OF, est moins sévèrement réprimée, non seulement que celle-ci, mais encore que la violence de l'art. 311. Il est vrai que l'art. 311 s'applique aux violences quelconques, ayant entraîné incapacité de travail de moins de 20 jours, ou sans suites.

D'autre part, la rébellion avec violences simples de l'art. 210 n° 1 est punie plus sévèrement que les violences graves de l'article 231; de sorte que, s'il y a à la fois rébellion suivant l'art. 210 n° 1, et violences graves de l'art. 231, c'est l'art. 210 n° 1 qui est seul applicable.

Que d'incohérences !

Conclusions. — Chaque fois qu'il y a effusion de sang, les violences OF, F ou FR sont réprimées par l'art. 231, jamais par les art. 209 et suivants, sauf le cas de l'art. 210 n° 1, et le cas de préméditation ou guet-apens, etc.; en un mot, quand il y a violences ordinaires avec suites, contre un privilégié quelconque.

CHAPITRE VI

VIOLENCES FR, F OU OF, ET AUTRES DÉLITS DES ART. 313 ET 216

Les art. 209 et suivants répriment de même tous ceux qui font partie d'une réunion ou d'une bande de rebelles, armés ou non, sauf application des art. 213 et 215.

Les art. 231 et suivants sont individuellement applicables à ceux qui auraient commis des violences non spécifiées par l'article 209.

L'art. 216 punit, soit comme rebelles, soit comme coupables de crimes ou délits individuels spéciaux, comportant une peine supérieure à celle de la rébellion, ceux qui, au cours et à l'occasion de celle-ci, ont commis un acte répréhensible quelconque.

D'autre part, l'art. 313 décide que les chefs, auteurs, instigateurs et provocateurs de la rébellion, au cours de laquelle les crimes des art. 295 à 312 seraient commis par les co-auteurs de la rébellion, seront punis comme coupables de ces crimes et délits, et condamnés aux mêmes peines que ceux qui les auraient commis personnellement.

L'art. 313 confirme donc les dispositions de l'art. 216, en proclamant ce principe que ceux qui font acte de rebelles encourent les pénalités des art. 295 à 312, s'ils commettent un acte de violence non prévu par les art. 209, 231 et suivants.

Mais cet art. 313 prévoit : 1° la rébellion ; 2° la réunion séditieuse; 3° le pillage, et il décide que les chefs, auteurs, provocateurs, instigateurs, de la rébellion, de la sédition, du pillage, seront individuellement punis des mêmes peines que ceux qui, soudoyés par eux, auraient individuellement commis un acte réprimé par les art. 295 à 312.

Ce, sans préjudice des art. 59 et 60 CP, et de l'art. 23 de la loi de 1881.

Comme les art. 295 à 312 ne sont applicables individuellement qu'à la condition qu'il ne s'agisse pas de violences passibles des art. 231 et suivants, il s'ensuit que ces derniers articles seront appliqués aux chefs, provocateurs, etc., si l'un des rebelles en a lui-même encouru l'application. En d'autres termes, les provocateurs, etc., sont punis des peines encourues individuellement par les auteurs de violences commises, soit contre les f[res], soit contre les particuliers. Et c'est la peine la plus forte, encourue par l'un des rebelles, qui sera celle applicable aux provocateurs.

Si bien que les rebelles sont solidaires quant au fait de rébellion, que les auteurs d'actes individuels sont responsables de ces actes et de la rébellion, et punis de la peine la plus forte, et que les chefs, auteurs, instigateurs, provocateurs, sont solidairement responsables, au point de vue pénal, de toutes les conséquences de la rébellion, de tous les actes des rebelles. Quant à l'art. 215, il est applicable *exclusivement* aux rebelles proprement dits.

Pénalités (Voir 6ᵉ partie).

Conclusions générales des chap. 1 à 6.

1° Les art. 209 à 221, 228 à 233, répriment tous un seul et même genre de délit : la violence F ou OF.

2° Si la violence non spécifiée, sans circonstance aggravante, a lieu contre une personne figurant art. 209, alors qu'elle agit FR, et si cette violence a pour but de s'opposer à l'acte FR, elle sera qualifiée rébellion, et réprimée selon les art. 210 à 221.

3° Si la même violence a lieu, même FR, contre un magistrat, citoyen SP (ou juré), les art. 228 et 230 seront seuls applicables, F ou OF.

4° Si la violence, F, FR ou OF est spécifiée art. 231 et suiv. ou art. 309 et suiv., ces articles seront applicables exclusivement.

5° La violence grave ne pourra être punie comme rébellion que si celle-ci comprend plus de 20 personnes .

CHAPITRE VII

CAS SPÉCIAUX : TÉMOINS, ASCENDANTS, MENDIANTS, VAGABONDS, ETC.

Il faut remarquer que les art. 228 et suivants ne font mention ni des ministres du culte, ni des membres du ministère ou des chambres, ni des témoins, ni des citoyens chargés d'un *mandat* public.

Doit-on en conclure que le législateur, qui a édicté une protection spéciale à leur égard dans les cas de simples délits de presse ou de parole, n'a pas voulu leur continuer cette protection dans les cas plus graves de violences ?

Ce serait d'un illogisme par trop injuste. Ainsi, le simple témoin, à qui sa déposition a valu injure ou diffamation publiques, serait spécialement protégé contre des propos ou écrits, et cesserait de l'être si sa déposition lui a valu des violences graves ?

Pourtant, le Code pénal, modifié le 13 juin 1863, notamment au point de vue des violences des art. 228 et suiv., reste muet à cet égard.

Pour suppléer à son omission, il faut se reporter à la loi du 28 avril 1832 et à celle du 25 mars 1822, dont les dispositions non abrogées par la loi du 29 juillet 1881 restent conséquemment en vigueur. Voir VII, ministres du culte, témoins, membres des chambres; II, 21.

Cas spécial. — Ascendants. — Quid si le privilégié est en même temps l'ascendant de l'auteur des violences avec ou sans rébellion ?

Le délit devra-t-il être qualifié d'après les art. 209, 228, 230, etc., ou d'après l'art. 312 ? En d'autres termes, l'aggravation de la peine encourue pour le fait de violences résultera-t-elle de la qualité du privilégié ou de celle d'ascendant ?

Je ne veux parler ici que des violences F ou OF, cela va sans dire, le doute ne pouvant exister en dehors des cas F et OF. Le privilégié peut légalement agir contre ses parents et descendants.

Il y aura donc lieu de rechercher si les violences exercées visaient exclusivement l'ascendant, ou bien le privilégié, mais la décision ne se ressentira de cet examen qu'au point de vue du plus ou moins d'immoralité de l'acte à punir, appréciation qui dépend de la conscience des juges (notamment s'il s'agit de violences F).

Quant à la peine, variable dans les limites posées par la loi, elle ne résulte que de l'application d'un texte de loi.

L'importance de la détermination de ce texte est d'autant plus grande que le coupable peut avoir des complices.

Dans le cas de parricide, le rapport de filiation est une circonstance constitutive du crime, car il s'agit d'un crime spécialement prévu (Cass. 5 avril 1838, 11 septembre 1851, etc., etc.).

Mais s'il s'agit d'un empoisonnement, crime spécial, le rapport de filiation n'est plus une circonstance constitutive, mais bien une circonstance aggravante (Cass. 19 septembre 1839).

Il résulte de ces arrêts que les violences aux ascendants constituant un crime spécialement prévu, tout comme le parricide, le rapport de filiation constitue, par rapport à ce crime, une circonstance constitutive, non une circonstance aggravante, bien que l'aggravation de la peine édictée pour les violences ordinaires résulte des règles posées par l'art. 312, si ces violences concernent un ascendant.

En effet, les circonstances aggravantes sont celles qui se rapportent au mode de perpétration du délit ou du crime, et non pas celles qui se rapportent à la qualité du coupable, sauf dans le cas où cette qualité motive une répression spéciale.

En d'autres termes, si tel acte accompli par telle catégorie de personnes n'est pas spécialement réprimé en soi, ce même acte sera puni, quel que soit le coupable, d'après le droit commun. Et les circonstances aggravantes pourront alors résulter, soit du mode de perpétration, soit de la qualité des parties, si la nature de l'acte permet de le qualifier d'après plusieurs rubriques, résultant des diverses dispositions de la loi.

Le parricide et l'empoisonnement sont deux crimes spéciaux, distincts, mais l'empoisonnement peut constituer un parricide en fait. Il devra alors être qualifié empoisonnement d'ascendant.

De même, les violences aux ascendants

étant un crime spécial, distinct des violences aux f^res, il y aura lieu de les qualifier violences à un ascendant f^re, si la victime réunit cette double qualité.

Et la peine encourue devra être prononcée selon les règles des art. 365 CIC, 216 et 313 CP.

En effet, il y aura alors :

1° Violences; 2° violences à un f^re F ou OF; 3° violences à un ascendant.

D'où, trois groupes distincts de dispositions pénales auxquelles ressortit le cas.

Il faudra donc examiner :

1° La nature des violences et la peine y afférente.

2° La pénalité prononcée pour les dites violences envers un f^re;

3° Celle prononcée pour les mêmes violences s'il s'agit d'un ascendant. Et la peine la plus forte sera celle qui devra être prononcée.

Or, la peine minima, pour les violences aux ascendants, est la réclusion, et la peine maxima pour les violences aux f^res par rébellion simple est également la réclusion, peine supérieure à celle encourue pour violences simples aux f^res.

Donc, en cas de violences simples, l'art. 312 sera toujours exclusivement applicable, sauf dans le seul cas de l'art. 210 n° 1.

Pour les violences graves aux f^res, la peine minima est la réclusion.

S'il s'agit d'ascendants, la peine minima est le maximum de la réclusion.

Donc pour toutes les violences graves non suivies de mort, l'art. 312 sera seul applicable.

Si les violences sont suivies de mort, les art. 302 ou 312 seront également seuls applicables.

Conclusions. — A part le cas tout particulier de l'art. 210 n° 1, où le crime devra être qualifié rébellion armée par plus de vingt personnes, toutes les autres violences envers un ascendant f^re devront être réprimées selon l'art. 312.

Il en serait de même des complices, si ceux-ci n'ignoraient pas la qualité d'ascendant du f^re violenté.

Des mendiants. — Quid des mendiants, dans le cas de l'art. 279 ?

Josse Gresools avait été déclaré coupable d'avoir, étant en état de mendicité, exercé des violences envers le commissaire de police, qui voulait l'arrêter. La Cour d'assises avait refusé de voir, dans ce fait, l'infraction réprimée par l'art. 279, par la raison que Grescols ne mendiait pas au moment où il avait exercé les violences. Sur le pourvoi du ministère public, son arrêt fut annulé « considérant que Josse Gresools a été déclaré coupable par le jury d'avoir, le 4 avril 1812, dans l'état de mendiant évadé, exercé des violences envers le commissaire de police de Beveren; que ce fait est littéralement prévu par ledit art. 279, et doit, conséquemment, être puni de la peine de la réclusion; que, néanmoins, la Cour d'assises du département de l'Escaut n'a prononcé contre Gresools que des peines correctionnelles; qu'ainsi son arrêt doit être annulé, aux termes de l'art. 410 CIC (Cass. 12 sept. 1812, n° 211).

L'individu qui, étant en état de vagabondage et de mendicité, exerce un acte de violence grave envers un garde champêtre, se rend coupable, non d'un simple délit mais du crime prévu par l'art. 279. (18 mai 1843. Cr. r. Deplanqui. Même décision Bourges, 17 fév. 1875).

CHAPITRE VIII

DES DIVERS CAS DE RÉBELLION

J'ai distingué, ch. 5: 1° la rébellion simple, 2° la rébellion qualifiée.

L'une et l'autre peuvent être : 1° armées ; 2° non armées. D'où quatre modalités de la rébellion.

Si l'on accepte ces désignations, il devient aisé, en employant les expressions mêmes du législateur, de classifier les diverses espèces de rébellion. En effet, chacun des quatre types sus-spécifiés peut: 1° si les rebelles sont au nombre de 2 au plus, conserver sa désignation propre, sans nouvelle qualification; 2° s'il y a de 3 à 20 rebelles, être qualifié *en réunion;* 3° s'il y a plus de 20 rebelles, être dit *en bande.*

Nous aurons donc : 1° la rébellion simple (212 n° 2); 2° la rébellion armée simple (212 n° 1); 3° la rébellion simple en réunion (211 n° 2); 4° la rébellion simple en réunion armée (211 n° 1); 5° la rébellion simple en bande (210 n° 2); 6° la rébellion simple en bande armée (210 n° 1).

D'autre part, le fait d'être porteur d'armes apparentes ou non modifie la pénalité. Nous aurons en conséquence : (art. 214) la rébellion simple en réunion armée ostensiblement (3 personnes au moins), qui peut du reste être qualifiée simplement *armée;*

7° la rébellion simple, en bande ou en réunion, réputée armée (quant aux rebelles armés inostensiblement, selon l'art. 215). Enfin, la rébellion de l'art. 219 pourra être qualifiée ; 8° rébellion réputée en réunion, et celle prévue par l'art. 216 ; 9° rébellion aggravée. Cette dernière pouvant du reste coexister avec les 8 autres cas énumérés.

Quant à la rébellion qualifiée, qui, elle aussi, peut se présenter dans toutes les circonstances prévues pour la rébellion simple, il sera aisé d'en indiquer la nature et le caractère. A cet effet, il suffira de supprimer le qualificatif : *simple*, et d'y substituer l'un des deux mots : *avec* ou *par*, suivi de la qualification spéciale propre aux violences accompagnant ou constituant la rébellion (Voir du reste VI, 1).

CHAPITRE IX

ARMES. — PORT ET USAGE

On distingue : 1° les armes de guerre ; 2° les armes de commerce; 3° les armes prohibées; 4° les instruments employés à titre d'armes.

Entre le port et l'usage d'armes, il y a une différence essentielle.

L'un et l'autre sont permis pour chasser, à la condition que le chasseur soit muni d'un permis de chasse (L. 3 mai 1844).

Ce cas spécial mis à part, restent à étudier les dispositions relatives aux armes en général.

Armes prohibées. — Les armes dont le port, et *à fortiori* l'usage, est toujours prohibé, sont: 1° les armes de guerre (L. 24 mai 1834); 2° les stylets et tromblons (CP art. 314); 3° les diverses armes prohibées par la loi et les règlements d'administration publique (mêmes textes).

Quelles sont ces dernières armes ? Ce sont : 1° les armes offensives dangereuses, cachées et secrètes (déclaration du 23 mars 1728, confirmée par décret du 12 mars 1806, et décret du 2 nivôse an 14); 2° et certaines armes énumérées dans ces textes.

(Les armes de guerre sont les armes à feu, fusils, mousquetons, carabines, pistolets de calibre, etc. (décret 28 mars 1815) et les armes blanches, sabres, baïonnettes, etc. (ord. 24 juillet 1816).

Si bien qu'en définitive, sont prohibés : 1° toutes armes offensives cachées et secrètes; 2° les armes de guerre, les tromblons, et d'autres armes apparentes.

Armes apparentes prohibées. — Outre les armes de guerre et les tromblons, ce sont : 1° les baïonnettes et les bâtons à ferrements autres que ceux qui sont ferrés *par le bout* (décl. 23 mars 1728 et ord. 21 mai 1784); 2° les épées (ord. 21 mai 1784); 3° les fusils à vent (décret 2 nivôse an 14).

Armes offensives cachées et secrètes. — Ce sont, parmi les armes blanches : 1° les stylets (314 CP); 2° les poignards, les couteaux en forme de poignards, soit de poche, soit de fusil (décl. 23 mars 1728 et ord. 21 mai 1784); 3° les dagues (ord. 21 mai 1784); 4° les bâtons et cannes à dard (ord. 21 mai 1784); 5° les épées en bâton, ou cannes à épée (décl. 23 mars 1728); et parmi les armes de tir et celles à feu; 6° les pistolets de poche, à fusils ou à rouets (ord. 21 mai 1784); 7° les pistolets de poche en général (décl. 23 mars 1728 et ord. 23 fév. 1837); 8° les pistolets à vent (décret 2 nivôse an 14). Parmi les armes prohibées sus-énumérées, la jurisprudence comprend : 9° les cannes plombées par le haut (Cass. 17 janv. 1835); 10° les cannes renfermant une arme à feu (Cass. 19 juin 1835). Quant aux poignards (Bordeaux, 1er fév. 1837) et aux couteaux-poignards (Cass. 15 oct. 1841), la jurisprudence n'a fait qu'en confirmer la prohibition.

Quotidiennement, les tribunaux condamnent en outre ceux qui sont trouvés porteurs d'os de mouton, de coups-de-poing américains, de casse-tête, etc.

Le délit de détention d'armes de guerre, sans autorisation, ne peut être excusé sous prétexte de bonne foi (Cass., 26 mars 1835).

Le fait de port d'armes prohibées ne saurait non plus être excusé par la circonstance que l'autorité aurait permis au prévenu de porter une telle arme pour sa défense personnelle (Bordeaux, 1er fév. 1837).

En matière de port d'armes prohibées, nous devons rechercher le fabricateur et le débitant d'icelles, parce qu'ils sont punissables (Circ. Parquet 1er janv. 1817, p. 55).

Nota. — La confiscation doit être prononcée sans qu'il soit permis de rechercher si l'arme appartient au délinquant ou par quelle voie elle est parvenue entre ses mains (Cass. 9 juin 1866, Giovannoni).

Canne à épée. — La déclaration du 23 mars 1728, ainsi que les décrets des 2 niv. an XII et 12 mars 1806, ont été maintenus en vigueur par la loi du 24 mai 1834 sur les détenteurs d'armes ou de munitions de guerre. Et cette loi n'ayant pas été abrogée par celle du 14 août 1885, sur la fabrication et le commerce des armes non chargées, il en résulte que ses prohibitions sont demeurées applicables à l'individu trouvé porteur, hors de son domicile, d'une canne à épée, objet qui fait partie de la catégorie des armes offensives cachées et secrètes au sens de l'ordonnance de 1728 (Trib. Corr. Narbonne, 25 fév. 1898).

Couteaux et couteaux-poignards. — Il ne faut pas les confondre : le port des couteaux de poche est licite, ainsi que celui des ciseaux de poche et des cannes simples (CP 101) ou des cannes et bâtons ferrés par le bout (Ord. 21 mai 1784).

Les couteaux-poignards seuls sont prohibés; c'est-à-dire ceux dont la lame est fixe ou peut être fixée, qu'elle soit du reste à un tranchant ou à double tranchant:

De ce que la lame aiguë et à deux tranchants constitue en général le poignard, il n'en résulte pas que les couteaux en forme de poignard, dont la vente est prohibée, doivent, pour rentrer dans la prohibition, avoir la lame à deux tranchants (Cass. 5 juillet 1851).

On doit considérer comme couteau-poignard prohibé le couteau dont la lame, quoique aiguisée d'un seul côté, a la pointe affilée, et se trouve fixée, quand le couteau est ouvert, au moyen d'un clou s'adaptant à un trou pratiqué dans la partie supérieure du dos du manche, lequel est garni de deux points d'arrêt en métal placés aux deux extrémités (Douai, 2 oct. 1852).

Du reste, pour qu'une arme soit prohibée, il suffit qu'elle soit, de sa nature, offensive et secrète ou cachée; point n'est besoin qu'elle soit expressément prohibée par un règlement spécial (Cass. 19 juin 1835), et, pour qu'il y ait port d'arme prohibée punissable, il suffit que le porteur soit trouvé en possession de cette arme, *en dehors de son domicile* (Cass. 14 août 1873 et 13 juillet 1876), et encore, à la condition qu'il la *porte sur sa personne*, car, si cette arme se trouvait dans la malle ou la sacoche d'un voyageur, il n'y aurait pas *port* punissable (Douai 11 mars 1861, et Limoges 10 fév. 1888; Riom, 22 janv. 1862).

Ainsi, si l'arme n'avait été découverte que grâce à une perquisition illégale, et sans qu'aucun acte extérieur en eût révélé la possession, il ne pourrait y avoir condamnation (Bourges, 12 mars 1869). Voir pourtant IV, 24.

Il est défendu de porter des armes quelconques : 1° dans les églises; 2° dans les foires; 3° dans les marchés; 4° dans les lieux de rassemblement (décret 2-3 juin 1790, art. 5); 5° dans les réunions électorales (décret 2 fév. 1852, art. 37, Loi 2 août 1875; Loi 5 avril 1884, art. 24); 6° de même pour les armes à feu chargées, dans les voitures des chemins de fer. Tout porteur d'arme à feu doit faire constater, avant son admission sur les quais d'embarquement, que son arme n'est pas chargée (O.R, 15 nov. 1846, art. 65); 7° dans les bals, danses, concerts, banquets et fêtes publiques (O.P, 31 mai 1833, art. 10).

(Voir aussi décret 10 août 1789, vagabonds; CP art. 28 et 42, récidivistes).

A part ces prohibitions, est-il permis de porter des armes pour sa défense personnelle? Très certainement oui. Nous avons vu que la loi défend le port de toute arme quelconque offensive, cachée et secrète, ainsi que de certaines armes dûment énumérées. Par suite, toute arme non dissimulée qui ne rentre pas dans la catégorie des susdites peut être portée licitement. Or, l'arme de défense par excellence, de nos jours, est le revolver.

La loi du 24 mai 1834, en défendant le port d'armes prohibées et d'armes de guerre, n'a aucunement dérogé au droit de port d'armes de commerce destinées à la défense personnelle (25 avril 1843, Trib. de Corte, Guermi).

Ainsi, le port d'armes apparentes (autres que celles dites de guerre ou qui ont été prohibées), n'est punissable qu'autant qu'il a eu lieu dans une intention de guerre. — La loi du 24 mai 1834 sur le droit de port d'armes, est introductive d'un droit nouveau : il résulte de son esprit que le port d'armes, lequel ne constitue pas en lui-même un délit, ne devient tel qu'en raison de l'intention coupable de celui qui les porte et de l'usage auquel ces armes sont destinées. Et cette intention est présumée coupable pour les détenteurs d'armes cachées; elle est abandonnée à l'appréciation des juges pour les porteurs d'armes apparentes et de grande dimension (10 août 1843, Bastia, Pascalini).

Décidé au contraire, que le port de pareilles armes doit, lorsqu'il a lieu hors des cas où la loi l'autorise expressément, et, par exemple, en voyage, dans le but de se défendre, être réputé constituer le port d'arme de *guerre* prévu par l'art. 3 de la loi du 24 mai 1834, relative aux porteurs ou détenteurs *d'armes ou de munitions de guerre* (27 avr. 1837, Bastia, Torre; 30 janv. 1839, Bastia N...)

...Que le porteur d'une arme de commerce, telle qu'un fusil de chasse ou des pistolets de flanc, est passible des peines prononcées contre le porteur d'*armes de guerre*, lorsque le port de ce fusil ou de ces pistolets a eu lieu dans l'intention de s'en faire un moyen d'attaque ou de défense personnelle (28 mai 1847, Bastia, Séreni. — Même jour, Orsini).

Il est évident que les deux premières décisions sont seules fondées en droit.

Le règlement du 2 juillet 1716 interdisait le port de toutes armes apparentes quelconques. Mais la loi du 30 avril 1790 (chasse), les décrets ultérieurs et le Code pénal ne prohibent que le port d'armes secrètes. Le décret du 4 mai 1812 a réglé définitivement la question : le port d'armes apparentes, d'armes de chasse, notamment, n'est un délit que s'il s'y joint un fait de chasse. Le règlement susdit a donc été déclaré abrogé (Cass. 15 mars 1810, 23 fév. 1811, 15 oct. 1813).

Quant au décret du 4 mai 1812, il a été reconnu être encore en vigueur (Cass. 8 avril 1831, 3 mai 1834). Et la loi de 1844 sur la chasse n'a fait que le confirmer. Pourtant, des règlements d'administration publique peuvent légalement interdire le port d'armes de chasse sans permis (Cass. 12 fév. 1810, etc.).

Quant aux autres armes apparentes, ostensibles, non prohibées, non dissimulées, le Conseil d'Etat, le 17 mai 1811, a décidé que le port en est justifié, dans certaines circonstances. Du reste, où trouver la prohibition de porter ostensiblement une arme loyale pour sa défense? On a prétendu que l'ord. de 1837, en mentionnant les pistolets de poche, défend de les porter, ostensiblement ou non. Je ne suis pas de cet avis: le décret de nivôse an 14, en parlant des pistolets à vent et des fusils à vent, démontre suffisamment, puisqu'il les range parmi les armes *secrètes*, qu'un pistolet de poche ne peut être prohibé qu'autant qu'il est *porté* secrètement. Du reste, s'il était interdit de porter des armes ostensibles, pourquoi prendrait-on soin de défendre de s'en munir dans tels lieux déterminés?

Il est donc permis, en voyage, par exemple, de porter des armes apparentes non prohibées (Cass. 6 août 1824, Bordeaux, 1er fév. 1837).

Et le port d'armes apparentes n'est interdit qu'aux vagabonds, gens non domiciliés et sans aveu (décret 20 août 1789).

Remarquons en passant qu'une décision ministérielle a autorisé le port des revolvers et pistolets mesurant au moins 15 cent. de l'extrémité de la crosse à celle du canon. Que faut-il penser de cette exception?

En fait, les tribunaux correctionnels l'admettent, et les parquets aussi, mais, en droit, elle est certainement sans valeur.

Le caractère essentiel d'un règlement d'administration publique est d'édicter les mesures propres à assurer l'exécution de la loi à propos de laquelle il est rendu.

S'il tend à interpréter la loi, ce ne peut être en la modifiant. Il ne peut étendre ni restreindre ses dispositions. Si la loi l'autorise expressément à définir, à préciser telle de ses dispositions, il ne peut le faire que dans le sens indiqué par elle. Or, en matière de port d'armes prohibées, les seules définitions à adopter sont celles des ordonnances, non abrogées, antérieures à la rédaction de l'art. 314, et celles dudit article 314.

Et l'art. 314 autorise la rédaction de règlements d'administration publique, mais dans le but exclusif d'interpréter dans le sens prohibitif, en ajoutant à la liste des armes défendues, non en restreignant les dispositions prohibitives des lois. Pour obtenir ce dernier résultat, c'est une loi, et une loi seule, qui peut valablement intervenir.

Du reste, envisagée au point de vue pratique uniquement, l'immunité créée n'apparaît-elle pas sous un jour irrationnel, quand on réfléchit qu'une arme, même de plus de 15 cent. de longueur, peut aisément être portée en poche?

D'autre part, à une époque où les progrès de la balistique ont permis de créer des armes minuscules de portée, de précision et de force de pénétration remarquables, qu'importe le degré de dimension de l'arme?

Si cette dimension pouvait influer sur sa qualification, au moins faudrait-il édicter des mesures formelles quant à la dimension des poches des citoyens.

Et la question des armes secrètes se rattache étroitement à celle de la rébellion armée, car l'art. 215 édicte pour les porteurs d'armes cachées, dans le cas de rébellion non armée, la même pénalité que si cette rébellion était qualifiée armée.

Or, dans ce cas comme dans celui des attroupements, etc., on est en droit de se demander si les tribunaux, se trouvant en présence d'un port d'armes inostensibles, refuseraient d'appliquer l'art. 215, sous le prétexte que l'arme cachée mesurait (si c'est un pistolet ou revolver), plus de 15 centimètres.

Si cette solution était adoptée, nul doute que la cour suprême, appelée à l'examiner, ne l'annulât purement et simplement.

Mais les tribunaux ne sont pas liés par une décision ministérielle ou une circulaire, et leur faculté d'appréciation demeure entière et souveraine.

Un revolver (à six coups, de vingt centimètres de longueur) destiné à se placer dans la poche, et pouvant s'y cacher sans difficulté, est une arme prohibée, dont le port est puni par la loi (Paris, 9 fév. 1865).

Conclusions. — Quelle que soit la dimension d'un revolver, le porter dans sa poche constitue le délit de port d'arme prohibée.

Port et usage d'armes au sens des art. 101, 210 CP, etc. — Si, en temps ordinaire, et à part les exceptions indiquées d'autre part, le port ostensible de certaines armes de commerce est licite, il n'en est pas de même dans les cas prévus par les art. 2 et 4 L. 7 juin 1848; 210 et suiv. CP, 91 à 101 CP; 5 L. 24 mai 1834; c'est-à-dire en matière de sédition, attroupements, rébellion.

Rébellion armée. — Usage d'armes. — La Cour suprême a défini très nettement ce qu'on doit entendre par rébellion avec armes, dans l'arrêt ci-après:

Attendu que le tribunal correctionnel de Saintes, jugeant sur appel, a reconnu constant, en point de fait, 1° qu'il était suffisamment prouvé dans la procédure que Bassant s'était rendu coupable de résistance avec violences et voies de fait envers un huissier F, ce qui constituait de sa part une rébellion; 2° que cette résistance avait été accompagnée de menaces, mais que le prévenu n'avait fait aucun usage du bâton qu'il portait, ni des pierres dont il s'était saisi, au moment où il s'est opposé aux opérations de l'huissier; attendu qu'en supposant que les juges de Saintes aient pu considérer le gros bâton que Bassant portait au moment de sa rébellion, comme une simple canne, qui rentrerait dans la disposition exceptionnelle de l'art. 101, § 2 du Code pénal, il ne pouvait pas en être de même à l'égard des grosses pierres qui étant, de leur nature, des objets contondants, entrent dans la première partie dudit article 101, sans que cette disposition dudit article fasse dépendre la qualité d'armes qu'elle leur imprime, de l'usage qui en serait fait; que, d'ailleurs, ayant été déclaré et reconnu, en fait, par le jugement attaqué, que Bassant s'était saisi desdites pierres à l'instant où il s'était opposé aux opérations légales de l'huissier, le seul fait de saisir des pierres, pour appuyer d'autant plus ses menaces et effrayer l'huissier par une rébellion accompagnée de fureur, suffisait pour donner auxdites pierres le caractère d'armes; que dès lors, la rébellion imputée à Bassant devait être considérée comme étant faite avec armes; qu'il était passible de la peine portée par la première partie de l'art. 212, casse, etc. » (Arrêt du 30 avril 1824).

Art. 214. — Cet article est une disposition générale qui tend à donner le caractère légal de réunion armée à toute réunion composée de plusieurs individus, dans laquelle plus de deux personnes seraient pourvues d'armes apparentes, sauf à graduer la peine suivant les articles 210 et 211, lorsque les faits de rébellion ont été commis par le nombre de personnes fixé par ces articles (Cass., 14 déc. 1850).

Art. 210. — L'art. 210 doit être combiné pour son interprétation avec l'art. 214 dont les dispositions sont communes à tous les articles de la section, et dès lors une réunion est réputée armée dès que trois de ses membres au moins sont porteurs d'armes ostensibles. — En conséquence, il suffit, pour l'application de la peine, que le jury se soit expliqué sur cette dernière circonstance, quoiqu'il n'ait pas déclaré autrement que la réunion était armée. (Cass., 8 nov. 1832).

L'art. 214 punit donc le port apparent: 1° d'arme non prohibée; 2° d'arme prohibée.

Et l'art. 215 punit le fait d'être muni d'une arme cachée, sur la personne ou autrement, que l'arme soit ou non prohibée.

Ces dispositions exceptionnelles s'expliquent aisément : comment un rebelle ou un insurgé pourrait-il prétendre que le fait d'être trouvé nanti d'armes quelconques n'a aucun rapport avec la rébellion? Son intention étant manifeste, il n'est que juste qu'il soit réprimé spécialement, même s'il n'a pas fait usage de ses armes. Que faut-il entendre par armes? L'art. 101 nous l'explique : toutes machines, tous instruments ou ustensiles tranchants, perçants ou contondants, et, par suite, si l'on s'en sert, une branche d'arbre (Cass. 20 août 1812); un bâton à massue (Cass. 15 flor., an XII); un bâton noueux (Cass. 19 juin 1828); un énorme bâton (Cass. 16 fév. 1831, etc.); même un petit bâton (Cass. 31 juillet 1823); des bâtons de contrebandiers (Cass. 9 juin 1808); et les pierres elles-mêmes, ainsi que nous l'avons vu plus haut.

La dénomination *armes*, embrasse, non-seulement les fusils, pistolets, sabres, épées, ou poignards, mais encore toute espèce d'instruments propres à faire des blessures ou à donner la mort, et particulièrement les bâtons (Cass. 13 août 1807).

Nous savons qu'aux termes de l'art. 101 nº 2, les cannes simples, couteaux et ciseaux de poche sont autorisés. Mais s'il en est fait usage pour tuer, blesser ou frapper, (même article), pour effrayer même, ces objets sont réputés armes, s'agît-il de compas, canifs, poinçons, stylets (Cass. 20 août 1812).

A plus forte raison un couteau de poche sera-t-il réputé arme s'il en est fait usage pour tuer, blesser ou frapper. Il n'est pas réputé arme s'il en est fait usage pour effrayer seulement, sans intention de tuer (Cass. 8 juill. 1813).

En un mot tout ce dont il est fait usage dans le but spécifié est réputé arme; tout instrument propre à faire des blessures ou à donner la mort (Cass. 13 août 1807).

QUATRIÈME PARTIE

La Force et le Droit. — Conflits, excès, excuses, répression.

La Force, que d'aucuns voudraient voir réduite à l'impuissance définitive, sous prétexte qu'elle permet de commettre d'abominables crimes, est une grande méconnue, dont on oublie trop volontiers les inappréciables bienfaits.

Instrument d'inique oppression durant des siècles, n'a-t-elle pas en revanche permis à nos pères de réaliser leur idéal de Liberté ? Après avoir tenu le Droit enchaîné, n'est-ce pas elle qui l'a libéré ?

N'a-t-elle pas servi à forger le glaive et l'égide, auxquels le sang devait donner la trempe ? Le glaive pour armer la Loi issue du Droit, l'égide pour protéger le Droit, c'est-à-dire la Liberté. Intangible est cette trinité, formée du Droit, de la Loi et de la Force, fondements de la Liberté, et sans l'étroite association desquels celle-ci ne saurait subsister.

Il est vrai que tout dépend de ce que l'on entend par Liberté. Si celle-ci consiste à laisser l'individu maître de faire tout ce qui lui convient, il est certain que la Force collective, organisée précisément pour refréner les manifestations individuelles jugées par trop excessives, doit disparaître pour faire place à la force individuelle, c'est-à-dire à l'anarchie. Cette rétrogradation vers l'idéal de l'ère des cavernes serait peut-être l'opposé du Progrès.

A moins pourtant que les hommes, s'entendant enfin sur ce qui constitue le Droit, trouvent en outre une méthode apte à extirper l'instinct, et se créent une mentalité nouvelle, propre à leur permettre de réaliser la conception idyllique d'une Société altruiste, d'où l'Injuste serait banni.

Comme il est difficile d'admettre qu'un esprit sensé puisse songer un seul instant, de bonne foi, à organiser pratiquement un état social nouveau d'après des données aussi saugrenues, on est en droit de supposer que ceux qui réclament la suppression de la Force collective procèdent à une mise en action de la Fable du Renard et du Corbeau; ou que leur intention secrète est de se débarrasser de l'obstacle qui les empêche de prendre d'assaut la place d'autrui.

Ce n'est pas parce que l'on a proclamé cyniquement que la Force prime le Droit qu'il convient d'enchaîner la Force. Peut-être ne faut-il voir du reste dans ce mot qu'une réédition rajeunie du fameux *struggle for life*, lequel se borne à exprimer la constatation d'un fait d'ordre naturel, sans tendre à justifier les abus qu'il explique.

Quoi qu'il en soit, plus judicieuse a été la conception des hommes de la Révolution qui, bien qu'ayant souffert de l'arbitraire par le moyen de la Force, se sont gardés de briser l'instrument, mais l'ont employé à réparer le mal qu'il avait servi à occasionner.

Ils ont fait mieux. En le remettant, leur œuvre terminée, aux mains des représentants de la Loi, ils ont pourvu, selon ce que leur prudence expérimentée ne pouvait manquer de leur suggérer, aux précautions nécessaires pour réprimer, chez les nouveaux dépositaires du redoutable instrument, toute velléité d'abuser de la confiance placée en eux.

Nos pères, en d'autres termes, considérant que l'ordre social ne peut être maintenu sans le concours de la Force, en ont consacré l'emploi, mais en prenant soin de le réglementer, et de proclamer nettement le principe suivant : Quiconque, étant mandataire de la Loi, aura fait arbitrairement usage de la Force, sera réputé criminel et puni comme tel.

En effet, si, bien que la seule idée d'une oppression violente quelconque soulève la conscience humaine, il est permis aux philosophes de consoler rétrospectivement l'Humanité en faisant remarquer aux générations présentes que toute action provoque une réaction, et que l'émancipation des fils est née de l'asservissement des pères, il ne saurait être question, à propos des abus f[ls], de ratiociner doctement sur le plus ou moins d'utilité du mal en tant que facteur du Progrès. Le f[re] est un mandataire qui a accepté par contrat la noble mission d'agir au nom de tous, pour imposer à quiconque le respect du Droit au nom de la Loi, par la force si cela est nécessaire.

Comment, dès lors, qualifier de façon adéquate le forfait du serviteur juré de la Loi, qui oserait, s'insurgeant traîtreusement contre celle-ci, attenter au Droit qu'il a mission de défendre, par le moyen même du pouvoir dont il est investi à cet effet?

Toutes ces considérations n'ont qu'un but: expliquer dans quel esprit a été conçue la longue étude qui suit.

La IVe partie, écrivais-je dans la préface, est la plus importante de toutes.

J'y ai condensé en effet tout ce que je suis tenté d'appeler la théorie des droits fls, et, par suite, de ceux de liberté individuelle. C'est elle qui m'a suggéré l'adoption du titre de l'ouvrage tout entier, et de la devise si caractéristique : *Sub lege libertas*.

1re Subdivision

Conflits. Provocation. Ivresse.

CHAPITRE PREMIER.

CONFLITS ENTRE Fres ET CITOYENS

Si l'obéissance est la règle du citoyen, il est trois mots qu'on devrait graver à la porte et dans le cœur des fres: *Vérité, justice, bonté.* Si le citoyen doit respect et obéissance au fre, c'est parce que celui-ci est l'organe de la Loi.

Si le fre est fondé à exiger l'absolue soumission, c'est à la condition qu'alors même qu'il sévit, son attitude démontre clairement qu'il n'agit que pour le Droit et pour la Loi, à titre de protecteur loyal des citoyens dont les intérêts sont confiés à sa vigilance.

Il est à espérer que, lorsque le rôle social du fre sera envisagé sous cet aspect, tout conflit deviendra impossible.

Malheureusement, et ce livre en témoigne, ainsi du reste que la chronique des tribunaux , il ne semble pas que nous soyons à la veille de voir se généraliser cette conception. De quel côté viennent les torts? Y a-t-il malentendu? Ou bien est-ce le tempérament français qui veut que les particuliers supportent avec peine tout joug quelconque, fût-ce celui de la loi élaborée en leur nom?

D'aucuns prétendent que la docilité de notre race ne fait pas doute, et que ce sont les fres qu'il faut rendre responsables de ce qui peut leur arriver de désagréable.

A quoi l'on pourrait objecter que l'amusement qui consistait à rosser le guet n'était point passe-temps favori des seigneurs seulement.

Mais je suis tout prêt à admettre que les générations actuelles se sont assagies, et que le vieux levain de fronde, dûment neutralisé, a perdu toute virulence. Ce qui pourtant n'a certes pas disparu, c'est la fâcheuse ignorance, et la non moins fâcheuse présomption.

Que les particuliers ignorent la Loi, cela se peut encore concevoir; mais qu'il en soit de même des fres, voilà qui est moins admissible.

Quant à l'outrecuidance, elle est toujours inexcusable, qu'on la décore du nom de zèle ou qu'on la qualifie dignité outragée.

Quel que soit le masque dont on l'affuble, elle n'en reste pas moins la sœur jumelle de l'ignorance, et c'est, le plus souvent, de son alliance avec celle-ci que naissent les conflits entre fres et citoyens.

Il suffit en effet, ainsi que nous aurons maintes fois à le constater, qu'une idée fausse soit implantée dans l'esprit de l'une des parties, pour que, la naturelle obstination aidant, chacun persiste à maintenir ce qu'il croit être son droit.

Et l'opinion que certains se font de leur droit témoigne parfois d'une étrange aberration. Sans parler de l'ineffable routine, qui accrédite les idées et les pratiques les plus extraordinaires, l'on rencontre des gens qui s'arrogent tranquillement le droit d'interpréter la Loi et de discuter ses prescriptions ou l'opportunité de leur application, surtout en ce qui les concerne.

Ces arbitres d'un nouveau genre oublient que c'est la Loi qui est le juge, et que ce juge-là, on ne le récuse point.

Le pouvoir auguste de la Loi n'est pas une propriété privée, dont on puisse user suivant l'inclination du moment, au gré de son caprice.

Et ce que la Loi ordonne ne se discute pas : lorsqu'elle a parlé, le droit, c'est le devoir, et le devoir consiste à s'incliner et à obéir.

Il est vrai que d'ordinaire ce sont ceux qui se montrent le plus forcenés qui se réclament le plus ardemment de la Loi. Par leur passion même, ceux-là prouvent combien peu il leur sied d'invoquer cette Loi, qui plane impassible au-dessus et en dehors des misérables querelles individuelles engagées soi-disant en son nom.

En fin de compte, il serait aussi injuste

qu'absurde de prétendre que les torts viennent toujours et invariablement d'un seul et même côté.

Le particulier, subissant une contrainte quelconque, est volontiers enclin, et cela est tout naturel, à discuter les droits ou la légitimité de l'action du f[re], sinon à l'accuser d'oppression ou d'arbitraire. Peu d'hommes consentent docilement à se soumettre à ce qui leur est imposé contre leur gré, ou à subir les conséquences qu'entraînent leurs actes. Comme d'autre part les f[res] ne prennent pas tous, sans exception, le soin de bien pondérer leurs actions, et que certains affirment leur autorité avec une aménité relative, il s'ensuit que, surtout lorsqu'on oublie de part et d'autre qu'il n'y a pas deux hommes en présence, mais bien un citoyen en présence de la Loi, un conflit surgit facilement.

Rarement adviendra-t-il, je me plais du moins à l'espérer, qu'un f[re] fasse preuve d'autre chose que d'un zèle maladroit. Mais il est si humain de s'illusionner sur l'étendue des pouvoirs que l'on est fondé à exercer ! Il est si naturel de perdre de vue cette notion que la Loi veut des serviteurs et non pas des despotes !

Certains sont donc tentés de faire, de la querelle de la Loi, leur querelle propre, et l'on ne saurait s'étonner que ceux-là trouvent dans le citoyen un adversaire personnel: ce dernier n'est-il pas quelque peu excusable d'oublier que l'on ne discute pas avec la Loi, alors que l'attitude du mandataire de celle-ci est peu propre à lui donner cette impression que ce n'est pas un homme privé qui l'interpelle ?

D'un autre côté, il est des individus pour qui le droit consiste, purement et simplement, à considérer que leur personnalité est intangible, et que tout ce qu'ils font est bien fait, par cette raison que c'est eux qui l'ont fait : aussi n'admettent-ils pas qu'un f[re] se permette de trouver dans leurs actes un motif pour juger différemment.

Enfin, il est d'autres personnes dont le caractère irritable, dont le tempérament combatif ou processif les incitent, soit à la résistance, instinctive pour ainsi dire, soit à l'agression, sous une forme quelconque.

Les uns se fâcheront et diront des injures, les autres se défendront ou frapperont; moins violents, ils discuteront pied à pied, et au lieu de chercher à justifier leurs propres actes et leur propre attitude, se livreront à une critique agressive et quelque peu incompétente des conditions dans lesquelles le f[re] a exercé son mandat, ses pouvoirs ou son action f[lle].

Ces chicaniers, suivant une expression familière, mais expressive, ne se retranchent pas derrière leur bon droit; ils cherchent, suivant une autre expression familière, à découvrir une paille dans l'œil du voisin; autrement dit, ils invoquent les torts prétendus du f[re] pour justifier les leurs.

Emettant présomptueusement une opinion qu'on ne leur demande pas, et qu'une étude approfondie du droit pourrait seule faire prendre en considération, ils argumentent ainsi : Ce f[re] n'a pas le droit d'exercer ses fonctions, parce qu'il n'a pas prêté serment; ou bien, parce qu'il n'avait pas ses insignes; ou encore, et plus simplement, parce qu'il est incompétent.

Qu'il me soit permis de mettre mes concitoyens en garde contre cette tendance : la vanité présomptueuse est mauvaise conseillère. Que chacun se borne à fournir des arguments défensifs ou explicatifs : si le f[re] ne doit pas se substituer à la loi, le citoyen est encore plus coupable, lorsqu'il en use de même. Citoyen et f[re] sont également responsables devant la Loi; mais il n'y a pas parité de situations : le f[re] a qualité pour apprécier, provisoirement, les actes du citoyen, tandis que rien n'autorise celui-ci à user de réciprocité, par la raison bien simple que, momentanément, le f[re] est en quelque sorte l'incarnation vivante de la Loi. S'il contraint, c'est avec la force de la Loi; s'il ordonne, c'est à titre d'organe de la Loi.

Et le mandataire de celle-ci fût-il infidèle ou traître à son mandat, qu'il n'en reste pas moins mandataire, fondé à exiger soumission, quitte à répondre de ses actes abusifs devant le pouvoir compétent pour le juger, à la requête du citoyen qu'il aurait molesté.

Cela ne veut pas dire que tout ce qu'il plaira au f[re] d'imposer aux particuliers doive être supporté passivement en toutes circonstances.

L'étude qui suit a précisément pour objet d'éclairer le citoyen sur ses droits réels, de lui montrer à quels genres d'oppression il est fondé à résister, dans quelle mesure et à quelles conditions, et surtout, de bien lui faire comprendre comme quoi telle résistance, qui peut être parfaitement légitime en soi, lui vaudra néanmoins répression si, se laissant égarer par la colère ou par sa juste indignation, il abuse lui-même de son droit pour venger son injure, au lieu de se contenter de repousser l'oppression.

Mais, et j'y insiste, tout en exposant consciencieusement ce qui est la vérité, parce que j'estime que c'est là un devoir strict, je ne puis m'empêcher de conseiller aux particuliers *de ne jamais user de leur droit de résistance.* Ce n'est nullement l'intérêt des f[res] que j'ai en vue lorsque je prétends que l'abstention est préférable à la résistance : je paraîtrais plaider *pro domo.*

Moins mesquine est la considération dont je m'inspire. Rapportant tout à l'intérêt supérieur de la Loi et du maintien de l'ordre social, j'estime qu'un bon citoyen fait preuve d'une dignité plus éclairée en supportant *d'être victime* d'une injustice qu'en risquant, par ses clameurs ou sa résistance, d'ameuter l'opinion publique (s'il m'est permis d'employer cette bizarre expression) et de contribuer à faire perdre aux simples le respect dû à tout ce qui touche à la Loi.

A moins de circonstances réellement exceptionnelles, quelle nécessité y a-t-il, pour un homme pondéré, à refuser de se résigner à subir momentanément un mal qu'il aura toujours peine à empêcher en fait, s'il a affaire à des gens déterminés ?

N'est-il pas manifeste que son intelligente modération, son respect de la Loi, n'auront pour conséquence que de faire ressortir plus vivement le caractère odieux de l'arbitraire dont il aura souffert ?

Outre que son attitude lui conciliera l'estime et la sympathie des juges et du public, n'est-il pas assuré d'obtenir une réparation d'autant plus éclatante qu'il aura été éprouvé plus indignement ?

Quant à la répression qui atteindra l'oppresseur, il serait à désirer que la victime ne la considérât pas comme une vengeance ou comme une satisfaction personnelle. Mais c'est beaucoup demander. Et pourtant ! Beaucoup d'entre nous ont pu constater que le Français, prompt à s'irriter, est également prompt à pardonner. Il suffit que, lorsqu'il a été injustement molesté, ses réclamations soient accueillies avec bienveillance, et que son auditeur se déclare tout prêt à les transmettre à la Justice, pour que, si l'on fait le moindre appel à son indulgence, il prenne gaiement son parti de sa mésaventure et abandonne volontiers toute idée de poursuites.

Evidemment, il n'en est pas toujours ainsi, mais l'observation est exacte en thèse générale, et bien piètres psychologues seraient les f[res] qui n'en concluraient pas que la fermeté ne doit pas exclure la bienveillance, dans leurs rapports avec leurs compatriotes, et qu'il est tout indiqué qu'envers des gens aussi enclins à oublier les injures, l'équité, à défaut de la prudence, ordonne de ne procéder qu'à bon escient et avec toute la modération que comporte le souci du devoir.

Il faut du reste reconnaître que, depuis un certain nombre d'années, à Paris tout au moins, la population semble cesser de plus en plus de considérer l'agent comme un ennemi, pour ne plus voir en lui qu'un utile et modeste protecteur, auquel on peut s'adresser avec confiance et dont le rôle sera bientôt à bon droit jugé indispensable.

D'où il est rationnel de conclure que nos agents, de leur côté, se rendent de mieux en mieux compte de l'importance de leur mission sociale et de l'esprit dans lequel leurs fonctions veulent être exercées. Il y a donc tout lieu d'espérer que les conflits deviendront de plus en plus rares, et que, ne fût-ce qu'en considération de tant de bons serviteurs, l'indulgence à laquelle je fais allusion plus haut sera d'autant mieux justifiée éventuellement que les occasions d'en faire preuve seront moins fréquentes.

Un mot encore à propos du zèle. Si, malgré le mot fameux de M. de Talleyrand, le zèle est, en soi, chose louable, il n'est vraiment utile que s'il est opportun et éclairé. Certes, il est monstrueux qu'un f[re] s'arroge le droit de décider si telle disposition légale doit ou non être appliquée, bien que l'étude de la jurisprudence prouve que c'est là chose courante; mais il faut convenir qu'il y a façon de faire respecter la loi, et que ce n'est pas en l'appliquant à tort et à travers qu'on la sert le plus efficacement.

Quant aux moyens et procédés le plus propres à en faire une sage application, les opinions varient malheureusement avec les localités et avec les hommes.

Certains se montrent intransigeants: *dura lex, sed lex,* telle est leur maxime, hors de laquelle ils ne voient point de salut. D'aucuns, timorés à l'excès, se soucient fort peu de la loi et de l'intérêt général : *pas d'histoires ;* à cela se résume toute leur sagesse.

Entre ces deux extrêmes, également peu sensés, quoique le second soit profondément immoral, alors que le premier ne l'est pas, il est un juste milieu, qui consiste à prévenir avant de réprimer, autant que faire se peut; à n'agir qu'à bon escient;

mais, lorsqu'on a agi pondérément et selon sa conscience, à opposer une indifférente fermeté à toutes les appréciations malveillantes, généralement intéressées. Cette façon de faire, qui est tout l'opposé du zèle, est en effet inattaquable. Si pourtant le zèle, qui, ainsi que nous le verrons, conduit parfois les agents à commettre des actes que la loi qualifie criminels; si ce zèle a inspiré à tel agent une initiative maladroite, dangereuse même pour lui, convient-il de l'en blâmer acrimonieusement? Certes non. Le chef doit se dire qu'il a sa part de responsabilité dans l'acte qu'il réprouve; et que si, moins ignorant lui-même ou plus prévoyant, il avait pris soin de renseigner ses hommes de façon claire, précise et définitive sur leurs devoirs et leurs droits, il serait plus fondé en équité à formuler un blâme susceptible de démoraliser son personnel.

D'autant plus qu'à l'appui de son opinion, le chef néglige souvent de fournir des arguments ou des explications, ce qui lui permet à l'occasion d'émettre sur le même sujet des avis diamétralement opposés. Il s'ensuit que les subordonnés, découragés et ne sachant plus où est le droit chemin, prennent un parti fort simple, celui d'abandonner toute initiative. C'est ainsi qu'il m'a été donné d'entendre un agent se vanter de n'avoir jamais arrêté quelqu'un au cours de trente années de service! Qu'il y ait là une exception, je le concède; mais ce que nul ne démentira, c'est que bien des chefs à courte vue paralysent les meilleures volontés, parce que, concentrant leur attention sur un fait déterminé, ils ne voient que ce fait et se rendent incapables d'apprécier l'homme au lieu de l'acte. De sorte que telle force qui, sagement dirigée, donnerait d'inappréciables résultats, reste inutilisée quand elle ne devient pas nuisible. Tout cela, parce que le chef est incapable. J'ai entendu des doléances qui ne me laissent aucun doute à ce sujet.

Il n'est que juste de dire qu'il y a des f^res^ qui se font une bien singulière idée de leurs droits. J'en cite un cas IV, 17, lequel n'est pas isolé; j'ai vu arrêter, par exemple, sous inculpation de vagabondage spécial, deux individus qui avaient eu la malencontreuse inspiration de se cacher derrière un arbre pour s'amuser du manège de filles exerçant leur lamentable industrie. Et, presque toujours, la bonne foi des auteurs de ces erreurs est au-dessus du soupçon! (Voir aussi IV, 25).

La conclusion pratique de tout ceci est que, tant que chaque catégorie de f^res^ ne sera pas pourvue d'une sorte de petit code professionnel, il n'y a pas à espérer voir disparaître complètement les inqualifiables procédés que le zèle ignorant inspire à certains.

CHAPITRE II

DES EXCUSES EN GÉNÉRAL

L'art. 64 CP mentionne la démence et la contrainte irrésistible. Les art. 321 et suiv., 471, L. 1881, art. 33, parlent de la provocation, de la défense légitime et des motifs légitimes (Voir 100, 108, 114, 116, 135, 138, 163, 190, 213, 247, 284, 288, 321, 322, 329, 343, 348, 357, 380, 441, 463 CP).

Motifs légitimes, obéissance hiérarchique. — Ils ne constituent une excuse que si l'ordre donné est en conformité de la loi.

Ainsi un cantonnier qui contrevient à un arrêté du maire ne peut exciper de l'ordre de ses chefs (Cass. 17 fév. 1855).

Cette règle est applicable, à plus forte raison, en matière de cont. ind., où l'intention ne peut être recherchée. Mais l'ouvrier qui a agi en vertu des ordres d'un maire ne peut être condamné, à raison du travail qu'il a exécuté (Cass. 29 pluv. an 11).

Ignorance des dispositions de la loi. — Elle ne peut être admise comme excuse (Cass. 15 pluv. an 7, 5 oct. 1822, 12 oct. 1833).

Bonne foi. — Elle ne peut excuser, à certaines conditions, que les délits dits intentionnels, mais non les délits contraventionnels, comme les délits forestiers (Cass. 6 juillet 1854), de chasse (Cass. 17 juillet 1857), la détention d'armes de guerre (Cassation 26 mars 1835), les contraventions, etc., par exemple en matière d'octroi (Cass. 3 mars 1855); ou celles au décret du 14 juin 1813, par les huissiers (Cass. 25 mars 1836).

L'écrivain qui diffame est présumé, de droit, avoir agi avec mauvaise foi (Toulouse 30 déc. 1836). Voir II, 24.

Ignorance, démence, etc. — En principe, l'ignorance n'est pas une cause d'excuse (Cass. 14 juill. 1831); l'ivresse non plus (Cass. 1er juin 1843; 19 nov. 1807). La colère, la jalousie, ou toute autre passion violente, ne sont pas des excuses; car l'homme a le pouvoir de dominer ses émotions et de s'en rendre maître; mais, dans certains cas, elle peut être invoquée comme excuse atténuante (Orléans, 25 août 1840).

Est non punissable l'homicide commis par un épileptique en état de crise de rage et de fureur (Cass. 8 frim., an 13).

La persuasion qu'on est ensorcelé n'excuse pas le crime (Cass. 16 frim. an 9).

L'interdiction ne présuppose pas nécessairement l'état de démence (Cass. 24 fév. 1842).

C'est à l'aut. adm. et non aux tribunaux à prendre les mesures de police convenables à l'égard de l'auteur d'un crime ou délit en démence (Cass. 8 frim., an 13).

Excuses des art. 100, 213. — Voir VI, 1.

Provocation. — Elle est admise en matière d'injures simples (471 n° 11) ou publiques (L. 1881, art. 33) entre particuliers: Pour être punissable, l'injure simple doit ne pas avoir été provoquée. Il s'ensuit que la personne qui, sans provocation, en injurie une autre, est passible de contravention. Mais si la personne injuriée répond par d'autres injures, cette dernière ne tombe pas sous le coup de la loi (Cass. 9 mars 1867).

Aux termes de la loi, la provocation, pour empêcher condamnation, n'a pas besoin d'être immédiate (Cass. 18 août 1836).

La loi n'ayant pas défini le caractère de l'excuse de la provocation, il appartient aux juges du fait d'apprécier souverainement les faits qui la constituent et de la reconnaître dans des injures préalables proférées par le plaignant (Cass. 18 août 1864).

La provocation peut résulter de gestes, de violences, etc., en un mot de tout procédé offensant, ou même hostile ou préjudiciable, immédiat ou non, à la condition que ce procédé soit de nature à justifier l'indignation de l'intéressé, et à excuser, par suite, les injures qu'il se serait laissé aller à proférer.

Elle peut résulter d'une dénonciation adressée par le plaignant contre le prévenu, au supérieur de ce dernier, la loi n'ayant pas défini les caractères de cette excuse (Cass. 26 mai 1853).

Ce qui veut dire que le f[re] outragé ou violenté qui injurierait l'offenseur sera exempt de peine, alors que le prévenu devra être condamné.

Injures réciproques. — Si le juge ne peut reconnaître de quel côté a eu lieu la provocation, il doit relaxer les deux parties, à moins qu'il n'y eût tapage punissable suivant l'art. 479 (Cass. 1er sept. 1826). Mais la jurisprudence a varié: Si le provocateur n'est pas connu, les deux parties sont condamnées (Cass. 30 oct. 1886).

De sorte que l'une des parties est, en fait, condamnée illégalement, et que le doute ne bénéficie à personne.

Diffamation réciproque non publique. — L'excuse de provocation est admise, de même que pour l'injure (Cass. 10 nov. 1876, 18 nov. 1886).

L'absence de provocation n'est pas nécessaire pour que l'injure envers les particuliers soit punissable.

Mais, d'après l'ensemble des art. 29, 30, 31, 33 L. 1881, la provocation, lorsqu'elle est établie, est une excuse qui affranchit de toute peine l'auteur du délit.

Il s'ensuit que c'est au prévenu, qui prétend bénéficier de cette excuse, à l'invoquer et à en administrer la preuve. Le juge ne peut être tenu de se prononcer sur son existence ou son absence qu'autant qu'il est mis en demeure de le faire par les conclusions du prévenu (Cass. 23 déc. 1897).

La mention, dans une profession de foi, d'une condamnation encourue par l'adversaire, avec cette addition: vous démasquerez les indignes, alors d'ailleurs que l'auteur de la profession de foi a ainsi agi de bonne foi et sans intention de nuire, ne constitue, pas plus que l'expression d'*indignes*, avec laquelle elle était indivisiblement liée, une provocation de nature à excuser le délit d'injures résultant d'un factum postérieur de l'adversaire, qui commence par ces mots: X... et ses chenapans, souteneurs, voyous (Cass. 1er juill. 1899).

Nota. — Il va sans dire que l'injure par correspondance à découvert n'est punissable qu'autant qu'elle n'a pas été provoquée.

Ivresse. — Si l'état d'ivresse n'efface pas le délit d'injure, il en atténue du moins la gravité (Cass. 10 flor. an 10).

Autres faits. — A part les injures entre particuliers, aucun des délits étudiés n'est excusable à raison de la provocation.

Dén. cal. — La dénonciation faite par un maire contre un de ses administrés ne peut servir d'excuse à la dénonciation calomnieusement faite par ce dernier contre le maire (Nîmes 27 nov. 1829).

Tapage injurieux. — S'il résulte de querelles bruyantes sur la voie publique, avec échange d'injures, la contravention sera relevée à l'égard des deux adversaires (ou de tous autres acteurs), sans qu'il y ait lieu de s'occuper de savoir s'il y a ou non un provocateur (Cass. 10 janv. 1857).

L'excuse de provocation est inadmissible: En matière de diffamation publique réciproque (Cass. 25 mars 1847). Voir II, 24;

En matière d'inj. ou diff. OFP, verbales, par écrit, ou par correspondance à découvert (Cass. 12 juin 1896, etc.);

En matière d'outrages F ou OF, la loi n'admettant et ne reconnaissant nulle part ce genre d'excuses. Cela a été jugé notamment: 1° relativement à des gendarmes outragés F, qui avaient eux-mêmes injurié le prévenu (Cass. 28 août 1841); 2° relativement à un maire, dans le même cas (Cass. 9 sept. 1837).

Le principe a été affirmé aussi, tout spécialement, en ce qui touche les outrages OF (Cass, 19 août 1842, Rouen, 11 janv. 1844).

Cependant des expressions qui, considérées isolément, peuvent paraître inconvenantes, ne sont pas punissables s'il est reconnu que celui à qui elles sont imputées ne s'en est servi que dans le but de se justifier d'imputations odieuses (Riom, 19 mars 1827, Descoutures).

Rien n'excuse l'outrage: pas plus le regret immédiatement exprimé (Cass. 4 janv. 1862), que la vérité des imputations offensantes (Cass. 26 nov. 1812, 17 mars 1851).

Outrager des gendarmes qui conduisent un réquisitionnaire, ne saurait être excusé sous le prétexte que l'offenseur n'aurait agi que par humanité (Cass. 1er pluv., an 7).

Nous verrons IV, 25, que les violences exercées par le fre sont, elles aussi, insuffisantes à excuser l'outrage.

Ivresse. — L'état d'ivresse n'excuse ni le vol, ni la rébellion, ni les autres crimes (Cass. 15 therm. an 12).

Dans un cas de rébellion contre des gendarmes FR, la Cour de Colmar avait renvoyé les prévenus des poursuites, sous prétexte que l'espèce de lutte qui avait eu lieu entre les gendarmes et des hommes ivres n'avait pas les caractères d'une rébellion dans le sens de la loi.

La Cour de cassation, le 23 avril 1824, déclara que la Cour avait commis un excès de pouvoir, en créant arbitrairement une exception et une excuse non déterminées par la loi, en même temps qu'elle avait formellement violé l'art. 209 CP.

L'ivresse n'est donc une excuse, ni en matière de rébellion, ni, par suite, en matière des autres délits étudiés. En thèse générale, elle est au contraire punie accessoirement comme contravention; elle pourra, parfois, être une circonstance aggravante, si l'on s'est enivré dans le but de se donner le courage de commettre l'infraction; exceptionnellement elle pourra, si elle est involontaire, être considérée comme démence passagère, entraînant non-culpabilité. Tel serait le cas, par exemple, de celui qui aurait été enivré, à son insu, par un tiers ayant mélangé à sa boisson une substance excitante.

2e Subdivision

1re Section. — De l'exercice fl.

CHAPITRE III

FONCTION PROTÉGÉE

Les délits réprimés, F ou OF, consistent toujours en une manifestation extérieure d'un sentiment hostile, agressif, se traduisant par des expressions ou par des actes violents.

L'hostilité, c'est un état d'esprit, c'est la résultante de mobiles spéciaux, qui peuvent prendre naissance dans l'esprit de l'offenseur sans que l'offensé ait rien fait pour les provoquer.

Le plus souvent, la cause déterminante de cette hostilité sera immédiate, surtout si elle se manifeste F ou FR, et consistera dans l'irritation occasionnée par l'action flle de l'offensé.

Mais l'hostilité peut exister à l'état latent dans l'esprit de l'offenseur, et, si elle se manifeste en dehors du cas F, il devient nécessaire de prouver qu'il y a relation de cause à effet entre la fonction de l'offensé et le délit, pour que ce délit soit spécialement réprimé, à titre de délit OF.

La relation susdite sera parfois malaisée à établir, et, en thèse générale, c'est dans les antécédents du coupable que l'on devra en rechercher la preuve, à moins que ce dernier ne l'ait imprudemment fournie par les propos qui peuvent avoir accompagné son acte.

Les principales causes génératrices de l'hostilité sont, outre l'irritation: la haine, la rancune, la vengeance. Rancune et vengeance sont des sentiments qui ne peuvent concerner que l'offensé personnellement, comme homme public (s'il s'agit d'un délit OF, bien entendu).

Si ces sentiments s'adressaient à l'homme privé, il faudrait que le délit eût lieu F pour être spécialement réprimé; il en serait de même du reste de la haine.

Rancune et vengeance ayant motivé un délit OF ne peuvent donc s'expliquer que par une action f^lle de l'offensé, à l'égard de l'offenseur ou d'une personne amie ou alliée de celui-ci.

Quant à la haine, elle peut avoir été provoquée par un acte f^l; mais elle peut aussi ne pas s'adresser personnellement à l'offensé, et ne concerner que sa fonction, son exercice f^l. On peut détester les pouvoirs possédés par tel dép. ou ag. aut., soit parce qu'on a eu à subir l'action de l'autorité adm. ou jud., soit même parce que l'aberration congénitale de certains déséquilibrés a déterminé chez ceux-ci une animadversion, de principe, en quelque sorte, contre tout ce qui est autorité.

Le délit OF procédant de haine semblable s'expliquera donc, comme je l'ai indiqué, par les antécédents de l'offenseur, par les opinions qu'il professe, etc. La corrélation entre l'acte et la circonstance OF pourra être établie grâce aux aveux ou explications du prévenu, etc. Aussi importe-t-il, pour tout délit présumé OF, d'interroger avec soin le coupable sur ses motifs.

L'analyse qui précède suffit à expliquer que les délits OF du Code pénal peuvent avoir pour motifs : 1° l'exercice ou l'action f^lle de l'offensé relativement à l'offenseur; 2° la possession de pouvoirs, de mandat, de qualité conférant ou accompagnant le mandat.

Et dans ce dernier cas, le délit OF pourra être considéré comme ayant eu lieu à raison de la qualité ou à raison des fonctions. Dans le premier, il sera dit : à l'occasion de l'exercice des fonctions, expression qui veut dire : occasionné, motivé par les fonctions exercées, ou par ce fait qu'elles sont exercées ou que l'offensé a pouvoir de les exercer.

CHAPITRE IV

INTENTION, SERMENT, INSIGNES

1° *Intention.* — Pour qu'un délit soit réputé commis contre un f^re F ou OF, il faut nécessairement que le prévenu ait su qu'il s'attaquait à un f^re. Cela a été jugé notamment en matière d'outrages (Tarbes).

A quoi reconnaît-on un f^re ? Tantôt à ses insignes, tantôt à ce fait qu'il a énoncé sa qualité.

L'art. 222 est inapplicable, lorsque le magistrat ne portait aucun signe de ses fonctions, et si sa qualité n'était pas connue du prévenu (Cass. 23 frim. an XIV, Tastet; 10 juill. 1807, Garnier),

Ou s'il était déguisé; on peut présumer qu'il n'a pas été connu pour tel, et l'injure qui lui est faite doit être considérée comme si elle l'était à un particulier (Cass., 28 mars 1813).

La résistance avec violences et voies de fait opposée à un gendarme dépourvu de tout signe extérieur de sa qualité, ne constitue pas le délit de rébellion, en ce que dans ce cas le gendarme ne peut être considéré comme F (Riom, 9 mars 1828).

Sauf pourtant s'il était connu comme gendarme, ou s'était fait connaître comme tel.

Exemples. — La seule condition exigée pour qu'il y ait pénalité applicable, est que la qualité de l'agent soit *connue* du prévenu au moment où il commet le délit (Voir *Proc. crim. dans les commissariats, n° 60).* Cela a été décidé relativement à un adjoint au maire (Cass. 5 sept. 1812).

L'art. 222 devrait être appliqué, si le magistrat, quoique non revêtu de son costume et de ses insignes, était connu pour tel par l'individu qui l'a outragé (Cass. 9 fév. 1809; 26 mars 1813, Alessio).

Isolé de toute autre circonstance, le fait que l'officier public n'avait ni costume ni signes distinctifs quand il a été outragé ou violenté ne fait pas disparaître le délit, si le prévenu connaissait la qualité dudit officier.

En effet, le droit de faire un acte *résulte du caractère* donné au f^re par la loi, et non des marques distinctives de ses attributions (Cass. 11 oct. 1821).

Il suffit que le f^re annonce sa qualité, il n'a pas à en justifier. *Exemples :* La loi n'oblige pas les commis de la régie à justifier de leur qualité pour pouvoir exercer chez un débitant (Cass. 20 août 1818).

Pour que tel f^re attaqué ait droit, comme tel, à la protection de la loi, il suffit que sa qualité soit connue de l'agresseur. Et le dit f^re doit faire connaître sa qualité, soit *par paroles*, soit par l'exhibition de son écharpe ou de ses autres insignes (Cass.

8 avril 1854), mais il n'est pas nécessaire qu'il soit revêtu desdits insignes (Cass. 20 mars 1851).

2° *Défaut de serment préalable.* — Lorsqu'un f^re^ commence ses fonctions avant d'avoir prêté serment, il commet un délit et se rend passible d'une amende, dans le cas tout au moins où il y a de sa part une intention coupable. Mais telle est la seule sanction du défaut de prestation de serment. Il suit de là ces deux conséquences : 1° Le f^re^ ne serait pas admis, pour échapper aux peines par lui encourues à raison de délits qu'il aurait commis F, à soutenir qu'il n'est pas f^re^ avant d'avoir prêté serment; 2° Et les tiers ne seraient point davantage fondés à se défendre de délits par eux commis contre un f^re^, sous le prétexte qu'il n'a pas encore prêté serment.

Cela a été ainsi jugé à propos d'un commissaire de police:

« Attendu que le sieur Mongeau, nommé commissaire de police de Nontron, par décret du président de la république, en date du 16 novembre 1850, et installé en cette qualité par procès-verbal du maire, du 23 du même mois, sans prestation du serment, prescrit par l'art. 9 du décret des 1er-8 juin 1792, avait, depuis lors, exercé publiquement ses fonctions, lorsque le 6 février suivant, pendant qu'il procédait à un acte de son ministère, dans une des rues de la ville, il reçut un outrage par paroles de Queyroy; que ce dernier, traduit pour ce fait en police correctionnelle, y fut acquitté, par l'unique motif qu'à défaut de serment, le sieur Mongeau n'avait pas eu le caractère de f^re^, et n'était point protégé par l'art. 222; attendu que, bien que le décret du 1er mars 1848, qui a supprimé le serment politique, ait laissé subsister le serment professionnel, cependant l'absence de cette formalité était invoquée dans la cause par le prévenu, et a été adoptée par le tribunal correctionnel, non comme un moyen de faire cesser la foi due au procès-verbal du commissaire de police, sur un délit à l'égard duquel le ministère public offrait la preuve testimoniale, mais pour soustraire à l'application de la loi pénale les propos outrageants imputés à Queyroy; attendu que le citoyen, promu à un emploi public, qu'il exerce ostensiblement et sous l'autorité du gouvernement, est légalement réputé avoir caractère à cet effet, et doit obtenir provisoirement obéissance et respect; que l'outrage, à lui adressé dans l'accomplissement de son ministère, n'atteint pas seulement sa personne; qu'il blesse surtout la fonction qu'il remplit, et la loi au nom de laquelle il procède, et que celui, de qui émane une pareille injure, ne peut se soustraire aux peines des art. 222 et suivants, en prouvant plus tard, devant la justice répressive, que ce f^re^ n'avait pas prêté serment. » (26 juin 1851, n° 248. — *Conf.*, 5 avril 1860, n° 92).

Un commissaire de police, remplissant les fonctions du ministère public, ne saurait être tenu de justifier de sa prestation de serment aux contrevenants qu'il poursuit (Cass. 21 mai 1840). Voir I, 10.

On sait que l'art. 196 CP prononce une amende contre les f^res^, pour défaut de serment.

Cet article s'appliquait au serment politique (L. 1830), comme au serment supplétif ou promissoire, spécial à certaines fonctions (Cass. 23 août 1831).

Le serment des f^res^ jud., ag. aut., gendarmes, etc., ne pouvait être reçu que sur la réquisition du ministère public (Cass., 22 mars 1843, 17 août 1852, etc.).

Mais les temps ont changé :

Les f^res^ de tout ordre sont déliés de tout serment. Le serment politique est aboli (Décret 5 sept. 1870).

Il n'est donc pas nécessaire qu'un f^re^, pour être réputé tel, ait été *installé*, cette cérémonie n'ayant plus d'objet; il suffit qu'il ait pris possession de son poste (Cass. 19 nov. 1874).

Il est vrai que le décret du 11 sept. 1870 s'occupe du serment professionnel, que les f^res^ doivent prêter dans la première séance du corps auquel ils appartiennent, disposition qui semble bien ne pouvoir s'appliquer qu'aux mag., surtout à ceux de l'ordre jud.

Ce qui est certain, c'est que l'art. 196 est tombé en désuétude, en ce qui concerne les commissaires de police.

Le serment reste obligatoire pour les gardes, préposés, notaires, etc., ainsi que pour maint cit. SP (V. VII, adjudicataire, etc.).

3° *Port des insignes* (I, 15; IV, 26, etc.). — Si le port d'un uniforme est exigible pour certains privilégiés (Voir VII, chemins de fer), c'est à tort que le public s'imagine qu'un f^re^ ne saurait procéder légalement sans être porteur de ses insignes ou sans les exhiber.

Ce préjugé est tellement enraciné qu'il convient d'insister sur la question.

Je rappelle d'abord que nombre de f^res^

et d'agents n'ont pas de costume ni de signes distinctifs. Dans les grandes villes, notamment, les agents de la sûreté, dont la mission principale est pourtant de procéder à des arrestations, se voient délivrer d'ordinaire, avec leur arrêté de nomination, une simple carte de service. Comme aucune loi ne les oblige, non plus que les officiers ministériels, à être constamment porteurs de l'acte qui les a nommés, il s'ensuit que l'usage veut qu'ils se munissent seulement de cette carte. Quand ils exécutent un mandat, l'exhibition par eux du mandat au prévenu vaut titre, et leur qualité ne peut être, *à priori*, mise légitimement en doute.

Mais si ces agents ont à opérer une arrestation en vertu d'un jugement *contradictoire*, ils ne sont pas tenus d'être porteurs du jugement (Cass. 26 déc. 1839), et l'ordre verbal du Procureur de la République suffit à légitimer l'arrestation.

Dans ce cas, comme dans celui d'arrestation en flagrant délit, ils ne peuvent justifier de leur qualité que par la représentation d'une carte qui, disons-le en passant, leur est délivrée à titre administratif, et pour leur permettre de requérir main-forte en cas de nécessité, ou de se faire reconnaître par les gardiens de la paix, mais qu'aucune loi ne les oblige à exhiber, ni même à posséder. S'ensuivra-t-il que le condamné, auquel ils oublieront d'exhiber leur carte, ou auquel ils ne pourront la montrer parce qu'ils l'ont laissée à leur domicile, ne pourra être légalement saisi ?

Et si, ce qui arrive fréquemment à Paris, ce condamné est un malfaiteur notoirement dangereux, vis-à-vis duquel la première précaution à prendre consistera à paralyser ses mouvements, les agents seront-ils tenus, en lui exhibant délibérément leur carte et en lui annonçant leur mission, de lui laisser la possibilité de se servir de ses armes ou de se livrer à des voies de fait ?

Il serait absurde de le prétendre. Il suffira donc qu'en le maîtrisant, ils lui déclinent leur qualité et lui fassent part de leur mission, pour que l'arrestation soit légale, et que toutes violences à leur endroit soient passibles de répression.

Ces principes sont certains légalement, et ne cesseraient de l'être que si, pour telle classe déterminée d'agents, des dispositions précises obligeaient ceux-ci à n'agir que revêtus du costume ou des insignes à eux attribués (Voir VII, chemins de fer).

Mais, en l'absence d'une disposition impérative à cet égard, on n'a pas le droit de créer arbitrairement une obligation qui n'existe pas, ni de subordonner la légalité d'actes, commandés par la loi et exécutés par l'agent qu'elle a institué à cet effet, à l'observation de formalités autres que celles qu'elle exige.

La loi a du reste agi sagement en laissant son représentant maître de se servir de ses insignes ou de ne pas s'en servir. Car, que prouve l'insigne en soi ? A peine sa présence constitue-t-elle une présomption quant à la qualité de celui qui en est porteur. Comment, dès lors, pourrait-on décider que la possession actuelle, par un inconnu, d'un insigne attribué à telle fonction, est indispensable pour légitimer les actes de cette fonction ? A quel titre cette possession est-elle plus probante que le simple énoncé de la qualité ?

S'il y a raison valable de douter de la qualité, ce doute ne subsistera-t-il pas en dépit de l'affirmation verbale aussi bien que de la production d'un insigne ?

Et s'il n'y a aucune raison plausible de douter, pourquoi la seule énonciation de la qualité ne suffirait-elle pas ?

Enfin, en vertu de quels arguments s'obstine-t-on à considérer que l'exhibition de l'insigne ne saurait être autre chose qu'une formalité dont l'observation constitue seulement une garantie pour les citoyens, au lieu d'y voir en même temps, avec la loi, une mesure de protection pour le f^re^, la seule à laquelle il lui soit possible d'avoir recours dans certaines circonstances particulières ?

Pour subordonner la légalité de l'acte d'un f^re^ à la formalité qui consiste à revêtir tel costume ou à porter tel insigne, il faut nécessairement que la nature des fonctions soit telle que leur exercice ait lieu dans des conditions de temps et de lieu toujours prévues, ne variant jamais, déterminées exactement à l'avance; il faut que cet exercice ne dépende en rien des faits.

Mais il n'en est pas ainsi pour les off. ou ag. pol., par exemple, dont la fonction peut avoir à s'exercer inopinément, en dehors de toute prévision, dans des circonstances de fait où la possibilité de se conformer à telle règle matérielle déterminée ne saurait manifestement exister.

C'est pourquoi ces agents ont le droit, mais non le devoir, d'agir avec leurs insignes ou costume.

Si l'on prétendait transformer ce droit en devoir, leur mission serait à chaque instant entravée; leurs actes, fréquemment, seraient accomplis illégalement, et, de plus, certains, ceux par exemple de la sûreté, se verraient parfois dans l'impossibilité matérielle de faire leur service.

La conséquence de cet état de choses, en ce qui concerne ces derniers, serait que l'autorité se verrait obligée de les licencier, pour ne plus employer que des hommes en uniforme, ce qui irait à l'encontre du but qu'on s'est proposé en les instituant.

Il importe donc qu'on cesse d'interpréter dans le sens d'une obligation ce qui ne peut constituer, et ne constitue légalement, qu'une prérogative attachée à la fonction, permettant d'affirmer celle-ci aux yeux de tous, afin que l'exercice en soit respecté, et au besoin protégé, sans allégation possible d'excuse.

Telle est la seule conclusion à laquelle on puisse logiquement aboutir quand on étudie la question au point de vue des droits et des devoirs du f^re^.

Si on l'étudie au point de vue de la garantie qui résulte de l'observation de cette formalité pour les citoyens, on ne saurait méconnaître que le port des insignes peut constituer une garantie *relative*, en tant qu'il en résulte une présomption quant à la qualité probable du porteur. Mais il n'en résulte pas preuve certaine, et c'est pourquoi le f^re^ pourra toujours prouver sa qualité par tels moyens qui lui paraîtront convenables, *s'il estime* que l'équité l'oblige moralement à faire cette preuve.

C'est en conciliant son droit et son sentiment d'équité qu'il devra, selon les circonstances où il se trouvera agir, décider de l'attitude qu'il convient de prendre.

Commissaires. Port de l'écharpe. — Les considérations qui précèdent s'appliquent également aux commissaires de police, bien que ceux-ci tiennent de la loi droit f^l^ de ceindre l'écharpe.

J'étudie la question : 1° au point de vue de l'exercice f^l^ ordinaire; 2° relativement au cas d'assistance aux huissiers.

1° Exercice ordinaire de l'action f^lle^. — On peut distinguer deux cas : 1° il y a action f^lle^ exercée publiquement, vis-à-vis d'un grand concours d'individus; 2° il y a action de contrainte, publique ou non, vis-à-vis d'une personne ou d'un petit nombre de personnes.

Le premier cas, c'est surtout celui d'exécution de la loi du 7 juin 1848 (attroupements). La loi ordonne alors que le commissaire soit ceint de son écharpe. Même dans ce cas, la règle peut comporter exception (Voir IV, 11).

Le second cas, c'est celui d'exercice f^l^ habituel, quotidien. Par analogie du cas précédent, il est recommandé aux commissaires de ceindre l'écharpe dans les rassemblements, réunions, même pacifiques, où ils ont à paraître publiquement. Mais cette recommandation ne doit pas être assimilée à une règle légale, obligatoire.

Dans les autres circonstances, les principaux modes d'action f^lle^ sont : 1° la constatation; 2° l'opération forcée, par contrainte, violente au besoin.

Constatations. — Il n'est pas nécessaire, à peine de nullité, que les commissaires soient décorés de leur costume, quand ils constatent des contraventions aux règlements de police (Cass. 9 niv., an XI et 6 juin 1807).

Actes de force. — La jurisprudence est d'avis que, lorsqu'un f^re^ veut contraindre la volonté d'un citoyen, pénétrer chez lui; en un mot, faire un acte quelconque qui puisse rendre inexcusable la rébellion, il est préférable que ledit f^re^ soit revêtu de ses insignes (Cass .11 oct. 1821 et 20 sept. 1834).

Encore avons-nous vu suprà que, même dans ce cas, le port de l'écharpe n'est pas exigible.

Conclusions. — 1° Dans le cas d'exécution de la loi de 1848, l'écharpe *doit* être ceinte au moment des sommations, en principe.

2° Par analogie, dans les cas d'exercice f^l^ public (réunions, etc.), il est presque indispensable, *utile* tout au moins, qu'elle soit portée.

3° Dans le cas d'opération par contrainte, il est *préférable* qu'elle le soit.

Dans les deux derniers cas, c'est le bon sens, la prudence, qui conseillent cette précaution. Dans le dernier surtout, l'équité peut réclamer que le f^re^, surtout s'il agit en dehors de sa circonscription, se munisse de ses insignes et les exhibe spontanément au moment d'agir, quand les circonstances lui permettent d'en user ainsi sans risquer de compromettre le résultat qu'il veut obtenir.

En résumé, dans tous les cas où il agit vis-à-vis d'un seul particulier ou vis-à-vis d'un petit groupe de particuliers; chaque fois qu'il lui est facile matériellement de faire connaître à coup sûr sa qualité en la déclinant, et à la condition qu'il y ait certitude absolue que chacune des personnes présentes a eu connaissance de cette qualité, le commissaire pourra s'abstenir de ceindre ou d'exhiber son écharpe.

Si, en raison de circonstances spéciales, il estime devoir la ceindre ou l'exhiber, il peut toujours éviter cette formalité (dans le cas où il aurait oublié de prendre son insigne, par exemple), en prouvant sa qualité par tous autres moyens à sa portée, par témoignage d'agents, je suppose, ou même de voisins le connaissant (si toutefois il y consent).

S'il s'agit, pour préciser, de forcer la porte d'un logement, il arrivera souvent qu'on ignore la disposition et l'étendue des lieux, et qu'on ne puisse savoir si l'occupant est présent ou absent, aucune réponse n'ayant été faite à la sommation d'ouvrir, qui, du reste, peut n'avoir pas été entendue, pour un motif quelconque résultant, soit de circonstances spéciales, soit même de la surdité de l'occupant.

Il est clair que, dans cette occurrence, le commissaire devra, avant l'ouverture forcée, avoir soin de ceindre ostensiblement son écharpe. S'il ne le faisait pas, les violences ou injures, qui pourraient l'atteindre avant qu'il n'eût le temps de décliner sa qualité, ne sauraient évidemment motiver l'application des art. 209, 222 ou 228, puisqu'il n'y aurait aucune possibilité de prouver qu'au moment du délit, le prévenu savait à qui il avait affaire.

Mais, encore une fois, ce n'est pas, en principe, l'écharpe ou l'insigne qui confère au f^re pouvoir f^l d'action. L'insigne est seulement, parmi d'autres moyens, un moyen de permettre à tous de discerner la qualité, grâce à une marque distinctive extérieure que la loi autorise le f^re à porter ou exhiber, mais sans l'y contraindre, le laissant ainsi seul juge de l'opportunité d'en faire usage ou non, dans son propre intérêt avant tout, et aussi pour la garantie des citoyens. Mais, qu'il s'en revête ou non, il n'en a pas moins droit f^l d'agir légalement pour tous actes dans les limites de sa compétence.

S'il s'en revêt, il est assuré de la protection éventuelle de la loi. S'il ne s'en revêt pas, ou s'il refuse de s'en revêtir, le pis qui puisse advenir est qu'il s'expose à ne pas jouir de la protection spéciale susdite, s'il est prouvé que sa qualité n'était pas et ne pouvait pas être connue de celui qui l'aurait outragé ou violenté; la parfaite légalité de l'acte autorisé ou prescrit auquel il procède ne s'en ressentira nullement et ne pourra être attaquée ni diminuée.

2° *Assistance aux huissiers.* — (Voir page 149. Procédure C^ile dans les commissariats). C'est surtout lorsqu'il procède en vertu de l'art. 587 CPC que le commissaire est susceptible de rencontrer opposition.

Nota.—(Je m'empresse de dire que le concierge de la maison du débiteur, étant domestique de celui-ci et du propriétaire, n'a, à aucun titre, le droit d'émettre une prétention quelconque en vue de s'opposer à l'action de l'huissier ou du commissaire. Il est préposé à un service privé, et doit se borner à fournir les renseignements qui lui sont demandés).

L'huissier qui se présente pour exécuter peut avoir trouvé porte close ou s'être vu refuser l'entrée. Sur l'exhibition des titres dont il est porteur, le commissaire qualifié pour intervenir se rend en sa compagnie au domicile du débiteur.

Nota. — (L'huissier est tenu de se présenter en personne devant le commissaire; s'il remet son opération à une date ultérieure, il est encore tenu légalement de se présenter en personne devant le commissaire, sans qu'il y ait lieu de tenir compte de ce fait qu'il aurait convenu d'un rendez-vous avec ce f^re; en tout état de cause, il doit représenter spontanément ses titres).

Après sommation d'ouvrir, la porte sera enfoncée, ou la serrure fracturée, si le débiteur est absent ou persiste à refuser l'entrée. Dans ce dernier cas, la mise en demeure sera accompagnée de l'énonciation de la qualité du commissaire de police.

Après pénétration, l'huissier sommera le débiteur de s'acquitter, et si ce dernier ne le veut ou ne le peut, l'exécution aura lieu *sans aucune autre formalité.*

Ainsi que nous le verrons V, 3, la présence du mag. suffit à tout. L'huissier n'a pas à exhiber ses titres à l'intéressé, généralement prévenu par le commandement; le commissaire n'a pas à exhiber son écharpe.

Si le débiteur s'avisait de repousser la porte sur les officiers au moment où ils pénètrent, il se rendrait coupable du délit de rébellion, de même que s'il les repoussait manuellement.

Si pourtant le commissaire estimait devoir exhiber son écharpe, au moment de la sommation d'ouvrir ou de la pénétration, il lui serait loisible d'en user ainsi; et il serait préférable qu'il le fît, chaque fois que le débiteur, présumé présent, n'a pas donné signe de vie, ou occupe une habitation sise dans un jardin, une cour ou un parc.

CHAPITRE V

EXERCICE F[1]

Nota: La 7e partie contient les indications relatives à chaque privilégié, du moins en général. La IVe partie n'a pour objet que l'étude des opérations forcées en général.

Exercice f[1]. — Il comporte : 1° le fait de se trouver F; 2° celui d'agir ou d'avoir agi F; 3° celui d'agir FR.

Principe. — Le citoyen n'a pas le droit de s'occuper de ce que le fre doit faire ou ne pas faire. Il n'est fondé qu'à alléguer que le fre a agi *contre lui* illégalement ou irrégulièrement.

Son excuse doit être fondée sur son droit *personnel*, exclusivement.

Etre F, agir F ou FR. — Entre ces diverses circonstances, il y a des différences notables. Si l'on agit réellement FR, on agit F. Si l'on agit F, on est réputé F. Mais on peut fort bien, pendant que l'on se trouve F, agir sans faire acte f[1], et, par suite, ne pouvoir être réputé F quant à l'acte non-f[1] accompli. Enfin, si l'on agit intentionnellement FR, quoique illégalement, on sera toujours réputé F.

Tout cela a l'air paradoxal, mais rien n'est plus exact, et il est aisé de le démontrer.

Etre F, c'est paraître officiellement, se trouver en fait dans les conditions réglementaires de l'exercice du mandat f[1], être de service.

Agir F, c'est agir officiellement, faire un acte f[1] ressortissant à l'exercice du mandat.

Agir FR, c'est procéder à l'exécution d'une disposition légale ou d'une décision exécutoire.

D'où il suit que : 1° le délit commis contre un fre, pendant qu'il est F, procède d'ordinaire de l'initiative du prévenu; 2° celui contre un fre agissant F peut être surtout occasionné par l'acte du fre; 3° celui contre un fre agissant FR procède de la résistance, de la révolte, en général du moins.

Dans le premier cas, il y a agression spontanée; dans le second, riposte; dans le troisième, révolte.

Pourtant, dans les trois cas, le délit contre le fre peut présenter le caractère d'une attaque spontanée, d'une agression injustifiée.

Or, le principe régissant ces délits est le suivant : *Toute attaque spontanée est passible de répression, à la seule condition qu'elle concerne le fre F, ou OF.*

1° *Service f*[1]. — *Etre F.* — (Voir notamment VII, Magistrats à l'audience).

Certains agents n'exercent officiellement qu'en tenue, sur un parcours déterminé à l'avance, après avoir, par exemple, pris contact avec leur chef de service, en tel lieu de réunion. S'ensuit-il qu'ils ne pourront être réputés F que dans le laps de temps qui s'écoulera entre leur prise et leur cessation de service? Nullement.

Exemples. — L'exercice des fonctions comprend le temps employé pour se rendre au lieu où l'on a à les exercer et celui nécessaire pour le retour (Cass. 16 mai 1806).

Traiter de *mauvais soldats* des gardes nationaux qui se rendent pour un service au lieu qui leur est indiqué, c'est les outrager (Cass. 17 mai 1832, Bertin).

2° *Action f*lle. — *Actes f*ls. — *Agir F.*

L'acte f[1], c'est celui ressortissant au mandat, c'est celui du fre, agissant officiellement, de son initiative ou sur ordre. Il peut donc avoir lieu *pendant* le service f[1], tout comme en dehors de ce service.

On distingue: 1° les actes fls FR, qui seront étudiés plus loin; et qui, tous, sont des actes essentiellement fls; 2° les actes fls irréguliers ou illégaux; 3° les actes ressortissant au service f[1]; 4° les actes ressortissant au mandat f[1].

Je ne parlerai ici que des deux derniers.

1° *Actes ressortissant au service f*[1].

Si le MP agit *officiellement*, quoique non pour une action flle légale, il est F.

Exemple: Un gendarme est F, quand, par ordre de ses chefs et pour le service du poste dont il fait partie, il achète du pain chez un boulanger (Cass. 30 déc. 1853, Ayraud).

Dans ce cas, il fait acte de citoyen SP.

Un sous-préfet, qui, non à titre de simple particulier, mais comme représentant du Gouvernement, préside un banquet destiné à célébrer la fête du 14 juillet, doit être tenu comme étant à ce moment F, et s'il est frappé dans ces circonstances et à cette occasion, il doit être considéré comme ayant été frappé OF (Cass. 20 nov. 1902).

2° Actes ressortissant au mandat f¹.

On est F par rapport au prévenu si, pendant qu'on agit F en fait, celui-ci vous attaque comme f^re, sans que l'acte f¹ le concerne personnellement.

Mais si le f^re, procédant de son initiative propre, prend contact avec tel citoyen, et se trouve l'objet d'une attaque à raison de son acte spontané, il ne sera réputé f^re F que si ledit acte est bien un acte f¹. *Exemples :*

Domicile du fonctionnaire. — « Vu l'article 65 de l'acte constitutionnel du 22 frimaire an VIII, l'article 19 du titre II de la loi du 22 juillet 1791, et l'art. 168 du Code du 3 brumaire an IV; considérant en droit, que ces lois veulent que le f^re soit également respecté dans l'entier exercice de toutes ses fonctions, soit dans les rapports qu'elles lui donnent avec le public, lorsque, revêtu de l'habit ou du signe distinctif de son état, il assiste aux audiences des tribunaux ou à toute autre assemblée publique, soit dans les rapports que ces mêmes fonctions lui donnent avec les individus dans l'intérieur de son domicile et partout ailleurs; considérant que c'est surtout dans cette seconde partie de l'exercice de ses fonctions, que le f^re a besoin de la protection plus particulière de la loi, parce que ne se trouvant alors environné ni de la force publique, ni de cette pompe extérieure qui commande le respect, il est plus exposé aux insultes et aux violences de ceux avec lesquels les devoirs de sa place l'obligent de correspondre; considérant en fait que c'est comme f^re, comme officier du ministère public près la justice de paix, que le sieur Guillemet, adjoint au maire de Saint-Benoît du Sault, a fait donner à Perdriget la citation dont celui-ci veut avoir à se plaindre; que c'est encore en sa qualité de f^re que Perdriget lui a fait les interpellations qu'on prétend avoir été suivies d'insultes et de menaces; qu'ainsi ces insultes et menaces, quoique faites au sieur Guillemet dans l'intérieur de son domicile, ne lui auraient pas moins été faites dans l'exercice de l'une des parties de ses fonctions; qu'il y avait lieu par conséquent de dénoncer ce délit au tribunal correctionnel. » (Arrêt du 28 déc. 1807).

Est F le juge de paix « au moment où celui-ci accordait à l'offenseur un entretien, relatif à une sentence dans laquelle le réclamant était partie. » (16 août 1810).

Bien que le cas n'ait été jugé que relativement aux magistrats, il est certain que l'éventualité en question peut se réaliser en ce qui concerne un simple agent.

Pour qu'il en soit ainsi, il est nécessaire que le citoyen, de sa propre initiative, s'adresse intentionnellement, non à l'homme privé, mais au f^re.

Tel sera le cas si un individu se rend au domicile privé d'un agent pour le requérir d'agir comme agent dans un but déterminé. L'agent, quoique n'étant pas de service, sera alors F vis-à-vis du requérant.

Du reste, toute attaque effectuée en semblable occurrence doit être qualifiée attaque OF.

Voici un arrêt intéressant, qui concerne les agents en général (ainsi que tous f^res):

L'outrage, à leur égard, commis à l'audience, constitue le délit de l'art. 224 CP (Cass. 8 janv. 1870).

A ce propos, il faut distinguer. L'agent *témoignant* à l'audience est un témoin. L'art. 224 n'est donc applicable que si l'outrage est adressé à l'agent OF. Si l'outrage lui est adressé comme témoin, à raison de sa déposition, les lois de 1881 et de 1822 seront applicables. Il en serait de même pour tout autre privilégié. A l'audience, les seuls membres du tribunal sont réputés F, ainsi que ceux que leur service y appelle : gardes républicains, huissiers audienciers, etc.

Actes non-f^ls. — Tout acte, non f¹ en fait, accompli par un f^re même pendant son service, ne saurait être l'acte d'un f^re.

Exemple : L'injure non publique adressée à un ag. pol. faisant une démarche *officieuse* près du prévenu ne peut être excusée par le motif que l'agent outrepassait ses pouvoirs: elle constitue une injure simple prévue par l'art. 471 CP (Cass. 12 mars 1864, Bastien).

A la condition que ladite injure n'ait pas eu lieu OF, bien entendu.

Cet arrêt, parfaitement fondé, appelle la remarque suivante. Qu'un simple agent soit sans qualité pour intervenir officieusement, cela ne fait pas doute. Il n'en est pas de même en ce qui concerne le dép. aut., qui peut trouver dans l'étendue de ses pouvoirs la justification nécessaire pour intervenir officieusement, dans l'intérêt de la loi et des parties. Il en serait ainsi surtout si celles-ci avaient accepté en fait son arbitrage conciliateur.

Conclusion. — En résumé, il y a délit OF chaque fois que le f^re agit comme tel ou est interpellé comme tel, au moment de la perpétration du délit, de quelque côté que procède l'initiative établissant rapports f[ls] entre les parties.

CHAPITRE VI

ATTAQUES F et OF

Règles fondamentales.

1° *Pour qu'il y ait délit F, il suffit que le délit concerne un f[re], et que celui-ci soit F, de service, ou agisse F, comme f[re].*

2° Pour qu'il y ait outrage OF, il suffit que celui-ci soit direct ou volontairement adressé, et qu'il s'adresse bien au f[re] comme tel (II, 13, 14).

3° Pour qu'il y ait délit OF, en général, il suffit que le f[re] soit attaqué comme tel.

Il y a outrage OF, à raison d'un acte accompli par le f[re] si, par exemple, un individu, expulsé du prétoire de la Justice de paix sur l'ordre du Juge, se livre à des interpellations agressives à l'endroit de celui-ci, puis l'attend à sa sortie, armé d'un bâton, lui barre le passage pour exiger des explications, et lui fait une scène scandaleuse sur la voie publique (Cass. 16 déc. 1859).

Un garde-forestier injurie un particulier et lui reproche d'avoir volé des feuilles de bois appartenant à un tiers.

A quoi le particulier répond par d'autres injures à l'adresse du garde. La cour de Grenoble le renvoie des poursuites, sous le prétexte que « en matière d'injures verbales, celui qui ne fait qu'user de représailles n'est passible d'aucune peine; que du reste, ce n'est pas en vertu de la loi du 17 mai 1819, mais de l'art. 224 CP que les poursuites auraient pu avoir lieu » (21 avr. 1825).

Pas de doute sur ce dernier point, car il y avait injures directes.

Mais en ce qui touche la provocation, nous savons que cette excuse n'est admissible qu'entre particuliers. La Cour de cassation en décide ainsi invariablement. L'arrêt aurait donc dû être motivé, non en se basant sur cette excuse exclusivement, mais en constatant si l'outrage avait eu lieu envers le garde F ou OF.

Dans ces deux cas, il était punissable.

Si au contraire le garde, même F, n'avait injurié l'inculpé que comme particulier, et s'était vu répondre par des injures ne s'adressant qu'au particulier, et ne visant ni le garde F, ni l'exercice des fonctions du garde, la provocation constituait une excuse admissible (IV, 25).

Si, pendant son service, tel agent agissait pour accomplir un acte en dehors de ses fonctions, le délit commis à son endroit pendant qu'il accomplissait cet acte ne serait punissable, forcément, que s'il avait un rapport quelconque avec la fonction ou son exercice.

Exemple : Un gardien de la paix, en uniforme, est en service de surveillance sur la voie publique. Il abandonne son service pour entrer chez un marchand de vins où il fait une partie de cartes avec des consommateurs. Une discussion surgit à propos du jeu; on l'injurie. L'injure est commise à l'égard d'un particulier, et ne peut être réprimée que dans les conditions posées par l'art. 471 n° 11, ou la loi de 1881 art. 33 n°s 2 ou 3.

Mais si, en l'injuriant, on ajoute : « ce n'est pas la peine d'être gardien de la paix pour se conduire ainsi, etc. », l'injure prend le caractère d'outrage OF, parce que, si elle concerne l'homme directement, elle s'accompagne d'une intention méprisante à l'égard de la fonction exercée par l'homme.

Supposons qu'au moment de la discussion, l'agent sorte pour y couper court et reprenne son service de voie publique; si, une fois qu'il est dehors, un de ses adversaires, l'ayant suivi jusqu'à la porte, l'injurie, il y a outrage F, sans qu'il soit nécessaire que les propos injurieux fassent la moindre allusion à la circonstance que l'homme injurié se trouve exercer une fonction. Ce serait le cas d'outrage, relatif à une circonstance de la vie privée, adressé à l'homme F.

CHAPITRE VII

RAPPORTS DISCIPLINAIRES ET OFFICIELS ENTRE PRIVILÉGIÉS

1° Il y a un lien disciplinaire entre les parties. Délit F.

Les offenses et provocations adressées par un ag. fp. à l'officier qui commande ne sont pas des outrages; ils constituent un acte de désobéissance ou d'insubordination du ressort du conseil de discipline (Cass. 28 avril 1836).

Jugé pourtant que la diffamation ou injure *publiques* envers un officier de la garde nationale F sont justiciables des tribunaux correctionnels, et non du conseil de discipline (Paris, 19 avril 1843).

2° Si l'action f[lle] n'était pas celle d'un chef, mais bien celle d'un dép. aut., il n'en serait plus de même.

Exemple. — Schwartz, traduit devant le conseil de guerre, outragea le président et les membres du conseil. Il fut, pour ce dernier fait, qui absorba l'autre, condamné à cinq ans de fers et à la dégradation militaire, par application des art. 15 et 21 du titre 8 de la loi du 21 brumaire an V, relatifs à l'insubordination. Cette décision fut, sur l'ordre du Gouvernement, dénoncée à la Cour de cassation. Dans son réquisitoire, M. le procureur général Dupin émit l'avis qu'il y avait lieu d'annuler la sentence du conseil de guerre; il considéra que les juges militaires ont tous les caractères que l'on rencontre dans les magistrats, chargés d'administrer la justice civile : « leurs jugements, disait-il, comme les jugements ordinaires, sont intitulés au nom du roi; en un mot, ils sont, comme les juges civils, investis de ce qui forme l'autorité judiciaire, *juridictio et imperium...* » La Cour adopta ces conclusions; elle jugea « que ni la loi du 21 brumaire an V, ni aucune autre loi pénale spéciale à l'armée, n'ont de dispositions applicables aux outrages, dont un militaire, traduit devant un conseil de guerre, se rend coupable envers les membres de ce conseil; que l'art. 15 du titre 8 de la loi du 21 brumaire an V punit, à la vérité, de la peine de cinq ans de fers, tout militaire convaincu d'avoir insulté ou menacé son supérieur de propos ou de gestes; mais que cet article ne saurait concerner le militaire qui comparaît, comme prévenu, devant un conseil de guerre; qu'en effet, dans ce conseil, composé d'officiers supérieurs, d'officiers et d'un sous-officier, le prévenu trouve quelquefois des égaux ou même des inférieurs, à l'égard desquels l'art. 15 laisserait sans répression les outrages, qu'il se permettrait envers eux; que, cependant, tous les membres d'un conseil de guerre y siègent à titre de juges, y sont égaux en autorité, et doivent y avoir droit à une protection égale; que, d'un autre côté, le prévenu ne pourrait être soumis, lors de son jugement, aux lois ordinaires, faites pour le maintien de la discipline militaire et de l'obéissance hiérarchique, qui en est le fondement, sans que l'intérêt de sa libre défense en fût compromis; mais, qu'il est de principe, consacré par les art. 18, titre 13 de la loi du 3 pluviôse an II, et 22 de celle du 21 brumaire an V, que, dans les cas non prévus par les lois pénales militaires, les tribunaux militaires doivent appliquer les peines énoncées dans les lois pénales ordinaires; que l'art. 222 CP punit les outrages par paroles, faits à des magistrats de l'ordre judiciaire F, avec aggravation de la peine, dans le cas où l'outrage a eu lieu à l'audience; que les dispositions de cet article sont générales et étendent leur protection sur tous les f[res] chargés de rendre la justice; qu'il n'y a aucun motif pour refuser de comprendre dans cette classe les membres des conseils de guerre permanents; que ces conseils, institués par la loi, sont de véritables tribunaux, et ceux qui y siègent, de véritables juges; qu'ils doivent, comme tous les autres, être armés du droit de faire respecter, dans les limites de leur compétence, l'autorité judiciaire qui leur est confiée; que ceux qui les outragent, pendant qu'ils rendent la justice, doivent donc être punis en vertu des dispositions dudit article 222 (Cass. 31 janv. 1845).

3° Si un chef de poste est F vis-à-vis de ses subordonnés, le délit à son égard, commis par ceux-ci, peut n'être pas seulement une infraction disciplinaire. Ainsi, l'article 230 peut s'appliquer à un ag. fp., pour violences à son chef de poste (Cass. 9 sept. 1831, 27 déc. 1834, 25 mai 1837). Il en est ainsi notamment si le délit a lieu *sous les armes* (Paris, 19 avril 1843. — *Contrà.* — Cass. 19 juill. 1851, etc.).

4° Le fait que la fonction est actuellement exercée officiellement, publiquement, peut avoir pour effet de laisser sans influence la circonstance qu'il y a un lien disciplinaire entre les parties.

Exemple : L'art. 224 peut s'appliquer à un capitaine rapporteur de la garde nationale qui injurie, *dans une revue*, un officier de cette garde (Cass. 21 mars 1833. *Contrà:* Cass. 8 mars 1854).

Que penser de toutes ces décisions?

A l'époque actuelle et sous le Code de justice militaire d'à présent, il n'y a pas doute : c'est le Conseil de guerre qui est compétent, comme en ce qui touche l'outrage aux juges militaires. *Exemples :*

L'outrage, public ou non, proféré par un inférieur même hors la présence du supérieur visé, est réprimé par l'art. 224 C. just. milit., si les propos ont été entendus du supérieur, selon le but que voulait atteindre l'inférieur (Cons. rév. Alger, 20 sept. 1888).

Le rapporteur en fonctions accomplit un service militaire, et s'il est outragé par un inférieur dans ce service, c'est, non pas l'art. 222 CP, mais l'art. 224 C just. milit. qui est applicable (Cass. 23 mai 1889).

5° Le f^{re} attaqué par un autre f^{re} exerce actuellement une action f^{lle} sans rapport avec la subordination hiérarchique ou légale.

Exemple : Décidé que le délit d'outrage envers des ag. fp., commis par un maire, alors qu'il assistait à la vérification faite par le juge de paix des circonstances d'un délit de chasse dont il était lui-même inculpé, ne peut être considéré comme commis par lui dans l'exercice de ses fonctions d'off. pol. jud., et ne le rend pas dès lors justiciable de la Cour impériale (Cass., 14 juill. 1865).

6° Si le f^{re} attaqué se trouve F en fait, peu importent les relations officielles pouvant exister entre lui et l'agresseur.

Exemples : Le magistrat qui frappe un substitut *de service* au Parquet, à l'occasion d'une dénonciation relative à une scène qui avait eu lieu entre eux, commet un délit OF (Rennes 9 fév. 1835).

L'outrage adressé par un maire à un juge de paix est passible de répression (Cass. 10 fév. 1893). Voir notaire III, 2; ministre du culte VII.

7° *Actes abusifs.* — Voir VII, conseil municipal.

8° Malgré les liens de subordination, il peut y avoir diff. OFP contre un supérieur : Tel est le cas lorsqu'un sapeur-pompier accuse à l'audience les officiers de sa compagnie de retenir à leur profit les amendes infligées pour faits disciplinaires (Grenoble, 9 mai 1834).

Conclusions. — Les délits entre privilégiés sont passibles de répression spéciale tout comme ceux commis contre eux par les citoyens.

Les liens de subordination restent sans influence à cet égard. Notamment, tout délit OF est invariablement réprimé.

Quant aux délits F, ils sont réprimés, soit en vertu de lois spéciales (par exemple le Code militaire), soit en vertu des art. 209 à 233, si le f^{re} était F officiellement au moment du délit.

Quid s'il s'agit d'un commissaire F dans son bureau, quant aux offenses émanant d'un de ses subordonnés ?

En pareil cas, les articles susdits seraient applicables si l'offense avait lieu devant des tiers. Sinon, je suis d'avis que : 1° si l'offense se produisait relativement à un fait f^{l}, le CP serait applicable également; mais que, 2° si ladite offense présentait un caractère disciplinaire, il serait suffisant de saisir l'autorité adm., à moins que le chef offensé ne préférât faire juger l'affaire suivant les règles du droit commun, s'il estimait que c'est comme particulier qu'il a été attaqué.

Voir VII, Université.

2e Section

CHAPITRE VIII

DE L'ACTION LÉGALE OU EXÉCUTION FR ET DE L'ACTION F^{lle} NATURE ET OBJET DE L'EXÉCUTION

L'action FR est l'acte f^{l} d'exécution, accompli dans l'une des prévisions de l'article 209. Il est essentiellement légal et justifié.

Il est légal en ce sens que, spontané ou commandé, il consiste nécessairement à procéder pour l'exécution de la loi, ou pour celle d'un ordre ou mandement délivrés en vertu de la loi.

Il est justifié par l'existence de la loi ou du mandement applicables en l'espèce.

Comme ce sont les irrégularités f^{lles} et les illégalités qui soulèvent le plus grand nombre de conflits entre f^{res} et citoyens, il importe, dès à présent, de poser le principe suivant: *Qu'il agisse spontanément ou non, le f^{re} n'est pénalement responsable que de ses actes d'initiative personnelle.* Ce qui veut dire que, même fondé légalement à agir FR, le f^{re} sera réprimé s'il procède illégalement à une exécution justifiée en soi.

Pour être réputé agir FR, il faut : 1° posséder les pouvoirs f^{ls} de l'un des privilégiés mentionnés art. 209; 2° agir comme f^{re}, dans les limites de sa compétence; 3° être fondé à agir pour l'une des exécutions précisées art. 209; 4° y procéder légalement.

NATURE DE L'ACTION FR. DÉP. ET AG. AUT.

Cette action consistera surtout à exercer une contrainte à l'égard des citoyens, c'est-à-dire à procéder par dérogation au principe de l'inviolabilité : 1° de la propriété ; 2° de la personne; 3° du domicile.

Déjà étudiée sommairement I, 6 et III,

elle est exercée par les MP en général, et notamment par les dép. et ag. aut. qualifiés, et par les officiers ministériels (surtout par les huissiers). La Ve partie étant consacrée à ces derniers, qui s'occupent notamment des exécutions pour litiges soulevés par l'exercice du droit de propriété, on peut se borner à étudier l'action FR des dép. et ag. aut.

Les exécutions adm. n'ayant lieu que dans un but final similaire de celui des exécutions jud., il suffira d'examiner celles-ci. Les exécutions jud. sont de la compétence des dép. et ag. aut., s'il s'agit de procédure criminelle, et de celle des off. min., s'il s'agit de procédure civile.

Entre les deux procédures, existe une différence essentielle. Au civil, on ne peut exécuter les dimanches et jours de fête. Au criminel, on peut exécuter en tout temps.

Exemple : La police jud. peut agir en tout temps (184 CP); il n'y a pour elle ni jours fériés ni vacances. On peut également s'adresser à elle en tout temps (Cass. 27 août 1807; 14 avril 1815).

Au civil, l'action n'a lieu qu'exceptionnellement pour l'exécution directe des lois; elle consiste surtout à exécuter les jugements. Au criminel elle comporte toutes les prévisions de l'art. 209.

Les officiers ministériels, bien que qualifiés (du moins les huissiers) pour exécuter les décisions de justice (mandats et jugements), n'exercent plus en fait cette prérogative, transférée aux ag. fp. depuis longtemps.

Au point de vue tout spécial qui nous occupe, c'est-à-dire à celui des art. 209, 114, 184, 341, 186, les actes de contrainte se résument à trois types essentiels : l'appréhension, l'introduction forcée et les mesures de violence. Dans les trois cas, il y a atteinte au libre arbitre des citoyens, contrainte, cessation momentanée ou temporaire de leur privauté. Je désignerai sous l'appellation d'opérations forcées ces mesures de contrainte.

Remarque importante. — Si je qualifie opérations forcées celles faites selon les prévisions de l'art. 209, il ne faudrait évidemment pas en conclure que lesdites prévisions ne comportent exclusivement que des actes fls de contrainte. Pour tout ce qui a trait à la recherche ou à la constatation, pour tout ce qui concerne le maintien de l'ordre, le fre agit FR et peut éprouver rébellion. Mais une mesure flle quelconque pouvant entraîner, directement ou à raison de l'opposition rencontrée, l'emploi de la contrainte, il n'est que logique d'examiner l'action flle au seul point de vue de cette éventualité.

1° Appréhension. — C'est l'acte de maintenir un citoyen, de l'empêcher d'aller où il veut ou de le forcer à aller où il ne veut pas.

C'est la contrainte exercée sur sa volonté, et sur sa personne physique s'il résiste.

Cet acte peut consister en recherches sur la personne; ou en mainmise sur la personne, en vue de conduite devant un dép. aut. ou dans un lieu de détention ou de séquestration (capture ou arrestation).

2 °Introductions forcées au domicile des citoyens. — Elles peuvent être effectuées en vue d'une perquisition à fin de saisie, de constatation, de capture ou d'arrestation avec fouille, et comporter l'investissement.

L'introduction peut donc avoir pour objet l'appréhension, et comporter, par suite, l'emploi de tous les procédés ressortissant à l'appréhension.

Objet de l'action FR. — Il consiste à obtenir répression des contraventions, des délits entraînant ou non l'emprisonnement, et des crimes, grâce à l'emploi de la plupart des procédés ci-dessus énumérés (du moins au point de vue jud.).

On conçoit que la loi, qui veut que la privauté des citoyens ne soit violée qu'à bon escient, ait multiplié les formalités, précisé les conditions exigibles pour que l'action FR soit justifiée. Aussi n'y a-t-il pas dans le droit pénal tout entier de mine plus fertile en controverses que la légitimité de cette action.

Caractère de l'action FR. — Son caractère essentiel, c'est la contrainte. Les violences par coups, etc., ont lieu obligatoirement, légalement, tandis que l'introduction et l'appréhension n'autorisent pas les coups, mais seulement l'emploi de la force physique *s'il y a nécessité.*

CHAPITRE IX

INTRODUCTION LA NUIT INVESTISSEMENT DE NUIT ET DE JOUR

Introduction forcée. Règle obligatoire pour tous fres l'effectuant, dans n'importe quelle circonstance. — Elle ne peut avoir lieu *la nuit*, pendant les heures fixées par l'art. 1037 CPC.

Investissement. — S'il s'agit d'effectuer une arrestation, en dehors des heures de jour, on ne peut qu'investir la maison de l'inculpé (Déc. 1er mars 1854, art. 293).

D'après la constitution de l'an III, article 359, nul n'a le droit d'entrer dans la maison d'un citoyen pendant la nuit, sauf le cas d'incendie, d'inondation, ou de réclamation venant de l'intérieur de la maison. Si un off. pol. est informé qu'un malfaiteur s'est réfugié dans la maison d'un citoyen, il doit la faire entourer par la force armée, et n'y pénétrer qu'au point du jour, en se conformant aux lois (Circ. Justice, 23 germ. an IV).

L'investissement est applicable provisoirement à toute personne *de l'intérieur* qui pourrait concourir à faire évader le prévenu (Cass. 8 mars 1851).

Exception. — On a jugé qu'un mandat de dépôt ou d'arrêt, et une ordonnance de prise de corps peuvent être exécutés la nuit chez le prévenu (Paris 29 avril 1870). Il n'en est pas de même des mandats d'amener. Du reste, la décision ci-dessus n'est certainement pas fondée en droit.

L'investissement est une mesure FR parfaitement régulière, et obligatoire pour ceux qu'elle concerne. Il peut être effectué sans ordre ni mandat, au cas de flagrant délit, le jour ou la nuit.

Exemple. — Un rassemblement de plus de deux personnes avait assailli, avec armes, un détachement de gardes nationaux, commandé par deux gendarmes. La Cour de Bordeaux avait refusé de voir, dans ces faits, le crime de rébellion. Cette décision fut annulée par les chambres réunies de la Cour de cassation, « considérant qu'une réunion de plus de deux personnes armées a attaqué un détachement de gardes nationaux commandé par les gendarmes Dutoy et Hartmann, procédant à la perquisition d'un conscrit; qu'elle a fait trois décharges d'armes à feu sur ce détachement; que le gendarme Hartmann a reçu des blessures, desquelles il est mort deux heures après; que personne n'a voulu indiquer au gendarme Dutoy la demeure du maire; que, malgré qu'aux cris répétés, *Qui vive!* le détachement ait répondu une première fois, *Gendarmes*, et une seconde fois, *Amis français*, le rassemblement a encore fait deux autres décharges d'armes à feu, et une décharge de pierres sur le détachement; que ces faits constituent une rébellion armée; et que les personnes, qui ont pris part à cette rébellion, doivent, aux termes de l'article 554, CIC, être traduites devant la Cour compétente; qu'en méconnaissant le crime de rébellion, et en renvoyant les accusés devant la Cour d'assises, sur le seul crime du meurtre du gendarme Hartmann, sous prétexte : 1° que les gendarmes n'étaient pas porteurs d'un mandat spécial de perquisition; 2° que les gendarmes ont voulu s'introduire la nuit dans la maison de Darré, et qu'il ne peut y avoir rébellion armée à la force armée lorsque celle-ci ne procède pas régulièrement, la Cour de Bordeaux a commis une violation aussi grave que manifeste des lois citées ci-dessus; qu'en effet, suivant les art. 1, 2, 125, 126 et 131 de la L. 28 germ. an VI, la gendarmerie peut et doit habituellement, le jour, la nuit et conjointement, s'il est besoin, avec la garde nationale sédentaire, faire des tournées et des patrouilles dans les rues, sur les places publiques, sur les grands chemins, saisir et arrêter les déserteurs, sans qu'il soit besoin d'aucune réquisition des autorités civiles; qu'elle peut même investir ou garder à vue la maison où elle soupçonne qu'un coupable s'est réfugié, en attendant l'expédition d'un mandat de perquisition, ou, suivant le décret du 4 avril 1806, en attendant l'assistance du maire, de l'adjoint ou du commissaire de police, laquelle tient lieu du mandat de perquisition; que la force armée a requis l'ouverture de la maison de Darré; mais qu'aucune loi ne lui défendait de faire cette réquisition, lors même qu'elle n'exhibait aucun mandat; de même qu'aucune loi ne défendait au maître de la maison d'y déférer et de concourir, sans délai, avec la force armée, au rétablissement du bon ordre, au lieu d'user de son droit de refus; qu'enfin, la force armée ne s'est pas introduite dans la maison de Darré, ni d'autorité, ni autrement; qu'elle n'a violé l'asile d'aucun citoyen; que, néanmoins, il a été exercé sur elle des violences, qui constituent une rébellion armée, dans un temps et dans un lieu où elle agissait légalement F » (Cass. 16 avril 1812, n° 93).

L'investissement, pour l'exécution d'un jugement, est parfaitement régulier : Un huissier, pour exécuter un jugement exécutoire par corps, avait requis deux gendarmes. De plus, en attendant le lever du soleil, huissier et gendarmes avaient investi la maison du débiteur, qui leur avait répondu par des coups de pieu. Saisie, la Cour de justice criminelle et spéciale du département de Lot-et-Garonne s'était déclarée incompétente, sous le prétexte que l'huissier, ne pouvant mettre le jugement à exécution avant le lever du soleil, les gendarmes chargés de lui donner main-forte n'étaient pas F, au moment où ils avaient été attaqués.

La Cour suprême, en annulant cette décision, le 27 vendémiaire an XIV, déclara ce qui suit :

« La gendarmerie est F lorsqu'elle est légalement réunie pour exercer ses fonctions. Dans le cas examiné, elle était réunie pour prêter main-forte à l'huissier, porteur d'un jugement exécutoire par corps contre le prévenu.

Par suite, les violences exercées contre elle tombaient sous le coup de l'article 1er de la loi du 19 pluviôse an XIII. »

Au cas d'exécution de mandat, si l'individu s'est retiré dans la maison d'un tiers, la gendarmerie peut seulement cerner la maison de ce tiers, en attendant les ordres nécessaires pour y procéder à une visite domiciliaire (L. 29 oct. 1820, art. 185).

Les gendarmes sont F au sens de l'article 224, quand ils investissent, pendant la nuit, une maison où l'on suppose que s'est réfugié un individu frappé d'un mandat de justice (Cass. 8 mars 1851).

CHAPITRE X

OPÉRATIONS FORCÉES. — COMPÉTENCE LÉGALE

Introduction forcée. — Elle peut avoir lieu : 1° hors le cas de flagrant délit ; 2° en flagrant délit.

1° *Hors le cas de flagrant délit.* — Le seul juge d'instruction peut l'effectuer spontanément, ou la légitimer par mandat.

Les autres f^res^ ne peuvent l'effectuer que sur mandat ou jugement.

2° *Flagrant délit.* — Les dép. aut. compétents peuvent l'effectuer spontanément, ainsi que les gardes assistés d'un dép. aut.

Les ag. aut. ne peuvent l'effectuer que sur mandat ou jugement, ou réquisition d'un chef de maison (sauf en matière de fisc).

En principe, la perquisition spontanée doit n'avoir lieu qu'au domicile du prévenu, mais la circ. Parq. du 1er janv. 1817 page 41, prescrit de faire perquisition dans les divers domiciles du prévenu, dans ceux de ses concubines ou de ses affidés, dans les lieux où il aurait une retraite ou un dépôt d'effets.

Nota. — Si l'entrée est refusée, on peut faire enfoncer la porte, même avec une barre de fer (Cass. 17 nov. 1826, Teillet), ou par un serrurier (Cass. 29 juill. 1813).

Contraventions flagrantes. — Les commissaires et certains off. ou ag. pol. et préposés sont qualifiés pour rechercher et constater les contraventions. Pour les commissaires, ce droit est général ; pour les autres, il est spécial. Pour les uns et les autres, il s'agit : 1° de constater la contravention ; 2° de constater l'identité et le domicile du contrevenant.

Constatations. — Or, les pouvoirs f^ls^ des dép. et ag. aut. sont différents. Les premiers peuvent constater intérieurement, à domicile, s'il y échet ; les seconds ne peuvent constater qu'extérieurement. Si la contravention n'a pas lieu dans l'intérieur d'un lieu habité, la constatation en sera aisée. Dans le cas contraire, le Commissaire seul sera autorisé à constater intérieurement, ou à assister les ag. aut.

Exemple. — Le Commissaire de police tient de l'art. 11 CIC le droit de s'introduire partout où cela est nécessaire pour qu'il puisse constater les contraventions (Cass. 17 déc. 1847).

Appréhension. — Hors le cas de flagrant délit, elle ne peut avoir lieu que sur ordre ou mandat d'un juge d'instruction, ou sur jugement ou ordonnance, ou sur réquisition d'un chef de maison. En flagrant délit, elle peut être effectuée spontanément par les dép. et ag. aut., ou sur ordre ou mandat d'amener (ou encore sur réquisition d'un chef de maison). L'appréhension consiste : 1° à capturer ; 2° à arrêter ; 3° à opérer des recherches sur la personne.

Capture. — C'est la saisie de la personne, spontanée, ordonnée, ou sur mandat d'amener, d'un individu en flagrant délit.

Elle est opérée par les agents seulement (décret 18 juin 1811).

Elle n'a donc lieu que : 1° s'il y a lieu à arrestation, ou : 2° si l'arrestation a été ordonnée ou décidée.

Menottes. — A-t-on le droit de mettre les menottes à un inculpé ? Certes, s'il y a nécessité, cette mesure peut être prise spontanément par l'agent. Mais ni la loi ni la jurisprudence n'en parlent. Pourtant, un arrêt mentionne les menottes laissées à un accusé lors d'une visite de lieux par la Cour d'assises, dans une espèce où il s'agissait de rechercher s'il y avait là violation de l'article 310 CIC (Cass. 20 déc. 1889). L'article 614 CIC parle de la mise aux fers des *prisonniers* furieux. Quant aux inculpés, il est manifeste que la loi ne pouvait rien prescrire à cet égard. Il appartient donc aux agents d'user avec ménagements de la contrainte nécessaire. En tout cas, l'exécution d'un mandat d'amener ne saurait justifier l'emploi des menottes, à moins de circonstances exceptionnelles (rébellion, etc.). Voir du reste IV, 26, 23.

Les lois révolutionnaires ont posé nettement le principe suivant : Tout ce qui est nécessaire est justifié; toute rigueur inutile est arbitraire.

Arrestation. — L'arrestation, c'est la décision, prise par un dép. aut. compétent, à l'effet de détenir, ou mieux, de priver de sa liberté un citoyen qui a commis un crime ou un délit.

Dans la pratique, pour éviter toute confusion, il est d'usage de ne qualifier capture que celle effectuée spontanément par les agents en flagrant délit, et d'appeler arrestation la capture sur ordre, mandat, etc. Pourtant, on *n'arrête* pas en vertu d'un ordre ou mandat d'amener, on *exécute* le mandat ou l'ordre. La *véritable* arrestation est ordonnée par mandat de dépôt ou d'arrêt, jugement ou ordonnance de prise de corps. En ce cas, elle est décisée à titre de mesure irrévocable, tant qu'une autre décision légale ne sera pas intervenue (on l'appelait *arrêt* autrefois). L'ordre ou mandat *d'amener*, au contraire, est une mesure révocable sans autre formalité qu'un ordre verbal de relaxe. Par analogie, on qualifie arrestation l'ordre de maintenir sous la main de la justice l'individu capturé spontanément ou sur ordre. Cette décision ne peut être prise que par le dép. aut. compétent.

Pour intéressantes qu'elles soient scientifiquement, ces distinctions n'offrent pas grand intérêt pratique, sauf au point de vue du droit de recherches sur la personne. Considérons donc que les agents capturent, et que les dép. aut. arrêtent ou ordonnent d'arrêter ou de capturer.

Perquisition de la personne, ou fouille. — Comme l'arrestation, c'est une mesure qui ne peut être prise ou ordonnée que par un dép. aut. compétent.

Elle ne peut être effectuée que subséquemment à une arrestation, soit en vue de saisie, soit en vue de constatation d'identité.

Remarque. — On sait que les agents ont la coutume de conduire l'inculpé tout d'abord au violon, où ils l'invitent à déposer entre leurs mains tous les objets dont il est porteur. Si l'individu s'y refuse, les agents ont-ils le droit de le fouiller contre son gré ? Très certainement non : ils doivent en référer au magistrat compétent, et se borner à surveiller étroitement l'inculpé, et à le maîtriser au besoin (sauf les cas d'urgence ou de nécessité évidente, cela va sans dire).

Il y a des délits spéciaux pour la constatation desquels la recherche sur la personne peut seule constituer preuve et entraîner condamnation; celui, notamment, de port d'arme prohibée.

De plus, la recherche susdite est souvent, presque toujours même, l'unique moyen d'arriver à obtenir condamnation contre un délinquant ou un contrevenant inconnus.

Or, qu'il s'agisse d'une appréhension même momentanée, d'une recherche sur la personne ou d'une perquisition à domicile, c'est toujours le principe de l'inviolabilité de la personne ou du domicile qu'il s'agit de faire fléchir. On ne peut déroger à ce principe que dans les cas expressément indiqués par la loi. Le flagrant délit est l'un de ces cas, et le plus important.

Si bien qu'on peut dire qu'au point de vue judiciaire (le seul qui importe particulièrement quant au cas de rébellion éventuelle), on pourra, et on devra même, procéder aux recherches sur la personne: 1° soit dans le but de tenter de découvrir la preuve du délit flagrant ayant motivé l'arrestation; 2° soit dans celui de vérifier l'identité du prévenu.

Dans le premier cas, les agents ne pourront intervenir qu'exceptionnellement, s'il y a urgence manifeste. Dans le second, ils sont totalement incompétents.

Ainsi, dans le cas de port *présumé* d'arme prohibée, nul n'a le droit, sans qu'il y ait eu arrestation pour un motif déterminé, de fouiller un individu pour vérifier le fait.

Et les agents procédant à une capture, sur ordre, mandat ou jugement, ne peuvent jamais, quel que soit le cas, fouiller le détenu contre son gré sans ordre, à moins de nécessité actuelle et pour empêcher la destruction imminente d'une pièce de conviction.

A ce propos, observons que les auteurs sont d'avis que l'exécution d'un mandat comporte nécessairement le droit, pour le porteur, de faire la perquisition de la personne du prévenu. Cette opinion n'est certainement pas fondée, et rien ne saurait la justifier. Le droit de perquisition entraîne celui de saisie : à quel titre un agent serait-il fondé à saisir? Agent d'exécution, il doit se borner à exécuter, sans outrepasser les ordres reçus. La perquisition de la personne, plus grave encore que celle du domicile, offre le même caractère que celle-ci, et a le même objet: saisir les pièces de conviction. Le porteur d'un mandat n'a pas qualité pour perquisitionner dans le domicile; à plus forte raison ne saurait-il perquisitionner sur la personne. Sa perquisition, quant au domicile, consiste en effet exclusivement à rechercher le prévenu. L'opinion rapportée peut donc surprendre à bon droit. Arrestation ou capture consistent dans la *prise de corps*, dans la saisie de la personne, exclusivement.

En l'absence de dispositions légales, quant à la perquisition de la personne, on peut appliquer celles des anciennes ordonnances, qui autorisaient les huissiers à fouiller un accusé qu'ils emprisonnaient, lorsqu'ils l'avaient remis entre les mains du geôlier, *mais non avant*.

Cette prescription, on le voit, est absolument d'accord avec les principes exposés suprà.

Conclusions. — 1° Les agents ne peuvent s'introduire chez un citoyen qu'en vertu d'un mandat ou jugement, pour capturer un prévenu (sauf réquisition d'un chef de maison, pour délit commis *chez lui).*

2° Sauf le cas d'exécution de mandat ou jugement, les agents ne peuvent que capturer, sur ordre ou spontanément, un prévenu saisi en flagrant délit sur la voie publique, *à l'effet de le conduire* devant le magistrat compétent.

3° Les gardes et autres officiers qualifiés ont les mêmes prérogatives que les agents, et peuvent en outre s'introduire en flagrant délit chez le prévenu, avec l'assistance d'un magistrat compétent. Ce, sauf dispositions spéciales de la loi pour certains préposés (contributions, etc.).

4° Les dép. aut. n'agissent qu'exceptionnellement pour l'exécution d'ordres, mandats ou jugements. En quel cas, l'ordre ne pourra avoir pour objet que l'exécution de la loi, ou des ordonnances ou mandats, en vue de constater, perquisitionner, faire appréhender, c'est-à-dire en vue d'une opération ressortissant à leur compétence f^lle, à leur droit d'action spontanée. En effet, au cas de flagrant délit, ils tiennent de la loi le pouvoir de rendre certaines décisions ou mandats, d'ordonner l'arrestation, de perquisitionner, saisir et constater. Ils n'ont pas mission d'exécuter les jugements rendus en matière civile ou criminelle. Ils assistent les huissiers, les ag. aut. qualifiés, en vue de légitimer leur introduction au domicile des citoyens. Ils font exécuter par les agents les jugements, ordonnances, mandats, qui leur sont adressés pour exécution, en matière criminelle; mais s'ils ont droit incontestable de les exécuter par eux-mêmes, ils n'y sont pas obligés personnellement par la loi.

5° La différence d'attributions et de pouvoirs spécifiée suprà a cette conséquence que si l'ordre, mandat, jugement, qu'un dép. aut. charge un ag. aut. d'exécuter comporte une mission en dehors de la compétence f^lle de l'ag. aut., celui-ci ne pourra y procéder. Il ne peut donc être chargé de constater, de perquisitionner, de saisir, mais seulement de capturer, d'arrêter, ou d'exercer une action de force quelconque. Pour tout autre mode d'action, il devra être assisté du dép. aut. compétent, ou procéder en présence de celui-ci. Néanmoins la perquisition de la personne d'un détenu n'étant qu'une opération accessoire à la capture, il pourra fouiller le susdit hors de la présence du f^re, mais seulement sur son ordre.

Cette conclusion était aisée à prévoir. L'agent n'a pas qualité pour apprécier, ni pour décider ou statuer. Il exécute, soit un ordre, soit une décision. Il exécute la loi, spontanément, dans le seul cas où la nécessité justifie son initiative, où il n'est pas besoin de compétence pour savoir si l'on est fondé à procéder : quand un crime, un délit viennent de se commettre. Et tout citoyen partage avec lui cette prérogative. Il est incontestable qu'agent ou citoyen peuvent se tromper de bonne foi quant à la qualification de l'acte flagrant. Peu importe, s'ils sont de bonne foi, et s'il y a flagrance : la mesure qu'ils prennent n'est pas définitive, et leur erreur sera facilement et promptement réparée.

Nota. — Introduction des agents dans les lieux ouverts au public. — Dans la Proc. C^lle dans les commissariats, j'ai indiqué avec détails les cas où agents et autres f^res peuvent pénétrer dans certains établissements. Je ne puis revenir ici sur la question. Je ferai pourtant une remarque. Les établissements publics (débits de boissons, etc.) ouverts au public, constituent, à Paris, un véritable lieu d'asile pour les filles et délinquants. Les agents n'osent y pénétrer pour y procéder à la capture des gens qu'ils poursuivent, parce que la police municipale, dans un but louable en soi (pour éviter des abus possibles) le leur interdit. Il serait à désirer pourtant que, lorsqu'il y a délit flagrant, la susdite prohibition ne fût pas maintenue. Certains débits ont plusieurs issues, et maint délinquant échappe ainsi aux conséquences de son infraction.

CHAPITRE XI

Exécution de la loi.

Un volume ne suffirait pas à énumérer les différents modes d'action spontanée des f^res, et mon but est seulement, ici, d'étudier les difficultés et les particularités, outre les principes généraux. Peu de règles sont sans exceptions : Ainsi, nul n'a le droit de fouille, sauf les dép. aut. Les préposés d'octroi, en cas de suspicion, doivent conduire le contrevenant devant le magistrat local, qui les autorise à faire les vérifications nécessaires. Pourtant les préposés des douanes sont qualifiés pour fouiller, seuls, dans leur bureau, les fraudeurs, etc.

(La 7e partie est consacrée à l'énumération des droits f^ls spéciaux à chacun).

Action spontanée : 1° des officiers de paix et agents de police. — Voir VII, officiers, IV, 8 à 10.

Les agents sont mentionnés à chaque instant dans cet ouvrage : leur fonction, si simple théoriquement, donne lieu, pratiquement, à de si multiples incidents !

Ce que le Parisien frondeur est le plus volontiers enclin à discuter, c'est leur droit de faire circuler les piétons sur la voie publique. Possèdent-ils ce droit, légalement? Certes, à l'instar de tous agents, dans toute l'étendue du territoire dépendant de la France.

L'art. 6 L. 30 juin 1881 interdit les réunions tenues sur la voie publique, et l'art. 10 prononce, en cas de contravention, des peines de simple police.

Certes, la loi susdite s'occupe surtout des réunions concertées à l'avance, quel que soit leur objet. Les agents y puisent néanmoins leur droit de disperser les groupes obstruant la libre circulation. L'art. 6, en effet, a une portée générale, et la loi ne spécifie rien quant à la nature de la réunion. Il suffit qu'elle existe en fait, pour être illicite. Cela se conçoit : en l'absence de déclaration préalable, comment la police, mise en présence d'une réunion sur la voie publique, peut-elle être tenue de vérifier à quel propos le rassemblement s'est effectué, ou de rechercher si celui-ci était concerté ou purement fortuit ?

Le législateur, qui veut que nul embarras matériel n'entrave la circulation, ne pouvait manquer d'interdire également les obstacles résultant de stationnements injustifiés. C'est uniquement dans cet esprit que l'art. 6 a été rédigé. Le droit de réunion étant reconnu à charge de déclaration, il est clair que le lieu du groupement importe peu, si la liberté d'autrui n'en subit aucune atteinte. Or, dans la rue, l'exercice du droit susdit léserait le droit individuel des citoyens, sans parler du danger pouvant résulter de l'exaltation des orateurs, et des attroupements qui pourraient se former autour d'eux. Ce n'est pas seulement le bon sens qui permet de décider que l'art. 6 autorise les agents à dissiper tout rassemblement, même accidentel, et quelle qu'en soit la cause. La jurisprudence tout entière confirme cette manière de voir. Lorsqu'il s'agit, par exemple, de décider si une offense a eu lieu dans une réunion publique au sens de la loi du 29 juillet 1881, point n'est question de rechercher le motif de la réunion : il suffit qu'elle ait existé en fait.

Le seul point qui puisse faire difficulté est le suivant : quand y a-t-il réunion ou rassemblement? Quand, par suite, l'agent est-il fondé légalement à intervenir?

Nous verrons chapitre 28 que la Cour suprême estime qu'un rassemblement, au sens de la loi de vend. an IV, doit se composer d'au moins 4 personnes. Mais ce n'est là qu'une opinion, qui, n'étant appuyée d'aucun texte légal, est sans valeur. Elle est du reste erronée, ainsi qu'il est aisé de le démontrer. C'est dans la loi, exclusivement, qu'il faut chercher la règle. Or, l'agent qui intervient pour dissiper un rassemblement peut ne pas être écouté. S'il procède *manu militari*, il peut éprouver de la résistance; une rébellion peut s'ensuivre. Nous verrons ch. 24, qu'il n'y a rébellion que si l'agent agit FR, et que ce délit comporte répression variable avec le nombre des rebelles. Aux termes de l'art. 211, il n'y a rébellion *en réunion* que si les rebelles sont au moins au nombre de trois; conclusion : un rassemblement se compose de 3 personnes, chiffre minimum (Voir II, 25).

Une question intéressante à examiner, à ce propos, est la suivante : Si, dans un groupe de 3 individus ou plus, un seul se rend coupable de rébellion, celle-ci sera-t-elle dite en réunion, et les individus qui se sont docilement retirés peuvent-ils être réputés rebelles? A aucun titre, bien que la disposition de l'art. 213 et celle de la loi de 1848 ne soient applicables que s'il y a bande ou attroupement (20 personnes au moins). Quant à cette distinction, l'ensemble des art. 209 et suivants l'explique. La rébellion est un fait essentiellement délibéré, et, le plus souvent, concerté à l'avance. Tant que le groupement rebelle est peu important, les agents sont en état de constater la part prise individuellement par chaque unité du groupe à la résistance, possibilité qui n'existe plus quand ils se trouvent en présence d'une bande. Il s'ensuit que, la réunion dispersée eût-elle été préconcertée, ce que l'on saura rarement *à priori*, la rébellion ne sera dite en réunion qu'à la condition minima que toutes les unités du groupe aient au moins encouragé par leur présence persistante le ou les rebelles actifs.

Par conséquent, le chiffre légal des rebelles sera déterminé par le nombre des individus qui ont participé jusqu'au bout à la résistance, par leurs actes, leurs propos, ou leur présence hostiles. Ceux-là seront réputés complices, soit au sens de l'art. 60 n° 3 CP, soit à celui de l'art. 23 L. 29 juill. 1881, suivant leur attitude.

Ces observations s'appliquent aussi bien au cas de rébellion préméditée qu'au cas de rébellion fortuite par des badauds attroupés. Et les principes exposés ne constituent pas l'expression d'une opinion personnelle. Leur exactitude est certaine légalement.

La 3ᵉ partie en fournit la preuve, amplement confirmée par la 6ᵉ, notamment au chap. 3 (Voir surtout tapage injurieux).

Nota. — Nous verrons VII (préposés) qu'un douanier a le droit de disperser un rassemblement de badauds.

2° Des ag. fp. — Les agents fp., quoique *non requis* par un officier public, agissent légalement quand ils prêtent main-forte dans le cas d'un délit flagrant et même dans les cas assimilés au flagrant délit, si les faits sont de nature à être punis de peines afflictives ou infamantes (Cass. 30 mai 1823). Et même si les faits ne doivent entraîner qu'une peine d'emprisonnement, ils peuvent contraindre un inculpé à comparaître devant le magistrat (Riom, 11 mai 1853).

Jean Pillion était rencontré sur la grande route d'Angoulême à Barbezieux, porteur d'un fusil de chasse, par un détachement de gendarmerie se rendant à Bordeaux. Deux gendarmes s'avancèrent vers Pillion et lui demandèrent s'il avait un permis de port d'armes. Pillion résista avec violences et voies de fait; il fut traduit devant la Cour de justice criminelle et spéciale du département de la Charente, qui se déclara incompétente, « considérant que le détachement, qui se rendait à Bordeaux près le quartier général, n'avait aucune mission particulière d'exercer sur sa route les fonctions d'officier de police, et qu'il ne devait être considéré que comme un détachement de militaires se rendant au poste qui lui est assigné; qu'il y a dans chaque département des brigades de gendarmerie spécialement instituées pour surveiller l'ordre public et l'exécution des lois; qu'elles seules sont chargées de réprimer les délits qui se commettent sur les grandes routes, et spécialement ceux relatifs au port d'armes, dont elles reçoivent à cette fin les réquisitions des autorités compétentes; que le détachement susdit n'a pas agi légalement en cela, dans l'ordre de ses fonctions, et, d'après la réquisition d'une autorité compétente, en conformité à ce que prescrit l'art. 1ᵉʳ de la loi du 19 pluviôse an XIII. » Cette décision fut dénoncée à la Cour de cassation, qui l'annula, « attendu que le détachement, dont il est fait mention, se rendant en uniforme à Bordeaux, au quartier général de l'armée d'observation, était F, puisqu'il marchait en vertu d'ordres supérieurs; que la gendarmerie, quelle que soit la destination de son mouvement, est dans un état permanent de répression, de surveillance et d'action de police, etc. » (4 mars 1808, n° 44, Cour de cassation).

Le nommé Polycarpe, maréchal des logis d'artillerie, était sur sa porte, à Médéah, lorsqu'un homme, vêtu d'une capote militaire, sans armes, sans épaulettes, et dans un état complet d'ivresse, vint à lui, et, après l'avoir apostrophé de la manière la plus injurieuse, le frappa à la joue. Polycarpe, exaspéré par cette agression violente, commença par riposter; puis il donna l'ordre au brigadier de garde de s'emparer de son adversaire, et de le conduire chez le commandant de place; ce qui fut exécuté. Rolle, lieutenant au troisième régiment de ligne, l'assaillant, et Polycarpe furent traduits devant le conseil de guerre sous la prévention de voies de fait, le premier, envers son subordonné, le second, envers son supérieur. Rolle fut condamné à six mois d'emprisonnement, et à la destitution. Polycarpe, renvoyé des poursuites, sur le chef de voies de fait envers son supérieur, fut condamné à six mois d'emprisonnement, pour arrestation arbitraire, par application des art. 341, 343 et 463 CP. Le ministre de la justice estima notamment que le fait, imputé à Polycarpe, ne pouvait pas constituer le délit d'arrestation illégale. Celui-ci, étant sous-officier de semaine, remplissait, à ce titre, des fonctions analogues à celles d'adjudant-major, et était, par cela même, compétent pour requérir la garde de conduire le lieutenant Rolle, dont le délit était flagrant, devant l'autorité supérieure. Le ministre enjoignit au procureur général près la Cour de cassation de poursuivre la réformation de la décision, qui fut effectivement annulée, « attendu que les faits reconnus constants par le jugement attaqué, lesquels consistent en ce que le maréchal des logis, après avoir été en butte aux voies de fait dont le lieutenant a été déclaré convaincu, sans qu'il se soit rendu lui-même coupable des violences dont il était accusé envers cet officier, l'a fait arrêter, et l'a mis immédiatement à la disposition de l'autorité militaire supérieure, ne présentent aucun des caractères du crime prévu et puni par l'art. 341; qu'en effet cet article n'est applicable qu'à ceux qui sans ordre des autorités constituées, et hors les cas où la loi ordonne de saisir des prévenus, auront arrêté des personnes quelconques; que le flagrant délit est un des cas où l'arrestation peut être effectuée ou provoquée par tout agent fp., et même par toute personne présente, etc., le conseil de guerre permanent d'Alger a fait une fausse application dudit art. 341, et commis un excès de pouvoir. » 9 décembre 1842 (B., n° 321).

Remarque. — Du reste, c'est l'art. 114 qu'il eût fallu viser (IV, 21).

3° *Des dép. aut.* — Un sous-préfet qui ordonne l'arrestation d'un individu pour lui avoir manqué F ne fait que remplir le double vœu des art. 504 et 509 C I C, et ne commet pas une arrestation arbitraire (cons. d'état 24 déc. 1818).

Remarque : En pareil cas, le mag. peut légalement se borner à ordonner l'expulsion de l'individu qui troublerait l'ordre (Cass. 20 juin 1855).

On peut se demander si, lorsque nous ordonnons la détention, par mesure de police, d'un perturbateur, dans le cas de l'art 509 C. I. C., cette mesure est assimilable à un jugement.

Il n'en est rien. *Exemple :* Lorsqu'un maire ou un adjoint, qui maintient le bon ordre dans un marché, ordonne qu'un perturbateur subira deux heures de détention, cette décision est une *simple mesure* de police, qui ne peut pas être considérée comme un jugement.

Dès lors, le perturbateur peut être poursuivi à raison des outrages par lui commis envers ce magistrat, sans qu'il y ait violation de la règle non bis in idem (Cass. 4 nov. 1824).

Attroupements. — Pour qu'il y ait attroupement, il faut que celui-ci soit volontaire, armé, ou de nature à troubler la paix publique (Aix, 9 fév. 1900).

Sommations. — Elles seraient nulles et illégales si le commissaire ne les faisait *ceint de son écharpe,* et si le roulement de tambour n'avait lieu; à la condition, bien entendu, qu'il n'y ait pas *impossibilité* d'observer ces formalités (Cass. 3 mai 1834, Pau, 28 juillet 1869). Voir IV, 26. 28.

Un commandant de gendarmerie a le droit et le devoir de prendre toutes les mesures nécessaires pour prévenir les malheurs d'un conflit imminent entre ses hommes et la foule ameutée. En conséquence, si, ayant la juste crainte qu'on ne fasse un usage coupable d'une arme portée par un tiers, il s'en empare et la brise, il fait un acte légitime de ses fonctions (Cass. 15 déc. 1874).

Action requise. — Au cas de réquisition d'un chef de maison, l'agent peut s'introduire au domicile du requérant pour y capturer tel délinquant, en vue de conduite devant le f^re^ compétent (Cass. 30 mai 1823).

Sont protégés par l'art. 209 les gendarmes intervenus sur réquisition dans un cabaret où l'on se bat (Cass. 21 mai 1807).

Ils ont du reste le droit d'intervenir sans réquisition.

On a jugé que la force publique selon l'art. 209 n'agit pas dans le sens de cet article si elle procède sans réquisition de l'autorité civile (Agen, 5 mars 1823).

Faut-il conclure de cet arrêt que, si les *ag. fp.* ont agi sans réquisition écrite, ou se sont mépris sur le droit de ceux qui les ont requis, ils ne seront pas protégés ?

Nullement, car ce serait admettre une exception non établie par la loi. Et nous avons vu que les ag. fp. peuvent fort bien agir FR sans réquisition. Le seul fait qu'il y a action FR motive la protection de l'art. 209 (Cass. 16 déc. 1841 et 2 oct. 1847).

Il en est surtout ainsi s'ils prêtent main-forte : Est F le garde national requis par un ag. pol. de lui prêter main-forte. — Paris, 3 mai 1825 (Aubry). Voir V, 4.

Est F le gendarme qui conduit un militaire qui lui a été confié par une autre brigade (Cass. 19 mars 1807).

La décision de la Cour d'Agen n'est donc pas fondée en droit. Voir IV. 13.

Nota. — Si je fais figurer, parmi les exécutions spontanées, celles requises par les citoyens ou les ag. aut., ce n'est pas sans motif.

L'agent requis par un particulier ne peut être réprimé que disciplinairement s'il refuse à tort d'agir.

Requis par un autre ag. aut. ou par un dép. aut., il sera réprimé par l'art. 475 n° 12, dans le même cas de refus, sans parler des peines disciplinaires. Mais, si l'obéissance est obligatoire pour lui quand un dép. aut. le requiert, si sa responsabilité est alors pleinement à couvert, il n'en est plus de même lorsqu'un égal l'a requis. En ce cas, la réquisition, qui peut être faite par un *collègue* comme par un cit. SP (employés assermentés du métropolitain, etc.), doit être *motivée* par le requérant, à raison d'un cas de flagrant délit. L'agent requis conserve donc sa responsabilité s'il obtempère sans s'enquérir du motif de la réquisition.

Irrégularités réelles ou prétendues.
Actes spontanés.

A. — *Introduction avec l'assistance d'un conseiller au lieu du maire.* — Le garde-forestier qui a constaté par procès-verbal régulier une coupe délictueuse d'arbres a le droit de perquisitionner chez le délinquant, en compagnie du facteur de l'adjudicataire et avec l'assistance d'un conseiller municipal, agissant aux lieu et place du maire et de l'adjoint. Peu importe que le conseiller requis ne vienne que le douzième sur le tableau des conseillers municipaux, parce qu'il y a présomption légale que les conseillers figurant sur le tableau avant celui requis se trouvaient absents ou empêchés de prêter au garde l'assistance prescrite par l'art. 161 C. For. et 16 CIC (Cass. 8 nov. 1845).

B. *Saisie effectuée par des agents non requis personnellement par l'adjoint assistant un garde dans une perquisition.* — L'art. 161 C. for. autorise les gardes forestiers à suivre les objets enlevés par les délinquants jusque dans les lieux où ils auront été transportés. Pour ce faire, ils peuvent et doivent requérir l'assistance du juge de paix ou de son suppléant, du maire ou de son adjoint, ou du commissaire de police, en présence de qui ils peuvent s'introduire dans les maisons, bâtiments, cours adjacentes et enclos.

L'art. 189 C. For. déclare ces dispositions applicables aux poursuites exercées au nom et dans l'intérêt des particuliers pour délits et contraventions commis dans les bois qui leur appartiennent.

Dans ce dernier cas, les gardes particuliers ont donc le droit de requérir la présence de l'adjoint pour perquisitionner chez les délinquants.

S'ils se font en outre accompagner de gendarmes requis par eux, et non par l'adjoint lui-même, la présence de l'officier public suffit à légitimer l'intervention des gendarmes qui concourent à la visite.

Cette présence, dans le domicile soumis à la visite, suffisant à exclure tout soupçon d'une mesure arbitraire et vexatoire, remplit le vœu de la loi.

Quant aux recherches effectuées par les gardes ou gendarmes dans les différentes chambres de l'habitation, il n'est pas nécessaire qu'elles n'aient lieu dans chaque pièce que devant l'adjoint, dont la présence *dans la maison* suffit en soi pour les légitimer.

Si ce sont les gendarmes, et non les gardes ou l'adjoint, qui découvrent les objets provenant du délit, la saisie qui en est faite n'en est pas moins régulière et valide (Cass. 18 déc. 1845).

Si, au cours d'une perquisition opérée, par exemple, pour découvrir des objets provenant de délits commis dans le bois d'un particulier, on découvre des filets de chasse prohibés, la saisie de ces engins est parfaitement légitime et valide (Cass. 18 déc. 1845).

Et le fait, ainsi prouvé, de détention desdits engins de chasse prohibés par les prévenus, suffit seul, et indépendamment de l'usage actuel ou plus ou moins récent des filets, pour constituer le délit prévu par la loi du 3 mai 1844 (Orléans, 9 fév. 1846).

CHAPITRE XII

EXÉCUTION DES ORDONNANCES DE L'AUTORITÉ

Nous verrons que l'ordre donné par un f^re F couvre l'agent d'exécution. De même, le fait qu'une loi ou un règlement existent en fait, suffit à autoriser l'intervention légitime de tel f^re compétent. *Exemple :*

Un Préfet interdit, par arrêté, les combats de coqs aux ergots desquels sont assujetties des pointes en fer acérées, ce, dans les cabarets, réunions et lieux *publics* du département.

Informé qu'un fabricant de chaussures donne un combat de coqs dans son établissement, le commissaire de la localité pénètre dans le jardin du fabricant pour constater la contravention, et on lui oppose résistance avec violences et voies de fait.

Le tribunal correctionnel renvoya le prévenu des poursuites par la raison que le commissaire de police avait pénétré dans son habitation contre son gré.

Ainsi motivé, cet arrêt ne pouvait être confirmé. Au moins aurait-il fallu examiner si la réunion était *publique* ou non, pour pouvoir décider s'il y avait eu violation de domicile éventuelle.

La Cour de cassation, saisie, décida, le 22 août 1867, « que le commissaire de police, ayant procédé en vertu et pour l'exécution des règlements du Préfet, et, conséquemment, d'ordonnances de l'autorité publique, se trouvait protégé par l'art. 209 CP; qu'en admettant que la légalité ou l'application des arrêtés du Préfet sur les combats de coqs fussent contestables, le commissaire n'avait pas personnellement à les contrôler; qu'il suffisait qu'il agît à l'effet de faire exécuter ces actes; qu'enfin l'art. 209 ne subordonne pas l'existence du délit au plus ou moins de régularité avec laquelle les officiers publics ont procédé; que les particuliers n'ont pas le droit de se constituer juges des f^res, à l'effet de s'autoriser à résister avec violences et voies de fait à l'exécution des actes de l'autorité publique; que l'irrégularité de l'opération pourrait seulement motiver une prise à partie ou poursuite contre ses auteurs ».

Lorsqu'un f^re inculpé d'attentat à la liberté (pour expulsion de religieux non autorisés), n'a fait qu'exécuter l'arrêté d'un préfet, pris par les ordres du ministre de l'intérieur, conformément aux décrets du 29 mars 1880, et n'a commis aucun *acte personnel* pouvant engager sa responsabilité, le pouvoir judiciaire est incompétent pour informer, la plainte n'étant que l'instrument d'une action civile fondée sur un acte administratif (Trib. conflits 22 déc. 1880).

Ouvriers exécutant l'arrêté d'un maire. — Un maire prend un arrêté, régulier dans sa forme, approuvé par le Préfet, et dûment notifié à l'intéressé, en vue de rétablir la circulation sur un chemin de sa commune, et délègue le garde-champêtre pour le faire exécuter par des ouvriers requis. Il s'agit d'un chemin barré dans toute sa largeur par la plantation d'une haie et le creusement d'un fossé, œuvre d'un nommé Mille, qui résiste avec violences et voies de fait aux ouvriers.

« Attendu, dit l'arrêt de cassation, du 29 mars 1855, qu'il est incontestable que la nature même du fait, qui sert de base à l'arrêté, imprime le caractère d'urgence à celle de ses dispositions qui a pour objet de pourvoir instantanément, et même d'office en cas de refus du prévenu, au rétablissement de la libre circulation sur le chemin et au point indiqué; qu'il s'agissait, en effet, de subvenir ainsi à une nécessité intéressant l'ordre public, qui ne comportait ni délai, ni retard; attendu, dès lors, qu'il n'appartenait point au prévenu de se constituer, à ce point de vue, juge de cette nécessité, et de s'opposer violemment aux mesures ordonnées, même en fondant son opposition sur l'illégalité de cet arrêté; que son droit se bornait, avant l'exécution de l'arrêté, à en poursuivre la réforme ou l'annulation devant les autorités compétentes, et, après l'exécution, à obtenir par les voies légales la réparation du dommage qu'elle lui aurait causé; que la doctrine contraire, qui, en présence d'un arrêté compétemment pris, fût-il même illégal sous d'autres rapports, attribuerait au prévenu le droit de s'opposer à son exécution par la force et la violence, non seulement serait subversive de tout ordre, en devenant le prétexte de nombreux conflits, mais encore offrirait le grave inconvénient d'entraver l'exercice du pouvoir administratif, dans des circonstances où l'exercice de ce pouvoir tire précisément sa plus grande utilité de la prompte exécution des mesures prescrites, etc.; d'où application de l'art. 209 CP. »

Dans cette espèce fort intéressante, il y avait rébellion contre le garde délégué, par voies de fait envers les citoyens requis.

L'arrestation d'un étranger sur le territoire français, en vertu d'une ordonnance prescrivant son extradition, constitue une détention légale (Cass. 30 juin 1827).

CHAPITRE XIII

EXÉCUTION DES ORDRES DE L'AUTORITÉ FORCE PUBLIQUE REQUISE

L'ordre, en flagrant délit, consiste à capturer ou à contraindre. Exécuté en présence du dép. aut. mandant ou hors de sa présence, il ne saurait autoriser l'agent à s'introduire de force au domicile du prévenu, sans mandat, ou sans assistance du mandant.

Si l'agent a compétence f[lle] pour l'exécuter, les citoyens intéressés doivent se soumettre, que l'ordre ait été donné à tort ou à raison. Il n'a même pas à justifier de l'ordre reçu (VII, préposés).

Mais que faut-il entendre par ordre? S'agit-il d'instructions générales concernant le service des agents, ou d'ordres spéciaux? La loi ne protège que ces derniers, exclusivement, s'ils sont adressés à tels agents en particulier, et non à la police sans distinction, sauf s'il s'agissait d'un objet déterminé.

Cela s'explique. Le chef ne peut donner d'instructions générales que pour l'exécution de la loi, c'est-à-dire en vue de rappeler à ses hommes leurs obligations professionnelles.

Si, au contraire, il leur prescrivait un acte dérogatoire aux dispositions de la loi, comme, par exemple, de fermer les yeux sur les embarras matériels apportés au passage dans les rues, ce n'est pas l'ordre donné qui couvrirait tel agent actionné civilement pour avoir, par sa négligence dûment prouvée, été la cause involontaire d'un accident quelconque. L'autorité, en effet, est sans droit pour autoriser ce que la loi défend, et, dans le cas même où l'agent serait déclaré non responsable, son adm. pourrait être condamnée en vertu des art. 1382 à 1384 CC (Voir IV, 28).

Force publique. — Si la force armée ne peut et ne doit agir, pour le maintien de la tranquillité publique et de l'ordre intérieur, qu'en se conformant aux dispositions des lois, lorsqu'elle intervient, les citoyens ne sauraient être autorisés à opposer la résistance avec violences et voies de fait aux ordres de ses chefs, sous le prétexte qu'il ne leur a pas été préalablement justifié de l'exécution des lois, relativement au légitime emploi de cette force.

La présomption légale est que les chefs et ag. fp., armés pour le maintien des lois, les respectent et n'agissent que conformément à ces lois.

Si les chefs militaires sont responsables de l'emploi illégal qu'ils feraient de leur autorité, cette responsabilité ne saurait dispenser les citoyens de l'obéissance qui leur est due, et ne saurait autoriser, dans aucun cas, à résister avec violences et voies de fait, à des mesures qui sont toujours supposées, jusqu'à preuve contraire, émaner d'une autorité légale et compétente.

Par suite, si un régiment est admis, par l'autorité compétente, dans une église comme corps militaire, le chef de ce régiment est dès lors suffisamment autorisé à user de toutes les mesures nécessaires pour le maintien de la discipline militaire et de l'ordre public; ses ordres sont légaux, et la résistance avec violences à ces ordres tombe sous le coup de l'art. 209 CP. (Cass. 3 sept. 1824).

Si le dép. aut. est compétent pour donner des ordres de la nature de celui qu'il a donné, et si l'agent est qualifié pour l'exécuter, et est obligé à l'obéissance (114 et 184 CP), l'exécution sera toujours protégée, même s'il s'agit d'une mesure à raison de laquelle le mandant pourrait se voir appliquer les art. 114, 184 ou 186. Et ces articles ne pourront à aucun titre être appliqués au mandataire exécutant.

La raison en est bien simple. Il agit sur ordre, c'est-à-dire FR, au sens de l'art. 209, et il agit F, puisqu'il a compétence pour agir. Il n'a donc pas à juger la légitimité de l'ordre, si celui qui le lui a donné a compétence pour le formuler et pour exiger obéissance.

Par contre, si en exécutant, il a recours à des mesures injustifiées ou illégales, non commandées, il sera responsable, même pénalement, de sa faute spontanée (IV. 17)

Exemples. — Les agents qui arrêtent quelqu'un sur l'ordre d'un commissaire de police agissent pour l'exécution des ordres de l'aut. pub., et sont, par suite, protégés par l'art. 209 CP.

Si l'ordre est donné illégalement, il peut y avoir lieu à prise à partie ou à poursuites, mais cette illégalité n'autorise pas un particulier à résister avec violences, l'art. 209 ne subordonnant nullement son application au plus ou moins de régularité dans les ordres émanés de l'autorité pour faire agir la force publique, et les particuliers n'ayant pas le droit de se constituer juges des dits actes émanés de l'autorité publique (Cass. 5 janv. 1821).

N'est pas considérée comme détention arbitraire l'arrestation opérée par une patrouille, et sur l'ordre du maire, de deux individus dans un lieu où ils se cachaient, et où quelques jours auparavant avaient été commis des vols (Cons. d'Etat 28 juill. 1819).

Réquisitions à la force publique. — Voir I, 10, 15; V, 4, 5.

Certaines administrations publiques délivrent à leurs employés des cartes de service où l'on peut lire : « Un tel, inspecteur de police, par exemple, est autorisé à requérir la force publique ». Ces autorisations ne sont valables, exclusivement, que pour les cas prévus art. 475 n° 12 CP ; auxquels cas la réquisition d'assistance peut être faite, non seulement à un ag. fp. ou autre ag. aut., mais aussi à un simple particulier. La mention susdite est donc inutile, puisque la loi a pris le soin de déterminer les cas où assistance peut être requise. Le droit de requérir ne saurait du reste se déléguer : on le possède ou on ne le possède pas.

Réquisitions aux commandants fp. — Dans toutes les circonstances qui intéressent la police, l'ordre, la tranquillité intérieure des places, et où la participation des troupes serait nécessaire, le comm. militaire n'agira que d'après la réquisition *par écrit* des officiers civils (L. 8 juillet 1791, tit. 3 art. 16).

Voir aussi : arrêté 13 flor. an VII.

Selon l'art. 234, la réquisition ne peut être adressée qu'aux commandants, officiers ou sous-officiers fp., à la condition que ces f[res] aient le commandement et le droit de mettre en mouvement la dite force (Cons. d'Etat, séance du 12 août 1809).

Le commandant requis peut présenter, comme excuse de sa désobéissance, que les ordres de son supérieur hiérarchique l'ont empêché d'agir; mais le tribunal correctionnel est compétent pour apprécier cette excuse et juger si elle efface ou atténue le délit (Cass. 17 juillet 1840).

Il a été jugé, relativement aux gardes nationales, que les maires pouvaient les requérir en cas de nécessité (Cass. 1er août 1834), et que, dans le cas de concurrence entre cette réquisition et un ordre de service ordinaire, préférence devait être donnée à la réquisition du maire (même arrêt); que, par suite, l'officier requis ne pouvait être inculpé d'insubordination envers ses chefs (Cass. 25 juillet 1846), surtout si l'ordre de ceux-ci était postérieur à la réquisition (Cass. 2 déc. 1848).

Les citoyens et leurs chefs, requis au nom de la loi, ne se permettront pas de juger si les réquisitions ont dû être faites. Ils seront tenus de les exécuter provisoirement, sans délibération (L. 14 oct. 1791).

La force publique est essentiellement obéissante. Nul corps armé ne peut délibérer (Constit. 1848, 104).

Il y a même certaines circonstances accidentelles, dans lesquelles la force armée doit déférer à des réquisitions verbales. C'est, par exemple, lorsque le chef d'un poste, établi dans le but de veiller à la tranquillité publique, est requis de prêter main-forte à l'autorité civile, pour concourir à l'arrestation d'un malfaiteur, jetant le désordre dans la rue, ou dans tout autre lieu public, comme le porte l'art. 106 CIC et comme on peut l'induire de l'arrêt, rendu par la Cour de cassation le 30 mai 1823, n° 73.

Dép. aut. compétents pour requérir. — Ce sont: 1° le Procureur général (376 CIC); 2° les off. pol. jud. F (25 CIC); 3° l'autorité civile (234 CP).

Pour les gardes (16 CIC), ils peuvent être eux-mêmes requis par les sous-officiers de gendarmerie (décret 11 juin 1806, article 3, etc.).

Nota. — Parmi les off. pol. jud. il faut compter les agents forestiers (art. 164 C. for.).

Aux termes de l'art. 133 L. 28 germ. an VI, les ag. aut. (préposés, agents forestiers) peuvent requérir les ag. fp. pour assurer l'exécution du service public dont ils sont chargés, au même titre que les huissiers, c'est-à-dire en justifiant du titre en vertu duquel ils procèdent.

Les réquisitions des autorités civiles à la gendarmerie peuvent être adressées non seulement au commandant de la brigade du lieu où elles doivent recevoir leur exécution, mais encore, suivant l'exigence des cas, à l'officier supérieur de l'arrondissement (Décision min. Justice n° 2045, du 13 nov. 1827). Voir décret 1er mars 1854, art. 92, 96, 97.

L'article 3 du décret du 28 mars 1852, en autorisant les commissaires de police à requérir, *au besoin*, les gardes forestiers de leur canton, a eu pour but d'accroître la force de l'institution nouvelle, en réunissant autour du commissaire un contingent d'hommes dévoués sur qui l'autorité pût compter dans des moments difficiles; mais cette disposition n'a pas voulu faire des agents de l'adm. des forêts les auxiliaires permanents du commissaire, et les détourner ainsi de leur véritable destination. Le droit de réquisition directe, accordé aux commissaires par ce décret, ne peut avoir d'application raisonnable et justifiée que lorsque le maintien de l'ordre, la tranquillité publique, la sécurité des personnes, en un mot, des circonstances exceptionnelles réclament le concours immédiat des préposés forestiers, et nullement lorsqu'il s'agit de la répression des délits, des contraventions, etc., de police ordinaire. Aucune disposition du décret du 17 janv. 1853 ne fait mention de l'intervention des commissaires dans les actes d'information judiciaire. Ce décret a une portée tout administrative; rien n'est changé aux dispositions du CIC, et, comme par le passé, les commissaires ne doivent, hors le cas de flagrant délit, agir que par délégation du juge, et ne peuvent se livrer à aucun acte d'instruction. (Circ. du Min. de l'int. du 4 oct. 1853).

Objet de la réquisition. — La force publique ne peut être requise que pour l'une des exécutions spécifiées art. 209.

Il y a pourtant réquisition au sens de l'art. 234, si celle-ci avait pour but la *cessation* ou l'organisation d'un service. Exceptionnellement, ladite réquisition peut être verbale (Angers 8 juill. 1833).

Exemples : 1° Exécution des lois. — Le cas s'entendra surtout de l'exécution de la loi sur les attroupements, confiée principalement aux commissaires de police, et de l'exécution de l'art. 475 n° 12. Voir IV, 28.

2° Exécution des ordonnances. — Pour justifier la réquisition, il faut nécessairement: 1° qu'il y ait une ordonnance à exécuter; 2° que l'emploi de la force soit nécessaire.

3° Exécution des ordres de l'autorité. — Cette expression comprend toutes les autres de l'art. 209, en ce sens que l'ordre doit concerner l'exécution de la loi, d'une ordonnance, d'un mandat, d'un jugement, pour être légitime.

4° Exécution des mandats de justice. — Ils peuvent être exécutés par la force publique, les huissiers, et les ag. pol. Leur exécution étant prescrite par la loi elle-même, le porteur du mandat, qu'il soit huissier ou ag. pol., ne requiert pas la force publique en vertu de son pouvoir f[1], mais il la requiert d'obéir au mandat, qu'il est tenu d'exhiber.

5° *Exécution des jugements.* — Ici, il faut distinguer entre les jugements définitifs, entraînant prise de corps, qui, comme les mandats, doivent être exécutés sur simple exhibition, et les jugements ou titres exécutoires, objets d'un pourvoi suspensif, susceptibles d'opposition, etc., en un mot non définitifs, ou rendus au civil. Le porteur du jugement, en cas d'opposition ou de résistance, doit alors se retirer devant le dép. aut. qualifié pour décider s'il y a lieu de requérir la force publique. Au sens de l'article 209, celle-ci ne peut agir spontanément que dans le cas de flagrant délit, comme tous les citoyens. Hors ce cas, aucun MP non dép. aut. n'a le droit de la requérir sans recourir à l'intermédiaire du dép. aut. compétent, s'il n'est porteur d'une ordonnance de prise de corps (mandat, etc.)

Même dans le cas de flagrant délit, le droit de capture consiste simplement à appréhender le coupable pour le conduire devant le dép. aut. qui décide de l'arrestation.

Et, au dit cas de flagrant délit, ni les ag. aut., ni les gardes eux-mêmes, pourtant investis expressément par l'art. 16 CIC du droit de capture, ne peuvent requérir la force publique. Ils ont seulement faculté de *demander* main-forte au dép. aut., qui ne peut la refuser.

Il s'ensuit que, lorsque la capture d'un individu surpris en flagrant délit nécessite pour le capteur l'aide de la force publique, ledit capteur ne requiert pas cette force, il lui demande assistance, sans avoir le droit d'ordonner, de requérir au sens légal du terme. Ici encore, il n'est que le porte-parole de la loi, qui ordonne directement à la force publique et à quiconque de saisir le délinquant (art. 106 CIC).

Toujours sauf application de l'art. 475 n° 12 CP, s'il y avait, outre le flagrant délit, nécessité actuelle de l'assistance requise.

En toute circonstance, qu'il y ait mandat ou flagrant délit, ou simplement jugement à exécuter, ni l'huissier, ni l'ag. aut., garde, ag. pol., etc., n'ont qualité pour exercer le droit de réquisition susdit, attribué exclusivement aux dép. aut.

La force publique n'est tenue d'agir, dans l'un quelconque des buts de l'art. 209, que sur l'ordre d'un dép. aut., ou sur l'ordre de la loi.

Elle agit sur l'ordre de la loi dans le cas de l'art. 475 n° 12 CP ou dans le cas de l'art. 106 CIC; spontanément ou sur réquisition d'assistance; et sur l'ordre d'un dép. aut., transmis directement ou rendu obligatoire par les art. 99, 108. CIC, et par l'article 77 du décret du 18 juin 1811.

Ce qui est conforme au simple bon sens. La force publique, émanation de l'autorité, ne peut recevoir d'ordres que de l'autorité, et non de simples agents d'exécution, fussent-ils eux-mêmes f[res]. Elle n'obéit qu'à la loi, directement ou sur l'ordre des dép. aut. qui la représentent, et c'est encore à la loi qu'elle obéit lorsqu'elle obéit à la réquisition contenue dans le mandat qu'on lui exhibe, mandat émané d'un dép. aut.

Sauf le cas de l'art. 106 CIC, et de l'article 475 CP, on voit donc qu'en fait, toute réquisition est faite par écrit et émane d'un dép. aut.

Exception n'est faite à cette règle que si le dép. aut. ordonne directement et personnellement, dans un cas où l'urgence justifie l'omission de la forme écrite. Dans le cas de réquisition prévu par l'art. 475 n° 12, nul inconvénient à employer le terme : réquisition de main-forte (Voir à ce propos I, 15). Il s'agit là d'un ordre impératif de la loi elle-même, dont l'exécution peut être spontanée, ou requise par un dép. ou ag. aut., et même par un simple particulier. Bien entendu, s'il y avait refus opposé au particulier, l'art. 475 n° 12 serait inapplicable: il y aurait faute disciplinaire.

Nota. — A propos des mandats et jugements, certains auteurs prétendent que le porteur d'iceux doit adresser une réquisition *écrite* au comm. fp., ce qui, en effet, est conforme aux prescriptions des art. 95 et 96 du décret du 1er mars 1854. A quoi j'objecte que les termes des art. 99 et 108 CIC sont formels, explicites et impératifs; qu'aucun agent n'a qualité pour adresser une réquisition écrite à un comm. fp., ainsi qu'il appert de l'art. 25 CIC, 234 CP, de la loi de 1791, etc.; que, seuls, les officiers civils et autres dép. aut. ont à ce compétence; que la réquisition écrite a manifestement pour objet de légitimer l'intervention de la force requise, si cette intervention est réclamée à raison de l'urgence ou d'une contingence spéciale; que, du reste, le mandat, contenant *par écrit* la réquisition exigée par la loi, son exhibition, à défaut même du texte formel des art. 99 et 108 CIC, satisfait amplement au vœu de la loi; qu'en conséquence, le porteur d'un mandat ou jugement ne saurait être tenu de rédiger une nouvelle réquisition que seul, le mandant a qualité pour formuler.

Conclusions : 1° L'art. 234 CP ne vise que les commandants fp. ayant opposé un refus injustifié aux réquisitions d'un dép. aut., à la condition que ces réquisitions aient été faites par écrit, sauf dans les cas d'urgence exceptionnelle ou de mandat, jugement, etc.

2° Toute autre réquisition est dite de main-forte, et le refus opposé tombe sous le coup de l'art. 475 n° 12 CP, aux conditions précisées I, 15.

3° Hors le cas d'application des articles ci-dessus, le refus opposé pourrait constituer une faute disciplinaire ou ne constituer aucune faute quelconque.

4° Par suite, les ag. pol. adm., auxquels le seul art. 475 est éventuellement applicable, ne doivent déférer aux réquisitions qui leur sont adressées que s'il y a urgence, flagrant délit, etc., quand la réquisition émane d'un ag. aut. ou d'un citoyen SP. Il en est de même si elle émane d'un particulier, et, dans ce dernier cas, le refus ne saurait constituer qu'une faute disciplinaire, s'il était injustifié.

5° Les ag. pol. sont tenus d'obtempérer aux réquisitions des dép. aut., sans discussion, sous peine de se voir appliquer l'art. 475.

6° Aux réquisitions entraînant l'application de l'art. 234, en cas de refus, il faut assimiler, cela va sans dire, celles faites, même par un ag. aut. ou un huissier, en vertu d'un titre exécutoire émanant d'un dép. aut., à la condition que ces réquisitions soient adressées à un off. fp. (Voir I 15).

S'il s'agissait d'un simple ag. fp., l'article 475 serait seul applicable (Voir V).

Nota. — Quant aux réquisitions criminelles. voir CP 188 à 191.

CHAPITRE XIV

Exécution des mandats de justice.

Nota. — Il va sans dire que je ne m'occupe pas ici des mandats de comparution, mais seulement de ceux d'amener, de dépôt ou d'arrêt (Voir CIC 93 et suiv.; L. 8 déc. 1897, art. 2, 3, 4).

Les mandats décernés contre des inconnus,

des *quidams*, sont illégaux et nuls (Cass. 9 pluviôse an X, 7 janvier 1825).

L'indication, dans un mandat, que l'auteur de tel délit *est né dans la commune de...* est insuffisante (Cass. 10 déc. 1825 Passy).

De même celle qu'il s'agit d'un chasseur, hussard ou canonnier (Cass. 9 pluv. an X).

La désignation du prévenu comprend ses nom, prénoms, surnoms ou sobriquets, sa profession et son domicile, et en général toutes les qualifications propres à le faire distinguer des autres individus. Mais le mandat dans lequel le prévenu n'est pas spécialement désigné par ses nom, prénoms et domicile n'en est pas moins valable si les documents n'ont pu être fournis par l'instruction, et si ce prévenu est d'ailleurs suffisamment désigné (Cass., 29 nov. 1833, Loiseau).

Du reste, les principes suivants peuvent être appliqués en matière de mandats :

Une citation est régulière quoiqu'elle ne contienne ni le nom ni les prénoms du prévenu, si elle établit d'ailleurs son identité d'une manière suffisante (Cass., 5 mai 1809, Berzano; nov. 1813, Thomas; 2 avr. 1819, Greillot).

...Par exemple par l'indication de sa qualité de berger de telle personne (Grenoble, 8 mai 1824, Humbert c. Forêts).

Est nulle au contraire la citation dans laquelle le prévenu n'est désigné que par son nom patronymique, sans prénom ni indication de domicile, surtout quand il existe deux individus de ce nom attachés en la même qualité à une maison de commerce (Liège, 25 juill. 1834, Steenbruggen).

Est également nulle la citation donnée à une mère pour un de ses fils, lorsqu'on n'y désigne pas celui contre qui la poursuite est dirigée (Cass., 16 prair. an VII, Ouctel).

Pour éviter toute erreur de personne, possible même lorsque l'état civil de l'inculpé est connu, en raison des homonymies fréquentes, il est recommandé d'indiquer dans le mandat le signalement de l'individu recherché (Voir C I C 134).

Les agents sont, en principe, et en vertu d'un usage constant, seuls chargés d'exécuter les mandats, s'ils ordonnent l'arrestation.

Exemple : Les ag. pol. ont qualité pour exécuter un mandat (Cass. 27 fructidor an 8) le jour, au domicile du prévenu (L. 28 germ. an VI, 131). Voir IV, 28.

Formalités. — Les mandats sont énumérés aux art. 95 et autres CIC. Ils doivent être exhibés et notifiés au prévenu.

L'agent porteur d'un mandat peut capturer : 1° sur la voie publique, de jour et de nuit; 2° à domicile, le jour seulement.

Tant qu'il est porteur du mandat, il doit, en capturant, l'exhiber à l'inculpé.

Pour qu'il soit fondé à capturer sans mandat, il faut qu'il ait *cessé* d'en être porteur à raison de l'observation des formalités légales qui seront indiquées ci-après; en quel cas la capture faite sur la voie publique est régulière.

A domicile, l'agent ne peut *jamais* l'effectuer sans être porteur du mandat.

Le mandat d'amener doit être notifié à personne et à domicile. Faute de quoi les poursuites subséquentes seraient irrégulières (Grenoble 5 avril 1831). Voir infrà.

La notification du mandat d'amener doit être faite, soit conformément aux art. 68 et 69 n° 8 CPC (Paris 5 oct. 1838), soit plutôt conformément aux art. 97 et 105 CIC (Cass. 25 janv. 1828).

Jugé que la disposition de l'art. 97 suivant laquelle il doit être fait exhibition du mandat (dans l'espèce, il s'agissait d'un mandat d'arrêt) à l'inculpé, lors de son arrestation, avec délivrance d'une copie de ce mandat, n'est pas prescrite à peine de nullité (Cass., 31 janv. 1834, Dermenon-Annet).

Si l'individu désigné par le mandat d'amener n'est pas trouvé à son domicile, le mandat doit être exhibé au maire ou au commissaire de police de la commune, pour visa — ce, à peine de nullité des poursuites (Grenoble, 26 mai 1823).

Ceux-ci mettent sur l'original de l'acte de notification : Vu et reçu copie, conformément à l'art. 105 CIC (Massabiau n° 1761).

L'opinion de la Cour de Grenoble est trop absolue. Même s'il s'agit d'une citation, il suffit que copie en soit remise, par exemple, au gendre du prévenu (Cass. 3 fév. 1827) ou à sa femme (Cass. 29 mai 1812), à la condition que l'art. 105 CIC soit observé, s'il s'agit d'un mandat :

Est régulière la notification d'un mandat d'amener, faite au domicile de la femme de l'inculpé, acceptée par ce dernier, et suivie d'exhibition au commissaire de police (Cass. 15 mars 1867).

Du reste, la notification et la remise de copie sont de pures formalités. Il suffit que le prévenu *connaisse* les causes de son arrestation; et il en est informé, par exemple, grâce à l'interrogatoire subséquent (Cass. 24 fév. 1883, etc).

On a même jugé que la délivrance ultérieure du mandat couvre l'agent qui a arrêté sur ordre verbal.

Même décision quant à l'action spontanée, couverte ultérieurement par l'approbation formelle des chefs.

Néanmoins, je ne partage nullement cette opinion, qui pourrait, si elle était acceptée, autoriser maints abus.

En cas de mandat de dépôt ou d'arrêt, l'ag. pol. *doit* se faire accompagner de la force publique (art. 108 CIC). En cas de mandat d'amener, il *peut* la requérir si l'inculpé refuse d'obéir (IV. 13).

S'il s'agit d'un mandat d'arrêt, l'agent dresse procès-verbal de perquisition, après notification à la dernière habitation du prévenu en fuite.

Ce procès-verbal est établi en présence de deux voisins (s'il y en a ou s'ils s'y prêtent), qui le signent, et visé par le magistrat du lieu, auquel copie en est laissée (CIC 109).

S'il s'agit d'un mandat d'amener, les ag. pol. peuvent se borner à perquisitionner chez l'inculpé absent. S'ils ont pris soin d'exhiber leur mandat aux personnes présentes, cette exhibition vaut notification, et le prévenu peut être saisi ultérieurement par les ag. pol., même si ceux-ci ne sont pas porteurs du mandat (Paris, 30 janv. 1836).

2° Mandats de perquisition à fin de saisie ou constatation. — Les dép. aut. ont seuls qualité pour les exécuter, de jour, et sans notification exigible, car ces mandats sont, en somme, de véritables ordonnances ou commissions rogatoires. Néanmoins, il est préférable d'informer l'intéressé de la nature de la mission à accomplir, au moment où l'on va procéder (Voir IV, 23).

Le mandant n'a aucun droit de contrôle sur les actes du délégué. Ainsi le Préfet de police, prescrivant l'exécution d'un mandement relatif à la police judiciaire, n'aurait, à aucun titre, le droit de s'immiscer dans ce qui concerne l'exécution et les conditions d'icelle, le seul procureur général étant à ce compétent.

L'exécution ne peut avoir lieu que dans les limites de la circonscription territoriale. Sont nulles les opérations judiciaires confiées aux commissaires aux délégations pour exécution en banlieue (Seine).

L'exécuté aurait droit de résister à l'action irrégulière de ces f[res].

Conclusions. — Il ne faut pas confondre la capture illégale avec la capture irrégulière sur mandat.

Pour qu'elle soit légale, il suffit : 1° que le mandat existe et soit bien applicable à l'intéressé; 2° que l'agent en soit porteur; 3° qu'il l'exécute durant le jour, au domicile du prévenu.

Pour qu'elle soit régulière, il faut que l'agent exhibe le mandat (ou le notifie): 1° au prévenu si celui-ci se trouve dans son domicile; 2° aux personnes de sa famille, s'il est absent; 3° au magistrat du lieu, si l'agent trouve porte close.

Après quoi il peut saisir le prévenu sur la voie publique, même sans être porteur du mandat.

Nota. — Pratiquement, les dispositions de la loi ne sont guère observées, et le prévenu est saisi où on le trouve, sans autre forme de procès, sauf pourtant l'exhibition du mandat. Il faut reconnaître que, bien qu'irrégulière, cette façon de procéder n'a rien d'illégal, ou, tout au moins, rien d'arbitraire.

CHAPITRE XV

EXÉCUTION DES JUGEMENTS

Les ag. fp. et autres f[res] chargés d'exécuter les décisions judiciaires sont compétents pour l'exécution par corps des jugements forestiers rendus au profit des particuliers. L'exécution a lieu sur la réquisition du ministère public (Paris 22 mai 1845).

Jugement exécuté sans l'assistance d'un dép. aut. — Le nommé Marin avait été traduit devant la Cour de Cayenne, pour avoir outragé trois militaires, commandés pour l'arrêter et le conduire à la geôle, en vertu d'un jugement du conseil de discipline de la milice, prononçant contre lui la peine de trois jours de prison. L'arrêt attaqué, en reconnaissant le fait d'injures, a refusé d'y appliquer l'art. 224, et n'a prononcé, contre le prévenu, que les peines de simple police, portées par l'art. 376, pour injures contre particuliers, sur le motif que ces injures ont été proférées *dans le domicile* du sieur Marin, où ces militaires étaient entrés *contre sa volonté*, d'où il suit qu'ils *n'étaient plus F.* Cette décision contient une violation de l'art. 224 et une fausse application de l'art. 376; les militaires, exécutant le jugement et s'introduisant dans le domicile du prévenu, même contre sa volonté, n'en étaient pas moins F. Sans doute, lorsqu'il ne s'agit que de l'exercice de la police judiciaire, de la recherche des crimes ou délits, les ag. fp., aux termes de l'art. 16 CIC, ne peuvent pénétrer dans le domicile des citoyens, en cas de refus, qu'avec des formes particulières, et en se faisant assister des magistrats désignés par la loi; il en est encore de même, aux termes de l'art. 781 CPC, lorsqu'il s'agit de l'exécution des jugements emportant contrainte par corps, en matière civile et commerciale. Dans le premier cas, en effet, il n'y a aucun mandat, aucune condamnation de justice; dans le second, il y a bien un jugement, mais la loi, par une disposition spéciale, en a tempéré la force exécutoire, en ce qui concerne l'emprisonnement, parce que cette contrainte est moins une peine publique qu'une voie de rigueur, employée pour obtenir l'accomplissement d'une obligation privée. Mais lorsqu'il s'agit, en matière criminelle, de l'exécution d'un mandat de justice, ou d'un jugement de condamnation à l'emprisonnement, la force armée, munie du mandat ou du jugement, n'a pas besoin d'être assistée du juge de paix ou de l'officier municipal pour donner suite à ces actes, qui sont revêtus du mandement à la force publique, et exécutoires dans toute l'étendue du royaume (art. 98, CIC); le refus de laisser pénétrer dans le domicile ne peut devenir un obstacle à l'arrestation; les militaires chargés d'exécuter contre le nommé Marin étaient donc F. (Cass. 12 juin 1834).

Arrestation en vertu d'un jugement contradictoire portant la peine de l'emprisonnement. — Si les mandats d'amener, de dépôt et d'arrêt doivent être notifiés et exhibés au prévenu, il n'en est pas de même d'un jugement de la nature sus-indiquée, qui n'a pas besoin d'être notifié au condamné. En effet, celui-ci, en présence de qui le jugement a été prononcé, en a une connaissance légale et suffisante.

Pour que l'arrestation du condamné soit régulière, il suffit donc que les ag. fp. y procèdent à la requête du Parquet.

Ces agents n'ont besoin d'être porteurs de la condamnation que pour l'écrou, lors duquel elle doit être transcrite sur le registre de la prison, selon l'art. 78 de la constitution du 22 frimaire an VIII.

Les agents, en opérant une arrestation dans les conditions susdites, procèdent donc légalement et régulièrement (Cass. 26 déc. 1839).

En cas de rébellion, l'art. 209 serait applicable.

3e Section

Justification et validité de l'action Flle. Consentement. — Nécessité. — Territoire.

Généralités.

Avant d'aborder l'étude des opérations illégales, il convient d'examiner celles qui, sans être conformes à la loi, sont néanmoins réputées valables et régulières, à raison de motifs spéciaux.

Il n'y a rien d'absolu, et les règles les plus formelles comportent des exceptions.

Au-dessus de la lettre, il y a l'esprit de la loi. Or, ce que veut celle-ci, c'est, uniquement, que le pouvoir dont elle investit ses représentants ne soit pas employé capricieusement et sans raison, contre le gré des citoyens.

On pourrait comparer la Société à un territoire, commun à tous, où chacun peut se mouvoir librement, mais dans telles limites tracées par la loi dans l'intérêt général. Ceux qui dépassent ces limites et pénètrent dans les parties interdites dont la garde est confiée aux fres, se heurtent nécessairement à ceux-ci, et doivent subir leur action. Mais, si le citoyen ne doit pas sortir de la voie qui lui est réservée, la loi ne veut pas que ses représentants traquent le fauteur comme des limiers traquent le gibier. Il suffit qu'ils répriment et remettent dans le droit chemin celui qui s'en est écarté. Quant aux moyens propres à obtenir ce résultat, nous avons vu que la loi a pris soin de les indiquer et d'en réglementer l'emploi, ce qui n'est que sage et juste; car si chaque fre était libre de procéder à sa guise, la tyrannie et l'arbitraire individuels pourraient s'exercer sans contrainte, et le fauteur, au lieu d'être sous la main de la justice, ne serait plus que la propriété du fre, maître de disposer de lui et d'agir à son égard suivant qu'il lui plairait.

C'est pour éviter ces abus déplorables, dont l'ancienne société a eu, pendant longtemps, à souffrir, que la Révolution a fait table rase de l'antique arbitraire, a proclamé ce principe, si naturel qu'il nous semble banal, à nous ses fils, qu'avant de traiter un homme comme un coupable, il est nécessaire de prouver tout d'abord qu'il l'est réellement; qu'avant que cette preuve soit faite, on ne doit le considérer que comme un accusé ou un prévenu; que, pour démontrer comme quoi l'accusation est fondée, tous les moyens ne sont pas bons; et qu'enfin, l'oppression étant un crime que la société n'a pas plus le droit de commettre que l'un quelconque de ses membres, il ne suffit pas que le moyen employé pour faire preuve soit légitime; il faut encore que ce moyen soit employé de telle façon que la dignité et le droit individuels ne subissent aucune atteinte inutilement vexatoire.

Mais toutes ces règles, toutes ces formalités, grâce auxquelles la Loi s'est efforcée de concilier son intérêt avec celui des citoyens, n'ont pas d'autre but que de mettre ceux-ci à l'abri des vexations. Elles ne sont sacramentelles que lorsqu'il s'agit de procéder contre la volonté de l'intéressé et contre son intérêt physique ou matériel.

Il s'ensuit que : 1° s'il consent librement à tolérer un procédé qui ne serait pas conforme à la lettre de la loi, l'action f^lle de celui qui emploie le procédé est légitimée aux yeux de la loi; 2° si, bien qu'effectuée contre son gré, la mesure dont il se plaint n'a été prise que dans son propre intérêt, cette mesure est parfaitement justifiée ; 3° si la nécessité, ou l'intérêt supérieur de la loi, expliquent l'emploi anormal de tel procédé, celui-ci sera également considéré comme justifié, alors que le réclamant avait du reste encouru répression motivée.

C'est ce que les chapitres qui suivent ont pour objet de démontrer.

Nota. — Il va sans dire que tout ceci concerne les actes spontanés du f^re, ceux qu'il accomplit de son initiative personnelle.

CHAPITRE XVI

Opérations consenties.

Pour qu'il soit possible d'arguer qu'il y a eu faute, délit ou crime commis par un f^re, il est indispensable que l'acte incriminé ait été accompli *contre le gré* du citoyen concerné. Si ce dernier consent librement à laisser agir le f^re, il n'y a pas acte de contrainte, et il est irrecevable à réclamer contre une mesure à laquelle il a acquiescé.

On peut se prévaloir légalement d'un droit, mais on peut aussi ne pas s'en prévaloir, et autoriser, non seulement un f^re, mais un particulier même, à agir à votre égard comme si vous ne possédiez pas le droit que vous consentez à ne pas exercer. Et l'intervention autorisée pourrait aussi bien avoir lieu pour un objet légal que pour un objet privé.

En tout état de cause, s'il y a consentement à l'intervention *officielle*, *f^lle* d'un f^re, il est clair que celui-ci agit FR vis-à-vis de la partie consentante (Voir Proc. C^lle pages 136 et 258. Voir aussi VII, commissaire, employés).

1° *Perquisition.* — Certes, jamais un agent ou employé ne pourra perquisitionner de *force.*

Mais rien ne s'oppose à son initiative s'il agit avec le consentement formel de l'intéressé, à la condition que ce consentement soit libre (Cass. 4 déc. et 24 janvier 1818 — 1er fév. 1822; 10 avril 1823).

La seule précaution à prendre, par l'agent, consiste à se mettre en mesure de pouvoir prouver plus tard qu'il a bien agi de par le libre consentement du dit intéressé. Cette preuve résultera, soit de témoignages, soit d'une pièce signée et datée par le prévenu, soit d'un procès-verbal de constat dressé par le chef de service. Mais, légalement, ce n'est pas au f^re à faire cette preuve.

Le f^re n'est pas tenu d'obtenir une autorisation écrite de la part du citoyen chez qui il a pénétré. C'est à celui-ci d'établir qu'il s'est opposé à l'entrée du f^re ou de l'agent qui a pénétré malgré lui (Cass. 1er fév. 1822. Irague; 22 janvier 1829, Martin Boissy; 12 juin 1829, Maire).

Il y aurait rébellion si les gendarmes auxquels on a résisté étaient entrés dans une maison avec le consentement du propriétaire (Cass. 16 déc. 1811 et 16 avril 1812).

Pourtant, par propriétaire, il ne faut pas entendre possesseur de la maison dans laquelle habite tel locataire concerné. Il est évident que le propriétaire n'ayant aucune autorité sur ses locataires, son avis est quantité négligeable. Il faut donc considérer que c'est le consentement du citoyen concerné, ou du chef du domicile à visiter, qui doit être obtenu.

Même *hors* le cas de flagrant délit, les gendarmes peuvent s'introduire chez le prévenu pour s'enquérir d'un délit de chasse, si le dit prévenu y consent (Cass. 13 déc. 1894). Voir aussi VII, préposés.

Perquisition par les gendarmes constatant des contraventions aux règlements *sur l'échenillage.* « Attendu que les jugements attaqués n'ont relaxé les prévenus des poursuites contre eux intentées, que par le motif unique que les gendarmes qui ont rédigé les procès-verbaux constatant le corps de délit, se seraient introduits dans les jardins clos des prévenus, sans être accompagnés d'un commissaire de police ou autre fonctionnaire désigné par la loi; attendu que l'art. 179 ord. du 29 octobre 1820, met dans la mission des simples gendarmes l'obligation de dénoncer à l'autorité locale ceux qui, dans les temps prescrits, auraient négligé d'écheniller; attendu que, d'après l'article 154 CIC, les rapports des simples gendarmes, n'ayant pas le droit d'en être crus jusqu'à inscription de faux, peuvent être débattus par des preuves contraires, soit écrites, soit testimoniales; et que, dans l'espèce, les rapports des gendarmes, non seulement n'ont pas été combattus à l'audience par les prévenus, mais ont été confirmés par leurs aveux, et que le fait de la contravention, qui n'est pas soumis par la loi à la nécessité d'un genre spécial de preuves, ayant été déclaré constant par les jugements attaqués, l'annulation du rapport des gendarmes était une disposition frustratoire, puisque cette nullité ne devait pas entraîner la relaxance des prévenus; attendu que l'article 16 CIC ne s'applique pas aux gendarmes dressant des rapports en matière d'échenillage, en conformité de l'ordonnance précitée, et que, d'ailleurs, dans l'espèce, ni les rapports des gendarmes ni les jugements attaqués n'établissent qu'il y ait eu ni opposition ni objection de la part des prévenus à l'accomplissement de la mission des gendarmes; attendu que, dès lors, les jugements attaqués, en déclarant nuls les rapports des gendarmes, ont prononcé une nullité qu'aucune loi n'établit, et faussement appliqué l'art. 16 CIC, et qu'en refusant d'appliquer l'art. 471, § 8, CP, à un fait qu'ils reconnaissaient constant, les jugements attaqués ont violé ledit article et l'article 16 CIC; casse, etc. » (Arrêt du 19 juill. 1838).

2° *Saisie*. — C'est une opération judiciaire, à laquelle peut procéder le commissaire de police (ou tout autre f^re compétent).

Mais rien ne prescrit audit officier d'effectuer cette saisie à tel endroit déterminé. De sorte que, si l'inculpé, au cours d'une perquisition fructueuse pratiquée officieusement, consentait en outre à laisser l'agent transporter les objets trouvés, et susceptibles d'être saisis, au commissariat où se trouve son chef, rien ne s'opposerait à ce que ce dernier saisît à ce moment lesdits objets judiciairement.

Si le prévenu s'opposait au transfert des objets, l'agent devrait les garder à vue, et faire prévenir son chef, qui serait tenu de venir les saisir sur place. En effet, les formalités ne sont rien, sinon les moyens légaux destinés à faire preuve. Si cette preuve peut être faite sans que l'omission des formalités prescrites constitue une violation du droit d'autrui, peu importera la dite omission.

3° *Détention*. — L'individu qui, après avoir été interrogé sur un mandat d'amener, a expressément consenti à rester provisoirement en prison jusqu'au lendemain pour éviter un mandat de dépôt, est non-recevable à se plaindre d'une détention arbitraire (Paris, 23 mars 1832, Blondeau).

4° *Appréhension*. — Dès qu'il y a mainmise sur la personne, il est certain que, de même que s'il y avait arrestation, il serait difficile de prétendre que le citoyen en cause avait consenti à la mesure prise contre lui. Il arrive pourtant journellement à Paris que les agents *invitent* des particuliers en discussion à les accompagner au commissariat. Il va sans dire que les personnes qui auraient obéi à ces injonctions ne seront jamais fondées à prétendre que l'agent a attenté à leur liberté.

CHAPITRE XVII

CONTRAINTE JUSTIFIÉE
NÉCESSITÉ, INTÉRÊT DE LA LOI
OU DE L'INDIVIDU

On sait qu'en cas de flagrant délit, les dép. et ag. aut. qualifiés ont tous droits, dans les limites de leur compétence respective, de coercition par capture, arrestation, introduction forcée, etc. Hors le cas de flagrant délit, ils ne peuvent donc recourir à ces mesures que sur ordre légitime, mandat ou jugement réguliers.

Encore une fois, il est dérogé à ce principe si le consentement de l'intéressé est formel. La loi a pourtant prévu des circonstances où une mesure de force peut être légalement employée, notamment lorsqu'il s'agit de faire cesser une détention illégale ou de prêter à un individu le secours qu'il réclame, de l'intérieur de son domicile. On encore, en cas de calamité, inondation, etc.

C'est, en somme, dans le même ordre d'idées que la réquisition d'un chef de maison peut autoriser le mode d'instruction réservé aux flagrants délits. En un mot, chaque fois que l'intérêt de la société ou de l'individu justifient manifestement une dérogation au principe de l'inviolabilité de la personne ou du domicile, le respect du droit des tiers intéressés devient quantité négligeable. En certaines circonstances, non seulement l'acte de contrainte ne peut être réputé criminel à aucun titre, mais encore l'intention de l'auteur est manifestement louable et légitime. *Exemple:* Une arrestation peut être ordonnée sans motifs légaux, si elle ne l'a été que dans l'intérêt évident de la personne arrêtée, et pour la soustraire à de graves dangers (Cons. d'Etat, 10 fév. 1816).

D'autre part, l'arrestation peut être légitime, mais suivie de détention avant conduite devant le magistrat. Y a-t-il alors attentat? Certes non, *si les circonstances justifient* la mesure prise : Il n'y a pas attentat (ni séquestration) lorsque des agents arrêtent et conduisent devant le magistrat un individu qui les a injuriés F, et même, *si l'heure est avancée*, le déposent dans la chambre de sûreté (Bourges, 25 mai 1860, Vaury).

Lorsqu'il n'y a pas de maison d'arrêt dans une commune, le prévenu arrêté par suite de flagrant délit peut être valablement retenu dans la chambre de sûreté de la gendarmerie jusqu'au moment de son transport devant le magistrat (Cass. 28 avril 1836).

Nota. — L'art. 122 CP, sanction de l'article 271 CIC, ne concerne pas les agents. Pour des raisons d'humanité, on peut admettre que le prévenu ne soit pas conduit sans désemparer (Colmar 10 déc. 1819). Exceptionnellement même, le consentement ou la demande du prévenu pourraient justifier l'agent qui laisserait entrer momentanément le susdit dans une maison (Grenoble 9 nov. 1835). Mais ces procédés sont des plus dangereux, et je ne conseillerais pas aux agents de les employer, leur responsabilité étant engagée en cas d'évasion. Sans parler des erreurs qu'ils peuvent commettre: on m'a amené un jour un blessé, arrêté de bonne foi; quant à la personne qui avait commis le délit, on l'avait laissée libre. Et le malheureux blessé était un inoffensif aliéné ! (Voir IV, 28).

Détention et saisies. — Jugé qu'il n'y a pas dol de la part du juge d'instruction qui refuse de faire mettre en liberté un prévenu arrêté sur un mandat qu'il a décerné, alors qu'ayant agi en vertu d'une délégation limitée il n'avait pas le pouvoir de statuer sur ce mandat (Paris, 30 janv. 1836, Raspail c. Zangiacomi).

Ni dans le refus de ce magistrat de recevoir la plainte du prévenu en arrestation arbitraire, alors que le prévenu, ayant lui-même refusé de répondre à toutes les questions, et même de donner ses noms, l'a mis dans l'impossibilité de recevoir aucune réclamation légale. — Même arrêt.

Un juge d'instruction peut même, sans se rendre coupable de forfaiture, saisir et ouvrir des lettres adressées à un prévenu alors sous le coup d'une procédure criminelle, surtout si cette ouverture a lieu en présence du prévenu et après demande à lui faite d'y consentir. — Même arrêt.

Dans ces divers cas, il n'y avait donc pas lieu à prise à partie (Voir IV, 28 ; II. 11).

Ordres exécutés. — Voir IV, 13, 21, 28; VII, préposés.

Introduction forcée. — Pour qu'elle soit délictueuse il faut : 1° qu'elle ait lieu contre le gré du citoyen, contrairement à la loi, 2° qu'elle se produise dans un lieu d'habitation clos ; 3° que le délit soit perpétré délibérément. Ce qui explique les arrêts suivants : La résistance et les violences envers un *employé de douanes, sur une cour ouverte de tous côtés*, où l'employé s'est rendu pour suivre des objets de fraude, ne sauraient être considérées comme une résistance légitime ayant pour but de repousser l'employé d'un domicile où il n'avait pas le droit de s'introduire seul, mais plutôt comme constituant le délit de rébellion (Cass. 17 août 1849). Voir I ,11, 12; *préposés* VII; IV, 23. Quand, sur le point d'être arrêté, un colporteur de tabac jette son ballot et pénètre dans une maison dont il ferme la porte aux préposés, ceux-ci peuvent, profitant de ce qu'une fenêtre est ouverte, s'y introduire sans remplir aucune formalité, tant pour saisir les objets de fraude dont le contrevenant peut être porteur que pour l'arrêter. Il en est ainsi alors d'ailleurs que le maître de la maison ne leur a pas interdit l'entrée (Douai, 17 novembre 1852).

Remarque. — Nous avons vu que les circonstances peuvent légitimer tel procédé qui, considéré en soi, serait manifestement arbitraire en temps ordinaire (IV, 11, arme brisée).

Fouille. — Nous savons que les agents ne peuvent jamais, sans ordre, fouiller de force un individu, et que les dép. aut. eux-mêmes n'ont droit d'ordonner cette mesure qu'après arrestation justifiée.

Si pourtant il y avait nécessité, cette règle pourrait fléchir en certaines circonstances.

Exemple. — L'inviolabilité de la personne ne peut être utilement invoquée quand on prétend en faire le moyen d'assurer la perpétration d'un délit commis sous les yeux mêmes des agents ou f[res] qui ont pour mission de faire respecter la loi. (Cass. 16 janv. 1869).

Il est un cas où la perquisition de la personne constitue, sinon l'unique, du moins le principal moyen de conviction. C'est lorsqu'il s'agit de procurer l'application de la loi du 2 juin 1891, art. 4, n° 1.

Le Commissaire qui se présente dans un établissement public où l'on reçoit des paris ou des dépôts d'enjeux doit informer, non seulement contre le propriétaire ou le gérant, mais encore contre les bookmakers et les intermédiaires présumés. Pas de difficulté en ce qui touche le personnel de l'établissement, à l'égard duquel existe une véritable présomption légale, justifiant toutes vérifications utiles. Mais, dans un café ou un débit, par exemple, le f[re] peut se trouver en présence de consommateurs, installés lors de son arrivée, ou de personnes survenues au cours de ses recherches. A-t-il le droit de faire fouiller ces individus ? S'il ordonnait cette mesure contre des inconnus que rien ne signale à ses soupçons *légitimes*, il commettrait un attentat. Pourtant, l'intérêt de la loi peut exiger qu'une vérification soit effectuée. Il est aisé de concilier cet intérêt avec celui de la liberté individuelle.

Au lieu d'employer arbitrairement la contrainte, il suffit que les agents *invitent* les personnes présentes à représenter les papiers qu'elles portent sur elles : je n'ai jamais vu un citoyen opposer un refus — s'il refusait, nul n'aurait le droit d'attenter à sa personne.

Mesures coercitives en vue de constatation d'identité. — Qu'une contravention, ou un délit ne comportant pas l'arrestation, soient commis. Il y a lieu d'en poursuivre l'auteur, et, à cet effet, de s'assurer de son identité et de son domicile. On doit donc le mettre en demeure de justifier de l'une et de l'autre.

En principe, il est manifeste que se saisir de sa personne, sans autre forme de procès, serait attenter à sa liberté : On ne doit pas arrêter les délinquants (connus ou justifiant de leur identité) pour faits n'entraînant qu'une amende (Circ. Parq., 1er janv. 1817, n° 10).

Mais le fauteur, sommé de fournir toutes justifications, peut s'y refuser ou prendre la fuite. Or, le vœu de la loi doit être respecté. Il y a infraction, elle doit être poursuivie. L'agent intervenu serait donc autorisé à appréhender le coupable, et, s'il refusait de se faire connaître, à le conduire devant le magistrat local.

Pour grave que soit cette mesure, elle est prise dans l'intérêt supérieur de la loi, et, par suite, est légitime. Il appartient au coupable de s'y soustraire en fournissant les preuves qui lui sont demandées.

Exemples : 1° Délits de chasse. — L'art. 25 de la loi du 3 mai 1844, reproduisant les dispositions des art. 5 et 7 de la loi des 22-30 avril 1790, interdit de saisir ou de désarmer un chasseur. Aussi a-t-on jugé qu'il n'y a pas rébellion si un garde tente de désarmer un chasseur (Limoges 28 fév. 1838).

Mais le même article dispose que le délinquant doit être conduit devant le magistrat local : 1° s'il refuse de se faire connaître; 2° si son domicile est inconnu; 3° s'il est déguisé ou masqué.

Dans l'un ou l'autre de ces cas, on doit le conduire sans le désarmer, et, s'il refuse, le contraindre par la force.

Lorsqu'un chasseur, surpris en délit, refuse d'indiquer son nom et son domicile à un garde particulier, et de le suivre devant le maire ou le juge de paix, le garde est autorisé à employer la force pour vaincre sa résistance. — Et en cas pareil, la tentative que le garde aurait faite de saisir le gibier du chasseur, tombé à terre dans la lutte, en supposant qu'elle excédât son droit, n'est pas de nature à légitimer le fait du chasseur d'avoir menacé et couché en joue le garde pour l'empêcher de le suivre; en conséquence, un tel fait constitue le délit de rébellion avec armes. 14 avr. 1853, Bourges, Dupont.

2° Infractions disciplinaires. — Le principe formulé par la loi de 1844 peut être invoqué en tout autre cas d'infraction.

Deux soldats avaient omis de saluer deux sergents. Brun, ayant résisté avec violences et voies de fait à ces deux sous-officiers, pour les empêcher de constater le manquement à la discipline, commis envers eux, fut condamné. Le pourvoi, qu'il forma contre cette décision, fut rejeté, « attendu que, aux termes de l'art. 196, ord. 2 nov. 1833, tout militaire doit le salut militaire à son supérieur, même hors du service, et quels que soient l'arme et le corps auxquels il appartient; que, si l'inférieur manque à cette obligation, il y a, de sa part, une infraction passible de peines de discipline et dont le supérieur, envers qui elle est commise, doit faire son rapport, ce qu'il ne peut faire utilement, si l'inférieur ne lui est pas connu et refuse de dire son nom, sans s'assurer de son identité; que les moyens à employer dans ce but restent soumis, sans doute, au contrôle de l'autorité militaire, mais ne peuvent être appréciés que par elle; qu'il résulte de l'arrêt attaqué que la résistance, dont le demandeur a été reconnu coupable, avait pour objet d'empêcher deux sergents du 33ᵉ régiment de ligne de constater le manquement à la discipline, dont s'étaient rendus coupables envers eux deux soldats du génie, qui ne s'étaient pas conformés à la disposition ci-dessus rappelée de l'ordonnance, et qui, interpellés de dire leur nom, s'y étaient refusés; que le demandeur avait donc résisté à des ag. fp., agissant pour l'exécution des lois et ordonnances de l'autorité publique; que cette résistance constituait bien le délit de rébellion, etc. (Cass. 27 déc. 1851).

3° *Contraventions.* — Quid, si le contrevenant, inconnu, refuse de se faire connaître?

Deux cas peuvent se présenter: 1° son domicile est connu ou avéré; 2° son domicile est inconnu.

Dans le premier cas, il sera généralement aisé de se procurer les renseignements nécessaires; dans le second, il n'en est plus ainsi. En principe, et à défaut des renseignements indispensables, permettant de poursuivre le contrevenant inconnu qui refuse toute justification, a-t-on le droit de l'arrêter? Non, mais on peut l'appréhender, ce qui n'est pas la même chose.

Si des témoins *connus* se présentaient et fournissaient les indications recherchées, il est clair qu'il serait abusif de se saisir de la personne du récalcitrant, à moins de suspicion légitime quant à la sincérité des répondants.

Sinon, le contrevenant devrait être appréhendé et conduit devant le commissaire local. Exemple : Si le contrevenant refuse de se faire connaître, ou prend la fuite, il peut être poursuivi et appréhendé (Cass. 29 janv. 1898).

(Voir en outre l'art. 41 de la loi du 28 avril 1816 sur les douanes).

Quant au commissaire, après avoir mis le contrevenant en demeure de justifier de son identité et de son domicile, il devrait, si le refus opposé persistait, l'informer qu'il le met en état d'arrestation, sous prévention de vagabondage.

Remarque. — Autrefois, les voyageurs sans passeport pouvaient être, sur ordre, détenus administrativement pendant 20 jours. Après quoi, à défaut de justification d'identité, ils étaient livrés à l'autorité judiciaire (Loi 10 vend., an IV, art. 6 et 7; Avis Cons. d'Etat 5 fév. 1824 et 14 août 1823). Mais ces dispositions sont inapplicables sous la législation actuelle (voir CIC 609 et 270 CP). Du reste, le défaut de passeport n'était pas suffisant pour constituer une présomption de vagabondage contre l'individu ne sortant pas de son canton (Cass. 7 fév. 1811).

Je poursuis : La première conséquence de l'arrestation ordonnée étant de légitimer les recherches sur la personne, la prévention de vagabondage pourrait éventuellement disparaître si des pièces suffisantes étaient trouvées, et le contrevenant devrait alors être relaxé, après rédaction d'un procès-verbal de contravention. Sinon, l'envoi au dépôt devrait être ordonné.

Conclusions. — 1° Le simple soupçon ne suffit pas à excuser une mesure attentatoire ou arbitraire.

2° Si la contrainte physique, en dehors du cas de délit flagrant, comportant l'emprisonnement, est criminelle, elle devient licite lorsque la nécessité et l'intérêt de la loi la justifient, alors qu'il y a flagrance.

3° *Quelle que soit* la nature de l'infraction flagrante, laquelle doit toujours être réprimée, toutes mesures de contrainte pour lesquelles le f[re] a compétence légale, de principe, sont parfaitement légitimes contre le fauteur qui prétendrait, par son silence ou son obstination, se soustraire aux conséquences de son acte.

CHAPITRE XVIII

Compétence territoriale

On sait que chaque f^re ne peut exercer son *action* f^lle que dans l'étendue du territoire qui lui est assigné.

Aussi, sous la loi du 22 juillet 1791, les injures verbales, adressées à un f^re hors du territoire de sa juridiction, étaient-elles réputées faites à un particulier (Cass. 20 juin 1792). Les f^res ne sont pas F, dit un autre arrêt, lorsqu'ils agissent hors du dit territoire (Cass. 10 déc. 1807).

Si tel ordre illégal est illégalement donné, par un f^re *procédant* hors du ressort de sa juridiction, ni le mandant ni l'agent d'exécution ne seront protégés comme ayant agi F ou FR (Cass. 7 avril 1837).

Exception. — Aux termes du décret du 28 mars 1852, les commissaires de police peuvent, dans le cas prévu art. 464 CIC, agir en dehors de leur circonscription, à l'instar des dép. aut. mentionnés au dit article.

Les arrêts sus-rapportés provoquent les réflexions suivantes : 1° Est-ce l'action f^lle extra-territoriale qui est illégale, et le pouvoir f^l ne saurait-il s'exercer que dans les limites du ressort ?

2° De ce que tel f^re, qui agit en dehors de son territoire, n'est pas réputé agir F, s'ensuit-il que toute attaque quelconque commise envers lui devra être réprimée que comme si elle concernait un particulier ?

Action f^lle territoriale. — Il ne faut pas la confondre avec l'exercice du pouvoir f^l, du moins lorsqu'il s'agit d'un dép. aut. Pour les MP subalternes, il est évident que cette action se confond avec leur *pouvoir* d'action, ou, plus simplement, qu'ils n'ont pouvoir d'agir que sur leur territoire. Exemple : Les gardes champêtres particuliers ou communaux ne peuvent *verbaliser* que dans les limites du territoire pour lequel ils sont assermentés (Cass. 1er mars 1828).

Or, ainsi que nous le verrons (VII, gardes), la question de compétence territoriale est d'une importance considérable au point de vue de l'application de l'art. 198 CP. En effet, bien que cet article ne parle que de la *participation* des f^res aux infractions qu'ils sont chargés de surveiller ou de réprimer, la jurisprudence l'interprète différemment, et l'applique aux f^res qui ont simplement *perpétré* une infraction du genre ci-dessus sur le territoire assigné à leur garde. Très certainement, le f^re n'ayant mission de surveiller ou réprimer que dans les limites de son territoire, l'art. 198 ne peut concerner que les infractions territoriales, et, non pas toute infraction quelconque, mais celles exclusivement pour la recherche desquelles il a compétence f^lle. Quant à l'assimilation faite entre la participation et la perpétration, c'est une autre affaire; et, à mon avis, prendre part implique connivence, complicité, ou concours actif; tandis que perpétrer doit s'entendre uniquement de l'action spontanée et isolée.

Néanmoins, ce n'est pas moi qui protesterai contre la jurisprudence, puisque j'estime au contraire que tout délit, même privé, commis délibérément par un f^re, devrait valoir à celui-ci répression spéciale. Passons. L'initiative légale de l'ag. aut. doit donc ne se produire que dans les limites territoriales.

Exercice des pouvoirs et de l'action f^ls des dép. aut., au point de vue territorial. — Nous avons vu plus haut que l'action f^lle de certains dép. aut. peut s'exercer légalement en dehors de leur territoire, dans un cas exceptionnel. En matière ordinaire, eux aussi n'ont compétence pour agir F que dans leur juridiction. Mais, entre l'action et l'exercice des pouvoirs, il faut distinguer, en ce qui les concerne. Ce qui fait le dép. aut., c'est le pouvoir de mandement qui lui est attribué. Par mandement on doit entendre : 1° ordre, 2° mandat, 3° décision, dont l'exécution incombe aux agents institués à cet effet.

Sans nous occuper de la décision (jugements, etc.), examinons l'ordre et le mandat. L'ordre, en principe, ne peut être délivré et exécuté que sur le territoire du mandant, cela est hors de doute. Il n'en est pas de même du mandat, et de l'ordre spécial, ou réquisition, y contenu. La loi est formelle à cet égard, et l'agent qui exécute un mandat d'amener, d'arrêt ou de dépôt agit FR, même si la capture est faite en dehors de l'arrondissement du mandant (100 CIC).

On pourrait à bon droit considérer que les mandats de dépôt ou d'arrêt doivent de préférence être adressés aux autorités du lieu du domicile du prévenu, bien que la loi n'exige rien de semblable. En ce qui touche le mandat d'amener, cette opinion est inadmissible. Outre qu'elle est en désaccord avec le bon sens, puisque ce mandat, décerné en cas de flagrant délit, comporte arrestation, immédiate théoriquement, elle est inconciliable avec les dispositions des art. 40 et 99 CIC. Nous verrons plus loin les conséquences des remarques qui viennent d'être faites.

Revenons à l'exercice du pouvoir f[l]. Nous savons que l'absence de serment ou d'insignes importe peu, dès lors qu'un f[re], dont la qualité est connue, accomplit un acte f[l]. Qu'il ait été ou non investi ou installé régulièrement, cela est également sans importance, dès lors qu'il procède avec l'approbation des pouvoirs compétents :

En principe, il suffit que la fonction soit exercée par le titulaire, pour qu'elle soit protégée contre toute atteinte (Cass. 22 août 1840).

Enfin, et ceci vise surtout les mandements en général, l'art. 222 ne distingue pas entre l'exercice légal et l'exercice illégal; un magistrat ne cesse pas d'être en fonctions, parce que l'arrêté qu'il a pris, ou l'acte auquel il a concouru, pourra un jour être annulé pour vice d'incompétence, ou même parce qu'il pourra y avoir lieu à poursuites en forfaiture contre lui, ainsi qu'il résulte des art. 166 et suiv. CP. (Cass. 1er avril 1813, n° 63).

Conclusions : 1° L'acte f[l] accompli et l'acte ordonné officiellement peuvent l'être légalement ou illégalement, sans perdre pour cela leur caractère officiel.

2° Si le f[re] n'est pas ou n'agit par F ou FR au moment de l'attaque dont il est l'objet, cette attaque sera réputée faite à un particulier, si elle a lieu *contre l'homme privé.*

3° Mais, en toutes circonstances, si ladite attaque s'adresse, non pas à l'homme privé, mais au f[re], fût-ce même à raison d'un acte officiel *illégal*, il y aura délit OF caractérisé.

Du reste, si la loi exige que le f[re] ne procède en principe que sur son territoire, il est évident que c'est surtout pour éviter les conflits de juridiction. Il s'agit donc d'une réglementation nécessaire, et non d'un énoncé de principes fondamentaux du droit. Et ce n'est pas parce qu'un f[re] se trouverait matériellement à quelques mètres des limites de son territoire qu'il faudrait décider qu'il n'était pas F :

Un préposé de l'octroi peut être réputé F bien qu'il soit hors du territoire de la commune à laquelle il est attaché, si, d'après la disposition naturelle des lieux, il est obligé de se placer en dehors de la commune pour surveiller l'entrée des objets soumis aux droits. En conséquence, les violences ou voies de fait commises à son égard dans de telles circonstances, constituent le délit de rébellion (Cass. 14 mai 1842).

Outre la nécesssité d'éviter des conflits, le législateur a obéi, dans l'élaboration de son œuvre tout entière, à une visible préoccupation : séparer et limiter les pouvoirs, d'une part, et, de l'autre, donner par là même aux habitants d'un territoire déterminé, dans la mesure du possible, toutes facilités pour être en état de connaître les f[res] auxquels ils peuvent avoir affaire. Quant à l'exercice f[l], si la loi en réprime les abus, parce qu'ils sont commis contre elle, elle en protège les manifestations actives, même coupables, contre les agressions des particuliers, à la condition que ceux-ci aient sciemment attaqué le f[re] comme tel, F, ou à raison de ses actes officiels. Tout ceci a pour but de préparer la discussion de l'arrêt ci-après:

« Les maires ne sont investis d'aucune autorité en dehors du territoire de leurs communes. Par suite, le maire qui, poursuivant un voleur, en cas de flagrant délit, a *dépassé* les limites de la commune, n'a plus qualité pour adresser une réquisition à fin d'arrestation du délinquant ; et, s'il est outragé à l'occasion de cette réquisition, l'outrage n'est pas punissable légalement, à moins qu'il ne renferme les caractères d'une injure à l'égard d'un particulier. » (Douai, 16 février 1895).

Cette décision doit être examinée avec soin, car, si on lui accorde une portée doctrinale, les conséquences qu'elle entraîne nécessairement seraient, à plusieurs égards, d'une importance considérable.

1° *Outrage.* — A peine est-il besoin de démontrer que la Cour de Douai a fait une confusion entre l'outrage F et l'outrage OF.

Il y avait lieu de se demander : 1° le maire a-t-il agi comme off. pol. jud. en requérant la force publique ? 2° a-t-il agi, en la requérant, pour l'exécution de l'art. 106 CIC ? 3° le prévenu savait-il qu'il injuriait un maire agissant comme off. pol. jud. ? 4° ses injures s'adressaient-elles à l'homme privé, ou au f[re] ? 5° avaient-elles lieu à raison d'un acte officiel du f[re] ?

Comme la réponse à ces questions ne fait pas doute, il est certain qu'il y avait outrage OF, même si l'on admet que l'acte du maire était illégal.

Point n'est besoin en effet, pour qu'il y ait délit OF, que le f[re] soit ou agisse F ou FR, ou qu'il se trouve sur son territoire: il suffit que l'attaque s'adresse bien, directement, au f[re] comme tel, eût-elle lieu à raison de la qualité (Cass. 8 nov. 1895).

2° *Réquisition extra-territoriale.* — Quant à la validité de cette réquisition, la décision de Douai soulève une question d'une extrême gravité.

De ce qui précède et des art. 44, 98 à 100 CIC, il résulte: 1° que l'ordre de capturer concerne le prévenu présent, et ne peut être, par suite, *délivré* que sur le territoire dans les limites duquel procédait l'off. pol. jud. ; 2° que le mandat d'amener concerne le prévenu absent ; 3° qu'il est valablement remis, pour exécution immédiate, aux ag. pol. subordonnés à l'autorité du mandant ; 4° que le dit mandat, exécutoire sur tout le territoire français, donne au porteur le droit légal de requérir au besoin la force publique de l'endroit le plus voisin du lieu d'exécution.

On peut déjà conclure, de ce simple exposé, qu'il serait au moins étrange que le mandataire jouît, de par l'ordre du mandant, d'une faculté que celui-ci ne pourrait exercer, s'il lui plaisait de pourchasser lui-même le prévenu, au lieu de décerner mandat.

Quant à discuter son droit de procéder personnellement à l'arrestation qu'il est qualifié pour ordonner, je pense que nul n'y songerait (Voir IV, 17, etc.).

Du reste, l'arrêt examiné se borne à prétendre que, si le maire n'agissait pas FR, c'est parce que sa réquisition était faite en dehors de son territoire.

L'exécution d'un mandat autorisant des réquisitions de cette nature, il nous faut rechercher si la capture en flagrant délit ne peut être faite que sur le territoire du mandant et du lieu du délit.

Ce qui revient à poser la question comme suit: étant donné qu'un délinquant, surpris en flagrant délit, a pris la fuite et est poursuivi par la clameur publique (CIC 41), ou par un f[re] auquel on ne saurait certes reprocher de ne pas être gravement retourné chez lui pour y rédiger un mandat, au lieu de se mettre aux trousses du voleur; étant données, dis-je, ces circonstances, peut-on admettre que la vélocité du fuyard, alors qu'elle lui a permis de dépasser les limites de la commune du f[re] avant que celui-ci ait réussi à le rejoindre, aura pour conséquence de paralyser l'action dudit f[re]? Si l'on raisonne ainsi, il faut décider qu'un voleur rapide peut trouver un *lieu d'asile*, légal quoique provisoire, dans telle commune voisine du lieu du délit, et qu'il pourra s'y débarrasser à son aise des objets volés. D'où nécessité de renvoyer à leurs foyers tous agents obèses, pour ne plus accepter que des coureurs entraînés. Mais les lieux d'asile sont abolis depuis longtemps, et ni l'art. 44 ni l'art. 106 CIC ne spécifient que l'individu poursuivi doit n'être arrêté que sur le territoire du lieu du délit.

Que veut la loi? Qu'une arrestation ne soit pas prescrite ou effectuée légèrement, et sans preuves ou présomptions suffisantes quant à la culpabilité du fauteur. C'est pourquoi elle a pris soin de fixer des règles, et pour la délivrance, et pour l'exécution des mandats.

Or, le mandat d'amener n'est pas obligatoirement décerné dans le seul cas de preuves flagrantes (Voir n° 276 *Procédure Crim.* dans les commissariats).

Si sagement et si prudemment qu'il soit décerné, il n'offre donc pas les mêmes garanties d'indiscutable équité que l'arrestation opérée quand le coupable est pris sur le fait.

Le législateur l'a si bien compris que, dans les art. 16, 41, 106 CIC, il autorise l'arrestation, immédiate et sans mandat, dans le cas de flagrant délit, du prévenu présent, poursuivi ou non. Si les art. 41 et 106 autorisent cette appréhension dans le cas de crime, l'art. 16 la prescrit même dans le cas de simple délit passible d'emprisonnement.

Si l'art. 16 concerne sur ce point les gardes champêtres, à plus forte raison les f[res] de rang plus élevé ont-ils même prérogative. Aussi la Cour suprême, dans sa jurisprudence relative à l'art. 106 CIC, l'a-t-elle étendue en termes impératifs, à tous dép. fp., même dans les cas de simple délit non flagrant, passible de peines correctionnelles, quand il s'agit de la réquisition d'un chef de maison (Cass. 30 mai 1823).

Il est vrai que le même arrêt décide que, pour les cas assimilés au flagrant délit, les dits dép. fp. ne doivent agir de même que s'il s'agit d'un crime.

Mais depuis l'époque où cet arrêt a été rendu, est intervenue la loi de 1863 sur les flagrants délits correctionnels.

Cette loi a pour conséquence de rendre l'art. 106 applicable aux cas de simples délits flagrants, de sorte que, dans ces cas, tout agent ou citoyen peut valablement saisir le délinquant surpris. Je l'ai établi dans l'ouvrage précité, et la Cour de Riom, le 11 mai 1853, en avait déjà décidé ainsi.

D'autre part, remarquons que si le maire, dans l'espèce examinée, s'était abstenu de requérir l'arrestation, avait fait quelques pas en arrière afin de se retrouver sur son territoire, et, une fois sur sa commune, avait donné l'ordre d'arrestation, ou libellé le mandat d'amener, la force publique eût été tenue d'obtempérer.

Conclusions. — 1° Le flagrant délit, étant un cas exceptionnel, autorise une procédure exceptionnelle.

2° Si les actes de recherche et de constatation judiciaires doivent n'être effectués que sur le territoire du dép. aut., l'arrestation sur mandat peut être opérée en tous lieux, et la force publique du lieu de capture est tenue d'obéir au mandat exhibé par le porteur.

3° S'il en est ainsi de l'arrestation sur mandat, à plus forte raison l'individu poursuivi en flagrant délit peut-il être saisi *par quiconque*, dans tel lieu où il aura été rejoint.

4° Si le porteur d'un mandat peut requérir les ag. fp., à plus forte raison le mandant peut-il en user de même s'il procède personnellement à la poursuite du délinquant, au lieu de décerner mandat. Et sa réquisition, comme celle de son mandataire éventuel, sera régulière et légalement adressée à la force publique du lieu de capture, ce lieu fût-il en dehors de sa juridiction. Il est à remarquer que le cas peut se présenter fréquemment dans le département de la Seine, dans les quartiers de Paris limitrophes de la banlieue, notamment à la suite de délits commis près des portes des octrois (Voir *Proc. Crim. n° 20)*.

Que doit faire l'agent ou le citoyen qui arrête en flagrant délit, sur le territoire d'une commune de la Seine, le délinquant qu'il a poursuivi de l'intérieur de Paris?

Je suis d'avis qu'il doit, par analogie de l'art. 98 CIC, conduire l'individu saisi, non pas directement devant le commissaire du lieu du délit, mais bien devant celui du lieu de l'arrestation, pour que ce dernier dresse brièvement acte des circonstances de l'arrestation et ordonne que l'inculpé soit immédiatement conduit devant son collègue de Paris, seul compétent pour procéder légalement aux actes d'information.

C'est l'usage suivi dans le département de la Seine, mais en raison seulement des obligations disciplinaires des agents.

Pourtant, la loi n'ayant rien prescrit à cet égard, je suis convaincu que si le délinquant était directement conduit devant le commissaire du lieu du délit par les auteurs de l'arrestation, on ne saurait en arguer qu'il y a irrégularité, encore bien moins illégalité :

Le lieu de la capture est attributif de compétence, aussi bien que celui du délit et celui du domicile, pour toute espèce de crime ou délit même commis dans un autre ressort (Cass. 15 avril 1842, 27 août 1847 et 25 janvier 1849).

En principe, c'est à celui qui a décerné le premier un mandat d'amener qu'il appartient de continuer les poursuites (Cass. 13 mars, 9 avril, 25 oct., 7 nov. 1812, 10 oct. 1828, 21 avril 1831), ou au magistrat *du lieu du délit* (Cass. 1er pluv. an 9, 16 nov. 1827, 30 mai 1828), ce qui est conforme aux principes du Code du 3 brum. an IV.

Chapitre 19. Responsabilité du fre. — Reporté chap. 28.

Ch. 20. — Légitimité de l'action FR. Résistance du citoyen. — Reporté chap. 26.

4e Section

ARBITRAIRE, ILLÉGALITÉS, IRRÉGULARITÉS. — RÉSISTANCE LÉGITIME. — EXCUSES ADMISSIBLES ET INADMISSIBLES.

Si la cour suprême a été fréquemment appelée à casser des décisions où tel acte fl se trouvait envisagé sous un jour irrationnel, toutes les appréciations erronées n'ont malheureusement pas été soumises à son contrôle.

Nous verrons que les erreurs que je mentionne proviennent généralement : 1° de la tendance à ne considérer comme fls que les actes accomplis F ; 2° de celle qui consiste à réputer non fls les actes illégaux ou arbitraires.

Inculpation. — Lorsqu'un citoyen se plaint d'un fre, l'acte de ce dernier doit être examiné conformément aux données suivantes :

1° *Quis* ? Quelle est la qualité du fre inculpé, quels sont ses pouvoirs, ses attributions, sa compétence, son degré d'instruction flle, sa mentalité ?

2° *Quid* ? De quelle nature est l'acte incriminé, en quoi consiste-t-il ?

3° *Cur* ? Pourquoi, dans quel but, dans quelle intention, pour quel motif et pour quel objet l'acte a-t-il été accompli ?

4° *Ubi* ? Où, dans quel lieu, sur quel territoire ?

5° *Quando ?* Quand ? quel jour, à quelle heure ?

6° *Quomodo ?* Comment le f^re s'y est-il pris, de quelle façon a-t-il procédé pour atteindre son but ?

Dans quelles circonstances ? Quelles ont été les suites de l'acte incriminé ?

7° *Quibus auxiliis ?* A quels moyens matériels le f^re a-t-il eu recours ?

Ces points dûment établis, il faut rechercher : 1° si le procédé était de la compétence de l'agent; 2° si ce dernier était fondé à agir au lieu et à l'heure indiqués; 3° si sa façon de procéder et les moyens qu'il a employés étaient légitimes ou justifiés; 4° s'il a agi de son initiative propre, sur ordre ou mandement; 5° si l'acte qu'on lui reproche était motivé par l'attitude du plaignant; 6° si le dit plaignant avait encouru l'application de la loi, de l'ordre, du mandement, ou de la mesure prise; 7° si l'agent avait en vue l'intérêt de la loi ou procédait dans un but d'ordre privé; 8° s'il a, intentionnellement, délibérément, consciemment, commis l'infraction à lui imputée; 9° s'il a agi avec préméditation; 10° si l'acte a été accompli de sang-froid, sous l'empire de la colère ou par suite d'une impulsion momentanée, d'un entraînement explicable à raison des circonstances et laissant présumer que le f^re n'a pas eu ou n'a pas pris le temps de réfléchir, de pondérer son action; 11° si la faute a été commise plutôt contre la loi que contre la personne du plaignant; 12° s'il y avait bonne foi, ignorance, erreur, légèreté, négligence, imprudence, impéritie, provocation, défense, malignité, arbitraire, etc.; 13° si le plaignant était consentant, avait protesté, résisté, injurié, frappé, etc.; 14° s'il connaissait la qualité du f^re auquel il a eu affaire; 15° s'il y a eu pourparlers entre lui et le f^re, et si ce dernier a invoqué un prétexte quelconque pour motiver son procédé; 16° si le dit f^re était porteur d'un mandement qu'il aurait exhibé; 17° si la mesure incriminée a été ordonnée ou effectuée par l'agent alors qu'il se trouvait F ou non; 18° si cette mesure tendait à procurer l'accomplissement d'une exécution ou si elle n'a été que la conséquence accessoire de celle-ci; 19° si l'agent a tenté, soit de réparer sa faute, soit d'obtenir l'approbation ou l'opinion de tel autre f^re compétent.

CHAPITRE XXI

Infractions officielles et fonctionnelles. Arrestations arbitraires, etc.

Acte légal ou administratif. — Ce n'est pas celui que le f^re accomplit ou prescrit *en sa qualité*, mais bien celui que la loi l'autorise à faire.

Acte officiel. — C'est celui que le f^re accomplit ou prescrit en sa qualité, légalement ou illégalement, régulièrement ou irrégulièrement.

La qualification d'un acte peut donc résulter : 1° de sa nature ; 2° de son caractère, suivant le point de vue auquel on l'envisage. En ce qui touche les citoyens concernés, l'acte du f^re lui vaut protection ou répression, dans les mêmes conditions, dès lors que le dit acte était officiel.

Répression spéciale des f^res. — Pour qu'un acte officiel soit passible de répression spéciale, il faut, aux termes de l'art. 198, que le fait soit de nature à comporter, selon le droit commun, une peine correctionnelle.

En principe, il devrait suffire qu'un f^re, tenu de donner l'exemple, commît délibérément un acte coupable pour qu'à raison du choix dont il a été l'objet, il fût plus sévèrement réprimé qu'un particulier.

On ne trouve pourtant qu'un seul exemple où le législateur se soit prononcé dans ce sens : l'art. 333 CP.

Encore suis-je d'avis qu'il n'y a, dans ce cas spécial, qu'une infraction par abus d'influence, c'est-à-dire un acte commis par le f^re en *profitant* des facilités spéciales que lui offrent ses fonctions, en abusant des circonstances où il peut se trouver placé grâce à ses prérogatives f^lles. En le commettant, il n'abuse pas de ses pouvoirs f^ls, il ne s'en sert même pas. Il abuse simplement de son influence morale comme f^re en faveur de ses passions privées.

Nature et caractère des infractions examinées. — Cet ouvrage comporte l'examen des seules infractions commises par les f^res en leur qualité, par exercice coupable de l'autorité à eux confiée en vertu de leur mandat f^l et légal.

Il s'agit donc : 1° de mesures de violence (coups, blessures, homicide de l'art. 186); 2° de mesures d'exécution ou de contrainte du genre de celles énumérées art. 209.

Ces mesures d'exécution, qui peuvent être accompagnées de contrainte violente, consisteront : 1° soit à attenter à la privauté de famille des citoyens, et, par suite, à leur libre arbitre (CP. 184); 2° soit à attenter à leur personne (arrestation, détention, séquestration, fouille).

Le caractère commun à toutes les infractions commises ou ordonnées officiellement par les f[res] est l'arbitraire.

Je distingue : 1° l'arbitraire délictueux, ou illégalité; 2° l'arbitraire criminel, lequel est nécessairement illégal.

Si les coups, etc., peuvent être réputés criminels à raison *des suites* qu'ils ont entraînées, toute infraction officielle, en principe, sera qualifiée crime ou délit, *quelle que soit sa nature*, selon *l'intention* qui animait le coupable qui l'a perpétrée.

Il s'ensuit manifestement que l'acte incriminé ne saurait être légalement qualifié crime ou délit que s'il constitue une faute *spontanée* de l'agent et ne comporte aucune justification.

Infractions officielles et f[lles]. — Puisque l'infraction officielle est celle consistant à faire usage de l'autorité, des pouvoirs que le f[re] possède à titre de mandataire de la loi, il suffit, pour qu'elle soit réputée officielle, que ledit f[re], agissant en sa qualité, s'en rende coupable OF.

L'art. 198 est applicable même si le f[re], ayant agi OF, n'a pas agi F (Cass. 2 mai 1816).

En d'autres termes, peu importe que le f[re] ait été ou ait agi F, pourvu qu'il ait fait acte d'autorité comme f[re], qu'il ait abusé de ses prérogatives f[lles].

Quant à l'infraction f[lle], elle rentre nécessairement dans la catégorie des infractions officielles.

Infractions f[lles]. — Ce sont celles commises ou ordonnées officiellement par le f[re], agissant en sa qualité, F, ou OF et F.

Nous savons qu'en principe, un acte n'est réputé f[l] que s'il est prescrit ou accompli dans les limites du territoire pour lequel l'agent a compétence (Cass. 22 fév. 1840), mais qu'un acte peut être officiel, bien qu'ayant eu lieu en dehors de la circonscription territoriale (IV. 18).

En effet, il peut y avoir acte ou infraction officiels dès lors que le f[re], agissant en sa qualité, ne fait pas acte *d'homme privé.*

Infractions F. — Principe. — Lorsqu'un f[re] est inculpé d'un délit, il y a présomption, jusqu'à preuve contraire, que ce n'est pas F qu'il l'a commis (Cass. 12 mai 1813). F[res] et citoyens peuvent avoir un intérêt égal, suivant les circonstances, à ce que cette preuve soit faite.

Or, il faut bien se garder de croire que toute infraction est f[lle] parce que le f[re] était F lorsqu'il l'a commise.

Pour qu'il y ait délit commis par un f[re] F, il ne suffit pas que ce fait ait eu lieu *en un temps où le f[re] était en fonctions.* Il faut qu'il soit commis F et *relatif aux fonctions* (Cass. 6 juillet 1826, 6 janv. 1827, 30 juill. 1829. — J. Cr. art. 172).

Le principe est applicable tout aussi bien en cas de crime.

Par le délit commis F on ne peut entendre un fait de fonctions, nulle fonction n'autorisant à commettre un délit; mais on doit entendre que le fait incriminé soit précisément un fait commis à l'*occasion* de l'exercice des fonctions auxquelles l'agent est proposé. 8 mai 1846, Cr. c. Regnault.

Infractions F ou OF. — Peu importe que le fait reproché à un f[re] F ou OF constitue un crime, pour lequel il n'avait pas reçu mandat de son adm., celle-ci l'ayant commissionné pour les faits civils à l'occasion desquels le crime a été commis (Cass. 19 juill. 1826). Il s'agissait, dans cette espèce, d'un employé d'octroi qui avait molesté un particulier.

Pour qu'un acte accompli F ou OF ne soit pas réputé f[l], il faut que cet acte constitue un fait personnel distinct de l'acte officiel, et puisse en être détaché sans qu'il soit porté atteinte à ce dernier (Dijon, 22 juin 1888, Nîmes, 25 fév. 1887, Cons. d'Etat, 6 mai 1892, etc.).

Il s'ensuit que toute infraction F a lieu en même temps OF. Mais les arrêts ci-dessus n'éclairent pas suffisamment la question. Il en ressort néanmoins un principe d'importance capitale: l'infraction f[lle] n'est pas l'infraction commise F, mais bien un *acte* f[l] coupable.

Faut-il conclure de ce qui précède qu'il n'y a aucune différence entre l'infraction f[lle] F et celle OF ? Nullement, malgré l'incontestable exactitude de la définition de la Cour suprême.

L'infraction f[lle] F est celle que le f[re] commet, non pas *dans*, mais *pour* l'exercice de ses fonctions, pour accomplir un acte f[l].

L'infraction f[lle] OF est celle que le f[re] commet, soit en accomplissant un acte f[l] et à raison de cet acte, soit à raison d'un acte d'ordre f[l]. L'infraction officielle, qui comprend toutes les autres, peut, par conséquent, être: 1° exclusivement officielle; 2° officielle et f^lle à la fois.

Pour qu'une infraction puisse être exclusivement officielle, il faut que le f^re, agissant comme tel, abuse criminellement de son mandat f^l ou légal dans un but secrètement privé.

Il ne faudrait pas en effet conclure, de certains arrêts que l'on trouvera plus loin, que le fait qu'un f^re fait acte *intentionnellement* privé suffit à faire perdre au procédé son caractère officiel, si ledit f^re a bien fait usage officiel de ses prérogatives de f^re.

Les études des chap. 26 et 28 le démontreront péremptoirement.

Le f^re a une triple personnalité: 1° il est mandataire de la loi en général; 2° il est mandataire spécial de la loi, en tant qu'investi de pouvoirs spéciaux et délimités, f^ls en un mot; 3° il est homme privé.

Ses fautes doivent donc être examinées à ce triple point de vue; et elles seront réprimées: 1° suivant la nature de l'acte; 2° suivant son caractère; 3° suivant l'intention du fauteur.

En principe, *l'usage* du mandat légal ou f^l, ou *l'emploi* d'icelui, pour une mesure de nature coupable, constitueront toujours une infraction de caractère officiel. Tandis que *l'exercice* dudit mandat, bien que pouvant en fait avoir lieu par usage ou emploi d'icelui, ne pourra constituer qu'une infraction de nature f^lle, dont le caractère réel sera apprécié d'après l'intention. Et l'exercice de ce mandat, selon l'intention du prévenu, pourra valoir à l'acte incriminé des qualifications fort différentes, ainsi que nous le verrons.

De l'intention en général. — Il en est des infractions f^lles comme de toute autre infraction consciente et volontaire. Elles ne sauraient exister à défaut d'intention coupable.

L'intention est réputée coupable: 1° *de droit*, à raison de la nature de l'acte; 2° à raison des circonstances de fait.

Degrés de culpabilité. — Je distingue: 1° la culpabilité négative; 2° la culpabilité positive.

Culpabilité négative. — Employée exclusivement par opposition d'idées, cette expression est plus caractéristique que scientifique : on ne saurait être coupable sans s'en rendre compte, et la responsabilité pénale est essentiellement *positive*. Par culpabilité négative, j'entends donc celle résultant d'une défaillance positive, d'un manquement au devoir social ou professionnel, en un mot, *de l'inexécution d'une obligation formelle.*

Obligations f^lles. — Elles consistent à exécuter scrupuleusement les clauses du mandat f^l, c'est-à-dire: 1° à n'avoir en vue, exclusivement, que l'intérêt supérieur de la loi; 2° à n'agir qu'en conciliant cet intérêt avec celui des citoyens en général, de la société.

Telles sont les obligations *morales* du mandataire de la loi. Quant à ses obligations spéciales, le moment n'est pas venu de les examiner.

L'intention coupable que je qualifie négative se traduira donc par un fait manifeste d'inobservation des obligations morales, sociales ou professionnelles du fauteur.

Cette intention, elle aussi, a ses degrés de culpabilité.

Je distingue: 1° l'inaction, l'abstention, l'indifférence, l'insouciance, la négligence; 2° l'imprudence, la légèreté; 3° la violation d'une disposition protectrice ou préventive.

Ce qui peut se résumer ainsi: négligence, maladresse, défaut de précaution. Voir VII garde champêtre; IV, 28.

Toutes ces fautes, en principe, entraînent responsabilité civile, et, suivant leur gravité et leurs conséquences, parfois responsabilité pénale. Néanmoins, comme elles ne procèdent pas de ce que j'appelle l'intention coupable positive, elles ne sauraient, à aucun titre, quoique f^lles, mériter l'appellation *d'infractions f^lles*. La répression éventuelle aura donc lieu suivant les règles du droit commun, à moins de dispositions légales contraires (Voir ch. 28). Par suite, pour qu'il y ait infraction f^lle proprement dite, il faut qu'il y ait *intention coupable positivement.*

Culpabilité positive. — Elle aussi a ses degrés. Je distingue: 1° la culpabilité positive atténuée; 2° la culpabilité positive manifeste.

Culpabilité atténuée. — La culpabilité positive ne se conçoit pas sans que l'acte, répréhensible en fait, ait été perpétré volontairement. La volonté, c'est la force qui donne l'impulsion à l'agent, sous l'influence d'un mobile générateur, ou intention secrète.

Or, quand on examine un acte déterminé, il faut ne pas négliger d'observer les circonstances dans lesquelles il a été accompli. A cette condition, l'on pourra apprécier l'intention constitutive de la culpabilité. La manifestation extérieure de la volonté, dont j'étudierai ci-après les principales modalités, peut avoir lieu: 1° de sang-froid; 2° sous l'influence d'une passion puissante instantanée. Le propre de la passion est, ou de *s'adjoindre* à la volonté pour lui imprimer un accroissement de puissance, dans un but de satisfaction déterminée, et, par suite, plus ou moins délibérée, ou de se superposer en quelque sorte instantanément à la volonté en l'annihilant, ou plutôt, en annihilant l'influence *directrice* du jugement sur elle. Dans ce cas, la volonté est, non pas supprimée, mais livrée désemparée à l'impulsion irrésistible de l'instinct.

En un mot, il y a ce qu'on appelle communément *acte impulsif*.

Il y a deux genres d'actes impulsifs: 1° les actes impulsifs f[ls]; 2° les actes impulsifs passionnés, commis F ou OF.

Actes impulsifs f[ls]. — Nous en avons vu des exemples IV, 17 (violation de domicile). Ils excluent généralement toute idée de culpabilité.

Actes impulsifs passionnés F ou OF. — Ils procèdent d'ordinaire de la colère, et consistent en voies de fait ou coups.

Que la loi réprime celui dont la passion peut ainsi paralyser le jugement, cela n'est que légitime, lorsque l'acte perpétré est, en fait, passible de répression.

Il ne s'ensuit pas que tout acte impulsif coupable, accompli fonctionnellement, doive invariablement être réputé infraction f[lle], puisque c'est, en somme, l'acte privé, individuel, de l'homme qui se trouve agir actuellement comme mandataire de la loi. Il importe donc de faire une distinction entre les excès impulsifs momentanés procédant de la colère (injures, violences), qui sont commis à la suite d'une provocation blessante ou de voies de fait, et les *mesures* f[lles] prises à la suite de ces excès, arbitrairement, pour échapper aux conséquences qu'ils peuvent entraîner. En principe, le f[re] devrait être impassible comme la loi qu'il représente. Il doit se pénétrer de cette idée que les attaques dirigées contre lui comme f[re] ne sauraient l'atteindre comme particulier, et atteignent en réalité la loi dont il est l'instrument.

C'est pourquoi la violence impulsive exercée en réponse à un outrage F ou OF ne sera jamais excusée, mais motivera l'application de l'art. 186, à titre de violence OF. Cette règle n'est pourtant applicable que si l'acte impulsif, immédiat, est accompli sous l'influence de l'irritation provoquée par une offense *morale*, laquelle, encore une fois, ne peut atteindre que la loi dans la personne de son représentant, armé par elle du pouvoir nécessaire pour procurer le châtiment du coupable.

Si l'attaque est physique, il n'en saurait aller de même, du moins dans tous les cas. Tant que la violence physique ne dépasse pas celles constitutives de la rébellion simple, l'argumentation ci-dessus conserve toute sa valeur: le f[re] doit se borner à réprimer la dite rébellion en employant la force nécessaire, mais il n'a pas le droit, sous peine de se voir appliquer l'art. 186, d'user de violences inutiles ou excessives, parce que la rébellion atteint la loi et non pas sa personne, ou plutôt, atteint la loi dans sa personne, sans être dirigée personnellement, intentionnellement contre lui.

Mais que cette violence, constitutive de la rébellion, ou accompagnant celle-ci, prenne un caractère de gravité rendant inapplicables les art. 209 et suivants, et, nous le savons, ce seront les art. 230 et suivants qui la réprimeront, à titre de violence F ou OF. Le délit sera donc double : 1° il y aura rébellion, c'est-à-dire révolte contre la loi, manifestée par les violences contre l'agent FR, 2° violences F ou OF.

Or, toute violence contre un agent F ou OF est coupable à un double point de vue : 1° en raison du caractère de la victime, 2° en raison de sa nature, du dommage physique qu'elle occasionne.

Elle atteint donc incontestablement et le représentant de la loi, et l'homme privé. L'impassibilité imposée au premier ne peut l'être au second. C'est pourquoi (voir IV, 27, 28) la violence impulsive exercée par l'agent, en réponse à l'agression, ne peut à aucun titre être considérée comme f[lle], et doit être appréciée selon les règles du droit commun, parce qu'en fait et en intention, c'est l'homme privé qui agit, et non pas l'homme public FR, bien qu'il se trouve F.

Si la dite violence n'est pas un abus d'autorité, à plus forte raison serait-il inadmissible de la considérer comme arbitraire.

Par contre, que l'agent, après l'avoir impulsivement exercée, dans un moment d'irritation compréhensible, vienne à appréhender son agresseur, ce qui n'est que légitime, et celui-ci, se trouvant sous la main de la justice, doit être sacré aux yeux de l'agent. Si ce dernier, ne se contentant pas d'avoir riposté, puis appréhendé l'agresseur, exerce de nouveaux sévices, il n'agit plus comme homme privé, mais comme représentant de la loi. Il exerce en effet son autorité abusivement, et l'art. 186 lui devient applicable. L'excès auquel il s'est livré n'est pas un acte arbitraire, puisqu'il peut valablement prétendre avoir cédé à la colère persistant en lui. Qu'enfin le même agent, après avoir conduit au poste ou au commissariat le délinquant, recommence, sans nouvelle provocation, à maltraiter celui-ci, et son acte sera indiscutablement arbitraire, délibéré, passible par suite de l'application de l'art. 114, à moins que la nature de la violence soit telle que l'art. 198 ne motive une pénalité plus élevée.

Culpabilité f^lle^. — Nous voici progressivement arrivés à la culpabilité positive manifeste, proprement dite, que j'examinerai surtout au point de vue f[l]. Il appert de tout ce qui précède que, pour qu'il y ait culpabilité f[lle], il ne suffit pas que l'acte répréhensible ait été, en fait, accompli par un f[re] F. Il faut en outre que cet acte soit *consciemment f[l]*, ne puisse être séparé de l'action f[lle] pour être imputé à l'homme privé.

La victime doit donc, au moment de l'infraction f[lle], *avoir encouru, ou se trouver en fait* (fût-ce à tort) sous l'action officielle du fauteur.

Examinons d'abord la culpabilité au point de vue de l'intention qui la caractérise.

Criminellement, nous le savons, l'intention, décelée par une manifestation extérieure de la volonté, s'apprécie : 1° relativement à l'acte *constaté*, 2° d'après les circonstances de fait relatives à la perpétration de cet acte.

Pour que l'acte *matériel* constaté soit réputé coupable, il suffit qu'il soit l'objet d'une disposition pénale.

Quant à la *qualification* propre à cet acte, c'est elle seule qui entraîne l'application de l'une des diverses pénalités que la *nature* de l'acte peut motiver.

C'est, soit dit par parenthèse, précisément pour ce motif que la condition minima, pour qu'il y ait infraction f[lle], est que l'acte soit bien f[l] en fait, ou officiel.

L'acte, en soi, peut donc comporter plusieurs qualifications, avec pénalités correspondantes. Ces qualifications résultent des circonstances de fait, lesquelles sont, ou peuvent être, considérées comme aggravantes.

Circonstances aggravantes. — Toujours au point de vue qui nous intéresse, et même en thèse générale, l'aggravation résulte : 1° des circonstances *matérielles*, 2° des circonstances morales, ou de l'intention.

Je n'ai pas à m'occuper des circonstances matérielles. Les prévisions du Code, à cet égard, n'offrent pas de difficultés (Voir CP 198).

Intention. — Quant à l'intention, appréciée relativement aux manifestations extérieures constituant ou accompagnant l'acte du fauteur, elle comporte les degrés suivants : 1° conscience, 2° délibération, 3° préméditation.

D'où le principe suivant : Tout acte délibéré ou prémédité étant nécessairement conscient, il s'ensuit que l'infraction du f[re] devra être : 1° consciemment f[lle], 2° *au moins* consciemment coupable, en tant qu'infraction.

Infractions conscientes, délibérées, préméditées. — Je considère que l'infraction consciente peut être celle qualifiée *abus d'autorité;* l'infraction délibérée, celle qualifiée *acte arbitraire ;* l'infraction préméditée, celle qualifiée *attentat ;* du moins théoriquement.

Intention et bonne foi. — L'acte devant être au moins *consciemment* coupable, et la bonne foi étant, en principe, considérée comme excluant toute intention criminelle, il y a lieu d'examiner l'influence de ce principe quant aux infractions f[lles] en fait.

Bonne foi. — Elle est inconciliable avec la préméditation: par suite, tout acte pouvant, de sa nature, être qualifié attentat, se transformera nécessairement en faute lourde si la bonne foi est prouvée (ch. 26 à 28), sauf disposition contraire formelle de la loi.

La bonne foi est également inconciliable avec l'intention délibérée ou consciente. Mais l'acte, en soi, peut être délibéré ou conscient sans que l'intention le soit.

En effet : l'erreur et l'ignorance, dûment établies, peuvent expliquer comment un acte délibéré, bien que coupable de sa nature, sera, à raison de la bonne foi, réputé non coupable en intention. S'ensuit-il qu'en pareille occurrence le f[re] devra être invariablement absous ?

Ceci touche à l'une des plus graves questions concernant la culpabilité f[lle].

Il y a deux espèces d'erreur : 1° l'erreur de fait, accidentelle ou spéciale, 2° l'erreur ayant l'ignorance pour cause génératrice.

Erreur de fait. — Il ne faut pas la confondre avec l'impéritie. La bonne foi l'excusera toujours, au moins pénalement, mais l'agent encourra éventuellement responsabilité civile (Voir ch. 28).

Ignorance. — L'ignorance constitutionnelle, s'il est permis de la qualifier ainsi, c'est, en somme, la bêtise. Accompagnée de la bonne foi, la bêtise excusera pénalement l'agent, mais l'administration à laquelle il appartient serait inèxcusable si elle continuait à l'employer.

L'ignorance ou la fausse interprétation des ordres reçus peut excuser le f^re inculpé (Cons. d'Etat, 18 mars et 17 juin 1818).

Ignorance f^lle ou impéritie. — L'impéritie peut être expliquée par l'insuffisance des facultés intellectuelles. Mais elle peut également avoir pour cause la légèreté, l'insouciance, l'amoralité même.

Il va sans dire que, quelle que soit sa cause, l'impéritie ne saurait jamais avoir pour effet de dégager la responsabilité civile de l'agent.

Car tout fonctionnaire, tout mandataire comme tout agent auquel la loi départ une mission contracte le devoir de la remplir avec exactitude, avec attention, impartialité et avec vérité, de manière à ne porter atteinte et préjudice inconsidérément ou arbitrairement à autrui, et il importe peu que le dommage causé soit l'effet de la malice ou de l'impéritie, parce que le premier soin de tout homme qui accepte des fonctions est d'apprendre et de savoir les obligations qui lui sont imposées: « *Eo ipso quod acceptat officium videtur se asserere sufficientem et peritum.* » (Cass. 14 déc. 1825, Rebattu c. Durepas).

Nota. — Cet arrêt concernait un syndic (Voir II, 10).

Ce principe nettement posé, reste à examiner l'influence de l'impéritie, et de la bonne foi non contestée, quant à l'appréciation d'un acte f^l pouvant, en fait, exposer le fauteur aux rigueurs de la loi pénale.

Il nous faut faire encore une distinction entre l'impéritie relative à l'opportunité de l'application d'un texte ou à l'exécution d'un ordre compétent, et celle relative à l'observation des principes fondamentaux du droit. La seconde sera toujours inexcusable, et devra être réprimée sévèrement. La première peut se comprendre et excuser le f^re de bonne foi. *Exemple:*

Le procureur du roi qui, sans intention répréhensible, mais par une fausse interprétation de l'art. 421 CIC, a fait arrêter illégalement un condamné qui avait formé un pourvoi en cassation, dont l'effet est suspensif, ne peut être accusé de forfaiture (Cass. 14 juillet 1827, Jacques de Saint-Nicolas).

Nous avons vu suprà que la fausse interprétation des ordres reçus peut excuser l'agent d'exécution. Cela se conçoit : celui qui donne l'ordre est seul tenu d'avoir compétence pour apprécier l'opportunité et la légitimité de ce qu'il prescrit; l'agent, incompétent pour juger ce qui n'est pas de son ressort, n'a qu'à obéir passivement à celui qui a qualité pour le mettre en mouvement, à la condition toutefois que le mandant agisse bien pour un objet de sa compétence, et que le mandataire soit lui-même qualifié pour exécuter. La bonne foi, en principe, excuse le f^re (Cons. d'Etat 7 août 1834, etc.), même en cas de blessures faites (Cons. d'Etat 28 sept. 1816), si les circonstances justifiaient moralement l'acte incriminé.

En d'autres termes, la bonne foi et l'impéritie excuseront pénalement le f^re qui s'est mépris sur l'opportunité de l'application d'un texte, sur la portée exacte d'un ordre, sur l'étendue des droits que lui confère tel mandement, etc. Mais il faut que le texte existe et puisse paraître légitimement applicable; que l'ordre compétent ait été reçu; qu'il y ait bien mandement; que l'acte spontané puisse être justifié à raison des circonstances de fait, etc.

Cette immunité a pourtant ses limites. Il serait vraiment trop commode qu'un f^re n'eût qu'à exciper d'un ordre ou de sa bonne foi pour échapper à toute répression, en toutes circonstances.

La règle d'après laquelle on peut se guider pour apprécier où s'arrête l'irresponsabilité pénale est très explicitement formulée dans les arrêts suivants:

Bonne foi. — Si elle peut excuser le f^re, c'est à la condition que l'acte dudit f^re ne soit pas formellement interdit par la loi; qu'il soit bien de ceux pour lesquels il a compétence légale. Ainsi, le commissaire qui lacérerait les affiches d'un candidat commettrait une contravention punissable (Montpellier 12 janv. 1883), même si le ministre de l'intérieur en avait donné l'ordre (Trib. conflits, 15 fév. 1890), même si le commissaire se croyait fondé à agir ainsi (même décision).

Les chap. 23 et 28, entre autres, sans parler de ceux qui précèdent, suffisent à prouver que la bonne foi et l'impéritie sont insuffisantes à excuser le f[re], lorsque son acte est manifestement contraire aux principes essentiels du droit des citoyens. Il importe néanmoins de rappeler les règles que nul n'a le droit d'ignorer, et dont la violation sera toujours réputée coupable, en dépit de la bonne foi.

Ces règles sont les suivantes:

1° Nul n'a le droit d'entrer dans la maison d'un citoyen pendant la nuit (Const. an 3, art. 359).

2° Nul n'a le droit, sans motifs, d'arrêter un citoyen, de le détenir, ou de pénétrer chez lui, même le jour (CP, 114, 341 à 343, 184).

3° Nul n'a le droit de violenter abusivement, sans nécessité, un citoyen quelconque, fût-il même prévenu d'un crime ou d'un délit (Const. 1791 n° 20).

Ignorance f[lle] relativement à la compétence. — A côté de ces règles, obligatoires pour quiconque, et à plus forte raison pour les f[res] de tout ordre, il en est d'autres qui déterminent et précisent les pouvoirs f[ls] de chacun. Certaines ont un caractère fondamental, les rendant assimilables à celles énumérées ci-dessus:

1° L'arrestation doit être *immédiatement* suivie de conduite, soit devant le mag. qui l'a ordonnée, soit devant celui qui a compétence pour statuer, soit au lieu où la détention doit être subie.

2° Les agents ne doivent capturer qu'en flagrant délit, ou sur ordre ou mandement.

3° A moins que la loi n'en ait disposé autrement, relativement à telle catégorie d'agents, ceux-ci ne peuvent jamais perquisitionner de force le domicile d'autrui.

4° Ils ne doivent jamais, sauf nécessité flagrante, perquisitionner la personne d'un citoyen, du moins spontanément.

Formalités particulières. — Ce sont celles : 1° prescrivant l'assistance d'un dép. aut., en cas d'introduction forcée par les gardes, huissiers, etc.; 2° prohibant l'emploi de la force sans l'ordre exprès d'un dép. aut., à moins de nécessité actuelle et flagrante. A toute violation de ces règles essentielles, le citoyen opprimé a le droit de résister dans la mesure légitime; et le f[re] coupable sera réprimé sans aucune admission d'excuse, parce que l'acte est réputé criminel ou délictueux *de sa nature*, sans que le fauteur puisse être fondé à exciper de sa bonne foi. Quant à la qualification de l'infraction, il ne faudrait pas s'imaginer qu'elle dépend exclusivement de la nature de l'acte répréhensible, et que toutes violences, violations de domicile, etc., motiveront invariablement l'application des articles 184 ou 186. Encore une fois, l'intention joue un rôle prééminent, relativement à l'inculpation. Et, au point de vue de notre étude, les infractions f[lles] sont réprimées, soit comme abus d'autorité, soit comme attentats (114).

Les opérations par contrainte ou par force sont : 1° l'exécution forcée (209) ; 2° l'emploi de la force des armes (327); 3° la perquisition du domicile (184) et de la personne; 4° l'arrestation et la détention (106 CIC, etc., 122 CP).

Ces mesures peuvent être : 1° ordonnées ; 2° effectuées spontanément. Pour démontrer qu'elles peuvent constituer, soit un abus d'autorité, soit un attentat, il importe d'abord d'examiner ce qu'il faut entendre par attentat ou acte arbitraire au sens de l'art. 114.

Si l'on parcourt les art. 114, 122, 184, 186, il est aisé de constater que le seul article 186 spécifie que les violences illégitimes doivent être exercées F ou OF. L'article 184 se borne à indiquer que le f[re] doit avoir agi en sa qualité. D'où controverses sur le point de savoir si les crimes de l'article 114 sont bien des crimes f[ls], et si, notamment, l'arrestation, la détention, la séquestration illégales par un f[re] doivent être réprimées en vertu de cet article ou des art. 341 et suiv.

1° L'art. 114 ne s'applique qu'aux infractions f[lles] ou officielles. Il est inutile de le démontrer autrement qu'en appelant l'attention sur le § 2 de cet article, et sur l'article 122, figurant dans la même section.

2° Arrestation, détention, séquestration. — Ce sont trois crimes *distincts* dont chacun peut, indépendamment du concours des autres, donner lieu à l'application de l'article 341 (Cass. 27 sept. 1838).

S'ils sont commis fonctionnellement, les art. 341 et suiv. sont inapplicables.

Les art. 341 et suiv. ne seraient applicables aux f[res] et agents que s'ils avaient arrêté, détenu ou séquestré une personne quelconque dans un intérêt privé, pour la satisfaction de leurs passions *personnelles*, et non F et *par abus de l'autorité* qui leur a été déléguée (Cass. 4 déc. 1862, Roger, même décision, Cass. 23 juin 1892).

La doctrine, maintenant fixée, a varié sur ce point. Le 25 mai 1832, un arrêt de cassation portait :

« La disposition de l'art. 341 est spéciale, quant au fait d'arrestation ou séquestration arbitraire, et générale, en ce qui concerne ceux qui s'en rendraient coupables.

Dès lors, et à défaut d'une dérogation expresse à cette disposition, on doit considérer comme y étant compris tout ag. fp. qui procéderait à des actes de cette nature. Or, aucune dérogation à l'art. 341 ne résulte de l'art. 114. En effet, les arrestations illégales ne sont pas expressément énoncées dans ce dernier article, et il n'y a lieu de recourir, dans la recherche de la pénalité qui leur est propre, qu'à la section qui les a spécifiées, et non à celle qui a prévu, d'une manière indéterminée, les actes arbitraires et attentatoires soit à la liberté individuelle, soit aux droits civiques d'un ou plusieurs citoyens, soit à la charte ».

Il y a séquestration lorsqu'un ag. fp., ayant illégalement arrêté un individu, le prive de toute communication avec ceux par qui celui-ci voudrait se faire réclamer (Cass. 25 mai 1832). Même en ce cas, les peines de l'art. 114 seraient seules applicables.

La théorie citée suprà n'est pas exacte. Elle est du reste en désaccord avec les principes formulés par la Cour suprême elle-même dans son arrêt du 13 mars 1817, relatif aux excuses de l'art. 321 CP, et rapporté d'autre part.

Les art. 114 et 341 font partie de deux titres distincts.

L'art. 341 fait partie de celui s'occupant des crimes et délits contre les particuliers. Or, dans ce titre, quand le législateur veut, comme dans l'art. 333, préciser la pénalité encourue par un f[re] dans tel cas déterminé, il prend soin de l'exprimer tout spécialement; ce qu'il ne fait pas dans les art. 341 et suivants.

Au contraire, l'art. 114 fait partie du titre des crimes et délits contre la chose publique, titre qui s'occupe des crimes et délits fonctionnels.

Si l'on invoquait l'art. 198 (inapplicable en l'espèce, bien qu'il soit aisé de fournir des arguments tirés de la jurisprudence pour appuyer l'opinion contraire), le fait prévu par l'art. 343 serait puni de 5 ans d'emprisonnement, tandis que l'art. 114, applicable à des actes moins coupables, prononce la dégradation civique.

Enfin, je trouve un argument péremptoire dans la disposition de l'art. 117, qui statue sur le cas particulier de *détention* illégale et arbitraire, quant aux dommages.

Il paraît assez étrange que ce texte ait été perdu de vue par les tribunaux qui ont appliqué les art. 341 et suiv. à des f[res] ayant agi comme tels.

Aussi la Cour suprême a-t-elle modifié sa jurisprudence et décidé, le 4 décembre 1862, que « les arrestations arbitraires commises par des f[res], agents ou préposés du gouvernement, F, et par abus de l'autorité à eux déléguée, tombent exclusivement sous l'application de l'art. 114, et non sous celle des ar. 341 et suivants. » Même décision (Cass. 18 avril 1868).

Nota. — Pour certaines détentions arbitraires, voir L. 8 déc. 1897, art. 2, et IV, 28 (conclusions).

On pourrait être tenté de considérer que l'art. 114 ne concerne exclusivement que les détentions arbitraires, si l'on se réfère à l'art. 117. Il suffit de lire l'art. 114 dans son entier pour se rendre compte que ledit art. 117 dispose : spécialement, quant au cas de détention prémentionné; et généralement, dans son ensemble.

Arrestation, détention, séquestration. — Pouvant être légales ou illégales, elles offrent nécessairement, en fait, les mêmes caractères dans l'un et l'autre cas. Il suffit donc d'étudier ces actes comparativement, quant à leurs éléments constitutifs matériels. Bien que distinctes l'une de l'autre, on doit reconnaître que la séquestration est une modalité de la détention, et celle-ci une modalité de l'arrestation. Je ne saurais mieux les comparer qu'à trois cercles concentriques pouvant constituer au besoin les trois chaînons d'une même chaîne. En d'autres termes, l'arrestation est une détention momentanée; la détention une arrestation prolongée; la séquestration une détention aggravée. Où cesse l'une pour constituer l'autre ? Il y a arrestation à partir du moment où la victime se trouve, par le fait du coupable, privée de la liberté d'aller où il lui plaît, jusqu'au moment où elle est introduite au lieu destiné à la recevoir, où elle sera gardée et conservée, maintenue (détenue, en un mot).

La détention se confond matériellement

avec la séquestration, en ce sens que la dernière contient nécessairement la première.

Si la séquestration n'est qu'un procédé aggravant de la détention, il s'ensuit que, pour qu'un fait de détention puisse être qualifié séquestration, il faudra que le procédé aggravant susdit soit dûment constaté. Ce procédé, c'est la mise au secret, que pouvait comporter autrefois la détention légale.

La seule différence entre la détention et la séquestration consiste en ce que la première a lieu sans que la personne détenue soit privée de toute communication avec l'extérieur, tandis que, dans la séquestration, cette communication est radicalement supprimée. D'où il suit que, pratiquement, la séquestration sera presque inévitablement accompagnée de l'occlusion des issues du lieu de détention, tandis que la détention pourra comporter ou non cette fermeture.

La séquestration est donc l'incarcération dans un lieu déterminé, avec fermeture des issues et ouvertures. La détention peut être l'incarcération avec ou sans fermeture, et sans suppression absolue de communications avec le dehors ; mais elle peut se présenter sous une autre forme. Il suffit, en effet, pour qu'elle existe, que la victime soit matériellement retenue par un moyen autre que la force corporelle du coupable. Par suite, le ligottage, dans une voiture, est un fait de détention. En résumé, la séquestration exige l'emploi d'une construction close quelconque; la détention n'est autre chose qu'une sorte de rétention, par contrainte, sous un abri déterminé; l'arrestation, c'est le fait de mettre opposition aux libres démarches d'autrui, par substitution de la volonté du coupable à celle de la victime.

L'emploi des trois procédés arbitraires cidessus peut avoir lieu sans contrainte physique, sans recours à la force ouverte, cela va sans dire, si la victime ne résiste pas physiquement.

Il y a néanmoins et contrainte morale, et contrainte matérielle de fait, pouvant s'accentuer et devenir contrainte physique au besoin. Chaque procédé peut être employé indépendamment des autres. Ainsi, dans la séquestration, la suppression de communication avec le dehors peut fort bien avoir lieu au domicile même de la victime : il suffit d'empêcher celle-ci de sortir. J'irai même plus loin : la loi ne précisant pas, j'estime que l'incarcération, le maintien dans un local, n'est pas nécessaire; et que le fait d'entourer un individu et de l'empêcher de s'échapper peut, même sur la voie publique, être assimilé à la séquestration. La disposition spéciale de l'art. 341 n° 2 n'est pas en contradiction avec cette opinion.

Conclusion. — L'art. 114 réprimant bien les seuls attentats ou actes arbitraires f[ls], il s'ensuit que les art. 114, 122, 184 et 186 concernent exclusivement les infractions commises par les MP agissant en leur qualité.

3° L'art. 114 peut s'appliquer aux violences, perquisitions du domicile ou de la personne, etc., dès lors qu'elles sont arbitraires ou attentatoires.

Rien, dans la rédaction imprécise du dit article, ne va à l'encontre de cette assertion, confirmée formellement par la jurisprudence (IV, 24, 26, etc.).

Les attentats rentrant dans le cadre de ce travail sont les crimes commis contre la liberté individuelle. Ces crimes sont des actes arbitraires, ressortissant à la coercition, à la contrainte, et consistant à violer le droit de liberté des citoyens. L'attentat est donc dirigé contre la personne physique. Attenter à la liberté d'autrui, cela ne veut pas dire seulement priver de liberté, incarcérer. Les lois antérieures (12 mai 1793, art. 18; Code brum. an 4, art. 634 et 635) parlaient en effet des attentats à la liberté et à la sûreté individuelles, expressions qu'on retrouve dans divers arrêts, tantôt ensemble (Cass. 6 fructidor, 24 brum., an VII), tantôt isolées (Cass. 18 pluviôse an XII).

Quant à ce qu'il faut entendre par liberté individuelle, c'est, d'après l'art. 1, Const. 3-4 sept. 1791, la liberté à tout homme d'aller, de rester, de partir, sans pouvoir être arrêté ni détenu que sous les formes déterminées par la constitution.

La déclaration des droits de l'homme du 29 mai 1793, l'acte constitutionnel du 24 juin 1793 la Constitution du 5 fructidor an III, reproduisaient le même principe, ainsi que la Const. de frimaire an VIII, art. 76 et 82, et les chartes de 1814 et de 1830. Toute entrave à la liberté ou à la sûreté individuelles, tout acte *exercé contre* un homme hors les cas et sans les formes légales, est arbitraire et tyrannique (Constit. 1793 art. 11).

Il s'ensuit que l'on peut qualifier actes arbitraires, et les attentats à la liberté, et tous autres procédés violant la privauté d'autrui, fût-ce celle du domicile, lorsque ces crimes sont commis fonctionnellement ou officiellement.

Arbitraire délictueux et criminel. — Ainsi que je le faisais remarquer au début de ce chapitre, l'arbitraire est le *caractère* commun à toutes les infractions officielles ou f[lles].

L'arbitraire délictueux, ou abus d'autorité, c'est l'exercice f[l] abusif, illégal; c'est l'acte consistant à faire ce que la loi autorise en principe, dans une circonstance où elle l'interdit.

L'arbitraire criminel, c'est la violation délibérée des principes du droit. Il s'ensuit qu'une même infraction sera qualifiée délit d'abus d'autorité ou crime d'arbitraire, suivant que l'acte sera simplement illégal ou aura lieu en violation du droit des citoyens.

Nous savons que, légalement, l'arbitraire est toujours criminel au sens de l'art. 114.

Arbitraire, attentat. — L'attentat n'est autre chose qu'une modalité de l'arbitraire. L'arbitraire a lieu soit contre la personne, soit contre la privauté de famille. L'attentat a lieu exclusivement contre la liberté individuelle (du moins au point de vue de cette étude).

L'attentat, c'est l'arrestation, la capture, l'appréhension, la perquisition de la personne, la détention, la séquestration, la coercition, les violences.

A mon point de vue, l'attentat implique au moins contrainte physique, emploi de la force corporelle, pour triompher de la résistance opposée. L'arbitraire résultera donc de tous les procédés de l'attentat, s'ils sont effectués sans recours à la violence.

La jurisprudence, nous le verrons, confirme cette distinction. Etymologiquement, en effet, le mot attentat suscite l'idée de *main-mise*. On le fait dériver *d'attentare*; mais je crois que ce mot a formé celui d'attentat pris dans le sens de tentative *(tentare);* attentat, au sens criminel, équivaut plutôt à atteinte (attingere, de *tangere*, toucher). Porter *atteinte à*, c'est commettre une sorte de sacrilège, de viol, c'est agir ou se proposer d'agir par la violence (voir CP. 87 et suivants, 330 et suivants).

Arbitraire (d'*arbitrare, arbiter :* juger, arbitrer, décider; arbitre, individu), dans l'acception criminelle du mot, qualifie bien l'acte qui consiste à imposer délibérément sa volonté à autrui, sans souci du droit. Il est donc aisé de concevoir que l'acte arbitraire, pouvant mériter la qualification d'attentat s'il est accompli par le moyen de la force, consistera à agir, soit fonctionnellement, mais, de préférence, officiellement, en violation du droit de liberté, ou de privauté du domicile.

Violation de domicile: arbitraire, abus d'autorité. Que la violence physique puisse constituer un attentat ou un abus d'autorité, cela ne fait pas doute (Voir ch. 26). En ce qui concerne la violation de domicile, il est indispensable de démontrer qu'il en est de même. L'art. 184 réprime l'introduction effectuée contre le gré de l'intéressé hors les cas prévus par la loi et sans les formalités légales, par un f[re] agissant en sa qualité, par abus d'autorité.

Il s'agit donc d'une infraction essentiellement f[lle], commise par le mandataire de la loi, par simple abus de ses pouvoirs légaux et f[ls]. Les expressions hors les cas prévus par la loi et sans les formalités légales demandent explication. On pourrait être tenté de croire que l'introduction illégale avec formalités légales, ou l'introduction légale sans formalités, ne sont pas délictueuses. Si le législateur n'a pas pris soin de préciser, cela tient à ce que l'art. 184 réprime et des dép. aut., et des ag. aut., sans parler d'autres privilégiés.

L'introduction, qui comporte des buts multiples, n'exige aucune formalité, lorsqu'elle est effectuée légalement par un dép. aut. compétent. Les formalités ne sont donc imposées qu'aux agents d'exécution et officiers de justice. Nous verrons du reste ch. 23 et suivants en quoi consiste exactement le délit. Tout ce qu'il importe de faire ressortir ici, c'est que l'art. 184, par l'ensemble de sa rédaction, ne réprime que l'introduction par abus d'autorité, et non l'introduction criminellement arbitraire. L'omission des formalités ne peut avoir trait qu'à une introduction justifiée en soi. Quant à l'introduction effectuée hors les cas prévus par la loi, c'est évidemment celle qui a lieu dans l'intérêt de la loi, mais dans un cas particulier où la loi ne l'autorise pas.

En un mot, la violation de domicile est une simple illégalité de fait, commise abusivement, mais sans aucune intention *criminelle.* Il y a là une sorte de délit contraventionnel, arbitraire en fait, mais non en intention.

Le fauteur viole bien les dispositions formelles et fondamentales de la loi, mais il n'agit pas délibérément par mépris des principes du droit. Il outrepasse ses droits, il exerce abusivement ses pouvoirs, mais il n'en fait pas *usage* dans un but criminel.

Si, au contraire, il ordonne ou effectue

une perquisition arbitraire, sans pouvoir invoquer une disposition légale, fût-elle inapplicable en l'espèce, s'il ne peut arguer valablement qu'il avait en vue l'intérêt de la loi, et si, d'autre part, il a bien agi officiellement, la violation de domicile prend un caractère criminel qui motivera l'application de l'art. 114. L'intention criminelle sera prouvée d'ordinaire par les faits, c'est-à-dire par l'objet en vue de laquelle l'introduction a eu lieu (saisie de papiers de famille, etc.). Effectuée à l'aide de violences physiques, elle serait à la fois arbitraire et attentatoire (IV.24).

Le simple fait de pénétration illégale, à l'insu ou contre le gré de l'intéressé, suffit à constituer le délit de l'art. 184, indépendamment de l'objet en vue duquel le f[re] procède. C'est pourquoi, comme je viens de le dire, le procédé sera réputé délictueux ou arbitraire, selon que le f[re] voulait, à tort ou à raison, appliquer la loi; ou qu'il avait l'intention délibérée de violer la privauté d'autrui, par pure malignité ou en vue de perpétrer un autre acte arbitraire quelconque, fût-ce même pour un objet privé; ce, toujours à la condition qu'il ait agi officiellement, en sa qualité de f[re], de mandataire de la loi armé de pouvoirs, investi d'autorité.

Concours d'infractions. — Connexité. — Ce qui précède amène les remarques suivantes. Tel procédé, coupable en soi, peut : 1° se produire isolément; 2° accompagner une autre infraction; 3° avoir pour objet la perpétration d'un acte déterminé, coupable ou non.

Dans le second cas, il y aura concours d'infractions; et, dans le troisième, il pourra y avoir infractions connexes (227 CIC), c'est-à-dire concours spécial d'infractions. En tout état de cause, l'art. 365 CIC dispose que, s'il y a concours d'infractions, c'est la peine la plus forte qui doit être prononcée.

Il serait aisé d'énumérer tous les cas qui peuvent se présenter théoriquement, en matière d'infractions multiples ou connexes tombant sous le coup des art. 114, 184, 186, etc. ; cela est affaire de méthode.

Pour intéressante qu'elle soit, cette énumération me paraît superflue. Néanmoins, je passerai en revue, très sommairement, les circonstances susceptibles de se réaliser le plus fréquemment dans la pratique.

1° *Arrestation arbitraire.* — Généralement, elle sera isolée de toute autre infraction ultérieure ou concomitante.

2° *Détention arbitraire.* — Elle peut suivre une arrestation arbitraire, tout comme une arrestation légale.

3° *Séquestration arbitraire.* — Elle peut suivre une arrestation légale ou arbitraire; ou être concomitante à une détention légale ou arbitraire.

Tout en étant commis officiellement, ces trois crimes peuvent être privés en intention. Notamment, telle arrestation arbitraire peut avoir pour objet une détention ou séquestration calculées en vue de satisfaire une passion privée, une rancune personnelle; en quel cas il y aura connexité, c'est-à-dire : 1° crime f[l]; 2° crime ou délit de droit commun.

De toute façon, une peine afflictive ou infamante sera prononcée.

4° *Violation de domicile.* — Elle constituera un délit si elle a lieu pour un objet légal. Si elle est effectuée officiellement dans un but d'ordre privé, elle ressortira à l'arbitraire criminel; si l'objet du coupable est d'arriver à perpétrer un délit ou un crime, soit officiels, soit de droit commun, la règle de l'art. 365 CIC sera applicable, et la peine minima sera celle de l'art. 114 CP.

5° *Perquisition de la personne.* — Elle peut constituer un crime isolé; mais, dans la majorité des cas, elle sera concomitante ou antérieure à un autre procédé arbitraire, ou même légal. Elle peut également être ultérieure audit procédé.

6° *Violences.* — Je les examinerai chapitre 26. Elles peuvent être constitutives d'un crime ou délit f[l], être antérieures, concomitantes ou postérieures à une infraction officielle, f[lle] ou privée. Elles peuvent aussi se rapporter à un acte f[l] régulier et légal.

Résumé (Actes abusifs et arbitraires). — Ainsi, tel acte, pouvant, de sa nature, être qualifié abus d'autorité, peut être, à raison de l'intention, réputé arbitraire ou attentatoire.

Mais à quoi reconnaîtra-t-on son véritable caractère?

La question suivante se pose immédiatement: Si l'acte illégal n'est pas de ceux pour lesquels le fauteur a compétence en vertu de son mandat f[l], ne semble-t-il pas que ledit acte ne peut constituer un simple abus d'autorité, puisque, pour exercer une autorité de fait, il faut la posséder de droit?

Un tel raisonnement serait foncièrement erroné. La différence d'attributions résulte de ce qu'on peut appeler la réglementation hiérarchique légale. L'économie de la loi n'a rien à voir avec le crime ou délit f[l] intentionnel. Outrepasser ses droits f[ls] peut constituer un crime, un délit, une faute, ou un acte louable.

L'action, la mesure exécutée, effectuée, est tout différente de l'acte pondéré, délibéré, et ce qui permettra d'en apprécier le caractère, c'est, exclusivement, l'intention.

Par suite, pour qu'un fait, de nature à rentrer dans la catégorie des abus d'autorité, puisse être réputé arbitraire ou attentatoire au sens de l'art. 114, ce n'est pas d'après le degré de compétence du fauteur qu'il conviendra de l'apprécier. Bien au contraire, il faut considérer que tous f[res], quelles que soient leurs attributions respectives, concourent au même but: l'application sage et légitime de la loi, dont l'intérêt supérieur doit inspirer tous leurs actes.

Peu importera donc la différence d'étendue des pouvoirs f[ls] propres à chacun, dès lors que la loi sera applicable en l'espèce. Il peut certes y avoir abus d'autorité à procéder, même dans l'intérêt de la loi, à une mesure pour laquelle on n'a pas compétence; s'il y a bonne foi, il ne saurait y avoir crime, puisque, d'autre part, l'intention est légitime (toujours sauf violation des principes énumérés suprà).

Quel que soit le rôle f[l] du fauteur, on devra donc se borner à examiner s'il peut invoquer un prétexte légal, sa faute étant commise contre la loi plus encore que contre le citoyen molesté. Si cela lui est manifestement impossible, il y aura, non pas abus d'autorité, mais arbitraire ou attentat.

Quant aux actes ne pouvant, de leur nature, être présumés qu'arbitraires ou attentatoires, on ne saurait, à la différence de ceux présumés constituer un abus d'autorité, les apprécier au même point de vue.

Ou il y aura crime, ou il y aura faute lourde. Quant à la contrainte physique exercée éventuellement pour l'accomplissement de l'acte, elle subira le sort du fait principal auquel elle est intimement liée, dont elle forme l'élément matériel d'exécution.

En résumé, abuser de son autorité, c'est: 1° soit exécuter la loi avec excès; 2° soit se livrer à un excès en exécutant la loi et à l'occasion de cette exécution; 3° soit exécuter la loi sans respecter les formalités voulues; 4° soit procéder à une mesure légale pour laquelle on n'a pas compétence f[lle].

L'attentat, l'arbitraire, c'est l'usage, non seulement abusif, mais encore illégitime, illégal et injustifié des pouvoirs f[ls], pour une mesure inapplicable (et prohibée par la loi, en l'espèce).

Le fait que le fauteur aurait excédé ses pouvoirs personnels, qu'il aurait agi en dehors des limites de son mandat, est donc totalement insuffisant pour que son acte soit réputé criminel, à moins d'une disposition formelle, précise de la loi, qualifiant le fait sans autoriser les tribunaux à apprécier l'intention.

L'abus d'autorité se produit toujours F, pour une exécution, ou OF, accessoirement à une exécution ou à propos de celle-ci.

Il peut également être ordonné F ou OF. S'il consiste en une exécution f[lle], celle-ci est illégale. S'il a lieu OF, à l'occasion d'une exécution, peu importe que celle-ci soit légale ou non. Il peut en effet y avoir: 1° exécution légale de sa nature; 2° procédés abusifs en vue d'exécuter, ou encore accompagnant l'exécution.

Quant à l'exécution illégale, elle peut être constante bien que la mesure à exécuter soit légalement applicable en fait.

Si, par exemple, la force publique requise pour dissiper un attroupement se sert de ses armes sans nécessité actuelle et sans attendre l'ordre formel du magistrat requérant, il y aura violences sans motifs légitimes au sens de l'art. 186, exercées F et OF.

De même, pour le magistrat requérant, s'il ordonnait, sans nécessité évidente, des mesures de force avant d'avoir procédé aux sommations légales.

A ce propos, il convient de faire remarquer qu'un acte peut être illégal en soi, quoique excusable aux yeux de la loi. Qu'un agent mette à exécution l'ordre illégal d'un f[re] compétent, et, à moins que la mesure prescrite ne constitue une véritable infraction de droit commun, il y aura répression du mandant et absolution du mandataire. L'acte illégal peut être qualifié crime ou délit, c'est-à-dire: 1° attentat prémédité; 2° acte arbitraire délibéré; 3° abus conscient d'autorité.

Pour qu'il y ait crime, il faut qu'il y ait autorité *exercée*, *employée* arbitrairement ou attentatoirement.

Pour qu'il y ait délit, il faut qu'il y ait autorité exercée abusivement.

Mais l'abus d'autorité comportera néanmoins la qualification de crime, s'il s'agit de violences dont la gravité justifie l'application d'une pénalité réservée aux violences criminelles.

Et le caractère de l'attentat, c'est la préméditation (Cass. 28 frim. an IX).

Nota. — Les auteurs critiquent l'imprécision de l'art. 114. Il est pourtant aisé de se rendre compte que cette imprécision est voulue et a été sagement calculée. Lorsque, comme dans le cas de l'art. 122, le législateur veut préciser, il n'hésite pas à le faire, et l'irrégularité spéciale à laquelle il applique une peine infamante est dûment définie. Là, l'intention du coupable est sans importance. Le fait est réputé criminel de sa nature.

De même, l'art. 184 est fort explicite. C'est que les faits prévus par ces deux articles sont des faits matériellement constatables, en quelque sorte, et que celui qui s'en est rendu coupable ne peut invoquer l'urgence, la nécessité, l'erreur, l'ignorance, la bonne foi, l'impulsion du moment. Contrevenir à l'art. 122 est inexcusable. Il en est de même, à de très rares exceptions près (Voir IV, 17), quant à l'art. 184, parce qu'une perquisition est une mesure essentiellement délibérée, en principe. Au contraire, les art. 114 et 186 prévoient des actes qui peuvent tout aussi bien être arbitraires qu'impulsifs. Cela seul suffit à établir qu'il y a lieu de louer, et non de critiquer, l'imprécision des textes, qui laisse au juge toute latitude d'appréciation.

Conclusions. — 1° La loi réprime : 1° le mandement, l'ordre; 2° l'acte accompli spontanément. Elle absout l'exécution, si celui qui l'a ordonnée était à ce compétent, et si l'acte prescrit n'est pas une infraction manifeste.

2° Il s'ensuit que l'infraction f^lle ne peut être réprimée, ou plutôt, ne peut exister, que si le fait incriminé est un acte ou un procédé individuel et spontané du fauteur, que celui-ci agisse du reste sur ordre ou *proprio motu*.

3° S'il agit sur ordre, il ne peut être rendu responsable que de sa façon abusive d'exécuter l'ordre, ou des procédés arbitraires ou abusifs qu'il aura employés accessoirement à l'exécution.

4° S'il agit *proprio motu*, il sera responsable et de l'exécution, et du mode d'exécution, et des procédés accessoires à celle-ci.

5° Quant au mandant, il est responsable de l'exécution qu'il a ordonnée, mais non des procédés personnels à l'agent d'exécution.

6° Si le mandant est incompétent pour donner l'ordre exécuté, le seul agent d'exécution sera responsable, du moins en principe.

7° Si le mandant compétent donne un ordre, non pas seulement de caractère illégal, mais de nature délictueuse ou criminelle, l'agent d'exécution qui aura obéi sera réprimé comme auteur, et le mandant comme provocateur au sens de l'art. 60 CP. (Tel serait le cas si un chef donnait à un agent l'ordre de maltraiter abusivement ou arbitrairement un citoyen).

8° Ordonnée ou non, l'infraction n'est f^lle ou officielle que s'il y a autorité exercée ou employée.

9° Un acte f^l est légal si la contrainte exercée est autorisée par la loi, applicable en l'espèce, et appliquée avec compétence conformément à la loi.

10° Un acte f^l est légitime si celui qui l'accomplit a reçu ordre ou mandement compétent, et s'il a lui-même compétence légale pour procéder.

11° Un acte f^l, légal ou légitime, est régulier s'il est accompli conformément aux prescriptions de la loi, relatives au mode d'exécution.

12° La bonne foi peut excuser le fauteur, à la condition que l'acte imputé soit bien de la catégorie de ceux pour lesquels ledit fauteur a compétence légale. Sinon, l'ignorance qu'il alléguerait ne saurait l'excuser, attendu qu'il n'a pas le droit: 1° d'ignorer les grands principes du droit, relatifs à l'inviolabilité de la personne et du domicile; 2° d'ignorer la *nature* de ses pouvoirs f^ls.

Si donc il procède délibérément à un acte pour lequel il n'a pas compétence légale, il commet une infraction f^lle.

S'il procède, par violation du droit, à un acte manifestement illégal, il en est de même.

Et la nature de l'acte déterminera la qualification correspondante.

13° Par suite, la violation de domicile, soit par un agent incompétent, soit par un agent compétent y procédant la nuit ou en dehors du flagrant délit, sera punissable selon l'art. 184, à la condition que la mesure en soi puisse être justifiée ou expliquée dans le sens de l'intérêt de la loi. Sinon, elle sera réputée arbitraire ou attentatoire, bien que le prétexte invoqué soit d'ordre f[1].

14° Quant aux mesures concernant l'inviolabilité de la personne (appréhension, fouille, violence), elles seront toujours réputées attentatoires ou arbitraires: 1° si le fauteur n'avait pas compétence légale pour les prendre ou les prescrire; 2° s'il n'y avait ni flagrant délit, ni ordre, ni mandement, et, dans les deux cas, si rien ne les justifiait.

15° Si le fauteur était compétent ou autorisé légalement, ou si le fait de flagrant délit était indéniable, l'erreur, quant à la personne, ou quant à l'opportunité réelle de la mesure, motivera éventuellement une action civile, mais l'acte ne sera réputé ni criminel ni délictueux.

Quant à l'inobservation des formalités prescrites, dans le même cas, elle pourra entraîner responsabilité disciplinaire, mais ne viciera pas l'opération, et ne motivera aucune action, en thèse générale.

CHAPITRE XXII

EXCUSES INVOQUÉES EN CAS DE CONFLIT (PROVOCATION, DÉFENSE ET RÉSISTANCE LÉGITIMES, MOTIFS LÉGITIMES).

Provocation (CP. 321, 322, 324, 325). Cette excuse n'est admise qu'entre particuliers.

Lorsqu'une personne est victime de coups ou violences *graves*, on peut s'expliquer que la colère qu'elle ressent la pousse à exercer des représailles envers l'agresseur. On comprend également qu'un tiers, spectateur de semblables sévices, se laisse emporter par l'indignation et frappe le coupable. En pareil cas, la loi veut que les represailles soient punies plus légèrement que s'il n'y avait pas eu provocation. Elle n'absout pas la personne provoquée, parce que nul n'a le droit de *punir* un coupable de son autorité privée, mais elle fait la part de l'indignation légitime, et abaisse la peine.

Exemples. — La provocation doit consister en coups et violences graves (Cass. 19 mars 1835, Margaine), exercées envers des personnes (Cass. 7 février 1812), et précédant immédiatement les violences exercées par représailles (Cass. 27 messidor an X, Schera, 10 mars 1826, Chevalier).

Les violences dont parle l'art. 321 doivent être physiques et matérielles, et dirigées contre la personne provoquée. Des provocations injurieuses ne suffiraient pas (Cass. 27 fév. 1813).

La provocation dure aussi longtemps que peut se prolonger chez un homme raisonnable l'irritation qu'elle a causée. Ainsi les violences graves peuvent être encore flagrantes et dans un instant assez rapproché pour exclure la possibilité de la réflexion, quoiqu'elles aient été exercées dans une rue autre que celle où le meurtre a été commis (Cass. 10 mars 1826).

Mais si plusieurs jours se sont écoulés entre le meurtre et la provocation, l'excuse n'est plus admissible. Dans ce cas, le crime n'est plus un acte de colère, mais un acte de vengeance et de haine (Cass. 27 mess., an 10).

L'excuse de provocation est admissible à l'égard du meurtre perpétré avec préméditation ou guet-apens aussi bien qu'à l'égard du meurtre commis sans aucune aggravation (Cass. 20 déc. 1883).

Elle n'est pas admissible à l'égard du parricide, mais l'est à l'égard des coups ou blessures aux ascendants (Cass. 10 janv. 1812).

La provocation n'excuse ni le vol, ni la rébellion, ni les autres crimes (Cass. 15 thermidor an 12 et 23 avril 1824).

Défense légitime. — Ce n'est pas *se défendre* que riposter à des coups déjà portés.

Frapper pour se défendre, c'est donc frapper pour échapper au danger imminent que la fureur de l'agresseur vous fait courir, à vous ou à une tierce personne.

On peut du reste se défendre ou défendre autrui, non seulement contre des violences physiques, mais encore pour repousser l'agression concernant les biens. On peut l'exercer contre un aliéné, contre un furieux, contre un individu cherchant à commettre un attentat à la pudeur, etc.

La défense légitime est une excuse absolutoire, justificative. Se défendre est un *droit*, et le plus sacré de tous. Mais pour être fondé à invoquer cette excuse, il faut que la protection sociale vous fasse défaut; qu'il vous soit impossible de vous soustraire à l'agression *injuste, imminente, violente*, qui vous menace, par un autre moyen que la violence préventive, laquelle ne saurait avoir d'autre objet que *d'empêcher* l'agresseur d'exécuter son coupable projet.

Remarque. — Il ne faudrait pas conclure que la défense légitime exclut l'existence de violences exercées déjà. Si à ces violences on riposte, il y a excuse de provocation. Si l'on n'y riposte pas, mais si, au moment où l'on est menacé de *nouvelles violences*, on frappe pour se soustraire à cette menace imminente, il y a défense légitime (Voir ch. 27, gendarme et contumax).

Cette distinction est d'autant plus importante que la provocation n'est qu'une excuse atténuante (Cass. 30 janv. 1835), tandis que la défense légitime est une excuse absolutoire (Cass. 20 janv. 1825, etc.).

L'exception de légitime défense est accueillie à bon droit dans le cas où les présomptions de la cause permettent d'admettre que le prévenu, se voyant assailli chez lui à l'improviste par un homme d'un caractère violent, doué d'une vigueur physique exceptionnelle, et qui avait annoncé hautement l'intention de le maltraiter, a conçu pour sa vie des craintes sérieuses, et que, lorsque, sous l'impression de cette pensée, il a frappé l'agresseur avec l'instrument qu'il tenait à la main, il a obéi au sentiment de sa conservation personnelle (7 août 1873).

Un prévenu peut aussi être considéré comme ayant été en état de légitime défense, lorsqu'un individu s'est livré, à deux reprises différentes, tant à l'intérieur qu'à l'extérieur d'une maison où il se trouvait, à des voies de fait, en se précipitant sur lui et le tenant par la barbe. 5 nov. 1875.

Nota. — Il n'y a pas contradiction à déclarer qu'un prévenu s'est rendu coupable d'une tentative d'homicide volontaire, mais qu'il n'a agi que pour sa défense légitime (Cass. 29 avril 1819).

Défense et provocation. — On a confondu parfois la provocation avec la défense légitime:

La provocation violente, qui rend le meurtre excusable, peut exister par la seule menace avec une arme meurtrière approchée du corps, surtout de la part d'un insensé auquel l'usage des armes serait familier (Cass. 15 messidor an XIII, Féron).

La provocation peut résulter de violences graves exercées même sur des tiers étrangers à l'auteur du crime. Ainsi, le meurtre commis par le maître en présence de violences graves exercées contre son domestique est excusable (Même arrêt).

Cet arrêt, qui concernait manifestement un cas de défense légitime, appelle la réflexion suivante: L'art. 321 est-il applicable si les violences graves ont été exercées sur un tiers que le prévenu a voulu venger de son agresseur? Les auteurs, se fondant sur la décision rapportée, répondent affirmativement. Ladite décision étant manifestement erronée, puisqu'elle qualifie violence grave la menace de faire usage d'une arme meurtrière, a été rendue en conformité de l'art. 328, mais non de l'art. 321. Elle ne peut donc être invoquée à l'appui de l'opinion susdite. Lors de la discussion de l'article 321, l'orateur du Gouvernement s'exprimait ainsi: il faut que la provocation soit d'une violence telle, que le *coupable* n'ait pas eu, au moment même de l'action qui lui est reprochée, la liberté nécessaire pour agir avec une mûre réflexion. En d'autres termes, l'acte doit être impulsif, irrésistiblement, pour que le coupable encoure une responsabilité atténuée, et la provocation consiste en violences graves *déjà exercées*.

Ceci dûment établi, examinons comparativement la rédaction des art. 321 et 328. Le dernier parle de la défense *de soi-même et d'autrui*. Le premier parle de violences graves *envers les personnes*. Il est donc manifeste que les deux articles sont applicables sans distinction, que le prévenu ait agi pour son propre compte ou pour celui d'autrui. Sinon, l'art. 321 ne parlerait que de violences envers *la* personne.

On conçoit parfaitement que l'indignation provoquée par la brutalité d'un furieux puisse excuser le témoin qui prendrait fait et cause pour la victime, surtout si celle-ci lui est chère.

Du reste, en fait, il y aura presque toujours défense, et non risposte ou intervention.

A part le cas où il y aurait usage d'arme, on se trouvera d'ordinaire en présence de violences réitérées, ce qui permettra d'invoquer le bénéfice de l'art. 328. Enfin, l'article 321 n'est pas le seul qui dispose relativement à la provocation, et la lecture des art. 322, 324 et 325 prouve surabondamment qu'un tiers est fondé à alléguer cette excuse.

Principe fondamental. — Les excuses susdites ne peuvent être invoquées qu'entre particuliers, jamais contre l'action f^lle d'une f^re (IV. 25). En effet: 1° nul n'est fondé à défendre contre la loi, au nom de laquelle agit le f^re; 2° l'art. 329 ne saurait à aucun titre être invoqué relativement à un ac f[r]; 3° l'art. 186 réprimant spécialement les violences, graves ou non, exercées F ou OF par un f[re], il s'ensuit que l'art. 321 ne peut s'appliquer qu'aux violences graves punies selon le droit commun: sinon, comment justifier l'application de l'art. 186? Le f[re] ne peut voir sa peine aggravée, si celle de son adversaire est diminuée, cela est de toute évidence. A la condition toutefois qu'il s'agisse bien de violences f[lles] (Voir IV, 26). Sinon, fussent-elles commises F ou OF en fait, les art. 321 et 328 seraient applicables, puisqu'il s'agirait de violences exercées, non par l'homme public, mais par l'homme privé.

Justification, exemption du f[re]. — L'action d'un f[re] ne peut être excusée, à proprement parler: elle sera ou légitime, ou justifiée. La violence f[lle] est légitime: 1° si elle est exercée FR pour triompher de la résistance opposée à une exécution par l'agent FR, à la condition qu'elle ne dépasse pas le but, qu'elle n'ait bien pour unique objet que la réalisation de la formule célèbre: force à la loi; 2° si, consistant en coups ou blessures FR, elle est exercée avec motifs légitimes, sur l'ordre de l'autorité la prescrivant au nom et en conformité de la loi, pour dissiper un attroupement après sommations; ou si la loi l'autorise spécialement.

Quant à la violence, commise ou non soit F, soit OF, elle sera justifiée ou excusée selon les art. 328 ou 321 si elle est exercée à titre d'acte individuel (IV, 27).

Les actes comportant la qualification d'attentat, d'arbitraire, de violation de domicile ne vaudront *exemption de peine* qu'au seul agent d'exécution, agissant F pour l'exécution de l'ordre qui lui a été officiellement donné par un supérieur compétent, à la condition que l'acte prescrit ne constitue pas une infraction flagrante de droit commun.

Si bien qu'un citoyen ou un f[re] qui voudra invoquer les excuses de droit commun devra prouver d'abord que ce n'était pas le f[re] qui était en cause, mais bien l'homme privé. Au contraire, le f[re] qui se prévaudra de l'excuse spéciale aux f[res] devra prouver que c'était bien l'homme public, et non l'homme privé, qui a commis l'action excusable.

Résistance légitime. — C'est la seule excuse que la loi admette contre l'acte abusif ou criminel d'un f[re] (IV, 23).

CHAPITRE XXIII

RÉSISTANCE LÉGITIME

Les chap. 4 à 21, le dernier notamment, exposent les droits d'action f[lle] et les conditions auxquelles ladite action peut s'exercer. Nous allons passer maintenant en revue les diverses circonstances dans lesquelles le citoyen est fondé à résister aux f[res].

L'art. 11 Const. 1793 portait: Tout acte exercé contre un homme hors les cas et sans les formes que la loi détermine est arbitraire et tyrannique; celui contre lequel on voudrait l'exécuter *par la violence* a le droit de le repousser par la force. Le Code de 1791 et celui du 3 brum. an 4 ne réprimaient la rébellion que si le f[re] avait agi légalement F. Toutefois, on reconnaissait qu'un f[re] pouvait, tout en agissant illégalement, agir néanmoins F (Cass. 21 prair., an X).

Conditions essentielles pour que la résistance soit légitime. — Sans parler du cas où le f[re] agit FR sans que sa qualité soit connue, observons que la rébellion se produit sous deux formes, différentes en fait:

1° attaque; 2° résistance; et que le coupable peut être: 1° l'intéressé, 2° un tiers.

D'où le principe suivant:

Pour que les actes constitutifs de la rébellion puissent être justifiés, il est indispensable:

1° Que ces actes procèdent, exclusivement, de l'initiative des personnes directement intéressées par l'exécution du f[re];

2° Qu'ils soient bien de la nature de ceux spécifiés art. 209, c'est-à-dire qu'ils consistent en violences et voies de fait simples, sans coups portés;

3° Que, pussent-ils, à raison des circonstances particulières de fait où ils se sont produits, être qualifiés procédés agressifs par attaque, ils ne constituent, en réalité et en intention, qu'une mesure *défensive*, ayant pour unique objet *d'empêcher* l'exécution d'un acte illégal.

Justification de la résistance. — Pour qu'un acte, de nature à motiver répression, soit justifié, il est nécessaire que l'intention de l'agent ne soit pas coupable. Dans la rébellion, nous l'avons vu (III, 1), l'élément intentionnel est le suivant: révolte contre la loi ou l'autorité. Ce n'est pas, comme au cas de violences F ou OF, la personne du f[re] que vise le rebelle, quoiqu'il l'atteigne en fait; c'est uniquement le principe qu'il méconnaît. Violant la clause la plus essentielle du contrat qui le lie à la société, il se met momentanément hors la loi en bravant ses prescriptions, en refusant de se soumettre à ce qu'elle ordonne par l'intermédiaire de ses représentants autorisés.

La rébellion, d'autre part, peut être simple ou qualifiée. Simple lorsqu'il y a voies de fait ou violences simples; qualifiée lorsqu'il y a coups portés. Plus simplement, le fait de violences peut être réprimé, soit à titre de rébellion, soit à titre de violences F ou OF, par ou avec rébellion. Dans le premier cas, rébellion et violences forment un tout indivisible; dans le second, il y a à la fois rébellion et violences. Cet exposé suffit à démontrer que, si la rébellion simple ne peut être appréciée séparément des violences qui en forment l'élément constitutif matériel, il n'en saurait être de même lorsque les violences, accompagnant ou constituant la rébellion, sont, par elles-mêmes, un délit distinct de celle-ci. Il s'ensuit que, l'inculpation de rébellion étant écartée dans le premier cas, celle de violences simples l'est nécessairement aussi; tandis que, dans le second cas, si la rébellion est réputée inexistante, il n'en restera pas moins à purger l'inculpation de violences qualifiées.

Conclusion. — La résistance avec violences et voies de fait ne cesse d'être punissable qui si lesdites voies de fait sont bien constitutives, exclusivement, du fait qualifié rébellion par l'article 209. Si les voies de fait en question ne sont justifiées qu'autant qu'elles ne constituent pas un fait de rébellion, la résistance opposée par leur moyen doit ne pouvoir, elle-même, être qualifiée rébellion, c'est-à-dire révolte consciemment coupable.

Pour qu'il n'y ait pas révolte coupable contre la loi ou les prescriptions de l'autorité, il faut : 1° ou que le f[re] procède sans pouvoir prétendre que la loi ou la prescription invoquées existent bien réellement (il est évident qu'on ne saurait être coupable en se révoltant contre ce qui n'existe pas); 2° ou qu'il n'ait pas le droit d'appliquer ladite loi ou prescription, parce qu'elle est inapplicable en l'espèce, ou ne concerne pas celui contre lequel le f[re] procède; 3° ou que l'application qui en est faite au citoyen concerné ait lieu contrairement à la loi, parce que le f[re] est incompétent, injustifié, etc.

Il est clair que, dans toutes ces hypothèses, ce n'est ni contre la loi ni contre l'autorité que se produit la résistance, mais bien contre le f[re] personnellement. Or, la violence F ou OF contre un f[re] n'est punissable que si, ne procédant pas de la révolte contre la loi, elle est de la nature de celles prévues par les art. 228 et suivants, c'est-à-dire qu'ayant lieu sans rébellion, elle doit ne pas consister en voies de fait simples, mais en coups portés. Les chapitres qui suivent démontrent, concurremment avec la jurisprudence ci-après, l'exactitude de la théorie ci-dessus.

Attroupement. — Une foule énorme ne constitue pas un attroupement délictueux. L'attroupement n'existe, dans les termes de la loi, que s'il est volontaire ou armé, ou de nature à troubler la paix publique (Aix 9 février 1900).

La résistance avec armes et par attroupements aux agents d'un Gouvernement usurpateur, ne constitue ni crime ni délit, lorsqu'elle n'est qu'une exécution des ordres du Gouvernement légitime (Cass., 14 sept. et 27 oct. 1815).

Qualité annoncée. — Nous savons que, si le f[re] ne se fait pas connaître, le citoyen a droit de résistance, puisqu'il ignore à qui il a affaire (chap. 2).

Ainsi, des gendarmes déguisés en bourgeois pour assister un huissier dans une exécution, et ne portant aucune marque distinctive de leur qualité, ne doivent pas être considérés comme étant F.

Dès lors les voies de fait exercées envers eux dans cet état ne peuvent constituer le crime de rébellion à la force armée (Cass. 3 brum. an XIV);

Et il en est ainsi surtout lorsque l'instruction ne fournit pas la preuve que le prévenu les ait reconnus ou ait dû les reconnaître pour des gendarmes (Cass. 26 août 1810).

Il n'y a pas rébellion si le garde champêtre auquel on a résisté n'avait ni plaque ni insigne et n'avait pas fait connaître sa qualité (Metz 30 nov. 1818).

Compétence. — Si le f[re] est connu comme tel, il n'a pas à justifier des ordres qu'il exécute. Si l'ordre est illégal, et *donné* en dehors du territoire du f[re], la résistance est légitime.

Exemples. — La résistance avec violence à l'ordre illégal d'un agent du Gouvernement n'est pas une rébellion; spécialement, si cet agent *procède* hors du ressort de sa juridiction, même en vertu d'un titre régulier (Cass. 7 avril 1837).

Cet arrêt est, presque littéralement, la reproduction de l'art. 11, Constit. 1793, et de l'art. 10, L. 17 avril 1791.

Les gardes champêtres n'ont pas la qualité d'off. pol. jud., quand ils constatent des contraventions étrangères à la police rurale. Par suite, la résistance, avec violences et voies de fait, commise alors contre eux par une personne armée ne tombe pas sous l'application des art. 209 et 212 (Cass. 1er mars 1860). Il pourrait néanmoins y avoir violences F ou OF.

Du reste, cet arrêt n'est admissible qu'à la condition que la violence exercée ait été justifiée par l'attitude agressive du garde, voulant procéder de force à une mesure de contrainte pour arriver à constater.

Mandat non exhibé. — La résistance avec violences et voies de fait envers un gendarme qui n'a point fait connaître ni exhibé à l'auteur de cette résistance le mandat de justice en vertu duquel il voulait l'arrêter, ne constitue ni crime ni délit (Nîmes, 21 nov. 1826).

Introduction de nuit, sans mandat légal. — Des gendarmes qui, hors les cas déterminés par la loi, s'introduisent nuitamment dans le domicile d'un citoyen pour y rechercher un conscrit réfractaire, ne peuvent pas être considérés comme agissant FR. En conséquence, la résistance qui leur est opposée avec violences et voies de fait cesse d'être un délit (Toulouse, 23 fév. 1826).

Mandat d'arrestation. Introduction de nuit au domicile du prévenu. — Des gendarmes, porteurs de mandat, avaient tenté de s'introduire la nuit dans la maison d'un individu visé par le mandat, et, en fait, avaient pénétré dans une chambre où la femme dudit individu était couchée. D'où résistance avec violences et voies de fait.

Il est certain que le devoir des gendarmes était d'investir la maison jusqu'à l'heure légale, pour n'y entrer qu'à ce moment (ord. royale du 26 oct. 1820).

En appel, la Cour de Riom décida que l'art. 329 CP était applicable; que les gendarmes ne pouvaient être considérés comme ayant agi légalement F, et que la résistance à un acte illégal cessait alors d'être un délit (Riom, 4 janv. 1827).

Nota. — Il n'y avait pas à examiner si les gendarmes avaient agi F ou non. En fait, ils avaient agi F illégalement. Ils n'avaient donc pas agi FR. Par suite, il n'y avait pas lieu à l'application de l'art. 209 et l'article 329 n'avait pas à être pris en considération. Par contre (si l'introduction a lieu de jour), celui dans le domicile duquel est opérée une visite illégale ne peut s'y opposer par la violence, lorsque le fre qui l'exécute est porteur d'un mandat régulier. Il n'a d'autre droit que de protester passivement contre cette violation de domicile, et d'en demander ensuite par les voies légales la réparation ou la répression (Bruxelles, 25 fév. 1864).

Les simples contraventions n'autorisent pas l'arrestation préventive, encore bien qu'il y ait emprisonnement encouru (Instr. Parq. 1er janv. 1817).

Si le contrevenant est connu, on ne peut évidemment l'appréhender:

Lorsque des gendarmes se permettent d'arrêter et de *conduire en prison*, de leur propre autorité, un individu qu'ils ont trouvé la nuit dans les rues d'une ville, troublant par des cris la tranquillité publique; cet individu, qui n'a encouru qu'une peine de simple police, a le droit de résister à un tel acte d'oppression (Limoges, 14 déc. 1826).

Pourtant, la résistance avec violence et voie de fait par un individu surpris en flagrant délit de tapage nocturne, à l'arrestation dont il est l'objet de la part du commissaire de police, constitue le délit de rébellion (Amiens, 30 mars 1860).

De même à propos d'un garde champêtre:

Le garde champêtre qui *conduit* devant le maire les auteurs d'un tapage nocturne agit F comm off. pol. jud. (Metz, 16 août 1849).

Dans le premier cas, il y avait, non pas arrestation, mais capture suivie de détention. Dans le second, il y avait arrestation; dans le troisième capture. Sans nous occuper de l'appréciation des faits en eux-mêmes, faits au moins irréguliers, il suffit, pour rendre conciliables les décisions ci-dessus, de faire remarquer que les gendarmes n'ont pas qualité flle pour détenir, tandis que les commissaires sont qualifiés pour statuer. Gendarmes et gardes peuvent capturer.

Dans le premier cas, il y avait exercice d'un droit non possédé; dans le second, exercice abusif ou erroné d'un droit fl.

Il s'ensuit que le contrevenant, sans droit pour se révolter contre le fait de *capture* par les gendarmes, le garde, ou le commissaire, pouvait protester, et, au besoin, résister dans la mesure justifiable à l'incarcération par les gendarmes, avant comparution devant un magistrat compétent.

Capture justifiée, accompagnée d'un acte de contrainte illégal. — Des gardes forestiers avaient surpris un homme armé d'une serpe dans une forêt, et l'avaient arrêté pour se faire conduire par lui vers le lieu où il avouait avoir coupé du bois mort. L'autre s'y était refusé avec violences et menaces.

Il est clair qu'en ces circonstances, sa résistance était parfaitement légitime, et la Cour de cassation, le 7 avril 1837, en a décidé ainsi, par les motifs ci-après:

« Attendu que, si l'art. 163 C For. autorise les gardes à arrêter tout inconnu surpris par eux *en flagrant délit*, c'est seulement *pour le conduire* devant le maire ou devant le juge de paix; que les gardes n'ont nullement entrepris de conduire le délinquant devant un des f[res] désignés par la loi, mais qu'en l'arrêtant, ils ont voulu se faire conduire par lui au lieu où il avait coupé du bois mort; que, dès lors, les gardes n'agissaient pas pour l'exécution de la loi, mais en dehors des conditions et des règles de la loi, etc.

Cet arrêt remarquable met en vive lumière le principe sur lequel la Cour suprême fonde sa doctrine constante, surtout si on l'oppose aux nombreux arrêts cités d'autre part, où elle repousse toute excuse tirée de l'irrégularité des formes ayant accompagné l'exercice des fonctions des agents.

Il confirme cette doctrine, bien loin de l'infirmer, ainsi que certains auteurs ont cru pouvoir l'écrire.

Fouille. — On a jugé que la rébellion contre un *maire* et des gardes forestiers qui, hors le cas de flagrant délit, se permettent de fouiller un individu *soupçonné* d'avoir commis un délit de chasse, n'est pas punissable (Amiens, 12 mai 1827).

Nota. — J'ai fait remarquer que, même au cas d'exécution de mandat d'amener, les agents n'ont pas le droit de fouiller, sans nécessité immédiate, l'individu capturé. Il suffit, pour s'en rendre compte, de lire l'article 100 n° 2 CIC.

Chasseur désarmé. — Il n'y a pas rébellion si un garde tente de désarmer un chasseur (Limoges, 28 fév. 1838).

Néanmoins un garde-chasse agit FR, pour l'exécution des lois, quand il veut saisir le gibier, les armes ou autres instruments de chasse d'un individu surpris en délit de chasse, et l'art. 209 CP le protège en cas de rébellion avec violences ayant pour but de s'opposer aux recherches et constatations que le garde veut opérer. Si, en procédant ainsi, le garde a abusé de sa qualité ou excédé ses pouvoirs, la loi ouvre un recours contre lui; mais les citoyens ne peuvent demeurer libres de se soumettre ou de s'opposer aux actes des ag. aut., selon qu'ils les jugent plus ou moins légaux (Cass. 26 fév. 1829).

Si le principe formulé est exact, il est inapplicable au fait de désarmer un chasseur (ainsi que je l'ai spécifié IV, ch. 17), si celui-ci ne se refuse pas à justifier de son domicile et de son identité, et ne se livre à aucune manifestation menaçante. Le garde agissait FR pour la répression du fait de chasse, il violait la loi en tentant de *désarmer* le chasseur. Néanmoins, la résistance n'avait pas pour unique objet de s'opposer à la saisie de l'arme; la décision ci-dessus est donc inattaquable.

Conclusions. — 1° La résistance est légitime si elle consiste, aux termes de l'article 209, en violences ou voies de fait simples, exercées contre un f[re] procédant ou agissant illégalement.

2° La violence illégitime n'étant évidemment pas un acte FR en fait, mais bien un acte illégal, le citoyen violenté sans motifs légitimes peut opposer la résistance nécessaire, sans que cette résistance puisse être qualifiée rébellion. Mais s'il frappe, sous prétexte de provocation, ou s'il outrage le f[re] coupable, il commet un délit F ou OF.

3° Que la violence f[lle] exercée soit grave ou non, il ne peut être question de *résistance* contre un acte déjà perpétré. Par suite, toute voie de fait, grave ou non, tout outrage, par riposte, seront réprimés à titre de délits contre le f[re] F ou OF.

CHAPITRE XXIV

RÉPRESSION DU F[re] AU CAS DE VIOLATION DU DOMICILE OU DU LIBRE ARBITRE D'AUTRUI

La loi ne se contente pas d'admettre le citoyen indûment molesté à résister dans la mesure nécessaire; elle réprime en outre le f[re] coupable. Ainsi que nous l'avons vu ch. 21, la bonne foi, l'erreur de celui-ci peuvent jusqu'à un certain point l'excuser.

Sur quoi se fonder pour apprécier cette bonne foi ? Très évidemment, on ne pourra se faire une opinion qu'en examinant de près les circonstances de fait, et en tenant compte à la fois de la nature de l'acte incriminé et du degré de compétence du f^re^.

Or, nul f^re^ ne peut prétendre qu'il ignore que toute mesure de contrainte quelconque n'est justifiée (si elle est effectuée spontanément), qu'à la condition d'être motivée par la flagrance d'une infraction aux lois.

Il ne pourra donc exciper de sa bonne foi que si son initiative s'explique par l'actualité du flagrant délit.

Exemple : Capture. — L'ag. pol. qui, sans ordre de l'autorité compétente, et hors le cas de flagrant délit, fait arrêter par la force armée et conduire un citoyen devant un commissaire de police, se rend coupable du crime d'attentat à la liberté individuelle (Assises Seine, 13 avril 1826).

Par contre, si l'agent est requis par un chef de maison, il peut légitimement se croire fondé à agir, en vertu de l'art. 46 CIC, même en dehors du cas de flagrant délit (Cass. 30 mai 1823, Voir IV, 18).

De même, son erreur d'appréciation, quant à l'opportunité de son intervention, à propos d'une infraction flagrante, ou l'acte spontané qu'il se serait permis en cas semblable, sans intention criminelle du reste, ne pourraient motiver l'application de l'art. 114.

Il y aurait attentat si le f^re^ agissait sans qu'aucun délit eût été commis. *Exemple:* L'arrestation d'un individu, et la perquisition sur sa personne, par des gardes et l'adjoint, sont illégales, si aucun délit n'a été constaté (Bourges, 12 mars 1869).

Il en serait de même si le f^re^ s'autorisait d'un simple soupçon pour agir par contrainte :

Les recherches sur la personne, en vertu d'un simple soupçon, sont attentatoires à la liberté individuelle (Rouen, 17 avr. 1859).

Voici enfin un exemple d'acte arbitraire proprement dit, qui prouve que telle action, offrant en soi les éléments d'un abus d'autorité, peut être, à raison du fait et de l'intention, qualifiée attentat.

Violation de domicile. Expulsion. — Chasser par la force armée une *prostituée* de la maison qu'elle *habite* serait un attentat à la liberté (Cons. d'Etat 10 février 1816).

Détention arbitraire.—Le mandat d'amener ne donne ni le droit d'arrêter, ni celui de détenir, mais seulement le droit de conduire, même de force, l'inculpé devant le magistrat rédacteur (Circ. min. 23 flor. an VI). Une détention opérée en vertu d'un mandat d'amener constituerait donc une détention arbitraire (Cass. 4 avril 1840).

Violation de domicile par les agents. — L'art. 184 s'applique aux officiers de paix et aux sergents de ville (Cass. 28 août 1829, Guichard). Considérant que les ag. pol., tels qu'ils sont aujourd'hui institués, ne sont que des individus établis par l'autorité municipale pour exercer, sous ses ordres, la surveillance qu'elle croit devoir leur confier sur diverses parties du service, et que, entièrement étrangers aux fonctions des off. pol. jud., ils n'ont qualité pour faire de leur chef aucun des actes de poursuite et d'instruction placés par la loi dans les attributions exclusives de ceux-ci; qu'ainsi, c'était à tort que Trésorier, s'étant introduit sans droit au domicile de Patrin, voulait y faire enlever de force l'oiseau qu'il prétendait avoir été volé par celui-ci (Bourges, 10 mai 1838).

Chasse. — Les visites domiciliaires à l'effet de rechercher les filets et autres engins prohibés, dans la demeure des détenteurs, ne peuvent avoir lieu que sur la réquisition du ministère public et en vertu d'une ordonnance du juge d'instruction (9 mai 1844).

Par suite, la perquisition d'engins prohibés, faite au domicile du détenteur, en vertu d'une réquisition du ministère public sans ordonnance du juge d'instruction, est nulle (1er fév. 1845, Rouen, Lemelle).

Décidé qu'un garde forestier n'a pas qualité pour se livrer, au domicile des citoyens, à la recherche d'engins prohibés (13 mars 1845, Rouen, Lefas).

... Et que les gardes forestiers qui, sous le faux prétexte de rechercher du bois de délit, pénètrent, assistés du maire, dans le domicile des citoyens et y saisissent des filets, commettent un acte illégal (31 oct 1844. Trib. d'Epinal, Voir Préfet VII, et IV, 11).

Saisie au cours d'une perquisition illégale. — Il résulte d'un arrêt rendu à Bourges, le 12 mars 1869, que la découverte d'une arme prohibée au cours d'une perquisition illégale ne saurait motiver condamnation. L'arrêt ne spécifie pas s'il y avait port d'armes, et confond évidemment ce délit avec le fait de possession, à domicile, d'une arme prohibée, fait parfaitement licite.

A ce compte, et même s'il y avait eu port d'armes, on devrait considérer que la découverte d'une arme prohibée, sur la personne d'un individu arrêté illégalement ou sans motifs justificatifs, ne saurait non plus entraîner condamnation. En est-il ainsi?

Le délit, constaté grâce à une mesure illégale, n'en est pas moins constaté, et ne saurait cesser d'être un délit parce que le mode de constatation est irrégulier ou attentatoire.

Une condamnation, au cas de poursuites, devrait donc être prononcée; mais, d'autre part, l'acte attentatoire pourrait, de son côté, motiver condamnation contre son auteur.

De sorte qu'en pratique, il serait d'élémentaire prudence de ne pas poursuivre, afin d'éviter de légitimes représailles.

Si, d'autre part, le porteur de l'arme découverte résistait, dans la mesure que comporte le souci de sa liberté personnelle, à la mesure vexatoire prise contre lui pour la vérification d'un simple soupçon, il est clair qu'il ne pourrait être condamné pour rébellion, attendu qu'attenter à la liberté d'autrui pour vérifier un soupçon est tout le contraire d'agir pour l'exécution des lois, etc.

CHAPITRE XXV

OUTRAGES
VIOLENCES F ET OF, CONTRE UN ACTE ILLÉGAL
EXCUSE INADMISSIBLE

1° *Violences.* — Les voies de fait de l'article 228 ne sont pas excusables parce que le maire violenté aurait injurié le prévenu (Cass. 9 sept. 1837). L'excuse de provocation n'est admissible qu'à l'égard des crimes et délits commis contre les particuliers. Elle ne peut l'être au cas de violences envers les ag. fp. F (Cass. 29 nov. 1855, 25 avr. 1857) Voir plus loin.

2° *Violences et rébellion.* — Pour que l'art. 230 soit applicable, il n'est pas nécessaire que le f^re^ frappé F ait agi *légalement* dans l'ordre de ses fonctions (Cass. 21 prairial an 10), c'est-à-dire FR.

L'arrestation illégale d'un individu, opérée sous la prévention d'un délit qui venait de se commettre, ne constitue pas le cas de nécessité actuelle de la légitime défense, rendant non criminelle une tentative de meurtre commise par cet individu sur la personne de l'un des agents qui ont accompli son arrestation (Cass. 15 sept. 1864).

En ce cas, en effet, il y avait, non pas arrestation illégale, ce fait ne pouvant constituer qu'un attentat s'il est commis par un f^re^, mais bien arrestation injustifiée, faite par erreur de bonne foi. Il n'y avait donc pas crime, mais seulement faute (ch. 28).

Les violences graves commises par les f^res^ F ne constituent pas la provocation excusant le meurtre ou les blessures dont ils seraient victimes (Cass. 5 janv. 1821, Bernard; 8 avril 1826, Barbelin).

La Cour d'assises de la Moselle a jugé le contraire (9 déc. 1841).

Voici un arrêt très explicite de la Cour de cassation, à propos de l'excuse de provocation : « Attendu, en droit, que les dispositions de l'art. 321 n'ont pas été insérées dans le Code, comme celles qui concernent la démence, la force majeure et l'âge de l'accusé, dans un titre général et préliminaire commun à toutes les parties dont ce Code se compose, et qui les rendît ainsi applicables aux crimes et délits auxquels elles se réfèrent, sans distinction des personnes à l'égard desquelles ils auraient été commis, et quelles que fussent les circonstances dans lesquelles ils auraient eu lieu; que cet art. 321 a été classé sous le titre *des crimes et délits contre les particuliers*; que l'application de ces dispositions est limitativement déterminée par ce titre; qu'elle ne peut donc être faite qu'aux meurtres et aux actes de violence commis sur des individus sans caractère public, ou agissant hors de l'exercice de ce caractère; que ce n'est donc qu'aux faits de provocation dont ces individus peuvent s'être rendus coupables, qu'on peut appliquer ledit article 321, pour déclarer excusables les excès commis sur eux; que les excès commis sur les ag. fp. F ont été l'objet de dispositions distinctes et séparées de celles relatives aux excès commis sur des particuliers; qu'ils ont été prévus et punis d'une manière spéciale, au titre *des crimes et délits contre la paix publique, sect. IV*, § *2;* que, dans ce paragraphe, tous les genres de blessures et d'excès qui peuvent être commis sur les agents F ont été déterminés; qu'ils y sont punis plus rigoureusement que ne le sont, dans le titre des crimes et délits contre les particuliers, les crimes et délits de la même espèce; que ceux-ci, en effet, ne blessent que la sûreté individuelle, et que les autres sont tout à la fois un attentat à la sûreté particulière, et un attentat à la sûreté publique; que si le meurtre avec préméditation n'est pas rappelé dans ce paragraphe, c'est que le simple meurtre y est puni de mort, et que dès lors il devenait sans objet de s'y occuper de la circonstance aggravante de la préméditation; que cependant ce paragraphe n'a point déclaré communes aux crimes et délits dont il traite, les dispositions du susdit article 321; qu'il ne renferme non plus aucune disposition particulière semblable à celles de cet article; que ce serait donc ajouter à la loi et violer son texte, que d'admettre, dans une accusation de meurtre ou de violence, commis envers un ag. fp. F., l'exception atténuante d'une prétendue provocation violente, que ledit article 321 n'a établie que relativement aux meurtres et violences commis sur des particuliers; que ce serait également violer l'esprit de la loi que d'étendre, par induction, cette exception d'un cas à un autre; qu'en ne l'énonçant que pour un cas, le législateur l'a nécessairement exclue dans l'autre; que d'ailleurs il n'est pas permis d'argumenter d'un cas moins grave à un cas plus grave, pour étendre à celui-ci des dispositions favorables qui n'ont été créées que pour celui-là, et que le Code pénal a signalé, par la différence des peines qu'il a ordonnées, la différence de gravité que la raison et l'intérêt social établissent entre des excès commis sur des particuliers et ceux qui sont commis sur les ag. aut. F relatives au maintien de l'ordre public; que l'art. 170 de la loi du 28 germinal an VI a confirmé le droit que les lois antérieures donnaient aux dép. fp. de repousser par la force les violences et voies de fait qui pourraient être exercées contre eux F; que si, dans ces fonctions, ils se rendent eux-mêmes coupables de violences criminelles, la loi a pourvu à la vengeance du citoyen injustement offensé ou maltraité; que l'art. 186 CP a sévèrement puni cet abus de la force et de l'autorité; mais que, d'après cet article, pour que les violences dont les préposés de la force armée ont usé ou fait user acquièrent un caractère criminel, il faut qu'elles aient été exercées sans motif légitime; que de cette disposition il ne suit pas néanmoins que, lorsqu'elles n'ont pas eu de motif légitime, elles puissent constituer la provocation atténuante que la loi fait résulter des coups et violences graves dont un particulier se serait rendu coupable, et à laquelle elle donne l'effet de rendre excusables le meurtre et les coups dont il peut avoir été victime par suite de cette provocation; qu'aucune parité ne peut être établie, quoique sur les mêmes faits, entre un ag. fp. F, et un individu agissant sans caractère public; que les violences d'un individu agissant comme simple particulier ne peuvent jamais être présumées légitimes; que le dép. fp., au contraire, est toujours présumé, lorsqu'il agit au nom de la loi, ne faire que ce qu'elle lui prescrit ou lui permet; que ce n'est pas aux individus sur lesquels il exerce ses fonctions à se rendre juges des actes de cet exercice, et moins encore à les réprimer; qu'aux seuls magistrats de la loi appartient ce pouvoir; qu'admettre d'autres principes, ce serait non seulement contrevenir au Code pénal, mais encore énerver l'action de la force publique, encourager l'esprit de rébellion et désorganiser l'ordre social; et attendu, en fait, que Boissin avait été traduit devant la Cour d'assises du département du Gard, comme accusé d'une tentative de meurtre avec préméditation sur la personne du général Lagarde, chef de la force armée, et agissant avec elle pour le maintien de l'ordre public, ou du moins de s'être rendu coupable du crime de rébellion et de blessures, par l'effet desquelles le général Lagarde avait été rendu incapable de travail personnel pendant plus de vingt jours; que, sur cette accusation, ledit Boissin a allégué que le général avait exercé sur lui des violences qui avaient constitué la provocation atténuante établie par l'art. 321 CP, et a demandé que la question en fut soumise au jury; qu'au lieu de rejeter cette demande, qui, dans une accusation de rébellion à la force armée F, et d'excès commis sur la personne de son chef, agissant aussi F, était contraire à la loi, la cour d'assises l'a accueillie, et a, en conséquence, posé une question sur cette prétendue provocation, en quoi cette cour a violé l'art. 65 CP, faussement appliqué l'art. 321 de ce Code, et aussi violé l'article 339 CIC; la cour casse et annule, dans l'intérêt de la loi (Arrêt du 13 mars 1817).

En ce qui touche la provocation, la Cour suprême a été jusqu'à décider que la Cour d'assises n'a même pas le droit de poser au jury la question de provocation résultant de violences exercées par le f[re] F (Cass. 8 avril 1826).

Il est vrai que cette théorie a été vivement discutée.

De même, en principe, la défense ne peut être légitime contre le f[re] F qui use de violences. Cette règle ne saurait fléchir que dans des circonstances exceptionnelles, que le bon sens suffit à imaginer sans que j'y insiste (Cass. 13 janv. 1827, Roque).

Les art. 321 ou 328 ne seraient applicables au citoyen molesté par un f[re] agissant officiellement, mais non fonctionnellement, que si ce dernier, par ses propos, fournissait la preuve évidente qu'il avait bien l'intention de faire acte privé, individuel, sans s'abriter sous le couvert de la loi. A part cette circonstance tout à fait exceptionnelle, le citoyen, n'étant ni compétent, ni fondé à apprécier un acte perpétré officiellement, n'aurait d'autre recours que celui qui lui est offert par la loi répressive.

L'arrêt suivant est donc inadmissible: Les coups portés par un chasseur à un agent de la maréchaussée qui use de violence pour le désarmer peuvent être considérés comme la suite d'une légitime défense et ne constituent ni crime ni délit (Liège, 5 avr. 1826).

En effet, il n'y avait pas possibilité de *défense* légitime, puisqu'il y avait *riposte.* Il n'y avait pas non plus provocation, puisqu'il n'y avait pas violences graves. Il y avait, de la part du garde, un acte illégal de contrainte, pouvant justifier une résistance proportionnée, mais non des coups.

3° *Outrages.* — Si l'acte illégal, si les violences, même graves, commis par un f[re] F ou OF, n'excusent pas le citoyen qui, au lieu de se borner à *résister*, frappe pour se venger, à plus forte raison l'outrage, contre un f[re] agissant officiellement, quoique illégalement, sera-t-il toujours sans excuse, à la seule condition que le prévenu eût connaissance de la qualité du f[re]. Aussi les arrêts suivants sont-ils incompréhensibles (en ce qui touche la Cour de cassation, c'est la seule décision erronée de ce genre qu'on puisse relever).

Il n'y aurait pas outrages OF, si un garde forestier, hors le cas de flagrant délit, pénétrait chez un particulier sous le prétexte d'y constater un délit, en raison de ce qu'il suspectait, à tort du reste, le dit particulier de tenir auberge chez lui (Cass. 25 mars 1852), ou s'il entre, par force et sans être assisté d'un officier public, dans le domicile d'un habitant soupçonné d'un délit (Rouen, 25 mai 1821).

Ces arrêts, en opposition avec la doctrine formelle de la Cour suprême, admettent, en effet, un genre d'excuses que la loi n'a jamais spécifié. Dans les deux cas, le citoyen pouvait résister, mais comment admettre qu'il était justifié à outrager ? Pourquoi, à raison de quelle nécessité ? Les gardes commettaient un acte illégal, mais f[l]. Ils agissaient donc F, et devaient être protégés contre tout délit F ou OF.

Du reste, il est utile d'en finir une fois pour toutes avec ces erreurs, qui sont assez fréquentes. Il y a deux théories : 1° l'une consiste à dire que l'outrage contre un f[re], dans les cas susdits, est une injure à un particulier ; 2° l'autre considère qu'il n'y a ni injure ni outrage.

Ces théories sont également mises en avant lorsqu'il s'agit de délits autres que les outrages.

La première ne mérite pas la discussion. Il suffit de lui objecter que la provocation résultant d'un procédé illégal excuserait une injure faite à un particulier molestant autrui.

La seconde seule, fondée précisément sur l'argumentation ci-dessus, doit être examinée :

1° S'il y a injure à un particulier, motivée par un acte privé, cet acte illégal n'est pas f[l] et les art. 166 à 198 sont inapplicables (IV, 18).

2° Si l'acte illégal ne peut pas être f[l], il s'ensuit qu'un f[re] ne peut pas agir illégalement, conclusion absurde.

3° Peut-on citer un texte pour justifier l'absurdité consistant à prétendre que l'injure provoquée par un acte illégal est excusable ?

Mais laissons l'outrage par injure pour nous occuper de celui par diffamation.

Nous savons que la diff. pour faits f[ls] est excusée, si, ayant lieu OFP, elle n'est pas calomnieuse.

D'où cette conséquence inattaquable qu'un fait illégal publié est bien un fait f[l] ; sans quoi, la Cour d'assises serait incompétente pour l'apprécier comme commis OFP.

Je suppose le cas le plus favorable à la théorie combattue : celui où l'imputation diffamatoire relative à un fait illégal est formulée, non pas immédiatement à la suite de ce fait (car alors on pourrait prétendre que le f[re] était F, s'il n'agissait pas F ou légalement), mais à un moment assez rapproché du fait illégal pour que l'indignation de l'opprimé puisse être considérée comme légitime; et dans un temps où le f[re] n'est plus F, où il vaque à une occupation privée.

Que la victime vienne, dans ces conditions, à entrer en conversation avec le f[re], et il est clair que ce sont deux particuliers qui se trouvent en présence.

Ceci posé, admettons que le prévenu, sans proférer la moindre injure, apprécie l'acte illégal, et dise au f^re, par exemple : Vous avez violé mon domicile. De deux choses l'une, ou cette diff. est publique ou elle ne l'est pas; ou elle concerne le f^re comme homme privé, ou elle l'atteint comme homme public.

Si elle est publique, et concerne le particulier, la loi de 1881 sera applicable sans admission d'excuse (IV, 2). Si on la prétend commise OFP, le fait imputé est f^l. Il est impossible de sortir de ce dilemme. Or, toute diff. OF ou OFP *directe* est réputée outrage (II, 16), et l'outrage diffamatoire est punissable même si les faits imputés sont vrais (IV, 2). Concluez. Si la même diff., non publique, concerne le particulier, elle est punissable à titre d'injure privée (II, 7); et, comme je l'ai fait remarquer *suprà*, la provocation résultant de l'acte illégal la rend excusable. Si elle a lieu publiquement, elle ne peut être qualifiée OFP, ni réputée outrage, et nous retombons dans l'argumentation exposée plus haut : 1° la preuve ne sera pas admise ; 2° la loi de 1881 sera applicable sans allégation d'excuses. D'où il suit que : 1° l'art. 35. L. 1881 doit être réputé inexistant, puisqu'un fait illégal, ne pouvant être f^l, ni donner lieu à une diff. OFP, il ne saurait être question d'en rapporter la preuve, 2° toute la jurisprudence exposée II, IV, 2, V, VI, etc., est radicalement erronée, puisqu'une diff. directe relative à un fait illégal ne peut être dite outrageante ; 3° les art. 114, 166 à 198 ne seront jamais applicables à un f^re, puisqu'un acte illégal ne peut-être commis F ni OF.

La manifeste absurdité de ces conclusions sautant aux yeux, il faut bien reconnaître que les décisions critiquées, et nombre d'autres rapportées VII (maire, etc.), sont injustifiées en droit, et que *devoir* et *pouvoir* ne doivent pas être confondus : le f^re peut, s'il ne doit pas, agir illégalement comme f^re. Du reste, le chap. 26, relatif aux violences f^lles, fournira de nombreuses preuves à l'appui de mon argumentation.

Le 3 déc. 1903, on a prononcé, à Paris, un jugement qui démontre l'exactitude des remarques qui précèdent. Le cas vaut d'être cité. Une ordonnance de juge conciliateur attribue à l'époux en instance de divorce la garde de l'enfant issu du mariage. La mère refuse de remettre l'enfant. Là-dessus, un commissaire, accompagné de deux inspecteurs de police, se présente chez la récalcitrante, *à neuf heures du soir !* pour remettre de force l'enfant au mari. D'où triple illégalité : 1° Une ordonnance rendue en matière civile ne peut être mise à exécution que par un huissier (Proc. crim. page 87); 2° l'exécution devait être effectuée entre 6 heures du matin et 6 heures du soir ; 3° l'introduction ne pouvait avoir lieu contre le gré de l'intéressée.

Notons en outre qu'aux termes de l'art. 238 CC, n° 3, ces ordonnances, exécutoires par provision, sont susceptibles d'appel dans les délais fixés par l'art. 809 CPC, et que l'appel est recevable, alors même que le tribunal est saisi de la demande principale au moment où il est interjeté (Cass. 29 juin 1892).

Que les délais fussent ou non écoulés, en l'espèce examinée, il n'en résulte pas moins de cette seule remarque qu'il est bien téméraire à un off. pol. jud. de se substituer à l'huissier, en matière de procédure civile; sans parler du préjudice occasionné par là même à la corporation des huissiers. L'opération en question, qui a du reste avorté, était radicalement nulle. Elle pouvait motiver poursuites en violation de domicile, nonobstant la disposition de l'art. 184 n°1 *in fine*, attendu qu'il n'est pas permis à un commissaire d'ignorer qu'il n'a pas compétence pour mettre à exécution un jugement ou une ordonnance rendus en matière civile, et que, de toute façon, il doit savoir que le domicile est inviolable la nuit, fût-ce en cas de flagrant délit ou d'exécution de mandements rendus au criminel. Je doute même que la prise à partie soit irrecevable en principe dans un cas semblable, le f^re excipât-il de sa bonne foi. A la rigueur pourtant, j'admets que toute présomption de dol ou de fraude soit écartée, et je passe à l'examen des faits qui ont motivé la décision du tribunal correctionnel de la Seine. D'après le compte rendu des débats, la mère se trouvait chez elle en compagnie de sa sœur et de son beau-frère.

Le commissaire, qu'on moque peu généreusement, eut beau exhiber son écharpe, rien n'y fit. La mère, une robuste blanchisseuse, aidée de ses parents et d'un voisin survenu au bruit, mit dehors le commissaire et ses agents, non sans les avoir qualifiés d'Apaches, ce qui était excessif. Le chef de rébellion étant écarté, restait celui d'outrages OF (et, si j'en juge par le compte rendu, celui de violences). D'après les art.

211, 224, 228, 230 CP, 365 CIC, la peine aurait pu être de 2 à 5 ans de prison. Par application de l'art 463 CP, elle fut réduite à 16 francs d'amende en ce qui concerne la mère, et d'autres amendes légères atteignirent les différentes personnes qui avaient prêté assistance.

Ce qui prouve une fois de plus que l'illégalité la plus flagrante, la plus complète, la plus extraordinaire, ne saurait excuser l'outrage ni l'excès de résistance, si légitime que soit celle-ci.

CHAPITRE XXVI

VIOLENCES F[lles] ILLÉGITIMES ET CRIMINELLES

1° Pour qu'il y ait violence f[lle], il faut que le f[re] l'exerce en sa qualité.

2° La loi réprime : 1° les violences abusives au sens de l'art. 186, commises F ou OF ; 2° la violence arbitraire ou attentatoire au sens de l'art. 114.

Violences f[lles] par abus d'autorité. — L'art. 186, et, par suite, l'art. 198, ne sont applicables que si la nature de la voie de fait exclut la possibilité d'appliquer l'art. 605 Code Brum. an IV.

L'aggravation de peine ne peut avoir lieu que dans un cas prévu par l'art. 198 CP (Cass. 2 mai 1814). Par suite, les *insultes* ou *violences légères* dont un f[re] s'est rendu coupable, si elles n'entraînent contre un particulier que des peines de simple police, ne sont pas autrement punissables en ce qui regarde le f[re]. Autrement dit, l'art. 186 CP ne s'y applique pas (Cass., 14 avril 1821).

L'art 186 s'applique à toutes violences, quelle qu'en soit la nature, quel qu'en ait été le résultat, et particulièrement à l'homicide volontaire (Cass., 5 déc. 1822).

Mais la condamnation ne peut être prononcée qu'autant qu'il est expressément déclaré que les violences ont été exercées *sans motifs légitimes* (art. 186 CP), car c'est là une condition essentielle de l'incrimination (Cass., 15 mars 1821, 5 déc. 1822, 9 juillet et 14 oct. 1825).

Du rôle de la violence dans les infractions f[lles]. — Avant d'aborder l'étude des coups et blessures de l'art. 186, il peut être utile d'examiner sommairement le rôle de la violence, relativement à chaque acte f[l] coupable. Nous avons vu ch. 21 que pour qu'un acte de contrainte existe criminellement, deux conditions essentielles doivent être réalisées : 1° atteinte à la privauté morale, parfois privation du libre arbitre ; 2° atteinte à la privauté matérielle ou physique. S'ensuit-il que la contrainte matérielle doit être physique, avoir lieu par mainmise violente sur la personne ? Nullement. L'emploi de la force physique peut avoir lieu accessoirement à l'acte coupable, ou avoir cet acte pour objet immédiat, mais peut également ne pas avoir lieu. La question a déjà été étudiée ch. 21 au point de vue des arrestations, détentions, séquestrations. L'art. 99 CIC, entre autres, démontre péremptoirement qu'une arrestation peut fort bien avoir lieu sans qu'il y ait recours à la force. Saisies et constatations illégales, isolées de toute autre circonstance, ne constituent ni crime, ni délit. Les premières pourraient seulement, à raison du préjudice subi, donner lieu à dommages-intérêts. L'art. 184 prouve que la violence positive est inutile pour constituer la violation de domicile. La perquisition sur la personne peut, de même, être attentatoire sans que la force physique ait été employée.

Dès lors, en quoi consiste la contrainte matérielle, et à quoi la reconnaîtra-t-on, si la force physique n'a pas été exercée ?

La question a son importance, car si la victime n'a pas résisté, le coupable ne manquera pas d'arguer qu'elle était consentante.

1° *Violation de domicile.* — C'est un délit spécial, qui, comme l'indique l'expression le désignant, consiste essentiellement dans l'acte de s'introduire, sans le consentement de l'intéressé, dans le domicile de celui-ci. L'atteinte à la privauté morale de la victime sera donc indéniable, que celle-ci ait été présente ou absente lors du délit, qui pourrait être réprimé au besoin, en principe, à l'insu même de ladite victime. La violation du domicile est donc une violation matérielle de la privauté d'autrui, impliquant, par sa nature même, violation morale de cette privauté. Pour prouver que c'est bien le fait d'immixtion illégale dans le secret de la vie privée d'autrui qui constitue le délit, il suffit de citer l'arrêt suivant : L'effraction des meubles contenant les secrets de la vie privée ou de famille est une violation de domicile, alors même que l'introduction et le séjour dans l'appartement n'auraient été accompagnés d'aucune violence (Paris 22 juin 1849).

En effet, si le seul fait de franchir le seuil d'un logis peut suffire à constituer le délit, à plus forte raison doit-on punir l'acte rapporté.

Quid si le réclamant n'a pas protesté ? Car l'introduction doit avoir lieu contre son gré, et, s'il est présent, il importe d'établir qu'il n'a pas consenti. Certains auteurs estiment que le silence de l'intéressé ne prouve pas qu'il ait consenti, si la visite a été faite avec un certain déploiement de force. Je ne partage pas cet avis. Sa protestation formelle me paraît nécessaire, puisque la loi dit : *contre son gré.*

2° *Perquisition sur la personne.* — Ici, il n'en est plus de même, parce qu'il y a mainmise sur l'individu. La protestation de celui-ci n'est pas nécessaire pour que l'attentat soit constant. C'est ainsi qu'il a été jugé que le fait, par celui qui a subi passivement une perquisition arbitraire, de s'échapper ensuite des mains des agents, prouve manifestement qu'il n'avait pas consenti à la recherche effectuée (Bourges, 12 mars 1869). Evidemment, cette fuite n'est pas nécessaire pour prouver le défaut de consentement : tous les éléments du crime n'en existent pas moins.

Emploi de la force. — Quel que soit l'objet de l'agent, la résistance, si bénigne soit-elle, qui lui serait opposée, peut l'inciter à user de moyens de contrainte physique, ce qui constituera toujours au moins une voie de fait simple. Or, qu'il s'agisse de pénétrer, de fouiller, de saisir, de constater ou d'appréhender, etc., ladite voie de fait, exercée pour exécuter un acte illégal, devra-t-elle être réprimée ? Nous savons que l'art. 186 ne prévoit pas les voies de fait simples, punies de peines de police.

Mais, dans le cas qui nous occupe, il ne s'agit pas de violences légères ni de coups : il s'agit de contrainte violente et physique. Si l'arrestation, la fouille, la perquisition illégales peuvent, même sans violences, être punies à titre de crimes ou de délits, à plus forte raison en sera-t-il de même quant à ladite contrainte.

En thèse générale, l'acte de violence, accompli dans la mesure nécessaire pour mener à bien l'exécution illégale ou arbitraire, ne saurait constituer une infraction distincte de celle-là, puisqu'elle en forme l'élément matériel.

Mais si cette violence perd le caractère de contrainte pour prendre celui de coups, il y aura connexité d'infractions (Voir plus loin).

Observation. — J'appelle l'attention sur la différence de rédaction de l'art. 184 et des autres dispositions relatives aux infractions f[lles]. Le domicile et la personne ne sont pas également sacrés. Pour que le domicile soit violé, il faut : 1° ou que la victime absente ait *ignoré* l'introduction illégale ; 2° ou que, présente, elle ait été à même de protester sans être écoutée.

Lorsqu'il s'agit de la liberté d'autrui, la loi ne dit plus que le crime n'existe que s'il a été commis *contre le gré* de la victime.

C'est donc l'acte conscient du fauteur que la loi entend réprimer, parce qu'il est criminel en soi, indépendamment de toute protestation de l'opprimé, lequel peut du reste, sous l'influence d'une émotion compréhensible, ne pas même songer à réclamer. Au contraire, lorsqu'il est chez lui, il a toujours le loisir de réfléchir, si impressionnable soit-il, et il lui appartient toujours de se refuser à ouvrir sa porte.

Enfin, si l'art. 184 oblige le f[re] procédant irrégulièrement à obtenir le consentement de l'intéressé, il n'en est pas de même des art. 186, 114, etc., et il n'en peut être de même à aucun point de vue : il ne saurait être question de demander à quelqu'un l'autorisation de le molester, sauf lorsqu'il s'agit d'une simple vérification matérielle (perquisition de la personne) ou de l'invitation de se rendre devant un mag. pour obtenir la solution d'une difficulté.

Violences F. — Elles ont toujours lieu OF. Par suite, elles peuvent avoir pour objet l'exécution d'un acte f[l] ou légal du f[re] agissant FR, ou se produire à l'occasion de cet acte.

Violences légitimes, nécessaires, illégitimes. — La violence n'est pas invariablement illégitime. Il faut distinguer : 1° les violences légitimes FR, commandées par la loi et l'autorité, aux termes de l'art. 327, c'est-à-dire celles consistant à appliquer les dispositions de la loi de 1848 et des lois similaires; en quel cas, il peut y avoir homicide, coups ou blessures justifiés. Et celui qui ordonne, ainsi que celui qui exécute, seront alors indemnes.

L'usage des armes, sur ordre, après trois sommations faites à un attroupement de se disperser, est un motif légitime (Cass. 9 juillet, 14 oct. 1825).

2° Les violences légitimes que je qualifie nécessaires, c'est-à-dire celles d'un f[re] agissant FR, spontanément ou sur ordre compétent :

Un employé d'octroi a le droit d'employer la force *nécessaire* pour triompher de la résistance du contrevenant et opérer la saisie des objets de fraude (Cass. 19 mars 1836).

Violences illégitimes. — Personnes res-

ponsables. Ce sont (186 CP): 1° les f^res publics, 2° les officiers publics, 3° les administrateurs, les agents, préposés du gouvernement ou de la police, 4° les exécuteurs des mandats de justice et jugements, 5° les comm. fp. en chef ou en sous-ordre.

Le dit art. 186 réprime les violences F ou OF, sans motifs légitimes : 1° ordonnées, 2° exercées. D'où les conséquences suivantes :

1° Les violences légales (327) sur ordre de l'autorité légitime ne sont pas punissables, à moins d'excès individuel de l'agent fp.

2° Par autorité légitime, il faut entendre les f^res qualifiés par la loi de 1848 et les autres lois similaires.

3° Si l'on combine les diverses expressions de l'art. 186, il est manifeste que les violences réprimées sont bien des violences f^lles ou officielles, exercées pour ou à l'occasion d'une exécution au sens de l'art. 209 ou de l'art. 327.

4° Par suite, l'art. 186 réprime les violences excessives ordonnées ou exercées FR, ou en violation de l'art. 327; soit par la force publique en général, soit par tous agents ou f^res, huissiers, etc., énumérés audit art. 186.

5° Les motifs légitimes sont :

1° En général, ceux de l'art. 327 et ceux de l'art. 209; 2° spécialement, pour les dép. fp., la nécessité reconnue par l'art. 170 L. 28 germ. an 6.

D'où il suit que l'art. 186 est applicable au cas de violences exercées sans nécessité par un f^re FR, de brutalité abusive dans l'exécution. *Exemple :* En principe, tout homme étant présumé innocent jusqu'à ce qu'il ait été déclaré coupable, toute rigueur qui ne serait pas nécessaire pour s'assurer de sa personne doit être sévèrement réprimée par la loi. (Const. 3 sept. 1791, Prolégomènes art. 20).

Tout f^re, etc., qui, agissant FR, emploierait ou ferait employer des violences inutiles, sera responsable de sa conduite, et puni (L. 17 avril 1791, art. 10).

L'emploi de la force, sans nécessité, par des gendarmes, huissiers, préposés des douanes, dans et pour l'exercice de leurs fonctions, peut constituer un délit (Cass. 21 nov. 1811).

L'art. 186 peut s'appliquer à un ag. pol. adm. qui a commis des voies de fait envers un particulier, pour le forcer à se conformer à un arrêté concernant la police des marchés (Cass. 7 frim., an 9).

Par suite, il y aura violences illégitimes:

1° Si, dans le cas d'application de la loi de 1848, elles sont exécutées sans ordre de l'autorité.

2° Si, exécutées dans le cas de l'art. 209, elles ne sont pas nécessaires.

3° Si, dans un cas quelconque, même s'il s'agit de l'exécution de la loi de 1848, sur ordre de l'autorité, même s'il s'agit d'une autre exécution spontanée ou commandée FR, elles sont exercées par abus individuel de l'autorité dont le coupable est investi.

Violences agressives spontanées F. — Ce seront celles que l'agent exercera abusivement, soit pour une exécution FR légitime en soi, soit sans qu'il y ait motif à exécution au sens de l'art. 209, soit sans ordre de l'autorité au sens de l'art. 327, bien que la loi soit applicable en fait.

Violences spontanées OF. — Elles ne pourront évidemment qu'avoir trait à un fait f^l. Ce seront : 1° celles exercées abusivement au cours d'une exécution FR quelconque, légitime ou non; elles auront donc toujours lieu F en fait.

2° Celles qui seront exercées à propos d'un incident f^l, immédiat ou non, par le f^re agissant comme tel. Si l'incident est immédiat, elles se produiront nécessairement pendant que le f^re est F; sinon, elles pourront se produire, soit alors qu'il est F, soit quand il ne se trouve plus F. Même dans cette dernière hypothèse, elles devront être d'ordre f^l, c'est-à-dire officielles.

Conclusions. — Qu'il s'agisse d'une exécution spontanée ou ordonnée, la violence illégitime *exercée* ne peut se produire que spontanément, et fonctionnellement ou officiellement.

Conclusion logiquement identique à celles relatives aux autres crimes et délits f^ls déjà étudiés.

Violences f^lles spontanées, provoquées. — Les premières seules peuvent être réprimées sans qu'il y ait justification ni excuse. Quant aux secondes, nous verrons plus loin qu'elles peuvent être excusées.

Violences f^lles justifiées. — Elles ne le seront qu'en cas de défense légitime, toujours outre application de l'art. 327 ou de l'art. 209.

Violences excusées. — Ce sont celles exercées immédiatement à la suite de coups ou violences graves (321 CP).

Violences OF commises F, au sens de l'art. 186. La violence peut se produire F, et avoir seulement trait à un incident f^l.

Il semble donc impossible qu'une violence, commise en dehors de l'exercice f[l] actuel, puisse être spécialement incriminée. Nous verrons plus loin que le contraire peut être vrai. Du reste, l'art. 186 réprime ceux qui usent de violences ou *en font* user, ce qui indique que la présence du f[re] n'est pas indispensable, et qu'il suffit que l'acte coupable soit accompli ou ordonné par le f[re] en sa qualité. (Voir IV, 21).

On peut, à première vue, être tenté de considérer comme violence OF celle commise par un f[re] rentré dans la vie privée, et motivée par un incident de sa vie publique.

Mais la rédaction de l'art. 186 interdit cette assimilation: la violence F ou OF doit avoir lieu *sans motifs légitimes.* — Or, cette expression ne s'applique qu'aux seuls f[res] F, ainsi qu'en témoignent l'art. 327 et l'art. 209.

Du reste, si l'on admettait que la violence susdite pût être commise, *en fait*, par l'homme privé satisfaisant une rancune de f[re], comment serait-il possible de la faire rentrer dans la catégorie des abus *d'autorité* des art. 184 et suivants ? Pour abuser de son autorité, il faut nécessairement faire acte d'autorité, abusivement, c'est-à-dire exercer son autorité. Je l'ai déjà fait remarquer. De même s'il s'agit d'un attentat.

La violence OF, en dehors des cas d'exécution FR, sera donc celle commise sans motif par le f[re] agissant comme tel, se prévalant de sa qualité pour donner libre cours à sa brutalité.

Violences criminelles. — Pour pouvoir motiver l'application de l'art. 114 CP, il faut: 1° que la violence soit f[lle] ou officielle, 2° que la nature et les circonstances de ladite violence ne motivent pas l'application d'une pénalité supérieure à celle prononcée art. 114.

Il s'ensuit que, si les voies de fait autres que celles énumérées art. 309 ne sont pas réprimées par l'art. 186, elles peuvent parfaitement l'être par l'art. 114.

De même, toute violence ne comportant pas, aux termes de l'art. 198, une peine afflictive et infamante, c'est-à-dire susceptible de peines correctionnelles seulement, peut motiver l'application de l'art. 114, puisque celui-ci prononce une peine infamante.

Il y a donc deux genres de violences criminelles: 1° celles exercées FR ou OF. *Exemple:*

Le gendarme qui, en arrêtant un déserteur, commet contre celui-ci des violences criminelles, est justiciable des tribunaux ordinaires, et non des tribunaux militaires (Cass. 21 nov. 1811).

2° Celles qui, comme cela se présentera dans la majorité des cas, se confondent avec un autre fait, comportant qualification d'attentat ou d'arbitraire, comme la violence elle-même:

Les voies de fait, exercées par un inspecteur de police pour maintenir une arrestation arbitraire, se confondent avec les éléments du crime dont il s'agit (Cass. 22 avr. 1869).

Les voies de fait et l'arrestation arbitraire commises par un garde champêtre F constituent le crime de l'art. 114 (Cass. 25 mai 1827).

Ces arrêts appellent les remarques suivantes. La violence peut: 1° accompagner un acte arbitraire; 2° être exercée en vue d'accomplir cet acte; 3° accompagner un acte légal ou justifié. Dans tous les cas, il y a invariablement deux faits distincts: 1° celui de violences; 2° le fait, criminel ou non, qui les accompagne. Il ne faudrait pas conclure du premier des deux arrêts rapportés suprà que les voies de fait et l'arrestation arbitraire en vue de laquelle elles ont été exercées sont un seul et même crime.

Dans ladite espèce, il y avait connexité légale au sens de l'art. 227 CIC, puisque les voies de fait avaient pour objet d'effectuer ou de maintenir l'arrestation. En pareil cas, l'art. 226 CIC prescrit la jonction des procédures, à raison de l'indivisibilité des faits, et l'art. 365 CIC régit le cas, quant à la pénalité à prononcer. Par analogie, la jurisprudence admet l'indivisibilité, même si les voies de fait ont été simplement exercées *à l'occasion* d'un autre acte arbitraire. Pour discutable que soit, au point de vue strictement légal, ce mode de procéder, le bon sens permet de le comprendre et de l'approuver.

Mais si le crime avait été commis à l'occasion d'une exécution justifiée contre un prévenu, il n'en irait plus de même, et le tribunal appelé à juger le prévenu ne pourrait, sans excès de pouvoir, statuer sur l'accusation de voies de fait reprochées à l'agent, même s'il était saisi d'une plainte.

D'une façon générale, on doit considérer que les violences f[lles], à la différence de celles de la rébellion, ne sauraient jamais former l'élément constitutif d'un autre crime ou délit f[l], même s'ils ont celui-ci pour objet exclusif (par violences f[lles], j'entends les coups abusifs de l'art. 186).

Ce qui ne fait du reste pas obstacle à ce

que la répression qu'elles motivent ait lieu, suivant leur nature et leur caractère, en vertu de l'art. 114 ou de l'art. 186. C'est là le seul point de ressemblance qu'elles présentent avec la rébellion par violences graves.

Lorsque la violence accompagne un acte justifié, elle ne peut être réputée que commise OF au sens de l'art. 186, qu'elle soit criminelle ou non à raison de sa nature. Elle ne serait arbitraire que si, bien que motivée par l'acte FR, elle était exercée postérieurement (Voir plus loin).

Si bien qu'en définitive, il y a: 1° les violences simples exercées exclusivement en vue d'exécuter un acte illégal ou arbitraire; 2° les violences abusives (coups, etc.), exercées en vue de la même exécution; 3° les violences simples et les coups relatifs à ladite exécution; 4° les violences simples et les coups, pour une exécution justifiée ou à l'occasion d'icelle. La contrainte par violences simples, nécessitée par l'exécution justifiée, est également justifiée. Dans le même cas, les coups sont un délit F et OF.

Voies de fait ou coups pour une exécution arbitraire ou illégale sont également arbitraires ou illégaux, ainsi que s'ils ont trait à l'exécution, en général. Par suite, toute violence exercée *pour exécuter* est connexe à l'exécution. Et toute violence exercée à l'occasion de l'exécution peut être considérée comme concourant à celle-ci au sens de l'art. 365 CIC. Celle pour exécuter est inséparable de l'exécution, et comporte même qualification que cette dernière. Celle OF, relative à l'exécution, doit être appréciée séparément de l'exécution, et peut offrir un caractère de criminalité distinct, suivant les circonstances et l'intention de l'agent. D'où les conclusions ci-après: il y a deux genres de violences criminelles: 1° celles qui, abusives seulement, sont qualifiées criminelles à raison de leur nature; 2° celles qui, même consistant en voies de fait simples, sont arbitraires à raison de l'intention.

C'est donc l'intention qui permettra, en première ligne, d'apprécier leur caractère de criminalité, quelle que soit leur nature, quelles que soient les circonstances. Quant à leur nature, elle ne leur vaudra qualification spéciale qu'à raison de la peine encourue.

Violences officielles attentatoires. — Ce sont celles que le f^re exerce, non pas par abus de ses pouvoirs f^ls, mais par usage criminel ou prémédité desdits pouvoirs; qu'il exerce en sa qualité ou grâce à sa qualité, mais non fonctionnellement, quoique à raison d'un fait f^l ou sous le couvert d'une prérogative ou d'un prétexte f^ls. En d'autres termes, la violence doit être exercée par le f^re comme tel, et non comme homme privé, mais elle peut, intentionnellement, n'être commise que pour la satisfaction d'une passion privée.

Exemples : 1° Violences commises F et OF. Qu'un agent, après introduction au poste d'un inculpé qui lui a résisté, se livre, sans aucune nouvelle provocation, et en dépit de la parfaite soumission du rebelle, à des violences sur la personne de celui-ci, pour satisfaire lâchement sa rancune, et, bien qu'il n'y ait pas là préméditation légale, il n'y en aura pas moins violence criminelle au sens de l'art. 114, parce qu'il y aura arbitraire délibéré (IV, 21), ce, quelle que soit la nature des voies de fait.

Nota. — Les agents ne se doutent guère que ce que l'on dénomme vulgairement le passage à tabac peut éventuellement constituer un crime.

Exceptionnellement, on pourrait encore prévoir le cas où tel f^re, même agissant dans les conditions de l'art. 327, profiterait des circonstances pour exercer des violences illégales et injustifiées contre un citoyen non concerné par l'application de la loi, pour se venger par exemple d'une injure privée ou d'un outrage *antérieurement* commis. Il y aurait alors violence f^lle arbitraire *préméditée*, commise officiellement, sauf preuve contraire.

Pour qu'il y ait attentat, il faut qu'il y ait préméditation :

Un attentat contre la liberté ou la sûreté individuelle des citoyens ne peut se concevoir sans qu'il y ait eu dessein prémédité de le commettre. On ne peut qualifier comme tel un délit qui n'a été que l'effet inopiné d'une rixe survenue à l'occasion de la perception d'un droit de passe (Cass. 28 frim. an 9).

En effet, il y avait là la violence OF de l'art. 186 (IV, 21, actes impulsifs).

2° Violences OF. — Il n'y a guère qu'une circonstance où l'art. 114 serait applicable à un f^re exerçant une violence en dehors de son temps de service. Si, par exemple, tel agent, apprenant qu'un individu, qui l'a outragé antérieurement, se trouve au violon de son poste de service, pour un motif quelconque, si cet agent, dis-je, se rendait audit poste et abusait des circonstances pour maltraiter le prisonnier, il commettrait là indiscutablement un attentat par usage criminel de son mandat f[1], lequel seul pouvait lui permettre de pénétrer dans un endroit où il exerce d'ordinaire sa fonction. En effet, c'est grâce à sa *qualité* d'agent qu'il peut pénétrer, c'est comme particulier qu'il violente le prévenu, et c'est à propos d'un fait f[1] et à raison de ce fait, qu'il commet son crime prémédité.

Remarque. — Il ne faut pas conclure de tout ce qui précède qu'une violence, f[lle] *en fait*, sera toujours considérée comme telle au sens de la loi, sous prétexte qu'elle a été commise F. Si la preuve était rapportée que cette violence était, intentionnellement, l'acte de l'homme privé, et non celui du f[re], si, d'autre part, la violence n'avait pas été exercée officiellement, les règles du droit commun seraient applicables. Mais il faut convenir que cette preuve, ne pouvant résulter que de l'aveu du coupable, serait bien difficile à faire.

Violences arbitraires ordonnées. — Si la violence exercée est manifestement arbitraire, l'agent est réprimé comme auteur, et le chef comme complice par provocation (Cass. 1811). Il s'agissait dans cette espèce d'un commissaire et d'un ag. pol. ayant exercé des sévices contre les habitants, à Barcelone.

Résumé. — 1° Les art. 114 et 186 ne répriment que les violences commises ou ordonnées par un f[re] en sa qualité, sans nécessité ou sans motifs légitimes;

2° L'art. 186 ne réprime que les violences *au moins* délictueuses, commises F, FR ou OF, *abusivement;*

3° L'art. 114, punissant les actes arbitraires ou les attentats, ne peut s'appliquer aux violences FR abusives. Par contre, il s'applique à toutes violences arbitraires injustifiées, et à toutes violences attentatoires préméditées, commises F ou OF, tant que la nature de la violence motive une peine inférieure ou égale à la dégradation civique, et alors même qu'il s'agirait de voies de fait *simples* non prévues par l'article 186.

4° La voie de fait commise F ou OF, sans préméditation, sans arbitraire *délibéré,* rentre dans le droit commun, et est punissable de peines de simple police, notamment lorsqu'elle a été provoquée par d'autres voies de fait, par un outrage, etc.

5° La violence OF commise en dehors de l'exercice f[1] est essentiellement préméditée.

6° Les violences f[lles] en général sont d'ordinaire des actes spontanés ou délibérés accomplis fonctionnellement, jamais des actes *impulsifs provoqués*, du moins au sens de l'art. 321 (Voir IV, 27).

Conclusions. — 1° Le f[re] qui violente un citoyen n'agit pas FR, si la violence qu'il exerce a lieu sans motifs légitimes et sans nécessité. Le citoyen a donc le droit de *s'opposer* par résistance à l'agression dont il est l'objet.

2° S'il a été frappé par le f[re], le délit est commis. Il n'a donc plus le droit de riposter, même en cas de violences graves.

3° Si le citoyen est menacé, mis en péril par un furieux, celui-ci, quoique f[re], agit comme homme privé, et le citoyen a le droit légitime de se défendre par la force contre le danger imminent qu'il court, si toutefois il lui est impossible de s'y soustraire autrement.

Récapitulation des chapitres qui précèdent. — L'acte f[1] est ou peut être distinct de l'acte FR. Celui-ci est essentiellement légal ou légitime. La loi, en le protégeant, protège également les mesures propres à en permettre l'exécution.

1° Les MP compétents pour agir FR sont énumérés, mais la compétence f[lle] de chacun d'eux n'est pas précisée. Tous sont donc susceptibles d'agir pour une ou plusieurs des exécutions prévues. Mais il ne s'ensuit pas que chacun a qualité pour procéder à toutes ces exécutions, puisque l'art. 209 mentionne et des f[res] et des non-f[res].

En conséquence, il est certain que, si, pour qu'il y ait protection, il faut qu'il y ait action FR, il faut aussi, pour qu'il y ait action FR protégée, que cette action soit légale ou légitime, c'est-à-dire compétente et justifiée.

2° L'action FR ne sera compétente que si le f[re] agit dans les limites de son mandat f[1].

Elle ne sera justifiée que si elle est autorisée ou prescrite, soit par la loi, soit par l'autorité dont dépend le f[re] (action spontanée ou commandée), soit par la justice.

3° Pour que la loi la prescrive ou l'autorise, il faut nécessairement qu'il y ait un texte légal, pour l'application duquel le f[re] a compétence. Pour qu'il puisse appliquer ce texte, il faut qu'il y soit fondé, non seulement en droit, mais aussi en fait.

Il doit donc : 1° posséder légalement le pouvoir de procéder aux exécutions de la nature de celle qu'il poursuit; 2° être fondé légalement à exercer son pouvoir et à procéder à l'exécution susdite, dans les circonstances spéciales où il agit.

4° Si l'opération forcée concerne un citoyen, celui-ci devra, légalement et en fait, être concerné par la loi ou décision à exécuter, avoir encouru la mesure prise à son égard, et être passible de se la voir appliquer *actuellement*.

A ces conditions, il est manifeste que l'action FR étant justifiée, tous les procédés nécessaires pour atteindre le but poursuivi, saisie, appréhension, etc., seront eux-mêmes des actes FR, puisqu'ils concourront au but susdit.

Mais, pour que le procédé employé soit bien un acte FR, il est indispensable qu'il ne soit employé qu'à titre de moyen, d'élément de l'exécution spéciale poursuivie.

Ne seront donc compétents pour l'employer ou l'ordonner légalement, que les f[res] compétents pour effectuer l'opération en vue de laquelle il en est fait usage.

Ainsi, la perquisition sur la personne, sauf nécessité évidente, ne pourra être effectuée qu'après arrestation et sur l'ordre du f[re] qui a prescrit celle-ci.

5° L'action FR, pour l'exécution d'une loi, d'une ordonnance, ou d'un ordre légitime ou compétent, est toujours, en soi, protégée par la loi, sans que le citoyen concerné puisse être fondé à la discuter ou à l'apprécier. Celui qui l'exerce n'a aucune justification à fournir au dit citoyen, à part le cas exceptionnel où il s'agit d'un ordre écrit, comme en matière de contributions ou de recensement, lequel ordre doit être exhibé au citoyen *si celui-ci l'exige*.

6° Ce que veut la loi, c'est que le citoyen ne puisse arguer valablement qu'il est l'objet d'une mesure arbitraire. C'est pourquoi il ne saurait discuter l'application *d'un texte obligatoire publié*. C'est pourquoi aussi, lorsque la mesure prise à son endroit lui est spéciale, le concerne exclusivement, la loi impose au f[re] *l'exhibition* préalable de l'ordre, mandat ou jugement dont il est l'objet, à moins de notification antérieure.

C'est également pourquoi, lorsque l'ordre, au lieu de le viser personnellement, consiste dans l'exécution d'une mesure générale, ledit ordre est assimilé théoriquement à celui de la loi ou des ordonnances, et doit ne rencontrer aucune opposition de la part des particuliers, qui n'ont pas le droit de demander à l'agent d'en justifier. (Argumentation applicable au cas des sommations de la loi de 1818).

7° Pour les motifs exposés *suprà*, les mandats et jugements, les arrêtés individuels, doivent être notifiés ou exhibés avant exécution, mais *seulement* dans les cas où le citoyen n'a pas eu officiellement connaissance de la mesure le concernant. Néanmoins, si le défaut d'exhibition (laquelle équivaut pratiquement à la notification) peut excuser la résistance sans excès inutile, la validité de l'opération est inattaquable, dès lors que l'agent est *porteur* du mandement en vertu duquel il procède. Ce principe (voir V, IV, 4), est applicable aux huissiers, en matière de saisie-exécution, par la raison que la loi n'impose pas à ces officiers l'exhibition du titre exécutoire, l'art. 583 CPC prescrivant commandement préalable et notification éventuelle.

8° Si l'exécution est justifiée, l'agent n'est responsable que de ses fautes personnelles, jamais de l'exécution en soi, fût-elle illégale sous d'autres rapports. Dans le même ordre d'idées, si l'exécution est un acte spontané de l'agent, il est responsable et de celle-ci et des mesures qu'il prend pour la mener à bien.

9° Les irrégularités, en ce qui touche les formes légales, ne justifient jamais la résistance du citoyen, alors que ces formes ou formalités n'ont pas pour objet essentiel la protection du domicile ou de la personne.

Résistance du citoyen. — Le f[re] agit contre le citoyen pour le compte de la loi, et non pour son propre compte. C'est pourquoi il ne peut pas y avoir compensation, en cas de fautes réciproques, parce que, d'un côté, il y a faute d'un particulier auquel la loi est applicable, et, de l'autre, faute d'un instrument de la loi.

Pour qu'il y eût compensation ou atténuation, il faudrait qu'il y eût deux particuliers en présence.

Et le cas ne se présentera que si le f[re] agit, non comme tel, mais comme homme privé, ou s'il n'est pas connu comme f[re].

Principes fondamentaux relatifs à l'appréciation des excuses.

La loi, tant qu'elle existe, est infaillible et inviolable. Tout ce qu'elle ordonne, par l'intermédiaire de ses représentants autorisés, doit être accompli et respecté. Ses représentants, étant faillibles, peuvent se tromper sur les conditions de son application. Mais comme ils ont, seuls, et à l'exclusion de tous autres, pouvoir d'interpréter ou d'appliquer la loi, chacun dans sa sphère d'attributions, nul particulier ne peut se constituer leur juge, malgré leurs erreurs ou leurs fautes dans l'accomplissement du rôle qui leur est dévolu.

Nul n'a conséquemment le droit de refuser de se soumettre à ce qu'ils ordonnent ou exécutent au nom de la loi, sous prétexte qu'ils auraient agi irrégulièrement.

Dès lors qu'ils agissent en leur qualité de représentants de la loi, nul ne saurait leur désobéir, leur résister ou les injurier sans désobéir, injurier ou résister à la loi.

S'ils se trompent, s'ils excèdent leurs pouvoirs ou abusent de leur autorité, une répression sévère, spéciale, les atteindra. Mais tant que leurs excès ne seront pas manifestement insupportables, irréparables, tant qu'ils ne substitueront pas indiscutablement leur personnalité à celle de représentants de la loi, quiconque se révolte contre eux se révolte contre la loi.

Sauf cette éventualité d'actes d'oppression où le mandataire de la loi prétendrait abuser de son caractère pour accomplir une action en dehors des limites de ses pouvoirs, et sans rapport avec ceux-ci, nul ne peut voir dans ledit mandataire que la loi qu'il représente, et non l'homme privé, faillible ou passionné.

Ses torts, ses fautes lui sont *personnels*, et n'incombent pas à la loi qu'il représente. Les citoyens pourront réclamer redressement et réparation, mais ne sauraient s'excuser d'avoir désobéi à la loi en excipant des errements personnels à son représentant.

Pour que la résistance soit admissible, il faut que le f^re^ viole le domicile ou la liberté d'autrui. Violant par là-même la loi protectrice du citoyen, le f^re^ n'agit pas FR, et l'opprimé, en se révoltant et en repoussant la violence qu'on veut lui faire subir, ne résiste pas aux mandements de la loi, mais bien au f^re^ qui prétend s'imposer contrairement à la loi.

CHAPITRE XXVII

DROIT DE DÉFENSE DU F^RE^ VIOLENTÉ

(Provocation, défense légitime).

Nous savons que les excuses susdites ne peuvent être invoquées *contre un f^re^ agissant F ou OF*.

Quid du f^re^ lui-même ?

Il faut faire une distinction essentielle entre les violences qu'il exercerait F ou OF, pour se défendre ou à la suite de provocation par violences graves (321 et 328 CP), celles qu'il peut exercer au sens de l'article 327, et celles qu'il exerce comme particulier.

1° *Outrages.* — La violence exercée à raison d'un outrage F ou OF ne sera jamais excusée, mais sera réprimée à titre de violence OF, si le f^re^, outragé comme tel, c'est-à-dire OF, a agi par représailles f^lles^ (si cette expression est admise), a vengé comme f^re^ l'injure l'atteignant comme tel.

Quant à la violence exercée F à raison d'un outrage F, elle sera également inexcusable, mais ne pourra être réputée f^lle^ que si le f^re^ s'en est rendu coupable pour réprimer l'outrage, ou en le réprimant.

En effet, *bien qu'outragé F comme homme privé*, il lui appartient toujours de ne pas faire acte de f^re^ relativement audit outrage. Si, par exemple, outragé F à propos d'un fait d'ordre privé, il se venge comme particulier en frappant son offenseur, mais sans procéder à aucune *mesure légale* de répression, sans poursuivre la répression de l'outrage, ce n'est pas parce qu'il aura frappé F qu'il pourra être réputé coupable d'infraction f^lle^. Son acte sera réprimé suivant le droit commun.

2° *Violences.* — Ces remarques s'appliquent également aux violences exercées par le f^re^ en réponse à d'autres violences ne rentrant pas dans les prévisions de l'article 321.

3° *Rébellion.* — Si l'outrage et les violences susmentionnés ne peuvent à aucun titre motiver l'application des art. 321 ou 328, il est manifeste qu'il en est de même quant à l'attaque ou à la résistance constitutives de la rébellion.

4° *Violences provoquées* au sens de l'article 321. — Les violences commises F ou OF contre un f^re^ peuvent-elles, si elles sont graves au sens de l'art. 321, motiver l'application de cet article, en ce qui concerne le f^re^ qui riposterait par d'autres violences ?

Incontestablement, s'il y avait bien provocation dans les conditions exposées chapitre 22. J'ai expliqué pourquoi; il est donc inutile de revenir sur la question (Voir ch. 21).

La provocation violente est une excuse pour le f^re^ comme pour le simple particulier (Cass. 30 janv. 1835).

Le 20 déc. 1834, la Cour d'assises de l'Aude a rendu un arrêt aux termes duquel la provocation envers le f^re serait *justificative* des violences exercées par lui.

Mais cette thèse, ainsi émise, est erronée, en ce qu'elle a pour conséquence de créer un cas d'excuse non prévu par la loi, du moins quant à la *justification* des violences exercées. Elle est contraire à l'esprit de la loi, ainsi qu'il résulte de la discussion qui a eu lieu au Conseil d'Etat le 8 août 1809.

La provocation ne peut constituer qu'une excuse atténuante (Cass. 30 janv. 1835). Par suite, le f^re n'a pas, à ce point de vue spécial, de prérogatives.

Nota. — L'exception de la légitimité des motifs ne peut être confondue avec l'atténuation résultant de la provocation, prévue par l'art. 321, auquel il n'est pas dérogé par l'art. 186 (Cass. 30 janv. 1835, Pons).

Légitime défense. — Le f^re, menacé comme tel, F ou OF, peut-il bénéficier des dispositions de l'art. 328, tout comme les particuliers?

Je n'hésite pas à répondre affirmativement, bien que la question ait été fort controversée.

Toute la difficulté vient de ce que l'on a confondu la *défense* avec les *motifs* légitimes des art. 186 et 327.

Or, cette confusion est absolument inadmissible. Il n'y a rien de commun entre l'acte de défendre sa personne, même comme f^e, et celui d'exercer des violences légitimes.

Motifs légitimes. — Ainsi que nous l'avons vu suprà, l'exception de la légitimité des motifs ne peut pas être confondue avec l'excuse atténuante de provocation. Elle ne peut l'être non plus avec l'excuse absolutoire de défense légitime, qui peut être invoquée par de simples particuliers (Cass. 9 juill. 1825, Pradal).

Le jury doit donc être interrogé: 1° sur le point de savoir si l'accusé a agi F ou OF (Cass. 14 oct. 1825); 2° sur le point de savoir s'il a agi sans motifs légitimes (Cass. 18 juin 1857, 15 mars 1821, 5 déc. 1822); 3° et non pas sur le point de savoir s'il a agi dans le cas de la nécessité actuelle d'une légitime défense (Cass. 9 juill. 1825).

Et l'accusé ne peut être condamné que s'il est déclaré coupable de violences sans motif légitime (Cass. 13 mars 1817, 15 mars 1821, 5 déc. 1822). Ceci dit, il faut examiner ce que les rédacteurs de l'art. 186 entendent par motif légitime. Il n'y a ni crime ni délit, dit l'art. 327, lorsque l'homicide, les blessures ou les coups étaient ordonnés par la loi et commandés par l'autorité légitime. Le Code pénal de 1791, partie II, titre II, section I, exigeait déjà ces deux conditions. Quand se trouveront-elles réalisées? La loi du 21 oct. 1789, art. 7, celle du 3 août 1791, art. 27, celle du 10 avril 1831, art. 1er, celle du 7 juin 1848, prévoient bien des cas d'attroupements séditieux où elles le seront, mais le motif légitime de l'article 186 est-il, exclusivement, celui mentionné art. 327?

Nullement.

Il y a deux espèces de violences f^lles légitimes: 1° les violences *agressives* ordonnées au sens de l'art. 327; 2° les violences *défensives* au sens de l'art. 170 L. 28 germ. an 6 (Voir IV, 28).

Sans parler des violences nécessaires exercées FR, et mentionnées IV, 26.

Violences f^lles défensives. — Or, celles-ci, à la différence des violences agressives de l'art. 327, n'ont pas besoin d'être *commandées:* elles peuvent être exercées spontanément par le ou les f^res attaqués. Et la loi les reconnaît et les justifie à titre de violences f^lles légales.

Dans une espèce mémorable, la Cour suprême a nettement proclamé ce principe (affaire Maître, arrêt du 20 janv. 1825).

Si les auteurs ont opéré une regrettable confusion entre les art. 321, 327, 328, en ce qui touche les f^res, cela tient à ce que, d'une part, comme nous l'avons vu chap. 22, provocation et défense légitime ont été parfois prises l'une pour l'autre; et, d'autre part, à ce que la Cour suprême, dans l'arrêt précité, s'exprimait ainsi:

La *provocation*, par coups et blessures graves envers un gendarme FR, n'est pas une excuse au sens des art. 321 et 326, mais une justification du meurtre commis en riposte.

Dans le Recueil de Sirey, on trouve:

1° et 2° Le meurtre commis par un gendarme F, s'il a été provoqué par des coups ou violences graves, n'est pas seulement *excusable* aux termes de l'art. 321; il y a absence de tout *crime ou délit.* (Loi du 28 germinal an 6, art. 231, et ordonnance du roi, du 29 octobre 1820, art. 303).

3° *Lorsqu'une cour criminelle, saisie d'une accusation de meurtre commis par un gendarme qui était à la recherche d'un contumax, reconnaît que le meurtre est excusable, en ce qu'il a été provoqué par des coups et des violences graves; elle doit en outre, et même d'office, examiner si le gen-*

darme était dans l'exercice de ses fonctions; en ce que cette dernière circonstance tend à faire disparaître la criminalité du fait (Cod. pén., art. 33; Cod. instr., crim., art. 364.)

La cour royale de Corse, chambre des mises en accusation, avait renvoyé, par arrêt du 3 septembre 1824, devant la cour de justice criminelle du département de la Corse, Jean-François Maître, gendarme, comme suffisamment prévenu d'avoir, le 11 avril 1824, dans la commune de Piadicroce, volontairement tiré un coup de carabine sur la personne de Don-Ange Albertini, de Piedipertino, qui en aurait été atteint, et qui périt le 27 du même mois à la suite de ses blessures, et Jean-Joseph Commun, brigadier de gendarmerie, comme ayant, par abus d'autorité, provoqué à cette action en criant, audit Maître, de faire feu immédiatement avant que le coup eût été tiré par Maître, ce qui caractérisait un fait de complicité criminelle.

L'acte d'accusation, rédigé par le procureur général, en exécution de cet arrêt, commençait l'exposition des faits par ces termes: « Le 11 avril 1824, le brigadier Commun, et les gendarmes Maître et Raynal se rendirent à la commune de Piadicroce, *pour y rechercher un contumax;* ils rencontrèrent, devant la maison du sieur Colombani, les nommés Louis Paoli, Don-Ange Albertini, Félix, dit Félili, frère de celui-ci, et Pompéi Pietri: ce dernier avait un stylet à la main. Ces quatre individus, à l'aspect de la gendarmerie, cachèrent cette arme entre le seuil et la porte de la dite maison. Les gendarmes, qui le remarquèrent, accoururent pour saisir le poignard, et demandèrent à celui qui avait cherché à le dérober à leurs yeux, s'il en était le propriétaire. Ce poignard appartenait à Don-Ange Albertini, que les gendarmes voulurent arrêter »: suit le détail d'une rixe violente, qui fut l'occasion du coup de carabine tiré par Maître, et du triste événement qui en résulta. Le brigadier Commun a été acquitté; Maître, déclaré coupable, mais excusable, et condamné à cinq années d'emprisonnement, s'est pourvu en cassation. Cet exposé suffit pour l'intelligence des motifs et de l'arrêt dont la teneur suit:

ARRÊT

La Cour, vu l'art. 408 CIC;

Attendu qu'il résulte de l'ensemble de l'arrêt de mise en accusation, rendu par la cour royale de Corse, le 3 septembre, et de l'acte d'accusation rédigé en exécution dudit arrêt, que Jean-François Maître, gendarme, était à la recherche d'un contumax, avec le brigadier Commun, son co-accusé acquitté, et un autre gendarme nommé Raynal, lors du fait pour lequel il a été renvoyé par ledit arrêt devant la cour de justice criminelle du département de la Corse, pour y être jugé sur le crime d'homicide volontaire dont il était accusé;

Attendu que la cour de justice criminelle du département de la Corse, en déclarant, par l'arrêt attaqué, Jean-François Maître coupable d'avoir, le 11 avril 1824, volontairement, mais sans préméditation, donné la mort au nommé Don-Ange Albertini en tirant sur lui un coup de carabine, a déclaré néanmoins ce fait excusable, *attendu qu'il avait été provoqué par des coups ou violences graves exercées envers ledit Maître*, et l'a condamné à la peine de cinq années d'emprisonnement; par application des articles 295, 304, § 2, 321 et 326 du Code pénal;

Attendu que la recherche et la poursuite des malfaiteurs sont classées parmi les fonctions ordinaires et habituelles de la gendarmerie, sans qu'il soit besoin de réquisition des officiers de police judiciaire, ni d'aucun ordre spécial, par les articles 125 et 126 de la loi du 28 germinal an 6, 179 et 180 de l'ordonnance du roi, du 29 octobre 1820;

Qu'aux termes des articles 231 de la même loi et 303 de la même ordonnance, la gendarmerie ne peut déployer la force des armes que dans les deux cas suivants:

Le premier, *si des violences ou voies de fait sont exercées contre les gendarmes;*

Le second, *s'ils ne peuvent défendre autrement le terrain qu'ils occupent, les postes ou les personnes qui leur seraient confiés, ou enfin si la résistance était telle qu'elle ne pût être vaincue que par la force des armes;*

Attendu que la cour de justice criminelle ayant déclaré par l'arrêt attaqué, le fait excusable, parce qu'il avait été provoqué par des coups ou des violences graves exercées envers ledit Maître, devait déclarer, même d'office, s'il était ou non légalement dans l'exercice de ses fonctions, puisque cette circonstance était élémentaire et formait une partie essentielle de l'excuse, et qu'en supposant la déclaration affirmative, jointe à celle des coups ou violences graves exercées contre ledit Maître, gendarme, il en serait résulté qu'il n'y avait ni crime ni délit, et que l'accusé devait être renvoyé absous, d'après les dispositions de l'article 326 du Code pénal et de l'art. 364 du Code d'instruction criminelle;

Que la cour de justice criminelle, en s'abstenant de toute déclaration sur ce fait d'exercice de fonctions, n'a pas purgé toutes les circonstances de l'accusation ; en quoi elle a méconnu, et par conséquent violé les règles de sa propre compétence; que, dans cet état, et vu que la déclaration est incomplète, il ne peut être statué par la cour sur la juste ou la fausse application de la loi pénale;

D'après ces motifs, casse et annule l'arrêt rendu par la cour de justice criminelle du département de la Corse, le 6 décembre 1824 contre Jean-Françcis Maître:

Et, pour être procédé à de nouveaux débats et être statué conformément à la loi, sur l'accusation portée contre ledit Jean-François Maître, le renvoie en l'état qu'il est, et les pièces de la procédure, devant la cour d'assises du département des Bouches-du-Rhône (Cass. 20 janv. 1825, Maître).

Il faut remarquer qu'il appert de l'exposé même des faits que l'art. 328 aurait pu au besoin être invoqué, dans l'espèce sus-relatée.

Notez d'autre part que, si la jurisprudence refusait d'appliquer les lois et textes cités au cas d'un f[re] ne pouvant être qualifié ni ag. fp. ni dép. fp., ce qui serait assurément inadmissible, il faudrait nécessairement invoquer l'art. 328 pour justifier la violence exercée par un f[re] pour se défendre contre un imminent danger f[l]. Il convient donc d'examiner si ledit art. 328 peut concerner les f[res] de rang quelconque.

Défense légitime. — Voici les arguments qui militent en faveur de la thèse que je soutiens :

1° Si l'art. 321 concerne les f[res] F comme les particuliers, l'art. 328 doit leur être également applicable. Cette proposition, qui est l'évidence même, n'a pas besoin d'être démontrée autrement qu'en faisant observer que si la jurisprudence admet l'*atténuation*, a fortiori doit-elle admettre la *justification* éventuelle.

2° Pour démontrer que l'art. 328 est applicable aux f[res], il suffit donc de démontrer pourquoi ceux-ci sont fondés à invoquer le bénéfice des art. 321 ou 328, indifféremment.

Cette démonstration a déjà été faite chap. 21 : Les violences, exercées pour *se défendre*, ou pour *se venger* de coups ou violences graves, *ne sauraient à aucun titre être* réputées f[lles], quoique commises pendant que le f[re] était ou agissait F.

Décider que le seul art. 327 peut excuser un f[re] F, alors que les violences qu'il a exercées ne rentrent pas dans la catégorie des actes de contrainte violente et nécessaire que peut justifier l'exécution au sens de l'art. 209, c'est décider qu'il doit se laisser tuer ou frapper sans avoir le droit de se défendre, tant que les conditions de l'article 327 ne sont pas réunies, à savoir : 1° l'ordre de la loi; 2° le commandement de l'autorité légitime. C'est donc décider que tout f[re] isolé n'est jamais susceptible de bénéficier des dispositions de l'art. 327 ; c'est déclarer aussi que, la loi n'ordonnant la violence que pour la répression des émeutes, l'art. 327 ne peut être invoqué que si les formalités légales ont été observées, quant à l'application de la loi de 1848 et des autres lois similaires, par les autorités *civiles*, car la force publique n'a pas qualité pour agir spontanément en pareil cas. C'est mettre le f[re] au ban de la loi qu'il a mission de faire observer.

C'est lui dire que lorsque sa fonction l'aura mis en péril, la loi, qui l'oblige à braver le danger, lui refuse le droit de se protéger, droit qu'elle reconnaît à tout citoyen, droit naturel et sacré que la loi n'a nul besoin de reconnaître, tant il est évident que, si elle refusait de l'admettre, chacun l'exercerait malgré elle (D'où la disposition de la loi de germ. an 6).

Certes, frapper ou tuer, par *agression f[lle]*, ne peut être justifié que par l'ordre exprès de la loi et de l'autorité compétente. Et c'est là ce qu'on appelle le motif légitime. La défense personnelle est autrement légitime que l'ordre susdit. Or, je soutiens que tuer ou frapper pour se défendre, c'est bien agir pendant qu'on se trouve F, mais non pas commettre une violence f[lle]. Celle-ci est toujours ou abusive ou arbitraire. Elle est coupable parce que l'agent profite de sa situation pour donner libre carrière à sa brutalité naturelle, et non pas parce qu'elle est commise F ou OF. Le but essentiel de cet ouvrage tout entier est de prouver que le f[re] n'est protégé ou réprimé que comme f[re], exclusivement. Si donc il *agit*, il faut que son acte, pour être protégé, soit f[l] ; sinon, ledit acte sera apprécié comme celui d'un particulier. Qu'importe que le f[re] soit mis en péril F ou OF ? Il ne s'agit pas de s'obstiner à ne considérer que les circonstances de fait. Dans toute infraction volontaire, il y a un élément essentiel : l'intention. Cela est si vrai que celui qui attaque en fait un f^{re} n'est puni que comme s'il avait attaqué un particulier, dès lors qu'il ne savait pas avoir affaire à un f^{re}, par exemple. Pourquoi? parce qu'il ne peut être considéré comme ayant *sciemment* attaqué un f^{re}.

De même, le f^{re} qui se défend ou se venge, F ou OF, n'agit pas intentionnellement comme f^{re}, bien qu'il soit soit F, bien que son acte soit la suite d'un incident f^{l}.

Il songe à protéger sa vie, son corps, qui lui appartiennent bien, à lui et non pas à la loi. En se défendant, il n'exerce pas ses pouvoirs f^{ls}, il n'en mésuse ni n'en abuse. Sa fonction n'a rien à voir avec cette circonstance qu'il défend son existence d'homme. Il agit donc comme particulier, en fait et en intention, alors même qu'il se venge d'une provocation grave. Et pour lui refuser le droit que possède quiconque, il faudrait au moins prouver que cette dérogation à un principe fondamental résulte expressément d'un texte de loi. A défaut de ce texte, je demande pourquoi l'on créerait arbitrairement un système d'exception contre les f^{res}. Il faut donc se ranger à l'avis du Conseil d'Etat, qui, avant 1870, refusait invariablement l'autorisation de poursuivre un f^{re} ayant agi légitimement pour sa défense personnelle (13 mars 1832, etc).

Je soutiens donc que les art. 186 et 114 s'appliquent uniquement aux actes abusifs F ou OF, ou arbitraires, prémédités ou délibérés, accomplis *spontanément et agressivement* par le f^{re} en sa qualité de représentant de la loi, par exercice coupable ou excessif de ses pouvoirs f^{ls} d'action, et sans qu'il y ait lieu d'examiner si son mobile (ou intention secrète) était de satisfaire une passion privée ; parce que, encore une fois, il y a bien là un acte de *nature f^{lle}*.

Tandis qu'agir sur provocation ou par défense personnelle, ce n'est pas agir officiellement et fonctionnellement, par la raison bien simple que la loi, qui ordonne au f^{re} de contraindre, d'exécuter, etc., lui commande une attitude active, agressivement légale, si j'ose dire ainsi, et n'a pas à s'occuper de ses actes privés; parce que le f^{re} représente la loi ; parce que la loi prononce, défend, exige ; mais que, n'ayant pas de corps, elle ne peut défendre celui-ci ; parce que le f^{re} parle, agit, comme la loi et en son nom ; mais que, loi incarnée et vivante, il est à la fois le reflet, l'organe de la loi, pouvoir moral, inanimé, et l'être animé qui subit l'impulsion de la loi, mais subit aussi celle de l'instinct propre à toute créature vivante; parce qu'enfin les actes de la créature ne peuvent être confondus avec ceux qu'elle accomplit au nom de la loi; parce que le pouvoir que le f^{re} tient de la loi peut être exercé, en tant que pouvoir, abusivement ou arbitrairement, et que l'instrument ne saurait se retourner contre la pensée qui le dirige sans que le bras qui tient l'instrument soit rendu responsable du résultat ; parce que le bras que guide l'instinct cesse d'être le bras du représentant de la loi pour redevenir celui du simple particulier, soumis, dès lors, comme tout autre citoyen, au pouvoir de cette loi qu'il a cessé momentanément de représenter. Si l'on repousse cette argumentation, si l'on refuse de voir dans le f^{re} : 1° un f^{re} ; 2° un particulier, si l'on veut rendre les actes du dernier inséparables de ceux du premier, la question se trouvera simplifiée à tel point que, logiquement, je n'aurai plus qu'une chose à faire : jeter mon travail au feu, parce que toutes les distinctions faites par la jurisprudence entre les actes f^{ls} et les actes non f^{ls} n'auront plus aucune raison d'être.

Conclusions. — 1° Il y a deux espèces de motifs légitimes : 1° ceux spéciaux aux dép. fp., seuls concernés par l'art. 327 CP et la loi de germ. an 6; 2° ceux applicables sans distinction de fonctions aux privilégiés agissant FR et qualifiés pour employer la force, en cas de nécessité.

2° L'excuse atténuante de l'art. 321 et l'excuse justificative de l'art. 328 peuvent être invoquées entre particuliers, tout comme par les f^{res} contre ceux-ci, mais sans réciprocité, dès lors que le f^{re} contre lequel on les invoquerait faisait bien, à l'égard du particulier, acte officiel.

3° Les violences officielles ou f^{lles} réprimées par les art. 186 et 114 sont, exclusivement, celles que le f^{re} exerce : 1° soit pour exécuter ; 2° soit en exécutant ; 3° soit par mesure de répression f^{lle} abusive ; 4° soit par abus de ses prérogatives f^{lles}.

CHAPITRE XXVIII

RESPONSABILITÉ F^{lle}, PERSONNELLE, ADMINISTRATIVE.

Le sujet est mentionné V; III, 2; II, 3, 10; IV, 7, 17, 21 et suiv., sans parler des renseignements contenus dans la 7e partie. Il est utile d'en présenter une étude résumée.

On distingue : 1° la responsabilité pénale des privilégiés, quant à leurs faits privés ;

2° la responsabilité civile correspondante; 3° leur responsabilité pénale f[lle]; 4° la responsabilité civile correspondante; 5° la responsabilité civile de leur administration, quant à leurs faits f[ls].

Avant 1870, on ne pouvait poursuivre un f[re] sans autorisation, du moins pour faits f[ls]. C'est ce qu'on appelait la garantie f[lle], ou administrative, ou constitutionnelle.

Il va sans dire que l'art. 479 CIC ne fait que régler la procédure à employer lorsqu'il s'agit de poursuivre, pour crime ou délit commis *hors de leurs fonctions*, les juges ou les membres du parquet.

Quant aux art. 483 et 484, ils règlent la procédure relative aux crimes et délits f[ls] commis par les mêmes dép. aut., par les officiers du ministère public requérant en simple police, par les off. pol. jud., ainsi que les juges du commerce.

Des contraventions, il n'est pas question: le droit commun leur est toujours applicable.

Le délit f[l] n'est pas qualifié spécialement; le crime f[l] est dénommé forfaiture.

Si les art. 479 et 483 CIC subsistent toujours, le décret du 19 sept. 1870 a supprimé la garantie de l'art. 75 constit. an 8, ainsi que toutes autres dispositions des lois générales ou spéciales ayant pour objet d'entraver les poursuites contre les f[res] de tout ordre (Cass. 3 juin 1872).

Responsabilité f[lle] civile. — Il s'ensuit que l'action civile peut être librement exercée contre les f[res], membres des seuls tribunaux énumérés art. 479, non seulement en cas de crimes ou délits privés, mais encore pour tous autres faits privés. Il en est de même quant aux f[res] en général.

Malgré la disposition du décret sus-rapporté, l'action civile résultant de faits f[ls] n'est pas susceptible d'être exercée en tout état de cause contre tous f[res] quelconques, sans aucune condition.

Pour certains privilégiés, pour ceux précisément que mentionne l'art. 483 CIC, aucune action en dommages, pour faits f[ls], ne peut être exercée contre eux, qu'il s'agisse de crimes, de délits ou d'actes simplement répréhensibles, que par la voie de la *prise à partie*. Cette action spéciale peut donc être exercée au civil comme au criminel, accessoirement à, ou séparément de l'action publique, si le fait donne lieu à cette dernière action.

Prise à partie. — Pour qu'elle soit recevable, il faut: 1° qu'il s'agisse d'un fait f[l], 2° que ce fait soit celui d'un juge au sens de l'art. 505 CPC; 3° que le cas rentre dans les dispositions du dit art. 505.

Juges. — J'ai écrit *suprà* que les art. 483 CIC et 505 CPC concernent les mêmes personnes. Or, ce dernier article parle seulement des juges. L'assimilation a été faite par la jurisprudence.

La prise à partie est une voie extraordinaire ouverte au *plaideur* contre le juge prévaricateur, que celui-ci appartienne à la magistrature ou n'ait exercé qu'occasionnellement le pouvoir judiciaire.

Elle constitue une action purement *civile*, à l'effet de faire déclarer le juge responsable du préjudice qu'il a causé au plaideur ou au prévenu. Exceptionnellement, elle peut être exercée contre un greffier (CIC art. 164, 370). Du reste, par *juges*, il faut entendre aussi les officiers du ministère public (Cass. 17 juillet 1832); en un mot, ceux qui *jugent*, et ceux qui *requièrent*.

Mais non pas les arbitres amiables compositeurs (Agen, 27 août 1845).

Les off. pol. jud., même non mag., sont sujets à prise à partie (Cass. 9 janv. 1882).

En effet, le décret du 19 sept. 1870 n'a pas abrogé la procédure de la prise à partie, qui s'applique, non seulement aux juges de l'art. 505 CPC, mais encore à tous ceux qui, par les fonctions dont ils sont investis, appartiennent à l'ordre judiciaire, notamment aux off. pol. jud., et aux auxiliaires du ministère public, spécialement à l'adjoint au maire et au garde champêtre ayant agi comme off. pol. jud. (Cass. 14 juin 1876), ou encore aux gardes forestiers dans le même cas (Cass. 4 mai 1880).

Il est donc bien entendu que les art. 483 CIC et 505 CPC s'appliquent aux mêmes personnes, actionnées pour faits exclusivement f[ls], mais que ce ne sont pas les art. 1382 et suivants CC qui peuvent être appliqués aux dites personnes, même si le fait f[l] motivait la procédure de l'art. 483 CIC.

En d'autres termes, même s'il y a crime ou délit f[l], un dép. aut., passible de se voir appliquer théoriquement les art. 483 ou 505 précités, ne pourra être l'objet d'une action en dommages que dans les seuls cas où le fait f[l] est de ceux énumérés art. 505.

Ainsi, l'on ne peut obtenir des dommages contre un off. pol. jud., à raison d'un fait f[l], que par la voie de la prise à partie (Cass. 4 mai 1880). Les voies ordinaires ne pourraient être ouvertes au demandeur, selon les art. 1382 et suiv. CC, que si le f[re] avait agi comme particulier. La *plainte* et la voie de la partie civile ne doivent donc pas être confondues.

Celui qui ne s'est pas porté partie civile dans la plainte, mais qui s'est seulement réservé de le devenir, peut attaquer, par la voie de prise à partie, l'arrêt intervenu par suite de sa plainte (Cass. 17 juillet 1832).

Cas où il y a lieu à prise à partie. — S'il ne s'agit pas de faits f[ls], ou si le cas ne rentre pas dans la catégorie de ceux prévus art. 505, il est impossible de prendre à partie un f[re] (Cass. 25 août 1825, etc.). Ainsi, la faute f[lle] lourde, grossière même, serait insuffisante (Cass. 17 juillet 1832, 6 juillet 1858), et le réclamant serait sans droit pour actionner en dommages-intérêts.

L'art. 505 parle en effet: 1° des cas déterminés où la loi déclare les f[res] responsables (voir notamment CIC. 77, 112, 164, 271, 370, 483; CP. 114, 117, 119 etc.); 2° du dol, 3° de la fraude, 4° de la concussion, 5° du déni de justice.

La concussion est un dol spécial dont je n'ai pas à m'occuper ici. (Voir VII). Les infractions n° 1 sont, pour la plupart, des actes perpétrés avec intention frauduleuse ou dolosive.

Déni de justice. — Il existe si, par exemple, un off. pol. jud. refuse à un particulier qui l'en requiert de faire un acte de ses fonctions (Paris, 19 nov. 1863).

Dol. — Voir IV, 17. Le stellionat est un dol (non f[l]).

Fraude. — Elle se rencontre dans maints délits, dans maints procédés. — La fraude a des variétés, comme la simulation, la collusion. Elle est l'élément essentiel du vol, du faux, de l'abus de confiance, de l'escroquerie, de la corruption, etc. La corruption est une véritable entente frauduleuse.

Je considère l'attentat prémédité comme un abus frauduleux de mandat f[l].

Ainsi, l'on a décidé que le fait d'instruire par inimitié contre quelqu'un, ou de décerner un mandat d'amener par abus de pouvoir, quand il n'y a pas délit, peut motiver prise à partie (Cass. 28 juillet 1806). IV, 17.

Il est vrai que les art. 114 et 183 CP seraient applicables également.

La calomnie, elle aussi, est une fraude. Ainsi, l'off. pol. jud. qui dénonce officiellement et calomnieusement un citoyen peut être pris à partie (Paris, 19 nov. 1863) et poursuivi correctionnellement (Cass., 12 mai 1827).

Compétence. — Elle varie avec la nature de l'acte incriminé :

Les attentats à la liberté prévus par l'art. 114 constituent un crime: il en résulte que les dommages-intérêts auxquels ils donnent lieu ne peuvent être prononcés que par les tribunaux civils ou une cour d'assises: un tribunal correctionnel ne saurait donc en aucun cas être appelé à prononcer en pareille matière. (Cass. 30 août 1822), Douanes c. Pernelet et Dupin.

Nota. — La prise à partie n'étant applicable qu'à certains dép. aut., il s'ensuit que les simples agents sont soumis au droit commun, lorsque leur responsabilité est mise en cause.

On peut se demander s'il est équitable que les agents, moins compétents, ne jouissent pas de cette prérogative (car c'en est une). Si l'on y veut réfléchir, on est obligé de convenir qu'il n'y a là aucune injustice. L'agent, s'il exécute sur ordre ou mandement, est toujours couvert. Son action spontanée ne s'exerce que dans le cas de flagrant délit, dans des conditions toujours les mêmes. Il n'a donc nullement besoin d'une protection spéciale. Au contraire, le dép. aut., appelé, par l'étendue de ses pouvoirs, à *apprécier* à chaque instant, doit, sans échapper à la responsabilité légitime qui lui incombe, être à l'abri de poursuites téméraires qui entraveraient sans motifs son action.

Nous savons (II, 10) qu'un syndic peut être actionné civilement. Les agents sont dans le même cas :

Erreur. — Si, se laissant tromper par l'identité du nom et de la profession, l'agent arrêtait, sans en référer au mandant, dans un domicile autre que celui indiqué par le mandat, un individu pour un autre, il pourrait être poursuivi par cet individu en dommages-intérêts (Nancy, 12 mai 1846). Voir V, et VII préposés ; IV, 16, 17, 21.

Imprudence. — Nous avons vu IV, 21 que l'imprudence f[lle] est une faute lourde qui, par suite, ne peut, quant aux personnes auxquelles l'art. 505 CPC est applicable, donner lieu à la prise à partie (voir *suprà*). Il ne s'ensuit pas que la faute lourde puisse, toujours, échapper également à la juridiction répressive :

Le f[re] qui a commis F une imprudence personnelle ayant entraîné un homicide involontaire peut être poursuivi correctionnellement (Cass. 13 juillet 1889).

Le commissaire de police qui, chargé

de diriger des troupes pour dissiper un rassemblement, s'est mis par son imprudence dans l'impossibilité de faire les sommations légales avant le choc qui a eu lieu entre les militaires et les citoyens, choc dans lequel des blessures ont été faites, est coupable du délit prévu par l'art. 320, quoiqu'il ait cherché à suppléer à l'avertissement légal par des cris et des exhortations (Grenoble, 17 avril 1832. Bastide).

Nota. — Le commissaire avait quitté la force armée après l'avoir requise et conduite en présence de l'attroupement. Voir IV, 11, 23.

Ces arrêts soulèvent une grave question, en ce qui concerne les services d'ordre importants dans les grandes villes. La responsabilité du f[re] chargé du service, en prévision d'un rassemblement considérable de citoyens, est-elle toujours et invariablement engagée, lorsqu'un conflit sanglant vient à se produire ?

On ne saurait à cet égard formuler une règle précise : les circonstances de fait, seules, permettront d'apprécier.

Pourtant, il est aisé de prévoir certaines éventualités.

1° Il s'agit d'un service d'ordre organisé, non en vue de répression possible, mais par mesure de police ordinaire.

Il est évident qu'un conflit *inopiné*, surgissant entre citoyens et agents, ne saurait à aucun titre, *en principe*, engager la responsabilité du chef, qui ne pouvait le prévoir, ni, par suite, l'empêcher.

2° Il s'agit de répression éventuelle de troubles prévus. En ce cas, il est manifeste que le chef du service doit agir avec la plus grande prudence. Et son rôle n'est pas facile.

D'une part, en effet, si les troubles qu'il prévoit sont plus ou moins aléatoires, il lui est impossible de prendre ouvertement les mesures propres à assurer, quoi qu'il arrive, l'exécution de la loi de 1848. Il faut tenir compte des temps et des mœurs; et nous vivons à une époque où le principe d'autorité est singulièrement affaibli. L'opinion publique serait inévitablement hostile au f[re] qui, sans être *certain* qu'il y aura lieu de procéder par la force des armes, déploierait ostensiblement le tragique cérémonial préparatoire, réservé aux temps d'émeutes. En cas de conflit, on ne manquerait pas de l'accuser de provocation préméditée, et le défenseur de l'ordre se verrait transformé en fauteur des troubles qu'il avait mission d'empêcher. Alors ? Que devra-t-il faire ? Louvoyer ? Se borner à assembler des forces suffisantes pour parer aux événements ? C'est la seule solution, très évidemment. Encore faut-il reconnaître qu'il importera peu qu'il se soit montré simplement prudent. L'appréciation de ses actes dépendra en fait, non pas de sa prudence, mais des événements. Cela peut être injuste, mais c'est si humain !

Ce que l'on fait ou ce que l'on peut faire, en semblable occurrence, c'est, pour éviter d'être accusé de provocation ou de maladresse, grouper la majorité de ses hommes dans une caserne ou dans tout autre local public, à proximité de l'endroit à surveiller. A défaut de local, on peut les sectionner à l'entrée des rues avoisinantes, mais à distance respectueuse des citoyens sujets à caution, avec la consigne suivante : neutralité, passivité absolues, à moins d'ordres spéciaux. De la sorte, et en raison de cette attitude d'expectative, il serait difficile, en cas de contact violent, d'accuser les agents d'avoir *commencé*. Il est vrai que tout cela s'arrange très bien sur le papier, mais que la rue a ses surprises.

3° Il s'agit d'un véritable attroupement au sens de la loi de 1848. En ce cas seulement, la responsabilité du dép. aut. serait incontestablement engagée s'il ne prenait pas toutes les mesures voulues pour appliquer la loi au besoin. Quitte à essayer de la persuasion, et à payer de sa personne au préalable, car je suis formellement d'avis qu'au risque d'un danger, même probable, le premier devoir d'un dép. aut., chaque fois que cela lui est possible matériellement, consiste à laisser ses troupes derrière lui, et à tout tenter pour rétablir personnellement le calme, avant de faire répandre le sang. J'ai eu, dans ma carrière, l'occasion d'appliquer cette méthode, et m'en suis bien trouvé. Le Français, pour turbulent qu'il soit, est généralement aussi prompt à s'apaiser qu'à s'irriter. L'uniforme le met en fureur, quand il sent que c'est contre lui que ceux qui le portent ont été réunis. Mais qu'un chef consente à lui parler raison, qu'il lui témoigne confiance en s'avançant seul pour le morigéner, et l'histoire est là pour démontrer que, flatté par la démarche dont il est l'objet, il y a bien des chances pour qu'il s'humanise.

Quoi qu'il en soit, il n'est pas sans intérêt d'appeler l'attention sur l'injustice des reproches adressés au gouvernement et à la police qui organisent un service d'ordre

cas de manifestations sur la voie publi-
e, ou de réunions importantes en un lieu
elconque.

S'il est loisible de critiquer un système, de faire remarquer que tel gouvernement onarchique laisse toute liberté aux mafestants sans s'en trouver plus mal, alors ie chez nous on en use différemment, ce est pas en se fondant sur une semblable pinion, fort discutable du reste (les temraments nationaux ne sont pas tous les êmes), que l'on pourra justifier les reproes susdits.

Il me semble qu'on oublie trop volontiers, effet, la disposition de l'art. 6 de la loi 30 juin 1881, qui interdit les réunions r la voie publique. Or, je crois qu'en fait, nterprétation donnée à cet article est des us larges. Si, en maintes circonstances, l'appliquait à la lettre, ainsi que cerin art. 313 CP, plus d'un s'en trouverait al. Du reste, il y a plus de cent ans que la i autorise les mesures d'ordre.

Elle fait mieux que les autoriser:

« Tous citoyens habitant la même commune, porte la loi du 10 vendém. an IV, . 1er, article unique, sont garants civiment des attentats commis sur le terriire de la commune, soit envers les persons, soit envers les propriétés. »

La loi du 10 vend. an IV s'applique aux andes et aux petites communes, considées dans leur totalité, mais non aux arndissements dans lesquels elles sont divis (Avis cons. d'état 13 prair. an VIII).

Pour qu'elle soit applicable, il faut qu'il ait au moins un rassemblement. Or, après la jurisprudence de la cour suême, on ne peut considérer comme un rasmblement une réunion qui n'excède pas le mbre de quatre individus (Cass., 27 avr. 13, int. de la loi.)

(Cette opinion est erronée : IV, 11).

Il faut en outre que les dommages aient commis à force ouverte, fût-ce sans opsition et hors la présence des agents ou quiconque (Cass. 2 mai 1842). Voir Loi avril 1884, art. 106. Il est vrai qu'après intes controverses, on a jugé que la loi sdite ne s'applique pas à la Ville de Pa, parce que le Préfet de police, sous la rection du Gouvernement, est chargé d'y urer l'ordre (Cass. 15 mai 1841, etc., Pré de la Seine). Mais le principe moral n subsiste pas moins; du reste, le devoir préfet de police, aux termes de l'art. 10 l'arrêté du 12 mess. an 8, est de prescrire mesures nécessaires pour prévenir ou dissiper les attroupements, les coalitions d'ouvriers, les réunions tumultueuses ou menaçant la tranquillité publique. L'article 34 du décret du 17 mess. an 9 le charge en outre de veiller à ce que personne n'altère les monuments et édifices publics.

La police a le droit de prendre toutes mesures préventives, lorsqu'elle craint qu'une réunion (même du culte) ne trouble la tranquillité publique (Ord. Conseil d'Etat, 1er mars 1842 et avis 2 juin 1847). Elle peut interdire le passage dans une rue (Cass. 16 oct. 1835, 19 mars 1836, 18 avril 1837), défendre aux ouvriers les réunions avec signes distinctifs (Cass. 5 août 1836, 18 mai 1844).

La réunion, dans un lieu privé, peut être publique en fait (Voir II, 25). En quel cas la police a tous droits préventifs (Cass. 25 sept. 1841, 23 déc. 1842).

Conclusion. — Maires, préfets, préfet de police et gouvernement ont, aux termes de la loi, le droit et le devoir de prendre toutes mesures préventives pour empêcher l'ordre d'être troublé, et toutes mesures actives pour le rétablir au besoin.

Réunions, manifestations, rassemblements et attroupements. — L'étude qui précède se rapporte à une question qui est devenue d'actualité, à l'époque où j'écris ces lignes. En octobre ou novembre 1903, une collision s'est produite à Paris entre la police et une réunion d'ouvriers et employés. Il y a eu des blessés de part et d'autre, et mort d'homme s'en est même suivie. Bien des appréciations ont été formulées à propos de ces événements. La plupart sont erronées. Je n'en veux retenir que deux, parce que la publicité qui leur a été donnée peut avoir pour effet de répandre parmi les citoyens des idées fausses particulièrement dangereuses.

1° On a prétendu incidemment que le cri « A bas », dirigé contre un fre, n'est pas délictueux. Tout au contraire, ce cri constitue un outrage OF, légitimant arrestation immédiate (II, 13, 18, 23).

2° On a prétendu que la police ne peut user de la force sans les sommations et le roulement de tambour prescrits par la loi de 1848. Cette opinion, qui ne tend à rien moins qu'à paralyser l'action de la police, doit être réfutée.

D'abord, la police et la force publique ne doivent pas être confondues (I, 12).

Ensuite, la loi de 1848 n'est applicable qu'en cas d'attroupement. Certes, les personnes peu familières avec le droit objecteront, non sans une apparence de raison, qu'un rassemblement considérable ne peut être considéré que comme un attroupement. Attroupement de fait, oui, mais non pas au sens légal du terme.

Armé ou non, l'attroupement proprement dit n'existe que: 1° s'il s'est formé dans l'intention délibérée de se livrer à des actes hostiles, de nature quelconque, mais principalement contre l'autorité; 2° ou s'il est, tout au moins, de nature à troubler la paix publique (IV, 11, 23), et, dans les deux cas, s'il a lieu sur la voie publique.

Les citoyens qui se réunissent dans un local déterminé, pour délibérer sur une question relative à leurs intérêts communs, usent d'un droit légal, et nul n'a le droit, sans leur faire injure, de se permettre d'assimiler *à priori* leur groupement à un attroupement *délictueux* ou criminel.

Il s'ensuit que, si la police prenait ostensiblement ses préparatifs en vue de l'exécution éventuelle de la loi de 1848 contre lesdits citoyens, elle agirait en violation manifeste de l'esprit, sinon de la lettre, de la loi du 30 juin 1881.

Pour qu'elle fût fondée à procéder ainsi, il faudrait, ou que la réunion n'eût été formée que dans l'intention de concerter des mesures coupables, ou que l'assemblée eût manifesté la résolution de se livrer à des excès, et eût au moins fourni, par l'attitude de ses membres sur la voie publique, à l'issue de la délibération, une présomption suffisante de leur volonté persistante de troubler la paix publique. Le tout, en admettant que l'art. 9 de la loi de 1881 n'eût pas été appliqué.

Si donc une manifestation, un rassemblement plus ou moins tumultueux se produisent sur la voie publique, spontanément ou à la sortie d'une réunion, il n'y a pas lieu d'invoquer les dispositions de la loi de 1848. Le rôle de la police, en semblable occurrence, consiste purement et simplement à disperser les manifestants, ce qu'elle a le droit légal de faire sans aucune sommation (Voir IV, 11), puisqu'il ne saurait être question, en l'espèce, de recourir à la force des armes, c'est-à-dire à l'emploi de la force publique.

Si, dans ces conditions, des rixes viennent à se produire entre les citoyens et les représentants de l'ordre, il peut y avoir éventuellement rébellion en bande, mais non par attroupement, à moins que la cohésion des perturbateurs et l'ensemble de leurs mouvements ne donnassent à leur rébellion le caractère de résistance, sinon organisée, du moins délibérée et systématique, à défaut de laquelle il serait excessif et peu judicieux de procéder à des sommations légales.

En ce qui touche les rixes individuelles et les conflits entre groupes plus ou moins disséminés, je pense que les agents sont les premiers à les déplorer, et pour cause; mais, comme tout homme, sans revendiquer Panurge comme ancêtre, peut être présumé ne goûter que modérément les coups, il y a tout lieu de penser que, n'ayant aucun intérêt à se faire légitimement détester de la population avec laquelle ils sont en rapports quotidiens, ce ne sont pas les gardiens de l'ordre qui provoquent les horions dont ils bénéficient largement.

Il serait de mauvais goût de rappeler que ce n'est pas toujours le lapin qui commence les hostilités. Mais, ce qu'on peut dire, c'est que, le premier devoir d'un bon citoyen étant de se conformer à la loi et d'obéir aux injonctions des représentants autorisés de celle-ci, il est toujours aisé d'éviter d'en venir aux mains. Nos hommes n'ont pas été embrigadés à l'effet de subir patiemment le contre-coup de l'exaspération, même légitime, des particuliers, et peut-être n'est-il pas excessif d'émettre l'opinion que le port de l'uniforme, insuffisant à supprimer la sensation et le sentiment, ne saurait leur imposer le devoir absolu de se laisser battre sans riposter. Ce qui ne veut pas dire, ainsi qu'en témoignent les chap. 26 et 27, qu'ils soient exempts de répression s'ils se livrent à de coupables excès.

Quant aux conséquences que la rébellion peut entraîner pour les coupables, nous verrons plus loin qu'elles ne motiveraient poursuites contre un agent que si celui-ci avait abusé brutalement de son droit de coercition.

Un mot encore. Dans l'affaire à laquelle je fais allusion, et que je n'étudie, cela est manifeste, qu'au point de vue du droit, on a fait grand bruit autour d'un incident qui peut se reproduire fréquemment. Des agents ayant été entraînés par un remous de la foule à l'intérieur du bâtiment où s'était tenue la réunion à l'issue de laquell. les troubles ont eu lieu, leurs collègues du. rent, pour les dégager et les soustraire aux mauvais traitements exercés contre eux, pénétrer dans ledit bâtiment, sabre au clair. D'où reproches formulés: 1° pour violation de domicile, la réunion étant réputée privée; 2° pour violences exercées par représailles.

A quoi il faut faire observer que: 1° la réunion était publique en fait (II, 25); et, par suite, aux termes de la loi du 30 juin 1881, les f^rs adm. avaient droit d'y pénétrer; 2° la réunion était dissoute au moment des faits incriminés, et il n'y avait donc lieu que d'examiner si le délit de violation de domicile avait été commis.

Violation de domicile. — Si l'on se reporte IV, 17, il est manifeste qu'il n'y avait pas violation de domicile au sens de l'article 184. Pourtant, l'argumentation contraire était fondée sur ce fait que la pénétration avait été effectuée sans ordres du chef présent.

A quoi je réponds que la pénétration de celui-ci, à la suite de ses hommes, suffisait à légitimer l'acte spontané de ces derniers (Voir IV, 14).

Reste à examiner si le chef était passible de se voir appliquer l'art. 184. Comme il s'agissait d'un préfet, tenant de l'art. 10 CIC le droit de faire acte de pol. jud., même en dehors du cas de flagrant délit, comme il y avait, en l'espèce, flagrant délit, ledit chef était légalement justifié à pénétrer pour procéder à toutes mesures propres à faire cesser les excès et à en faire réprimer les auteurs.

Violences par représailles. — C'est là surtout ce que l'on reprochait aux agents. Si l'on se reporte IV, 22, il sera aisé de se rendre compte qu'il ne s'agissait nullement de représailles, mais bien de violences *justifiées légalement*, puisqu'elles avaient pour objet de *défendre* des agents mis en péril (CP, 328). Il faut qu'agents et citoyens se pénètrent bien de cette vérité que, chaque fois qu'un individu court un danger par suite d'une agression violente, les tiers ont *le droit et le devoir d'intervenir, et de frapper les agresseurs, si besoin est*, pour soustraire la victime aux sévices dont elle est menacée ou qu'elle subit *actuellement*. En tout état de cause, et surtout si la victime est un agent ou un f^re, les agents qui *négligeraient* d'intervenir *seraient passibles de poursuites* en dommages et intérêts à la demande de la personne molestée, à la condition qu'il leur eût été matériellement possible de porter secours au demandeur.

Vraiment, les idées fausses qui courent de par le monde sont inconcevables, ainsi que l'on peut s'en rendre compte par ce qui précède !

Responsabilité personnelle, responsabilité administrative. — Ainsi, le f^re qualifié qui prescrit une mesure d'ordre ne peut être actionné criminellement ni civilement, pas plus du reste que le chef qui l'aurait commis à cet effet. Nous avons vu IV, 11 et suivants, en quoi consiste l'irresponsabilité du f^re agissant FR, et nous savons que celui-ci, en principe, est toujours responsable de ses fautes individuelles, à la condition qu'elles soient bien f^lles; autrement, en effet, le droit commun serait seul applicable. Nous savons aussi que, personnellement, un f^re peut être réprimé, dès lors que son infraction a été perpétrée au moins officiellement, par usage de son mandat f^l.

Reste à examiner si tous les actes officiels et f^ls du f^re entraînent responsabilité civile pour l'administration à laquelle il appartient.

Responsabilité administrative. — Pour qu'elle soit engagée, il faut qu'il y ait 1° dommage subi; 2° par le fait d'un préposé ayant agi F ou OF; il faut enfin: 3° que le fait f^l dudit préposé ne soit pas licite, ou constitue au moins une faute entraînant responsabilité, et ayant réellement occasionné le dommage subi par le demandeur. En d'autres termes, dommage, faute, fait f^l doivent être inséparablement liés.

A ces conditions, les art. 1382 et suivants CC seront applicables aux administrations publiques (Cass. 22 janv. 1835), comme à l'Etat (Paris 27 fév. 1832), quant aux dommages résultant de la *négligence* de leurs préposés (Cons. d'Etat 6 juillet 1843, etc.), aussi bien que relativement à ceux qu'ils ont directement occasionnés F (Cass. 19 juillet 1826, etc); à la condition, bien entendu, que le fait de négligence ou de faute soit prouvé à la charge des susdits (Cass. 27 juin 1832).

En effet, il n'y aurait évidemment responsabilité pour personne, quant aux dommages qui peuvent être *la suite des mesures nécessitées* par l'exercice légal du ministère d'un préposé quelconque (Douai 24 janv. 1832).

L'Etat et les administrations ne sauraient, en tout état de cause, être responsables que civilement (Cass. 11 août et 22 novembre 1848). On a pourtant jugé qu'une administration peut être tenue pour personnellement responsable (Colmar, 25 janvier 1848).

Compétence. — 1° S'il s'agit d'un fait f^l entraînant responsabilité personnelle de l'agent, l'aut. jud. est compétente pour statuer (Conflits 20 mai 1850, etc.).

2° S'il s'agit d'un fait f[1] d'ordre purement administratif, c'est-à-dire accompli FR, sur les ordres légitimes du gouvernement ou de l'autorité, c'est au pouvoir administratif qu'il appartient de statuer, à l'exclusion de l'aut. jud. (Cons. d'Etat, 26 avril 1847, etc.).

Etendue et nature de la responsabilité administrative. — Sans parler des actes purement administratifs, examinons les actes f[ls] en général, imputés à faute, à délit ou à crime, et accomplis par le f[re] comme tel, spontanément. Nous savons que, spontané ou non, un acte f[l] ayant occasionné dommage ne peut être l'objet d'une poursuite quelconque, en thèse générale, que s'il constitue ou contient faute personnelle. Inutile de rappeler à quelles conditions l'action civile peut s'exercer contre l'agent. Ce qui importe, c'est déterminer les conditions auxquelles l'Etat ou une administration peuvent être actionnés en responsabilité, quant aux faits et gestes f[ls] de leurs préposés.

En d'autres termes, si l'acte répréhensible, dûment f[l], comporte responsabilité pour l'autorité qui ne l'a pas spécialement et légalement prescrit, ladite autorité est-elle invariablement responsable civilement de tous les excès, de toutes les fautes, même officielles seulement, dont son préposé se serait rendu coupable en sa qualité?

La question est fort délicate, et la solution en est malaisée, du moins si l'on veut formuler une règle générale, un principe applicable à toutes les espèces. La IVe partie toute entière témoigne suffisamment de la difficulté qu'il y a souvent à apprécier le caractère et la nature exacts des actes d'un f[re]. Pour tenter de fournir la solution cherchée, il me faut revenir brièvement sur les matières précédemment traitées. La loi réprime le f[re], en principe, pour ses fautes officielles, c'est-à-dire pour celles qui sont de nature f[lle] ou de caractère f[l]. Il n'y a faute officielle que si le f[re] la commet en sa qualité.

Il y a faute f[lle]: 1° si l'acte est, de sa nature, assimilable aux exécutions selon l'article 209; 2° si le fait incriminé a directement trait à un acte f[l], c'est-à-dire, a lieu OF.

D'où il suit que toute faute, commise *pour* l'exercice du mandat f[l] ou à l'occasion de cet exercice, est une faute f[lle]. Mais exercer son mandat, abusivement ou même arbitrairement, est un fait coupable commis F; agir répréhensiblement, *tout en exerçant*, abusivement ou non, ledit mandat, est un autre fait, distinct du premier, commis OF, et qui n'est qu'assimilé à celui-ci théoriquement; en effet, l'acte coupable commis OF n'est nullement un acte ressortissant à l'exercice du mandat, mais bien un procédé *accessoire* à cet exercice.

Si la loi les réprime tous deux de la même façon, cela tient uniquement à ce que l'acte principal F et l'acte accessoire OF sont inséparables l'un de l'autre, sont tous deux perpétrés F, et sont même souvent connexes.

Sont donc assimilés: 1° l'acte F consistant à exercer directement les pouvoirs attribués au mandat ; 2° l'acte OF accompagnant le premier, directement motivé par l'exécution de celui-ci.

Aucun doute quant aux procédés de cette nature: l'autorité peut en être rendue responsable, sans qu'il y ait à arguer subtilement que le second n'est pas un fait ressortissant au mandat.

Si l'on raisonnait ainsi, nous serions fondés à répondre: le premier non plus ne ressortit pas au mandat, puisque celui-ci n'autorise pas le mandataire à en violer les clauses.

C'est surtout en matière de violences F ou OF que la question prend de l'importance. Or, nous avons vu IV, 21, qu'il importe peu que le fait reproché à un f[re] F ou OF constitue un crime pour lequel il n'avait pas reçu mandat de son administration, celle-ci l'ayant commissionné pour les faits civils *à l'occasion* desquels le crime a été commis (Cass. 19 juill. 1826).

On peut dire qu'en droit, tout se tient, et qu'il est illusoire de prétendre résoudre une difficulté déterminée en l'étudiant isolément; ce n'est qu'au moyen de la comparaison qu'il est possible d'arriver à un résultat acceptable.

Si donc nous examinons les règles et la jurisprudence applicables aux fondés de pouvoirs civils, nous constatons que l'article 408 réprime l'abus frauduleux de mandat contre le mandant, et l'art. 405 l'usage frauduleux du mandat contre quiconque.

Abus et usage sont donc réputés faits imputables personnellement au mandataire, et motivent répression contre lui. Si, poursuivant cette comparaison, nous examinons concurremment les art. 408, 405 CP et 1382 à 1384 CC, nous constatons également que le mandant ou commettant n'est responsable, vis-à-vis des tiers, des fautes de son mandataire ou préposé qu'autant qu'elles sont bien commises pour ou à l'occasion de l'exercice des fonctions du susdit. D'où il suit que, s'il plaît au mandataire de faire délibérément de son mandat un *usage* intentionnellement criminel, dans un but d'ordre privé, le mandant ne saurait à aucun titre être rendu responsable de cet usage, bien que le mandataire encoure, comme tel, répression justifiée.

En un mot, le mandant est responsable de ce que le mandataire fait en son nom, pour son compte, ainsi que des suites de la négligence, de l'imprudence, des excès de son préposé. Il est également responsable des dommages qui sont la conséquence de la situation qu'il a confiée audit préposé, ou que l'exercice du mandat a pu amener celui-là à occasionner. Dès lors que le mandataire agit pour représenter le mandant, même en dehors de ses attributions formelles, tout ce qu'il fait est mis à la charge du mandant.

Mais il faut que l'acte soit bien motivé par l'exercice du mandat; qu'il soit bien l'effet direct ou la conséquence occasionnelle, soit de cet exercice, soit de la situation spéciale donnée au préposé, et non pas un procédé délibéré, imputable personnellement à celui-ci, qui l'aurait employé par malignité, où l'on percevrait nettement le *consilium fraudis ;* ou encore qui constituerait une manifestation caractérisée de la volonté consciente du fauteur agissant pour son propre compte, fût-ce pendant l'exercice de son mandat

C'est dans le même ordre d'idées qu'une administration est rendue responsable des conséquences de toutes les fautes que commettent ses préposés, fût-ce contrairement à ses instructions formelles. Parce qu'il lui appartenait de mieux placer sa confiance, et de ne pas déléguer des hommes insuffisants, maladroits ou brutaux, ou capables de trahison.

Mais si le f^re, bien qu'ayant agi en sa qualité, ne s'est pas contenté d'abuser de son mandat ou des prérogatives en découlant ; s'il ne s'est pas borné à outrepasser ses droits ou à se montrer mandataire infidèle ; si, en un mot, il a fait usage inconscient, frauduleux ou criminel de sa qualité pour perpétrer délibérément un acte que son mandat ne comportait pas, il pourra être réprimé comme f^re sans que son administration soit rendue responsable. En effet, son acte n'est pas celui d'un mandataire, bien qu'il se soit prévalu de son mandat pour le commettre.

Toute la jurisprudence confirme cette théorie. Je n'ai trouvé qu'un seul arrêt qui *paraisse* être en désaccord avec elle :

Décidé que l'administration des douanes ne peut être tenue des dépens d'une poursuite exercée d'office contre un de ses préposés prévenu d'avoir blessé un délinquant; poursuite à laquelle elle n'a pris aucune part, si ce n'est pour autoriser la mise en jugement de ce préposé. — Cassation, 19 mars 1830. Douanes c. Baumann.

Je dis : qui paraisse, car l'arrêt ci-dessus n'infirme en rien l'argumentation exposée. Point n'était question en effet dans cette espèce, comme l'ont cru à tort certains auteurs, de statuer quant à la responsabilité civile de l'administration, à l'égard du fait f^l de son préposé. Il s'agissait, purement et simplement, non pas de la condamner à des dommages *qui n'étaient pas réclamés*, mais d'examiner si le paiement des frais d'un procès intenté d'office lui incombait. Or, il est évident que, puisqu'elle n'était pas partie au procès, le tribunal n'avait pas le droit de lui faire supporter la dépense résultant de l'initiative de la vindicte publique, bien qu'elle eût pu être rendue responsable du fait de son préposé.

A ce propos, une remarque incidente. Il arrive parfois qu'un tribunal, se méprenant sur la nature et l'étendue de ses pouvoirs, condamne aux dépens du procès intenté devant lui, tantôt le f^re dont l'initiative f^lle a motivé la comparution des prévenus, tantôt même le ministère public qui a requis.

Sans nous occuper des conséquences de cet excès de pouvoir en ce qui concerne le ministère public, une recommandation à propos du f^re témoin :

Si un f^re (un agent de police, en l'espèce) se voyait condamné aux dépens, sans qu'il fût partie au procès, il devrait demander la rétractation de la disposition qui le concerne (Cass. 9 fév. 1809). Si, au lieu d'en user ainsi, il réclamait des dommages contre les prévenus, il se constituerait par là-même partie civile.

Application des principes exposés, relativement aux services d'ordre et aux violences f^lles exercées à l'occasion d'iceux.

1° Le fait d'organiser un service d'ordre est, non seulement licite, mais encore obligatoire, pour le gouvernement ou la police locale, dans toutes circonstances où il est à prévoir que l'ordre peut simplement être troublé.

2° Négliger de prendre les mesures préventives en question pourrait entraîner responsabilité civile, pour qui de droit, aux termes de la loi de 1884 et des art. 1382 à 1384 CC.

3° L'acte d'organiser ou de prescrire un service d'ordre est purement administratif.

4° Les art. 114, 117, 186, 319 CP, etc. sont éventuellement applicables aux f[res] quelconques, en cas de fautes personnelles.

5° Les suites des mesures f[lles] et légales prises ou ordonnées à raison d'incidents survenus au cours d'un service d'ordre ne peuvent motiver aucune action criminelle ou civile.

6° L'action civile est ouverte contre tous f[res] n'ayant pas fait acte de police jud., quant à leurs fautes individuelles, et la responsabilité de l'autorité supérieure dont ils dépendent peut être alors engagée.

7° Quant aux f[res] qualifiés pour faire acte de pol. jud., ils ne peuvent qu'être éventuellement pris à partie, relativement aux mesures prises par eux pour l'exercice de la pol. jud.

8° *Agents.* — L'art. 186 ne leur serait applicable qu'en cas de violences excessives ou illégitimes.

Les art. 321 et 328 peuvent être invoqués par eux comme par quiconque. Relativement aux violences qu'ils exerceraient, spontanément ou sur ordre, *par riposte en groupe*, en dehors des circonstances prévues par la loi de 1848, ils pourraient invoquer le bénéfice des dispositions suivantes :

A. — Les dép. fp. peuvent employer la force des armes : 1° si des violences ou voies de fait sont exercées contre eux; 2° ou s'ils ne peuvent défendre autrement le terrain qu'ils occupent ou les postes dont ils sont chargés (Décret 3 août 1791, art. 25 à 27); 3° si la résistance est telle qu'elle ne peut être vaincue que par la force des armes (Décret 1er mars 1854, art. 297).

B. — Enfin, de tout temps, il a été admis que les dép. fp. ont le droit de repousser par la force les violences dont ils sont l'objet F (L. 28 germ. an 6, art. 170. Cass. 13 mars 1817).

9° L'action en dommages, admissible au cas de l'art. 321, ne le serait pas au cas de l'art. 328 CP.

10° L'autorité adm. n'est responsable que civilement, quant aux suites des mesures abusives ordonnées ou effectuées spontanément par ses divers préposés administratifs au cours de la répression.

Sa responsabilité est dégagée en ce qui concerne les conséquences des actes pour lesquels tel préposé jugerait à propos d'invoquer une excuse individuelle.

Remarque. — Les agents doivent, autant que faire se peut, éviter de faire acte d'initiative personnelle, lorsqu'ils font partie d'un service d'ordre. Il est préférable qu'ils n'exercent qu'une action collective, pour l'exécution exclusive des ordres de leurs chefs.

11° Une administration ne pouvant être responsable que des actes administratifs de ses préposés, il s'ensuit que les mesures de pol. jud. prises par les commissaires de police ne pourraient motiver prise à partie ou poursuites que contre ceux-ci, sans que leur administration pût être mise en cause.

12° Lorsqu'un acte, prétendu administratif, a été accompli ou ordonné par un f[re] en dehors de ses attributions, l'aut. jud. est compétente pour en connaître (Dijon 15 déc. 1876); ce qui n'empêche pas l'acte d'être réputé officiel, et de motiver l'application de l'art. 483 CIC (Cass. 2 août 1836, etc.).

Conclusions. — 1° La seule prérogative exceptionnelle des privilégiés en général consiste dans la protection dont ils bénéficient : 1° quand ils sont F; 2° quand ils sont attaqués OF directement.

2° Quant à l'exercice de leurs pouvoirs f[ls], s'il leur vaut protection spéciale, il leur vaut répression spéciale correspondante.

3° Civilement, certains dép. aut. ne peuvent être actionnés que par la voie de la prise à partie.

Conclusions générales de la IVe partie. Droits et devoirs des f[res] et des citoyens.

1° *Le domicile privé.* — *a).* Pendant la nuit, nul f[re] n'a le droit de pénétrer dans l'habitation de famille d'un citoyen, contre le gré de celui-ci, à moins de circonstances extraordinaires.

b) Pendant le jour (de 6 h. à 6 h. l'hiver, et de 4 à 9 h. l'été), les citoyens doivent tolérer l'introduction d'un f[re] chez eux: 1° si ce dernier est porteur d'un mandat l'y autorisant; en quel cas il doit exhiber le mandat; 2° si le f[re] procède en flagrant délit et a compétence pour procéder ou est accompagné d'un f[re] compétent. Ce, sauf dispositions des lois spéciales (contributions, etc.).

2° *La Rue.* — Les citoyens ont toute liberté de circuler dans la rue, mais ils n'y doivent pas stationner en groupes de plus de 3 personnes. Ils sont tenus d'obtempérer aux injonctions des agents si ceux-ci les invitent à circuler.

3° La Personne. — Nul f[re] n'a le droit de porter la main, sans motifs, sur la personne d'un citoyen.

a) Dans la rue, les agents ont le droit de contraindre les groupes à circuler, si les personnes en faisant partie n'obtempèrent pas aux injonctions qui leur sont adressées. Toute violence inutile ou abusive est interdite.

b). Dans la rue également, tout citoyen qui aurait commis une contravention, doit donner aux agents les renseignements qui lui sont demandés, et fournir les justifications exigées. A défaut de justifications suffisantes ou en cas de refus de répondre, le contrevenant doit être conduit, librement s'il s'exécute docilement; *par la force* s'il résiste, devant le f[re] compétent pour statuer.

c). En cas de flagrant délit, tout f[re], tout particulier a le droit de saisir le délinquant et de le conduire devant le magistrat compétent, sans employer de rigueurs inutiles.

d). Tout citoyen qui est l'objet d'un mandement prescrivant son appréhension doit, sur exhibition (ou après notification à domicile), suivre sans résistance l'agent chargé d'exécuter, sous peine de se voir contraint par le moyen de la force.

e). A moins de nécessité évidente, nul citoyen ne peut être fouillé de force que sur l'ordre du mag. compétent.

4° Le Poste. — a). Sauf le cas de nécessité, et à l'exception des individus en état d'ivresse ou de vagabondage, nul citoyen domicilié ne peut être détenu dans un poste de police ou une chambre de sûreté que sur l'ordre du mag. compétent.

b). Cette détention est essentiellement temporaire. Prescrite en vertu de l'art. 509 CIC, elle ne peut excéder 24 heures.

Ayant lieu à raison d'une information judiciaire, elle doit être calculée de telle façon que, si l'arrestation est maintenue, le délinquant (en flagrant délit ou objet d'un mandement) puisse comparaître devant le juge ou le procureur de la République dans les 24 heures suivant son arrestation (L. 8 déc. 1897, art. 2.).

5° Soumission et résistance. — En principe, les citoyens doivent n'opposer aucune résistance aux divers représentants de la loi. Pourtant, si l'un de ceux-ci prétendait entrer chez eux la nuit malgré leurs protestations, ils pourraient, *sans frapper*, repousser la violence par la force. De même si le f[re] prétendait les arrêter ou les détenir sans motifs ou sans justification.

CINQUIÈME PARTIE

Huissiers, Officiers ministériels. — Délits commis contre eux et contre ceux qui les assistent.

CHAPITRE Ier

HUISSIERS ET AUTRES OFFICIERS MINISTÉRIELS QUALITÉS ET QUALIFICATIONS

Les off. min. sont les avoués (Cass. 29 mai 1845), huissiers (Cass. 19 mai 1827), commissaires-priseurs et notaires (Cass. 13 mars 1812).

Que veut dire cette qual.: off. min. ? La jurisprudence répond : L'off. min. est un officier public (Cass. 8 juillet 1813).

Mais ce n'est pas là une définition, car on a jugé que les avocats sont, eux aussi, des officiers publics, ainsi que les maires, etc.

Certains auteurs disent : on les dénomme ainsi parce qu'ils sont pourvus d'un *office;* d'autres: parce qu'ils prêtent leur ministère aux magistrats et aux parties ; d'autres : parce que le gouvernement les nomme.

Rien de tout cela n'est satisfaisant. Les agents de change, pourvus d'un office, n'ont aucun caractère public. Les officiers de police n'ont pas de charge. Les greffiers, réputés off. min. et off. publics, exercent une véritable fonction. Les juges, f^res^, etc., prêtent leur ministère aux parties.

La vérité est que nul ne sait comment et pourquoi le législateur a été amené à employer la désignation en question.

Les attributions des off. min. sont loin d'être les mêmes. Chaque catégorie a un rôle défini, distinct de celui des autres off. min. Quels sont donc les traits qui leur sont communs, et les distinguent des autres officiers quelconques ? Tous achètent leur charge (ou office). Tous ont un caractère public. Aucun n'est f^re^ adm. ou jud.

Officier (*of, facere)* veut simplement dire: chargé de faire, chargé d'agir.

Notons en outre que ce terme désigne toujours des personnes aptes à exercer une action plus ou moins indépendante, ou plutôt, jouissant d'un pouvoir spécial, propre à la fonction, en ce sens que leurs actes sont autorisés par la loi, directement, accomplis sous la responsabilité personnelle de l'agent, et exempts du contrôle préalable de l'autorité, laquelle ne peut que les examiner et statuer quant à leur validité et leur régularité, une fois qu'ils ont été accomplis.

Ministériel (de *minister*, serviteur, mot formé de *minor*, moindre), me paraît n'être qu'un qualificatif employé par opposition d'idées, pour indiquer la différence d'attributions entre les officiers en question et les magistrats (de *magister*, maître, et non de *qui magis potest*, comme on l'a prétendu, à tort, selon moi).

Je crois donc que la dénomination logique serait : officiers publics ministériels, c'est-à-dire citoyens qualifiés pour agir avec un caractère public à titre de collaborateurs secondaires des mag. de l'ordre jud.

Ce qui est certain, c'est qu'au sens des lois de presse, aucun off. min. n'est f^re^ ni ag. du gouv. (Cass. 26 déc. 1807, 14 avril 1819), ni dép. ou ag. aut., ni cit. SP, pas plus les avoués (Rennes, 25 juin 1885, Cass. 14 avril 1831 et 9 sept. 1836), que les commissaires-priseurs (Cass. 24 juill. 1884), que les huissiers (Cass. 18 juill. 1885) ou que les notaires (Cass. 15 juin 1883, Riom, 13 nov. 1846), bien que ceux-ci soient qualifiés f^res^ par les lois de 1791 (Titre I, section 2, art. 1er) et du 25 ventôse, an 11, art. 1er.

L'art. 224 CP protège, à titre d'off. min.: les avoués (Cass. 29 mars 1845, 16 juin 1893), les notaires (Cass. 22 juin 1809, 13 mars 1812), ainsi que les autres officiers énumérés *suprà*.

D'autre part, l'art. 173 CP concerne, comme officiers publics : les avoués (Cass. 10 mai 1823), comme les autres off. min. De même quant à l'art. 175.

S'ensuit-il qu'off. min. est une *qualité f^lle^* ? Nullement : c'est une qual^on^ générique et f^lle^. Ce qui le prouve, c'est que les porteurs de contraintes et garnisaires des cont. ont été considérés comme off. min., quand ils font acte f^l^ d'huissiers (Cass. 20 fév. 1830, 30 juin 1832). Voir VII pour chaque officier.

Huissiers, commissaires-priseurs. — Mais le cas le plus intéressant est celui de ces officiers, dont le rôle le plus important consiste à exécuter les décisions de justice.

Je m'arrêterai particulièrement au cas des huissiers, qui, plus que tous autres, sont appelés à jouer à chaque instant le rôle susdit.

L'huissier, expressément désigné sous cette appellation par l'art. 77 décret 18 juin 1811, est protégé, lorsqu'il agit pour l'exécution y mentionnée, et, en général, lorsqu'il est attaqué F, OF, FR, par les art. 209, 224 et 230 CP, à titre d'off. min.

Comme les notaires (Cass. 28 déc. 1816), il est off. public au sens de l'art. 175 CP (décret 14 juin 1813, art. 38), ainsi qu'au sens de l'art. 174 (Cass. 15 juillet 1808, 16 juillet 1812, 15 mars 1821, 7 avril 1842).

Il est f^re^ au sens de l'art. 177 (Cass. 8 juill. 1813) et de l'art. 114 (Cass. 1er frim., an 13).

Il peut être réputé f^re^, ag. ou préposé du gouv. au sens de l'art. 197 (Cass. 11 avril 1835) et de l'art. 114 (Cass. 16 juill. 1812).

N'est pas concussionnaire aux termes de l'art. 174 CP, l'huissier qui, n'exerçant aucune influence prise de l'exercice de ses fonctions, reçoit pour ses frais des sommes plus élevées que celles fixées par les règlements, soit que ces sommes lui aient été offertes ou remises volontairement, soit qu'il les ait réclamées.

Dans ce dernier cas, il y aurait contravention à l'art. 151 nº 4 du décret du 16 juillet 1807 (Metz, 6 juin 1821).

Mais l'huissier qui extorque F, à titre d'indemnité et de vacations pour visites, des sommes arbitraires ou exorbitantes sous le prétexte d'arranger un fait porté dans une plainte qui n'était que supposée, doit être réputé concussionnaire (Cass. 15 juillet 1808).

Il en est de même lorsqu'il exige et reçoit ce qu'il sait ne lui être pas dû, ou excéder ce qui lui est dû pour taxe ou salaire (Cass. 15 mars 1821).

(Taxe. — Le jugement qui statue en Chambre du Conseil sur une opposition à la taxe des dépens, n'est pas soumis à la prononciation en audience publique.

Le Tribunal qui rejette des frais comme frustatoires, n'est pas tenu de réserver d'office le recours de l'officier ministériel contre son client (Cass. 8 mars 1848).

Quant à l'art. 184 CP, il ne parle plus des officiers publics — il parle des officiers de justice, et des particuliers.

Faut-il en conclure que l'art. 184 nº 2 sera appliqué à l'huissier, tout comme au particulier ?

La Jurisprudence ne l'admet pas : L'huissier, coupable du délit de l'art. 184, doit être puni comme officier de justice (Cass. 2 août 1833, etc.).

Remarques. — Pourquoi l'art. 184 nº 1 punit-il certaines personnes, dans des conditions différentes de celles exigées pour les simples particuliers ?

Parce que ces personnes, f^res^, agents, commandants fp, officiers de justice, ont un *caractère public* dont ils pourraient abuser, même s'il s'agit de simples ag. aut., comme les officiers de paix et les ag. pol. (Cass, 2 mai 1839, 14 juillet 1838, 2 octobre 1847).

L'huissier n'est ni f^re^, ni dép., ni ag. aut., ni citoyen SP, alors même *qu'il agit à la requête du Parquet* (Cass. 18 juillet 1885).

Par suite, c'est à la juridiction correctionnelle, et non à la Cour d'assises, qu'il appartient de connaître de la diffamation commise contre lui en sa qualité d'officier ministériel (Rennes, 25 juin 1885 et Cass. 24 juillet 1885).

La loi de 1881 ne concerne donc pas les huissiers. Y a-t-il là une omission, ou, au contraire, une exclusion volontaire ?

On ne saurait conclure à une omission, car avant même la loi de 1881, la jurisprudence leur refusait la protection des lois spéciales, en cas de diff. ou inj. OFP, même s'ils avaient instrumenté pour l'administration (Cass. 1er avril 1831, 9 septembre 1836, 27 nov. 1840).

En présence des décisions rapportées, on peut à bon droit se demander comment on doit considérer l'huissier, au sens des lois sur la presse. Comme un simple particulier, a-t-on dit (Cass. 25 juin 1831).

De même pour le notaire (Cass. 9 sep. 1836) et pour l'avoué (Cass. 14 avril 1831).

Mais la Cour suprême a également dit : Les off. ministériels F ne sauraient être considérés comme simples particuliers (Cass. 22 juin 1809. Vincent.)

Même s'il s'agit d'une simple signification pour laquelle ils ont le droit et même le devoir de s'introduire dans le domicile des parties auprès desquelles ils sont envoyés, les huissiers ne sauraient être considérés comme simples particuliers (Cass. 11 août 1838. Paris 2 août 1833.)

Mais aucun huissier n'est dép. ni même ag. aut. dans le sens des lois sur la presse (Cass. 13 août 1841, etc.).

Du reste, la jurisprudence n'a pas toujours été invariablement fixée. Exemples: Les diffamations et invectives proférées publiquement dans un greffe contre un off.

min. OF constituent les délits prévus par les art. 13. 16. 19 de la loi du 17 mai 1819 (Cass. 29 mars 1845). Mais cette loi a laissé subsister l'art. 224 (Cass. 19 mai 1827).

Le prévenu de diffamation envers un huissier agissant dans un caractère public pour l'exécution d'un mandat de justice, étant autorisé par l'art. 20, L. 26 mai 1819, à faire la preuve des faits diffamatoires, ne peut en être privé sous le prétexte que cette preuve serait contraire aux faits constatés par un acte authentique, et prescrite par les art. 1319 et 1341, C. civ. — (Cass. 31 déc. 1835, Villaubreil).

La preuve d'une diffamation contre un avoué, lequel n'est pas f^re, n'est pas permise (Cass. 14 avril 1831).

L'huissier doit être considéré, F, comme un dép. aut. (Bourges, 13 août 1817).

Il résulte de tout ceci : 1° Que la jurisprudence n'a pas toujours été fixée; 2° que l'outrage direct OF, public ou non, est réprimé par le Code pénal, tandis que l'inj. ou la diff. OFP sont réprimées par la loi de 1881 comme si elles concernaient un simple particulier, bien qu'il soit reconnu qu'un off. min. n'est pas un particulier !

Cet ostracisme est-il justifié ?

La question vaut d'être examinée. Nous savons que les offenses OF peuvent viser : 1° la qualité; 2° la fonction et les actes f^ls.

Pour que la qualité soit protégée, il faut nécessairement que le titulaire ait un caractère public; c'est-à-dire que sa fonction ait pour objet le service public, et soit exercée légalement, en vertu des pouvoirs f^ls attribués au mandat. En d'autres termes, l'agent doit être délégué ou investi, et détenir, fût-ce temporairement, une partie de l'autorité publique, sans laquelle il n'aurait pas pouvoir d'exercer une action f^lle, surtout au sens de l'art. 209.

Les questions suivantes se posent donc : 1° la qualité d'off. min. est-elle, oui ou non, celle d'un simple particulier, ou celle d'un officier public ?

2° L'action f^lle du dit officier est-elle de nature privée, ou a-t-elle lieu légalement dans l'un des buts énumérés art. 209 ?

3° L'action FR est-elle exercée pour un service public, ou pour un service privé ?

Toute l'argumentation de la jurisprudence repose sur la considération ci-après : les off. min. agissent surtout à la requête des particuliers et dans l'intérêt de ceux-ci; donc ils n'agissent pas pour le service public, mais bien pour un service privé. Même si l'on admet ce raisonnement, encore faudrait-il ne l'appliquer que relativement aux cas où l'off. min. agit en fait à la requête des particuliers. Mais lorsqu'il agit à la requête du ministère public, pour l'exécution d'un mandement de justice ?

Peu importe, répond la jurisprudence : il n'y a qu'un off. min. en cause, et un off. min. n'a pas une qualité publique.

A quoi je réponds : Et le *particulier* qui conduit, sur réquisition de l'autorité, un prévenu devant le procureur de la République, est-il donc investi d'une qualité publique ? Cela n'empêche pas qu'on le répute à bon droit SP (I. 15), à raison de son action exceptionnelle.

L'off. min. agit, dit-on, pour un intérêt privé. Et le syndic de faillites, n'agit-il pas pour des intérêts privés ? Cela ne l'empêche pas d'être qualifié SP, à raison de son action f^lle spéciale. Est-il besoin de citer d'autres exemples ? Voyez VII, gardes, porteurs de contraintes, préposés, séquestres, gardiens de scellés, etc., etc.

Il est prouvé, et cela n'est du reste pas contesté, que ce n'est pas la qualité seule qui motive protection, mais que le rôle joué entraîne, par surcroît, protection de la qual^on que comporte la nature du dit rôle. On peut donc, sans être investi d'une qualité légale à titre individuel, exercer une action f^lle protégée, en soi et relativement à la qual^on correspondante, laquelle qual^on n'est autre chose qu'une qualité exceptionnelle, caractéristique de l'action.

Il importe peu que la qualité d'off. min. ne soit pas mentionnée dans la loi de 1881, si l'action de l'off. min. est bien une action f^lle protégée par la loi dans son exercice et à raison de cet exercice. Or, la qualité du dit officier, attribuée à son mandat permanent, est protégée F et OF par le code, parce que l'action, exercée en vertu des pouvoirs découlant du mandat, a pour objet exclusif l'exécution de la loi, tantôt dans l'intérêt de celle-ci, tantôt dans l'intérêt des citoyens.

Les séquestres ne sont-ils pas des cit. SP agissant dans un intérêt privé ? Ont-ils comme les huissiers, qualité pour arrêter un condamné ? Et ce pouvoir spécial, réservé aux huissiers, dira-t-on qu'il est attribué au mandat d'off. min. ?

Le décret de 1811 ne prend-il pas soin de parler des seuls huissiers, art. 77, et non des off. min. ? Les art. 184, 114 CP ne les désignent-ils pas alors comme officiers de justice, et même comme f^res, ag. ou préposés du gouv. ?

S'obstinât-on à considérer que, puisque

l'huissier, dans le cas susdit, ne peut être réputé qu'off. min., puisque les art. 209 et suiv. le qualifient ainsi, que je répondrais : La jurisprudence hésite-t-elle à considérer comme off. pol. jud. les gardes des particuliers, faisant acte de pol. jud. dans l'intérêt de leur maître ?

Et ne savons-nous pas que la confusion règne si bien en matière de qual[ons] qu'on est allé jusqu'à soutenir que le garde susdit est f[re], parce qu'il agit comme off. pol. jud. !

Remarquons que l'huissier, lui aussi, agit et comme off. pol. jud. et comme ag. pol. jud., quand il dresse procès-verbal d'outrages, et quand il exécute un mandat.

De plus, le gardien d'objets saisis que l'huissier désigne en cas de saisie, est considéré comme citoyen SP. L'huissier n'est ni citoyen SP, ni ag. ni off. pol. jud. Toujours, il reste officier ministériel. Pourquoi ?

Qu'on lui réserve au moins, à lui et aux autres officiers pourvus d'une charge, cette qual[on] si précieuse, et qu'on ne l'attribue pas aux porteurs de contraintes et aux garnisaires !

Les off. ministériels, expressément protégés contre les injures et diffamations, même publiques, qualifiées outrages directs, cessent donc d'être protégés si le délit est indirect, c'est-à-dire s'il revêt un caractère particulièrement coupable, offensant, dangereux même pour la corporation toute entière.

La diffamation, notamment par la voie de la presse, à l'égard des huissiers, qui ne bénéficient pas de la possibilité de se disculper publiquement, a été, il y a quelques années, à l'ordre du jour.

Aussi le public peu éclairé croit-il fermement qu'un huissier est un bandit, capable de toutes les ignominies. Comment en serait-il autrement ? Si l'huissier assigne son diffamateur, il est exposé à tous les inconvénients qu'encourt le particulier : les plaidoiries ne l'épargneront pas. Il le sait, et ronge son frein, d'ordinaire. A sa place, je serais perplexe, et me demanderais comment il peut bien se faire qu'une action protégée par la loi, me valant protection à raison de la qualité en vertu de laquelle j'exerce ladite action, peut cesser de l'être lorsque la publicité de l'attaque dont elle est l'objet risque de me déshonorer aux yeux de tous.

Je me demanderais aussi pourquoi le prêtre bénéficie d'une prérogative qui m'est impitoyablement refusée, pourquoi le témoin est plus favorisé que moi, et je ne pourrais m'empêcher de songer que, si précieux que soit pour la société le concours de ces privilégiés, le mien, comme serviteur de la loi, ne l'est peut-être pas moins.

Ce n'est pas sans amertume que je me dirais qu'on sait bien me trouver une qual[on] que je ne possède pas fonctionnellement, lorsqu'il s'agit de réprimer mes abus, mais que, lorsque la déconsidération m'atteint, je rentre dans le droit commun, moi seul, et nul autre privilégié, comme si j'étais en réalité un paria livré à toutes les contumélies, parce que j'ai choisi une fonction injustement décriée, particulièrement ingrate et difficile, qui me contraint à engager à chaque instant ma responsabilité, dont l'exercice est étroitement surveillé, qui m'expose à être reçu à coups de fusil à l'occasion, qui me fait considérer comme un ministre de vengeance et de haine, qui appelle sur ma tête toutes les rancunes et toutes les colères, qui me fait taxer d'inhumanité et de barbarie, alors même que je ne puis me refuser à prêter mon ministère à ceux qui le réclament au nom de la loi, leur mobile personnel procédât-il réellement de la malignité !

L'huissier n'est pas fondé à refuser son ministère sous prétexte que l'acte requis serait nul ou irrégulier. Il devrait seulement, dans ce cas, pour mettre sa responsabilité à couvert, exiger une réquisition spéciale (Montpellier, 24 juin 1826, décret 14 juin 1813, art. 42).

Les huissiers ne peuvent se refuser à signifier les exploits qui leur sont remis sur papier timbré, écrits par la partie ou par son avoué, pourvu toutefois qu'ils ne contiennent rien d'illicite, alors surtout que l'avoué déclare n'exiger pour cette rédaction aucune espèce de remise (Rennes, 15 fév. 1847, Verne c. Thomas et huiss. de Nantes).

Il est temps que l'antique préjugé contre l'indispensable fonction de l'huissier disparaisse, comme a disparu à peu près celui qui a si longtemps existé contre la profession de l'acteur.

Ce n'est pas d'aujourd'hui, en effet, que l'huissier est l'objet de l'animadversion déraisonnable dont il souffre.

A Rome, les *executores* ou *apparitores* n'étaient-ils pas choisis d'ordinaire parmi les affranchis !

Sous l'ancien régime, que ne se permettait-on pas contre les *sergens!* On les battait, on les plongeait dans des mares fétides, on les tuait quelquefois, sans que l'autorité impuissante réussît toujours à atteindre les coupables.

Sans doute, alors comme à présent, il y avait des brebis galeuses parmi eux. Raison de plus pour entourer leur fonction d'un prestige suffisant à les rendre inexcusables en cas de défaillance.

Mais je m'écarte de mon sujet. Un mot pour terminer.

L'huissier, ainsi désigné dans le CPC, et par le décret de 1811, est un officier de justice au sens du Code pénal, quand il procède en vertu dudit décret.

Or, qu'est-ce qu'un officier de justice? Si la loi ne le dit pas, le bon sens peut suppléer à cette omission. Le rôle de l'officier de justice consiste essentiellement à procéder aux exécutions judiciaires, civiles ou criminelles.

Lorsqu'il est chargé d'une exécution criminelle, il est, en fait, investi d'un mandat de l'aut. jud., de par la réquisition du Parquet, les tribunaux ne faisant pas exécuter directement leurs décisions. Alors ? Etre requis par un off. pol. jud. pour une exécution jud., n'est-ce pas être chargé *d'agir* à la requête de cet officier? N'est-ce pas faire act. d'ag. pol. jud. ?

Il serait difficile de le contester. Comme tout citoyen mandaté régulièrement pour faire acte de police jud. est SP, concluez.

Nota. — A propos des officiers de justice, remarquons que l'art. 31 du décret de 1811, qui parle d'eux, n'entend certes pas désigner les huissiers, si l'art. 184 CP s'applique à ces derniers, considérés alors comme off. de justice.

Conclusions. — Quelle que soit la nature de leur action f[lle], qu'ils soient requis par les particuliers ou par l'autorité, les off. min. en général tiennent leurs pouvoirs de la loi, directement; leur mandat consiste à agir en et pour l'exécution de la loi ou des mandements de justice; ces conditions étant manifestement celles qui sont exigées pour qu'un citoyen soit dit SP, cette qual[on] doit s'appliquer *de droit* aux off. min. sans distinction.

CHAPITRE II

HUISSIERS. — EXERCICE ET ACTION F[ls]

(Voir III, 2, 4; IV, 9; II, 1 à 5, etc.)

L'huissier *est F* à l'audience, et peut alors être réputé off. public ou min.

Il *agit F* en exécution des lois et mandements (significations, etc.).

Il agit FR pour l'exécution des lois et mandements.

Son exercice f[l] étant essentiellement actif, en principe, on peut considérer que, pour lui, action F et action FR sont théoriquement identiques.

Protection. — Menacer, dans la salle d'audience, un officier ministériel de lui donner des gifles est un outrage (Cass. 2 juill. 1887).

Lui cracher au visage est un outrage par gestes (Cass. 5 janv. 1855).

Les violences de l'art. 231 ne peuvent être punies de la réclusion que si elles ont été exercées contre l'off. min. F. ou OF. Hors ce cas, c'est l'art. 311 qui est applicable (Cass. 2 avril 1829).

Exercice de l'action f[lle] à l'égard des citoyens. — Il ne commence qu'au domicile des parties auxquelles l'huissier a affaire (Avis Cons. d'Etat 5 ventôse an XIII).

Ce qui ne veut pas dire que l'huissier ne soit protégé que lorsqu'il se trouve audit domicile.

Il agit FR dans ce cas, mais la loi le protège, non seulement FR, mais encore F et OF.

Dans son étude même, l'huissier peut agir F en fait vis-à-vis d'un débiteur. Par exemple, que ce débiteur, saisi, ou ayant reçu commandement, se présente à l'étude pour payer, et l'huissier agira vis-à-vis de lui officiellement. Outragé ou frappé à raison de l'exécution ou du paiement, il sera protégé OF.

N'est pas coupable d'injure celui qui, sur la demande qu'un huissier lui faisait de son salaire, à raison d'une signification délivrée à sa requête, a adressé à ce f[re] le reproche d'avoir commis une irrégularité et une fausseté dans la procédure (Cass. 19 avril 1810). Cette opinion est des plus discutables. Il y a là, à mon avis, un outrage OF.

« L'huissier qui signifie une contrainte agit pour l'exécution du jugement en vertu duquel il procède; par suite, les violences commises envers lui en ce moment constituent le délit de rébellion puni par l'art. 209, et non pas seulement le délit prévu par les art. 224 et 230. » (Cass, 11 août 1838).

Ce qui est rigoureusement exact, à la condition pourtant que les violences aient eu lieu pour empêcher l'huissier de signifier, ou par révolte contre la loi; en un mot, contre l'acte FR ou à raison de cet acte.

Est protégé par l'art. 209: L'huissier qui signifie un commandement en vertu d'un titre exécutoire (Cass. 18 août 1838); Qui fait des offres réelles (Paris, 2 août 1833); Qui procède à la vente de meubles saisis (Cass. 10 mars 1842); Qui se présente pour dénoncer un protêt (Paris 15 mars 1843).

Le fait de s'armer d'un fusil et de coucher en vue un officier ministériel (un huissier), F, constitue le délit de rébellion (30 août 1849, Cr. r. Guilliot).

Il y a outrages envers un huissier dans le fait de menace avec gestes de le frapper, au moment où il exécute une saisie (Bourges, 13 août 1817).

La menace de couper les jambes avec une gibe, s'il accomplit son mandat, adressée à un huissier qui procède à une saisie-brandon, ne saurait équivaloir à la menace d'assassinat dont parle l'art. 305 C. pén. 9 janvier 1851, Limoges, Mazaud.

C'est possible, mais l'art. 308 serait actuellement applicable, à moins que les circonstances de fait ne justifiassent l'application des art. 209 et suiv.

Nota. — Les huissiers sont affranchis du péage des ponts et chaussées: 1° lorsqu'ils marchent pour le service de l'Etat; 2° lorsqu'ils accompagnent les membres de leur tribunal; 3° lorsqu'ils conduisent un prévenu ou condamné (Cons. d'Etat, 5 vent. an 12).

CHAPITRE III

DROITS D'ACTION F[lle] DES HUISSIERS ACTES LÉGAUX, ILLÉGAUX, IRRÉGULIERS

Dans la proc. crim., n° 58, j'ai consacré une cinquantaine de pages à l'étude de notre rôle en matière d'assistance aux huissiers, etc. Sans revenir sur cette question, il importe d'en examiner le côté pratique.

Il arrive que le débiteur contre lequel on procède se croie fondé à opposer une résistance passive ou active à l'exécution qui le menace, parce que certaines formes légales n'ont pas été observées, ou pour tout autre motif. Les principes longuement développés IV sont applicables aux huissiers.

Droit de l'huissier de s'introduire au domicile des parties auxquelles il a affaire, lorsqu'il ne vient pas saisir ou exécuter. — Si la loi interdit à l'huissier, sous peine de se voir appliquer l'art. 184, de s'introduire chez les citoyens auxquels il a affaire pour son exercice f[l], c'est uniquement lorsque sa pénétration a pour objet une exécution (saisie, etc.). Encore l'art. 184 n'est-il applicable que si l'introduction a lieu *contre le gré* du citoyen, et sans l'assistance d'un f[re] qualifié.

Mais il ne faut pas croire que, hors les cas d'exécution, l'huissier doive s'abstenir de pénétrer, sous peine d'application de l'art. 184.

Quand il accomplit un acte de son ministère (signification, dénonciation de protêt, offres réelles, etc.), il a le droit incontestable de pénétrer chez la partie concernée, sans l'assistance d'un magistrat, et, si on lui oppose la force, il y a rébellion.

Exemple: Attendu qu'il n'y a, aux termes de l'article 184, violation de domicile par les officiers de justice et agents de l'autorité publique, que dans le cas où ils se sont introduits dans la maison contre le gré des parties, et sans remplir les formalités prescrites par la loi; attendu qu'aux termes de l'art. 1037 les huissiers peuvent instrumenter, le 15 avril jusqu'à 9 heures du soir, et que, dans l'espèce, l'huissier Henrion s'est présenté bien avant cette heure; attendu qu'aux termes de l'art. 68 tout procès-verbal doit être fait à personne ou domicile, et que la copie doit en être laissée ; que la loi consacre donc formellement le droit et même le devoir pour l'huissier de s'introduire dans le domicile des parties auprès desquelles il est envoyé; que ce droit est encore plus positif lorsqu'il s'agit, comme dans l'espèce, d'exploits de nature à provoquer les réponses qui doivent être citées textuellement au procès-verbal; attendu que les huissiers ne peuvent faire leur procès-verbal hors de la maison dont l'ouverture ne leur a pas été refusée, avant d'être en mesure de remettre la copie; que la rédaction de l'original et la remise de la copie dans le lieu même, garantissent d'une manière spéciale l'exactitude de l'officier public, dont les actes font foi jusqu'à l'inscription de faux ; attendu que l'huissier Henrion s'est renfermé dans la ligne des cas prévus par la loi, et que Boisrichard et Dubar, par paroles et menaces envers Henrion, huissier, agissant F[1] ont commis le délit prévu par l'art. 224 (Arrêt de la Cour de Paris, du 2 août 1833).

Actes illégaux. — Résistance.

Qu'un huissier, par exemple, tente d'expulser illégalement, sans titre, sans autre motif que d'éviter des frais au propriétaire, un locataire de son appartement; qu'il veuille faire enlever des objets mobiliers pour les vendre sans jugement, etc.; en un mot, qu'il essaie de procéder à un acte d'exécution, ressortissant à sa fonction, sans aucun titre exécutoire, par coupable complaisance ou par pure malignité, et l'art. 209 ne le protégera pas, puisqu'il n'agit pas FR.

Quid si l'huissier n'exhibe pas les titres dont il est porteur ? Même en ce cas, la rébellion serait inexcusable.

Ainsi jugé qu'on ne peut contester la validité d'une sommation (notamment dans le cas de l'art. 1656, C. civ.) par cela seul que l'huissier n'a pas exhibé les pièces constituant son pouvoir; il suffit que l'huissier soit porteur des pièces. — Cass. 19 août 1824, Bailleul, c. Lefebvre.

Du reste, même en matière de contrainte par corps (781 CPC) l'huissier n'était pas tenu de représenter son pouvoir (Montpellier 19 juin 1827, etc.).

A plus forte raison n'est-il pas tenu d'exhiber ses titres lorsqu'il pénètre avec l'assistance d'un mag. : la présence de celui-ci suffit à tout (Nancy 22 juin 1813).

L'huissier, en effet, n'est tenu d'exhiber ses titres *qu'au seul mag.* dont il réclame l'assistance. Et, même si certaines formes requises n'étaient pas observées, la rébellion serait punissable (Cass. 5 janv. 1821, etc.).

Les significations faites par un huissier qui exerce publiquement ses fonctions sont régulières, sans qu'il soit besoin de rechercher s'il est porteur d'une commission légale (Montpellier 30 nov. 1824).

Sauf en matière de saisie immobilière et de contrainte par corps, l'huissier est dispensé de rapporter un pouvoir écrit, lorsqu'il fait des actes de son ministère (Metz 22 déc. 1827).

Les huissiers sont visés par l'art. 114 CP.

Exemple : L'huissier qui, sans mandat de justice, fait arrêter par des gendarmes, pour être conduit devant un officier de police, un maire qu'il soupçonne d'avoir favorisé l'évasion d'un détenu pour dettes, commet un attentat contre la liberté individuelle (Cass. 1er frim. an 13, 16 juillet 1812).

Actes légaux. Irrégularités f^{lles}.

L'irrégularité, quant à l'exécution d'un acte légal, ne légitimerait ni la résistance ni les outrages.

1° Récolement un dimanche. — Violation de l'art. 587 CPC. Outrages.

Dans une espèce, l'huissier, assisté d'un brigadier forestier, avait procédé, un dimanche, au récolement de meubles et effets saisis précédemment sur un nommé Cros. Au cours de l'opération, la femme Cros outrage l'huissier, et se voit condamnée.

Mais, sur son appel, la Cour de Montpellier la renvoie des poursuites par le motif que, l'opération ayant eu lieu un dimanche, et l'huissier ne s'étant pas muni de la permission du juge, conformément à l'art. 1037 CPC, ni lui ni le brigadier forestier n'étaient dans l'exercice légal de leurs fonctions.

La Cour de cassation, saisie sur pourvoi du ministère public, annule l'arrêt, le 20 février 1830, en vertu des considérants ci-après :

« Attendu qu'en regardant comme un acte d'exécution le récolement opéré par l'huissier, pour vérifier les soupçons, qu'il avait conçus, et qui se sont réalisés, du détournement et de la soustraction de partie des effets saisis, dont il avait confié la garde au saisi lui-même; attendu qu'en admettant, même en principe, que des agents, chargés de l'exécution des lois, lorsque leur qualité n'est ni méconnue ni contestée, peuvent être impunément menacés, outragés et injuriés, sous prétexte qu'ils ont négligé quelque formalité requise pour l'exercice de leur ministère, et ne doivent plus alors jouir de la protection que la loi leur accorde en cette qualité, principe qui pourrait d'ailleurs entraîner les inconvénients les plus graves pour l'ordre public, et encourager les particuliers à se faire justice eux-mêmes, tandis que les lois leur donnent tout recours, toute action en réparation et dommages et intérêts, soit contre les agents aut. qui auraient négligé les formalités prescrites, soit contre ceux qui les auraient employées; attendu que, dans ces différentes suppositions, il était du moins établi en fait que les imputations injurieuses que s'était permises la femme Cros contre l'huissier et le garde forestier leur ont été adressées non seulement à cause du récolement, mais encore à cause de la saisie précédemment faite; qu'en effet, la prévenue imputait à l'huissier d'avoir lui-même volé les objets saisis manquants, attendu qu'il avait les clés des écuries par suite de la saisie précédente; et qu'à l'égard du brigadier forestier, c'est la vie entière de cet agent que la prévenue a attaquée, en lui reprochant de se laisser corrompre pour s'abstenir de remplir les devoirs de sa charge;

D'où il suit qu'en admettant même, ainsi que l'a fait l'arrêt attaqué, que ces deux agents n'eussent pas été outragés F lors du récolement, ils l'auraient été du moins à l'occasion de cet exercice présent ou passé; d'où résultait naturellement l'application de l'art. 224 CP, qui a été violé par l'arrêt attaqué, etc. »

Dans cet arrêt, la Cour suprême ne se prononce pas sur la question de principe, mais elle indique pourtant nettement quelle est son opinion à ce sujet.

2° Tentative de vente sans pouvoir régulier. — Rébellion.

Elle la formule de façon précise dans une autre espèce. Il s'agissait d'un nᵉ Becq qui avait résisté avec voies de fait à l'huissier qui venait enlever ses meubles pour les vendre, sous prétexte que ledit huissier n'avait pas de pouvoir régulier.

Condamné pour rébellion, Becq se pourvut sans succès, « attendu que les irrégularités de forme que le demandeur dit exister dans les actes de l'huissier ne pouvaient l'autoriser à l'outrager ni à lui résister avec voies de fait. » (Cass. 10 mars 1842).

3° Jugements entraînant contrainte par corps, exécutés sans l'assistance du juge de paix. — Rébellion.

Dans une autre espèce, l'huissier avait à exécuter un jugement entraînant la contrainte par corps, cas dans lequel l'art. 781 n° 5 CPC prescrit la présence du juge de paix. Or l'huissier s'était contenté de se faire assister de deux gendarmes.

D'où résistance avec violences et voies de fait, que le tribunal de Mende jugea légitimes, en raison de l'irrégularité relevée.

Sur pourvoi du ministère public, les délinquants virent annuler ce jugement, par arrêt de cassation du 14 avril 1820. « Certes, dit l'arrêt, du défaut de présence du juge de paix résultait bien en faveur du prévenu une action pour faire déclarer la nullité de l'exécution par corps et demander des dommages et intérêts envers qui de droit.

« Mais l'appréciation du défaut de cette formalité n'appartenait qu'au juge compétent.

« D'après l'art. 209 CP, il y a crime ou délit de rébellion dans la résistance avec violences et voies de fait envers les officiers ministériels, par cela seul qu'étant porteurs de mandats de justice ou de jugements, ils agissent pour leur exécution.

« Cet article ne subordonne pas le crime ou le délit qu'il caractérise au plus ou moins de régularité des formes avec lesquelles ces officiers ministériels peuvent procéder.

« Et les particuliers n'ont pas le droit de se constituer juges de ces formes pour refuser, avec violences et voies de fait, l'obéissance qui est due à la loi et aux actes qui en émanent. »

Le 15 juillet 1826, la Cour suprême confirma sa jurisprudence dans un cas analogue.

L'huissier, pour exécuter un jugement emportant la contrainte par corps, s'était encore fait assister par deux gendarmes, et s'était vu opposer la violence.

La Cour de Bastia, saisie des faits, avait renvoyé le prévenu de la plainte, considérant que le fait demeure déchargé de toute culpabilité et qu'il n'y a rien que de légitime dans les efforts d'un particulier pour s'échapper des mains d'individus sans caractère et sans mission, qui veulent indûment procéder à son arrestation.

A quoi la Cour suprême, en annulant cet arrêt, répondit :

« Les huissiers, et les gendarmes, par eux requis de leur prêter main-forte, ont reçu de la loi le caractère et la mission nécessaires pour procéder à l'exécution des jugements et mandats de justice. S'ils agissent irrégulièrement contre les particuliers, ceux-ci n'ont qu'à recourir à l'autorité pour faire annuler les actes contraires aux lois, et pour faire réprimer leurs auteurs s'il y a lieu. Mais il suffit que, soit les officiers ministériels, soit les agents fp. légalement requis, paraissent avec le caractère qui leur a été conféré par la loi et dans l'exercice des fonctions qui leur ont été déléguées, pour que toutes violences et voies de fait soient interdites à leur égard. Un système contraire, qui tendrait à convertir en efforts légitimes des excès de cette nature, serait subversif de tout ordre et serait un outrage à la loi elle-même, qui environne ses agents de la protection et du respect qui leur sont dus lorsqu'ils agissent en son nom, sauf la répression légale de ceux qui abuseraient du caractère dont elle les a investis.

« Et, si ces principes sont vrais à l'égard des officiers ministériels, ils sont aussi destinés à protéger les gendarmes, qui n'ont à juger ni la réquisition de ces officiers, ni les ordres de leur chef, qui, par suite de cette réquisition, les a chargés d'assister et de prêter main-forte. »

Cet arrêt est très remarquable par l'énergie et la précision avec laquelle il établit la question de principe étudiée.

Nota. — L'arrestation d'un individu portant le même nom et demeurant dans la même rue que le débiteur condamné par corps, mais qui n'offre pas la preuve complète qu'il n'est pas le signataire des effets constitutifs de la créance, ne saurait donner lieu à des dommages-intérêts, surtout lorsque ce débiteur n'a pas usé des moyens que la loi lui offrait d'en arrêter l'effet. Dans ce cas, l'huissier qui a fait l'emprisonnement en vertu d'un pouvoir spécial n'est pas responsable de son erreur (Paris 19 janv. 1808).

Je ne cite cet arrêt qu'au point de vue du principe qui en découle.

Voici un arrêt qui, déféré à la Cour suprême, eût été infailliblement cassé:

La résistance avec violences et voies de fait opposée à un huissier par le débiteur qu'il arrête, en vertu d'un jugement portant contrainte par corps, ne constitue pas le délit de rébellion, lorsque l'arrestation est illégale et nulle, à raison de ce que l'huissier s'est introduit dans le domicile du débiteur sans être assisté du juge de paix (Lyon, 10 juin 1824).

Quid des saisies d'objets mentionnés article 592 CPC ?

La résistance avec violences et voies de fait opposée par un artisan à un huissier voulant procéder à l'enlèvement et à la vente de ses outils que la loi déclare insaisissables, ne constitue pas le délit de rébellion (Lyon, 24 août 1826).

Cet arrêt n'est pas plus fondé que le précédent.

Aujourd'hui comme sous l'empire de l'ordonn. de 1667, semblable saisie ne serait pas nulle, non plus que la vente subséquente (Cass. 1er therm. an 11), mais l'huissier serait passible de dommages-intérêts (Paris 22 avril 1838). Le saisi a du reste toutes facultés pour demander la distraction des objets indûment saisis (Metz, 10 mai 1825), au moment de la saisie ou tout au moins avant la vente (Toulouse 5 mars 1837).

Il ne serait donc nullement fondé à résister par la force.

Si un particulier avait à se plaindre de l'irrégularité des poursuites de l'huissier, il devrait recourir à la justice; il n'aurait pas le droit d'opposer la violence matérielle aux actes de l'huissier (Cass. 15 juill. 1826, Campocasso).

CHAPITRE IV

RÉQUISITIONS D'HUISSIERS A LA FORCE PUBLIQUE

L'étude qui précède ne peut être complète qu'à la condition d'y comprendre l'examen des règles formulées pour la validité des réquisitions.

L'huissier a-t-il le droit de requérir la force publique ?

Certes, dans les cas divers où la loi le lui prescrit ou l'y autorise. Il suffit de lire la loi du 28 germ. an VI, art. 133 pour s'en convaincre (Voir aussi la loi du 21 oct. 1789, des 6-12 décembre 1790, des 26 juillet, 8 août 1791, du 28 germ. an VI, art. 140, l'arr. du 13 floréal an VII, l'ord. du 29 oct. 1820, la loi du 10 avril 1831 art. 1er, etc.) .

Mais il n'y a pas réquisition directe, réservée aux dép. aut. Il y a réquisition d'assistance au nom de la loi. En fait, c'est la même chose, mais non pas en théorie.

Voir du reste IV. 11, 13.

Il ne faut pas confondre cette réquisition, faite par exhibition d'un mandement de justice, avec celles nous concernant.

C'est ainsi que l'art. 781 CPC dispose que c'est au juge de Paix, et l'art. 587 CPC que c'est au dit juge ou au maire, etc., ou commissaire de police, que l'huissier doit s'adresser (sans formes spéciales). Ce sont donc ces fres qui, en cas de nécessité, se trouvent compétents pour requérir la force publique, et non pas l'huissier; à moins pourtant que l'officier public n'ait pas fait opposition à la réquisition opérée directement par l'huissier.

Dans ces cas spéciaux, si l'huissier, au lieu de s'adresser aux fres désignés par la loi, a requis directement et seulement la force publique il encourt une grave responsabilité, et son opération est susceptible d'être annulée. Ceci ressort clairement des arrêts rapportés précédemment.

Pourquoi l'huissier n'a-t-il pas le droit de requérir directement les agents fp. en vue de l'aider à exécuter le jugement dont il est porteur, alors que la formule exécutoire qui suit ce jugement autorise, et prescrit s'il y a lieu, l'emploi de la force publique ?

C'est que l'huissier, en matière civile, est et reste officier ministériel.

Comme tel, il ne tient ni de la loi ni du gouvernement la qualité de dép. aut.

Le jugement dont il est porteur lui donne pouvoir spécial pour exécuter ce jugement, non pour requérir la force publique en vue de lui permettre de l'exécuter.

La formule exécutoire ne le concerne pas; elle s'adresse à la force publique, que l'huissier ne peut mettre en mouvement sans intermédiaire.

Les seuls dép. aut. ayant pouvoir pour requérir la force publique, il s'ensuit que la loi oblige l'huissier, en cas d'opposition à l'exécution, à se retirer devant le magistrat du lieu, qui vérifie s'il y a lieu de prêter l'assistance demandée, et qui, en cas affirmatif, intervient et requiert la force armée afin de permettre à l'huissier de procéder librement à l'exécution.

Ces distinctions peuvent paraître subtiles, mais elles ont une importance capitale.

En effet, en cas de refus par le magistrat requis, l'huissier, n'étant pas tenu de requérir à son défaut les ag. fp., n'est pas responsable des conséquences de ce refus.

Il en est du reste de la force publique comme des ouvriers requis pour ouverture de porte. Le magistrat intervenu peut les requérir ou autoriser l'huissier à les requérir en leur nom à tous deux. Il suffit même qu'il approuve tacitement la dite réquisition.

Le cas n'est plus le même si l'huissier agit comme officier de justice.

Dans ce cas, c'est-à-dire pour l'exécution des mandats d'arrêt ou des ordonnances de prise de corps, des arrêts ou des jugements *emportant saisie de la personne*, l'art. 77 du décret du 18 juin 1811 autorise les huissiers, si besoin est, à requérir *directement* les gendarmes, agents de la police et agents fp., parce que leur mandat autorise cette réquisition (IV, 13).

Ici encore, c'est le mandant qui ordonne impérativement à la force publique d'obtempérer, pour l'exécution du titre, à sa réquisition, transmise par l'intermédiaire de l'huissier, et sans qu'il soit nécessaire que celui-ci s'adresse préalablement au commandant fp.

CHAPITRE V

RESPONSABILITÉ DES F[res] REQUIS D'ASSISTER OU D'EXÉCUTER

Beaucoup d'huissiers croient que, lorsqu'ils réclament l'intervention du commissaire de police pour une exécution civile, ils *requièrent* ce magistrat. J'ai démontré dans « la Procédure criminelle » à quel point cette opinion est erronée. Une réquisition proprement dite ne peut être adressée qu'à des agents d'exécution. Et, si cette réquisition est légitime, l'agent est tenu d'obtempérer, et sa responsabilité est entièrement à couvert quant aux mesures qu'il est appelé à effectuer. Or, nous l'avons vu, l'huissier ne peut requérir directement les agents fp. ou les ag. pol. que par exhibition du titre dont il est porteur, seulement quand ce titre comporte saisie de la personne.

En cas d'exécution civile, c'est, non plus l'huissier, mais le dép. aut. intervenu, qui requiert au besoin les agents.

Si, pour une exécution *quelconque*, l'huissier s'est adressé à un commandant fp. au lieu de s'adresser, par exemple, au commissaire de police, c'est au chef qu'il doit exhiber son titre. Il peut advenir que cette exhibition n'ait pas lieu, et que le commandant fp., abusé ou imprudent, se soit fié à la parole de l'huissier, et ait donné ordre à ses hommes d'assister celui-ci, sans vérifier s'il y a bien un titre régulier à exécuter.

En admettant que l'huissier ne soit pas porteur de son titre, les agents intervenus sur ordre sont-ils responsables de l'illégalité flagrante des mesures subséquemment prises? Certes non. Leur chef est responsable civilement. L'huissier l'est pénalement, mais les agents d'exécution restent indemnes. *Exemple:*

Il y aurait délit de rébellion dans le cas de résistance avec violences à des gendarmes assistant un huissier non porteur de titre exécutoire, s'ils ignoraient cette circonstance (Cass. 15 juillet 1826).

En effet, les agents obéissent à leur chef, non à l'huissier. Et ils n'ont pas à discuter, ni à exiger la production du titre exécutoire.

Requis directement, pour saisir un condamné, ils seraient évidemment responsables, s'ils obtempéraient sans s'être fait exhiber le mandat, jugement ou ordonnance. Du moins, si, malgré les protestations du condamné, ils persistaient et passaient outre.

Il n'en va plus de même quand c'est un dép. aut. qui est requis d'intervenir pour une exécution civile. Qualifié pour apprécier s'il y a lieu de procéder par force, le dép. aut. est tenu de vérifier la validité du titre et l'identité du débiteur. S'il négligeait cette précaution obligatoire, s'il assistait un huissier non porteur de titre, il commettrait un délit, en pénétrant par force chez le débiteur absent, ou qui, présent, s'opposerait formellement à l'introduction. Et le citoyen lésé aurait le droit de recourir à la violence, dans la mesure nécessaire, pour empêcher l'illégalité le menaçant.

Une irrégularité ne saurait transformer un acte f[1] en acte non-f[1]:

Saisie-exécution. — Adjoint requis au lieu du maire ou du juge de paix. — Outrages. — Un huissier ayant à faire une saisie-exécution, avait, en exécution de l'art. 587 CPC, requis l'adjoint au maire d'assister à l'ouverture des portes du débiteur. Dans son procès-verbal de saisie, l'huissier exprimait que l'adjoint avait été requis à cause de l'empêchement du maire, mais ne déclarait pas que le juge de paix fût aussi légitimement empêché. Le débiteur, ayant outragé par paroles, gestes et menaces, l'adjoint requis, avait été renvoyé par la Cour de Nîmes devant le Tribunal de police, comme prévenu d'une simple contravention, sous prétexte qu'il n'était pas établi que le juge de paix eût été légitimement empêché; que, par suite, l'adjoint au maire ne pouvait être considéré comme ayant été légalement F, et que les outrages à lui adressés n'étaient qu'une simple injure.

En cassation, cet arrêt fut annulé, le 1er avril 1813, par les motifs ci-après :

« Dans le cas dont il s'agit, cas urgent aux termes de l'art. 587 CPC; dans les cas d'affirmation dans les 24 heures des procès-verbaux des gardes-champêtres ou forestiers, aux termes de l'art. 11 de la loi du 28 floréal an X, ainsi que dans les cas prévus par les art. 11 et 13 CIC, l'adjoint au maire est tenu de suppléer le magistrat empêché, et ne peut refuser ou même retarder le service pour lequel il est requis, sous prétexte que soit le juge de paix, soit le maire ne serait pas empêché, ou que l'empêchement ne serait pas légitime, ou ne serait pas prouvé. L'adjoint était donc tenu de déférer à la réquisition de l'huissier, sauf au saisissant à répondre de la validité de la saisie; par suite, il était dans l'exercice légal de ses fonctions quand on l'a outragé.

« Même si l'on admettait que, l'empêchement du juge de paix n'ayant pas été exprimé dans le procès-verbal de l'huissier, l'adjoint ne pouvait, sans incompétence et excès de pouvoir, assister ledit huissier saisissant, il n'est pas permis d'en conclure qu'il n'y a pas lieu d'appliquer les peines de l'art. 222 CP. En effet, cet art. ne distingue pas entre l'exercice légal et l'exercice illégal. Un magistrat de l'ordre adm. ou jud. ne cesse pas d'être en fonctions, parce que l'arrêté qu'il a pris ou l'acte auquel il a concouru pourra un jour être annulé pour vice d'incompétence, ou même parce qu'il pourra y avoir lieu à poursuites en forfaiture contre lui, ainsi qu'il résulte des art. 166 et suiv. CP. » Cet arrêt, fort important, est celui que j'ai cité page 116 « de la Procédure criminelle dans les commissariats », pour établir que nous devons déférer à la réquisition de l'huissier sans nous occuper de l'ordre énumératif de l'art. 587 CPC.

Reste à examiner si les ag. fp., qui refuseraient d'obéir à une réquisition dans le cas de l'art. 77 du décret de 1811, sont passibles des peines portées en l'art. 234 CP. Il n'en est rien, cet article parlant des chefs, et non des subalternes. Pourtant, l'art. 77 précité ordonne l'obéissance, sans rétribution, sous peine de *poursuites* et de punition éventuelles.

Il s'agit, en ces matières, d'une exécution judiciaire. Par suite, les ag. fp., qui refuseraient assistance à l'huissier, seraient passibles des peines de police portées en l'art. 475 n° 12 CP, et les comm. fp. de celles portées en l'art. 234 CP.

Procédés irréguliers ou frauduleux, en matière d'assistance en général, par les dép. aut. On a souvent comparé l'homme à un bipède de proie, un peu plus laid que les rapaces proprement dits.

Cette irrévérencieuse comparaison devrait ne pouvoir s'appliquer à aucun dép. aut. Malheureusement, le législateur a dû prendre soin d'édicter des pénalités spéciales contre les divers privilégiés qui abusent des facilités que leur offre leur mandat pour commettre de coupables indélicatesses. C'est assez dire que l'improbité f[lle] n'est pas un mythe.

A côté des faits réprimés pénalement, il en est d'autres qui ne peuvent donner lieu qu'à une action civile, mais qui, moralement, sont presque aussi coupables que les premiers. Je veux parler de l'entente frauduleuse qui s'établit parfois entre certains huissiers et commissaires, en vue de créer une espèce de véritable monopole en faveur des derniers, soit en matière de contrefaçons industrielles, soit même pour une série d'opérations déterminées. On ne saurait trop blâmer ces coupables procédés.

Les commissaires lésés seraient fondés à assigner leur collègue indélicat et l'huissier moralement complice par provocation. Ce qui est certain, c'est que, si un commissaire de Paris assistait en banlieue, ou vice versâ, ou si un commissaire de l'une des quatre communes de Seine-et-Oise assistait en banlieue, l'exécution serait frappée de nullité. Voir aussi VII, commissaires.

Remarque complémentaire. — Si l'on est fondé à considérer que le fait qu'un huissier procède pour l'exécution d'un jugement, ou, en général, d'un titre exécutoire, dont il est porteur, suffit à mettre à couvert la responsabilité du magistrat assistant, il convient d'appeler l'attention sur un cas spécial, dont l'examen exige la plus grande prudence.

Il advient parfois que l'huissier agit pour l'exécution de la loi, à la requête d'un client.

L'art. 404 n° 5 CPC, notamment, parle des demandes en paiement de loyers et fermages ou arrérages de rentes, et les art. 819 et suiv. CPC autorisent la saisie-gagerie, un jour après le commandement, et *sans permission du juge*, pour loyers et fermages *échus*.

En pareille matière, l'opportunité de la saisie est donc soumise à la seule appréciation de l'huissier et du magistrat requis.

Si ce dernier n'a aucun droit pour s'opposer à l'opération, il ne s'ensuit nullement que l'initiative de l'huissier suffise à le couvrir en toute occurrence.

Il y a donc lieu d'examiner attentivement et le commandement et les quittances que le débiteur pourrait représenter. Si celui-ci prouvait sa libération, il est manifeste que le magistrat requis devrait se retirer et laisser l'huissier maître d'agir selon que sa conscience le lui suggérerait.

SIXIÈME PARTIE

Pénalités, Poursuites, Audience, etc., Immunités.

1re Section

CHAPITRE PREMIER

Pénalités, Atténuation.

Injure et diff. (particuliers), *non publiques*. CP. 471 n° 11, L. 1881, 33 n° 3 : 1 à 5 fr.

Injure publique: 1° L. 1881, 33 n° 2: 5 jours à 2 mois, 16 à 300 fr. 2° par correspondance à découvert : L. 11 juin 1887, mêmes peines.

Diffamation publique : 1° L. 1881, 32 : 5 jours à 6 mois, 25 à 2000 francs; 2° par correspondance à découvert : L. 1887 : 5 jours à 6 mois, 25 à 3.000 fr.

Tapage injurieux. CP. 479 n° 8 : 11 à 15 francs.

Particuliers et privilégiés. Inj. ou diff. par correspondance à découvert : mêmes peines que celles indiquées suprà.

Diff. publique contre la mémoire des morts. L. 1881 art. 34 : 8 jours à 1 an, 100 à 3.000 francs (auteurs et complices).

Dén. calomnieuse : CP. 373 : 1 mois à 1 an, 100 à 3.000 francs.

Corps constitués, etc. : 1° Diff. publique : L. 1881, 30 : 8 jours à 1 an, 100 à 3.000 francs.

2° *Injure publique :* L. 1881, 33 n° 1 : 6 jours à 3 mois, 18 à 500 francs.

Privilégiés art. 31 L. 1881 : mêmes peines que ci-dessus.

Ambassadeurs, témoins, jurés, membres des *Chambres, ministres des cultes (inj. diff. outrages, violences).* Voir VII.

Commandants fp. Outrages F ou OF, par paroles, gestes ou menaces directs ou adressés. — CP. 225 : 15 jours à 3 mois, 16 à 500 fr.

Off. min., ag. dép. fp., cit. SP. Outrages F ou OF, par paroles, gestes ou menaces directs ou adressés. — CP. 224 : 6 jours à 1 mois, 16 à 200 francs.

Fres. — Dommages OF. L'art. 450 n° 2 décide que le maximum de la peine établie par les art. 444 à 450 sera toujours prononcé si les faits (dévastations, dommages) ont été commis en haine d'un fre et à raison de ses fonctions.

Violences. — Pénalités.

1° *Violences sans effusion de sang ni suites spécifiées. F ou OF.*

Magistrats et jurés. 228 n° 1. 2 à 5 ans. *d° à l'audience.* 228 n° 2. 5 ans.

Autres privilégiés. 230. 1 mois à 3 ans.

2° *Violences suivies d'effusion de sang, blessures, maladies, infirmités, mutilation, etc.* — F ou OF.

Privilégiés quelconques. 231 n° 1. Réclusion.

3° *Mêmes violences*, suivies de mort dans les 40 jours. 231 n° 2. TFP.

4° *Mêmes violences*, suivies de mort après 40 jours. 309 n° 3 TFT.

5° *Violences avec préméditation ou guet-apens*, contre des privilégiés quelconques, F ou OF. *Sans suites.* 232. Réclusion : *suivies de blessures ou maladie, avec effusion de sang.* 232. Réclusion.

Suivies de mutilation, etc. 310 n° 2. TFT.

Suivies de mort dans les 40 jours. 231 n° 2 TFP.

Suivies de mort après 40 jours. 310 n° 1 TFP.

6° *Violences avec intention* de donner la mort *(assassinat, empoisonnement, etc.).* 233. Mort.

7° *Violences du genre de celles de l'art. 303.* Mort.

8° *Meurtre spécifié art. 304.* Mort.

Rébellion (Voir III. 8).

Rébellion simple (212 n° 2). 6 jours à 6 mois; *armée :* (212 n° 1) 6 mois à 2 ans.

Rébellion simple en réunion (211) : 6 mois à 2 ans; *en réunion armée* : réclusion; *en réunion réputée armée* (215) : réclusion pou les porteurs d'armes cachées seulement.

Rébellion simple en bande (210) : réclusion; *en bande armée :* TFT; *en bande réputée armée* (215) : TFT pour les porteurs d'armes cachées seulement.

Attroupement diurne persistant : 15 jours à 6 mois (L. 7 juin 1848 art. 5) ; *rebelle :* 6 mois à 2 ans.

Attroupement diurne armé : 1 mois à 1 an (art. 4); *persistant :* 1 à 3 ans ; *rebelle :* 5 à 10 ans de détention; *avec usage d'armes :* 5 à 10 ans de réclusion.

Attroupement nocturne armé : 1 à 3 ans; *persistant :* 2 à 5 ans; *avec rébellion ou usage d'armes :* réclusion.

Attroupements et rébellions en bandes : pas de peine pour les rebelles sans armes non persistants (CP. 213, 100; L. 1848, art. 4).

Provocateurs. L. 1848 art. 6 et CP. 313.

Aggravation. L. 1848 art. 7 et CP. 216.

Si la rébellion a lieu contre un mag. off. pol., la peine résultera de l'art. 228, chaque fois que la rébellion rentrera dans les prévisions des art. 212 et 211 n° 2. Dans les autres cas, les art. 210, 211 n° 1 seront applicables.

Si la rébellion, envers quiconque, a lieu par violences graves ou qualifiées, les art. 231 et suivants, 310 seront éventuellement applicables aux auteurs de ces violences et aux provocateurs de la rébellion, sauf les exceptions ci-après :

Dans le cas de rébellion *en bande* de plus de 20 personnes, l'art. 210 n° 1 prononce les TFT, qu'il y ait ou non effusion de sang ou préméditation, si la rébellion était armée.

Dans le même cas, l'art. 210 n° 2 prononce la réclusion, peine également applicable aux cas des art. 232, 231 n° 1, si la rébellion était sans armes.

Nota. — La disposition de l'art. 213 a, comme celle de l'art. 100, le caractère d'une excuse légale. Cass. 30 août 1832, n° 332; 14 décembre 1850, n° 421.

L'art. 213 s'applique à ceux qui se sont retirés *depuis* la réunion de la bande, et sans que l'avertissement ait été donné (Cass. 2 mai 1833, 4 janv. 1851).

Art. 100. Les dispositions de cet article s'appliquent non seulement aux bandes dont parle l'art. 96, mais encore à celles qui auraient eu pour but l'accomplissement des crimes prévus par les art. 86, 87 et 91. — Cass. 22 août 1833 (Charnault), *J. p.*

Mais elles ne profitent qu'à la simple adjonction à une bande, et ne s'étendent pas aux individus qui, isolément ou dans une bande, se sont, par des actes personnels, constitués auteurs ou complices des attentats définis par les art. 86, 87 et 91. — Cass. 28 sept. 1849 (Aldebert), 15 nov. 1855 (Lapierre).

Elles ne profitent pas aux individus accusés d'avoir, dans un mouvement insurrectionnel, porté des armes apparentes, fait prévu par la loi du 24 mai 1834. — Cass. 28 sept. 1849 (Aldebert).

Ni à ceux qui ont fait partie d'une bande de malfaiteurs contre les personnes ou les propriétés. — Cass. 9 fév. 1832 (Gaugain).

Le bénéfice de cet article ne peut être invoqué qu'autant que la déclaration du jury exprime que l'accusé s'est retiré du lieu de la sédition au premier avis de l'autorité, ou depuis. Il ne suffit pas qu'elle constate qu'il a été pris hors du lieu de la sédition, sans résistance et sans armes. — Cass. 30 août 1832.

Enfin, dans le cas de *réunions, formées avec ou sans armes*, et accompagnées de violences ou menaces contre l'aut. adm., les off. ou ag. pol. ou la fp., par les ouvriers ou journaliers dans les ateliers publics ou manufactures; par les individus admis dans les hospices; par les prisonniers prévenus, accusés ou condamnés, la peine, aux termes de l'art. 219 CP, est celle concernant les réunions de rebelles, c'est-à-dire les cas de rébellion en réunion ou en bande. Par suite, selon que les rebelles seront au nombre de moins ou de plus de vingt, et que plus ou moins de 2 personnes seront munies d'armes ostensibles, la peine variera dans les conditions indiquées aux tableaux précédents. La peine la moins forte sera 6 mois à 2 ans de prison (211 n° 2), puis la réclusion (211 n° 1 et 210 n° 2), puis TF (210 n° 1), s'il n'y a eu que menaces ou violences non spécifiées, ou coups et blessures simples. Dans le cas de violences spécifiées, la peine sera celle des art. 302 à 304, 233, 310, 231 n° 2.

Nota. — L'art. 214 s'applique non seulement aux rébellions, mais à toute réunion ayant pour but un crime ou un délit (Cass. 14 déc. 1850).

Art. 214. — Dans une accusation de rébellion avec port d'armes, dirigée contre plusieurs accusés, la circonstance aggravante de port d'armes ne peut être reconnue à l'égard de quelques-uns des accusés et niée à l'égard des autres. Cette circonstance est légalement indivisible, et atteint tous les accusés, dès qu'elle est reconnue à la charge de quelques-uns d'eux (Cass. 10 oct. 1861).

Voir CP, 97, 87, 91, 109, 110, 123, et L. 20 mai 1834.

Atténuation. L'art 463 CP. s'applique aux infractions à la L. 1881 (art. 64 loi susdite).

CHAPITRE II

NON-CUMUL ET PRESCRIPTION

1° *Non-cumul: Inj. et diff.* — L'art. 365 CIC (Voir L. 1881, art. 63) est applicable au cas d'injures privées et de diffamation envers un MP par la voie de la presse (Cass. 13 janv. 1837).

Violences et rébellion. — *Remarques:* 1° Il ne faudrait pas voir deux faits différents dans un même fait, bien que ce fait soit susceptible de deux incriminations alternatives, ou d'une qualification principale et d'une autre subsidiaire.

2° Les individus coupables de rébellion n'en sont pas moins punis par les lois spéciales pour les crimes ou délits qu'ils commettent (Cass. 19 déc. 1811).

3° Les amendes des lois particulières, de douane, par exemple, leur sont en outre infligées (Cass. 31 janvier 1841).

4° Un individu peut être condamné: 1° pour rébellion; 2° à l'amende sur la plainte de l'administration, pour opposition à l'exercice des employés d'octroi (Cass. 15 oct. 1840).

5° De même: 1° pour violences de l'article 231 CP; 2° à l'amende pour voies de fait à un préposé des douanes (L. 22 août 1791, titre 13, art. 14, et L. 4 germ. an 11, titre 4, art. 9).

6° Mais en cas de rébellion et de délit de chasse, la peine de la rébellion doit seule être prononcée (Cass. 6 mars 1856, etc. Loi 3 mai 1844, art. 17).

Nota. — A propos des hypothèses envisagées, et de l'ensemble des remarques provoquées par le rapprochement des art. 209 et 216, etc., on pourrait être tenté d'objecter que le même fait ne peut constituer à la fois une rébellion et un autre délit ou crime; en d'autres termes, que la pénalité édictée par l'art. 216 ne saurait s'appliquer aux rebelles pour fait de violences graves, mais seulement aux comparses.

Cette thèse n'a pas été admise par la Cour suprême, qui, le 5 août 1843, a formellement décidé, dans une espèce significative, qu'il n'y a pas nécessairement indivisibilité entre la rébellion définie art. 209 et les violences de l'art. 231, par exemple.

Le cas vaut d'être cité.

Deux individus, ayant exercé contre un employé des contributions indirectes les violences spécifiées art. 231, par rébellion définie art. 209, avaient été l'objet d'une ordonnance de la chambre du conseil, les renvoyant devant la chambre des mises en accusation de Nancy, à raison du crime de l'art. 231, et en police correctionnelle, à raison du délit des art. 209 et 212.

Acquittés du crime par la Cour d'assises, ils furent traduits en police correctionnelle, mais le tribunal se refusa à les juger, sous le prétexte que les faits étaient indivisibles et qu'ils avaient été définitivement appréciés par le jury. Ce jugement fut annulé, par les motifs ci-après:

« L'ordonnance de la chambre du conseil a distingué dans les faits poursuivis deux ordres de faits, ceux sus-indiqués; par suite de cette distinction, cette ordonnance a renvoyé les prévenus en police correctionnelle, le cas échéant. à cause du délit, les renvoyant d'ailleurs à raison du crime devant la chambre des mises en accusation de Nancy. Ce faisant, elle s'est conformée à l'art. 216.

L'acquittement en assises, du chef de crime, n'en laissait pas moins subsister la prévention du délit, laquelle prévention devait être purgée, le cas prévu par l'ordonnance se vérifiant, etc. »

Il a été également jugé, dans un cas où un agent avait été tué à la suite d'une agression armée commise en rébellion, qu'il y avait à la fois meurtre et rébellion armée (Cass. 19 déc. 1811).

Par suite, la peine des actes commis pendant une rébellion ne se cumule pas avec celle de la rébellion (Cass. 14 oct. 1813 et 10 oct. 1845), sauf le cas de l'art. 304 (Cass. 10 oct. 1845).

En d'autres termes, il y a deux délits: 1° violences; 2° rébellion. L'art. 209 ne spécifiant pas la nature de la violence, les articles 209 à 234 seront appliqués conformément aux règles de l'art. 365 CIC. Si la violence est prévue par les art. 295 et suiv., ou 230 et suiv., ceux-ci seuls seront appliqués; sinon les art. 210 et suiv. seront toujours applicables *en raison du fait de rébellion.*

Aussi l'arrêt annulé qui a été rapporté plus haut semble-t-il étrange. Il en résulte que, dans l'opinion des premiers juges, un fait, qualifié crime à raison des circonstances aggravantes, ne pourrait être poursuivi comme délit, parce que le jury a refusé de le considérer comme présentant les caractères d'un crime !

Pour nombre d'autres actes pénalement réprimés, la Cour suprême a du reste dû intervenir pour fixer les principes, notamment en matière d'empoisonnement.

L'accusé acquitté d'une accusation de coups envers des ag. fp., ne peut être poursuivi pour délit de rébellion à raison des mêmes violences sur lesquelles il a été acquitté (Cass. 5 juill. 1856).

Cet important arrêt confirme ce qui précède et la théorie exposée IV, 23.

Comparaison entre les art. 216 et 304. — La tentative de crime étant considérée comme le crime même, il en résulte que l'art. 304 est applicable soit qu'il n'y ait qu'une tentative de meurtre, accompagnée d'un autre crime, soit que le meurtre n'ait été suivi que de la tentative d'un autre crime, soit même que les deux faits ne présentent que les caractères d'une tentative.

Pierre Cercos avait été condamné à la peine de mort, pour avoir commis une tentative de meurtre et simultanément un autre crime. Son pourvoi fut rejeté « attendu que le demandeur a été reconnu coupable : 1° d'avoir avec connaissance, aidé ou assisté, dans les faits qui l'avaient préparée, facilitée et consommée, les auteurs d'une attaque avec violence et voies de fait, ou d'une résistance, ayant les mêmes caractères, envers le sergent Bacqué et les soldats Pujol, Galabert, Pailhande et Calmels, agissant FR; attaque et résistance, constituant un crime de rébellion, comme ayant été commises par une réunion de trois à vingt personnes, dont plus de deux portaient des armes ostensibles; 2° d'avoir, avec connaissance, aidé et assisté, dans les faits, qui l'ont préparée, facilitée ou consommée, l'auteur ou les auteurs d'une tentative d'homicide volontaire, présentant les caractères déterminés par l'art. 2 CP, ladite tentative, commise, à l'aide de coups d'armes à feu, sur la personne du sergent Bacqué et des quatre militaires, qui l'accompagnaient, agents fp., agissant FR; tentative qui aurait précédé, accompagné ou suivi la rébellion, antérieurement spécifiée; attendu que l'art. 216 CP a eu uniquement pour objet d'établir que le crime, commis individuellement par l'un des fauteurs de la rébellion, dans le cours et à l'occasion de cet acte criminel, doit être puni, à l'égard de celui qui s'en serait rendu coupable, de la peine prononcée par la loi pour la répression de ce crime particulier, lorsque cette peine est supérieure à celle encourue à raison de la rébellion elle-même, sans que d'ailleurs ces deux peines puissent être cumulées, ce qui est conforme aux dispositions de l'art. 365 CIC; et que l'art. 304 CP, spécial pour le crime d'homicide volontaire, disposant d'une manière générale pour tous les cas où il y a simultanéité et concours de meurtre avec un autre crime, a, dès lors, et quant aux cas auxquels il s'applique, dérogé aux dispositions, soit de l'art. 365 CIC, soit de l'art. 216 CP, et qu'ainsi son application a été légalement faite. » (10 oct. 1845, n° 331).

Tentative d'homicide volontaire. — Comme elle emporte la volonté de donner la mort, l'art. 233 est applicable, si la victime est, par exemple, un commandant fp. F (Cass. 19 fév. 1898).

Prescription. — L'action publique et l'action civile résultant des infractions à la loi de 1881 se prescrivent après 3 mois révolus, à compter du jour de la perpétration, ou du jour du dernier acte de poursuites, s'il en a été fait (art. 65).

L'art. 33 distingue 3 espèces d'injures, et le n° 3, notamment, prévoit l'injure non publique.

Si, par une induction nécessaire des termes de l'art 46, l'action civile peut être poursuivie devant les tribunaux civils, il ne s'ensuit nullement que le poursuivant ne soit pas tenu d'exercer son action dans les délais établis pour éviter la prescription (Cass. 6 avril 1898).

Le *dies a quo* est exclu du temps nécessaire pour prescrire (Cass. 1893). La prescription peut être opposée pour la première fois en appel (Paris, 19 mars 1885).

Le juge ne peut opposer d'office aucune des prescriptions que le législateur a prévues en matière civile. Celles-ci doivent être opposées par le défendeur (Cass. 17 mars 1897).

Le billet d'avertissement, envoyé en vertu de la loi du 2 mai 1855, ne constitue pas, en matière de poursuites pour diffamation, un acte interruptif de prescription (Seine, 26 janv. 1897).

De même, devant le tribunal civil, les bulletins de remise envoyés aux avoués n'interrompent pas la prescription (Seine, 3 fév. 1897).

En cas de réunion, sous la forme d'un volume, d'articles déjà parus dans un journal, la prescription de trois mois couvrant une imputation diffamatoire contenue dans un de ces articles ne remonte pas au jour de la publication primitive du passage incriminable, mais seulement à partir du jour de la publication du volume (Seine, 4 janv. 1899).

CHAPITRE III

Complicité, Connexité.

Complicité. Les art. 59, 60 CP, 23 L. 1881 s'appliquent au tapage, aux outrages, violences, inj. et diff. publiques, rébellions, mais non à l'inj. et diff. *non publique*.

Du reste, les art. 59 et 60 forment le droit commun en matière criminelle, et doivent être appliqués aux matières réglées par les lois spéciales (Cass. 14 oct. 1826, 16 sept. 1836), sauf exceptions prévues par l'art. 59.

Tapage injurieux. Sont complices ceux qui laissent s'effectuer chez eux le bruit ou le tapage (Cass. 8 nov. 1855); ceux qui laissent, à l'occasion d'un charivari, suspendre à une corde attachée à leur fenêtre des emblèmes injurieux, à la vue desquels la foule pousse des cris bruyants (Cass. 23 août 1850).

Porteurs ou non d'instruments bruyants, tous ceux qui font partie d'un attroupement, du sein duquel s'élèvent les bruits injurieux, sont complices au sens de l'art. 60 CP (Cass. 5 juillet 1822).

Il suffit d'avoir participé au désordre (Cass. 21 sept. 1833).

Il suffit, pour pouvoir être déclaré coupable de tapage injurieux, que le prévenu en ait été le complice par assistance, en se trouvant mêlé au groupe des tapageurs dont il se reconnaît l'un des principaux chefs (Simple police Paris 19 mars 1898, Gap, 26 fév. 1880).

Il suffit d'en faire partie (Cass. 5 sept. 1835).

Ceux qui ont participé à un charivari ne peuvent être relaxés par le motif qu'ils n'ont agi que sous l'instigation d'un chef dont ils n'étaient que les instruments (Cass. 4 juin 1852).

Mais s'il est établi que telles personnes faisant partie du rassemblement n'ont pas pris part au tumulte, l'ont même blâmé, et se sont retirées avant la venue des agents, il n'y a pas complicité (Cass. 30 nov. 1838).

Est complice celui qui est présent sur le lieu du charivari, qui a fait partie du rassemblement, qui a même loué une chambre voisine à l'effet d'exciter et de fomenter le désordre. S'il avait fait usage d'instruments bruyants ou pris une part active aux désordres, il ne serait plus complice, mais auteur principal (Cass. 26 mai 1826).

Si le tapage résulte de chants obscènes, les art. 23 et 28 L. 1881 sont applicables (Cass. 14 juin 1884).

Ceux qui sont la cause d'un tapage injurieux *dirigé contre eux* ne peuvent, par cela même, en être considérés comme les complices (Cass. 3 fév. 1865).

Diffamation publique. — La complicité est un fait moral qui ne peut exister que par les faits matériels et positifs énumérés en l'art. 60 CP (Cass. 28 juin 1816).

Sont complices : ceux qui ont fourni des notes à l'auteur d'un écrit diffamatoire pour le composer (Cass. 25 avril 1844); ceux qui ont fourni les éléments qui ont servi à la rédaction de l'article délictueux (Cass. 12 juin 1839. Seine 29 mars 1843).

Rébellion. Voir III; VI, 1, 2.

La provocation par paroles ou par écrits n'a pas effacé les autres modes de complicité par provocation prévus par l'art. 60 du Code pénal. — Ainsi, un accusé déclaré coupable d'avoir provoqué les auteurs de la rébellion à la commettre par des machinations et artifices coupables, peut être condamné pour complicité de rébellion (Cass., 14 déc. 1850).

Nota. La jurisprudence est sévère en matière de complicité. Elle considère généralement que le complice est punissable comme l'auteur principal, alors même que les conséquences de l'acte incriminé dépassent celles qu'il prévoyait.

Militaires et civils. — Leroux, soldat en congé, avait été condamné à un mois d'emprisonnement, en vertu des art. 209 et 211, pour avoir commis un délit de rébellion, de complicité avec deux autres individus n'appartenant pas à l'armée. Le ministère public, pensant qu'on aurait dû appliquer l'art. 255 Code Just. mil., se pourvut contre cette décision. Mais son pourvoi fut rejeté, « attendu que Leroux, soldat au 31e de ligne, et alors en congé renouvelable à Lisbourg, sa commune, a été poursuivi pour avoir, le 29 novembre dernier, sur la voie publique de cette commune, commis un délit de rébellion envers les ag. aut., de complicité avec deux autres individus n'appartenant pas à l'armée; que, traduit pour ce fait, en même temps que ses complices, devant le tribunal correctionnel, et déclaré coupable par les juges du premier et du second degré, il a été condamné à une peine d'un mois d'emprisonnement, en vertu des art. 209, 211, 463 CP; attendu que, si on recourt au Code de just. milit., l'art. 225 de ce code punit uniquement, § 1er, la rébellion envers la force armée et les ag. aut., d'un ou de deux militaires agissant seuls avec armes ou sans armes; § 2, la rébellion de plus de deux militaires armés ou non armés; enfin, § 3, la rébellion de 8 militaires au moins et en armes; qu'aucune de ces dispositions ne vient atteindre le fait complexe d'une rébellion avec ou sans armes, commise par un militaire et deux personnes non militaires; que, dans le silence de la loi spéciale à l'armée, le Code pénal ordinaire conserve son empire; que l'art. 267 du nouveau Code just. mil. le consacre ainsi, en règle, pour tous les crimes et délits qu'il n'a pas prévus, et veut, dans ce cas, que les tribunaux militaires eux-mêmes appliquent les peines portées par les lois pénales ordinaires, avec faculté de les modifier par l'art. 463; attendu que le pouvoir, imparti aux tribunaux militaires, est donné, à plus forte raison, aux tribunaux de droit commun, lorsque, par l'effet de la complicité d'individus n'appartenant pas à l'armée, ils sont appelés à juger un militaire; que si, dans ce cas, les art. 76 et 196 du Code militaire veulent qu'ils appliquent au militaire la loi militaire, c'est seulement lorsque celle-ci a parlé; que, dans l'espèce, le fait de rébellion, imputé à Leroux, rentrait textuellement dans les dispositions de l'art. 211 CP; que la peine, que cet article prononce, est plus grave que celle du Code militaire contre le militaire agissant seul dans un acte de rébellion, et qu'il y avait toute raison de l'appliquer ici, puisqu'en réalité le délit est plus grave; attendu que, si, par suite de l'admission des circonstances atténuantes, cette peine est descendue au-dessous du minimum, que le militaire, placé en face de la loi militaire seule, aurait pu encourir, ce n'est là qu'une conséquence de la latitude de pouvoir que le CP remet à l'appréciation et à la sagesse du juge pour l'application de la loi commune, etc. » (15 mai 1858, n° 154).

Lorsqu'un militaire est compris dans une poursuite où se trouvent impliqués des civils, la juridiction ordinaire est seule compétente à l'égard de tous les prévenus; mais lorsque les voies de fait reprochées aux inculpés ont été dirigées contre un supérieur du militaire, les tribunaux ordinaires doivent appliquer au prévenu militaire les peines édictées par le Code de justice militaire (Bordeaux 27 février 1890).

C'est au conseil de guerre seul, à l'exclusion de la juridiction correctionnelle, qu'il appartient de connaître du délit de rébellion commis par les militaires envers les agents de l'autorité civile ou militaire (Cass. 7 déc. 1860).

Connexité (227 CIC).

Un individu, chez qui le juge de paix apposait les scellés, ayant résisté avec violence, et portant plainte pour mauvais traitements envers lui par le juge ou le greffier, il n'y a aucune connexité entre le délit de rébellion et les mauvais traitements prétendus (Cass. 14 avril 1827).

Un officier ayant pénétré de vive force dans la maison d'un citoyen, et un attroupement ayant enlevé celui-ci à la force armée qui l'emmenait, les deux délits ne sont pas connexes (Cass. 18 juill. 1828).

Lorsque des violences ont été commises, tant envers la force armée qu'envers un maire ou adjoint qui l'accompagnait et l'avait requise pour la répression d'un attroupement, ces violences ne forment qu'un seul délit de nature parfaitement identique. Et, en supposant qu'elles en constituassent deux, ces délits seraient tellement connexes qu'il n'y aurait pas possibilité de diviser l'instruction (Cass. 21 janv. 1808).

Il n'y a pas connexité entre le meurtre d'un contrebandier par un douanier, et le fait de contrebande (Cass. 7 oct. 1808); ni entre les violences envers un douanier et le fait d'introduction frauduleuse, à raison de la compétence (Cass. 1er octobre 1825), ni entre des outrages F et l'arrestation arbitraire ordonnée (Bruxelles 11 avril 1833).

Mais il y a connexité entre la mendicité avec menaces et les violences de l'art. 279 CP (Angers 26 mai 1829). Voir III, 7.

CHAPITRE IV

POURSUITES

DÉN. CAL. — INJURE SIMPLE. — TAPAGE

Dénonciation calomnieuse. — Le demandeur peut poursuivre soit au civil, soit au correctionnel, même après l'instance où a été déclarée mal fondée l'inculpation dirigée contre lui (Cass. 23 fév. 1838).

La poursuite peut avoir lieu d'office et sans plainte (Cass. 3 juin 1813).

Il peut y avoir eu diffamation répandue avant la dénonciation calomnieuse. Si le plaignant poursuit au civil en réparation du préjudice causé par la diffamation, on n'en doit pas moins accueillir son action en dénonciation calomnieuse (Cass. 28 janv. 1819).

Le tribunal saisi d'une plainte en escroquerie (par exemple) et d'une demande reconventionnelle en dénonciation calomnieuse, est compétent pour statuer sur ces deux actions (Cass. 30 juin 1855).

Le tribunal saisi d'une plainte en calomnie, ayant pour cause une imputation de faux-témoignage, est tenu de surseoir à y statuer lorsque le prévenu a dénoncé les faits au ministère public; il ne peut se permettre de juger si l'imputation de faux témoignage est fondée ou vraisemblable (Cass. 6 mars 1812). Mais il n'est pas tenu de surseoir au jugement sur la simple dénonciation faite au ministère public d'une prise à partie contre les juges, et d'une demande en renvoi pour suspicion légitime, qui n'ont pas encore été portées devant la Cour compétente (Cass. 18 fév. 1820). La dénonciation faite à la Chambre des avoués des faits imputés à deux avoués ne suffit pas pour autoriser le sursis à la plainte en calomnie formée par les deux off. ministériels contre l'auteur de l'imputation (Cass. 28 sept. 1815). L'envoi fait à la Chambre des avoués par le ministère de la justice et le Parquet d'un écrit contenant des inculpations graves contre deux avoués, à l'effet de vérifier et de prononcer par voie disciplinaire, ne constitue pas une litispendance qui mette obstacle à l'exercice d'une action en calomnie de la part de ces deux off. ministériels contre l'auteur de l'écrit (Cass. 22 oct. 1819).

Quand des injures ou diffamations verbales ne sont que la reproduction de faits énoncés dans une dénonciation calomnieuse faite par écrit à l'autorité, et forment un tout indivisible avec elle, les tribunaux civils sont compétents, à l'exclusion des juges de paix, pour connaître de la demande en réparation du préjudice causé par cette dénonciation (Douai 2 déc. 1845).

Injure simple. — Nous avons le droit de la rechercher d'office. On avait jugé autrefois (Cass. 13 avril 1820), que la plainte ou la requête de l'offensé est nécessaire. Mais la loi (471 n° 11) ne dit rien de semblable. Elle peut donc être poursuivie d'office et sans plainte (Cass. 25 fruct. an 10, 19 sept. 1856).

Le juge saisi par la partie civile, en matière d'injures, n'a pas le droit de séparer l'action publique de l'action civile, sous le prétexte que le ministère public a trouvé dans les faits motif à intenter directement une action publique ultérieure (Cass. 29 août 1857).

Tapage injurieux. — Les bruits et tapages (charivaris) peuvent être punis sur la poursuite du ministère public. sans plainte préalable des particuliers (Cass. 13 oct. 1836).

L'individu condamné par le tribunal de simple police pour contravention de bruit ou tapage injurieux, ne peut être ultérieurement poursuivi devant le tribunal correctionnel à raison des mêmes faits envisagés comme constituant les délits de diffamation et de coups. (Trib. de Marseille, 22 janv. 1863).

Ce dernier arrêt n'est pas fondé. Absolument inadmissible en ce qui touche la question des coups, il l'est également en ce qui concerne le fait d'injure ou de diffamation. L'art. 471 et l'art. 33 n° 3, L. 1881 répriment l'injure en soi; les art. 32 et 33 L. 1881, l'inj. et diff. publiques; l'art. 479 CP, le tapage injurieux. D'où il suit: 1° que l'injure simple est une contravention; 2° que l'injure bruyante est une autre contravention, et un délit si elle se produit publiquement. L'injure simple peut être poursuivie d'office ou sur plainte, ou par citation directe en simple police. L'offensé doit, ou se constituer partie civile au procès public, ou réclamer en justice de paix des dommages, s'il s'y croit fondé.

Le tapage injurieux ne peut être poursuivi comme injure simple. L'offensé peut en réclamer répression sur plainte ou citation, si la vindicte publique n'a pris aucune initiative, mais il ne lui appartient pas de séparer les deux éléments de la contravention, et de se plaindre à la fois du tapage et du fait d'injure bruyante. Par contre, il peut se porter partie civile, comme toute personne troublée par le bruit, à raison du trouble. Peut-il réclamer des dommages pour le fait d'injure non publique?

Je ne le crois pas. Il appartiendrait au juge d'augmenter le chiffre des dommages en ce qui le concerne, mais sans pouvoir statuer à part, spécialement, sur une action civile distincte de celle résultant du fait ayant motivé l'action publique. Le juge de police, en effet, n'a pas le droit de se saisir d'office d'une prévention, non plus que de statuer sur une action civile qui ne serait pas intimement liée à la prévention (161 CIC).

Ainsi que je l'ai fait remarquer, s'il s'agit d'injures simples (471 CP), l'action civile doit être exercée: 1° scit accessoirement à l'action publique engagée; 2° soit séparément, devant le tribunal de paix (Cass. 11 mai 1813, 6 avril 1898). Mais le tapage injurieux est une contravention spéciale, poursuivie, non pas à titre d'injure bruyante, mais à titre de tapage scandaleux *de caractère injurieux*, même si au cune injure n'a été proférée. Le juge de police est donc tenu de ne statuer que sur l'action civile exercée à raison du tapage injurieux. Quant à la réparation de l'offense caractérisée. bruyante ou ncn, je ne vois rien dans la loi qui puisse faire obstacle à l'action civile, à la condition que celle-ci soit exercée séparément de l'action publique, sauf, encore une fois, au juge à tenir compte des circonstances, pour l'allocation des dommages, s'il était saisi, accessoirement à l'action publique, du fait de trouble et du fait d'offense.

Mais l'injure, formant l'un des éléments du tapage poursuivi en simple police, peut constituer le délit d'inj. ou diff. publique. Or, relativement à ce délit, le juge de police est incompétent (Cass. 9 août 1872, etc.).

Si donc la partie civile émettait la prétention de lui demander de prononcer des dommages à raison du délit, il devrait repousser une action dont la loi lui interdit de connaître comme juge de police.

D'autre part, en cas de tapage résultant d'inj. ou diff. publique, il ne faut pas oublier qu'il y a : 1° une contravention de tapage injurieux; 2° un délit d'inj. ou diff. publiques.

Or, l'action publique, pour le fait contraventionnel, peut être exercée d'office, ou sur plainte, ou sur citation directe. Tandis que le délit ne peut être poursuivi que sur plainte ou citation, en police correctionnelle.

Si l'offensé actionne directement en simple police, le juge doit se déclarer incompétent, puisqu'il ne peut juger un délit, ni allouer accessoirement des dommages à raison de ce délit. Mais la vindicte publique ne saurait être entravée sous prétexte que la loi a réservé au plaignant un droit d'action directe pour le fait la concernant.

Si donc le ministère public a requis d'office l'application de l'art. 479 pour le fait de tapage injurieux, le juge de police doit statuer, sans pouvoir se déclarer incompétent, sous prétexte que des injures ont été proférées, si la personne injuriée n'a pas porté plainte (Cass. 5 juillet 1832). Il ne serait libre d'en user différemment, encore une fois, que si l'intéressé le mettait en demeure de statuer. Si celui-ci s'abstient, il ne peut se refuser à juger la prévention, le fait de tapage étant constant. Mais comment peut-on prétendre, en violation de la loi, que si la vindicte publique peut agir de façon libre et indépendante, le droit de la personne injuriée, qui n'a pas pris part au procès, se trouve annihilé par le fait que le tapage a été réprimé, peut-être à son insu ? Cela serait monstrueux. Le plaignant a donc le droit de poursuivre librement la réparation du délit et du dommage que celui-ci lui a occasionné. Pour le délit, il doit actionner correctionnellement; pour le dommage, il peut agir accessoirement, ou séparément, sans que la règle *non bis in idem* puisse lui être opposée.

Pour que le juge de police soit fondé à se déclarer incompétent, en matière de tapage occasionné par un délit, résultant directement de celui-ci, il faut que ce dernier soit de nature à donner lieu d'office à l'action publique, sans qu'un tiers ait qualité pour la mettre personnellement en mouvement, à l'exclusion du ministère public. Ces conditions se trouveront réalisées s'il s'agit de tapage occasionné, par exemple, par des cris séditieux (Cass. 21 août 1873), par des outrages (Cass. 13 oct. 1849), par des chants obscènes (Cass. 14 juin 1884).

Dans ces divers cas, si le juge de police se déclare incompétent à raison du délit, il n'a plus faculté de statuer quant au fait de tapage (Cass. 13 fév. 1886). Mais alors même qu'il estime que le tapage résulte d'un délit, est-il *obligé* de se déclarer incompétent ? Nullement : il est libre de choisir. Cela a été jugé notamment dans un cas de tapage résultant d'outrages par cris (Cass. 13 oct. 1849).

Il peut donc réprimer le tapage dont il est saisi, ou se déclarer incompétent.

On a même décidé qu'il n'a pas le droit de se dessaisir, sous prétexte que le tapage contient les éléments d'un crime ou d'un délit, ou d'une contravention connexe à un délit (Cass. 8 juin 1882). Et j'inclinerais plutôt vers l'adoption de cette doctrine. En effet, qu'importe au juge de police ? Il est saisi d'un fait de tapage nocturne : il doit statuer. S'il s'agissait d'un tapage injurieux, il en serait exactement de même, toujours sauf dans le cas où l'offensé le saisirait directement ou intervenait au procès.

Supposons donc qu'il ne s'agisse pas de ce dernier cas, et que le juge de police ait réprimé le tapage, comme, à mon avis, c'est son devoir strict. S'ensuit-il que le délit qui a occasionné ledit tapage ne pourra motiver d'autres poursuites spéciales ? Il suffit de lire les art. 227 et 365 CIC pour répondre négativement.

En effet, le fait matériel peut devenir l'objet d'une nouvelle poursuite, lorsqu'il constitue un crime ou un délit différent du premier : soit par ses éléments matériels (Cass. 3 août 1855); *soit par ses caractères de criminalité* (Cass. 5 août 1841); soit par son but et son résultat (Cass. 8 fév. 1851). Le même fait peut constituer à la fois un délit et une contravention, susceptibles de poursuites distinctes et séparées (Cass. 28 janv. 1853).

Le fait qui a motivé une condamnation, comme constituant une contravention, peut donner lieu, de la part du ministère public, à de nouvelles poursuites comme contenant également une seconde contravention (Cass. 22 mars 1838, Delbarre).

De même la condamnation prononcée pour une contravention par le tribunal de simple police ne fait pas obstacle à ce qu'à raison du même fait matériel le tribunal correctionnel soit saisi de la répression d'un délit (Cass. 3 juill. 1847, Roger).

CHAPITRE V

COMPÉTENCE. — ACTION CIVILE (INJ. ET DIFF.)

Nous savons que les inj. et diff. non publiques sont de la compétence du juge de police, ainsi que le tapage. Inj. et diff. publiques, outrages F, OF, OFP sont réprimés correctionnellement. Inj. et diff. OFP sont réprimées en Cour d'assises.

Principes généraux. — Les juges du fond constatent souverainement quelles sont les personnes offensées, si celles-ci n'ont pas été nommément désignées (Cass. 12 sept. 1823, 13 juill. 1900).

Il n'est pas nécessaire, pour qu'il y ait diffamation, que l'imputation soit directement personnelle au plaignant; ainsi, une imputation diffamatoire dirigée directement et principalement contre une personne, peut en même temps constituer une diffamation à l'égard d'une autre, si, en réalité, elle rejaillit sur cette dernière et l'atteint personnellement, quoique par voie indirecte (Agen, 2 mai 1895).

La spécification des discours, termes ou expressions injurieux n'est pas substantielle aux motifs d'un jugement. Il ne peut jamais résulter ouverture à cassation de la qualification qui peut leur être donnée (Cass. 11 avril 1822, Cenac).

Mais la Cour de cassation a le droit d'apprécier, au point de vue légal, les *faits* qui ont été poursuivis (Cass. 13 juill. 1900); par exemple, si un écrit a un caractère injurieux (Cass. 21 janv. 1860), ou s'il est de nature à porter atteinte à l'honneur et à la considération de celui (un f^re^, en l'espèce) auquel ils sont imputés (Cass. 8 mars 1861). Il suffit, pour permettre à ce droit de contrôle de s'exercer, que les juges aient expressément visé, dans leur décision, l'écrit qu'ils déclarent diffamatoire ou injurieux, sans qu'il soit nécessaire qu'ils aient précisé les passages des dits écrits qu'ils ont considéré comme délictueux (Cass. 2 janv. 1896).

Action civile. — Le juge de paix connaît de l'action civile en dommages-intérêts pour diffamation verbale non publique (Trib. Grenoble 26 janv. 1872).

L'action passe aux héritiers, quand la personne diffamée l'a intentée elle-même de son vivant (Montpellier, 22 déc. 1825).

Lorsque, sur une action civile en dommages-intérêts pour propos diffamatoires, le juge a ordonné la preuve de ces propos, il peut recevoir dans la contre-enquête, pour en faire état dans son jugement, les dépositions tendant, non pas à prouver la vérité des faits diffamatoires, mais à établir certaines circonstances de nature à ôter aux faits articulés le caractère d'une faute donnant lieu à réparation.

Lesdits propos ne donnent droit à dommages-intérêts que s'ils ont causé un préjudice au diffamé (Cass. 19 janv. 1881).

Il en est surtout ainsi lorsque la diffamation non publique a été faite sans intention de nuire (Cass. 23 oct. 1901).

S'il n'y a aucune faute à reprocher au diffamateur, il ne peut être condamné à des dommages (Cass. 17 mai 1858). En l'absence de tout préjudice, il en est de même (Lyon, 13 mars 1867, Paris, 17 avril 1869).

S'il n'est pas indispensable, pour introduire une action en dommages-intérêts résultant du préjudice causé par une diffamation verbale publique, de faire préalablement constater cette diffamation par la juridiction répressive, il est néanmoins certain qu'une demande de cette nature rentre, à charge d'appel, dans les attributions des juges de paix, quel que soit le chiffre de la demande. Le tribunal de 1re instance, qui doit en connaître comme Tribunal d'appel, ne pourrait évidemment en connaître comme juge du 1er degré sans troubler l'ordre des juridictions (Trib. Langres, 13 août 1897).

Le tribunal, qui reconnaît que les faits servant de base à une plainte en diffamation ne constituent qu'une simple injure, ne peut se dispenser de prononcer sur les dommages-intérêts de la partie civile, sous le prétexte qu'elle en a seulement formé la demande pour fait de diffamation, et qu'elle ne l'a pas renouvelée pour fait d'injure (Cass. 22 oct. 1819).

Nota. En matière d'injure publique, si le juge admet l'excuse de provocation (art. 33 L. 1881), il ne peut plus statuer sur l'action civile (Cass. 19 juin 1891).

Celui qui s'est rendu coupable de diffamation, par la vente ou la distribution d'un écrit, est civilement responsable des ventes et distributions nouvelles qui se sont opérées par suite de celle qu'il a faite (Cass. 18 sept. 1818).

CHAPITRE VI

INJURE ET DIFF. PUBLIQUES. — PLAINTE. — ACTION PUBLIQUE. — DÉSISTEMENT. — SURSIS.

1° *Particuliers.* La plainte de l'intéressé est nécessaire (L. 1881 art. 60; Cass. 1er juillet 1830, 13 mai 1831, 31 mai et 5 nov. 1856, Montpellier 5 déc. 1855).

Que faut-il entendre par plainte ? C'est, par exemple, la citation directe (Cass. 25 fév. 1835); un procès-verbal émanant d'un brigadier de gendarmerie, et relatant la plainte (Cass. 29 mai 1845) ; une demande faite auprès du maire pour faire constater le délit (Limoges 25 juin 1852).

On a jugé qu'une lettre écrite à un sous-préfet ou même au procureur est insuffisante (Bourges 22 avril 1831), mais la doctrine résulte des arrêts suivants :

En principe, les formalités des art. 31 et 63 CIC ne sont pas indispensables. Il suffit que la partie lésée ait témoigné de manière évidente sa volonté de mettre l'action publique en mouvement (Cass. 23 fév. 1832., 29 mai 1886, etc.).

Pour avoir le droit de se plaindre d'écrits diffamatoires, il n'est pas nécessaire d'être expressément nommé dans ces écrits. Il suffit que le plaignant ait été désigné assez clairement pour qu'aucun doute ne soit possible sur son identité, alors surtout que l'intention, de la part du prévenu, d'atteindre le plaignant résulte de tous les éléments de la cause. (Besançon 28 mars 1900).

La plainte qui désigne l'auteur du délit s'étend virtuellement aux co-auteurs et complices qui pourraient être découverts (Cass. 23 mars 1860), mais elle ne peut s'étendre aux faits postérieurs qui ne sont pas dénoncés (Cass. 13 janv. 1837), ni aux faits à l'égard desquels elle garde le silence (Cass. 15 fév. 1834).

Le demandeur qui se plaint de diffamation verbale peut, après avoir fait inviter son adversaire à comparaître devant le juge de paix, abandonner cette voie et saisir du fait la juridiction correctionnelle. L'avertissement préalable ne saisit pas la juridiction civile; c'est une simple mesure destinée à prévenir les procès (Nancy 22 nov. 1858).

Action publique. — Elle n'est, à l'égard des complices, ni arrêtée, ni atteinte par le décès de l'auteur principal, ni par son absence (Cass. 4 juin 1835, 24 sept. 1834).

Si l'auteur principal ne peut être poursuivi à raison de quelque privilège personnel, le complice peut néanmoins être poursuivi. Il peut même se faire que l'auteur principal, mis en cause avec ses complices, soit déclaré non coupable à raison de sa bonne foi et de son ignorance ou de toute autre cause, et que les complices qui l'ont poussé à agir soient condamnés (Cass. 8 sept. 1837; Paris 15 oct. 1825, 16 août 1826).

Le décès de la partie qui se prétend diffamée n'a pas pour effet de dépouiller la juridiction correctionnelle de la plainte dont elle est saisie, ni d'en attribuer la connaissance à la juridiction civile (Cass., 21 mai 1836).

Lorsque, dans l'examen d'une plainte en injures, l'audition des témoins fait connaître que le plaignant a lui-même injurié le prévenu, le ministère public n'est pas fondé à prendre à l'audience des réquisitions contre le plaignant, si aucune plainte n'a été portée contre lui par l'intéressé (Cass. 11 oct. 1827).

Désistement. En matière de diff., le désistement du plaignant arrête la poursuite commencée, même après condamnation et sur appel du prévenu (Paris 7 mars 1890).

Mais la disposition de l'art. 60 L. 1881 n'ôte pas au ministère public, tant que la plainte subsiste, le droit d'appeler et de faire tous actes de poursuites autorisés par la loi (Cass. 19 juin 1890); même décision (Cass. 5 juin 1845).

Sursis. En cas de poursuites *en diffamation*, le tribunal doit surseoir jusqu'à ce que le fait imputé ait été jugé, si ce fait se trouve être l'objet de poursuites judiciaires (L. 1881, art. 35). Mais il faut que le fait soit *punissable* suivant la loi (Cass. 27 juin 1811), et qu'il ne soit pas couvert par la prescription (Cass. 9 mai 1845).

Si le fait imputé a donné lieu à une condamnation, la culpabilité du diffamateur est *atténuée* (Cass. 21 avril 1821, Montpellier 22 nov. 1841).

Etranger. — Il peut rendre plainte, même pour délits de presse commis en France par un autre étranger contre lui (Cass. 22 juin 1826).

Femme mariée. — Elle n'a pas besoin d'être autorisée pour rendre plainte en injures; ce n'est point là ester en jugement. Mais il lui faudrait une autorisation pour se porter partie civile (Cass. 30 juin 1808).

Fils. — Un fils n'a pas qualité pour porter plainte en diffamation au nom de son père, si celui-ci ne lui a pas donné mandat à cet effet.

La plainte ultérieure du père ne validerait pas une plainte semblable (Cass. 16 nov. 1843).

La nullité de la plainte du fils entraîne celle de tous les actes de poursuites et de procédure, notamment la saisie de l'écrit incriminé, mais elle ne saurait réagir sur la plainte ultérieure du père. Seulement celui-ci ne pourrait faire usage de la procédure annulée (même arrêt; Agen 9 mars 1843).

Mari. — Le mari peut poursuivre sans le concours de sa femme les injures proférées contre elle, si son propre honneur y est intéressé (Cass. 14 germ. an XIII).

Mineur, femme mariée. — Leur plainte met en mouvement l'action publique, aussi bien que la plainte des parties maîtresses de leurs droits (Cass. 5 fév. 1857, Blondeau).

Père. — Pour se plaindre d'une diffamation ou injure, il n'est pas nécessaire que l'imputation soit directement personnelle au plaignant. Il suffit que l'imputation atteigne personnellement ce dernier, qu'elle rejaillisse sur lui, bien qu'elle soit indirecte en ce sens qu'elle ne le vise pas directement. Ainsi, un père ne peut prétendre que l'imputation concernant sa fille majeure l'atteint personnellement (Agen, 2 mai 1895).

2° Collectivités.

Administrations particulières. — Leurs membres peuvent poursuivre individuellement une diffamation collective (Paris 27 avril 1835, etc.).

Barreau. Voir VII.

Chambres de discipline des notaires ou des avoués. Ce ne sont pas des corps constitués (Cass. 9 sept. 1836).

La compagnie, elle-même, des avoués près un tribunal, n'est pas un corps constitué.

Mais un avoué a qualité pour rendre plainte des outrages dirigés contre la compagnie dont il fait partie (Douai, 1er mars 1831).

Collectivités. Il ne faut pas les confondre avec les corps constitués. Ceux-ci ont une existence permanente, et leur réunion est toujours possible (Rennes, 5 fév. 1838).

Au cas où des imputations diffamatoires sont dirigées contre des collectivités, c'est-à-dire contre des personnes qui font ou qui faisaient partie d'une agrégation distincte de toutes autres, chacune de ces personnes est atteinte, et, désignée nommément ou non, elle a droit et qualité pour réclamer la réparation du préjudice qui lui a ainsi été causé. Rennes, 14 juin 1900.

Même décision (Cass. 16 février 1893).

Communauté religieuse. Les membres d'une communauté religieuse, même non autorisée, ont qualité pour former une action en diffamation à raison de faits injurieux qui leur sont adressés en cette qualité. — Angers, 24 mars 1842 (les dames du Bon Pasteur).

Mêmes décisions ultérieurement à 1881 (Bourges, 24 nov. 1881), etc.

Electeurs. Les corps constitués ont une existence permanente, et leur réunion est toujours possible.

Il suit de là qu'un collège électoral, dont la réunion est temporaire et accidentelle, ne peut pas être considéré comme corps constitué.

La minorité des électeurs, composant un collège électoral, ne peut former une plainte qu'individuellement, et chaque membre, comme particulier, à raison des outrages dirigés contre elle (Rennes, 5 fév. 1838).

Même décision (Agen, 25 mai 1838).

Journal. — Les membres d'une collectivité exploitant industriellement un journal peuvent exercer une action individuelle en cas de diffamation collective, la personnalité des gérants et du personnel de la rédaction restât-elle hors de cause (Trib. Seine 11 mai 1842).

Loge maçonnique. En cas d'appréciations. mêmes violentes, à l'égard des francs-maçons en général, relativement à leurs opinions, mais sans imputations à l'adresse de personnes déterminées, les fondateurs d'une loge maçonnique, s'ils n'ont été ni nommés ni désignés dans l'écrit incriminé, sont sans qualité pour exercer une action civile contre le publicateur (Cass. 16 fév. 1893).

Professions libres. — Les individus appartenant à telle profession libre ne sont pas admis à exercer une action individuelle en cas d'injure ou diffamation collective contre le groupe de personnes exerçant la dite profession (Rouen, 7 septembre 1877).

Société anonyme. — Le directeur a qualité pour demander la répression d'une diffamation dont la société qu'il représente a eu à souffrir, encore que la diffamation ait été plus spécialement dirigée contre les administrateurs (Cass. 24 mai 1884).

Société civile. — L'action en diffamation, lorsque la partie qui se prétend diffamée est une société civile, ne peut être exercée que par les membres de cette société agissant en leur nom personnel, et non par le directeur. Au contraire, lorsque cette partie est une société anonyme, l'action est valablement exercée par le directeur, pourvu qu'elle soit autorisée par le gouvernement (Cass. 21 juillet 1854, Gerson Lévy).

Société commerciale. — Ses membres peuvent poursuivre individuellement une diffamation collective (Paris, 27 avril 1835).

Théâtre. — Les membres de la direction d'un théâtre peuvent exercer une action individuelle en cas de diffamation collective (Paris, 24 déc. 1836).

3° *Corps constitués, adm. publiques, etc.*

Administrations publiques. — Ce sont tous les établissements administratifs utiles au service public, comme les bureaux de bienfaisance, les intendances sanitaires; toutes les adm. qui ont une délégation du Gouvernement, comme l'adm. de la police à Paris (Cass. 16 juin 1832).

Le chef d'une administration publique, par exemple le préfet de police, peut porter plainte à raison de diffamations commises contre les membres de cette administration, lorsque le diffamateur ne les a ni nommés, ni suffisamment désignés (Cass. 16 juin 1832, Brian, 12 août 1843, Dahirel).

Mais, s'il s'agissait d'une administration représentée par un conseil, avec ou sans chef permanent, ce chef serait sans qualité pour rendre plainte des injures dirigées contre elle.

Ainsi, le président du conseil des postes, de l'administration des monnaies, etc., n'a pas qualité pour rendre plainte au nom de cette administration.

De même, l'intendant de semaine n'aurait pas qualité pour rendre plainte des injures adressées à une intendance sanitaire.

Si l'injure avait été dirigée contre le *parquet* d'une cour ou d'un tribunal, ce serait au chef de ce parquet à rendre plainte, parce que son organisation ne comporte pas les formes d'une délibération.

Le président de la cour ou du tribunal outragé n'a pas qualité pour rendre plainte au nom de la compagnie; il faut une délibération.

La délibération d'un tribunal ne serait pas réputée prise en assemblée générale si les juges suppléants n'avaient pas été convoqués.

Lorsque la diffamation a été dirigée contre une chambre d'un tribunal ou d'une cour, la délibération doit être prise en assemblée générale de ce tribunal ou de cette cour et non pas seulement de la section outragée.

En cas de plainte pour injures ou diffamation, les cours royales doivent procéder par voie de *délibération*, et non pas enjoindre, sur la *dénonciation* de l'un de leurs membres, conformément à la loi du 20 avril 1810, au ministère public de poursuivre (Cass., 25 juill. 1839).

Aucune forme particulière n'est prescrite pour la régularité de la délibération requérant les poursuites ; il suffit de constater qu'elle a été prise en assemblée générale.

Quoique la diffamation soit dirigée contre des personnes appartenant à une administration publique, si elles ont été attaquées isolément et individuellement, c'est par elles, et non par le chef de leur administration, que la plainte doit être faite.

Une adm. publique ne peut être reçue à exercer l'action civile contre des individus accusés de violences envers ses employés (Grenoble, 9 août 1825).

Agents. — Un commissaire de police est sans qualité pour porter plainte à raison des délits commis envers les agents placés sous ses ordres : ce droit appartient exclusivement au maire. 17 août 1849. Cr. r. Lebihannic (voir adm.).

Conseil de guerre. — L'art. 47 L. 1881 ne distingue pas entre les tribunaux civils, administratifs ou militaires. Par suite, le ministre de la guerre ne peut se substituer à un Conseil de guerre pour porter plainte en son nom. Les conseils de guerre de l'armée de terre, organisés par la loi du 9 juin 1857 modifiée par celle du 18 mai 1875, constituent en effet une juridiction permanente dans leurs circonscriptions militaires (Cass. 2 avril 1898).

Conseil municipal. — C'est un corps constitué. Voir VII.

Corps constitués selon la loi de 1881. — Ce sont les cours et tribunaux, les corps administratifs qui sont dépositaires d'une partie de l'autorité publique, comme les conseils de préfecture consultatifs, les conseils généraux, municipaux, d'arrondissement.

La poursuite a lieu sur délibération, ou sur plainte du chef du corps constitué ou du ministre compétent (L. 1881, art. 47 n° 1).

Le tribunal saisi d'une plainte en diffamation par la voie de la presse, envers un corps constitué, n'excède point ses pouvoirs en recherchant si les actes critiqués émanent réellement de ce corps et s'ils sont l'ouvrage d'une réunion ou d'un corps reconnu comme constitué par la loi (Cass. 28 avr. 1836).

Il appartient à chacun des membres d'un corps constitué, qui se considère comme offensé par un outrage adressé à ce corps, de poursuivre *individuellement*, et sans délibération préalable du corps constitué, s'il le juge à propos (Cass. 28 mars 1891).

Si les instituteurs de telle région (la Cornouaille, en l'espèce) sont collectivement injuriés, chacun d'eux peut exercer une action en injures publiques (Cass. 16 déc. 1893).

Nota. — Ils étaient traités de mouchards officiels.

Facultés. — Celles de droit ou de médecine sont des corps constitués.

Néanmoins une faculté de droit est sans qualité pour rendre plainte des diffamations commises envers les juges d'un concours dont quelques-uns seulement de ses membres faisaient partie (Toulouse, 31 juil. 1823). Voir VII, université.

Faculté de Théologie. — Une faculté de théologie protestante est, comme toute autre faculté de l'Etat, un corps constitué, ayant, en conséquence, le droit de porter une plainte collective, conformément à l'art. 47, L 1881, à raison d'un délit de diffamation dont les membres auraient été l'objet (Cass. 27 févr. 1885).

Gendarmes. VII.

Résumé. — L'individu pris à partie peut poursuivre personnellement. Le corps constitué attaqué collectivement ne peut poursuivre sans délibération, mais chaque membre a le droit de poursuivre individuellement, même s'il n'est pas directement pris à partie.

CHAPITRE VII

INJURE, DIFFAMATION OFP, OUTRAGES, ETC. FONCTIONNAIRES ET PRIVILÉGIÉS COMPÉTENCE, POURSUITES, PLAINTE, ACTION CIVILE ET PUBLIQUE, ETC.

1° *Compétence. — Vie privée (II, 12).* — Les tribunaux correctionnels sont compétents pour connaître des imputations diffamatoires dirigées par un journal contre un f^re^ (un commissaire de police), si les dites imputations ne se rattachent ni à ses fonctions ni à sa qualité, et si, bien qu'ayant pour but de déconsidérer le f^re^, elles pourraient être formulées dans les mêmes termes contre un simple particulier (Cass. 27 sept. 1900).

Même décision quant à un cit. SP (Toulouse, 14 déc. 1894).

2° *Compétence. Vie privée et vie publique.* — Lorsqu'il existe entre les diverses imputations diffamatoires dirigées par la voie de la presse contre un f^re^, les unes relatives à sa vie privée, les autres concernant sa vie publique, une certaine connexité à raison de leur publication dans un même article, cette circonstance ne saurait avoir pour résultat de dessaisir la juridiction correctionnelle de la connaissance de celles de ces imputations qui visent la vie privée, seules relevées dans la citation qui a circonscrit le débat (Cass. 6 mai 1898, 5 juillet 1883).

3° *Mémoire des morts. Qualité du défunt.* — C'est la qualité du défunt diffamé qui détermine la compétence. Si celui-ci était f^re^, la Cour d'assises est competente (Assises Seine, 3 déc. 1900).

Avant même la rédaction de l'art. 34 L

1881, la jurisprudence reconnaissait aux héritiers le droit de poursuivre les diffamations dirigées contre le défunt, parce qu'ils sont nécessairement atteints. Par suite, il est toujours loisible aux héritiers d'intenter en pareil cas une action civile. Mais pour que l'art. 34 soit applicable, il faut que le prévenu ait eu l'intention de porter atteinte à la considération ou à l'honneur des héritiers vivants. Si cette intention n'est pas prouvée, il ne saurait y avoir condamnation pénale, mais seulement application de l'art. 1382 CC. Ces principes ont été nettement dégagés et mis en lumière lors d'un procès intenté par la veuve d'un colonel diffamé à raison de son suicide, survenu au cours d'une polémique passionnée de presse relative à un procès célèbre de trahison. Le gérant du journal diffamateur et la personne qui lui avait fourni les notes publiées furent condamnés à des dommages-intérêts en vertu de l'art. 1384 CC, pour le préjudice incontestable occasionné par leur légèreté et leur imprudence (la Cour suprême, lors des faits, procédait à une enquête y relative); mais l'art. 34 L. 1881 fut considéré comme inapplicable, bien que le colonel suicidé fût accusé de trahison par les prévenus, et que ceux-ci ne fissent pas la preuve de leurs imputations. Mais, dans cette affaire, qui passionnait l'Europe entière, il était manifeste que, si les prévenus avaient eu le tort d'oublier l'existence de la veuve et de l'enfant du défunt, ils n'avaient nullement l'intention de déshonorer ceux-ci : ce qu'ils voulaient, c'est s'occupant de ce qui ne les concernait certes à aucun titre, fournir des arguments en faveur de leur thèse quant à l'innocence d'une tierce personne, également accusée de trahison (Seine, juin 1902).

Inj. et diff. — Action civile. — Aux termes de l'art. 46 L. 1881, l'action civile, quant aux personnes désignées art. 30 et 31 même loi, ne peut (sauf amnistie ou décès de l'offenseur) être poursuivie *séparément* de l'action publique, lorsqu'il s'agit de *diffamation* OFP. Cela s'explique : l'article 35 veut que, si la preuve des faits imputés ou allégués est faite, le prévenu soit renvoyé des fins de la plainte.

Ces dispositions entraînent plusieurs conséquences :

1° S'il s'agit de diff. par propos *tenus* dans un lieu public, mais *non proférés*, le f^re^ doit agir civilement devant le juge de paix (s'il lui plaît de se borner à réclamer des dommages). Cass. 26 nov. 1864, 2 juillet 1872.

2° S'il y a à la fois inj. et diff. OFP, l'action civile, *quant aux injures*, peut être exercée séparément de l'action publique (Paris, 20 déc. 1899).

3° Pour que l'art. 46 L. 1881 puisse être invoqué, il faut que celui qui l'invoque prouve qu'il y a bien relation entre la diff. relevée et la qualité ou la fonction du diffamé (Besançon, 11 janv. 1899). Si cette preuve n'est pas faite, la Cour d'assises est incompétente, et le tribunal civil peut connaître de l'action civile (Nevers, 21 oct. 1896).

Inj. diff. OFP, outrages, etc. Action publique. — J'ai indiqué, ch. 6, les principes relatifs à la poursuite exercée par les particuliers, les collectivités et les corps constitués. J'ai étudié à part les cas où il y a concours de plusieurs infractions (II, 20, outrages publiés, VI, 4, dén. cal. publiée; suprà, inj. et diff. OFP simultanées). Restent à étudier les règles de compétence et de poursuites, quant aux offenses en général, commises contre les privilégiés. C'est l'art. 47 L. 1881 qui régit la matière.

1° Inj. ou diff. OFP envers les f^res^, mag. dép. ou ag. aut. *autres que les ministres.* — La poursuite peut avoir lieu : 1° sur citation directe (n° 6); 2° sur plainte; 3° d'office, sur plainte du ministre compétent (n° 3). Et c'est la Cour d'assises seule qui est compétente pour statuer. Il s'ensuit que le trib. corr. est incompétent pour réprimer des expressions et appréciations outrageantes dirigées par un journal contre un sous-préfet, en tant que f^re^, et se confondant avec des articles exclusivement politiques, dont elles font visiblement partie (Cass. 16 nov. 1897).

D'autre part, la plainte de la partie lésée, même lorsqu'elle ne désigne qu'un auteur du délit, suffit pour autoriser l'action publique contre tous co-auteurs ou complices qui pourraient être découverts (Cass. 23 mars 1860).

Il faut que la plainte soit personnelle.

Ainsi, un procès-verbal dressé par un maire d'une injure adressée à son adjoint dans le sein du conseil municipal ne peut constituer une plainte de la part de ce dernier, encore qu'il ait signé ce procès-verbal avec tous les assistants (Cass. 26 avr. 1833, Veau).

Le doyen des conseillers de préfecture est non-recevable à rendre plainte des injures proférées contre le préfet à raison de ses actes administratifs, quoiqu'il le remplace par intérim (Cass. 30 juill. 1835).

J'ai déjà exposé ce qu'il faut entendre par *plainte* (VI, 6). On a jugé que la plainte doit être adressée à un off. pol. jud. ou à une personne ayant qualité pour mettre en mouvement l'action publique.

Ainsi un instituteur qui adresse sa plainte à son supérieur hiérarchique, qui la transmet à son tour au parquet après en avoir apprécié l'opportunité, n'est pas censé avoir déposé lui-même cette plainte qui dès lors ne peut être considérée comme régulière.

Il doit en être ainsi alors surtout que l'instituteur qui se prétend diffamé déclare, dans la plainte transmise à son supérieur, ne pas vouloir porter plainte à raison des injures à lui adressées comme particulier, mais à raison de celles seulement qui visaient l'instituteur (Chambéry, 3 janvier 1881).

2° *Diffamation OFP. Preuve et sursis.*

Le délai de cinq jours, dans lequel le prévenu qui veut prouver la vérité des faits diffamatoires articulés par lui contre un f[re], doit faire, à peine de déchéance, les notifications relatives à cette preuve, a pour point de départ exclusif la date de la première citation donnée au prévenu.

La déchéance de l'art. 52 de la loi du 29 juillet 1881 est d'ordre public.

Peu importe qu'une loi d'amnistie ait été ultérieurement promulguée pour tous les délits de presse. Cette loi n'atteint pas rétroactivement les droits antérieurement acquis et spécialement ceux résultant de la déchéance encourue (Cass. 20 oct. 1896).

3° *Outrages F ou OF* (222 à 225 CP).

Outrages F. — Cet outrage s'adresse moins à la personne du f[re] qu'à la fonction dont il est revêtu. C'est pourquoi la répression d'un délit de cette nature, intéressant essentiellement l'ordre public, ne peut être subordonnée à l'existence d'une plainte préalable de la part du f[re] outragé (Cass. 19 janv. 1850, etc.).

Violences. Outrages. — En cas de violences, ou d'injures verbales directes, la poursuite est soumise aux règles du droit commun (Cass. 10 juin 1834). En cas d'outrages selon l'art. 222, aucune plainte n'est nécessaire, aucune preuve du fait imputé non plus, encore bien que l'imputation consistât à prétendre que le magistrat méconnaissait son devoir (Cass. 22 août 1840, 17 mai 1845, 19 janv. et 6 sept. 1850, 17 mars 1851).

Nota. — Le désistement du f[re] qui s'est plaint d'un outrage OF est sans effet quant à l'action publique (Cass. 7 sept. 1850).

Outrages à l'audience. — Voir VII, magistrats.

Jurés, membres des chambres, ministres du culte. — Voir VII.

2e Section

Immunité (Chambres et Tribunaux.)
L. 1881, art. 41.

CHAPITRE VIII

DISCOURS ET ÉCRITS PARLEMENTAIRES COMPTE RENDU

1° *Discours et écrits parlementaires.* — Ne sont pas protégés par l'immunité : ceux dans lesquels les électeurs discutent les titres des candidats à leurs suffrages (Cass. 16 nov. 1843) ; ni les protestations adressées à la Chambre contre une élection (Orléans 31 mai 1847) ; ni les pétitions adressées aux Chambres (Vendôme 10 oct. 1846, Cass. 6 mars 1847).

Il va sans dire que l'immunité n'est pas applicable aux délits d'outrages commis dans les réunions des conseils municipaux (Cass. 17 mai 1845, 22 août 1840, 30 nov. 1861).

La loi de 1881 n'a pas dérogé à ces principes (Cass. 11 janv. 1883).

2° *Compte rendu* (L. 1881, 39 et 41). — Est couvert par l'immunité, à titre de compte rendu d'un débat judiciaire, l'article de journal qui contient l'énonciation des causes de la citation, les explications du prévenu, le sens des témoignages entendus, les observations faites par le président, le nom des avocats et le dispositif du jugement (Cass. 7 avril 1897).

L'immunité ne saurait couvrir la publication d'*anciens* arrêts de justice, faite avec intention de nuire (Agen 30 janv. 1890).

Le fait de reproduire intégralement une assignation dans laquelle sont, conformément à la loi, transcrits les passages diffamatoires contenus dans un numéro de journal, lorsque ce fait est accompli en vue de rééditer la diffamation originaire et de lui donner une nouvelle publicité, c'est-à-dire dans l'intention de nuire, constitue le délit de diffamation (Paris, 16 nov. 1898. Voir II, 24 à 26).

CHAPITRE IX

DÉLITS D'AUDIENCE

Cours et Tribunaux. — L'immunité s'applique: devant les tribunaux civils de première instance, les Cours d'appel et de cassation (Cass. 21 fév. 1838); les tribunaux ordinaires et une juridiction disciplinaire (Cass. 14 janv. 1888); le Conseil d'Etat; les Conseils de préfecture (Cass. 21 juill. 1838); les tribunaux de commerce (Rennes 20 juin 1840); les tribunaux de paix (Paris 23 juin 1825); en bureau de conciliation, devant le juge de paix (Cass. 29 oct. 1894); devant un juge de paix donnant audience sur les lieux contentieux (Metz 26 fév. 1821); devant les Conseils de prud'hommes et les tribunaux arbitraux (Cass. 21 juill. 1838).

Nota. — Une commission arbitrale instituée pour trancher les litiges entre l'administration et les fournisseurs ne constitue pas un tribunal dans le sens de l'art. 41 L. 1881 (Cass. 6 juin 1902).

L'immunité s'applique même aux outrages prévus par les art. 222 et suiv. CP (Cass. 6 juin 1902).

L'immunité, quant aux délits d'audience, est tout à fait exceptionnelle; en effet, une salle d'audience est LP (Cass. 19 sept. 1829).

Un tribunal peut, sans violer la loi, décider que des injures proférées dans une salle d'audience, en présence des juges, du substitut et du barreau, ne sont pas publiques (Cass., 4 août 1832). Une salle d'audience perd son caractère de lieu public dès que l'accès cesse d'en être libre au public.

1° Pour être couvert par l'immunité, il faut être partie au procès, c'est-à-dire ne pas être *tiers*, suivant l'expression consacrée.

Ne sont pas tiers au procès les *témoins* (Cass. 11 août 1820). Voir VI, 13.

L'avocat ou l'avoué en cause ne sont pas tiers non plus (Cass. 16 août 1806); non plus que l'agréé occupant au procès (Rouen 25 mars 1808).

Au contraire, celui qui a été le conseil d'une partie, mais qui ne la défend pas à l'audience, est un tiers (Nîmes 20 fév. 1823).

L'immunité couvre non seulement ceux qui ont le titre d'avocats, mais encore tous ceux qui se consacrent à la défense des parties.

Notamment, elle protège les défenseurs officieux qui postulent près des justices de paix (Trib. corr., Domfront, 29 mars 1879).

CHAPITRE X

DISCOURS ET ÉCRITS A L'AUDIENCE

2° Les faits doivent se produire à l'audience (art. 41). Par conséquent, il n'y a pas immunité : lorsque les injures ont été proférées dans la salle d'audience en présence du barreau et du public pendant le délibéré des juges. — Cass. 19 nov. 1829 (Mestivier).

Lorsque l'outrage a été prononcé non dans la plaidoirie, mais après le jugement, devant le juge, alors surtout que la personne outragée n'était pas présente et ne pouvait demander acte des réserves. — Grenoble, 9 mai 1834 (Piot).

Discours. Par discours, on ne saurait entendre les propos échappés aux défenseurs et parties, soit en dehors de l'audience, soit dans la salle pendant le délibéré des juges, soit au sortir de l'audience après décision (Cass. 7 juillet 1827, etc., etc.).

Des paroles injurieuses prononcées par une partie pendant la plaidoirie de son conseil, et sans avoir obtenu la parole du président, ne peuvent être considérées comme faisant partie de la défense, ni jouir du bénéfice de cet article. Caen, 30 avril 1842 (Labille).

L'art. 41 ne s'applique qu'aux diffamations envers les parties ou les tiers, et ne couvre pas les discours qui constituent des délits politiques. — Cass. 27 fév. 1832 (Raspail), 7 juin 1832 (de Savignac).

Cet article s'applique aussi bien au cas d'injures ou diffamations prononcées dans les plaidoiries, qu'au cas d'injures ou diffamations écrites dans les mémoires ou actes du procès. — Bordeaux, 7 août 1844 (Ballanger).

Une partie est responsable des imputations injurieuses ou diffamatoires étrangères à la cause contenues dans la plaidoirie de son avocat, lorsque les imputations ont eu lieu en sa présence et sans opposition de sa part. — Rouen, 7 mars 1835 (Maubert), Bordeaux, 7 août 1844 (Ballanger).

Mais l'avocat qui a écrit ou plaidé des faits calomnieux par ordre de son client peut être personnellement tenu de dommages-intérêts. — *Contrà*, Paris, 23 prair. an XIII (Lusignan).

Surtout lorsque ces faits sont imputés à

des tiers et sont étrangers à la cause. — Rouen, 7 mars 1835 (Maubert).

S'il impute à la partie adverse un faux en écriture, sans que cette imputation soit nécessaire à la défense, il commet le délit de diffamation (Cass. 21 mai 1836).

Ecrits produits devant les tribunaux. — Il faut entendre par là toute remise ou émission d'un écrit ou d'un imprimé aux *juges* saisis de l'affaire (Cass. 3 juin 1825). Si donc l'écrit est remis à d'autres qu'aux juges, il n'y a pas immunité (Cass. 14 déc. 1838). Tel serait le cas si le prévenu publiait dans un journal des articles pour sa défense (Cass. 10 juin 1831) ; ou si la publication avait lieu, soit avant que l'instance fût engagée (Cass. 18 fév. 1819), soit après le jugement et avant l'appel (Cass. 21 juill. 1832), soit après l'arrêt qui a mis fin au procès (Cass. 16 nov. 1843, 15 juin 1854), soit en dehors de tout débat judiciaire (Cass. 23 mars 1844).

Il va sans dire que, si un mémoire publié n'a pas été versé au procès, ni distribué aux mag., il n'y aura pas immunité (Rouen 7 mars 1833, Colmar 27 juin 1836), surtout lorsque les juges déclarent qu'ils n'ont aucun moyen de constater si une distribution en a été faite (Cass. 24 déc. 1830).

On ne peut assimiler à un écrit produit en justice une plainte calomnieuse déposée au greffe d'un tribunal et suivie d'une ordonnance de non-lieu (Cass. 22 août 1828, Clin, ni un mémoire dont un seul exemplaire est tombé entre les mains du ministère public (Toulouse 10 avril 1829, Cass. 12 sept. 1829).

Une note distribuée à chacun des membres d'une juridiction civile, appelés à connaître d'un litige, ne peut être considérée comme publique. — Cass. 22 juin 1838 (Thomas).

Une plainte en faux signée d'un avocat, quoique jointe au dossier, n'est pas réputée produite en justice si elle a été retirée et remplacée par une requête signée de la partie avant que l'affaire fût soumise à l'examen de la cour. — Cass. 21 fév. 1838 (Provins).

L'écrit diffamatoire, publié par un maire et par un adjoint, en réponse à une dénonciation, adressée en forme de pétition à la chambre des députés, et renvoyée au ministre de l'intérieur, n'est pas un écrit produit devant les tribunaux, car le ministre n'a pas le droit d'accorder des réparations civiles, ni de prononcer la suppression de l'écrit (Cass. 2 août 1821).

Cependant un écrit adressé au roi, imprimé et distribué à l'occasion d'un procès, doit être considéré comme un mémoire sur procès, et ne peut donner lieu à une action directe en diffamation, lorsqu'il rapporte les mêmes faits que ceux présentés aux juges saisis. — Paris, 15 déc. 1825 (Bordeaux).

Il y a diffamation lorsque des mémoires sont répandus dans le public sans utilité et sur des plaintes encore soumises à une instruction secrète. — Cass. 18 oct. 1821 (Ricard).

De même si les mémoires produits en justice viennent à être publiés (Cass. 11 mai 1843, Paris 24 avril 1847).

Le tribunal correctionnel est souverain pour décider, d'après les circonstances de fait qui ont accompagné la production d'un écrit dans une instance civile, si cet écrit a le caractère d'un mémoire produit en justice, ou s'il n'a eu pour objet que de faciliter, sous les apparences d'une légitime défense, des allégations diffamatoires. — Cass. 20 mai 1854 (Grass), 15 déc. 1854 (de Colmont).

Par écrits, il faut entendre ceux signifiés comme pièces du procès, ou distribués aux juges pendant les débats, si d'ailleurs la juridiction saisie comportait cette signification ou cette distribution.

Mais ne sauraient être réputés tels : les mémoires de prévenus ou accusés devant la cour d'assises (Cass. 11 août 1820).

Il n'est pas nécessaire que l'écrit soit signifié comme défense ou comme pièce du procès (Agen, 23 déc. 1851, Benech).

Il suffit qu'il ait été distribué aux juges et que des fragments en aient été lus. — Bordeaux, 6 janv. 1834 (Rullié).

Ou même qu'il ait fait partie d'un dossier communiqué. — Bourges, 3 juillet 1841 (Bonneau).

Qu'il ait été remis au juge rapporteur de l'affaire. — Cass. 30 déc. 1851 (du Martray).

On doit considérer comme produit devant les tribunaux un mémoire imprimé, distribué aux juges de la cause ou dont il a été fait usage, encore bien qu'il n'ait été signé ni par un avocat ni par un avoué, et qu'il n'ait pas été signifié (Cass. 6 février et 12 septembre 1829 et Bastia, 27 déc. 1834).

Pour qu'un mémoire soit réputé produit, il n'est pas nécessaire que l'avocat, qui l'a signé, soit attaché au tribunal saisi de la cause, par exemple, s'il s'agissait d'un procès pendant à la cour de Cassation (Cass. 12 septembre 1829).

Une citation en conciliation, lue à l'audience, est un écrit produit devant le tribunal (Bordeaux, 8 août 1833).

CHAPITRE XI

DE LA RÉPRESSION DES INJURES OU DIFFAMATIONS COMMISES DEVANT LES TRIBUNAUX.

L'art. 41 prévoit : 1° les inj. ou diff. commises par les parties au procès, par abus de leur droit d'accusation ou de défense, relativement aux faits de la cause. Ces délits sont ceux commis par les parties entre elles. 2° les diffamations étrangères à la cause, par les parties entre elles, ou à l'égard des tiers au procès.

Injures ou diffamations par les parties au procès, pour faits relatifs à la cause.

L'art. 41 dispose que le juge du fond peut condamner à des dommages-intérêts. Il statue donc sur l'action civile.

Si les considérants de l'exploit introductif d'instance sont inutilement et vexatoirement injurieux ou diffamatoires, le tribunal peut allouer des dommages et intérêts (Bastia 9 nov. 1891).

La cour de cassation peut blâmer les mémoires injurieux pour les magistrats qui ont rendu l'arrêt attaqué, et en ordonner le dépôt à son greffe. — Cass. 1er sept. 1810 (Lannoy-Clervaux); 10 avril 1818, ou en ordonner la suppression. — Cass. 26 août 1831 (Lapelouze).

Le tribunal peut réprimer les inj. ou diff. commises en sa présence, par paroles ou écrits (Nîmes, 25 janv. 1839. — Cass. 3 juin 1825).

On a même jugé que le tribunal saisi est seul compétent pour connaître des faits diffamatoires relatifs à la cause (Bastia 27 déc. 1834).

La partie qui se prétend injuriée ou diffamée par un discours ou un écrit ne peut en demander le dépôt au greffe (Bordeaux, 18 nov. 1828).

C'est la cour seule, et non les jurés, qui juge les délits d'audience, fussent-ils commis à l'occasion du fait de l'accusation ou d'un fait étranger à la cause (Paris 27 fév. 1832).

Pour fonder la compétence d'un tribunal, il n'est pas nécessaire que la faute disciplinaire imputée à un avocat ait été découverte à l'audience même où elle a été commise ; il suffit que la répression soit requise ou prononcée pendant que le tribunal est encore saisi du procès (Cass. 24 déc. 1836).

La preuve des fautes disciplinaires commises à l'audience est régie par les mêmes principes qu'en matière de compte rendu infidèle et de mauvaise foi (Cass. 24 déc. 1836).

Mais la suppression des paroles et des écrits injurieux rentre dans la police de l'audience, et les tribunaux peuvent la prononcer malgré le silence de la personne injuriée ou diffamée (Rennes, 12 juin 1834).

L'art. 41 ne concerne que les diffamations et injures contre les parties en cause, et ne peut pas être étendu aux autres fautes et manquements commis par les avocats à l'audience. Il suit de là que, en ce cas, les tribunaux peuvent excéder le maximum de 2 mois de suspension porté par cet article (Cass., 25 janv. 1834).

Les outrages qu'un avocat s'est permis envers le ministère public dans sa plaidoirie sont présumés suffisamment réprimés par l'avertissement qu'il a reçu d'être plus circonspect à l'avenir, si le ministère public n'a élevé aucune réclamation et s'il n'a été dressé aucun procès-verbal. (Cass., 5 oct. 1815 et 5 messid. an X).

Lorsque le défenseur du prévenu soutient que les faits imputés sont vrais, et s'efforce de les prouver, le tribunal ne peut considérer cette nouvelle imputation comme constituant, de la part du prévenu, qui ne désavoue pas son avocat, un nouveau délit de diffamation : il n'y a lieu qu'à l'application des dispositions répressives de cet article. (Lyon, 16 fév. 1826).

CHAPITRE XII

FAITS DIFFAMATOIRES ÉTRANGERS A LA CAUSE TIERS ET PARTIES

1° *Parties.* — Action publique, action civile. — En principe, pour poursuivre des propos ou écrits, tenus ou produits devant les tribunaux et non couverts par l'immunité, il faut demander acte au juge des réserves, si les faits sont étrangers à la cause. Le juge de police, comme tous autres, a qualité pour donner acte des réserves.

On considère généralement que l'injure ne peut donner lieu à réserves, mais doit être réprimée par le juge du fond, tandis que la diffamation peut et doit être examinée par un autre tribunal.

Sans la réserve accordée au plaignant, les tribunaux correctionnels *ne peuvent être saisis* d'une plainte, pour faits d'inj. ou diff. qui se sont produits devant un autre tribunal (Cass. 18 fév. 1820).

Les imputations diffamatoires contenues dans un mémoire de défense peuvent être considérées implicitement comme étrangères à la cause, lorsque la partie diffamée n'était point partie dans la poursuite exercée par le ministère public (Cass. 8 juill. 1852, Maillard).

Lorsqu'un tribunal déclare que le sort du procès ne dépend point des pièces faisant l'objet d'une imputation de faux proférée à son audience, et réserve à la partie offensée l'action correctionnelle, il décide virtuellement que les faits imputés sont diffamatoires et étrangers à la cause (Cass., 21 mai 1836, Durand Vaugaron).

Le ministère public ne peut exercer le droit de poursuivre que lorsque les faits diffamatoires ont été déclarés étrangers à la cause (Cass. 12 sept. 1829, Michel; 3 mars 1837, Beaurin).

De même, le défaut de réserves, qui est un obstacle à l'exercice de l'action civile, s'oppose également à l'action publique (Toulouse, 10 avril 1829, Michel).

Mais la fin de non-recevoir résultant de ce que l'action civile n'aurait pas été réservée à la partie injuriée dans une instance peut être couverte si l'autre partie conclut au fond, au lieu d'opposer le défaut de réserves (Cass. 7 août 1844, Jacques).

L'action en diffamation n'est pas recevable tant que le juge du fond n'a point rendu son jugement définitif et donné acte des réserves (Cass. 21 juill. 1838, Mottel).

Lorsqu'un mémoire diffamatoire est produit devant des arbitres-juges, le plaignant ne peut agir par action directe tant que lesdits arbitres n'ont pas statué sur le fond de la contestation (Paris, 23 juin 1825, Descourtils).

Pour que le tribunal puisse donner acte des réserves, *il faut* que les faits soient étrangers à la cause (Lyon, 25 mai 1836).

Pour qu'une action puisse être exercée, *il faut* en outre que le tribunal, en donnant acte des réserves, déclare que les faits diffamatoires sont étrangers à la cause (Cass. 2 avril 1825, etc.).

On a jugé qu'en cas de réserves accordées par un juge civil, pour diffamations, et *sans déclaration* que les faits sont étrangers à la cause, le juge correctionnel a mission de résoudre cette question (Cass. 4 mai 1865).

Les avocats et les avoués peuvent, comme les parties elles-mêmes, être condamnés à des dommages-intérêts (Rouen, 7 mars 1835).

Un avocat ne peut être poursuivi, à raison de ses plaidoiries, devant une autre juridiction, si celle-ci n'a point réprimé l'infraction, ou, au cas où elle aurait été incompétente, dressé un procès-verbal et renvoyé devant qui de droit (Cass. 5 oct. 1815, Viguier).

Dans une plaidoirie, le 3 mai 1902, un avocat ayant, devant le tribunal de la Seine, allégué mensongèrement qu'une femme concernée par le procès en cours aurait posé nue comme modèle pour un tableau (la Femme au masque), fut cité correctionnellement pour diffamation par la personne susdite. Mais ni son avocat ni elle-même n'ayant demandé acte des réserves, et le tribunal n'ayant pas prononcé à ce sujet, la plaignante fut déclarée non-recevable et condamnée aux dépens (Seine, 17 juill. 1902).

2° Action des tiers. — (Voir VI, 9.)

Doivent être considérés comme *tiers:*

Le plaignant qui ne s'est point porté partie civile dans une instance engagée à la requête du ministère public (Cass. 5 juill. 1851, Mailliard). — *Contrà*: Il doit être considéré comme partie bien qu'il ne se soit pas porté partie civile; Bastia, 27 déc. 1834 (Biadelli).

Le magistrat qui, à l'occasion d'une enquête à laquelle il a procédé en qualité de juge-commissaire, a été diffamé dans des actes lus à l'audience. Il peut exercer une action civile (Riom, 20 déc. 1826, Leygonie).

Un procureur impérial, relativement aux imputations dirigées contre lui devant la Cour (Cass. 8 mars 1861, Antoni).

Des experts doivent être considérés comme des tiers étrangers à l'instance, pour l'instruction de laquelle leur ministère a été requis (Grenoble, 28 janv. 1832).

Le tiers contre lequel un écrit produit en justice contient des imputations diffamatoires relatives à la cause peut intervenir au procès afin d'obtenir des juges saisis la réparation de cette diffamation (Amiens, 15 mars 1833, de Lagrené; Cass. 19 juill. 1851, Recepon).

Mais il ne peut intervenir pour demander la suppression de l'écrit (Rouen 29 nov. 1808, Grenoble 9 août 1828 et 28 janv. 1832, Orléans 5 août 1815).

Le tiers diffamé ne peut actionner en diff. que pour les faits étrangers à la cause (Cass. 2 avril 1825, 14 déc. 1838, 23 nov.

1835); même s'il se borne à intenter une action civile (Cass. 2 avril 1825).

Cependant, des faits diffamatoires allégués devant un tribunal peuvent donner lieu à l'action en diffamation de la part des tiers, bien que le tribunal n'ait pas déclaré que les faits prétendus diffamatoires étaient étrangers à la cause (Cass. 6 fév. 1841, Brulard; 8 juill. 1852, Maillard).

Mais les juges saisis de l'action sont dans la nécessité de déclarer si les imputations à raison desquelles elle a été intentée étaient étrangères à l'instance (Cass. 23 nov. 1835, de Magnoncourt; arg. Cass. 8 juill. 1852, Maillard).

Des réserves ne sont pas exigées par cet article pour l'exercice ultérieur de l'action, lorsque les faits diffamatoires s'adressent à des tiers (Cass. 8 mars 1861, Antoni).

Ainsi, les faits diffamatoires envers un tiers, publiés dans un écrit produit en justice, peuvent, sur la plainte de ce tiers, donner lieu à l'action du ministère public, bien qu'elle ne lui ait point été réservée (Cass. 7 nov. 1834, Legenvre).

L'immunité ne peut s'étendre à celui qui distribue, dans un procès où il n'est pas personnellement intéressé, un mémoire injurieux contre un tiers également étranger au débat (Cass. 9 juin 1859, Urtin).

Ni à la partie qui produit dans une instance un écrit contenant une diffamation contre un tiers étranger à cette instance (Cass. 20 mai 1854, Grass). Lorsque ce tiers et l'imputation diffamatoire dirigée contre lui étaient étrangers au procès pour lequel le mémoire a été rédigé, et lorsque cette pièce a été distribuée à différentes personnes ou a été publiée même depuis l'arrêt (Cass. 4 avril 1857, Barville).

S'il y a diffamation écrite, le tiers qui n'a pas été partie dans la cause peut porter son action en réparation, soit devant la juridiction répressive, soit devant la juridiction civile (Nîmes, 20 fév. 1823, Cass. 6 nov. 1823, 6 fév. 1841, 17 juin 1842), sans attendre le jugement définitif du procès à l'occasion duquel il a été diffamé (Riom, 20 déc. 1826, Cass. 14 déc. 1838).

L'action civile des tiers peut être portée en même temps et devant les mêmes juges que l'action publique (Cass. 5 juill. 1851). Elle est de la compétence, non du tribunal devant lequel le délit a eu lieu, mais du juge de paix, conformément à l'article 5, L. 1838, lorsque la diffamation est verbale (Cass. 9 déc. 1863).

Le tiers contre lequel des imputations diffamatoires ont été produites dans le cours d'un procès n'a pas le droit d'intervenir pour réclamer des dommages-intérêts, ni même pour demander acte des faits par lui relevés et de ses réserves. L'action civile ouverte aux tiers en pareil cas ne peut être exercée que par voie d'action principale (Amiens, 1er juill. 1851).

Conclusions. — 1° En ce qui touche les parties au procès, le juge du fond peut intervenir et allouer des dommages, etc., lorsque les *inj. ou diff.* ont trait à la cause.

2° Les parties au procès peuvent intenter une action publique ou civile devant telle juridiction compétente, lorsqu'elles ont été *diffamées* relativement à des faits *étrangers à la cause*, à la condition que l'action leur ait été réservée par le juge du fond.

3° Les tiers peuvent toujours, et sans que l'action leur ait été réservée, saisir la juridiction compétente, en vue d'obtenir des dommages contre celui qui les a diffamés, relativement à des faits étrangers à la cause, devant un tribunal quelconque, même s'ils n'étaient pas présents au moment de l'offense. Ils peuvent également s'adresser à la juridiction répressive.

4° En cas de diff. étrangère à la cause, l'action des parties ou des tiers doit être exercée, non devant les juges du fond, mais devant tel tribunal compétent.

3e Section

CHAPITRE XIII

Des témoins.

Nous avons vu VI, 9, que les témoins ne sont pas tiers au procès (Cass. 11 août 1820).

La cour de Nancy a pourtant émis une opinion opposée (9 nov. 1857).

Quoi qu'il en soit (et c'est évidemment l'opinion de la cour suprême qui doit prévaloir), les témoins, déposant de bonne foi et sans intention de nuire, sont couverts par l'immunité (Cass. 23 août 1838).

Les imputations faites par un témoin contre un prévenu dans sa déposition, ne peuvent, lorsqu'elles se réfèrent aux faits de la poursuite ou à des circonstances de l'affaire, donner lieu à une action en diffamation, mais seulement à une plainte en faux témoignage (Cass. 1er août 1806 et 1er juill. 1825).

Ainsi, lorsque les allégations prétendues

diffamatoires, faites par un témoin, ont pour objet d'affaiblir le degré de confiance que peut mériter la déposition d'un autre témoin, elles ne peuvent pas être considérées comme étrangères au fait de l'instruction, et ne sauraient donner lieu à une plainte en diffamation (Cass. 1er juill. 1825 et 1er juill. 1808).

Les déclarations faites en justice par un témoin sur les interpellations et instances du président, qu'il n'a point provoquées indirectement ni par des voies insidieuses, ne présentent pas le caractère d'une intention criminelle. Cass., 10 mai 1821.

Que faut-il entendre par témoins ?

Ceux qui déposent sous serment (Paris, 23 fév. 1883).

Le délit d'outrage public envers un témoin n'existe qu'autant que le témoin a été outragé à raison de la déposition faite sous la foi du serment; il ne suffirait pas que le témoin eût été outragé à l'audience au moment de déposer et au sujet de la déposition qu'il devait faire, si le juge avait renoncé à entendre cette déposition (Montpellier, 2 avril 1855).

Contrà. En punissant l'outrage fait au témoin à raison de sa déposition, cet article n'a pas restreint sa disposition pénale, soit au cas où la déposition n'a pas encore eu lieu, soit à celui où le témoin est interrompu en l'émettant. Il suffit que la déposition soit l'objet de l'outrage. — Cass. 13 août 1841 (Billiout-Jouard).

Le fait, par une partie, d'avoir publiquement, à l'audience, traité les *témoins* assignés pour déposer contre elle, de faussaires, de calomniateurs, de brigands, faisant journellement des faux, constitue le délit de diffamation ou d'injures publiques (2 avr. 1855, Montpellier. Berge).

Contrà. — Ce n'est pas excéder les bornes de la légitime défense, que dire à un témoin : C'est faux, c'est une invention. — Cass., 5 mars 1858.

Témoins. Inj. ou diff. OFP directes ou indirectes. L. 1881 art. 31 et 33. *Outrages OFP par gestes.* L. 25 mars 1822 art. 6.

Violences OFP : CP. art. 228 et suivants (L. 25 mars 1822 art. 6). Voir III. 7. — En matière de diff. OFP, la poursuite a lieu, soit sur leur plainte (L. 1881 art. 47 n° 4), soit sur citation directe (L. 1881, art. 47 n° 6).

Il s'ensuit que l'inj. OFP à l'audience peut être immédiatement réprimée (Cass. 19 déc. 1884, Paris, 20 nov. 1888), mais non pas la diff. (assises Corse 3 juin 1891).

Quant à l'inj. OFP, peu importe qu'elle se produise en l'absence du témoin (Cass. 12 sept. 1828), mais si le juge du fond entend la réprimer, il doit le faire *immédiatement* (Cass. 24 déc. 1858).

En somme, le témoin se trouve dans la situation des parties en cause.

L'art. 41 n'est pas applicable aux outrages adressés aux témoins à l'audience; l'absence de réserves ne fait pas obstacle à ce que le ministère public poursuive d'office ultérieurement. — Nancy, 9 avril 1851, 9 nov. 1857 (Huvelin). — Ni à ce que les témoins exercent eux-mêmes cette action. — Caen, 13 juin 1844 (Bessin); Cass. 8 fév. 1851.

Il appartient à la cour d'assises de prononcer les peines de la loi contre les excès d'une défense injurieuse ou diffamatoire qui n'aurait pas été justifiée par la nécessité de combattre les charges résultant des dépositions des témoins. — Cass. 11 août 1820 (Cabet).

La cour d'assises a le droit de prononcer les peines et dommages-intérêts qui peuvent être encourus à raison de ces outrages et diffamations, mais elle peut réserver l'action, si les discours tenus par l'accusé portaient sur des faits étrangers à la cause et s'ils n'étaient pas nécessaires dans l'intérêt de la défense. — Cass. 23 août 1838 (Delormel). Nîmes, 27 mai 1841 (Marnas).

L'action en diffamation ne peut en ce cas être exercée par le témoin qu'autant que cette action a été formellement réservée. — Cass. 23 aout 1838 (Delormel).

Si le témoin injurié est absent ou si le tribunal est incompétent pour prononcer des peines, ses droits demeurent entiers, et il peut exercer son action par citation directe. — Cass. 6 nov. 1823 (Leprêtre).

Aux termes des art. 31 et 46 combinés de la loi de 1881, l'action civile résultant du délit de diffamation commis envers un témoin à raison de sa déposition ne peut être poursuivie séparément de l'action publique (Cass. 11 juin 1898).

Il ne faut pas confondre l'outrage ou l'injure publique avec l'injure non publique :

Les reproches injurieux contre un témoin, consignés dans un procès-verbal d'enquête faite par le juge de paix, et signés par celui qui les a fait, tombent sous le coup de l'art. 471 n° 11 (Liège 25 juin 1813).

SEPTIÈME PARTIE

Dictionnaire alphabétique de jurisprudence à l'usage des privilégiés et table des matières contenues dans les six premières parties.

Nota. — 1° Ce dictionnaire ne rappelle pas les matières des chapitres, indiquées du reste après la préface.

2° Lorsque la qual^{on} de f^{re} est indiquée sans autre spécification, c'est dans le sens de la loi de 1881 qu'il faut interpréter la décision rapportée.

Accident I, 15.

Adjoint au maire. — C'est un citoyen SP par mandat. S'il agit comme adjoint, il sera qualifié f[re] (Cass. 1er avril 1813), off. pol. adm. ou jud. (Voir art. 9 CIC).

L'adjoint ne peut agir administrativement que sur délégation du maire. Comme off. pol. jud., il n'en est pas de même. Il supplée d'office le maire absent ou empêché.

Ainsi, il peut dresser procès-verbal d'une contravention commise en sa présence et hors de celle du maire (Cass. 6 janv. 1844).

On a décidé qu'il est mag. adm., même lorsqu'il agit en dehors d'une délégation temporaire: « En effet, ce qui constitue la qualité de magistrat, c'est l'aptitude permanente qu'elle confère, et non l'acte accidentel dérivant de cette aptitude. » (Cass. 10 mai 1845).

On a cru pouvoir prendre cette décision au pied de la lettre, et en inférer que l'adjoint est toujours un mag. Cette opinion est erronée de tous points.

Les auteurs qui l'ont émise auraient dû rapporter la suite de l'arrêt, ce qui leur aurait évité de confondre l'outrage F avec l'outrage OF:

L'outrage envers un adjoint dans une assemblée du conseil municipal présidée par le maire, ne peut être réputé commis contre l'adjoint F; mais cet outrage peut, d'après la nature des propos, être réputé relatif à l'exercice de ces mêmes fonctions (Cass., 10 mai 1845). Voir maire, mag., f[re]; IV, 6, 24; II, 11; conseil.

Adjudant I, 11; *adjudicataire.* Voir préposés.

Adjudicataire de poids publics. — C'est un citoyen chargé d'un mandat public au sens de la loi de 1881 (Cass. 6 nov. 1896).

Si l'art. 2 de l'arrêté du 1er brumaire, an XI, dispose que nul ne pourra exercer les fonctions de peseur, mesureur ou jaugeur, sans prêter le serment de bien et fidèlement remplir ses devoirs, il ne s'ensuit pas qu'un tiers soit mal fondé à se prévaloir du fait qu'un f[re] de cette catégorie a, en définitive, exercé ses fonctions. pour exciper de l'incompétence de la juridiction correctionnelle à l'égard d'une poursuite en diffamation relative à la manière dont il les a exercées. En effet, le citoyen investi d'un mandat public qu'il remplit ostensiblement et sans protestation, sous le contrôle de l'autorité compétente, est légalement réputé avoir caractère à cette fin. Sans doute, l'omission du serment aurait rendu le f[re] dont s'agit sans qualité pour poursuivre des tiers à raison de faits illicites de pesage public, mais il n'en doit pas moins être retenu comme soumis aux charges et obligations dérivant du mandat qu'il a exercé, de même qu'il était appelé à bénéficier de ses avantages (Cass. 6 nov. 1896).

Adjudicataire de travaux publics. — On ne saurait prétendre que, par le fait seul d'une adjudication de travaux publics, et abstraction faite du cahier des charges, qui en détermine les conditions et précise la nature et l'étendue des pouvoirs délégués à l'adjudicataire, ce dernier doit être compris au nombre des personnes visées à l'article 31, L. 1881. Ce n'est pas, en effet, la nature des travaux à exécuter, mais le pouvoir que l'adjudicataire a reçu du fait de l'adjudication, qui doit servir à déterminer la compétence.

Par suite, les imputations diffamatoires dirigées contre une société anonyme, à raison de l'exécution de travaux publics dont elle s'est rendue adjudicataire, sont de la compétence des tribunaux correctionnels, alors qu'il est établi qu'elle n'a reçu, du fait de l'adjudication, aucune délégation de l'autorité, et n'a été substituée à aucun des droits de la puissance publique, au regard de laquelle elle agit comme un simple entrepreneur (Cass. 12 fév. 1898).

Administrateurs. Voir *directeurs, hôpitaux, commissaires de la marine.*

Agence de renseignements. *(Voir commerçant).*

N'est pas une diffamation le fait, par une agence de renseignements commerciaux, d'envoyer des feuilles qui renferment une appréciation générale de la situation d'un commerçant sans imputer un fait précis et déterminé alors d'ailleurs que l'élément de publicité fait complètement défaut (Paris 23 mars 1893).

Lorsqu'une agence a stipulé que les renseignements qu'elle fournit à ses abonnés sont entièrement confidentiels et personnels à l'abonné qui les reçoit, et que celui-ci ne doit les communiquer sous aucun prétexte, et sera responsable des suites des indiscrétions qu'il pourrait commettre, et lorsque ladite agence est ensuite condamnée au paiement de dommages-intérêts envers un tiers, à raison de renseignements concernant sa solvabilité fournis par elle à un de ses abonnés, elle est fondée à répéter contre ce dernier le montant des condamnations prononcées contre elle à la requête du tiers en question. (Trib. commerce, Seine, 8 janv. 1898).

Commet une faute de nature à engager sa responsabilité personnelle, l'agence qui fournit, même sans intention de nuire, sur le compte d'un tiers, une note indiquant que celui-ci a été déclaré en faillite et qu'aucun concordat n'est encore intervenu à son profit, alors que le jugement déclaratif de faillite a été réformé par un arrêt de la Cour d'appel.

En vain l'agence se prévaudrait-elle, tant de l'ignorance dans laquelle elle aurait été faute de renseignements sur les suites de la faillite, dont la déclaration seule lui aurait été connue par un acte public, que du défaut de publicité de l'arrêt infirmatif.

Cette absence de renseignements ne pourrait, en tout cas, être imputée à faute au commerçant à qui aucune obligation légale n'incombait de publier l'arrêt qui l'avait relevé de la faillite, mais à l'agence qui, en offrant de fournir des renseignements, agit à ses risques et périls, et qui a fait croire à une faillite actuellement existante, en indiquant qu'elle n'avait pas été suivie de concordat (Seine, 5 nov. 1896).

D'une façon générale, les renseignements défavorables et inexacts, fournis par légèreté sur le compte d'un commerçant au crédit duquel atteinte est portée par suite, motivent une action en responsabilité. Mais les dommages-intérêts doivent être diminués si le commerçant lésé, au lieu de réclamer à l'agence une rectification dont il justifie l'exactitude, ne prend aucune mesure pour faire cesser le préjudice qui lui est causé (Seine, 12 févr. 1898 et 27 juill. 1897).

Doivent être considérées comme émanant d'une agence des fiches de renseignements consistant en demi-feuilles de papier à lettre blanc, sans en-tête, mais renfermées dans des enveloppes portant la suscription imprimée de l'agence, surtout si le contenu de ces fiches concorde avec les renseignements donnés dans d'autres fiches provenant de l'agence (Seine, 12 févr. 1898).

L'agence ne peut exercer aucun recours contre ses clients, à raison de ce qu'ils auraient communiqué à des tiers des documents à eux transmis confidentiellement, alors que ce recours ne tendrait à rien moins qu'à rendre lesdits clients, sous une autre forme, responsables de la faute initiale que l'agence a commise (Seine, 27 juill. 1897).

Agent d'affaires. — S'il publie périodiquement et distribue à prix d'argent la liste des personnes ayant subi des protêts, il commet le délit de diffamation (Seine, 10 déc. 1885).

Agent de recensement nommé par arrêté municipal, en vertu d'instructions ministérielles.

Il est protégé par l'art. 224 comme citoyen SP. (Andelys, 15 juillet 1886). Conf. cass. 5 mars 1887 et Loi 19 juillet 1791.

Le décret du P. de la Rép. ordonnant qu'en vertu de l'art. 2 de la loi du 19 juill. 1791, il soit procédé au dénombrement de la population par les soins des maires, est un règlement de l'autorité adm., pris dans la limite de ses attributions.

Le refus de se conformer à cette prescription est donc sous le coup de l'art. 471 n° 15 CP. (Cass. 5 mars 1887).

Les agents du recensement ne sont tenus de justifier d'une commission régulière de l'aut. mun. que s'ils en sont requis (même arrêt).

Les seules déclarations obligatoires pour les habitants sont celles que prescrit l'art. 2 de la dite loi : noms, âge, lieu de naissance, dernier domicile, profession, métier et autres moyens de subsistance (même arrêt).

Agents. — I, 9 à 12; de service IV, 5 ; capture IV, 10, 11 ; arrestation IV, 13 à 15, 17, 19, 24, 25 ; requérants IV, 11; requis IV, 11; compétence IV, 18 ; mandats IV, 14, 15, 19 ; violation de domicile IV, 24 ; outrages IV, 6, 7 ; responsabilité IV, 28; V, 5 : voir aussi II, III, VI ; indiscipline IV, 7; rébellion IV, 17; violences IV, 25.

Ag. aut., d'adm. publique, fp.: Voir armée, appariteur, aides, chef, employé, garantie, gardes, gendarmes, commandant, fort, pompiers, préposés, porteurs, syndics, chemins de fer, secrétaire, médecin, porteurs, etc.

Ag. diplomatiques II, 21; *du gouv.* I, 9.

Ag. militaires, des subsistances militaires. — Ils ne sont pas ag. du gouv. (Cass. 19 oct. 1836, 6 mars 1807).

Agents voyers (voir architecte). — L'art. 483 CIC ne les concerne pas (Cass. 23 déc. 1848), mais ils exercent une véritable fonction (Chambéry, 8 mars 1881).

Agréés. — Ne sont pas off. min. (Bordeaux, 23 mai 1865).

Aides de l'essayeur de la Monnaie de Paris. — L'art. 177 leur est applicable (Cass. 9 févr. 1843).

Ambassadeurs II, 21.

Anarchistes. — Constitue un acte de propagande anarchiste, dans les termes de la loi du 28 juillet 1894, et rentre dès lors dans la compétence des tribunaux correctionnels, la publication d'un placard, dans lequel l'auteur, au sujet de l'anniversaire de l'insurrection du 18 mars 1871, exhorte ses lecteurs à dépasser en audace leurs devanciers, et à fonder en dehors de toute gouvernance un ordre de choses nouveau (Cass. 26 août 1897).

Appariteurs de police. — Ils sont ag. fp. quand ils agissent en exécution de l'art. 77 du décret du 18 juin 1811, et ag. aut. quand ils exercent la surveillance que l'aut. municipale leur a conférée (Cass. 27 mai 1837).

Ils ne sont pas f[res] en ce sens qu'ils n'ont pas le droit de dresser des procès-verbaux (Cass. 22 févr. 1809).

Vu les art. 408 et 409 CIC, 77 décret 18 juin 1811, attendu que la loi reconnaît l'existence des appariteurs ou ag. pol., institués par l'aut. mun. pour exercer sous ses ordres la surveillance qu'elle leur confie; que, si les lois postérieures à celle du 22 juill. 1791 ont retiré à ces agents le droit de dresser des procès-verbaux, leurs rapports sont néanmoins regardés comme des éléments de poursuites; que le décret de 1811 assimile les ag. pol. aux ag. fp, dans les cas prévus art. 77; que les ag. pol. peuvent être considérés sous un double rapport: 1° comme ag. fp, au sens de l'art. 77 précité, 2° comme ag. aut. quand ils exercent la surveillance que cette autorité leur a confiée; que l'art. 224 CP les protège comme ag. dép. fp; que les lois de presse les protègent comme ag. aut. contre les inj. et diff. OFP, etc. (Cass. 28 août 1828).

Nota. — J'ai établi (I.9) qu'on peut être f[re] sans être qualifié pour dresser des procès-verbaux.

L'appariteur peut agir comme citoyen SP, ainsi qu'il résulte de l'arrêt suivant, émané de la Cour suprême: vu l'art. 230 CP, attendu que l'arrêt attaqué reconnaît que Chapon est appariteur de police, et qu'il avait été chargé, en cette qualité, de la conduite d'une patrouille; que cet individu remplissait donc un ministère de service public, dans le sens de l'article précité; d'où il suit qu'en renvoyant en police correctionnelle les prévenus des coups qui lui ont été portés et des blessures avec effusion de sang qui lui ont été faites pendant qu'il s'acquittait de sa mission, ledit arrêt a violé cet article et faussement appliqué à l'espèce l'article 311 du même Code; casse, etc. (Arrêt du 6 octobre 1831).

En résumé, ainsi que nous l'avons vu I. 11, l'appariteur est un ag. pol. adm., un ag. aut., ayant droit d'être qualifié citoyen SP s'il agit comme ag. fp., ou ag. pol. s'il fait acte de police, ou de force publique au sens de l'art. 77 du décret du 18 juin 1811 (Voir I. 12).

Apprêciateurs du Mont-de-Piété. — L'art. 175 leur est applicable (Cass. 4 févr. 1832).

Arbitres forcés. — Ils sont juges, et, par suite, SP par mandat (Cass. 15 juillet 1836).

L'arbitrage forcé a été abrogé par la loi du 17 juillet 1856.

Mais les arbitres, même amiables compositeurs, ont un caractère public (Cass. 15 mai 1838).

Lorsqu'ils siègent, ils sont magistrats (Cass. 29 avril 1837, etc.) Voir II. 13.

Architecte commissionné par le ministre pour la surveillance de travaux publics. Il est cit. SP. Si, prévenu d'homicide par imprudence dans la direction des travaux susdits, il ne peut exciper d'aucun ordre ni d'aucun acte émané de l'adm., il est passible de condamnation correctionnelle (Conflits 29 avril 1851).

Architecte communal. — Il n'est ni f[re], ni SP. (Poitiers, 23 juillet 1886).

La diffamation par écrit dirigée contre l'architecte voyer municipal d'une ville, à raison de travaux dont il a été chargé pour l'administration, ne peut être considérée comme se rattachant à sa qualité; dès lors, le tribunal correctionnel est seul compétent pour en connaître (Bourges, 5 mai 1831).

C'est l'acte accompli par lui qui déterminera la qualification à laquelle il peut avoir droit. Si, par exemple, il procède, sur l'ordre du maire, à l'étaiement d'un bâtiment menaçant ruine, il agit comme citoyen SP. Voir *agent voyer.*

Armées. L. 1881, art. 30 (VI).

Le livre, injurieux pour l'armée, et contenant le récit de scènes de débauche constituant le délit d'outrages aux bonnes mœurs, réunit les caractères des délits des art. 33 et 38 de la loi de 1881. Selon l'art. 45 de la même loi, la Cour d'assises est alors compétente (Cass. 27 fév. 1890).

Assemblée nationale. — Offenses directes. Décret 11 juin 1848, art. 2. L. 29 déc. 1875 art. 6.

Assemblées délibérantes. — On considérait autrefois comme ag. ou dép. aut. les conseillers généraux, municipaux ou d'arrondissement (Cass. 22 août 1840, 24 août 1844). La loi de 1881 les protège actuellement. Voir conseiller, CP 177, maire, etc.

Assistance. Voir bureau.

Association. — Sont SP les membres d'une association syndicale pour le curage d'une rivière (Châtillon 29 mars 1866).

Attroupement IV, 4, 11, 23 à 28; *auteurs* II, 24; *autorité sanitaire* I, 11; voir capitaine.

Avocat. — Le qualifier agent d'affaires n'est pas l'injurier (Lyon 26 août 1836).

Le reproche fait publiquement à un avocat de s'être écarté de la ligne d'un honnête homme dans une plaidoirie par lui prononcée, sans autre précision, peut être considéré, à raison de la généralité de ces paroles, comme ne constituant pas le délit de diffamation, mais il constitue une injure (Cass. 8 juillet 1843. Fradel).

Le plaideur qui, au sortir de l'audience, traite de *drôle,* d'*insolent,* de *polisson,* l'avocat de la partie adverse, se rend coupable du délit d'injures publiques (Angers, 15 nov. 1828).

Voir magistrat, barreau, VI, 9.

Avocats et avoués. — Voir défenseurs, V, 1; VI, 8 à 12; II, 22 à 26. — Le fait, par un avoué, d'avoir distribué un mémoire rempli d'injures à l'égard d'un magistrat, le rend personnellement responsable de ces injures, bien que le mémoire ne soit signé que de la partie. Il peut être poursuivi, pour cette distribution, même avant que le signataire du mémoire ait été attaqué (Cass. 25 mai 1807).

Barreau. — L'affirmation que tel barreau ne brille pas par le côté humanitaire, même rapprochée de cette observation que telles personnes n'ont pas été défendues devant le tribunal correctionnel, n'est ni injurieuse ni diffamatoire (Bourges 15 déc. 1887).

Le bâtonnier est admis à se porter partie civile au procès public intenté contre l'auteur d'un écrit injurieux pour le barreau dont il est chef (Chambéry 20 juillet 1872).

Bureau d'ass. jud. — Ses membres ne sont ni mag. ni f[res]. En conséquence, les lettres injurieuses qui leur sont adressées ne constituent pas des outrages punis par l'art. 222 CP, ni la diffamation punie par les art. 31 et 32 de la loi de 1881, mais seulement l'injure prévue par l'art. 33, § 3 de la même loi (Tr. Valenciennes, 21 mai 1885).

Bureau de bienfaisance. Ses membres ne sont pas agents du gouvernement (Cass. 27 nov. 1840). Voir VI. 6. 7.

Candidats à la députation ou à la représentation nationale : Ce sont de simples particuliers (Cass. 11 mai, 16 et 25 nov. 1843 et 6 février 1900).

Candidat au conseil municipal. Il n'est pas f[re] (Rouen 5 nov. 1846, Paris, 15 mars 1847).

Cantonniers. — Ils sont citoyens SP (Douai 23 janv. 1882).

Cantonniers non assermentés ni commissionnés : Ils ne sont pas protégés par l'art. 224 (Coutances 28 janv. 1895). Ce sont, très certainement, des citoyens SP quand ils agissent F à l'égard de tel particulier. Le seul fait qu'ils accomplissent leur travail est, par contre, insuffisant à les faire qualifier citoyens SP.

Capitaines de lazaret. Sont ag. du gouvernement (Aix 9 déc. 1825). Voir I. 11; IV, 7.

Capitaine de recrutement. — N'est pas ag. du gouv. (Cass. 12 septembre 1807).

Chambres. — Voir assemblée, membres ; *chasseurs* IV, 17, 24; voir préfet, gardes.

Chefs de bureau, etc. — Le chef adjoint du cabinet d'un ministre n'est ni f[re] ni cit. SP, mais bien un simple particulier (Cass. 31 juill. et 29 oct. 1885, Rouen, 30 janv. 1886). Le chef de cabinet d'un ministre n'est pas f[re] (Paris, 18 mars 1885. *Contrà* Boulogne, 1er avril 1885).

Les chefs de division d'un ministère ne sont pas visés par l'art. 483 CIC (cons. d'Etat, 26 août 1840), non plus que les chefs de bureau d'une préfecture (Cass. 7 janv. 1843). Mais l'art. 177 CP concerne ceux-ci (Cass. 6 déc. 1842).

Chefs de bataillon. — Voir commandant.

Chef de l'adm. de la marine. — Il est f[re] (Cass. 30 nov. 1821).

Chef de poste I, 12; IV, 7 ; *chefs d'Etats,* II, 21.

Chemins de fer. — Les employés assermentés (L. 15 juillet 1845, art. 23) désignés par les Cies et agréés par l'adm., sont protégés par l'art. 224, soit comme ag. aut. ou fp., soit comme SP (Seine, 15 avril 1897).

Mais les employés non assermentés sont uniquement les délégués des compagnies, lesquelles ont le caractère d'institutions d'utilité publique, sans perdre le caractère d'administrations privées (Seine, 15 avril 1897).

Même décision, notamment à propos des facteurs-chefs (Rennes, 3 mai 1899).

Les chefs de station et agents assermentés susdits sont, soit ag. aut. ou fp., soit off. pol. jud. auxiliaires (Paris, 17 févr. 1855).

Contrà. — Ils ne sont pas off. pol. jud. (Rennes, 18 août 1864), mais ag. aut. ou fp. (Grenoble, 7 nov. 1862). Ils sont assimilés aux gardes des particuliers (Seine, 10 janv. 1855, Corbeil, 18 janv. 1855).

La contravention à l'obligation imposée à tout agent employé dans les chemins de fer, d'être revêtu d'un uniforme ou porteur d'un signe distinctif, est passible de l'amende de 16 à 3.000 fr. prononcée pour toute infraction aux ordonnances sur la police et l'exploitation des chemins de fer. 9 janv. 1852. Cr. c. Gervais.

Les dispositions de la loi de 1845, et celles de l'ord. du 15 nov. 1846 ayant été édictées dans l'intérêt de l'ordre et de la sécurité publics, les agents appelés à concourir à l'exécution de ces mesures de police et de surveillance doivent être considérés comme des cit. SP. On ne saurait admettre, en effet, que la loi leur ait refusé une protection qui leur est indispensable pour l'accomplissement de leurs fonctions, et qu'elle ait entendu la limiter aux seules attaques ou résistances avec violences ou voies de fait, que la loi de 1845 punit des peines de la rébellion.

Au contraire, en modifiant dans l'art. 224 CP la définition des agents qui y étaient désignés, la loi du 13 mai 1863 a eu pour but d'étendre cette protection à toute une catégorie de citoyens qu'elle appelait à en bénéficier. Les agents des chemins de fer sont manifestement au nombre de ceux auxquels ces dispositions nouvelles, empruntées à l'art. 230 CP, sont applicables.

Si, à la vérité, elles n'ont pas été ajoutées à la loi de 1845, elles n'en constituent pas moins une règle de droit commun dont on ne saurait refuser l'application à ceux que cette loi charge spécialement de veiller à l'exécution des nouvelles mesures qu'elle prescrit.

D'autre part, on tenterait vainement de restreindre ces dispositions aux seuls agents assermentés auxquels la loi de 1845 confère le pouvoir de dresser des procès-verbaux.

En effet, la formalité du serment a pour unique effet de donner la force probante aux procès-verbaux des agents qui l'ont prêté. Mais, en aucun cas, le défaut d'assermentation ne peut détruire la qualité de cit. SP, que les agents des chemins de fer puisent dans la nature même de leurs fonctions et dans leur exercice (Trib. corr. Poitiers, 9 juillet 1897).

Les agents non assermentés par les Cies de chemins de fer ne peuvent être considérés comme cit. SP (Cass. 24 janv. 1902).

L'art. 173 concerne un employé au service du départ d'un chemin de fer (Cass. 29 sept. 1853). Les gardes barrières sont off. pol. jud. au sens de l'art. 483 CIC (Metz, 4 juin 1855).

Agents des chemins de fer de l'Etat. — D'après l'art. 11 du décret du 25 mars 1878, ils sont, pendant la durée de leur service, considérés comme agents temporaires de l'Etat (Orléans, 28 nov. 1891. Trib. civ. Niort, 15 déc. 1891).

Chirurgien, membre du Conseil de revision. — Il est protégé par l'art. 224. Mais la proposition d'un don, pour le rendre favorable à un jeune homme désigné par le sort, n'est pas un outrage (Cass. 25 janv. 1866).

Chroniqueur II, 24; *chute* III, 2.

Citoyens SP (I, 13 à 15 ; III, 3; II, 5). L'art. 177 CP les concerne, ainsi que les députés, sénateurs, etc. (Cass. 24 fév. 1893).

Clerc de notaire. — L'art. 255 n° 1 peut lui être appliqué (Cass. 2 juin 1853).

Collège. — Voir électeurs, *combat de coqs* IV, 12.

Commandant de bâtiment de la marine. — Suivant la nature de ses actes, il est réputé ou non ag. du gouv. (Cass. 2 juillet 1838).

Commandants fp. — (IV, 7, 13; V, 5). Nous avons vu I, 12, que, contre la rébellion et les violences, ils sont protégés à titre d'ag. fp.

Contre les outrages F, OF, OFP, il n'en est plus de même.

Les délits OF doivent s'entendre, non seulement de ceux relatifs à un fait de commandement, mais aussi de ceux ayant trait à la qualité, soit de commandant, soit d'ag. aut.

Reprocher à un chef militaire qui avait tué un de ses camarades en duel de l'avoir assassiné, ne constitue pas une imputation relative à ses fonctions. (Lyon, 5 mars 1849. Cass. 19 avril 1849).

Quand un écrit impute à un chef de bataillon d'avoir commis un fait qui rend cet officier indigne de porter une épée, et que, plus loin, il signale la lâcheté de cet officier, à raison des termes dans lesquels ces injures sont formulées, elles atteignent l'officier comme tel, et non comme simple particulier.

Et peu importe que ces injures aient été provoquées par des violences et voies de fait du dit officier (Cass. 12 juin 1896).

D'autre part, il ne suffirait pas de commander une force publique pour avoir droit d'être qualifié f[re]. Il faut en outre *posséder* cette qualité. Ainsi, l'étranger exerçant un commandement militaire, sous la direction d'un officier supérieur français, n'est qu'un citoyen SP (Cass. 5 juillet 1833).

Mais si le même étranger était *outragé* ou attaqué comme commandant fp, il serait protégé comme tel; s'il faisait acte de force publique, les art. 209 et 230 le protégeraient également, comme ag. fp.

Au point de vue des outrages directs F ou OF, il faut considérer que l'art. 225, édictant une pénalité différente de celles des art. 222 à 224, s'appliquera : 1° au commandant par qualité ou par qual[on], se trouvant ou agissant F; 2° au commandant par qualité ou par qual[on], outragé à raison de sa qualité de commandant investi, ou de ses actes de commandement.

1° *Commandants investis.* — L'arrêt suivant prouve que le comm. fp. par grade est protégé F, même s'il ne fait pas acte de commandement :

Un commandant de l'armée territoriale, revêtu de son uniforme, et qui assiste aux exercices de la société de tir de son régiment en qualité de président du conseil d'adm. de cette compagnie, est un commandant fp. dans le sens de l'art. 225 CP (Cass. 2 fév. 1889).

2° *Protection quant au commandement.* — Le sous-off de gend. commandant une brigade est, sur le territoire assigné à cette brigade, un comm. fp. (Colmar, 27 avril 1858), même s'il est seul (Rennes, 15 mars 1853, Metz, 29 août 1860). Cette dernière décision est évidemment erronée. La loi protège, non le grade, mais la fonction. Pour qu'un sous-off. de gend. soit réputé comm. fp, il faut qu'il se trouve exercer effectivement un commandement. S'il était seul et isolé, c'est l'art. 224 qui serait applicable (Pau, 31 juillet 1857). Même décision : (Limoges, 23 nov. 1851).

Il suffit du reste qu'un seul gendarme l'accompagne pour qu'il soit réputé comm. fp. (Riom, 9 nov. 1851, Cass. 14 janv. 1826). Voir I, 12, 15; IV, 13.

Un sous-lieutenant faisant partie d'un bataillon en marche est un commandant fp. (Paris, 14 nov. 1867).

Commandant militaire dans une contrée en état de siège. — Est ag. du gouv. (Cass. 17 fév. 1836) à raison des perceptions qu'il fait.

Commerçant. — On ne saurait considérer comme constituant le délit de diffamation le fait, par une agence de renseignements commerciaux, d'envoyer des feuilles qui renferment une appréciation générale de la situation d'un commerçant, mais ne contiennent pas l'imputation d'un fait précis et déterminé, alors d'ailleurs que l'élément de publicité fait complètement défaut (Paris, 23 mars 1893). Voir cass. 23 oct. 1886.

Fournir méchamment et de mauvaise foi contre un commerçant, soit à des agences de renseignements, soit à d'autres personnes, des notes injurieuses ou diffamatoires, n'est qu'une contravention à l'art. 471, n° 11 CP, même si ces notes étaient destinées, *dans la pensée* de leur auteur, à être transmises à la clientèle du commerçant (Cass. 3 juin 1892). Voir agence ; II, 25.

Il y a imputation diffamatoire dans celle faite à un commerçant de laisser protester les traites tirées sur lui, alors même que l'imputation aurait eu lieu de la part d'un failli dans le but de justifier l'état de ses propres affaires (Rouen, 22 août 1844, Delarue).

Commis de perception. L'art. 169 le concerne (Cass. 23 avril 1813). Contrà. Cass. 5 août 1825.

Commis de sous-préfecture (I, 9). — Ils n'ont aucun caractère public (Cass. 22 août 1851).

Commissaires de l'inscription maritime, d'émigration. I, 11.

Commissaire de police. Echarpe, qualité, serment IV, 4 ; imprudence IV, 28 ; arrestation IV, 17, 23; ordres IV, 13, 21; ordonnances IV, 12; assistance aux huissiers IV, 4; V, 5; perquisition IV, 10 à 12 ; outrages II, 13, 18, 19; réquisitions I, 15.

On a jugé que les com. de police sont des ag. fp (Cass. 7 août 1818). Mais c'est une erreur, quoique tout dép. aut. actif soit, par là-même, *dép. fp.*

Rogron raconte comme suit la lutte soutenue pour leur attribuer définitivement la qualité de magistrats :

Cette question avait déjà été agitée plusieurs fois devant la Cour de cassation, avant l'arrêt solennel que nous allons rapporter : elle avait été jugée affirmativement par un arrêt du 30 juillet 1812; mais la Cour avait rendu une décision contraire le 7 août 1818, en rejetant le pourvoi formé contre un jugement du tribunal de Carcassonne. Elle revint à sa première opinion par un arrêt du 7 mars 1837. La difficulté s'étant encore présentée quelque temps après devant la Cour de Rouen, cette Cour ne partagea pas l'opinion de la Cour suprême; son arrêt fut cassé et l'affaire ayant été renvoyée devant la Cour de Caen, cette Cour résista également à l'autorité de la Cour de cassation et décida que si l'on se reporte à la nature des fonctions habituelles des simples commissaires de police, on ne peut voir en eux que des hommes préposés soit pour veiller à l'exécution des règlements, recueillir les renseignements relatifs aux délits qui parviennent à leur connaissance, et en dresser procès-verbal, ce qui en fait seulement des agents, soit pour arrêter ou faire arrêter des individus qui troublent l'ordre, ce qui met dans leurs mains une portion de la force publique, et les fait ainsi rentrer sous la qualification générale et dans la classe d'ag. dép. fp. Un nouveau pourvoi ayant été dirigé contre cet arrêt, les chambres réunies furent appelées à prononcer : dans un réquisitoire des plus remarquables, M. le procureur général Dupin conclut à la cassation, qui fut prononcée en ces termes : « Vu les articles 222 et 224; vu aussi l'article 12 de la loi du 28 pluviôse an VIII; les articles 11, 14, 50, 144 et 509 du Code d'instruct. crim., l'article 1er de la loi du 10 avril 1831; attendu qu'il résulte de toute l'économie de nos lois, comme des principes les plus anciens, que l'autorité publique et la force publique sont deux choses essentiellement différentes; que la première a, selon les limites de ses attributions légales, caractère pour ordonner, tandis que la seconde n'a mission que pour contraindre à l'exécution; attendu que les articles 222, 223 et 224 ont manifestement pour base cette distinction fondamentale énoncée à la rubrique même qui les précède; qu'en effet les deux premiers de ces articles règlent ce qui concerne les dép. aut. et punit les outrages qui leur sont faits F ou OF; que l'article 224, au contraire, n'est relatif qu'aux officiers ministériels ou agents dép. fp, et punit d'une peine moins forte les outrages qui leur sont faits F ou OF; attendu que les commissaires de police ne peuvent être rangés ni parmi les officiers ministériels, ni parmi les agents dép. fp; qu'en effet, il résulte, tant des lois relatives à leur institution et à leurs attributions, que du CIC, qu'ils exercent par délégation directe de la loi, une partie de l'autorité publique, soit dans la police administrative et municipale, sous la surveillance des préfets, soit dans la police judiciaire, comme officiers de police auxiliaires des procureurs du roi, et même comme officiers du ministère public près les tribunaux de simple police; que ce concours d'attributions prouve seulement qu'ils appartiennent à la fois à l'ordre administratif et à l'ordre judiciaire; que le droit qu'ils ont de requérir la force publique distingue encore leur caractère légal de celui de la force publique qu'ils requièrent; d'où il suit que les commissaires de police sont compris, quant à la répression des outrages par paroles à eux faits F ou OF, dans la qualification générale de *magistrats de l'ordre administratif ou judiciaire*, que porte l'art. 222 du Code pénal, et qui se réfère aux divers genres de dépositaires de l'autorité publique; et qu'en jugeant le contraire, l'arrêt attaqué a faussement appliqué l'article 224 du Code pénal, et formellement violé l'article 222 du même Code; casse, etc. » (Arrêt du 2 mars 1838).

Comme off. pol. adm., ils sont f^{res} ou agents du gouvernement (Cass. 22 juin 1810; cons. d'Etat, 18 nov., 12 déc. 1818, 24 août 1841). Ils sont f^{res} (Cass. 30 juill. 1812, 13 juin 1828, 4 juill. 1833).

Ils sont à la fois off. pol. adm. et dép. aut. adm.; off. pol. jud. et dép. aut. jud.; officiers du ministère public (en matière de simple police); dép. aut. *publique*.

Comme officiers ordinaires pol. jud., ils recherchent et constatent les contraventions, etc.

Comme auxiliaires du procureur de la République, ils exercent, au cas de flagrant délit, les mêmes pouvoirs que ce magistrat.

Dans le cas d'une perquisition, par exemple, il y a outrage au sens de l'art. 222, en raison de ces paroles : « Vous êtes venu sur mon habitation avec la gendarmerie pour violer mon domicile; je ne me serais pas abaissé à vous faire appeler sur mon habitation » (Cass. 7 nov. 1856).

La protection due à la qualité de magistrat s'étend au cas où un commissaire de police procède lui-même à une arrestation. (Cass. 22 fév. 1851. Gonnot, 19 janv. 1850).

En effet, *ordonner* une arrestation est un acte magistral; l'opérer quand on a le droit de l'ordonner ne saurait motiver une appréciation différente (III, 7).

Comme dép. aut. adm., ils adressent des sommations en matière de police administrative, etc.

Comme off. pol. adm., ils exercent une surveillance générale dans leur circonscription; ils secondent l'aut. adm. ou municipale pour contribuer à assurer la tranquillité publique; etc.

Ils doivent jouir de la protection de l'art. 222, dans toutes les fonctions qui leur ont été confiées par la loi, qu'ils agissent soit comme appartenant à la police administrative, soit comme auxiliaires de la police judiciaire (Douai, 31 déc. 1835, Morel ; cass. 22 fév. 1851, Gonnot), par exemple, lorsqu'ils font une ronde d'ordre public dans les cafés (Cass. 6 sept. 1850, Dubreuil).

Si un commissaire de police est outragé dans un club, l'art. 222 est applicable, sans qu'on puisse exciper que l'outrage a un caractère politique (Cass. 7 sept. 1849).

De même si l'outrage a lieu dans une séance administrative (Cass. 23 août 1844 et 17 mai 1845), par exemple à la commission des mœurs, des cochers, etc.

Il y a outrages lorsqu'on dit à un commissaire de police, maintenant l'ordre dans un théâtre : « Vous en avez menti, vous êtes un gredin ». 4 juillet 1833 (Conf., 8 décembre 1849), ou lorsqu'on dit à un commissaire de police faisant une visite de cabarets: Je vous emmerde (Cass. 17 mars 1851); je me fous de vous (Cass. 23 août 1844).

C'est à la fois comme dép. aut. publique et comme dép. aut. adm. qu'ils font les sommations aux attroupements.

Mais c'est, exclusivement, comme mag. dép. aut. publique et jud. qu'ils légitiment l'introduction des huissiers et autres préposés au domicile des citoyens. C'est à tort, en effet, que quelques auteurs ont cru pouvoir considérer qu'il y a là un acte de pol. adm. Il importe d'autant plus de démontrer que cette opinion est foncièrement erronée, que la dite démonstration entraîne cette conséquence que l'aut. adm. n'a pas compétence pour s'immiscer disciplinairement dans l'examen des litiges ou réclamations soulevés par les opérations dont il s'agit.

La démonstration est aisée :

1° En principe, le pouvoir administratif cesse de s'exercer à la porte des citoyens, sauf en ce qui concerne les matières spéciales pour lesquelles la loi lui a donné compétence (garnis, lieux publics, etc.).

2° L'introduction légitimée a lieu pour une opération ou une exécution jud.

3° L'art. 587 CPC, notamment, prescrit l'intervention, non seulement du commissaire, mais aussi du juge de paix, lequel ne dépend pas de l'aut. adm., mais fait partie de l'aut. jud.

4° Enfin, l'argument irréfragable en faveur de mon assertion est le suivant : si le maire, et, à son défaut, l'adjoint ou un conseiller, peuvent également intervenir, ceux-ci sont sans droit pour suppléer le maire *administrativement sans une délégation expresse* (L. 5 avril 1884, art. 82). Tandis qu'en matière d'ordre judiciaire, aucune délégation n'est nécessaire (V. 4. 5).

5° Du reste, l'aut. jud. est seule qualifiée pour valider ou annuler les exécutions en question, et pour apprécier les procédés auxquels elles ont donné lieu.

Observation. — On peut se demander pourquoi je fais une distinction entre les actes du dép. aut. publique, ceux du dép. aut. adm. ou jud., et ceux de l'off. pol. adm. ou jud., puisque, dans tous les cas, le commissaire est réputé magistrat. Ce sont les art. 209 et suiv. CP qui justifient cette distinction.

La violence simple de la rébellion peut être réprimée, soit par l'art. 228, soit par les art. 210 et suiv., suivant le nombre des rebelles, à la condition que le commissaire ait agi comme off. pol., FR. D'où il suit que, si, comme off.pol., il est dép. aut. et mag., cela ne veut pas dire que tous ses actes de dép. aut. soient ceux d'un off. pol.

La qual[on] dép. aut., en effet, est indicative de la nature du *pouvoir possédé* ; celle off. pol. correspond à *l'action exercée* en vertu de ce pouvoir. Or, l'exercice du pouvoir, des attributions, et l'exercice de l'action ne doivent pas être confondus: le dernier est une modalité active du premier, qui peut s'affirmer sans qu'il y ait nécessairement acte positif d'exécution. En d'autres termes, comme mag. dép. aut. F, le commissaire prescrit, ordonne, constate, dispose. Comme off. pol. son principal rôle consiste à exécuter personnellement, ou plutôt, à faire exécuter.

Commissaires procédant en matière de contrefaçon littéraire et artistique. — Une question qui nous intéresse tous est la suivante : avons-nous le droit, en matière semblable, d'exiger du requérant *bonne et suffisante caution*, selon l'expression de la loi du 7 janvier 1791, art. 12 ? Dans une circulaire, le procureur du roi, se fondant sur ce fait que le décret ultérieur du 25 mai 1791 (titre 3 art. 1) a omis de reproduire l'expression susdite, émet l'opinion que nous n'avons plus à exiger caution du plaignant en matière de contrefaçons *industrielles*, ce délit ne pouvant plus, en effet, comporter saisie que sur délégation d'un juge d'instruction ou du président du tribunal. Si bien que notre rôle se borne à recevoir plainte, ou à conseiller au plaignant de poursuivre directement, suivant un usage généralement adopté.

La même circulaire ajoute qu'en matière de contrefaçon artistique ou littéraire (écrits, peintures, objets d'art), nous avons le droit et le devoir de procéder à toutes saisies requises, partout où besoin sera, mais sans exiger caution, les lois du 25 prairial an 3 art. 1, et du 19 juillet 1793, art. 3, ne parlant pas de caution.

S'ensuit-il que le commissaire qui, suivant l'usage immémorial, percevrait des vacations pour chacune des opérations auxquelles il a procédé, devrait être réputé concussionnaire ?

Je ne le crois pas. Il faut, en effet, considérer que la loi de 1793, postérieure au décret de 1791, régit une matière de nature similaire de celle qui est l'objet du dit décret; que l'omission signalée par le Parquet ne prouve rien quant à l'intention du législateur ; que la procédure en contrefaçon, à part le droit de réquisition directe, est faite de même façon, quel que soit l'objet argué de contrefaçon; que le commissaire assistant l'huissier en matière de contrefaçon industrielle perçoit légitimement des vacations ; que, par suite, le fait qu'il procède seul, en matière de contrefaçon littéraire ou artistique, peut ne pas être considéré comme ayant pour conséquence de le priver d'une allocation à laquelle il a droit, au moins moralement; qu'en tout cas, la question pouvant être controversée, il serait injuste de l'inculper de concussion s'il avait perçu de bonne foi la dite vacation.

Conclusion pratique. — Il est un moyen bien simple de se mettre à l'abri de toute imputation déshonorante. La concussion n'est autre chose qu'un dol criminel. Supprimez la présomption de dol, et vous supprimerez par là-même celle de concussion. Prévenez loyalement le requérant que la perception de vacations n'est fondée que sur un usage qui peut à bon droit paraître légitime, mais que le versement doit en être librement consenti. En cas d'adhésion, libellez un reçu faisant mention de ce libre consentement, et nul ne pourra critiquer votre procédé.

La vacation en question n'est perçue qu'à titre d'indemnité pour déplacement et frais divers, et les auteurs spéciaux la considèrent comme licite et justifiée.

J'ajouterai que si, en matière de contrefaçon littéraire ou artistique, le commissaire requis est *tenu* de procéder partout où besoin sera, dans les limites de sa juridiction territoriale, il commettrait une véritable indélicatesse en accompagnant un huissier en dehors *de son quartier*, en matière de contrefaçon industrielle (V, 5).

Il n'y a en effet aucune similitude entre les deux procédures, et, lorsque c'est un huissier qui est commis, le juge d'instruction lui-même est sans droit pour décider que tel f[re], à l'exclusion de tous autres, assistera l'huissier.

Par contre, le commissaire procédant judiciairement, sponte suâ, ou sur délégation en cas de contrefaçon industrielle, mais, dans les deux hypothèses, *isolément*, est obligé de se transporter partout où cela est nécessaire, sauf en dehors des limites du territoire sur lequel il a compétence.

Nota. — Le préfet de police a le droit de désigner tel commissaire pour accompagner les professeurs de l'Ecole de pharmacie et de médecine dans leurs visites annuelles chez les pharmaciens (arrêté 25 therm. an 11, art. 42).

Sauf en cette matière, il n'a pas le droit de désigner un commissaire déterminé, de préférence à celui du quartier, pour une opération quelconque plus ou moins similaire .

Le f^re requis n'a pas le droit d'assister en dehors de son territoire.

Commissaire ministère public. — S'il ne peut invoquer à son profit le bénéfice de l'art. 479 CIC, puisque le titulaire de cette fonction n'est pas explicitement désigné dans ce texte de loi, du moins il lui est permis, en sa qualité d'off. pol. jud., de se prévaloir des prescriptions de l'art. 483, quand le délit qui lui est reproché a été commis F.

Tel est le cas lorsque le délit résulte de propos diffamatoires tenus par ce magistrat au cours d'une perquisition opérée en vertu d'une commission rogatoire (Toulouse, 14 nov. 1899).

L'art. 483 s'applique au commissaire ministère public (Limoges, 6 juin 1851).

Commissaires divisionnaires à Paris. — Ce sont des f^res choisis par le Préfet de police parmi les commissaires de la ville (décret 28 juill. 1893, art. 2). Autrement dit, ce sont des commissaires de police délégués à un service spécial, celui de la police municipale.

Ils se trouvent, en somme, dans la situation des commissaires de banlieue et de province, à part cette circonstance qu'ils sont subordonnés au directeur de la police municipale (et, par suite, au Préfet de police). S'ils restent off. pol. jud. auxiliaires du Parquet, ils n'exercent pas, en fait, ces fonctions, quoiqu'ils en aient le droit. Ils sont dép. aut. adm., off. pol. adm. et mag. quant à leurs fonctions habituelles.

Ces remarques s'appliquent, à peu de chose près, aux commissaires des garnis et des recherches.

Commissaires spéciaux. — Décret 22 fév. 1855, 26 oct. 1859, 23 déc. 1893, Circ. int. 17 janv. et 5 mars 1894.

Commissaire-priseur. — Il est off. ministériel quand il procède, à défaut de courtiers, à une vente de marchandises neuves, publiquement (Limoges 5 novembre 1891), mais il peut aussi bien être considéré comme citoyen SP, dit le même arrêt, parce qu'il agit à l'instar desdits courtiers.

Ce dernier argument n'est pas valable, car le courtier n'est pas un cit. SP (Voir courtiers et V, 1).

Commissaires, contrôleurs et administrateurs de la marine dans les ports. — Ils sont ag. du Gouv. (Cons. d'Ét. 20 juin 1846; Ord. 27 déc. 1847).

Commissaires rapporteurs. — Ils sont officiers du ministère public près des conseils de guerre et des tribunaux maritimes I, 11; IV, 7.

Commissaires-voyers. — Ils sont f^res administratifs (Cass. 4 fév. 1847, 23 décembre 1848).

Commission arbitrale VI, 9.

Commission des ordinaires chargée de pourvoir à l'alimentation de la troupe qu'elle représente. — Ses membres sont cit. SP (Paris, 2 août 1892). Mais les adjudicataires avec lesquels elle traite ne sont pas SP (même arrêt). Voir *adjudicataire, fournisseur.*

Commission des hospices. — Voir *hospices.*

Commissions municipales chargées de réviser les listes électorales. — Elles ne constituent pas une juridiction adm., puisque l'appel de leurs décisions est porté devant le juge de paix.

Les membres de ces commissions, bien qu'investis temporairement et dans des cas déterminés d'une véritable fonction jud., n'appartiennent pas à l'ordre jud. proprement dit, et ne sauraient être pris à partie en exécution des art. 505 et 509 CIC. Ils doivent donc être poursuivis devant les tribunaux de droit commun pour les diffamations ou injures contenues dans les motifs de leurs décisions (Alger, 27 fév. 1901).

Comptables publics. — Sont f^res (Cass. 23 mars 1857), au sens des art. 174, etc.

Concierge de prison. — L'art. 174 le concerne (Cass. 26 juin 1852).

Conseil de guerre IV, 7; voir mag.; *de révision;* voir chirurgien, médecin.

Conseils des fabriques d'église. Leurs membres ne sont pas ag. du gouv. Limoges, 17 août 1838 ; Cass. 3 mai 1838).

Jugé que l'enlèvement des chaises placées dans la nef d'une église, opéré par un membre de la fabrique par suite d'une délibération du conseil, est un acte d'administration qui ne peut entrer dans les attributions des tribunaux, et qui ne constitue pas à l'égard du propriétaire une voie de fait dont il puisse se plaindre en simple police (Cass. 9 déc. 1808, Blaise Dupin c. Houlon).

Conseil des postes : VI, 6.

Conseiller de préfecture. L'art. 479 CIC le concerne quand il remplace le préfet (Cass. 21 mai 1807).

Conseiller d'Etat. Voir L. 25 fév. 1875 art. 4.

Conseiller général. — Le caractère légal des imputations diffamatoires résulte exclusivement de la nature du fait imputé. Si ce fait ne constitue ni un acte ni un abus de la fonction ou du mandat public dont la personne diffamée est investie, la diffamation n'atteint que l'homme privé, et est de la compétence du Tribunal correctionnel (Cass. 17 mars 1898).

Si la personne publique est visée, la cour d'assises est compétente (Cass. 4 déc. 1897).

Le conseiller général est chargé d'un mandat public, comme les autres conseillers.

Les conseillers généraux et d'arrondissement ne sont pas ag. du gouv., non plus que les conseillers municipaux. Tous, en effet, tiennent leurs pouvoirs de l'élection.

Diffamer l'un d'eux pour des rapports qu'il aurait eus avec un accusé, ou pour la conduite qu'il aurait tenue dans un procès, constitue une diff. à l'égard d'un particulier, les fonctions n'étant pas mises en cause (Cass. 20 nov. 1846).

Conseiller municipal. I, 5, 6; outrageant un collègue IV, 7; perquisitionnant IV, 11. Voir hôpitaux, conseil.

Il n'est pas dép. aut. au sens de l'art. 31 L, 1881 (Corbeil, 30 oct. 1891), ni agent du gouvernement (Cass. 23 mai 1822, 6 mai 1826), mais il a un caractère public (Saint-Etienne, 15 janv. 1848), et est SP (Lyon, 27 nov. 1900, Cass. 5 juill. 1888).

La Cour de Douai a émis l'opinion que le conseiller municipal n'est pas SP (17 déc. 1900).

Nota. Il n'est pas officier pol. adm., mais cette qualité peut lui appartenir si le maire lui délègue une fonction qui la comporte, par arrêté, selon l'art. 82 L. 1884. Il peut même être qualifié magistrat, s'il supplée l'adjoint dans le cas de l'art. 587 CPC.

S'il est délégué par le maire, il jouit des prérogatives de celui-ci (Cass. 31 juillet 1839), et peut être qualifié off. pol. jud., le cas échéant (Cass. 8 fév. 1855).

Conseil municipal. Voir archives II, 25; VI, 8; rapporteur, secrétaire VII.

L'immunité de l'art. 41 L. 1881, quant aux faits se produisant parmi les membres des chambres, ne s'applique pas aux séances des conseils municipaux, généraux ou d'arrondissement :

Les discussions y sont libres, mais s'il y a outrage ou diffamation, non seulement il n'y a pas immunité, mais encore les tribunaux peuvent demander le témoignage des membres délibérants qui ont entendu les propos outrageants ou diffamatoires (Cass. 22 août 1840, 8 nov. 1844, 17 mai 1845).

Aux rubriques : conseiller, maire, nous avons vu que les conseillers sont SP en séance et que le maire, présidant le conseil, est mag. Il s'ensuit que le conseiller municipal qui traite un de ses collègues de *calotin* sera réprimé par l'art. 224 (Lyon, 27 nov. 1900). Voir Cass. 5 juillet 1888.

Le fait par un conseiller d'avoir donné au maire un démenti en pleine séance du conseil municipal constitue un outrage OF. (Cass. 20 juill. 1866).

Le maire qui fait expulser manu militari des membres du Conseil Municipal de la salle des séances, commet le délit de coups et blessures prévu par l'art. 311 CP, et se rend passible de dommages-intérêts vis-à-vis des conseillers expulsés, un pareil fait ne pouvant constituer un acte administratif, puisqu'il ne rentre pas dans les attributions du président du conseil municipal, et dans l'exercice des pouvoirs qui lui sont conférés par la Loi (Montpellier, 3 juill. 1886). Voir IV, 13.

Cette opinion est d'autant moins fondée (Voir VII maire) qu'en pareil cas, le maire est réputé mag. adm.; qu'en ordonnant des mesures violentes à la fp, il fait acte de dép. aut.; que, par suite, son excès de pouvoir peut motiver l'application de l'art. 186 ou de l'art. 114, selon les circonstances, précisément parce que l'acte ordonné, rentrant dans ses attributions *légales*, est prescrit *illégalement* et *arbitrairement*.

Nota. — Le maire a seul la police de l'assemblée. Il peut faire expulser les perturbateurs (Art. 55 L. 5 avril 1884). Voir maire.

Pendant la séance, même si les plus imposés des contribuables et le percepteur sont présents, il n'y a pas publicité (Cass.

23 nov. 1871). Aussitôt après la séance, la salle redevient publique (Cass. 31 juillet 1874).

Il n'en est plus de même à présent :

Les séances sont publiques (art. 54 L. 5 avril 1884) à moins de vote spécial contraire; il s'ensuit que la délibération l'est également. La décision suivante est inadmissible :

Il est un cas exceptionnel où la partie qui se croit diffamée n'a pas, à cet égard, d'action en justice. C'est celui où la diffamation résulterait d'une délibération prise en conseil municipal régulièrement constitué. La partie diffamée devrait alors s'adresser à l'autorité adm. supérieure (Nancy, 17 juillet 1846).

Quant à la diffamation y contenue, il y a seulement lieu à recours en annulation devant le préfet (C. d'Etat, 12 fév. 1842).

Jugé pourtant que cette décision est contraire aux principes du droit (Colmar, 3 mars 1843). Voir VI, 8.

Le tribunal est incompétent pour rechercher si un corps constitué, tel qu'un conseil municipal, était composé d'un nombre suffisant de membres présents, lors de la délibération qui a fait le sujet de la diffamation, et pour déclarer qu'à raison de l'insuffisance de leur nombre, la diffamation ne doit pas être réputée faite à un corps constitué (Cass. 28 avr. 1826, et Riom, 19 mars 1827).

La délibération d'un conseil municipal, à l'effet de provoquer des poursuites, est régulièrement prise avec la participation des adjoints au maire (Cass. 10 nov. 1820).

Consuls. Sont agents du gouvernement (Cons. d'Etat 18 nov. 1818). Voir ord. 26 août 1842.

Consuls étrangers. — Ce ne sont pas des agents diplomatiques, ni des f[res], ni des cit. SP; ils ne sont, en France, que de simples particuliers (Cass. ch. crim., 9 février 1884), à moins qu'il n'existe un traité international de réciprocité; en quel cas, ils sont agents diplomatiques (même arrêt).

Contraventions IV, 10, 17, 23; *contrefaçon* V, 5, et commissaires; *contributions*, voir préposés; *contumax* IV, 27; *contrôleurs*; voir garantie, commissaire.

Correspondance à découvert, II, 8, 19; IV, 2; VI, 1.

Costume IV, 4; *Cours* (voir magistrats).

Courtiers procédant à la vente publique de marchandises neuves. — Ils sont citoyens SP (Limoges, 5 nov. 1891). C'est une erreur: Un courtier assermenté n'est pas une personne publique au sens de la loi de 1881 (Cass. 28 janv. 1892).

Crédit Foncier (Voir directeurs).

Cris, II, 8, 13, 14; *Critiques* II, 24; *Curés* II, 5 (voir ministres du culte).

Défenseurs en Algérie. — Le tribunal de Bône avait jugé qu'ils sont cit. SP, tout au moins par mandat public *ad lites* (21 fév. 1884). La Cour suprême en a décidé autrement: En Algérie, les avocats défenseurs et les avoués institués par le décret du 27 déc. 1881 sont off. ministériels, et non pas citoyens SP, ni f[res] publics, ni dép. ou ag. aut. (Cass. 4 janv. 1894). Voir avocats.

Délégué cantonal. — Est citoyen SP (Cass. 6 nov. 1886).

Délégué sénatorial. — Il est chargé d'un mandat public au sens de la loi de 1881 (Bourges, 17 oct. 1889).

Députés. — Voir I, 13, 14; III, 7; membres des chambres, assemblée; II, 13, VI.

Directeurs et administrateurs d'entreprises diverses faisant publiquement appel à l'épargne ou au crédit (art. 35 n° 2, Loi 1881).

1° Cette disposition ne s'applique point aux commissaires de surveillance, exclusivement chargés de contrôler les opérations de la société, sans les diriger ni les administrer. Mais elle s'applique au *fondateur* de la société, qui, en faisant appel aux capitaux, et en réglant leur destination et leur emploi, a été, pendant la période de constitution de la société, le promoteur et le directeur de l'entreprise (Cass. 3 juill. 1896).

2° Accuser publiquement l'administrateur d'une société anonyme d'avoir touché une commission sur les achats faits par lui au nom des sociétaires est une diffamation (Seine, 28 fév. 1896).

3° *Caisses d'épargne*. — Leurs administrateurs, contrôleurs, caissiers, ne sont pas chargés d'un mandat ou service public, ces établissements étant privés (Cass. 7 déc. 1883).

4° *Etablissements de crédit*. — La Banque de France fût-elle considérée comme un établissement industriel et financier faisant appel à l'épargne et au crédit, un directeur de succursale de cet établissement, ou un secrétaire général, ne seraient pas protégés par l'art. 31 L. 1881 (TC Seine, 4 mai 1882).

5° *Id.* pour un sous-gouverneur du *Crédit Foncier* (TC Loudun, 5 nov. 1881).

6° *Preuve.* — La preuve des faits diffamatoires est admise à l'égard des directeurs ou administrateurs susdits, lorsque les imputations sont relatives à leurs fonctions. Si les imputations visent à la fois leur vie privée et l'exercice de leurs fonctions, et si l'indivisibilité des faits est établie, la preuve est admise pour le tout (Cass. 14 mai 1898).

7° A part la prérogative résultant de l'art. 35 L. 1881, les personnes susdites restent de simples particuliers, quant à la répression des inj. ou diff. commises envers eux (Aix, 17 mars 1882).

Directeurs de journaux. — Voir II, 24 à 26 et *Presse.*

Directeur de la Maison Départementale de Nanterre. — Cette maison comprend, outre le directeur, un personnel d'employés et de surveillants. C'est à la fois un hospice et une maison de correction. Au point de vue des rapports des hospitalisés avec le directeur et le personnel, les remarques relatives aux directeurs d'hospice sont applicables, sauf le cas prévu par l'art. 219 CP. Mais en ce qui touche leurs rapports avec les détenues, directeur et surveillantes ont qualité de citoyens SP.

Directeur de la police municipale à Paris. — Il est f[re] (décret 28 juillet 1893, article 1). Voir commissaires divisionnaires.

Directeur propriétaire d'un bureau de nourrices. Il n'est pas f[re] (Lyon, 13 mars 1838).

Directeurs de maisons centrales. — Sont ag. du gouvernement (Cass. 13 nov. 1846). Voir décret du 19 déc. 1848, et I, 10.

Directeurs de tontines. — Ce sont de simples particuliers (Cass. 25 avril 1844).

Directeur d'un dépôt de mendicité. — Il n'est pas ag. aut. (Bordeaux, 20 mars 1851).

Dommages VI. 1 ; *(voir préposés).*

Eaux et forêts I, 11 ; II, 5 ; *écharpe* IV, 4; *échenillage* IV, 16; *école* II, 25.

Econome d'un collège. — L'art. 169 CP le concerne (Cass. 4 sept. 1835).

Editeurs II, 24; *élagage* IV, 13.

Electeurs. — Ils ne sont ni ag. du gouv. (Cass. 15 oct. 1812) ni ag. aut. (Cass. 25 mai 1838, 13 fév. 1850); mais le président d'un collège électoral est f[re] (Cass. 19 août 1837). Voir maire et II, 24.

Employés assermentés. — Voir chemins de fer, I, 6 à 9, etc.

Employés de bureau (adm., préfectures, sous-préfectures, mairies). — Ils ne sont pas ag. du gouv. (Cass. 21 mai 1807, 30 sept. 1836), et l'art. 483 CIC ne les concerne pas (Cons. d'Etat, 26 août 1840). Mais, au sens de l'art. 177 CP, ils sont ag. ou préposés d'adm. (mêmes arrêts), notamment un chef de bureau (Cass. 7 janv. 1843).

Nota. — Il y a lieu d'espérer qu'on finira par les considérer comme SP dans leurs rapports officiels avec le public.

Employés des commissariats. — Dans leurs rapports de bureau avec le public, ils sont dans le même cas que les employés de bureau. (Voir I, 9, 13 à 15). S'ils font acte de police ou de fp., ils seront réputés SP.

S'ils sont chargés de recueillir un renseignement administratif ou jud., doivent-ils être réputés SP, alors qu'ils ont décliné leur qualité ou exhibé leur carte de service ?

Les renseignements n'étant qu'un moyen d'appréciation, et non un élément de preuve, je suis d'avis que l'employé chargé de les recueillir ne peut être considéré comme SP, pas plus que l'expert chargé d'émettre un avis. (Voir secrétaire; II, 10; IV, 7).

Employés d'octroi, etc. Voir préposés.

Employés d'omnibus. — La Cie des Omnibus de Paris, quoique créée dans une vue d'utilité générale, exerce une industrie purement privée. Si la nomination de ses agents est subordonnée à une autorisation révocable du Préfet de police, lesdits agents ne sont pas investis d'une portion de l'autorité publique.

L'agent diffamé doit donc s'adresser à la juridiction correctionnelle (Cass. 22 oct. 1896).

Entreposeur de tabacs. — L'art. 174 le concerne (Cass. 18 juill. 1873).

Entrepreneurs de fournitures, de travaux publics, d'un service public (militaires ou autres). Ils ne sont pas ag. du gouv., mais bien de simples fermiers

(Cass. 28 oct. 1846, 25 juin 1836). Les fournisseurs des armées ne sont pas ag. du gouv. (Cons. d'Etat 18 juin 1821).

Etranger IV, 12, VI, 6.

Etranger servant sous les drapeaux français (I, 12). — La qual[on] citoyen SP s'applique, sans distinction de nationalité, à toute personne, même étrangère, chargée d'un service public. Ainsi, l'étranger pourvu d'un commandement de troupes auxiliaires, même dans un corps composé en partie de soldats étrangers, dans une expédition ou action militaire de la France à l'extérieur (au Mexique) est un citoyen SP, si ces troupes ne constituent pas moins, dans leur ensemble, une force publique française, sous la direction d'un officier supérieur français (Cass. 5 juill. 1883).

Evêques II, 5.

Experts. I, 14, 15. — Est SP au sens des art. 224 et 230 CP l'expert commis d'office par un tribunal (Caen, 21 juill. 1879). L'expert commis par le juge pour lui donner son avis n'est pas chargé d'un mandat public (Cass. 5 juin 1885). Le médecin expert, chargé par la justice d'autopsie de cadavres ou d'autres vérifications de son art, n'est pas revêtu à ce titre d'un caractère public (Riom, 21 avril 1841). Les experts désignés par la justice ne sont ni f[res], ni dép. ou ag. aut. ni SP. Ils ne détiennent en effet aucune portion des pouvoirs publics, condition nécessaire pour que l'art. 31, L. 1881 puisse être invoqué (Cass. 14 mai 1898).

La décision de la Cour suprême serait, selon moi, différente, en certains cas particuliers.

Tout dépend, en effet, et de la nature de la mission de l'expert, et des circonstances dans lesquelles il était placé au moment de l'outrage ou de la violence subis par lui.

Quand il est commis pour examiner à loisir une pièce manuscrite, pour procéder à une opération médico-légale, nul doute ne saurait exister; il a bien une mission se référant à l'action judiciaire, mais, s'il a le droit et le devoir d'accomplir sa mission, il ne détient, en vue de cet accomplissement, aucun pouvoir spécial.

La justice, qui a recours à ses lumières, tiendra de son avis tel compte qui lui paraîtra justifié, mais cet avis ne la liera aucunement.

Le rapport fourni par cet expert constitue une sorte de témoignage écrit qui ne pourra être protégé spécialement que lorsque l'expert le confirmera oralement à la barre, comme témoin.

Mais il en va tout autrement pour les experts requis dans les cas des art. 43 et 44 CIC, pour l'instruction en flagrant délit.

L'art. 43 autorise, l'art. 44 prescrit alors l'intervention d'experts.

Ceux-ci accompagnent le magistrat instructeur; du moins tel est le vœu de la loi.

Ils agissent en sa présence, sur son ordre légitime, et, dans le cas de l'art. 44, en vertu d'une prescription formelle de la loi. Ils ne peuvent se dispenser d'obtempérer à la réquisition qui leur a été adressée.

Or, s'ils remplissent une mission légalement obligatoire, sur la réquisition légale des représentants de la loi, dans un cas autorisé ou imposé par la loi, peut-on, équitablement ou même raisonnablement, prétendre que la loi ne les protège pas, pendant qu'ils accomplissent une mission à laquelle ils ne peuvent se soustraire légalement, au même titre que tous autres citoyens SP, c'est-à-dire chargés, dans l'intérêt de la loi et pour l'exécution de celle-ci, d'une mission même temporaire?

Cette doctrine semble peu soutenable. Elle est du reste en opposition avec celle affirmée par la Cour suprême elle-même dans un arrêt longuement motivé du 29 mars 1855 (voir IV, 12). Cet arrêt, parfaitement conciliable avec celui du 14 mai 1898, pourrait donc être invoqué, ainsi que celui relatif aux syndics de faillites, dans le cas où l'expert, fournissant à la justice, non pas un élément d'appréciation, mais un élément de *preuve*, agit à la fois pour l'exécution de la loi et pour celle d'un ordre du dép. aut., le requérant au nom de la loi.

Pour avoir la qualité de citoyen SP, il faut nécessairement détenir partie des pouvoirs publics, fût-ce à titre momentané. Or, on ne peut détenir ces pouvoirs que si l'on agit légalement en vue de procurer l'application de la loi, par les moyens édictés par ladite loi, ou encore si l'on est requis de remplacer, en quelque sorte, l'officier compétent, soit dans l'exercice de l'une de ses attributions, soit pour lui permettre cet exercice.

Dans le cas des art. 43 et 44 CIC, j'estime que l'expert requis a un rôle double :

1° Donner son avis, suivant les lumières

acquises par lui grâce à sa profession ou à ses études spéciales; 2° procéder, dans les limites de sa compétence, à de véritables constatations judiciaires pour lesquelles l'officier requérant ne possède pas les connaissances spéciales nécessaires.

Si donc la réquisition a lieu en vue d'obtenir un avis, l'expert n'a pas, à raison de son expertise, caractère public. Mais si cette réquisition est faite dans le second but, l'expert n'agit pas seulement comme tel, mais encore comme SP.

Le législateur l'a si bien compris que l'art. 44 n° 1 exprime que le rapport médico-légal doit concerner : 1° les causes de la mort (c'est-à-dire émettre un *avis* à ce sujet) ; 2° l'état du cadavre (c'est-à-dire *constater* cet état).

De même l'art. 43 parle : 1° de la nature du crime ou délit (nature *constatée);* 2° des circonstances du crime ou délit (circonstances à propos desquelles un *avis* seul peut être formulé).

Et l'art. 44 n° 2, se référant à l'art. 43 et à l'art. 44 n° 1, décide que le serment prêté doit s'appliquer : 1° au rapport fait, 2° à l'avis donné.

Par rapport, il ne faut pas entendre seulement la scription, mais bien le compte rendu, comportant : 1° constatations relatées, 2° avis exprimé.

Il me semble donc certain que, chaque fois que la mission de l'expert consistera soit à *constater exclusivement*, soit à constater et à examiner en vue d'avis à exprimer, le dit expert remplira une mission judiciaire. Si, au contraire, il n'est requis que d'examiner et de donner son avis, il n'aura aucun caractère public.

(Pour la constatation d'un décès, notamment, l'autorité admet si bien que l'officier public n'a pas la compétence voulue, que la Préfecture de la Seine autorise les maires eux-mêmes (malgré les dispositions du Code civil) à se faire suppléer par des médecins, dits d'état civil).

Si l'on s'en tient à la lettre de l'art. 44, le médecin ne devrait être protégé comme SP que s'il procède en présence du dép. aut., conformément au CIC. Mais la jurisprudence, qui n'exige pas que cette règle soit rigoureusement observée, devrait logiquement décider que, lorsqu'il *constate* un décès sur réquisition, le médecin commis agit comme SP, même s'il procède isolément.

Nota. — Une réquisition est conforme aux prescriptions de l'art. 44 CIC quand elle est adressée à un médecin à l'occasion d'un crime présumé et récent, et qu'elle est immédiatement consécutive à l'avis reçu par l'autorité judiciaire de la découverte d'un cadavre (Cass., 15 mars 1890. Millau, 8 mai 1890).

Experts-chimistes du laboratoire municipal de la Ville de Paris. — Parmi les employés du laboratoire, les seuls experts commissaires de police, nommés par décret présidentiel, ont qualité d'off. pol. jud., mais non d'auxiliaires du Parquet.

Ce sont, à vrai dire, des agents secondaires adjoints à la pol. jud. qui, en dehors de leur mission toute spéciale, ne détiennent aucun des pouvoirs attachés à l'exercice de la pol. jud.

Le reste du personnel n'a pas qualité de citoyens SP, en principe, sauf en ce qui touche les expertises, celles-ci ayant pour objet l'exécution de la loi du 27 mars 1851.

Explorateurs. — Le citoyen, adjoint par arrêté ministériel à une mission d'exploration, est un citoyen SP par mandat, alors que, par cette situation, il est amené à arrêter des comptes, à délivrer des ordres de paiement, à acheter des fournitures, à communiquer officiellement avec les commandants des forces de terre et de mer, etc. (Paris, 25 avril 1885. Bourges, 23 déc. 1882). Voir I, 13.

Facteurs. — L'art. 173 CP les concerne (Cass., 23 avril 1813). Voir postes.

Facteur municipal aux Halles. — Le facteur municipal préposé à la direction d'une halle, avec mandat spécial de percevoir les droits de pesage et les droits d'octroi, est SP; dès lors, les inj. et diff. dont il est l'objet sont de la compétence de la Cour d'assises, si elles ont été proférées OF. (Trib. Marseille, 27 juin 1884).

Faux II, 2; *fermiers*, voir préposés.

Force publique. — V. agents, armée, commandant, gardes, appariteurs, I, 12; IV, 11, 13; V, etc.

Forêts. — V. gardes, I, 11; *forfaiture* IV, 21 à 28.

Fort aux Halles. — Ce n'est ni un ag. dép. fp., ni un citoyen SP au sens de l'art. 224 (Seine, 17 avril 1899).

Franc-maçon II, 22; VI, 6; *fumistes* I, 15.

Garantie des matières d'or et d'argent. — Les *contrôleurs* ne sont pas ag. fp. (Lyon, 13 mai 1840).

Sont ag. d'adm. au sens de l'art. 177 CP :

Les essayeurs des bureaux de garantie des matières d'or et d'argent, et les aides qu'ils emploient. Par suite, ils sont punissables de la peine portée par l'art. 177 contre le crime de corruption. (9 déc. 1843, Cr. r. Fouquet).

Ils ne sont ni ag. fp. ni off. min. (Lyon, 13 mai 1840).

Mais, depuis 1863, on doit les considérer comme citoyens SP.

Gardes ambulants des canaux (décret 12 août 1807); *des chaussées et des digues* (décret 14 nov. 1807); *des fortifications et du génie* (L. 19 mars 1806); *d'écluse et de halage* (L. 29 flor. an 10); *de pêche, des rivières et des ports; des mines et des chemins de fer* (L. 15 juill. 1845). Voir préposés; IV, 22 et suivants, etc.

Gardes champêtres et forestiers de l'adm., des communes et établissements publics : Ils sont ag. dép. fp. quand ils agissent comme gardes (Cass. 19 juin 1818, 9 sept. 1819, 2 juill. 1846). Voir I, 14; IV, 12 à 26.

Gardes champêtres. — Ils ne sont pas agents du Gouvernement (Cons. d'Etat, 4 août 1819, 18 juin 1823), mais ag. aut. (Cass. 19 juin 1818, 9 sept. 1819; Metz, 4 et 5 déc. 1826).

Ils sont f^res^, d'après l'art. 5 décret 11 juin 1806 et l'art. 16 CIC (Poitiers, 11 mars 1843).

Aucune loi n'a assimilé les gardes champêtres à la force armée dans l'exercice des fonctions qui leur sont propres, et dans la surveillance des récoltes ou la conservation des propriétés rurales (Cass. 5 juin 1815).

Ils sont alors off. pol. jud. (Cass. 2 mai 1839).

Un garde champêtre ne peut être considéré comme faisant partie de la force publique que dans les cas où il agit en exécution des dispositions du décret du 11 juin 1806. — Il ne fait pas partie de la force armée, lorsqu'il surveille seulement la conservation des propriétés communales. — En conséquence, les violences exercées envers lui pendant cette surveillance, ne peuvent pas être considérées comme une résistance à un individu de la force armée (Cass. 2 nov. 1809).

Cela est évident. En ce cas, ils agissent, soit à titre de gardes, soit à titre d'off. pol. jud. (art. 209).

Mais lorsqu'ils agissent sur réquisition (décret 1811, art. 77), il est certain qu'ils sont ag. pol. Aussi comprend-on difficilement l'arrêt suivant, qui décide que lorsqu'ils font acte d'ag. pol., ils sont ag. fp. :

Lorsqu'ils procèdent comme agents de police d'une commune, pour l'exécution, soit des jugements, soit des règlements de police, dont la surveillance leur est confiée par l'autorité municipale, ils sont ag. fp. (Cass. 2 oct. 1847).

Même observation pour les trois arrêts suivants : Ils peuvent être chargés de faire exécuter les arrêtés légalement pris par l'autorité municipale. Lorsqu'ils agissent en cette qualité, toute voie de fait commise à leur égard doit être considérée comme exercée envers un ag. fp. (Cass. 2 mai 1839).

Les gardes champêtres, lorsqu'ils sont requis par le maire de leur commune pour arrêter un prévenu de délit, doivent être considérés, sous le rapport de la rébellion qu'ils éprouvent et de la compétence du tribunal qui doit en connaître, comme une force armée agissant sur les réquisitions d'une autorité compétente (Cass., 15 oct. 1807).

En conséquence, les violences et voies de fait exercées envers eux, au moment où ils saisissaient un déserteur, constituent le crime de rébellion à la force armée (Cass. 10 avril 1807).

La question est fort simple. Lorsqu'il surveille, le garde est ag. pol. ou cit. SP; lorsqu'il constate, il est garde et off. pol. jud.; lorsqu'il exécute, il est ag. pol. et cit. SP.

Comme ag. pol. on doit les réputer ag. aut. (Cass. 5 avril 1860).

Ils ne sont off. pol. jud. que pour la constatation des délits et contraventions portant atteinte aux propriétés rurales et forestières, ou des contraventions aux arrêtés administratifs. En dehors de ces cas l'art. 483 CIC ne les concerne pas (Cass. 21 déc. 1894). Voir L. 5 avril 1884, art. 102.

Ils agissent F en faisant exécuter l'arrêté du maire prescrivant la fermeture des cabarets à une certaine heure (Cass. 2 mai 1839), ou les embarras commis sur un chemin public dans la campagne (Cass. 1er déc. 1827), mais non pour constater les contraventions de police *urbaine*, en matière de balayage par exemple (Cass. 7 mai 1840).

Ils n'ont pas qualité pour assister les vérificateurs des poids et mesures (Cass. 4 décembre 1835).

Constitué *gardien de scellés* régulièrement apposés, le garde champêtre devient citoyen SP (Cass. 21 juin 1873).

Est SP le garde champêtre chargé de surveiller l'évacuation des lots des bois d'affouage (Cass. 4 août 1826, Spettel).

Est citoyen SP au sens de l'art. 224 l'individu désigné par le maire pour remplir temporairement les fonctions de garde champêtre préposé à la police rurale (Aix, 25 janv. 1878).

Aux termes de l'art. 16 CIC, les gardes champêtres recherchent et constatent toutes les contraventions de police rurale. Et la compétence spéciale que peuvent avoir certains agents, les ingénieurs du service hydraulique, par exemple, ne fait point obstacle à la compétence des gardes, qui tiennent leurs attributions de la loi générale (Cass. 7 nov. 1879).

Un garde champêtre peut être déclaré responsable envers la partie lésée des délits qu'il a négligé de constater (Troyes, 16 mai 1839).

L'art. 198 CP s'applique au garde champêtre qui a fait, dans sa commune, des menaces écrites d'incendie sous condition (Bruxelles, 17 nov. 1818).

Le garde champêtre qui a été trouvé chassant en temps prohibé sur des terrains non soumis à sa surveillance ne peut être réputé avoir commis le délit de chasse F, et doit être conséquemment poursuivi devant la juridiction ordinaire (Bourges, 13 fév. 1845).

Les gardes champêtres étant off. pol. jud., il n'appartient qu'aux procureurs généraux de les poursuivre à raison des crimes, délits ou des fautes qu'ils peuvent commettre F. (Cass., 4 oct. 1811, Leroy; 20 août 1812, Jacob; 24 sept. 1819, Jacquet).

Gardes d'écluse et de halage. — Ils sont ag. du gouv. (Cass. 1er juill. 1808. — Ord. 19 janv. 1844, 20 avril 1847).

Gardes des particuliers (Gardes champêtres). — Tout propriétaire a le droit d'avoir pour ses domaines un garde champêtre (L. 20 mess. an 3, art. 4; Code 3 brumaire an 4, art. 40). Tout fermier également, pour la surveillance de ses récoltes (Cass. 27 brum. an 11).

Il suffit que le garde soit présenté au sous-préfet et agréé par lui (Cass. 8 avril 1826, etc.).

Il a les mêmes droits et les mêmes attributions que les gardes des communes (Cass. 20 sept. 1823).

Ils peuvent être qualifiés off. pol. jud. (Cass. 5 août 1841, etc.), et sont passibles des mêmes peines que les f[res] (Cass. 19 août 1826, etc.).

On les considérait même autrefois comme ag. fp. (Cass. 16 déc. 1841, etc.)

Ils ne sont pas ag. du gouv. (Cass. 2 août 1809, 4 juin 1812, 29 juill. 1824; Cons. d'Etat 22 juin 1818), mais peuvent être qualifiés off. pol. jud. (Cass. 9 mars 1838, 10 juill. 1883).

Les gardes nommés par un particulier, commissionnés par arrêté du sous-préfet, et ayant prêté serment devant le juge de paix du canton, ne sont pas de simples particuliers, mais bien des ag. fp. dans tous les actes qu'ils rédigent et toutes les fonctions qu'ils exercent comme gardes de leur patron (Cass. 8 avril 1826). Les art. 224, 230 et 231 leur sont donc applicables, dit le même arrêt.

Mais, lorsqu'ils exercent exclusivement leurs fonctions spéciales, on ne saurait les considérer comme faisant partie de la force armée (Cass. 3 juin 1815).

Peu importe que le garde, commissionné d'abord pour un autre arrondissement, ait été commissionné pour un nouvel arrondissement sans y avoir rempli les formalités prescrites par l'art. 5 C. for. Il suffit qu'il soit notoirement connu comme remplissant les fonctions de garde dans le lieu où le crime a été commis. Il est légalement réputé avoir caractère à cet effet (Cass. 5 janvier 1856, Lefranc).

L'art. 209 protège également les gardes champêtres et forestiers des particuliers, les gardes champêtres des communes et les gardes des forêts royales (Cass. 19 juin 1818, 8 avril 1826, 2 juillet 1846).

Les violences avec armes contre les gardes champêtres ou forestiers d'un simple particulier ne constituent pas le crime de rébellion à la force armée (Cass. 5 et 12 mai 1807. — Décision inadmissible actuellement).

Ils ont droit de perquisition domiciliaire aux termes des art. 16 CIC, 161 et 189 C. for. (Orléans, 9 février 1846, Cass. 18 déc. 1845).

Les remarques faites suprà, relativement aux gardes réguliers, s'appliquent à ceux des particuliers. Ils sont gardes ou citoyens SP, suivant la nature de leur action f[lle]. Voir V, 3; IV, 11, 6, 17, 23 à 25.

Le propriétaire peut exercer une action civile à raison des outrages contre son garde F (Douai, 19 mai 1845).

Jugé qu'un garde particulier chassant sans permis de port d'armes sur le territoire dont la surveillance lui est confiée, commet un délit F, attendu que, s'il rencontrait un délinquant, il pourrait et devrait dresser procès-verbal contre lui, et qu'en conséquence il doit, à raison de ce délit, être renvoyé devant la cour royale (Cass., 5 août 1841, Gillet).

Jugé aussi que le garde qui est trouvé chassant sans permis de port d'armes *pendant qu'il accompagnait, comme garde particulier*, des amis de son maître qui étaient en chasse, doit être réputé avoir commis le délit F (Cass., 9 mars 1838, Herbelot).

Gardes du génie. — Lorsque les gardes du génie ont connaissance d'une construction ou d'une réparation indûment faite dans l'intérieur d'un enclos ou d'un bâtiment, ils doivent en rendre compte sur-le-champ au chef du génie, qui requiert soit le juge de paix ou son suppléant, soit le commissaire de police, soit le maire ou l'adjoint du lieu d'accompagner dans sa visite le garde chargé de constater la contravention. Le procès-verbal dressé à cette fin est signé par l'officier de police en présence auquel il a été dressé (Ord. 1er août 1821, article 32).

Gardes forestiers. — Sont ag. du gouv. (Cass. 3 nov. 1808, 8 fév. 1838, etc.).

Ce sont des ag. fp. au sens des art. 230 et 231; ils ne peuvent être considérés comme simples particuliers (Cass. 19 juin 1818 et 16 déc. 1841); à la condition, bien entendu, que l'acte reprochable commis à leur endroit ait eu lieu F ou OF.

Ils sont, de plus, expressément désignés dans l'art. 209.

Est F: le garde forestier, quand il se rend à ses fonctions et quand il en revient (Cass. 16 mai 1806, Prost).

Les art. susdits protègent: les gardes forestiers des apanages, qui sont assimilés aux gardes forestiers des domaines de la couronne (Cass. 23 août 1832, Moreau).

Mêmes observations que pour les autres gardes.

Ont lieu F: les voies de fait commises par un garde forestier contre un délinquant (Cons. d'Etat, 12 déc. 1818, etc.); l'acte de désarmer et de maltraiter un chasseur (Cons. d'Etat, 23 janv. 1820); les voies de fait suivies de blessures (Cons. d'Etat, 28 sept. 1816) même si les blessures ont occasionné la mort avec intention criminelle (Cons. d'Etat, 5 sept. 1821).

N'agit pas F le garde qui commet un délit de chasse hors du bois confié à sa garde (Cass. 16 avril 1825) ou lorsqu'il surveille une coupe de bois (Cass. 19 fév. 1823).

S'il commet un crime ou un délit dans l'étendue de sa garde, il est réputé l'avoir commis F (Cass. 19 juillet 1822).

Les usines établies avec autorisation à la distance prohibée des forêts sont soumises à la visite des gardes forestiers de nuit comme de jour (7 mai 1841. Cr. c. Terrier).

Les bois communaux étant, quant à la surveillance, soumis au même régime que les forêts de l'état, les gardes de ces forêts ont qualité pour constater les délits de chasse y commis (Cass., 28 janv. 1808, Arnichaud).

Le délit du garde forestier chassant dans un pré ou un champ ne peut être réputé commis F, si ce pré ou ce champ n'était pas enclavé dans [illegible] forêts (Grenoble, 13 sept. 1834, Joubert).

Les préposés peuvent invoquer le privilège de juridiction non seulement lorsqu'ils sont poursuivis pour *crimes ou délits*, aux termes des art. 483 et 484, C. inst. crim., mais aussi pour simples contraventions. Ainsi un garde forestier prévenu de différentes contraventions forestières commises F ne peut être traduit que devant la chambre civile de la cour royale (Cass. 9 avril 1842).

Garde général. — Ont lieu F les excès commis par un garde général des eaux et forêts et ses adjoints envers un individu surpris par eux en délit de pêche (Nîmes, 1er fév. 1811).

Gardes pêche. — Sont ag. du gouv. (Cons. d'Etat, 23 avril 1818); off. pol. jud. (Cass. 6 janv. 1827).

Les gardes jurés de la pêche, établis par le gouvernement, sont SP au sens des art. 230 et 231 (Cass. 12 mars 1842).

Garde ports commissionnés par l'administration de la navigation intérieure. Ne sont pas ag. du gouv. (Cass. 1er juill. 1808).

Garde républicain, I, 12.

Gardien de bureau d'une poste. — L'art. 169 ne le concerne pas (Cass. 1er fév. 1856).

Gardiens de la paix. I. 9, 11; voir agents.

1° Ils sont ag. pol. adm.: quand ils agissent FR pour l'exécution des ordres de l'autorité adm., ou de ses règlements.

2° Ils sont ag. pol. jud. : quand ils agissent FR pour l'exécution des décisions de justice.

3° Ils sont ag. aut. quand ils exercent leur

surveillance de voie publique, ou font acte d'ag. pol. administrative ou judiciaire.

Ils sont citoyens SP dans les trois cas ci-dessus, de même que s'ils agissent comme particuliers SP.

4° S'ils font acte de force publique, la jurisprudence permet de les qualifier ag. fp. ou ag. dép. fp.

Ce sont des citoyens SP (Cass. 4 déc. 1862).

Gardien de maison de force. Même non assermenté, il est protégé par l'art. 224 comme citoyen SP. (Cass. 11 fév. 1842).

Gardiens-chefs de prison. Ils sont agents du gouvernement (Cass. 13 nov. 1846. Décret 19 déc. 1848).

Les gardiens, geôliers, concierges, des prisons et maisons de détention sont f^res ou officiers publics au sens de l'art. 174 (Cass. 26 août 1824, 26 juin 1852).

Gardien de scellés régulièrement apposés. Il est protégé par l'art. 224 (Cass. 21 juin 1873).

Gardiens d'objets saisis. I, 14. 15. Voir séquestres.

Garnisaires. Voir porteurs de contraintes.

Gendarmes. Les off. gendarmerie sont : 1° comm. fp.; 2° off. pol. jud.; 3° auxiliaires du Parquet.

Les gendarmes et leurs sous-officiers ne sont pas off. pol. jud.

Circ. min. just. n° 1622, du 18 déc. 1822.

Les personnes arrêtées pour crime ou délit par des gendarmes doivent être conduites par eux devant l'off. pol. jud. le plus voisin, et par ordre de celui-ci ou par ordre du commandant de la brigade qui a fait l'arrestation, devant le procureur du Roi, mais non préalablement devant l'officier de gendarmerie, pour qu'il décide si elles doivent être conduites ou non devant le procureur du Roi. — L'art. 167 ord. du 29 octobre 1820, sur lequel se fonderait un officier de gendarmerie pour faire amener devant lui les personnes arrêtées, n'est relatif qu'au cas où le flagrant délit a été constaté par lui en sa qualité d'officier de police auxiliaire.

Gendarmes. — Ils peuvent être qualifiés indifféremment :

Ag. pol. judiciaire, quand ils exercent les fonctions spéciales qui leur sont confiées; ag. fp. quand ils agissent pour l'exécution des décisions de justice, de l'art. 106 CIC, ou quand ils agissent sous les ordres de leurs chefs.

Ils ne sont pas ag. du gouvernement (Cons. d'Etat 24 avril 1837), mais bien ag. aut. (Limoges, 25 nov. 1851).

Ils sont agents ou préposés d'une administration publique, dans le sens des art. 177 et 179. 27 déc. 1852. Nîmes. Pagnol.

Un maréchal-des-logis de gendarmerie est un ag. aut. (Limoges, 25 nov. 1851). Voir I. 12.

Gendarmes outragés II. 13; IV, 2, 25; violences III. 5; rébellion III. 2; IV, 2; insignes IV. 4, 23; Service IV. 5, 11, 13, 16, 23; meurtre IV. 27; assistance aux huissiers V, 3, 4, 5; IV. 9.

Agissant en dehors de ses fonctions habituelles, le gendarme peut néanmoins être qualifié citoyen SP.

Ainsi, qu'il soit en uniforme ou non, le gendarme qui remet aux intéressés les plis de convocation aux manœuvres de réserve agit bien sur ordre compétent et dans un but légal, mais il n'agit pas dans l'exercice de ses fonctions habituelles. Par suite, il ne sera protégé dans l'exécution de sa mission ou à propos de cette exécution, que comme citoyen SP. Simple nuance, dira-t-on. Soit, mais cette nuance est importante à établir.

Ne sont pas des corps constitués les gendarmes réunis en localité (Cass. 25 fév. 1830).

Une plainte motivée sur des faits diffamatoires imputés à des gendarmes, à raison de leurs fonctions, est valablement formée par le commandant sous les ordres duquel ces gendarmes sont placés (13 juin 1851. Cr. r. Lemac).

Général : II. 5; voir commandant.

Géomètres du cadastre. Sont f^res au sens de l'art. 174 (Cass. 6 juin 1846).

Gérant de journal : L. 1881, art. 6, 9, 10, 11, 42, 43.

Gouverneur colonial. — Est ag. du gouvernement (Cons. d'Etat 14 août 1823).

Greffier de justice de paix. Est concerné par l'art. 174 (Cass. 12 sept. 1850). Voir II, 11, 25.

Greffiers des cours et tribunaux. Sont officiers publics et f^res (L. 28 avril 1816 art. 91). Sont f^res, mais non ag. du gouvernement (Cass. 26 déc. 1807).

Ils sont pourtant dépositaires publics au sens des art. 169 et 170 CP (Cass. 14 fév. 1846).

L'outrage commis envers le greffier, dans

son greffe ouvert au public, rentre dans les termes de l'art. 224 (Cass. 29 mars 1845).

Le greffier d'un Tribunal de Comm. est un citoyen SP (Agen, 25 nov. 1885).

Voir I. 9, 10, 14, 15.

Hôpitaux et hospices: 1° Directeur — N'est pas SP le directeur d'un hospice municipal. C'est un simple préposé, chargé des détails de l'administration intérieure de cet hospice, sous l'autorité de la Commission administrative dont il dépend, mais n'ayant reçu pour son service aucune attribution ou délégation de partie des pouvoirs publics (Cass. 29 déc. 1898).

N'est pas citoyen chargé d'un mandat ou d'un service public l'individu qui, bien que prenant le titre de directeur d'un hôpital, n'est en réalité que le gérant des intérêts privés de cet hôpital, comme les administrateurs qui le nomment et sous le contrôle desquels il exerce sa surveillance (Cass. 18 fév. 1898).

2° Gardes-malades et infirmiers : l'art. 224 ne les protège pas (Orléans, 26 août 1894).

3° non plus que les internes (Cass. 16 sept. 1886).

4° Médecins : Aux termes de l'art. 14 L. 7 août 1851, la commission adm. les nomme, mais ne peut les révoquer qu'avec l'approbation du préfet. Ce sont de simples agents de cette commission, et non des cit. SP (Cass. 27 mars 1897).

5° Commissions adm. : Si le caractère de cit. SP appartient au président d'une commission administrative d'hospice, quand ce président est le Maire, l'adjoint, ou le Conseiller municipal qui le remplace dans la plénitude de ses fonctions de maire, c'est que dans ce cas le président se trouve investi de la double fonction indivisible de membre de la commission et de f^re^ municipal, représentant dans cette même commission les intérêts de la commune qu'il administre, soit comme titulaire, soit par intérim.

Par suite, les simples membres et celui d'entre eux que la commission investit chaque année de la vice-présidence pour remplacer, comme président, le f^re^ municipal absent ou empêché, n'ont pas le double caractère susdit (Cass. 21 mai 1898). — Ni les simples membres, ni les ordonnateurs ni le président ne sont f^res^, dép. aut., citoyens SP (Cass. 20 juillet 1893).

Les membres des commissions susdites ne sont pas agents du gouvernement (Cass. 27 nov. 1840).

Mêmes décisions (Cass. 27 février 1885, 23 mai 1862).

Nota. Les receveurs des hospices sont des comptables publics (Cass. 30 juin 1842).

Imprimeurs : voir presse; *incendie* I, 15; *infirmiers :* voir hôpitaux.

Ingénieurs des mines (I. 11). Ne sont pas mag. au sens de l'art. 222 les ingénieurs, chargés de surveiller, sous l'autorité des préfets, les machines et chaudières à vapeur; ils n'ont, dans l'accomplissement de cette mission, aucun caractère public (Douai, 10 mai 1853. Saltz).

Inspecteurs de la caisse de Poissy. L'art. 224 CP concerne les ag. aut. comme les dép. fp.

Cela résulte de l'ensemble des dispositions sur cette matière, et notamment de la combinaison des art. 224 et 230. — Les inspecteurs de la caisse de Poissy, nommés par le préfet de la Seine, sont des agents de l'autorité municipale, et comme tels protégés par l'art. 224 (Paris, 21 juin 1838).

Inspecteurs de la sûreté. Ce sont des ag. pol. adm. pouvant être qualifiés citoyens SP. Ils sont ag. aut. Voir I. 11, 12; employés.

Inspecteurs des enfants du premier âge : ils sont f^res^ selon la loi de 1881 (Cass. 19 mai 1899, Orléans 25 juill. 1899).

Inspecteurs du travail. Sont cit. SP.

Nota. La circ. du min. comm. du 10 nov. 1900 nous invite à constater les contraventions à la loi du 2 nov. 1892 et à celle du 12 juin 1893.

Les inspecteurs du travail n'ont le droit de pénétrer, *pendant la nuit*, dans les établissements où l'on ne se livre pas à un travail nocturne, qu'autant qu'ils ont constaté que l'on violait les dispositions de la loi dans ces établissements (Nancy 21 juin 1900).

Instituteur communal. Il n'est ni dép. ni ag. aut., mais bien SP (Caen 10 mars 1886, Bordeaux 25 août 1880), même au sens des art. 224 et 230 CP (Alger 9 fév. 1881, Compiègne 26 avril 1881). Voir VI, 6. 7.

Instruction publique I. 11; *intendance :* voir autorité, VI, 6.

Intendants et sous-intendants militaires, officiers d'administration, garde-magasins.

Ils sont ag. du gouv. (Cons. d'Et. 1er nov. 1826 et 20 juin 1846, Cass. 30 nov. 1821, 2 sept. et 26 nov. 1842).

Jardinier chef. — Lorsque, d'après l'arrêté municipal déterminant ses fonctions, le jardinier chef d'une commune, chargé d'organiser l'aménagement et la culture des jardins publics, doit contribuer au maintien de l'ordre et à l'exécution des règlements, mais sans être investi d'un droit personnel et direct de constatation; en d'autres termes, si ses pouvoirs consistent simplement à adresser des observations aux contrevenants, avec rapport s'il y a lieu, et à fournir des indications au gardien du jardin, ledit jardinier chef n'est pas un citoyen SP.

S'il est diffamé, le tribunal correctionnel est compétent (Dijon, 2 juin 1897).

Journaliers VI, 1; *journalistes* II, 24 (voir presse).

Juges. Voir arbitres, conseiller, juge suppléant, prud'hommes, secrétaire général, suppléant, magistrat; I, 9, 10, 13; II, 11, 13; IV, 7.

Juges de commerce. I, 10, 13; VI.

Juges d'instruction pris à partie, IV, 17.

Juges de paix. Voir mag.; III, 2; IV, 5 à 7; II, 13, 18, 19.

Ils sont f[res] (Cass. 17 therm. an 10, 16 août 1810).

Est diffamatoire et outrageante l'imputation faite à un juge de paix, dans un exploit, d'avoir retenu une lettre adressée à l'une des parties et concernant un procès débattu devant lui (Cass. 5 juin 1845); de même lorsqu'on lui dit que, si la partie adverse a gagné son procès, c'est qu'elle lui avait envoyé des œufs (17 août 1865, n° 175).

Est F le juge de paix « qui se trouvait, pour raison de ses fonctions et en vertu d'une ordonnance préalable, sur les lieux contentieux, avec son greffier, un huissier, en présence de l'une des parties et des témoins. » (17 thermidor an 10, n° 224.)

Juges suppléants. — Ne sont f[res] que lorsqu'ils exercent leurs fonctions (Cass. 14 avril 1831). Voir I, 9; II, 10.

Diffamer un juge suppléant qui n'a pas fait acte de juge, c'est une diffamation à l'égard d'un particulier (Cass. 14 avril 1831).

Juges suppléants près les tribunaux de première instance. Ils sont visés par l'art. 479 CIC (Cass. 13 janv. 1843).

Jurés. — *Outrages F ou OF* par paroles ou procédés graphiques directs ou adressés. CP 222 n° 1; *mêmes outrages* à l'audience CP, 222 n° 2.

Outrages F ou OF par gestes ou menaces directs ou adressés. CP 223 n° 1; mêmes outrages à l'audience CP, 223 n° 2; *Inj ou diff. OFP* L. 1881 art. 31 et 33.

Violences OFP. L. 25 mars 1822 art. 6 (CP 228 et suiv.).

Jurés. — *1° Inj. ou diff. OFP.* La poursuite a lieu sur plainte (L. 1881, art. 47, n° 4) ou sur citation directe (L. 1881, art. 47 n° 6). *2° Outrage public OF.* — La poursuite a lieu sur plainte, ou d'office (Cass. 8 fév. 1851).

Nota. — L'art. 222 ne distingue pas entre les jurés de session et ceux de jugement (Cass. 8 mai 1891). Voir mag.; II.

Lieutenants de louveterie. — Ils ne sont ni dép. aut., ni ag. du gouv. (Cass. 21 janv. 1837).

Liquidateur judiciaire. — Il n'est pas SP (Cass. 12 juin 1891).

Loge, VI, 6; *lois spéciales* VI, 3.

Magistrats. — Voir adjoint, avocat, bureau, commissaire, député, ingénieur, maire, officier, juge, préfet, président, procureur, substitut; I, 9, 10; II, 12 à 18; III, 3, 5; IV, 7, 17, etc., V, VI.

On distingue: 1° les mag. de l'ordre jud.; 2° ceux de l'ordre adm.; 3° les mag. dép. aut.; 4° les mag. f[res]; 5° les mag. cit. SP.

En principe, tout mag. est dép. aut. ou fait acte de dép. aut. F. Tout mag. adm. est f[re] et dép. aut. adm.

Les véritables mag. dép. aut. sont ceux de l'ordre jud., c'est-à-dire les juges, auxquels on assimile les membres du ministère public et les off. pol. auxiliaires.

C'est également par assimilation que l'on qualifie mag. ceux qui rendent des décisions adm., *(juridictio et imperium)*, ainsi que les dép. aut. dits off. pol. adm.

Les mag. dép. aut. et f[res] sont les off. pol. jud. auxiliaires, les off. pol. adm. (préfets, sous-préfets, etc.), les membres des tribunaux organisés. Ceux-là sont mag. par qualité et par qual[on], c'est-à-dire en vertu de leur mandat et relativement à leurs actes.

Il y a des mag. dép. aut. publique, comme les maires et adjoints, qui sont qualifiés pour faire éventuellement fonctions de mag. dép. aut. adm. ou jud.; d'off. pol. adm. ou jud.; et même de simples cit. SP.

Sont réputés mag. dép. aut. à titre exceptionnel, et à raison de leur mission temporaire ou occasionnelle: les juges du commerce, les avocats ou avoués appelés à siéger.

Il y a donc des mag.: 1° qui appliquent la loi, prononcent en son nom; 2° qui requièrent en son nom; 3° qui constatent ou recherchent en son nom, qui font exécuter.

Tous, à des degrés divers, ont faculté d'apprécier et de statuer, de décider et d'ordonner. Tous peuvent rendre une décision exécutoire. Mais le juge, en principe, ne peut se saisir spontanément; sa mission consiste à statuer librement lorsqu'il en est requis.

Sont encore magistrats les membres du gouvernement, qui peuvent être qualifiés, comme la plupart des précédents f^res^, soit dép. aut. adm., soit dép. aut. jud., suivant leur fonction et leur mode d'exercice f^l^; de même certains off. pol. adm. de rang élevé.

Enfin, on qualifie magistrats, concernés par l'art. 479 CIC, les magistrats honoraires (Cass. 11 oct. 1850).

Tout magistrat actif est dép. aut. (Orléans 10 juill. 1843, Paris, 21 juin 1838, Cass. 19 août 1837).

Le magistrat inamovible ou révocable, le juré, le juge consulaire élu à temps, le juge arbitral en matière commerciale ou autre, l'avocat appelé momentanément sur le siège, exercent tous le pouvoir judiciaire. En un mot, tous ceux qui, à quelque titre, à quelque degré que ce soit, sont investis du droit d'exercer une partie de ce pouvoir, qu'ils soient nommés par le chef de l'Etat, par l'élection ou par le choix des parties, sont dép. aut. et agissent dans un caractère public (Amiens, 13 août 1837, Cass. 15 mai 1838, 29 avril 1837, Lille, 20 sept. 1884, Douai 10 nov. 1884).

Que faut-il penser de ces décisions? Le privilégié faisant acte magistral est-il en effet dép. aut., quoique non f^re^?

Certes, il n'y a pas grand inconvénient à ce que celui qui a fait acte magistral soit protégé comme dép. aut., puisque la loi de 1881 ne fait pas de différence, quant à la nature des peines, entre les dép. aut. et les cit. SP. Mais, au point de vue de la doctrine, j'estime que, pour être dép. aut., il faut avoir l'autorité *en dépôt*, c'est-à-dire être investi. Par conséquent, celui qui, exceptionnellement, a été appelé à siéger, est un mag. au sens du Code, et un simple cit. SP au sens de la loi de 1881. De plus, il est mag. par qual^on^, et non par *qualité*.

Le mag. par qualité est réputé tel dans tous ses actes officiels, qu'il soit F ou non. En effet le magistrat peut agir comme tel:

1° Officiellement, s'il se trouve au siège de sa juridiction ou de ses fonctions; 2° officiellement et activement, s'il procède à un acte spécial de sa fonction; 3° occasionnellement, si, en dehors de ces circonstances, un citoyen s'adresse à lui, même officieusement, à propos d'une question ressortissant à sa compétence f^lle^; en quel cas il est en rapports officiels avec ledit citoyen.

Exemple: Dans tous ses rapports officiels avec le public et les particuliers, un f^re^ ou un mag. est F, même dans l'intérieur de son domicile (Cass. 11 oct. 1850).

Voir II, 18, 15, etc.

Magistrats. — Inj. ou diff. OFP indirectes. L. 1881 art. 31 et 33; *Outrages F ou OF* par paroles, procédés graphiques, gestes, directs ou adressés. CP. 222 et 223. *Violences F ou OF: CP* 228 et suiv. Voir II, VI, etc.

Magistrats à l'audience. — Outrages F ou OF par paroles, procédés graphiques, gestes ou menaces directs ou adressés. CP 222 et 223.

L'outrage commis à l'audience envers l'officier du ministère public d'un tribunal de police est passible des peines de l'art. 222, C. pén., et non de celles portées en l'art. 11 CPC (Cass. 22 août 1862, 8 décembre 1849).

Sic pour l'outrage envers le juge de paix dans les mêmes circonstances. — (Cass. 26 janv. 1854 et 3 août 1854).

Violences F ou OF. — CP, 228 n° 2 et suivants.

Les mag. à l'audience sont les juges des Tribunaux constitués suivant les formes judiciaires, et tous les organes du ministère public près de ces tribunaux (Cass. 30 juill. 1812, 7 août 1818, 17 mars 1820, 9 mars 1837, 2 mars 1838, 22 août 1840).

Tribunaux et Cours. — Ce sont ceux de simple police, les Tribunaux correctionnels, Cours d'assises, la Cour de cassation, la Haute-Cour, les Tribunaux militaires et maritimes (IV, 7), les Conseils de préfecture, le Tribunal des conflits, les Conseils de révision, le Conseil d'Etat, les officialités, l'Université, les Tribunaux civils, les Cours d'appel, etc.

Outrages à l'audience (voir II). — Pour que l'aggravation de l'art. 222 n° 2 puisse être appliquée, il faut que le mag. présent à l'audience ne s'y trouve pas *en dehors de son service* (Amiens, 4 déc. 1863). Mais il ne s'ensuit pas que les outrages OF contre un mag. qui ne siège pas ne puissent être réprimés par l'art. 222 n° 1. Ainsi, on a jugé à propos d'un juge d'instruction outragé dans ces conditions que la plainte de ce dernier n'est pas nécessaire pour que répression immédiate puisse avoir lieu (Cass. 5 juin 1851).

Il n'est pas nécessaire que les outrages aient été proférés en présence du magistrat. (Cass. 10 avril 1817 Savin; 18 juillet 1828 Magnoncourt; Bordeaux, 1er fév. 1837 ; Cass. 15 juin 1837 Patois ; 2 juin 1838 Castillon ; 8 oct. 1842 Thiénot; 20 déc. 1850 Deville).

Ni que l'outrage ait été dirigé contre le magistrat avec l'intention qu'il en ait connaissance (Cass. 11 mai 1861 Lelaidier).

Les paroles offensantes ne perdent pas le caractère qui leur appartient, pour n'être pas parvenues à l'oreille du juge, toutes les fois qu'au lieu d'être dites sous le secret de la confidence, elles sont prononcées assez haut pour être entendues d'une partie du public (Cass. 24 déc. 1836).

Il y a outrages lorsqu'on dit à l'audience, à ses coprévenus, qu'ils sont condamnés à l'avance et qu'il est inutile de présenter leur défense (13 avril 1853, n° 137) ;

Lorsque, à l'égard de la sentence que le juge vient de rendre, on dit avec ironie : « Ce jugement mérite d'être encadré. » 3 août 1854, n° 248. (Conf., chamb. réun., 25 juin 1855, n° 229);

Lorsqu'au moment où l'on vient d'être condamné par le tribunal de simple police, on s'écrie : « Jamais il n'y a eu un jugement plus mal rendu. » 28 mars 1856, n° 127; lorsqu'on dit à un commissaire de police Ministère public : « Pour un dîner que Monsieur vous paierait, vous feriez rendre des jugements tant qu'il voudrait. » (Cass. 22 août 1862).

Dire à un juge qu'en empêchant que le prévenu se défende, il commet de l'arbitraire, est un outrage (Cass.).

Jugé que le plaideur condamné qui dépose au greffe un mémoire adressé à l'autorité supérieure, contenant des imputations graves contre ses juges, n'est pas, pour cela seul, réputé avoir injurié des magistrats F. (Cass. 1er therm. an 12).

Une imputation injurieuse, dans les conclusions lues à l'audience, si elle est dirigée contre un magistrat présent, constitue un outrage par paroles et non par écrit (Cass. 11 janv. 1851).

Un simple acte d'avoué à avoué, signifié dans le cours d'un procès civil, et incidemment à ce procès, n'a aucun des caractères de publicité prévus par l'art. 1er de la loi du 17 mai 1819 : la signification n'en peut être assimilée au fait de distribution prévu par cet article. En conséquence, si un tel acte renferme des expressions outrageantes tendant à inculper l'honneur ou la délicatesse d'un magistrat OF, le délit qui en résulte rentre dans ceux prévus par l'art. 222. (Agen, 21 sept. 1838). Voir II, 26.

Les art. 222 ou 223 sont applicables en cas d'outrages par un individu, lorsque le greffier vient lui lire un jugement émané du juge de paix (Cass. 8 oct. 1842).

Il y a diffamation dans le fait d'avoir, dans un mémoire sur procès, allégué contre un magistrat des faits relatifs à ses fonctions de nature à porter atteinte à sa considération (Cass., 8 mars 1861).

Répression. — La plainte n'est pas nécessaire lorsque l'outrage a été commis envers un magistrat à l'audience (Cass. 30 décembre 1858, Coutanceau, 5 juin 1851, Dubois).

Ces outrages sont punissables séance tenante. Mais les juges offensés peuvent renvoyer la poursuite, par la voie ordinaire, devant un tribunal correctionnel (Cass., 19 mars 1812).

Simple police. — L'appel de la décision du Tribunal de simple police qui a, séance tenante, réprimé un délit d'outrage commis envers un magistrat à son audience, doit être porté devant le Tribunal correctionnel et non devant la Cour d'appel (Cass. 8 mars 1873).

Tribunal de paix. — L'appel du jugement du Tribunal de paix qui condamne une partie pour manque de respect à la justice, doit être porté devant le Tribunal correctionnel et non devant le Tribunal civil (Cass. 7 janv. 1860; Trib. Angers, 26 mai 1875).

Les tribunaux de simple police ont le pouvoir de réprimer séance tenante les injures adressées à l'audience au commissaire de police ministère public (Cass. 8 déc. 1849, 3 août 1854, 25 juin 1845).

Main-forte I, 12; IV, 11.

Maire. — Dénoncé II, 11; dénonciateur IV, 2; II, 10; outragé II, 13, 14; outrageant IV, 7; injuriant IV, 2; requérant IV, 18; violenté IV, 25.

Le maire est un fre (Cass. 16 mars 1832).

Le diffamer pour prétendues intrigues

dans les élections au Conseil général, c'est diffamer un particulier (Cass. 7 sept. 1849).

Lui imputer d'avoir fabriqué une fausse signature sur un acte de mariage est un outrage au sens de l'art. 222 (Cass. 26 nov. 1812).

Maire. — F^re jud. et magistrat. — L'art. 222 est applicable aux injures adressées à un maire dans un lieu public où il constate une contravention. (Cass. 19 janv. 1850, Boutel).

Maire citoyen SP. — Le maire, off. pol. jud., peut en outre agir comme f^re administratif, et comme agent de la commune. Comme agent de la commune, il est investi d'un mandat public, il est le mandataire de ses administrés, et veille à l'intérêt communal.

En cette qualité, il conclut des achats, etc.

Il est un *gestor negotiorum* attitré, représentant un groupe de citoyens; mais n'exerce pas, à ce titre, une fonction administrative. Tel est notamment le cas lorsqu'il exécute un arrêté du Conseil de Préfecture obtenu au profit de la commune. Mais que l'exécution de cet acte comporte accessoirement un intérêt public d'ordre, de mœurs, de respect pour les morts, et il se trouvera à la fois agir: principalement, dans l'intérêt communal; accessoirement, dans l'intérêt public sus spécifié, avec la mission et les pouvoirs spéciaux qui concernent l'intérêt public. Par suite, il fera à la fois acte de *negotiorum gestor* et de f^re administratif; et, en cette dernière qualité, il sera protégé spécialement. C'est ce qui a été jugé dans l'espèce suivante :

Un arrêté du conseil de préfecture de la Manche avait décidé que, dans l'acte de vente du presbytère de Sotteville, aucune servitude n'avait été concédée sur le cimetière. Le maire de cette commune avait été l'objet des violences de la femme Voisin, au moment où il assurait l'exécution de cet arrêté. Cette femme, poursuivie pour rébellion, fut renvoyée des poursuites, sous le prétexte que le maire n'avait agi, dans la circonstance, que comme représentant les intérêts civils de la commune. La Cour de cassation annula la décision, « attendu que les maires, qui sont à la fois des f^res de l'ordre administratif, des off. pol. jud. et de l'état civil, et les représentants et les agents de leurs communes, ne peuvent pas être considérés comme exerçant des fonctions jud. ou adm., lorsqu'ils agissent en cette dernière qualité; mais que, dans l'espèce, le maire de Sotteville ne devait pas être considéré seulement comme procédant, dans l'intérêt privé de cette commune, à l'exécution d'un arrêté du conseil de préfecture; qu'on devait encore voir en lui un agent de l'administration, chargé, en vertu d'une attribution spéciale contenue au décret du 23 prairial an XII, de veiller, dans l'intérêt de l'ordre et des mœurs, au maintien et au respect dus à la cendre des morts, à la sûreté et à la clôture des lieux consacrés aux inhumations. » (15 octobre 1824, n° 140).

Certes, à l'époque où cet arrêt a été rendu, la loi ne parlait pas de mandat ou service publics, mais les arguments rapportés n'en conservent pas moins toute leur valeur. La question se poserait maintenant ainsi: Le maire, s'il avait agi comme *negotiorum gestor*, serait-il protégé par l'art. 224 comme SP? Oui, si l'on juge d'après la nouvelle jurisprudence. Mais il n'en appert pas moins clairement du précédent arrêt que, si le MP agit avec un *caractère* public, il peut fort bien ne pas faire acte de dép. aut.

Maire. — F^re administratif et magistrat. — Le maire qui intervient dans l'organisation des secours pour combattre un incendie n'agit pas en qualité d'off. pol. jud. (Toulouse 29 juin 1892). Il est en effet alors off. pol. adm. ou dép. aut.

Maire. — Dép. aut. et magistrat. — Le maire est, dans les opérations de la classification des propriétés imposables, le surveillant légal des intérêts, soit de sa commune, soit de ses administrés. Pour exercer cette surveillance, il a le droit de se réunir aux commissaires classificateurs pendant le cours de leurs opérations, pour faire les examens, vérifications, etc., et donner et signer les avis que ces opérations exigent.

Lors donc qu'il est réuni aux commissaires classificateurs assemblés pour vaquer aux opérations cadastrales, il est F comme maire (Cass. 28 fév. 1828).

L'art. 222 s'applique au maire, affichant ou faisant afficher un placard, annonçant une nouvelle politique d'une haute importance; « il remplit alors un devoir de sa place, qui est de calmer l'effervescence et de dissiper les illusions des partis politiques. » 1er mars 1833, n° 82.

De même, lorsque au moment où le maire d'une commune est F, on crie : « A bas le maire, nous ne voulons plus de lui, vive l'adjoint ». 22 décembre 1814, n° 45 ;

Lorsque, dans une séance du conseil municipal, on dit au maire : « Vous avez été réduit à vous adjoindre un Vinay. » 10 mai 1845, n° 169 ;

Dire à haute voix dans la rue, en parlant d'un maire qui procède à une inhumation: « Venez voir un prêtre de nouvelle espèce, un joli curé, un f... curé qui ne chante pas, un enterreur de bête, etc., » c'est commettre une injure publique contre un maire F (Cass. 16 mars 1832 Grasset).

Maire présidant un collège électoral. — C'est un magistrat : Rousseau, déclaré coupable d'outrages envers le président d'un collège électoral, et condamné, soutint en cassation qu'un maire, président d'un collège électoral, n'était pas un magistrat et encore moins un f[re]. Son pourvoi fut rejeté « attendu que les art. 222 et suivants CP ne s'appliquent pas exclusivement aux magistrats de l'ordre adm. ou jud. ; que, d'après la rubrique de la section, ils s'appliquent aux dép. aut. et fp, selon les distinctions exprimées dans les articles appartenant à la rubrique du paragraphe 1 de la section IV du chapitre III du titre 1er du livre III; attendu que les présidents des assemblées électorales, légalement convoquées, lorsqu'ils sont installés en cette qualité, sont incontestablement des dép. aut., soit qu'ils doivent leur mandat aux fonctions adm. ou jud. dont ils sont revêtus, soit qu'ils le doivent, dans les cas déterminés par les lois, à l'élection des citoyens, qui en ont reçu de la loi la mission; attendu que l'art. 6 de la loi du 25 mars 1822, qui a prévu et réprimé les outrages, faits d'une manière quelconque, OFP, à divers ordres de f[res], en a étendu l'application aux jurés et aux témoins, et aux ministres des cultes ; qu'ainsi, dans l'espèce, il est inutile d'examiner si le maire d'Auch, qui présidait l'assemblée électorale, réunie pour l'élection de deux membres du conseil d'arrondissement, était, dans l'exercice de cette fonction, un magistrat de l'ordre administratif ; qu'il suffit qu'il ait été constaté que les outrages, à lui adressés, avaient été commis envers le président légal d'un collège électoral; que ce président est chargé du maintien de l'ordre, et qu'il a droit, pour y parvenir, de requérir la force publique; et qu'il est impossible de soutenir que, dans l'exercice de telles fonctions, il ne soit qu'un simple citoyen, etc. » (Cass. 19 août 1837).

Diffamé en qualité de président d'un bureau électoral, le maire rentre dans la nomenclature des art. 31 et 45 L 1881, comme dép. aut., ou tout au moins comme citoyen chargé d'un service ou d'un mandat public temporaire ou permanent (Tr. corr. Bagnères-de-Bigorre, 27 juin 1896).

L'art. 222 s'applique au maire, siégeant dans le conseil de fabrique. En effet, « si l'exercice de cette fonction lui est conféré, c'est en sa qualité de maire; par conséquent, c'est pour remplir une fonction à lui attribuée, en sa qualité de maire, qu'il assiste au conseil de fabrique ; il est donc, dans cette assemblée, dans l'exercice de ses fonctions administratives. » 28 août 1823, n° 125; voir plus haut.

Comme président de droit de la Commission adm. des hospices, il est citoyen SP (Cass. 10 novembre 1892).

L'art. 222 s'applique au maire, présidant « la séance du conseil municipal, consacrée à l'examen de la gestion de la commission administrative de l'hospice; gestion à laquelle il avait concouru, comme président de cette commission, sans qu'il échet d'examiner si le maire avait le droit de présider cette séance, puisqu'il suffit que la fonction soit exercée par le titulaire, pour qu'elle soit protégée contre toute atteinte. » 22 août 1840, n° 238.

Ce n'est pas comme dép. aut. que le maire préside la dite commission, mais il est dép. aut. quand il préside le Conseil mun. Les deux décisions sont donc conciliables.

Est F le maire présidant le conseil municipal; car « c'est en qualité de maire, c'est-à-dire de magistrat adm., qu'il agit, et non en vertu du mandat qu'il a reçu des électeurs communaux » (Cass. 17 mai 1845).

L'outrage fait à un maire F en séance du Conseil municipal n'est pas public, et l'article 222 est applicable, même si le percepteur et contribuables les plus imposés étaient présents à la séance (Cass. 23 nov. 1871).

La salle de séances devient publique dès que la séance est levée. Par suite, l'outrage adressé au maire après ladite séance, alors qu'il s'entretient avec les conseillers, est public, et doit être commis OF pour être qualifié outrage (Cass. 31 juill. 1874). Voir Conseil.

Agit F le maire qui injurie le percepteur en lui réclamant le compte des deniers de la commune (Caen, 3 mars 1842); qui diffame un tiers en formulant dans des termes offensants, en séance extraordinaire du Conseil municipal, la proposition par laquelle il provoquait une délibération qui a été ensuite, avec la proposition, rendue publique, par voie d'affiches et sur son ordre (Colmar 3 mars 1843); qui signe une délibération renfermant des injures contre des f^res^ (Cons. d'Etat, 12 fév. 1833); qui ordonne l'arrestation d'ouvriers qui, nonobstant l'absence ou le refus d'alignement notifié au propriétaire, se seraient livrés à des constructions (Cass. 17 août 1837); qui fait couper sans autorisation les arbres d'une forêt communale (Cons. d'Etat, 20 mars 1819, Cass. 11 mars 1837).

L'autorité jud. est compétente pour apprécier si un acte fait par un f^re^ constitue ou non un acte administratif. L'acte administratif est, non pas celui que fait le f^re^, mais celui que la loi *l'autorise* à faire.

Il appartient à l'aut. jud. de connaître de la demande en dommages-intérêts formée contre un f^re^ à l'occasion d'un acte fait par lui en dehors de ses attributions.

Commet un abus de pouvoir, et non un acte administratif, le maire qui, sans procès-verbal préalable et sans décision de l'autorité compétente, ordonne à des ouvriers de pénétrer dans une propriété privée, et y fait élaguer et étêter des arbres (Dijon, 15 déc. 1876).

Un acte illégal ou délictueux peut fort bien être néanmoins un acte f^l^.

L'arrêté suivant n'est donc pas fondé en droit: Le maire qui commet un acte de violence non justifié n'agit pas F, et l'injure qui lui est adressée par la victime de cette agression ne doit pas être considérée, au point de vue de la compétence, comme adressée au maire, mais comme adressée à un simple particulier (Toulouse, 17 déc. 1896).

Opinion d'autant plus erronée que l'art. 186 réprime précisément les violences commises F ou OF par les f^res^ (Voir plus haut). Il en serait autrement si les violences commises l'avaient été par le maire comme simple particulier (Voir Conseil et IV, 7, 11).

Les art. 479 et 483 CIC sont applicables au maire qui a ordonné une violation de domicile (Paris 2 mai 1836), ou à l'adjoint qui, comme off. pol. jud., a ordonné une arrestation arbitraire (Cons. d'Etat, 8 janvier 1817), ou au maire qui a ordonné l'arrachement d'arbres et d'autres dévastations sur une propriété particulière (Cass. 23 mai 1822).

On peut actionner civilement un maire en restitution des outils et instruments aratoires qu'il a saisis par suite d'un procès-verbal dressé par lui contre un habitant surpris enlevant de la terre sur un fonds appartenant à la commune (Cass. 2 août 1836); ou en revendication d'un objet mobilier déposé par ordre du maire dans un lieu déterminé comme appartenant à la commune (Cass. 2 août 1836). L'art. 175 CP concerne les maires (Douai, 17 juin 1836).

Maison centrale. — Voir gardien; *mandataires publics*. I; *mandats* IV, 14, 28.

Maréchal-des-logis de l'armée: F, il est ag. fp. au sens des art. 224 et 230 CP (Cass. 14 mars 1889). Voir gendarmes.

Marine. I, 11. Voir commissaire, chef, commandant.

Médecin désigné par une Cie de chemins de fer pour examiner dans une gare le cadavre d'un voyageur décédé : Il n'est pas SP (Cass. 1er juin 1893).

Médecin du bureau de bienfaisance. — Il n'est pas SP (Paris, 16 nov. 1892).

Médecin des Enfants-Assistés. — Sa mission, lorsqu'elle n'emporte pour lui l'attribution ou la délégation d'aucune partie des pouvoirs publics, ne lui confère pas la qualité de citoyen SP (Cass. 24 mai 1898).

Les médecins, chirurgiens ou officiers de santé, désignés par les officiers généraux, pour visiter ou contre-visiter les jeunes gens au départ, et constater l'existence des infirmités qu'ils allèguent, sont, pour tout ce qui se rapporte à l'accomplissement de leur mission, des agents et préposés de l'administration, dans le sens de l'art. 177 C. pén. 13 juill. 1844. Cr. r. Bodeau.

Voir *Experts*, *Hôpitaux*, *Chirurgien*.

Médecins. — L'art. 15 de la loi du 30 nov. 1892, en obligeant les médecins à déclarer les maladies épidémiques soignées par eux, ne leur délègue pas partie des pouvoirs publics. En cas de diffamation, ils doivent s'adresser au Tribunal correctionnel (Cass. 22 oct. 1896).

Médecins inspecteurs des eaux thermales. — Ils sont ag. aut. (Cass. 19 mai 1860).

Membres. — Voir assemblée, assistance, bureau, conseil, députés, hôpitaux, université, association.

Membres des Chambres : Immunité. — L. 1881, art. 41; Inj. ou diff. OFP (L. 1881, art. 31 et 33). La plainte de l'intéressé est nécessaire, art. 47 n° 2. Voir aussi L. 11 juin 1887, décret 11 août 1848, art. 5 et 2. Violences OFP: L. 25 mars 1822 art. 6. Voir II, 3, 12.

« Attendu qu'en déclarant que les membres de la Chambre des députés ne peuvent pas être considérés comme magistrats adm. ou jud., et qu'ainsi l'art. 223 ne pourrait être appliqué aux outrages qui leur seraient faits OF, la Cour n'a point violé ces articles; que, s'il importe à l'intérêt national que l'indépendance des députés, dans leurs opinions, ait une garantie légale, par des dispositions pénales particulières, contre les outrages, auxquels pourraient les exposer les opinions qu'ils auraient professées dans l'exercice de leurs hautes attributions, c'est à l'autorité législative à prescrire ces dispositions pénales particulières; mais que les tribunaux, simples applicateurs des lois existantes, ne peuvent les étendre au delà des cas qu'elles ont prévus. » (20 oct. 1820, n° 138).

Nota. — Nous savons que les députés sont citoyens SP par mandat électif (177 CP).

Il n'y a pas injure OFP s'il s'agit d'un député outragé à raison de la demande d'un emploi, si elle ne se rattache pas à un acte de participation aux actes du pouvoir législatif (Cass. 25 nov. 1843, Peyrot).

Diffamation. — Lorsque l'imputation dirigée contre un député ne se rattache pas à ses votes, ni à sa participation au pouvoir législatif, mais seulement à ses relations facultatives avec les ministres, et bien qu'elle porte sur un acte administratif, les tribunaux peuvent la considérer comme étrangère à ses fonctions, et comme faite à un simple particulier (Cass., 4 mai 1839).

Mémoire des morts. VI, 7.

Mendiants III, 7; *menottes* IV, 10; *militaires*: voir agents, comm. fp., I, 12; IV, 7.

Ministère public. — Voir I, 10; adjoints, magistrats, maire, commissaire, procureur.

Ministres. — L. 1881, 31, 33. Voir aussi L. 25 fév. 1875, art. 6, et L. 16 juill. 1875, art. 12 à 14; II, 5; I, 9.

Ministres du culte. — *Outrages F* par paroles ou gestes non publics. CP 262 : 15 jours à 6 mois, 16 à 500 francs.

Outrages FP par un moyen quelconque. L. 25 mars 1822 art. 6: 3 mois à 5 ans, 300 à 6.000 francs (sauf l'inj. ou diff. OFP).

Inj., diff. OFP directes ou indirectes. L. 1881, art. 31 et 33.

Outrages OFP par gestes. Décret 11 août 1848, art. 5.

Violences F. CP, 263. Dégradation civique.

Violences FP ou OFP avec suites. CP 264, 231 et suiv. (L. 25 mars 1822, art. 6).

Si l'outrage ne consiste que dans des coups portés publiquement, l'art. 6 de cette loi, combiné avec les art. 228 et 229, reste applicable (Cass. 21 mars 1839, Lagarde).

Ministres d'un culte salarié. — 1° *Inj. ou diff. OFP.* — La poursuite a lieu sur plainte, ou d'office, sur plainte du ministre compétent (L. 1881, art. 47 n° 3), ou sur citation directe (L. 1881, art. 47, n° 6).

2° *Outrage F.* — La poursuite a lieu sur plainte ou d'office (Cass. 25 juin 1846).

3° *Outrage public OF.* — Mais la poursuite ne pourrait avoir lieu sans une plainte de la partie lésée, si les injures et les outrages avaient été adressés à un ministre du culte seulement OF (Cass. 10 janv. 1833, Godet; 25 juin 1846, Detrez).

Contrà: La plainte n'est pas nécessaire. (Metz, 30 janv. 1856, Didier).

Un ministre du culte peut se porter partie civile, à raison d'un outrage F (Orléans, 22 juin 1887).

Pour être protégés F, il faut: 1° qu'ils soient ministres d'un culte autorisé; 2° qu'ils exercent leur ministère dans les conditions autorisées par la loi, c'est-à-dire, soit dans les temples, églises, synagogues, soit extérieurement.

Cultes reconnus. — Outre le culte catholique (L. 18 germ. an X), ce sont: 1° les cultes protestants (d°); 2° le culte israélite (OR 25 mai 1844).

Les prêtres ne sont pas ag. aut. (Cass. 23 août 1850. Paris, 31 mars 1843), ni ag. du Gouvernement, ni f[res]. (Cass. 23 juin et 9 sept. 1831, 23 déc. 1831, 22 fév. 1845).

Je ne m'occuperai que des prêtres catholiques. Dans l'église, ils disent la messe, baptisent, confessent, etc.

Extérieurement, ils portent le viatique à un mourant, dirigent une procession, etc.

Dans toutes ces circonstances, ils agissent F. Néanmoins, pour être protégés F en cas de procession, il faut que celle-ci ne soit pas interdite sur la voie publique.

Ce sont là des modes d'exercice f[l] actif. Mais il suffit qu'ils paraissent officiellement avec leur caractère de prêtres, qu'ils se disposent, par exemple, à célébrer la messe, ou qu'après l'avoir célébrée, ils retournent à la sacristie, pour qu'ils se trouvent F.

En d'autres termes, l'action effective exercée comprend les actes préparatoires et ultérieurs qui sont inséparables de ladite action, qui font corps avec elle, et constituent ce tout qui est l'exercice f[1].

Est F le prêtre qui reçoit la confession d'un fidèle (Cass. 9 oct. 1824), ou qui enseigne le catéchisme aux enfants dans l'église (Cass. 19 mai 1827).

Nota. — La police des églises appartient aux curés (Décision min. 21 pluv. an 13).

Imputer à un ministre du culte d'avoir pris sans droit le titre de chanoine, et donner à entendre qu'il a été interdit, est une diffamation de la compétence des Cours d'assises (Cass. 11 déc. 1897).

Accuser un prêtre de complicité d'adultère est une diffamation contre un particulier (Cass. 16 juin 1899), si l'imputation ne vise ni les fonctions ni le caractère.

Ce n'est pas diffamer un individu que dire qu'il est prêtre marié, s'il y a mariage légal (Cass. 18 vend., an IX).

Les diffamations et injures par un ministre du culte, en chaire, contre ses paroissiens, sont un abus (Cass. 25 août 1827, etc.).

L'outrage à un f[re], par un ministre du culte officiant à un enterrement, est un abus (Cass. 7 mars 1840).

Notaires (III, 2). — Ils ne sont pas ag. du gouv., même s'ils instrumentent pour l'administration (Cass. 9 sept. 1836, 27 nov. 1840).

Est F le notaire qui lit un testament mystique, dont il est dépositaire et dont il a écrit la suscription en qualité de notaire, aux parties intéressées et sur leur réquisition (Cass. 2 juin 1809). Voir V. 1.

Officiers de louveterie. Ils ne sont pas agents du gouvernement (Cass. 21 janv. 1837 et 12 juin 1847). Voir lieutenants.

Officiers de paix. — Un arrêté des consuls du 12 mess. an 8, art. 55 et 44, réserva leur nomination au gouvernement. Le ministre de l'intérieur les nomme (ord. 25 fév. 1822). Ils peuvent donc agir comme ag. du gouv. (Cons. d'État 25 déc. 1815). Voir IV. 11, 24.

L'art. 3 de la loi du 13 flor. an 4 (qui les avait rétablis après leur suppression par la loi du 19 vend. an 14, abrogeant la loi du 21 sept. 1791 qui les avait créés) prescrivait qu'ils eussent comme marque distinctive un *petit bâton blanc* sur lequel étaient gravés ces mots : *Force à la loi.* Sur la pomme du bâton était un œil, symbole de la surveillance (De nos jours, ce sont leurs agents qui sont pourvus du bâton blanc). Ce sont des cit. SP pouvant être qualifiés ag. pol. adm., et être protégés par les art. 209 et suivants. Ils ne sont ni ag. fp. ni comm. fp.

Une première distinction doit être faite, relativement à ces agents, entre ceux qui ont la qualité d'*officiers de paix* et ceux qui n'ont pas cette qualité : il ne paraît pas qu'aucune loi ait attribué aux agents de police qui n'ont pas qualité *d'officiers de paix*, le droit d'arrestation en cas de simples délits; car il serait difficile de faire résulter ce droit en leur faveur de l'institution qui leur est donnée par le préfet de police, puisque ce magistrat n'est investi des fonctions d'officier de police judiciaire que *personnellement* (art. 10). Quant aux agents de police qui ont la qualité *d'officiers de paix*, la question a été vivement agitée. Pour soutenir qu'ils n'avaient pas le droit d'arrestation, du moins par rapport aux citoyens *domiciliés* prévenus de simples délits, on prétendait que les lois de 1791, de l'an IV et de l'an VIII, qui les avaient institués et reconnus, étaient abrogées par le CIC; que ce Code, qui présentait un système complet de poursuite et d'instruction contre les délinquants, n'ayant pas rappelé les officiers de paix (art. 9), ces officiers avaient perdu les droits primitifs qui leur étaient accordés; que leurs fonctions se réduisaient à la surveillance de la voie publique; qu'ils n'étaient plus aujourd'hui revêtus des insignes qui les faisaient reconnaître aux citoyens, et qu'ils ne prêtaient pas, à la différence des gendarmes, le *serment*, qui est une garantie pour les citoyens. Dans l'opinion contraire, que des décisions judiciaires ont consacrée, on a répondu que les lois des 29 septembre 1791 et 23 floréal an IV chargent les officiers de paix de veiller à la tranquillité publique, de se porter dans les endroits où elle sera troublée, d'arrêter les *délinquants* (sans aucune distinction des domiciliés ou des non domiciliés, ni des *crimes* ou des simples *délits*), et de les traduire *devant le juge de paix;* que les citoyens sont tenus de leur prêter assistance à leur réquisition, et que les refusants seront condamnés à trois mois d'emprisonnement (art. 4 et 6 de la loi du 23 floréal an IV); que ces lois sont encore en pleine vigueur; que ce qui le prouve d'une manière invincible, c'est une ordonnance du 25 février 1822, qui a confié au ministre de l'intérieur la nomination des officiers de paix, nomination qui avait autrefois appartenu successivement aux municipalités, au département et au gouvernement (arrêté du 12 messidor an VIII); que ces fonctionnaires prêtent de fait le serment, et qu'ils portent encore les insignes voulus par les lois (Paris 27 mars 1827).

Off. pol. jud. — Ce sont, exclusivement, ceux de l'art. 9 CIC (Cass. 15 nov. 1860); ils ne sont pas ag. du gouv. (Lettre min. just. 22 mars 1817). Certains le sont pourtant à titre d'off. pol. adm. — Voir IV, 28.

Officiers de port I. 11.

Omnibus I. 2 (Voir employés); *ouvriers* I. 14. 15; IV. 12, 13; *parricide* III. 7; *passeport* IV. 17; *percepteur* (voir préposés).

Pharmacien. — Le pharmacien qui livre des remèdes aux personnes admises par l'assistance publique, en se conformant aux tarifs et prescriptions imposés par l'aut. adm., n'est qu'un fournisseur de la commune, et non SP. (Toulouse, 6 avril 1900) Voir préfet.

Photographies II. 8; *pillage* III. 6; *poids et mesures* I. 11 (voir vérificateur).

Piqueur des ponts et chaussées. — L'art. 169 CP lui est applicable (Cass. 29 avril 1825).

Pompiers. — 1° Les pompiers, commandés avec le garde champêtre pour la visite des fours et cheminées, sont SP. (Dijon 20 mai 1879).

Nota. — Les pompiers parisiens sont des ag. fp., en même temps que des citoyens SP. Ils agissent comme SP quand ils combattent les incendies, et comme ag. fp. lorsqu'ils procèdent à leurs exercices militaires, etc. Voir I, 12, 15, IV, 7.

2° *Officiers* d'une compagnie de sapeurs-pompiers. — Sont f^res (Grenoble, 6 mai 1834).

3° *Capitaine.* — Le capitaine d'une compagnie de pompiers organisée par le maire sans le concours de l'autorité supérieure ne doit être considéré que comme simple particulier (Bourges, 20 août 1829, Boucheron). Voir pourtant agents auxiliaires.

4° *Le commandant* d'une compagnie de sapeurs-pompiers régulièrement et légalement organisée est un citoyen SP (Toulouse, 29 juin 1892).

Ponts et chaussées (I, 11). Sont visés par l'art. 177 CP les sous-chefs de section du cadre auxiliaire, organisés par décret du 20 déc. 1878 (Cass. 12 juin 1886). Voir piqueurs.

Port d'armes. III, 9; Voir professeur de droit.

Porteurs de contraintes. — L'art. 209 protège non seulement ceux qui procèdent dans l'intérêt direct de l'Etat, mais encore ceux qui agissent au nom d'une administration ou d'un syndicat, autorisés par la loi à percevoir des taxes (Cass. 8 nov. 1844). Voir préposés.

Ils ne sont pas ag. du gouvernement (décret 5 sept. 1810).

Même solution (Cass. 6 oct. 1837). Ils sont ag. aut. (Cass. 14 août 1843).

L'art. 224 les protège comme officiers ministériels (Cass. 20 fév. 1830).

C'est une erreur: ils sont citoyens SP (Cass. 30 juin 1832).

Garnisaires. — Ils sont protégés par l'article 224 comme officiers ministériels (Cass. 30 juin 1832).

Des garnisaires faisant les fonctions d'huissiers ou de recors, encore qu'ils agissent contre des parents de conscrits réfractaires, à la réquisition de l'autorité compétente, ne peuvent être considérés comme gendarmerie ou force armée (Cass. 26 déc. 1806, 7 avril 1809).

Même remarque: ils sont citoyens SP.

Nota. — Les porteurs de contraintes qui procéderaient, même sur l'ordre de leur adm., à des exécutions forcées contre le gré du contribuable concerné, ou en son absence, sans l'assistance du magistrat du lieu, se rendraient coupables de violation de domicile, sans pouvoir invoquer la disposition de l'art. 184, n° 1 *in fine*.

Postes. — *Transport illicite des lettres.* — Tous les ag. aut. sont compétents pour le constater (Cass. 7 nov. 1836).

Sont illégales les perquisitions opérées sur des individus qui ne sont ni messagers, ni voituriers, etc. (Bourges, 18 juin 1840), de même que dans leurs effets (Cass. 11 juin 1842).

Est illégale la saisie de lettres faite par un gendarme dans le portefeuille d'un voyageur (Cass. 12 août 1841), sauf si la saisie a eu lieu au moment où celui-ci exhibait aux gendarmes l'en requérant son passeport contenu avec les lettres indûment transportées dans son portefeuille (Cass. 30 mai 1844).

Les agents de la poste aux lettres et notamment les administrateurs généraux sont des ag. du gouvernement (Cass. 21 août 1828); les directeurs des postes aussi (Cons. d'Etat 19 sept. 1818 et 1er nov. 1820). Voir I, 11.

Est ag. d'administration l'employé assermenté attaché comme aide à un bureau de poste, même s'il n'a pas l'âge requis (Cass. 12 oct. 1849).

Préfet de police (Voir VI, 6; IV, 28). — Ce n'est pas un mag. municipal, mais un ag. du gouv. (Cass. 15 mai 1841).

Comme les autres préfets, il peut, à l'instar des off. pol. jud., constater les crimes, délits et contraventions (Cass. 3 août 1874); faire tout acte d'instruction, perquisitions, saisies, etc. (Cass. 21 novembre 1853, etc.); agir comme le fait un juge d'instruction (Cass. 12 mai 1887); perquisitionner même chez des tiers et hors le cas de flagrant délit (Cass. 19 janv. 1866); saisir des lettres à la poste (Cass. 16 août 1862), en quel cas il agit, non comme f[re] adm., mais dans le cercle des attributions de la pol. jud. (Trib. conflits 25 mars 1889), même s'il a procédé sur ordre du ministre avec l'approbation des chambres (même arrêt); mais il doit se conformer aux règles du CIC (Lyon, 23 juill. 1872). Il peut déléguer un commissaire de police (Cass. 21 nov. 1853).

Chasse. — La saisie d'engins prohibés peut, à Paris, être valablement faite au domicile du détenteur, en vertu d'un mandat décerné par le préfet de police (26 décembre 1844, Paris, Krestz).

La saisie des filets prohibés peut aussi bien avoir lieu au domicile des marchands d'instruments de chasse qu'à celui des particuliers. (Même arrêt et 4 avril 1846, Cr. r. Krestz).

Préfets. — Comme le préfet de police, ils ont droit d'agir en vertu de l'art. 10 CIC (Cass. 3 août 1874), mais aucun préfet n'est off. pol. jud. (Dalloz, JG, 252, Inst. crim.).

On peut néanmoins les qualifier mag. de l'ordre jud. (Conflits 25 mars 1889); mais ils n'ont aucun droit de surveillance sur les off. pol. jud., pas même sur les maires et commissaires (Dalloz, 253). Voir II, 13.

Préposés. III, 2, 5; IV, 4, 17, 19.

Préposés à la perception des taxes. — Ce sont les préposés à la perception d'un droit de *péage* (Cass. 18 janv. 1833), par exemple :

1° Sur les *bacs et bateaux* (L. 6 frim. an 7);

2° Sur les *ponts* (Cass. 28 août 1847, Cons. d'Etat 12 fév. 1847, etc.).

La rébellion est punissable, que l'acte de l'ag. aut. soit ou non illégal. Spécialement, il y a rébellion de la part du conducteur d'une voiture qui refuse avec violence et voies de fait d'obtempérer à la réquisition qui lui est faite par un préposé de faire passer sa voiture sur un pont à bascule, alors même que cette voiture serait comprise dans une exception prévue par le règlement (Paris, 5 juin 1838).

Même décision (Cass. 14 mai 1842).

3° Les préposés à la perception de la taxe *d'entretien des routes* (Cass. 7 therm. an 7).

4° En général, les *adjudicataires* de droits à percevoir, lesquels ne sont pas ag. du gouvernement (Cass. 26 vend. an 13, 2 janv. 1817, 7 avril 1837, 14 août 1840).

5° Les *fermiers* des droits de passage, de plaçage, d'étalage, etc., qui ne rentrent pas dans la catégorie des agents énumérés art. 483 CIC (Cass. 26 vend. an 13), mais auxquels l'art. 174 CP est applicable (Cass. 14 août 1840).

De même pour les fermiers des droits de pesage, mesurage et jaugeage d'une commune, ou des droits de location et de mesurage des grains exposés en vente dans une halle (Cass. 9 août 1845, Lyon 28 juin 1837).

Tous les préposés sont cit. SP, notamment les adjudicataires des droits de place, dans les halles et marchés d'une commune (Bourges 23 déc. 1882).

Les gardes préposés pour la perception d'un droit de péage sont ag. aut. (Orléans 12 mars 1845).

Les receveurs et fermiers des droits de passe ne sont pas ag. du gouv. (Cass. 26 vend. an 13; Cons. d'Etat, 11 déc. 1814).

6° Les *receveurs et percepteurs* des deniers publics de toute espèce, qui sont f[res] (Cass. 21 janv. 1813).

7° Les *receveurs des revenus publics.* — Tous, percepteurs, receveurs des finances, payeurs extérieurs du Trésor, sont agents du gouvernement. (Décret 10 floréal an X ; Cass. 12 frimaire an XI, 8 germ. an XII, 6 mars 1806, 21 mai 1807, 24 juillet 1847).

8° Le *receveur municipal*, qui est comptable public, et, par suite, f[re] (Cass. 23 mars 1857); mais l'art. 175 ne le concerne pas (Cass. 15 avril 1848).

Un receveur municipal, nommé par décret, prêtant serment, justiciable de la Cour des comptes et chargé d'appliquer les règlements sur la comptabilité publique, est un f[re] (Paris, 27 mai 1900).

9° Les *employés d'octroi* (Cass. 14 mai 1842). Voir III, IV, 26, 21.

Nota. — Ils n'ont pas le droit d'effectuer de force la perquisition de la personne des contrevenants présumés.

L'art. 169 CP s'applique à un receveur d'octroi (Cass. 21 janv. 1813).

Les *préposés* d'octroi ne sont pas ag. fp. (Cass. 25 août 1827); le *fermier* de l'octroi non plus (Cass. 5 mars 1831) ; ni ag. du gouvernement (Cass. 12 déc. 1806 et Cons. d'Etat, 10 fév. 1816).

Le *préposé d'un régisseur d'octroi* n'est pas visé par l'art. 483 CIC (Cass. 8 déc. 1808).

10° Les *préposés* à l'enregistrement.

Les *receveurs et vérificateurs* sont ag. du gouvernement (Cass. 19 fruct. an XII, 17 août 1811).

Les *préposés à la régie* également (Cass. 14 juin 1826).

Vérificateurs (Voir III, 2; I, 11). — Ils sont protégés par l'art. 209 (Rouen, 25 janvier 1844).

Il suffit, pour autoriser la poursuite des contraventions relatives aux lois du timbre, que ces contraventions aient été légalement découvertes et constatées, comme si, par exemple, la découverte en a été amenée par des investigations faites par un agent de l'administration agissant F, sans emploi de moyens frauduleux ou insidieux. Et spécialement, lorsque à l'occasion de perquisitions faites par un commissaire de police, dans le but de découvrir de faux timbres, dont on soupçonnait l'existence, un vérificateur découvre des lettres de voiture rédigées sur du papier non timbré, il a le droit de les saisir et de poursuivre la répression de la contravention (24 mars 1846, Trib. de la Seine, Carel).

Un surnuméraire de l'enregistrement, faisant fonctions de receveur, est protégé par l'art. 224 (Cass. 19 août 1842).

Préposés des douanes et des contributions indirectes. — Il ne faut pas confondre la rébellion avec la simple opposition aux exercices des préposés, qui est punie, conformément à l'art. 14, titre XIII, Loi 6.22 août 1791, et à l'art. 2 titre IV, Loi 4 germinal an 2, d'une amende de 500 fr. qui se poursuit par voie civile devant le juge de paix. L'art. 209 ne s'applique qu'à l'opposition avec violences et voies de fait (Cass. 21 août, 8 déc. 1837, 29 août 1838 et 15 avril 1835).

Préposés à la perception des contributions. Ils sont f[res] (Cass. 14 vend. an 8).

Les percepteurs sont f[res], mais non mag. au sens de l'art. 222 (Cass. 25 juillet 1821).

En tout cas, ils sont cit. SP (Grenoble 19 juillet 1883).

On doit considérer comme ayant agi F le percepteur qui, ayant rencontré chez le receveur général, où il allait faire son versement, un particulier contre lequel il avait décerné une contrainte, se porte envers lui à des violences à l'occasion de cette contrainte (Cass. 6 mars 1806, Tribert c. Gossies).

Les préposés des cont. directes, protégés par l'art. 209 (Cass. 14 mai 1842), sont ag. du gouvernement (Cass. 12 frim. an 11, 8 germ. an 12). Quant aux préposés des cont. ind., voici ce qu'on avait décidé autrefois à leur égard :

Les employés de droits réunis (contrib. indir.), n'étant, par aucune loi, soumis, comme force armée, à être requis pour la sûreté générale, ou pour aider l'exécution des mesures de police, ni des lois d'ordre public, les violences et voies de fait exercées à leur égard ne sauraient constituer la rébellion (Cass. 21 mai 1807 — 1er mai 1812).

Depuis que l'art. 209 les désigne expressément, le dit article les protège indiscutablement (Cass. 14 mai 1842).

Les préposés ou employés ne sont ni f[res] (Cass. 1er mars 1844) ni off. min., ni ag. dép. fp. (même arrêt), ni ag. fp. (Cass. 25 août 1827), ni ag. du gouvernement (L. 28 avril 1816, Cass. 21 nov. 1823, Cons. d'Etat 30 sept. 1820), pas même le directeur général (Cons. d'Etat 20 janv. 1819). En tout cas, ils sont SP (Cass. 14 déc. 1821).

Circ. Garde des Sceaux n° 701, du 12 juin 1811.

Les préposés n'ont pas le droit de constituer prisonniers dans la maison d'arrêt les colporteurs de tabac en fraude. Le délinquant doit être conduit, sans délai, devant le procureur impérial. Le procès-verbal doit, autant que possible, accompagner le délinquant; mais le procureur impérial ne peut, sous le prétexte de défaut de présentation ou de nullité des formes, se dispenser de décerner le mandat de dépôt. Lorsque ce magistrat ne réside pas sur les lieux, les préposés doivent conduire le délinquant devant l'off. pol. jud. le plus voisin ou devant la gendarmerie, pour le faire conduire devant l'autorité compétente. S'il fournit caution, elle doit être reçue par le receveur de la régie, sans le concours de l'aut. jud. (Décret 29 déc. 1810, art. 24).

Ils ne peuvent pénétrer de nuit dans le domicile d'un citoyen pour y saisir des objets frauduleusement introduits. Dès lors, le procès-verbal constatant le résultat de cette visite irrégulière est nul (Bordeaux, 24 mars 1897).

Les employés de la Régie peuvent pénétrer dans l'établissement d'un débitant, même aux heures de nuit, si le débit est ouvert à tout acheteur (Cass. 29 oct. 1886).

Dans les villes à taxe unique, les formalités à la circulation de boissons de toute espèce ont été maintenues, aux termes de l'art 18 de la loi du 25 juin 1841, et si, dans ces villes, les débitants ne sont pas soumis aux exercices, il sont, comme les simples particuliers, au cas de soupçon de fraude, passibles des visites domiciliaires dans les conditions prévues par l'art. 237 de la loi du 27 avril 1816 (Cass. 15 janv. 1897). Mais le débitant n'est tenu qu'à ouvrir ses caves et n'est pas obligé d'accompagner les employés de la Régie (Lyon, 2 décembre 1896).

Au cas de visite domiciliaire par les préposés, sans ordre d'un employé supérieur, du grade de contrôleur au moins, l'art. 184 serait applicable.

Le défaut d'assistance du commissaire de police, etc., à la visite ne constituerait ce délit que si le particulier s'était opposé à la perquisition (Cass. 10 avril 1823. Lebarbier).

Même dans le premier cas, le consentement formel de l'intéressé justifierait l'introduction.

L'ordre doit être exhibé à l'off. pol.; il doit également l'être au particulier concerné, si celui-ci l'exige avant de laisser pénétrer (Cass. 10 avril 1823).

Préposés des douanes. — Ils sont ag. du gouvernement (Cass. 19 pluv. an XII, 1er vent. an XII, 27 fruct. an XII, 21 mars et 11 sept. 1807, 21 avril 1821 ; 16 mai 1806 ; Cons. d'Etat 23 avril 1818, etc).

Ils sont protégés par l'art. 224 comme ag. fp. (Cass. 23 avril 1807, etc.), et par la loi du 4 germinal an 2 (Cass. 10 janv. 1840).

En observation, ils sont réputés F. (Cass. 15 janv. et 23 avril 1807; 31 janv. 1840).

Ils ont le droit de procéder, seuls, dans leur bureau, à la visite corporelle des contrevenants. Le refus de ceux-ci, sous le prétexte du défaut d'assistance du juge de paix ou du maire, constitue l'opposition punie par l'art. 2 titre 4 de la loi du 4 germ. an 2 (Cass. 2 janv. 1856).

Les poursuites d'office ordonnées aux procureurs du roi, par les art. 52 et 53 L. 28 avr. 1816, sur les douanes, n'autorisent point la saisie des papiers domestiques ni la violation de la correspondance des citoyens (Besançon, 18 juill. 1832, Maire; 18 juillet 1828).

Surtout hors le cas de flagrant délit (Nancy 16 juin 1830).

Jugé néanmoins qu'ils peuvent saisir les livres, cornets et papiers dont les fraudeurs sont porteurs (Besançon, 6 juin 1836, Maire).

Est illégale l'arrestation opérée par les agents de l'administration des douanes en vertu d'un prétendu jugement de condamnation, alors qu'ils ne sont porteurs ni de la grosse de ce jugement, ni de l'ordre d'arrestation du condamné, ni d'aucun mandement de justice (Douai, 22 nov. 1839).

Les préposés des douanes procédant à l'arrestation d'un contrevenant en vertu d'une réquisition du Procureur impérial, et pour l'exécution d'un jugement, agissent comme ag. fp. (Besançon 14 nov. 1853).

De même quand ils sont en marche pour se rendre au poste indiqué pour leur service (Cass. 21 nov. 1851). Ceci est une erreur; ils sont alors cit. SP. (Voir IV. 26).

Est F le douanier occupé à dissiper un rassemblement qui obstrue la circulation aux abords du bureau du receveur principal des douanes (Cass. 28 juillet 1887).

Est ag. d'administration au sens de l'art. 177 CP un brigadier de douanes : les offres et promesses à lui faites, dans le but de s'assurer des bénéfices sur des entreprises de contrebande, constituent le délit de tentative de corruption (24 fév. 1845. Douai. Vanhaelst).

Président de la République (II. 21). — Proférer, *sur son passage*, les cris : A bas Loubet, démission ! constitue un outrage (Cass. 6 janv. 1900).

Mais crier la nuit, sur la voie publique :

Vive l'Empereur, vive Napoléon, à bas la République, à bas Loubet ! constitue le délit de cris séditieux, de la compétence de la Cour d'assises (Cass. 3 mars 1900).

Il en est de même du cri : à bas les décrets (Millau 24 déc. 1902).

Présidents. — Voir maire, hopitaux.

Présidents des sociétés de secours mutuels. — Quoique nommés par le gouvernement, ce ne sont pas des magistrats au sens des art. 222 et 223 (Cass. 13 mai 1859).

Présidents de Syndicats professionnels. Voir II, 25 et 26, et *Syndicat.*

Président d'un tribunal civil II. 10.

Presse. — 1° Directeur de journal. — Le directeur politique d'un journal doit être tenu pour responsable de la diffamation commise à l'égard d'un tiers, lorsque cette diffamation s'est produite dans un numéro spécial extraordinaire, ne rentrant pas dans les habitudes du journal, paraissant au cours d'une campagne menée par le dit directeur, de telle façon, en un mot, que celui-ci n'a certainement pas pu ignorer la dite diffamation (Paris, 26 juillet 1900).

La responsabilité pénale d'un directeur de journal est déterminée par la nature du concours prêté à la perpétration d'un délit, et non par sa seule qualité; par suite, cette responsabilité ne peut être admise que s'il est établi qu'il a participé à la publication délictueuse par des actes constitutifs de la complicité définie par l'art. 60 du Code pénal; mais l'art. 44 L. 1881 édicte une responsabilité civile à l'encontre du propriétaire du journal (Paris, 25 mars 1896).

Le directeur d'un journal diffamateur, à qui le journal appartient et qui dispose de sa publicité, est complice de la diffamation commise par la voie de son journal, lorsqu'il a connu l'article poursuivi (Cass. 15 nov. 1895).

Mais si le directeur n'a ni participé à la publication de cet article, ni même connu celui-ci, il n'est pas complice (Paris, 13 janv. 1893).

2° *Imprimeur* (L. 1881, 9, 42).

La loi de 1881 détermine les cas où l'imprimeur est responsable. En dehors de ces cas, l'imprimeur qui se renferme dans l'exercice de sa profession est à couvert. Il s'ensuit que la personne diffamée dans un journal ne peut rendre responsable l'imprimeur qui s'est borné à imprimer l'article incriminé (Alger, 25 oct. 1893).

L'imprimeur doit vérifier, autant que cela dépend de lui, l'exactitude des documents qu'il publie, s'ils contiennent des allégations pouvant porter préjudice à des tiers ; sinon il engage sa responsabilité sans pouvoir exercer de recours contre l'auteur des documents publiés (Lyon, 5 février 1897).

La loi de 1881 a eu pour objet d'assurer la liberté de penser et d'écrire; elle a soustrait l'écrivain à la censure de l'imprimeur, en spécifiant que si les auteurs ou les éditeurs d'un écrit injurieux ou diffamatoire étaient connus, l'imprimeur ne pourrait être poursuivi devant les tribunaux répressifs. Ce principe doit être étendu à la responsabilité civile de l'imprimeur, qui ne saurait être responsable, en vertu de l'art. 1382 CC, des écrits qu'il se borne à imprimer (Constantine, 30 mars 1897).

Si l'art. 43 L. 1881 porte que l'imprimeur ne pourra jamais être poursuivi pénalement comme complice, pour fait d'impression, sauf dans certains cas et conditions spécifiés, cette loi n'a statué qu'au point de vue pénal et n'a apporté aucune dérogation aux principes du Droit civil, qui rend chacun responsable du préjudice causé par sa faute ; mais pour que l'imprimeur puisse être retenu comme responsable, il faut prouver qu'il a commis au moins une légèreté ou une imprudence (Seine, 13 avril 1899).

3° *Rédacteur en chef de journal.*

L'art. 43 § 2 de la loi de 1881 admettant, pour les délits de presse, tous les cas de complicité énumérés par l'art. 60 CP et l'infraction consistant dans la publication anticipée des actes de procédure constituant, non une contravention, mais un délit, le rédacteur en chef d'un journal doit être retenu comme complice, lorsqu'il a certainement donné des instructions et des ordres en vue de la publication incriminée (Seine, 8 avril 1899). Voir II. 24.

4° *Gérant.* Le législateur a établi, contre le gérant d'un journal, une véritable présomption de culpabilité dont il ne peut s'affranchir en alléguant qu'il ne connaissait pas l'article incriminé, qu'il était absent ou qu'il avait abandonné ses fonctions, alors qu'aucune déclaration n'a été faite au parquet, ou enfin qu'il n'avait pas signé les exemplaires déposés au parquet ou que quelqu'un les avait signés de son nom à sa place (Seine, 15 juillet 1896).

L'immunité édictée par l'art. 44 au profit des imprimeurs, quand le gérant et l'auteur sont connus, n'a trait qu'aux poursuites tendant à une répression pénale. Les art. 1382 et 1383 CC demeurent applicables à l'imprimeur qui s'est livré à l'impression coupable d'écrits manifestement dommageables (Cour d'Aix, 22 mars 1899).

5° *Propriétaire de journal* (L. 1881, 9, 44).

Prison. — Voir gardien; *prisonniers*, VI, 1.

Procureurs de la République, II, 13, 14, 24; IV, 21, 28; voir mag.

Professeur de droit. — Les violences entraînant effusion de sang, blessures et maladies, commises contre lui à l'occasion de l'échec du prévenu à un examen qu'il vient de subir, constituent le crime de violences OF contre un citoyen SP, selon l'art. 231 (Cass. 15 juin 1893).

La Cour d'assises, compétente dans l'espèce susdite, l'est aussi pour statuer sur les délits d'outrages par paroles et de port d'une arme prohibée, imputés à d'autres prévenus, lorsque ces délits se rattachent au chef des violences par les liens de l'indivisibilité, que non seulement ils ont été commis dans le même trait de temps, dans le même lieu, et ont été inspirés par le même mobile, mais que l'indivisibilité de la défense, sur l'ensemble des faits compris dans une seule et même scène, commande de les soumettre simultanément à l'appréciation d'un même juge (même arrêt).

Professeur de l'université. — C'est un f[re] (Cass. 31 mai 1856).

Empêcher par des huées, des vociférations ou un bruit quelconque un professeur de continuer son cours, constitue un outrage (Paris, 8 mars 1856).

La diffamation commise envers lui à l'occasion de la publication de ses leçons orales est étrangère à sa qualité d'officier de l'Université (Cass. 8 nov. 1844).

Prud'hommes. — Ils ne sont visés ni par l'art. 479 ni par l'art. 483 CIC (Cass. 19 juin 1847). Voir I, 13.

Rapporteur d'un Conseil municipal nommé régulièrement pour faire son rapport. — Il est f[re] (Cass. 19 août 1837).

L'outrage à lui adressé à l'occasion de son rapport est considéré comme fait à l'occasion de ses fonctions et de sa qualité, encore bien que dans la séance où le rapport a eu lieu, le conseil municipal ne fût pas composé du nombre de membres exigé par la loi (Cass. 28 avril 1826).

On le considérerait actuellement comme SP.

Rapporteur militaire. — Voir IV, 7.

Receveur d'hospice. — Les art. 169 et suiv. CP le concernent (Cass. 30 juin 1842).

Réclamations II. 11; *recteur d'académie* II, 5; *rédacteur*, *reporter*, II, 24 (voir presse); *renseignements* II, 10, 24.

Révélations II. 10, *romancier* II, 24.

Sacristain. — N'est pas f[re] le sacristain préposé, par la fabrique, à la perception du prix de la location des chaises de l'église (Cass., 30 janv. 1885. Conf. T. pol. Villeréal, 15 nov. 1884).

Sapeur-pompier, IV, 7 (voir pompier).

Scrutateur (élections). — N'est pas ag. du gouv. (Cass. 15 oct. 1812); mais est certainement citoyen SP.

Secrétaires de commissariat. — Ils ne peuvent signer aucun acte ni expédition. En cas d'absence du commissaire, ils peuvent rédiger les actes et les faire signer par le commissaire qui le remplace (Décis. Préf. pol. 2 floréal, an XII). Voir *employés.*

Secrétaires de mairie. — Ils ont une qualité publique (L. 22 frim. an 7, art. 29, et L. 15 mai 1818, art. 79), et sont officiers publics au sens de l'art. 174 (Cass. 28 mai 1842), mais ne sont pas ag. aut. (Agen, 10 mai 1850). ni concernés par l'art. 483 CIC (Cons. d'Etat 2 juill. 1807).

Simples auxiliaires du maire, sans initiative ni responsabilité, ils ne peuvent être considérés, quant à l'application de la loi sur la presse, que comme de simples particuliers (Cass. 5 déc. 1901).

Ils sont ag. aut. municipale au sens de la loi électorale (Cass. 25 janv. 1889).

Secrétaires d'officier de paix. — Certains agents, à Paris tout au moins, sont retirés de la voie publique pour faire un travail de bureau sous la direction de l'officier de paix. Comme tels, ils ne sont pas spécialement protégés, non plus que les employés de bureau.

S'ils agissent comme gardiens de la paix, ils sont protégés suivant les distinctions précisées à propos des ag. pol.

Secrétaire du Conseil municipal. — Le fait, par un conseiller municipal, d'écrire en travers d'une délibération, sur le registre *ad hoc*, et alors que le procès-verbal entièrement rédigé *n'est pas encore signé:*

« Je déclare que le compte rendu qui précède est l'œuvre d'un inconscient ou d'un faussaire », n'autorise pas le secrétaire du conseil, d'après les notes duquel la délibération a été relevée sur le registre par une tierce personne, à se dire diffamé ou injurié, alors surtout que l'auteur de la mention affirme n'avoir voulu viser que le maire, et non le secrétaire susdit (Figeac, 19 janv. 1894).

Secrétaire d'un sous-préfet. — Il n'a aucun caractère public (Cass. 22 août 1851).

Secrétaire général de préfecture (I). — Quand il remplace le Préfet, il rentre dans la catégorie de l'art. 479 CIC (Cass. 21 mai 1807).

Sénateurs. — Voir membres.

Séquestres. — L'art. 209 ne concerne que ceux revêtus d'un caractère public, c'est-à-dire les séquestres judiciaires (CC. 1961, CPC, 600).

L'art. 224 protège le séquestre nommé par ordonnance du Président du tribunal (Cass. 16 déc. 1893). Voir I, 8.

Le juge des référés peut donner à un séquestre non seulement le pouvoir de toucher directement les loyers dus par les sous-locataires, mais encore celui de mettre en valeur la chose louée et de consentir de nouvelles locations, alors que pour éviter l'effet des oppositions du propriétaire, le principal locataire se fait payer d'avance par les sous-locataires (Paris, 12 mars 1874).

Sergents-majors. — L'art. 174 les concerne (Cass. 14 août 1857).

Serrurier. I, 15; *Sociétés,* II, 24, 1 à 5; voir président.

Sous-officier. — Est ag. d'administration au sens de l'art. 177 CP le sous-officier chargé par l'officier d'armement ou le capitaine d'habillement de fabriquer ou de faire fabriquer des cartouches par les soldats placés sous ses ordres; par suite, le fait d'avoir provoqué ce sous-officier à détruire une partie des poudres à lui confiées pour en disposer à prix d'argent, tombe sous l'application de l'art. 179 § 2, CP (15 oct. 1851, Cr. r. Balmès).

Sous-préfet, IV, 5, 11; VI, 7. — Il est ag. du gouvernement (Rennes, 30 mai 1835, Cons. d'Etat, 16 août 1820, etc.).

Sous-secrétaire d'Etat. — Il est ag. du gouv. (décret 28 août 1848).

Substitut, IV, 7.

Suppléants des juges de paix. — Ils sont juges au sens de l'art. 479 CIC (Cass. 10 août 1848). Voir f[res], juges.

Surveillants. Voir directeur, hôpitaux.

Surveillants des chantiers communaux. — Doit être considéré comme citoyen SP le surveillant de chantiers communaux régulièrement nommé par le maire (C. Limoges, 8 janv. 1885).

Surveillants-jurés de la pêche dans la baie de Cancale. — Ils sont SP dans le sens de l'art. 224 (Cass. 12 mars 1842).

Syndicat d'hôteliers, logeurs et restaurateurs, régulièrement constitué. — Lorsque le président d'un tel syndicat communique, par une circulaire enfermée dans une enveloppe cachetée, à des membres du syndicat une délibération de celui-ci, prise en leur absence, par laquelle il a décidé de n'employer qu'à la dernière extrémité et en cas de nécessité absolue plusieurs garçons d'hôtel dont l'honnêteté avait laissé à désirer, il n'y a pas là diffamation (Aix, 2 fév. 1899).

Syndic (Cass. crim., 12 février 1880). — « Attendu que, dès qu'une faillite est déclarée, le failli est, de plein droit, dessaisi de l'administration de ses biens; qu'un syndic nommé par la justice est aussitôt chargé d'y pourvoir, sous la surveillance d'un juge-commissaire; que, dès lors, aucune action mobilière ou immobilière ne peut plus être intentée ou suivie que contre lui, et qu'il est investi du droit de procéder au recouvrement des dettes actives, à la vente des objets mobiliers, des marchandises et des immeubles, à la vérification et au règlement des créances prétendues et à la répartition entre les créanciers des valeurs réalisées;

« Attendu en outre, que, au cas où le tribunal a ordonné le dépôt de la personne du failli dans une maison d'arrêt, cette décision doit être exécutée à la diligence, soit du ministère public, soit de lui, syndic;

« Attendu enfin que, dans la quinzaine de son entrée ou de son maintien en fonctions, le syndic est tenu de transmettre au procureur de la République, par l'intermédiaire du juge-commissaire, un mémoire ou état sommaire de l'état apparent de la faillite, de ses principales causes et circonstances et des caractères qu'elle paraît avoir;

« Et attendu que, à ces différents points de vue, il y a lieu de reconnaître que les attributions conférées à un syndic de faillite sont de celles qui associent à l'œuvre de la justice et qui constituent une véritable délégation judiciaire;

« D'où il suit que le sieur Grison, syndic de faillite, était SP, et avait droit à la protection de l'art. 224, C. pén. »

Accuser un syndic de malversation dans sa gestion, de collusion et de fraude avec les créanciers ou débiteurs de la faillite est une diffamation OFP (Cass. 20 déc. 1899). Voir I, 13, II, 10.

Syndics des gens de mer. — Sont f^res (L. 3 brum. an IV, art. 9).

Ce sont des ag. fp. F, quand, sur l'ordre de leurs supérieurs, ils procèdent avec les gendarmes à la recherche des conscrits réfractaires (Cass. 6 vend., an X). Ce sont, actuellement, des cit. SP.

Témoins assistant un huissier. — Ils ne sont pas protégés par l'art. 224 (Cass. 27 fév. 1892).

Il s'ensuit que si un garde champêtre assiste un huissier comme témoin, et est injurié comme témoin, l'art. 224 ne le protège pas (Jugé en cassation).

Université. — Lorsqu'il s'agit d'inj. ou diff. commises par des membres de l'Université envers leurs collègues, c'est le conseil de l'Université qui, aux termes de l'article 41 du décret du 15 nov. 1811, doit en connaître disciplinairement, à moins qu'il n'y ait délit commun (Voir professeur).

Vagabonds IV, 17; III, 7; *vendeurs de journaux* L. 1881, art. 42.

Vérificateur des poids et mesures. — Il est ag. du gouv. (Cons. d'Etat, 23 juill. 1841).

Vétérinaire inspecteur des abattoirs et marchés (II, 5). — Il est SP (Langres, 13 août 1897).

Vidangeurs I, 15, *voyageurs* IV, 17.

FIN

Paris. — Imp. Mouillot, 13, quai Voltaire. — 13580

DU MÊME AUTEUR :

La Procédure criminelle dans les Commissariats 10 francs

Éditeur : CHEVALIER-MARESCQ, 20, rue Soufflot, à Paris

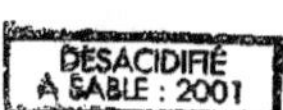

www.ingramcontent.com/pod-product-compliance
Lightning Source LLC
Chambersburg PA
CBHW071347280326
41927CB00039B/2059

* 9 7 8 2 0 1 3 5 2 5 3 4 3 *